E. H. Peter Roitzsch

COBOL -
**Das Handbuch für
den professionellen
Programmierer**

Programmierhandbücher für den anspruchsvollen Leser

Microsoft C-Programmierhandbuch
Ein Microsoft Press/Vieweg-Buch von K. Jamsa

Grafikprogrammierung mit C
Ein Microsoft Press/Vieweg-Buch von K. Jamsa

Die Microsoft Programmer's Workbench
Arbeiten mit dem Microsoft C/C++ PDS 7.0
von Thomas Kregeloh

Das Vieweg-Buch zu Borland++ 3.0
von Axel Kotulla

Objektorientiert mit Turbo C++
von Martin Aupperle

Das Vieweg-Buch zu C++ Version 3
von F. Bause und W. Tölle

COBOL - Das Handbuch für den professionellen Programmierer
Auf der Basis des ANSI-Standards unter Berücksichtigung der IBM-Erweiterungen unter VS COBOL II
von E. H. Peter Roitzsch

UNIX- Das Betriebssystem und die Shells
Eine grundlegende Einführung
von K. Kannemann, M. SC.

C unter UNIX
Eine grundlegende Einführung für Programmierer
Unter Berücksichtigung des ANSI-Standards
von K. Kannemann, M. SC.

Die Vieweg C++ Toolbox
von M. Rebentisch

Vieweg

E. H. Peter Roitzsch

COBOL -

Das Handbuch für den professionellen Programmierer

Auf der Basis des ANSI-Standards unter Berücksichtigung der IBM-Erweiterungen unter VS COBOL II

Die Deutsche Bibliothek - CIP-Einheitsaufnahme

Roitzsch, Erich H. Peter:
COBOL : das Handbuch für den professionellen Programmierer
; auf der Basis des ANSI-Standards unter Berücksichtigung der
IBM-Erweiterungen unter VS COBOL IOI / E. H. Peter
Roitzsch. - Braunschweig ; Wiesbaden : Vieweg, 1993
  ISBN 978-3-528-05279-9   ISBN 978-3-322-87802-1 (eBook)
  DOI 10.1007/978-3-322-87802-1

Das in diesem Buch enthaltene Programm-Material ist mit keiner Verpflichtung oder Garantie irgendeiner Art verbunden. Der Autor und der Verlag übernehmen infolgedessen keine Verantwortung und werden keine daraus folgende oder sonstige Haftung übernehmen, die auf irgendeine Art aus der Benutzung dieses Programm-Materials oder Teilen davon entsteht.

Alle Rechte vorbehalten
© Friedr. Vieweg & Sohn Verlagsgesellschaft mbH, Braunschweig/Wiesbaden, 1993
Softcover reprint of the hardcover 1st edition 1993

Der Verlag Vieweg ist ein Unternehmen der Verlagsgruppe Bertelsmann International.

Das Werk einschließlich aller seiner Teile ist urheberrechtlich geschützt. Jede Verwertung außerhalb der engen Grenzen des Urheberrechtsgesetzes ist ohne Zustimmung des Verlags unzulässig und strafbar. Das gilt insbesondere für Vervielfältigungen, Übersetzungen, Mikroverfilmungen und die Einspeicherung und Verarbeitung in elektronischen Systemen.

Gedruckt auf säurefreiem Papier

ISBN 978-3-528-05279-9

VORWORT

COBOL dürfte die am meisten angewendete Programmiersprache seit ihrer ersten Veröffentlichung im Jahre 1960 sein. Man schätzt, daß etwa 40% aller geschriebenen Programme in COBOL abgefaßt worden sind, wobei der Trend eher als zunehmend zu beurteilen ist. Der Grund für dieses gesteigerte Interesse liegt vor allem in der ständig zunehmenden Aufbereitung und Verarbeitung von Massendaten aus allen wirtschaftlich orientierten Bereichen, wofür COBOL hervorragend geeignet ist. Da die anwenderbezogenen Anforderungen an die Verarbeitung dieser Daten einer ständigen Entwicklung unterliegen, muß auch COBOL dieser Entwicklung gerecht werden. Seit 1968 hat das American National Standards Institute (ANSI), dem auch ein internationaler Beraterkreis angehört, die Standardisierung der COBOL-Entwicklung übernommen. Dadurch wurde der Grundstein für die Kompatibilität der Sprache gelegt. Heute sind alle publizierten COBOL-Versionen aufwärtskompatibel. Das heißt, daß auch Programme, die in älteren Versionen geschrieben wurden, beim Einsatz neuer Compiler-Versionen unter geringfügigen Quell-Code-Änderungen lauffähig bleiben. Damit ist COBOL zu einer lebendigen Programmiersprache geworden, die eine zukünftige Entwicklung bereits in sich trägt und universell einsetzbar ist.

Da COBOL für die Verarbeitung großer Datenmengen geschaffen wurde, war ihr Einsatz in der Vergangenheit auf Großrechner beschränkt. Durch die rasche Hardware-Entwicklung, die vor allem durch immer schnellere Rechner und größere Speicherkapazitäten auf kleinstem Raum zum Ausdruck kommt, können COBOL-Programme auch zunehmend auf mittleren und Kleinanlagen eingesetzt werden. Die Computer-Hersteller haben dieser Entwicklung Rechnung getragen und eine Reihe sehr guter Compiler entwickelt, die auf dem PC einsetzbar sind. Diese Compiler beinhalten oft weit über den ANSI-Standard hinausgehende Funktionen, die besonders für die interaktive Programmierung eine wertvolle Hilfe darstellen. Damit ist die Voraussetzung gegeben, COBOL-Programme für fast alle Anwendungsbereiche auf dem PC laufen zu lassen.

Der Verfasser will mit diesem Buch dem fortgeschrittenen Programmierer einen praxisorientierten Leitfaden in die Hand geben, welcher gestattet, auch schwierige Programmierprobleme nach dem ANSI-Standard zu lösen. Gleichzeitig soll dieses Buch als Nachschlagewerk zum besseren Verständnis der COBOL-Handbücher dienen, wobei auch die wichtigsten IBM-Anwendungen unter VS COBOL II ihre Berücksichtigung fanden. Es soll ein Bindeglied sein zwischen Handbüchern und anwenderbezogener Praxis.

Sämtliche Beispiele, die in diesem Buch angegeben sind, wurden mit dem Compiler MS-COBOL 4.0 auf ihre Richtigkeit überprüft. Für die IBM-spezifischen Anwendungen wurde die Umwandlung mit der Compiler-Option IBM VS COBOL II vorgenommen.

Stuttgart, im Januar 1993

Acknowledgement

Die nachfolgend aufgeführte Erklärung wurde einer Veröffentlichung des **American National Standards Institute, Inc.** mit dem Titel **"American National Standard Programming Language - COBOL, ANSI X3.23-1985"** entnommen.

"Any organization interested in reproducing the COBOL report and specifications in whole or in part, using ideas taken from this report as the basis for an instruction manual or for any other purpose is free to do so. However, all such organizations are requested to reproduce this section as part of the introduction to the document. Those using a short passage, as in a book review, are requested to mention "COBOL" in acknowledgement of the source, but need not quote this entire section.

COBOL is an industry language and is not the property of any company or group of companies, or of any organization or group organizations.

No warranty, expressed or implied, is made by any contributor or by the CODASYL Programming Language Committee as to the accuracy and functioning of the programming system and language. Moreover, no responsibility is assumed by any contributor, or by the Committee, in connection therewith.

Procedures have been established for the maintenance of COBOL. Inquiries concerning the procedures for proposing changes should be directed to the Executive Committee of the Conference of Data Systems Languages.

The authors and copyright holders of the copyrighted material used herein

- FLOW-MATIC (Trademark of Sperry Rand Corporation), Programming for the UNIVAC (R) I and II, Data Automation Systems copyrighted 1958, 1959, by Sperry Rand Corporation;

- IBM Commerical Translator, Form No. F28-8013, copyrighted 1959 by IBM;

- FACT, DSI 27A5260-2760, copyrighted 1960 by Minneapolis-Honeywell

have specifically authorized the use of this material in whole or in part, in the COBOL specifications. Such authorization extends to the reproduction and use of COBOL specifications in programming manuals or similar publications."

Inhaltsverzeichnis

Vorwort V
1 Entwicklung von COBOL 1

2 COBOL-Notation (Syntax) 3

3 Die COBOL-Programmstruktur 5
   3.1   Die Divisions 5
   3.2   Der COBOL-Zeichenvorrat 6
   3.3   COBOL-Zeichenfolgen 8
      3.3.1   COBOL-Wortarten 8
         3.3.1.1   Programmierer-Wörter 8
         3.3.1.2   Systemnamen 9
         3.3.1.3   Reservierte Wörter 9
      3.3.2   Literale 19
         3.3.2.1   Numerische Literale 19
         3.3.2.2   Nichtnumerische Literale 21
      3.3.3   PICTURE-Zeichenfolgen 23
   3.4   Das Standard-COBOL-Format 23
      3.4.1   Zeilenfortsetzung 25
         3.4.1.1   Trennen von Wörtern und numerischen Literalen 25
         3.4.1.2   Trennen von nichtnumerischen Literalen . . . 26
      3.4.2   Kommentarzeilen 28
      3.4.3   Leerzeilen 29
   3.5   Das COBOL-Quellprogramm 30

4 IDENTIFICATION DIVISION 33
   4.1   Der Paragraph PROGRAM-ID 34
   4.2   Die wahlfreien Paragraphen 35

5 ENVIRONMENT DIVISION 37
   5.1   CONFIGURATION SECTION 38
      5.1.1   Der Paragraph SOURCE-COMPUTER 39

5.1.1.1	WITH DEBUGGING MODE-Klausel	40
5.1.2	Der Paragraph OBJECT-COMPUTER	41
5.1.2.1	MEMORY SIZE-Klausel	42
5.1.2.2	SEGMENT-LIMIT-Klausel	43
5.1.2.3	PROGRAM COLLATING SEQUENCE-Klausel	45
5.1.3	Der Paragraph SPECIAL-NAMES	46
5.1.3.1	Funktionsname-1 IS Merkname-Klausel	47
5.1.3.2	Funktionsname-2 IS Merkname-Klausel	49
5.1.3.3	ALPHABET Alphabetname-Klausel	51
5.1.3.4	CURRENCY SIGN-Klausel	57
5.1.3.5	DECIMAL-POINT IS COMMA-Klausel	58
5.1.3.6	CLASS-Klausel	58
5.2	INPUT-OUTPUT SECTION	60
5.2.1	Dateiorganisationsformen und Zugriffsmethoden	61
5.2.1.1	Sequentielle Organisationsform	62
5.2.1.2	Indizierte Organisationsform	66
5.2.1.3	Relative Organisationsform	67
5.2.1.4	Sequentieller Zugriff	69
5.2.1.5	Wahlfreier Zugriff	69
5.2.1.6	Dynamischer Zugriff	70
5.3	Der Paragraph FILE-CONTROL	70
5.3.1	SELECT-Klausel	72
5.3.2	ASSIGN-Klausel	73
5.3.3	RESERVE-Klausel	77
5.3.4	ORGANIZATION-Klausel	79
5.3.5	ACCESS MODE-Klausel	80
5.3.6	PADDING CHARACTER-Klausel	81
5.3.7	RECORD DELIMITER-Klausel	83
5.3.8	RECORD KEY-Klausel	83
5.3.9	ALTERNATE RECORD KEY-Klausel	84
5.3.10	FILE STATUS-Klausel	87
5.4	Der Paragraph I-O-CONTROL	95
5.4.1	RERUN-Klausel	96
5.4.2	SAME AREA-Klausel	99

| | 5.4.3 | MULTIPLE FILE TAPE-Klausel | 102 |
| | 5.4.4 | APPLY WRITE ONLY-Klausel | 104 |

6 DATA DIVISION ... 107
- 6.1 FILE SECTION ... 109
  - 6.1.1 BLOCK CONTAINS-Klausel ... 110
  - 6.1.2 RECORD CONTAINS-Klausel ... 113
  - 6.1.3 LABEL RECORD-Klausel ... 117
  - 6.1.4 VALUE OF-Klausel ... 118
  - 6.1.5 DATA RECORDS-Klausel ... 119
  - 6.1.6 LINAGE-Klausel ... 120
  - 6.1.7 RECORDING MODE-Klausel ... 124
  - 6.1.8 CODE SET-Klausel ... 127
- 6.2 Datenbeschreibung ... 129
  - 6.2.1 Stufennummern ... 131
    - 6.2.1.1 Stufennummern für die Satzbeschreibung ... 131
    - 6.2.1.2 Spezielle Stufennummern ... 133
- 6.3 Datenerklärung ... 134
  - 6.3.1 Datennamen ... 136
    - 6.3.1.1 Die Feldbezeichnung FILLER ... 140
  - 6.3.2 PICTURE-Klausel ... 141
    - 6.3.2.1 Datenklassen und Datenkategorien ... 141
    - 6.3.2.2 Alphabetische Datenelemente ... 144
    - 6.3.2.3 Numerische Datenelemente ... 145
    - 6.3.2.4 Alphanumerische Datenelemente ... 146
    - 6.3.2.5 Aufbau der PICTURE-Zeichenfolge ... 147
    - 6.3.2.6 PICTURE-Symbole für die Druckaufbereitung ... 149
    - 6.3.2.7 Mindestlänge der PICTURE-Zeichenfolge ... 155
  - 6.3.3 SIGN-Klausel ... 160
  - 6.3.4 REDEFINES-Klausel ... 161
    - 6.3.4.1 Implizite Redefinition (FILE SECTION) ... 162
    - 6.3.4.2 Explizite Redefinition ... 164
    - 6.3.4.3 Mehrmalige Redefinition eines Datenbereichs ... 165
    - 6.3.4.4 Redefinition von Einzelfeldern ... 166

6.3.4.5	Datenübertragungen in redefinierte und redefinierende Felder	167
6.3.5	BLANK WHEN ZERO-Klausel.	169
6.3.6	JUSTIFIED RIGHT-Klausel	172
6.3.7	OCCURS-Klausel	173
6.3.8	SYNCHRONIZED-Klausel.	174
6.3.8.1	Einfügung von Füll-Bytes durch den Compiler	175
6.3.8.2	Einfügung von Füll-Bytes durch den Programmierer	177
6.3.9	USAGE-Klausel	181
6.3.9.1	USAGE IS DISPLAY	181
6.3.9.2	USAGE IS BINARY	183
6.3.9.3	USAGE IS COMPUTATIONAL (COMP) . . .	184
6.3.9.4	USAGE IS INDEX	185
6.3.9.5	USAGE IS PACKED-DECIMAL.	186
6.3.9.6	Vorzeichenverarbeitung unter VS COBOL II	188
6.3.9.7	Einfluß des Datenformats auf die Effizienz arithmetischer Operationen	189
6.3.10	VALUE-Klausel	192
6.3.11	RENAMES-Klausel.	196
6.3.12	Stufennummer 88.	200
7	**PROCEDURE DIVISION**	**205**
7.1	Die Struktur der PROCEDURE DIVISION . . .	210
7.1.1	Der selbstdefinierte Dateistatus	215
7.2	Datenübertragungen	217
7.2.1	ACCEPT-Anweisung.	217
7.2.1.1	Übertragung von Daten	217
7.2.1.2	Übertragung von Systeminformationen	222
7.2.2	DISPLAY-Anweisung	226
7.2.3	MOVE-Anweisung	232
7.2.4	MOVE CORRESPONDING-Anweisung	241
7.2.5	STRING-Anweisung	244
7.2.6	UNSTRING-Anweisung	251

7.2.7	INSPECT-Anweisung	259
7.2.8	INITIALIZE-Anweisung	274
7.2.8.1	Initialisierung von Tabellen	279
7.3	Arithmetische Ausdrücke	281
7.3.1	Arithmetische Operatoren	281
7.4	Bedingungen	283
7.4.1	Einfache Bedingungen	283
7.4.1.1	Klassenbedingungen	284
7.4.1.2	Vorzeichenbedingungen	287
7.4.1.3	Vergleichsbedingungen	289
7.4.1.4	Bedingungsnamen-Bedingungen	294
7.4.2	Zusammengesetzte Bedingungen	295
7.5	Bedingte Anweisungen	296
7.5.1	IF-Anweisung	296
7.5.1.1	Geschachtelte IF-Anweisungen	299
7.5.1.2	IF-Anweisungen mit Leerzweigen	301
7.5.2	CONTINUE-Anweisung	302
7.5.3	EVALUATE-Anweisung	303
7.5.3.1	Verarbeitung von Entscheidungstabellen	310
7.6	Arithmetische Anweisungen	312
7.6.1	ROUNDED-Angabe	314
7.6.2	ON SIZE ERROR-Angabe	315
7.6.3	NOT ON SIZE ERROR-Angabe	316
7.6.4	END-Begrenzungen	316
7.6.5	ADD-Anweisung	317
7.6.6	SUBTRACT-Anweisung	323
7.6.7	MULTIPLY-Anweisung	327
7.6.8	DIVIDE-Anweisung	330
7.6.9	COMPUTE-Anweisung	335
7.7	Eingabe-/Ausgabeanweisungen	339
7.7.1	OPEN-Anweisung	339
7.7.2	CLOSE-Anweisung	345
7.7.3	READ-Anweisung	350
7.7.4	WRITE-Anweisung	356

7.7.5	REWRITE-Anweisung	366
7.7.6	START-Anweisung	372
7.7.7	DELETE-Anweisung	377
7.8	Programmverzweigungen	380
7.8.1	PERFORM-Anweisung	380
7.8.1.1	Tabellverarbeitung mit PERFORM VARYING	389
7.8.1.2	Geschachtelte PERFORM-Anweisungen	392
7.8.2	EXIT-Anweisung	395
7.8.3	GO TO-Anweisung	397
7.8.4	GO TO ··· DEPENDING ON-Anweisung	398
7.8.5	STOP-Anweisung	401
7.8.6	ALTER-Anweisung	403
7.9	Tabellenverarbeitung	405
7.9.1	OCCURS-Klausel	405
7.9.1.1	Normalindizierung (Subscripting)	410
7.9.1.2	Spezialindizierung (Indexing)	412
7.9.1.3	Mehrdimensionale Tabellen	416
7.9.2	SET-Anweisung	419
7.9.3	SEARCH-Anweisung	427
7.9.3.1	Sequentielles Durchsuchen einer Tabelle	428
7.9.3.2	Binäres Durchsuchen einer Tabelle	432
7.10	Änderung von Quell-Text	437
7.10.1	COPY-Anweisung	437
7.10.2	REPLACING-Anweisung	444
7.10.3	BASIS-Anweisung	447
8	**Externe Unterprogramme**	**451**
8.1	CALL-Anweisung	452
8.1.1	USING-Zusatz	456
8.1.1.1	USING BY REFERENCE/CONTENT	458
8.2	USING-Zusatz in der PROCEDURE DIVISION des Unterprogramms	459
8.3	LINKAGE SECTION	460
8.4	EXIT PROGRAM-Anweisung	463

8.5		CANCEL-Anweisung.	464
8.6		ENTRY-Anweisung	466

9 Sortieren und Mischen . . . 469
9.1	Sortieren von Dateien (SORT)	469
9.1.1	SELECT/ASSIGN-Klausel	470
9.1.2	SD-Eintragung	470
9.1.3	SORT-Anweisung	472
9.1.4	RELEASE-Anweisung	482
9.1.5	RETURN-Anweisung	483
9.2	Mischen von Dateien (MERGE)	485
9.2.1	MERGE-Anweisung	485
9.3	Das IBM-Dienstprogramm DFSORT	490
9.3.1	Die IBM-Sonderregister	493

10 DECLARATIVES . . . 499
10.1	USE-Anweisung	501

11 Dialog-orientierte Programmierung . . . 507
11.1	Menü-Technik mit MS-COBOL	507
11.1.1	Positionierung des Cursors	514
11.1.1.1	Cursor-Klausel (CURSOR IS daten-name)	515
11.1.2	Löschen des Bildschirms	517
11.1.3	Struktur der Aus- und Eingabebereiche	525
11.2	Menü-Technik mit den Mitteln des ANSI-Standards unter VS COBOL II	539

12 Grundlagen der strukturierten Programmierung . . . 553
12.1	Der logische Aufbau eines strukturierten Programms	553
12.1.1	Der Haupt-Modul	557
12.2	COBOL-Tools für die strukturierte Programmierung	558

12.3	Allgemeine Regeln und Empfehlungen zur Erstellung eines strukturierten Programms	559
12.3.1	Maßnahmen zur Verbesserung der Lesbarkeit des Quell-Programms	561
12.3.2	Kennzeichnung der Paragraphen-Namen	562
12.3.3	Der eingeschränkte Gebrauch von GO TO	563
12.3.4	Der Programmentwurf im Strukturtext	564
12.4	Struktogramm-Technik	568
12.4.1	Einfacher Strukturblock	569
12.4.2	Bedingungs-Strukturblock	570
12.4.3	CASE-Strukturblock	572
12.4.4	CYCLE-Strukturblock	578
12.4.4.1	Realisierung eines CYCLE-Blocks durch das IN-LINE-PERFORM	582
12.4.5	Prozeduraufruf-Strukturblock	585
12.4.6	BREAK-Strukturblock	586
12.4.7	Klammer-Strukturblock	587

Anhang **595**
Anhang 1: ASCII-Sortierfolge (8-Bit-Code) 595
Anhang 2: EBCDIC-Sortierfolge (IBM-Standard U.S.) 598
Anhang 3: Liste der reservierten COBOL-Wörter 601

Literaturverzeichnis: **607**

Sachwortverzeichnis: **609**

1 Entwicklung von COBOL

COBOL ist die Abkürzung von COmmon Business Oriented Language, was übersetzt bedeutet: "Allgemeine kaufmännisch orientierte Programmiersprache". Aus der Übersetzung geht bereits hervor, daß COBOL für kaufmännische Probleme (im weitesten Sinn) geschaffen wurde. Ein derartiger Problemkreis hat vor allem die Aufbereitung und Verarbeitung großer Datenmengen zum Ziel, wofür nur ein relativ geringer mathematischer Aufwand benötigt wird.

Die Entwicklung von COBOL hat das amerikanische Institut CODASYL (Conference On Data Systems Languages) übernommen. CODASYL faßt die Anregungen und Forderungen von Anwendern und Industrie zusammen und veröffentlicht diese in den JODs-Jahrbüchern (Journals of Developments). Diese Veröffentlichungen wiederum dienen dem American National Standards Institute (ANSI) und der International Standards Organisation (ISO) als Grundlage für die Standardisierung der Sprache. Hieraus resultiert der Begriff ANS-COBOL. Durch die Standardisierung wird die COBOL-Sprache hersteller- und systemunabhängig und damit im höchsten Maße kompatibel einsetzbar. Da im CODASYL alle namhaften Computerhersteller vertreten sind, ist damit auch gewährleistet, daß alle Neuerungen in der Compiler-Entwicklung ihre Berücksichtigung finden.
Folgende COBOL-Versionen wurden bisher veröffentlicht:

Version	Veröffentlichung	Hinweise
COBOL-60	Ende 1960	1. Veröffentlichung
COBOL-61	Februar 1961	Seit dieser Veröffentlichung aufwärtskompatibel
COBOL-61 EXTENDED	Juni 1963	Einführung der Standardmoduln SORT-MERGE und REPORT WRITER
COBOL-65	Februar 1966	Tabellen- und Massenspeicherunterstützung
COBOL ANS-1968	Ende 1969	COBOL Standard X3.23-1968
COBOL ANS-1974	Ende 1974	COBOL Standard X3.23-1974
COBOL ANS-1985	September 1985	COBOL Standard X3.23-1985

Die SAA-Schnittstelle zu COBOL

Die von IBM auf der Grundlage von COBOL geschaffene **SAA** (Systems Application Architecture) definiert eine Reihe von Schnittstellen, welche die einheitliche Nutzung der vielfältigen Hard- und Softwareleistungen dieses Unternehmens zur Grundlage hat. Die Hauptschnittstellen des SAA sind:
- **Common Programming Interface (CPI);**
- **Common Communication Interface (CCI);**
- **Common User Access (CUA).**

Während **CCI** die Schnittstelle zwischen verschiedenen Systemen, Netzwerken und entfernt angeschlossenen Terminals beschreibt, definiert **CUA** die vereinheitlichte Anwendung der Dialog-Verfahren sowie Bildschirm- und Tastaturformate. Für den Programmierer ist die Schnittstelle **Common Programming Interface** (CPI) von besonderem Interesse. Sie dient der Entwicklung von Programmen, die sich problemlos in die SAA-Umgebung integrieren lassen und damit unter verschiedenen Systemen lauffähig bleiben. Die SAA-Umgebung beinhaltet die folgende Systeme:

- **MVS** Enterprise Systems Architecture/370);
- **VM/CMS** (Systems Product of Extended Architecture);
- **Operating System/400** (OS/400);
- **Operating System/2** (OS/2) Extended Edition.

Common Programming Interface (CPI) enthält auch die Schnittstelle zu **COBOL**. Der von SAA unterstützte COBOL-Sprachumfang basiert zum größten Teil auf dem

- **ANSI-Standard X3.23-1985,** *Intermediate Level.*
  Das bedeutet, daß die Moduln REPORT WRITER, COMMUNICATION, DEBUG und SEGMENTATION nicht unterstützt werden.
- **Einigen Elementen aus dem ANSI-Standard X3.23-1985,** *High Level.*
- **IBM-Erweiterungen** zu diesem Standard (z. B. COMP-3 und COMP-4).

2 COBOL-Notation (Syntax)

Für das Schreiben der **COBOL-Formate** hat sich eine Metasprache entwickelt, die von vielen namhaften Compiler-Herstellern in ihren Handbüchern verwendet wird. Diese Metasprache ist nicht nur für den Programmierer eine nützliche Vereinbarung, um seine COBOL-Quellenanweisungen zu schreiben, sondern auch für das Studium der COBOL-Literatur eine hilfreiche Arbeitserleichterung.

In diesem Buch gelten die folgenden Vereinbarungen:

Notation	Bedeutung	Erklärung
GROSSBUCH-STABEN	COBOL-Wörter (reservierte Wörter)	Sie dürfen weder abgeändert noch als Programmierer-Wörter verwendet werden.
Unterstrichene GROSSBUCH-STABEN	COBOL-Wörter (Schlüsselwörter)	Die Angabe ist obligatorisch. Fehlt das Schlüsselwort, wird das Programm als fehlerhaft betrachtet.
Nicht unterstrichene GROSSBUCH-STABEN	COBOL-Wörter (Wahlwörter)	Wahlwörter dienen der besseren Verständlichkeit der Formatangaben. Sie können weggelassen werden.
Kleinbuchstaben	Wörter, die Informationen darstellen	Sie können durch frei wählbare Programmierer-Wörter ersetzt werden.
Geschweifte Klammern { }	Auswahlmöglichkeiten	Es darf nur eine der in den geschweiften Klammern stehenden Möglichkeiten angegeben werden.

Notation	Bedeutung	Erklärung *(Fortsetzung)*
Eckige Klammern [ ]	Zusätze	Zusätze können weggelassen werden, allerdings ändert sich damit die Anweisung.
Drei Punkte ...	Wiederholungs-zeichen	Sie geben an, daß die davor stehenden Angaben beliebig oft auftreten können.
+ - > < =	Arithmetische und logische Operationszeichen	Stehen sie im Format, dann ist ihre Angabe obligatorisch. Sie müssen auch dann angegeben werden, wenn sie nicht unterstrichen sind.
, (Komma) ; (Semikolon)	Sonderzeichen	Komma und Semikolon dienen zur besseren Gliederung der Anweisungen. Sie sind wahlfrei und können weggelassen werden.

Beispiel:

<u>ADD</u>   { daten-name-1 / literal-1 }   <u>GIVING</u> daten-name-2 [<u>ROUNDED</u>]

   [<u>ON</u> <u>SIZE</u> <u>ERROR</u> *unbedingte anweisung-1*]
   [<u>NOT</u> <u>ON</u> <u>SIZE</u> <u>ERROR</u> *unbedingte anweisung-2*]
   [<u>END-ADD</u>]

3 Die COBOL-Programmstruktur

3.1 Die Divisions

Jedes COBOL-Programm besteht aus vier Hauptteilen, den sogenannten DIVISIONs. Diese DIVISIONs müssen im Programm in einer festen Reihenfolge stehen und mit einer vorgeschriebenen Überschrift beginnen. Im folgenden werden die DIVISIONs *kurz* erläutert.

IDENTIFICATION DIVISION
Diese DIVISION dient der "Identifikation" des Programms. In ihr steht der Programmname, das Kompilierungsdatum, der Programmierername sowie andere Informationen. Bis auf den Paragraphen PROGRAM-ID werden alle weiteren Paragraphen seit dem **ANS-1985** als Dokumentation behandelt. Sie sollten nicht mehr angegeben werden.

ENVIRONMENT DIVISION
In der ENVIRONMENT DIVISION wird in zwei Kapiteln die "Umgebung" des Programms beschrieben. Die Maschinenausstattung in der CONFIGURATION SECTION und die Verknüpfung aller im Programm definierten Dateien mit den Ein-/Ausgabeeinheiten in der INPUT-OUTPUT SECTION. Seit dem **ANS-1985** ist die gesamte ENVIRONMENT DIVISION wahlfrei. Das Weglassen der Division ist jedoch nur dann möglich, wenn im Programm keine Dateien verarbeitet werden.

DATA DIVISION
In dieser DIVISION werden alle Daten, die das Programm verarbeiten soll, definiert. Die Definition erstreckt sich dabei nicht nur auf Ein- oder Ausgabedaten, sondern auch auf interne Rechenfelder mit konstanten oder variablen Werten. Seit dem **ANS-1985** ist die DATA DIVISION wahlfrei.

PROCEDURE DIVISION

Diese DIVISION enthält alle Anweisungen zur Verarbeitung und Ausgabe der Daten. Die Anweisungen bestehen aus sogenannten Klauseln, die zu Sätzen zusammengefaßt werden. Mehrere Sätze wiederum können einen Paragraphen bilden. Mehrere Paragraphen bilden ein Kapitel (SECTION). Wenn der Programmierer nichts anderes vorgibt, erfolgt die Abarbeitung der einzelnen Anweisungen in strenger sequentieller Folge.

Obwohl der Programmierer die PROCEDURE DIVISION der Problemlösung entsprechend frei gestalten kann, ist es unumgänglich ihr eine Struktur zu geben, die den Anforderungen der **strukturierten Programmierung** gerecht wird. Nur dadurch erhält man Programme, die durch Klarheit und Übersichtlichkeit spätere Programmänderungen erleichtern und weniger fehleranfällig sind (siehe Strukturierte Programmierung). Seit dem **ANS-1985** ist die gesamte PROCEDURE DIVISION wahlfrei. Wird sie weggelassen, ist das Programm jedoch zu keiner Problemlösung fähig.

3.2 Der COBOL-Zeichenvorrat

Nicht weiter unterteilbare Daten werden Zeichen genannt. Der gesamte COBOL-Zeichenvorrat besteht aus insgesamt 77 Zeichen:

- **26 Großbuchstaben des Alphabets,**
- **26 Kleinbuchstaben des Alphabets** (seit ANS-1985),
- **10 arabische Ziffern (0-9),**
- **15 Sonderzeichen.**

Der **EBCDIC**-Zeichensatz wird von IBM unter **MVS**, **CMS** und **OS/400** und der **ASCII**-Zeichensatz unter **OS/2** und von fast allen PC´s verwendet.

In der folgenden Tabelle sind alle 77 Zeichen und ihre Verwendung in aufsteigender EBCDIC-Reihenfolge aufgelistet:

3.2 Der COBOL-Zeichenvorrat

COBOL-Zeichen	Bedeutung	Verwendung
	Leerstelle	Interpunktionszeichen
.	Dezimalpunkt, Punkt	Aufbereitungszeichen; Interpunktionszeichen
<	kleiner als	Relationszeichen
(	Klammer auf	Interpunktionszeichen
+	Pluszeichen	arithmetischer Operator; Vorzeichen; Interpunktionszeichen
$	Dollarzeichen	Aufbereitungszeichen
*	Schutzstern	arithmetischer Operator; Aufbereitungszeichen
)	Klammer zu	Interpunktionszeichen
;	Semikolon	Interpunktionszeichen
-	Minuszeichen; Bindestrich	arithmetischer Operator; Vorzeichen, Aufbereitungszeichen; Verbindungszeichen bei der Bildung von COBOL-Wörtern.
/	Schrägstrich	arithmetischer Operator; Aufbereitungszeichen, Vorschubsteuerzeichen
,	Komma	Interpunktionszeichen; Aufbereitungszeichen
>	größer als	Relationszeichen
=	Gleichheitszeichen	Relationszeichen; Interpunktionszeichen
"	Anführungszeichen	Interpunktionszeichen
A-Z	Großbuchstaben des Alphabets	alphabetische Zeichen (Bildung von COBOL-Wörtern)
a-z	Kleinbuchstaben des Alphabets	alphabetische Zeichen (Bildung von COBOL-Wörtern)
0-9	arabische Ziffern	numerische Zeichen (Bildung von COBOL-Wörtern)

Die Sortierfolge des ASCII-Zeichensatzes weicht hiervon ab, was gegebenenfalls beim Wechsel des Herstellers beachtet werden muß. Eine Anpassung der Sortierfolge kann mit der Klausel **PROGRAM COLLATING SEQUENCE** vorgenommen werden.

3.3 COBOL-Zeichenfolgen

Unter einer Zeichenfolge versteht man das Aneinanderfügen von COBOL-Zeichen zu Wörtern, Literalen, PICTURE-Zeichenfolgen und Kommentareintragungen.

3.3.1 COBOL-Wortarten

Die COBOL-Wortarten lassen sich entsprechend ihrer Eigenschaften und Anwendung formal in drei große Wortgruppen unterteilen:

- **Programmierer-Wörter,**
- **Systemnamen,**
- **reservierte Wörter.**

Die maximale Länge eines COBOL-Wortes darf 30 Zeichen betragen.

3.3.1.1 Programmierer-Wörter

Programmierer-Wörter sind vom Programmierer frei kombinierbare COBOL-Wörter. Zur Bildung dürfen nur die **26 Buchstaben** des Alphabets (einschließlich der Kleinbuchstaben seit dem **ANS-1985**), die **Ziffern 1-9** und der **Bindestrich** (-) verwendet werden. Als Programmierer-Wörter sind keine reservierten Wörter zu verwenden. Seit dem **ANS-1985** dürfen jedoch reservierte Wörter zur Bezeichnung von Paragraphen oder Sections angegeben werden, weil der Compiler aus dem Sinnzusammenhang die Bedeutung eines Wortes erkennt.

3.3.1.2 Systemnamen

Ein Systemname ist ein COBOL-Wort, welches benutzt wird, um mit der Betriebsumgebung zu kommunizieren. Realisieren läßt sich das durch die ASSIGN-Klausel. Der Systemname kennzeichnet den Typ des Datenträgers einer externen physischen Einheit, auf dem sich eine Datei befindet. Eine solche Datei ist sehr oft eine Systemdatei.

Die Systemnamen sind herstellerbezogen und deshalb nicht einheitlich. Die Standard-Ausgabedatei kann zum Beispiel LINE-PRINTER, OUTPUT, PRINTER, SYSLST oder SYSOUT heißen. Damit bei der Änderung eines Systemnamens das Programm nicht neu umgewandelt werden muß, werden besonders bei Großrechenanlagen die sich hinter einem Systemnamen verbergenden Informationen in der JCL untergebracht. Die Funktion der Systemnamen wird zusammen mit dem Format, in dem er angegeben ist, später beschrieben.

3.3.1.3 Reservierte Wörter

Reservierte Wörter sind COBOL-Wörter, die eine bestimmte, vordefinierte Bedeutung im Quell-Programm besitzen. Sie durften bis zum **ANS-1974** nicht als Programmierer-Wörter verwendet werden. Mit Einführung des **ANS-1985** wurde diese Einschränkung aufgehoben, weil der Compiler aus dem Sinnzusammenhang heraus erkennen kann, ob es sich um einen Datennamen oder eine Anweisung handelt. Eine Zusammenstellung der reservierten Wörter befindet sich im **Anhang 3**. Man unterscheidet sechs verschiedene Arten von reservierten Wörtern:

Schlüsselwörter (KEY WORDS)

Schlüsselwörter sind reservierte Wörter, die in Formaten, Anweisungen oder Eintragungen erscheinen. In Formatangaben sind sie immer unterstrichen und müssen, sofern sie nicht in eckigen Klammern stehen, angegeben werden.

Man unterscheidet drei Arten von Schlüsselwörtern:

1. Verben
   (z. B. **READ, MOVE, GO, ADD** usw.

2. Wörter, die in den Formaten, Anweisungen und Klauseln erscheinen.
   (z.B. **USING** in der MERGE-Anweisung).

3. Wörter, die eine besondere funktionelle Bedeutung haben
   (z. B. **NEGATIVE, POSITIVE, SEQUENCE** usw.)

Wahlfreie Wörter (OPTIONAL WORDS)

Wahlfreie Wörter sind Schlüsselwörter, die zwar in den Formaten und Anweisungen angegeben sind, jedoch bei der Programmierung weggelassen werden können. Die Bedeutung der Anweisung bleibt dadurch unverändert.

Wahlfreie Wörter sind in den Formaten nicht unterstrichen. Sie dienen lediglich einer besseren Lesbarkeit der englisch geschriebenen COBOL-Sätze.

Beispiele:

```
PICTURE IS
ON SIZE ERROR
INVALID KEY
AT END
AFTER ADVANCING
IF···THEN
```

Werden wahlfreie Wörter angegeben, ist auf die richtige Schreibweise zu achten. Falsch geschriebene Wahlwörter führen bei fast allen Compilern zu Umwandlungsfehlern.

3.3 COBOL-Zeichenfolgen

Verbindungswörter (CONNECTIVES)

Verbindungswörter sind Schlüsselwörter, die dazu dienen, gleichlautende Sprachteile voneinander unterscheidbar zu machen oder bestimmte Bedingungen miteinander zu verknüpfen. Man unterscheidet drei Gruppen von Verbindungswörtern:

1. Kennzeichner-Verbindungswörter (QUALIFIER):

Kennzeichner-Verbindungswörter dienen dazu, gleichlautende Datennamen, Bedingungsnamen, Textnamen oder Paragraphennamen voneinander zu unterscheiden, sie also eindeutig zu kennzeichnen. Dazu werden die Kennzeichner-Verbindungswörter **IN** oder **OF** verwendet.

$$daten\text{-}name\text{-}1 \quad \left\{ \begin{array}{c} \underline{\text{IN}} \\ \underline{\text{OF}} \end{array} \right\} \quad daten\text{-}name\text{-}2$$

Werden gleiche Datennamen zur Unterscheidung gekennzeichnet, müssen sie unterschiedlichen Datengruppen angehören. Der oben angegegebene *daten-name-2* wird in diesem Zusammenhang auch als **Kennzeichner** bezeichnet.

Beispiel:

```
DATA DIVISION.
FILE SECTION.
...
01  SATZ-1.
    05 ANSCHRIFT.
       10 NAME              PIC X(20).
       10 VORNAME           PIC X(20).
       10 STRASSE           PIC X(20).
...
WORKING-STORAGE SECTION.
01  LISTE-1.
    05 FILLER               PIC X(5).
    05 ANSCHRIFT.
       10 NAME              PIC X(20).
```

```
            10 FILLER              PIC X(5).
            10 VORNAME             PIC X(20).
            10 FILLER              PIC X(5).
            10 STRASSE             PIC X(20)
PROCEDURE DIVISION.).
...

     MOVE NAME     OF SATZ-1 TO NAME     OF ANSCHRIFT.
     MOVE VORNAME  OF SATZ-1 TO VORNAME  OF ANSCHRIFT.
     MOVE STRASSE  OF SATZ-1 TO STRASSE  OF ANSCHRIFT.
```

Der Programmierer kann bei der Kennzeichnung auf den ersten oder den zweiten übergeordneten Namen zurückgreifen.

Die Angabe
```
               MOVE NAME OF SATZ-1 TO ···
```
ist deshalb völlig gleichbedeutend mit
```
               MOVE NAME OF ANSCHRIFT TO ···
```

Da Datengruppen oft tief geschachtelt sind, ist eine Mehrfachkennzeichnung möglich. Für das letzte Beispiel könnte also auch geschrieben werden:

```
MOVE NAME OF ANSCHRIFT OF SATZ-1
    TO NAME OF ANSCHRIFT OF LISTE-1.
MOVE VORNAME OF ANSCHRIFT OF SATZ-1
    TO VORNAME OF ANSCHRIFT OF LISTE-1.
MOVE STRASSE OF ANSCHRIFT OF SATZ-1
    TO STRASSE OF ANSCHRIFT OF LISTE-1
```

In ANS-1974 konnte bis zu 5 Stufen tief geschachtelt werden. In **ANS-1985** sind bis zu 50 Stufen möglich. Sollen gleiche Paragraphen-Namen gekennzeichnet werden, müssen sie unterschiedlichen SECTIONs angehören.

Paragraphen-Name { **IN** / **OF** } SECTION-NAME

3.3 COBOL-Zeichenfolgen

Hinweis:
Auf gleiche Datennamen sollte man im Programm weitgehend verzichten. Besonders bei größeren Programmen wird dadurch der Datenfluß für andere Programmierer schlecht nachvollziehbar, was zu Übertragungsfehlern führen kann. Statt dessen wird man alle Datennamen durch geeignete Präfixe und ergänzende Suffixe eindeutig kennzeichnen.

2. Logische-Verbindungswörter (LOGICAL CONNECTIVES):

Mit logischen Verbindungswörtern können mehrere Einzelbedingungen zu einer Gesamtbedingung (zusammengesetzte Bedingung) verknüpft werden.

$$\textit{Bedingung-1} \left\{ \begin{array}{c} \textbf{AND} \\ \underline{\textbf{OR}} \end{array} \right\} \; [\underline{\textbf{NOT}}] \quad \textit{Bedingung-2}$$

Eine Verknüpfung von Einzelbedingungen mit dem logischen Operator **AND** bedeutet, daß die Gesamtbedingung dann wahr ist, wenn alle Einzelbedingungen erfüllt sind. Findet eine Verknüpfung der Einzelbedingungen mit **OR** statt, ist die Gesamtbedingung bereits dann wahr, wenn eine *einzige* Einzelbedingung erfüllt ist.

Wird der logische Operator **NOT** vor eine Bedingung gestellt, dann ist die Gesamtbedingung wahr, wenn die Einzelbedingung *nicht* erfüllt ist.

Beispiele:
```
IF SATZART = 01 AND BETRAG > 1000
                AND UEBERTRAG < 100
                    THEN PERFORM RABATT.

IF SATZART = 01 OR  SATZART = 02
                OR  SATZART = 03
                AND BETRAG > 1000
                AND UEBERTRAG < 100
                    THEN PERFORM RABATT.
```

```
IF SATZART = 01 OR NOT SATZART = 02
                AND NOT SATZART = 03
                AND BETRAG > 1000
                AND UEBERTRAG < 100
                        THEN PERFORM RABATT.
```

Im letzten Beispiel ist die Gesamtbedingung (Aufruf der Prozedur RABATT) genau dann erfüllt, wenn die SATZART gleich 01, 04, 05 ··· ist, BETRAG > 1000 und UEBERTRAG < 100 ist.

Durch das Setzen von Klammern können auch schwierige Gesamtbedingungen formuliert werden, die sich allein mit **AND, OR, NOT AND, NOT OR** nicht realisieren lassen.

Beispiel:

```
EVALUATE TRUE
WHEN
      (VARIABLE-1 = VARIABLE-2
                  OR VARIABLE-1 = 3,14)
                  AND NOT (ZAEHLER-1 = 100
                  AND ZAEHLER-2 = 1000) ...
            PERFORM ERROR-MSG
...
```

3. Serien-Verbindungswörter:

Serien-Verbindungswörter sind keine eigentlichen Wörter, sondern die Satzzeichen Komma (,) Punkt (.) und Semikolon (;). Sie verbinden wahlweise zwei oder mehrere aufeinanderfolgende Operatoren miteinander.

Sonderregister (SPECIAL REGISTERS)

Sonderregister sind vom Compiler erzeugte Speicherbereiche, in denen hauptsächlich Informationen gespeichert werden, die durch bestimmte COBOL-Routinen zu erzeugen sind. Diese Speicherbereiche haben festgelegte Namen, die zu den reservierten Wörtern zählen.

3.3 COBOL-Zeichenfolgen

1. DATE/TIME-Sonderregister:

Der Wert dieser Sonderregister kann nur über die ACCEPT-Anweisung abgerufen werden.

> **ACCEPT** *empfangsfeld-name* **FROM** *Register-Name*

Das Empfangsfeld muß jeweils so definiert sein, daß es den Wert des speziellen Sonderregisters aufnehmen kann.

Sonderregister (Register-Name)	Belegte Speicher-Stellen	Erläuterungen
DAY	5 Stellen numerisch	DAY liefert das Maschinendatum JJTTT.
DATE	6 Stellen numerisch	DATE liefert das Datum JJMMTT.
TIME	8 Stellen numerisch	TIME liefert das Datum HHMMSSss (ss = Hundertstel Sekunden)
DAY-OF-WEEK	1 Stelle numerisch	DAY-OF-WEEK liefert den verschlüsselten Wochentag von 1 (Montag) bis 7 (Sonntag)

DAY-OF-WEEK wird von SAA nicht unterstützt.

Beispiel:

```
WORKING-STORAGE SECTION.
77   DRU-DAT              PIC 9(6) VALUE ZERO.

PROCEDURE DIVISION.
LISTE.
     ACCEPT DRU-DAT FROM DATE.
```

Die DATE/TIME-Sonderregister werden im Zusammenhang mit der ACCEPT-Anweisung erklärt.

2. Weitere Sonderregister:

DEBUG-ITEM
Register des DEBUG-Moduls, welches zur Löschung im nächsten ANS-COBOL Standard vorgesehen ist (**in SAA nicht enthalten**).

LINAGE-COUNTER
Enthält eine FD-Eintragung die LINAGE-Klausel, wird automatisch das Sonderregister LINAGE-COUNTER generiert. Dieses Register ist ein Zeilenzähler für die Vorschubsteuerung des Druckers.

LINE-COUNTER, PAGE-COUNTER
Register des REPORT WRITER-Moduls, welches zur Löschung im nächsten ANS-COBOL Standard vorgesehen ist (**in SAA nicht enthalten**).

Sonderzeichen-Wörter (SPECIAL CHARACTERS)

Unter Sonderzeichen-Wörter sind keine eigentlichen Wörter zu verstehen, sondern arithmetische Operatoren und Vergleichssymbole. Die folgende Tabelle enthält die gültigen Sonderzeichen-Wörter:

Art	Sonderzeichen-Wort	Bedeutung
Arithmetische Operatoren	+	Addition
	-	Subtraktion
	*	Multiplikation
	/	Division
	**	Potenzierung
Vergleichssymbole	<	kleiner als
	>	größer als
	=	Gleichheitszeichen
	<=	kleiner oder gleich
	>=	größer oder gleich

Die Vergleichsoperatoren <= und >= wurden mit **ANS-1985** COBOL eingeführt.

Figurative Konstanten (FIGURATIVE CONSTANTS)

Figurative Konstanten sind reservierte Wörter, die einen konstanten Wert besitzen. Dieser Wert wird durch den Namen, den die Konstante besitzt, angedeutet.

Eine figurative Konstante kann in ihrer Singular- oder Pluralform angegeben werden. Die Singularangabe ist auch dann möglich, wenn die einzelnen Zeichenpositionen eines Datenfeldes mehrfach auftreten.

Beispiele:

```
WORKING-STORAGE SECTION.
01  FELD-1          PIC X(10) VALUE SPACE.
...
MOVE SPACE TO FELD-1.
MOVE SPACES TO FELD-1.
MOVE ALL SPACE TO FELD-1.
MOVE ALL SPACES TO FELD-1.
```

Die MOVE-Anweisungen der letzten Beispiele sind in ihrer Wirkung völlig identisch. Ist das FELD-1 10 Bytes lang, werden durch jede MOVE-Anweisung genau 10 Leerstellen übertragen.

Die Länge einer figurativen Konstante wird durch den unmittelbaren Programmzusammenhang bestimmt:

- Ist eine figurative Konstante mit einem Datenfeld verbunden (z. B. bei Datenübertragungen durch MOVE), ist die Länge der Zeichenfolge genau so groß wie dieses Datenfeld;

- Ist eine figurative Konstante (außer ALL) *nicht* mit einem anderen Datenfeld verbunden (z. B. in einer STRING- oder UNSTRING-Anweisung), ist die Zeichenfolge genau 1 Zeichen lang.

Die folgende Tabelle beinhaltet die figurativen Konstanten und deren Bedeutung:

Figurative Konstante	Bedeutung
ZERO ZEROES ZEROS	Repräsentieren eine oder mehrere Nullen. Die Datenkategorie ist *numerisch*.
HIGH-VALUE HIGH-VALUES	Repräsentieren eines oder mehrere Zeichen, die den höchsten Wert in der Sortierfolge einnehmen (HIGH-VALUE-Wert). Für die EBCDIC-Sortierfolge ist dieses Zeichen das hexadezimale "FF". Wird im SPECAL-NAMES-Paragraphen einem Zeichensatz eine andere Sortierfolge zugeordnet, dann ist der HIGH-VALUE-Wert das letzte Zeichen in dieser Sortierfolge. Die Datenkategorie ist *alphanumerisch*.
LOW-VALUE LOW-VALUES	Repräsentieren eines oder mehrere Zeichen, die den niedrigsten Wert in der Sortierfolge einnehmen (LOW-VALUE-WERT). Für die EBCDIC-Sortierfolge ist dieses Zeichen das hexadezimale "00". Die Datenkategorie ist *alphanumerisch*.
QUOTE QUOTES	Repräsentieren ein oder mehrere Paare Anführungszeichen. QUOTE (QUOTES) darf nicht benutzt werden anstelle eines Anführungszeichens innerhalb oder zur äußeren Begrenzung eines nichtnumerischen Literals. Die Datenkategorie ist *alphanumerisch*.
ALL *literal*	Repräsentiert eines oder mehrere frei definierbarer Literale. Das Literal muß entweder nichtnumerisch oder eine figurative Konstante (außer ALL) sein. Die Datenkategorie ist *alphanumerisch*.

3.3 COBOL-Zeichenfolgen

Darüber hinaus gelten für figurative Konstanten folgende Regeln:

1. Alle figurativen Konstanten (außer ZERO, ZEROES, ZEROS) haben die Datenkategorie alphanumerisch.

2. Figurative Konstanten können überall dort verwendet werden, wo in einem Format ein *nichtnumerisches* Literal angegeben ist.

3. Ist in einem Format ein *numerisches* Literal angegeben, darf statt dessen die figurative Konstante ZERO, ZEROES, ZEROS stehen.

IBM-Erweiterung:
Seit dem ANS-1985 darf die figurative Konstante NULL (NULLS) verwendet werden. Sie wird für Datenfelder benutzt, die mit USAGE IS POINTER oder dem Sonderregister ADDRESS OF definiert sind. NULL (NULLS) repräsentiert einen Wert, der anzeigt, daß derartige Felder keine gültige Adresse besitzen.

*Für den Compiler **VS COBOL II** hat die figurative Konstante NULL den Wert Null (Zero). Sie wird immer wie ein **nichtnumerisches Literal** behandelt.*

3.3.2 Literale

Unter einem Literal versteht man eine konstante Zeichenfolge, die der Programmierer beliebig zusammensetzen kann. Man unterscheidet zwischen numerischen und nichtnumerischen Literalen.

3.3.2.1 Numerische Literale

Ein numerisches Literal ist eine Zeichenfolge, die nur aus den **Ziffern 0-9**, einem **Vorzeichen** (**+** oder **-**) und dem **Dezimalpunkt** bestehen darf.

Darüber hinaus gelten für numerische Literale folgende Regeln:

1. Ein numerisches Liteal darf höchstens 18 Ziffernpositionen besitzen.

2. In einem numerischen Literal ist immer nur ein Vorzeichen erlaubt, das an der äußerst linken Zeichenposition stehen muß. Besitzt das Literal kein Vorzeichen, wird ein positiver Wert angenommen.

3. In einem numerischen Literal ist immer nur ein Dezimalpunkt erlaubt. Der Dezimalpunkt darf an jeder Stelle des Literals stehen, außer an der äußerst rechten Zeichenposition.

4. Steht ein numerisches Literal in Anführungszeichen, wird es als *nichtnumerisches* Literal betrachtet.

Beispiele:

gültige Literale	ungültige Literale	Fehler-Hinweise
1234567890	12345+	Vorzeichen dürfen nur in der äußerst linken Zeichenposition stehen.
+1234	12345.	Der Dezimalpunkt ist in der äußerst rechten Zeichenposition nicht erlaubt.
-123.456	1234567890123456789	Die Zeichenkette enthält 19 Ziffern. 18 sind maximal erlaubt.

IBM-Erweiterung:
Die IBM ANS-COBOL-Compiler erlauben die Bildung von **Gleitkomma-Literalen**. *Ein Gleitkomma-Literal kann in folgender Form dargestellt werden:*

[+ -]Mantisse E [+ -] Exponent

3.3 COBOL-Zeichenfolgen

Beispiele:

$0.54E - 78 = 0.54 \times 10^{-78}$
$0.72E + 76 = 0.72 \times 10^{+76}$

Da der Dezimalpunkt auch an der äußerst linken Zeichenposition stehen darf, kann hierfür geschrieben werden

.54E - 78   bzw.
+ 76

Der innere Wert dieser Beispiele wird damit nicht geändert. Ansonsten gelten die mathematischen Regeln der Potenzierung.

Darüber hinaus gelten für Gleitkomma-Literale folgende Regeln:

1. Die Angabe des Vorzeichens vor der Mantisse und dem Exponenten ist wahlfrei. Wird das Vorzeichen jedoch weggelassen, wird ein positives Vorzeichen angenommen.

2. Die Mantisse darf zwischen 1 und 16 Ziffernpositionen enthalten. Die Angabe des Dezimalpunktes ist auch dann erforderlich, wenn die Mantisse eine ganze Zahl repräsentiert (z. B. 5.0E + 20).

3. Der innere Wert eines Gleitkomma-Literals darf nicht größer sein als 0.72E+76 und nicht kleiner als 0.54E-78. Diese beiden Werte geben also die Grenzwerte an, zwischen denen ein Gleitkomma-Literal liegen darf.

3.3.2.2 Nichtnumerische Literale

Ein nichtnumerisches (alphanumerisches) Literal ist eine Zeichenkette, die jedes erlaubte Zeichen des Zeichenvorrates enthalten darf.

Es gelten folgende Bildungsregeln:

1. Die maximale Länge eines nichtnumerischen Literals von 160 Zeichen darf nicht überschritten werden (in ANS-1974 sind es 120 Zeichen).

2. **Ein nichtnumerisches Literal ist stets in Anführungszeichen einzuschließen.** Die Anführungszeichen sind bei den maximal 160 Zeichenpositionen nicht enthalten. Sie sind auch beim Festlegen des PICTURE-Multiplikators nicht mitzuzählen.

3. Steht innerhalb eines nichtnumerischen Literals ein Anführungszeichen, so muß dieses Anführungszeichen zur Unterscheidung der äußeren Begrenzung verdoppelt werden. Eine Verdopplung der Anführungszeichen ist nicht notwendig, wenn innerhalb eines nichtnumerischen Literals ein Teil der Zeichenkette paarig in Anführungszeichen steht.

Beispiel:

"DON""T WORRY ABOUT COBOL"

Das in DON"T als Apostroph stehende Anführungszeichen muß verdoppelt werden.

Aber:

"DONT""T WORRY ABOUT "COBOL""

Das Wort COBOL steht paarig in Anführungszeichen, deshalb ist keine Verdopplung notwendig.

Muß ein Anführungszeichen verdoppelt werden, so ist auch dieses Zeichen Teil des Literals und muß bei der Bestimmung des PICTURE-Multiplikators berücksichtigt werden.

4. Jedes nichtnumerische Literal ist der Datenkategorie *alphanumerisch* zuzuordnen (PICTURE X).

IBM-Erweiterung:
Die Anführungszeichen eines nichtnumerischen Literals können durch Hochkommata (Apostroph) ersetzt werden. Das gleiche gilt auch für Anführungszeichen innerhalb des Literals.

3.3.3 PICTURE-Zeichenfolgen

PICTURE-Zeichenfolgen bestehen aus COBOL-Zeichen, die in der DATA DIVISION die zu verarbeitenden Daten definieren. Sie legen die Länge des benötigten Arbeitsspeicherbereichs, die Datenkategorie und die Art der Datenaufbereitung für jedes Datenfeld fest. PICTURE-Zeichenfolgen werden ausführlich im Abschnitt über die PICTURE-Klausel behandelt.

3.4 Das Standard-COBOL-Format

Das COBOL-Codierformular

Das Zeilenformat eines COBOL-Quellprogramms stammt noch aus der Zeit, als die Lochkarte der einzige Datenträger zur Ersterfassung von Daten war. Das COBOL-Codierformular ist deshalb, besonders aus Gründen der Kompatibilität, noch das typische 80-zeilige Lochkartenformat.

In der Praxis wird von professionellen Programmierern das Codierformular wenig verwendet. Weil ohnehin die spätere Eingabe des Quellprogramms über den Bildschirm notwendig ist, wird die Eingabe auch sofort über den Bildschirm vorgenommen. Für den weniger geübten Programmierer ist diese Vorgehensweise jedoch kaum geeignet, weil dem eigentlichen Codieren stets eine Problemanalyse vorausgeht und ein Programmentwurf fertiggestellt werden sollte. Für dieses Konzipieren ist das COBOL-Codierformular besser geeignet als die Direkteingabe über den Bildschirm.

Das Format einer COBOL-Zeile besteht aus vier Bereichen:

```
1       6 7 8    12                                      72
┌───────┬─┬─┬────────┬──────────────────────────────────┐
│       │ │ │   A    │                B                 │
└───────┴─┴─┴────────┴──────────────────────────────────┘
```

Zeilennummernbereich

Der Zeilennummernbereich umfaßt die ersten 6 Zeichenpositionen und kann zum Durchnumerieren der COBOL-Zeilen des Quellprogramms verwendet werden. Werden Zeilennummern verwendet, müssen sie in streng aufsteigender Reihenfolge angegeben sein. Die meisten Compiler prüfen diese Reihenfolge ab. Ist die Sequenz nicht aufsteigend, werden Fehlermeldungen ausgegeben. Die Schrittweite der Numerierung ist jedoch frei wählbar. Empfehlenswert ist eine Schrittweite von 10, damit bei späteren Umstrukturierungen bzw. Ergänzungen des Programms problemlos Zeilen eingefügt werden können.

Fortsetzungsbereich

Die Zeichenposition 7 der COBOL-Zeile dient zur Kennzeichnung von Fortsetzungszeilen, Kommentarzeilen und zur Vorschubsteuerung.
Spalte 7 kann folgende Zeichen enthalten:

- **Fortsetzungszeichen:**
  Ein Bindestrich dient der Fortsetzung von Wörtern oder nichtnumerischen Literalen der vorhergehenden COBOL-Zeile (siehe Abschnitt Zeilen-Fortsetzung).

* **Kommentarzeilen:**
  Ein Stern dient zur Kennzeichnung einer Kommentarzeile. Der Kommentar kann an beliebigen Stellen im Bereich A und B stehen.

/ **Vorschubsteuerzeichen:**
  Durch einen Schrägstrich in Stelle 7 wird ein Seitenvorschub in der Umwandlungsliste erzielt.

3.4.1 Zeilenfortsetzung

Die Zeilenfortsetzung ist ein wichtiges Hilfsmittel, das besonders bei der freien Gestaltung von Listenbildern angewendet wird. Reicht z. B. für eine Überschriftenzeile einer Ausgabeliste eine COBOL-Zeile nicht aus, läßt sich mit einem Bindestrich in Stelle 7 eine Fortsetzungszeile markieren und die "restliche" Überschrift kann auf der neuen Zeile weitergeschrieben werden.

Fortsetzungszeilen können markiert werden zum Trennen von

- COBOL-Wörtern (reservierten Wörtern),
- Programmierer-Wörtern,
- Numerischen Literalen,
- Nichtnumerischen Literalen.

3.4.1.1 Trennen von Wörtern und numerischen Literalen

Für das Trennen von Wörtern und numerischen Literalen gelten folgende Regeln:

1. Wörter und numerische Literale können an jeder beliebigen Stelle getrennt werden. Einleitende oder abschließende Anführungszeichen dürfen weder in der fortgesetzten Zeile noch in der Fortsetzungszeile angegeben werden.

2. Am Ende der fortzusetzenden Zeile und am Anfang der Fortsetzungszeile dürfen beliebig viele Leerstellen (Blanks) stehen.

3. Ist zur Markierung der Fortsetzung in Stelle 7 der Fortsetzungszeile ein Bindestrich angegeben, wird der fortgesetzte Bereich unmittelbar, ohne Leerstellen, an den Bereich der vorhergehenden Zeile angehängt.

4. Die fortgesetzte Zeile muß im **Bereich B** beginnen. Bereich A der Fortsetzungszeile muß leer bleiben.

5. Wird die Fortsetzungszeile in Stelle 7 nicht mit einem Bindestrich markiert, nimmt der Compiler an, daß auf das letzte Zeichen der vorhergehenden Zeile eine Leerstelle folgt.

Beispiele:

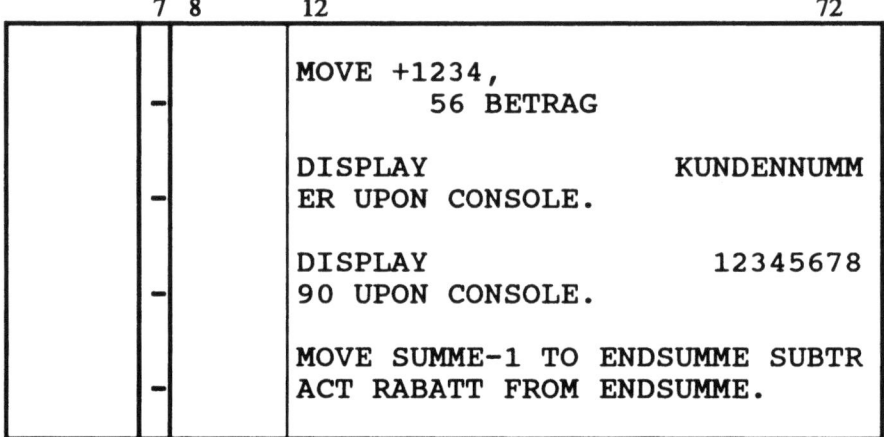

3.4.1.2 Trennung von nichtnumerischen Literalen

Ein nichtnumerisches Literal ist eine Zeichenkette, die jedes beliebige Zeichen des Zeichenvorrats enthalten darf (siehe dazu auch Nichtnumerische Literale).

Ein nichtnumerisches Literal ist stets in Anführungszeichen einzuschließen (Hochkomma bei IBM).

Für das Trennen von nichtnumerischen Literalen gelten folgende Regeln:

1. Nichtnumerische Literale können an jeder beliebigen Stelle der Zeichenkette getrennt werden.

3.4 Das Standard-COBOL-Format

2. Das zu trennende nichtnumerische Literal *muß* bis zur Stelle 72 geschrieben sein. Am Ende der fortzusetzenden Zeile dürfen keine zusätzlichen Blanks stehen, es sei denn, sie sind in der Zeichenkette enthalten (zusätzliche Blanks würden die Zeichenkette verändern).

3. Die Fortsetzungszeile kann an einer beliebigen Stelle des Bereichs B beginnen. **Es ist jedoch zwingend erforderlich, die Fortsetzungszeile mit einem Anführungszeichen einzuleiten.** Der Bereich A der Fortsetzungszeile muß leer bleiben.

4. Die Fortsetzungszeile ist in Stelle 7 mit einem Bindestrich zu markieren. Der Bindestrich bewirkt, daß beim Kompilieren der fortgesetzte Bereich sich unmittelbar an den Bereich der vorhergehenden Zeile anschließt.

5. Fehlt bei der Fortsetzungszeile das abschließende Anführungszeichen des nichtnumerischen Literals, werden alle Leerstellen bis Stelle 72 der fortgesetzten Zeile als Teil des Literals betrachtet.

Beispiele:

```
    7 8      12                                         72
   |   |    |                                           |
   |   |    | DISPLAY "ES WURDEN FOLGENDE SA
   | - |    | "TZARTEN AUF MAGNETBAND AUSGEG
   | - |    | "EBEN".
   |   |    |
   |   |WORK| ING-STORAGE SECTION.
   |   | 01 | LISTKOPF.
   |   |    | 05   ZEILE1   PIC X(64) VALUE
   |   |    | "             AUSGABELISTE DER
   | - |    | "AUFBEREITETEN SATZARTEN V. 1
   | - |    | "9.06.93".
   |   |    |
   |   |    | 05   ZEILE2   PIC X(64) VALUE
   |   |    | "             ****************
   | - |    | "*****************************
   | - |    | "*******".
```

3.4.2 Kommentarzeilen

Seit dem ANS-1974 werden Kommentare einheitlich mit einem Stern (∗) in Stelle 7 der COBOL-Zeile gekennzeichnet. Gleichzeitig wurden die älteren NOTE- und REMARKS-Paragraphen sowie die NOTE-Sätze aus dem COBOL-Standard entfernt. Zwischenzeitlich unterstützen alle marktgängigen Compiler diese Form der Kommentarkennzeichnung.

Kommentarzeilen dienen der Dokumentation einzelner Programmschritte oder ganzer Paragraphen und erhöhen damit die Übersichtlichkeit und Lesbarkeit des Quellprogramms. Ganz besonders nützlich erweist sich diese Art der Dokumentation, wenn spätere Programmänderungen von anderen Programmierern vorgenommen werden.

Für Kommentarzeilen gelten folgende Regeln:

1. Jede Kommentarzeile ist in Stelle 7 der COBOL-Zeile mit einem Stern (∗) zu kennzeichnen.

2. Eine Kommentarzeile darf überall im Quellprogramm nach der IDENTIFICATION DIVISION-Überschrift stehen.

3. Der Kommentar darf an beliebiger Stelle des Bereiches A und B angegeben werden, wobei jedes Zeichen des gültigen Zeichenvorrates erlaubt ist.

4. Es sind beliebig viele aufeinanderfolgende Kommentarzeilen erlaubt. Jede dieser Zeilen muß mit einem Stern in Stelle 7 beginnen.

5. Der Compiler betrachtet jede Kommentareintragung als Dokumentation. Eine Syntaxprüfung findet grundsätzlich nicht statt.

6. Eine oder mehrere Kommentarzeilen dürfen nicht zwischen einer fortzusetzenden Zeile und einer Fortsetzungszeile (Bindestrich in Stelle 7) eingefügt werden.

3.4 Das Standard-COBOL-Format

Beispiele:

```
  7 8    12                                                              72
   |   |WORK|ING-STORAGE SECTION.
  *|   |----|--------------------
   |   |    |
  *|   |****|*******************************
  *|   |    |DRUCKZEILEN DER SATZART 04
  *|   |****|*******************************
   |   |    |
  *|   |    |LINKAGE-BEREICH FUER UPRO ZAEH
   |   |01  |W-ZAEHL-UEBERGABE.
   |   |    |05   KARTE1         PIC X(80).
```

In *Beispiel 1* wird die Überschrift einer SECTION durch eine Kommentareintragung unterstrichen. In *Beispiel 2* werden Druckzeilen durch eine hervorgehobene Überschrift kenntlich gemacht. In *Beispiel 3* wird eine zweizeilige Überschrift eingefügt, die einen nachfolgenden Übergabebereich bezeichnet.

3.4.3 Leerzeilen

Eine Leerzeile liegt dann vor, wenn die Stellen 7 bis einschließlich 72 der COBOL-Zeile nur Leerstellen enthalten. Das Einfügen von Leerzeilen ist ein einfaches Hilfsmittel zur Unterstützung der strukturierten Programmierung, um SECTIONS, Paragraphen oder Datendefinitionen in übersichtlicher Blockform darzustellen.

Leerzeilen benötigen keine Markierung in Stelle 7 der COBOL-Zeile.

Hinweis:
Um die Laufzeit (CPU-Zeit) eines Programms zu verkürzen, sollten Leerzeilen mit einem Stern (*) in Stelle 7 als Kommentarzeilen gekennzeichnet werden. Dadurch wird dem Compiler mitgeteilt, daß es sich um keine Datenzeilen handelt, die Byte für Byte abgeprüft werden müssen.

3.5 Das COBOL-Quellprogramm

Ein COBOL-Quellprogramm besteht aus den vier Hauptteilen

- IDENTIFICATION DIVISION,
- [ENVIRONMENT DIVISION],
- [DATA DIVISION],
- [PROCEDURE DIVISION].

Diese Hauptteile (Divisions) müssen in der angegebenen Reihenfolge im Quellprogramm erscheinen. Werden die wahlfreien Divisions weggelassen, ist das Programm "leer" und damit zu keiner Problemlösung fähig. Nachfolgende Übersicht zeigt die allgemeine Struktur eines COBOL-Quellprogramms.

```
IDENTIFICATION DIVISION.
PROGRAM-ID.              Programm-Name.
     Kommentareintragungen;
     Inhalt der Identification Division

ENVIRONMENT DIVISION.
CONFIGURATION SECTION.
SOURCE-COMPUTER.         Name des Umwandlungssystems
OBJECT-COMPUTER.         Name des auszuführenden Systems
SPECIAL-NAMES.
     Eigenschaften und Regeln, die der Programmierer festlegt
INPUT-OUTPUT SECTION.
FILE-CONTROL.
     Definition der Ein- und Ausgabedateien
I-O-CONTROL.
     Festlegung spezieller Ein- und Ausgabetechniken

DATA DIVISION.
FILE SECTION.
     Definition der Datensätze
WORKING-STORAGE SECTION.
     Definition der Arbeitsbereiche
     (Konstanten, Variable, Datensätze usw.)
```

3.5 Das COBOL-Quellprogramm

LINKAGE SECTION.
(Nur im Unterprogramm für Datenaustausch mit dem Hauptprogramm)

PROCEDURE DIVISION.
Anweisungen zur Problemlösung und Verzweigung zu den Unterprogrammen

Da das Quellprogramm selbst nicht ablauffähig ist, muß es in ein ausführbares Objekt-Programm umgewandelt werden. In der **MVS**-Umgebung sind dazu zwei Arbeitsschritte erforderlich:

- Durch den Kompilierungsvorgang wird der Quell-Code in den **Maschinen-Code** umgewandelt und ein **Objekt-Modul** erzeugt.

- In einem zweiten Schritt wird das Objekt-Modul durch den Binder **(LINKAGE EDITOR)** zu einem ausführbarem **Lade-Modul** aufbereitet.

Durch das Binden können auch mehrere Objekt-Moduln, die getrennt übersetzt wurden, zu einem *einzigen* ausführbaren Lade-Modul gebunden werden. Das ist zum Beispiel bei getrennt übersetzten Unterprogrammen der Fall.

Statt des LINKAGE EDITORS kann auch der **Loader** (Lader) verwendet werden. Der Loader erzeugt aus dem Objekt-Modul das Lade-Modul und lädt es im Gegensatz zum LINKAGE EDITOR direkt in den Hauptspeicher. Unmittelbar danach kann das Programm mit dem GO-Befehl ausgeführt werden. Der Loader beinhaltet also sowohl den Link- als auch den Ausführungsstep. Der Einsatz des Loaders ist nur in der Testphase eines Programms sinnvoll, weil keine Kopie des Lade-Moduls für weitere Ausführungen des Programms angelegt wird. Das Lade-Modul steht demzufolge immer nur für die unmittelbar nachfolgende Ausführung zur Verfügung. Für das Kompilieren (COMPILE), Binden (LINK), Laden (LOAD) und Ausführen (GO) kann der Programmierer fünf Standardprozeduren benutzen, die in der Regel in der SYS1.PROCLIB installiert sind.

4 IDENTIFICATION DIVISION

Die IDENTIFICATION DIVISION ist stets der erste Teil in einem COBOL-Programm. Der Name "Identification" deutet bereits an, daß das Programm an dieser Stelle benannt (identifiziert) wird. Bestimmte Informationen, die das Programm gegenüber anderen Programmen "identifizieren" sollen, stehen in dieser Division. Derartige Informationen können der Programmname sein, der Name des Verfassers, das Datum der Codierung usw.

Format:

```
IDENTIFCATION DIVISION.
PROGRAM-ID.              programm-name.
[AUTHOR.                 [kommentar] ...]
[INSTALLATION.           [kommentar] ...]
[DATE-WRITTEN.           [kommentar] ...]
[DATE-COMPILED.          [kommentar] ...]
[SECURITY.               [kommentar] ...]
```

Die Überschrift **IDENTIFICATION DIVISION** und der Paragraph **PROGRAM-ID** müssen angegeben werden. Die übrigen Paragraphen sind wahlfrei. PROGRAM-ID muß der erste Paragraph der IDENTIFICATION DIVISION sein. Werden die wahlfreien Paragraphen angegeben, ist die Reihenfolge, wie im Format angegeben, einzuhalten.

Die Kommentare in den wahlfreien Paragraphen können sich aus beliebigen Zeichen des Zeichenvorrats zusammensetzen. Sie können im Bereich B der COBOL-Zeile auf einer oder mehreren Zeilen geschrieben werden. Zur Fortsetzung einer Zeile ist der Bindestrich im Fortsetzungsbereich (Stelle 7) nicht erlaubt.

4.1 Der Paragraph PROGRAM-ID

Dieser Paragraph muß an erster Stelle der IDENTIFICATION DIVISION stehen. "ID" steht für *Identification* und bedeutet *"Erkennung"* bzw. *"Benennung"*. Der unter PROGRAM-ID stehende Name des Programms dient also dem System zur Programmerkennung.

Programmname ist ein vom Programmierer definiertes Wort. Es darf insgesamt 30 Stellen lang sein und die Zeichen **A-Z**, **0-9** und den **Bindestrich** beinhalten. Der Bindestrich darf jedoch nicht an erster oder letzter Stelle der Zeichenkette stehen. Bei Großrechnern muß darüber hinaus das erste Zeichen ein Buchstabe sein. Wieviel Zeichen des Programmnamens vom System als Erkennungsteil benutzt werden, ist compilerabhängig. Dieser Teil des Namens muß im Programm eindeutig sein.

Bei **IBM** muß unter **MVS**, **CMS** und **OS/400** das erste Zeichen des Programmnamens ein Buchstabe sein. Unter MVS und CMS werden die ersten 8 und unter OS/400 die ersten 10 Stellen zur Programmidentifikation herangezogen. Wird der Programmname numerisch angegeben, wird die erste Ziffer wie folgt umgesetzt:

        0 (Null)   in   **J**
        1 bis 9   in   **A bis I.**

Da der Programmname für den Anwender leicht merkbar sein sollte, empfiehlt sich, stets einen kurzen einprägsamen Namen zu verwenden.

IBM-Erweiterung:
Als Programmname darf ein nichtnumerisches Literal verwendet werden, welches jedoch den Regeln für die Bildung eines Programmnamens gehorchen muß. Eine figurative Konstante ist nicht zugelassen. Stehen im Literal Kleinbuchstaben, werden sie wie Großbuchstaben behandelt.

4.2 Die wahlfreien Paragraphen

Die wahlfreien Paragraphen dienen der zusätzlichen Kennzeichnung des Programms. Die Angaben werden als Kommentareintragungen behandelt, die keinerlei Beschränkungen unterliegen. Der Bindestrich in Stelle 7 der COBOL-Zeile ist allerdings nicht erlaubt. Eine Syntaxprüfung findet nicht statt.

Die wahlfreien Paragraphen sind in nachstehender Tabelle aufgeführt:

AUTHOR:	Programmierer-Name
INSTALLATION:	Computertyp, auf dem das Programm ausgeführt werden soll.
DATE-WRITTEN:	Datum der Codierung (Fertigstellungsdatum).
DATE-COMPILED:	Datum der Umwandlung (Kompilierung).
SECURITY:	Autorisierter Benutzerkreis.

Die wahlfreien Paragraphen haben aus folgenden Gründen keine Bedeutung mehr:

- Die Kommentare, die die Paragraphen angeben, können ebenso durch Kommentareintragungen mit einem Stern (*) im Folgebereich (Stelle 7) ersetzt werden.

- Der Paragraph INSTALLATION ist nicht mehr zeitgemäß, denn alle COBOL-Programme sollten systemunabhängig sein.

- Der Paragraph DATE-COMPILED ist überflüssig, denn alle Compiler drucken in der Umwandlungsliste das Datum an.

Die wahlfreien Paragraphen wurden aus diesen Gründen in **ANS-1985 zur Löschung im nächsten COBOL-Standard vorgemerkt.**

Beispiel:

```
IDENTIFICATION DIVISION.
PROGRAM-ID.              UPDATE.
AUTHOR.                  ROITZSCH
INSTALLATION.            IBM-370
DATE-WRITTEN.            19/06/91
DATE-COMPILED.           20/06/91
SECURITY.                VERSION 3.0
```

IBM-Erweiterung:

Die Kommentareintragungen dürfen die Anweisungen SKIP1, SKIP2, SKIP3, EJECT oder TITLE enthalten. Eine derartige Anweisung wird jedoch nur dann ausgeführt, wenn sie allein auf einer Zeile innerhalb der Kommentareintragungen steht. Die Kommentareintragung selbst wird dadurch nicht beendet.

5 ENVIRONMENT DIVISION

In der ENVIRONMENT DIVISION wird die gesamte Hardware beschrieben, die vom Programm benötigt wird (Environment läßt sich mit Umgebung, Umfeld übersetzen). Mit den Eintragungen in dieser Division wird gewährleistet, daß der Compiler bei der Umwandlung die richtigen Programm-Routinen zur Unterstützung der geforderten Hardware-Komponenten in das Programm einfügt.

Durch die ENVIRONMENT DIVISION wird ein Programm in gewissem Maße systemabhängig. Da jedoch besonders sehr umfangreiche Programme immer systemunabhängig sein müssen, sollten alle hardwaremäßigen Komponenten durch selbständige Unterprogramme gesteuert werden. Findet ein Wechsel der Hardware statt, sind dann nur die geräteabhängigen Unterprogramme anzupassen.

Die ENVIRONMENT DIVISION gliedert sich in die **CONFIGURATION SECTION** und die **INPUT-OUTPUT SECTION**. Während die CONFIGURATION SECTION die Hardware beschreibt, werden in der INPUT-OUTPUT SECTION die verwendeten Dateien definiert, deren Organisation festgelegt und die externen E-/A-Geräte angegeben.

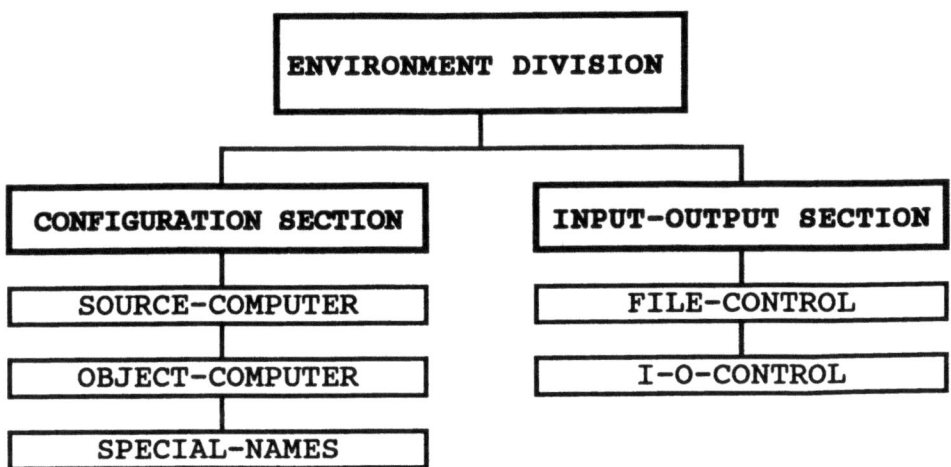

5.1 CONFIGURATION SECTION

Die CONFIGURATION SECTION besteht aus drei wahlfreien Paragraphen. In den Paragraphen **SOURCE-COMPUTER** und **OBJECT-COMPUTER** wird der Rechnertyp beschrieben, der für die Kompilierung des Quellprogramms und die spätere Ausführung des Zielprogramms benutzt wird. Im Paragraphen **SPECIAL-NAMES** können eine ganze Reihe Eintragungen gemacht werden, die unter anderem folgendes zum Inhalt haben:

- Verbindung zwischen hersteller-definierten Funktionsnamen und einfachen benutzer-definierten Merknamen.

- Festlegen der Sortierfolge.

- Ersetzung von Währungszeichen.

- Vertauschen der Funktion von Komma und Dezimalpunkt.

- Ersetzen von Zeichensätzen oder Sortierfolgen durch benutzer-definierte "Alphabet-Namen".

- Festlegen von symbolischen Zeichen.

Die nachfolgende Abbildung zeigt das Syntax-Gerüst der **ENVIRONMENT DIVISION**.

```
[ENVIRONMENT DIVISION.

 [CONFIGURATION SECTION.
 [SOURCE-COMPUTER.]
 [OBJECT-COMPUTER.]
 [SPECIAL-NAMES.]]

 [INPUT-OUTPUT SECTION.
 FILE-CONTROL.
 [I-O-CONTROL.]]]
```

Werden die Eintragungen angegeben, müssen sie in der angegebenen Reihenfolge stehen. Wird die Reihenfolge nicht eingehalten, geben die meisten Compiler Fehlermeldungen aus.

In **ANS-1974 COBOL** war die ENVIRONMENT DIVISION noch nicht wahlfrei. Wahlfrei war nur der Paragraph SPECIAL-NAMES, die INPUT-OUTPUT SECTION und der Paragraph I-O-CONTROL.

In der CONFIGURATION SECTION kann wahlweise ein Komma oder ein Semikolon zur Trennung der einzelnen Klauseln innerhalb eines Paragraphen verwendet werden. Nach der letzten Klausel in einem Paragraphen muß ein Punkt stehen.

5.1.1 Der Paragraph SOURCE-COMPUTER

SOURCE-COMPUTER ist der erste Paragraph in der CONFIGURATION SECTION. Er bezeichnet die Rechenanlage, auf der das Quellprogramm kompiliert werden soll. Welche Angaben in diesem Paragraphen gemacht werden, wird vom Hersteller vorgegeben. In der Regel ist es der System-Name des Rechners (z. B. IBM-370).

Format:

```
SOURCE-COMPUTER.   System-Name
     [WITH DEBUGGING MODE.]
```

Die Schreibweise des System-Namens wird zwar vom Compiler abgeprüft, sie hat jedoch keinerlei Einfluß auf die Umwandlung des Quellprogramms. Der System-Name dient ausschließlich der Dokumentation in der Umwandlungsliste.

Beispiele für die Angabe unterschiedlicher System-Namen:

SOURCE-COMPUTER.	**IBM-370.**	(IBM)
SOURCE-COMPUTER.	**APPLE-II.**	(Apple)
SOURCE-COMPUTER.	**M16.**	(Fujitsu)
SOURCE-COMPUTER.	**SIEMENS-7000 761.**	(Siemens)
SOURCE-COMPUTER.	**UNIVAC-490.**	(UNIVAC)

Hinweis:
Die Angabe des Paragraphen SOURCE-COMPUTER kann besonders dann nützlich sein, wenn das Programm gemäß SAA-Standard unter mehreren Betriebssystemen und Prozessor-Typen laufen soll. Aus der Umwandlungsliste ist dann sofort ersichtlich, durch welchen Rechnertyp die Umwandlung erfolgte.

5.1.1.1 WITH DEBUGGING MODE-Klausel

Die Klausel WITH DEBUGGING MODE ist eine Testeinrichtung zur Fehlersuche (**DEBUGGING = Fehlersuche**). Sie dient als Schalter zur Umwandlungszeit für Testeinrichtungen, die im Quellprogramm geschrieben werden. Da die meisten Compiler eigene, interaktiv arbeitende DEBUG-Einrichtungen besitzen, wird die Klausel zunehmend überflüssig. Sie wurde deshalb **in ANS-1985 zur Löschung im nächsten COBOL-Standard vorgemerkt.**

Wird die Klausel angegeben, werden alle DEBUG-Zeilen als Teil des Quellprogramms umgewandelt. Bei der Ausführung des Programms werden diese Zeilen also als integrierter Teil des Programms abgearbeitet.

Wird die Klausel nicht angegeben, werden alle DEBUG-Zeilen als Dokumentation behandelt, als ob ein Stern (∗) in Stelle 7 der COBOL-Zeile stünde.

Für die DEBUG-Zeilen gelten folgende Regeln:

1. Eine DEBUG-Zeile wird durch ein "D" im Fortsetzungsbereich (Stelle 7) der COBOL-Zeile markiert.

2. Es sind mehrere aufeinanderfolgende DEBUG-Zeilen möglich. Jede nachfolgende DEBUG-Zeile muß jedoch ebenfalls mit einem "D" im Fortsetzungsbereich gekennzeichnet werden.

3. Eine Zeichenfolge darf durch das Zeilenende nicht unterbrochen werden.

4. DEBUG-Zeilen dürfen in der ENVIRONMENT -, DATA - und PROCEDURE DIVISION angegeben werden. In der ENVIRONMENT DIVISION dürfen DEBUG-Zeilen jedoch erst nach dem Paragraphen OBJECT-COMPUTER stehen.

5. Enthält eine DEBUG-Zeile keine Zeichen im Bereich A und B der COBOL-Zeile, wird sie als Leerzeile interpretiert.

In den DEBUG-Zeilen werden die Testanweisungen codiert (z. B. ADD..., DISPLAY...usw.) Dadurch wird nichts anderes getan, als der Zugriff zu den Daten ermöglicht, die getestet werden sollen. Der Programmierer kann also entscheiden, wie und welche Daten er testen bzw. ausgeben will.

5.1.2 Der Paragraph OBJECT-COMPUTER

In diesem Paragraphen wird die Rechenanlage angegeben, auf der das Maschinenprogramm nach der Kompilierung ausgeführt werden soll. Wie im Paragraphen SOURCE-COMPUTER wird auch hier die Angabe vom Hersteller vorgeschrieben. In der Regel ist es der Systemname des Herstellers (z. B. SIEMENS-4004 151R).

Im Paragraphen OBJECT-COMPUTER können die wahlfreien Klauseln **MEMORY SIZE** und **COLLATING SEQUENCE** angegeben werden. Die wahlfreie Klausel **SEGTMENT-LIMIT** ist **zur Löschung im nächsten COBOL-Standard vorgesehen.**

Format:

```
OBJECT-COMPUTER. [system-name [MEMORY SIZE
                                        ganzzahl
{WORDS, CHARACTERS, MODULES}]
[PROGRAM COLLATING SEQUENCE IS alphabet-name]
[SEGMENT-LIMIT IS prioritäts-nummer].]
```

Der *system-name* im Paragraphen SOURCE-COMPUTER und OBJECT-COMPUTER wird in der Regel identisch sein. Es besteht jedoch die Möglichkeit, daß bei Einführung eines neuen Systems das Quellprogramm auf dem alten und die Ausführung des Programms auf dem neuen System vorgenommen wird.

Beispiel:

```
SOURCE-COMPUTER.        IBM-360.
OBJECT-COMPUTER.        IBM-370.
```

5.1.2.1 MEMORY SIZE-Klausel

Diese Klausel gibt dem Compiler den Hauptspeicherbedarf bekannt, der zur Ausführung des Objektprogramms benötigt wird. Dadurch wird von vornherein eine Speicheroptimierung vorgenommen. Einige Compiler unterstützen die Klausel nur im Zusammenhang mit der Segmentierung der PROCEDURE DIVISION.

Je nach der Art des Rechners wird der erforderliche Hauptspeicherbedarf in Wortgrößen (**WORDS**), in Bytes (**CHARACTERS**) oder in Programm-SECTIONS (**MODULES**) zugewiesen.

Die Schreibweise der Klausel wird zwar vom Compiler abgeprüft, sie hat jedoch keinen Einfluß auf die Ausführung des Objektprogramms.

Die Klausel ist für den nächsten ANS-COBOL **zur Löschung vorgemerkt.** Sie sollte in neuen Programmen nicht mehr verwendet werden.

5.1.2.2 SEGMENT-LIMIT-Klausel

Die Klausel ist **zur Löschung im nächsten ANS-COBOL vorgemerkt.** Sie wird im Zusammenhang mit der Segmentierung (Aufteilung in Segmente) der PROCEDURE DIVISION benutzt. Durch die Segmentierung wird besonders bei umfangreichen Programmen der Hauptspeicherbedarf auf ein Minimum reduziert. Die Anwendung war deshalb besonders für PC´s, die ein geringes Hauptspeichervolumen hatten, sinnvoll.

Wird die Segmentierung benutzt, muß die gesamte PROCEDURE DIVISION in Kapitel unterteilt sein (*Kapitelname* **SECTION**). Die Kapitel wiederum werden aufgrund ihrer physischen und logischen Zusammenhänge durch ein System von **Prioritätszahlen** (00 bis 99) gekennzeichnet.

Alle Kapitel, die die gleiche Prioritätszahl haben, bilden ein **Programmsegment**, das genau dann in den Hauptspeicher geladen wird, wenn seine Ausführung durch die Anweisungen im Objektprogramm verlangt wird. Ist der Hauptspeicher geladen und soll ein neues Segment eingeladen werden, dann **werden immer die Segmente mit der höchsten Prioritätszahl überspeichert.**

Denjenigen Segmenten, die sehr selten benötigt werden, ordnet man also hohe Prioritätszahlen zu, während Segmente, die oft aufgerufen werden, eine entsprechende niedrigere Prioritätszahl erhalten. Man unterteilt die Programmsegmente in **permanente, überlagerbare** und **unabhängige** Segmente.

Die **permanenten** und **überlagerbaren** Segmente bilden die festen Teile des Objektprogramms. Sie werden bei der Ausführung des Programms für Steuerzwecke oder zur Aufbereitung variabler Daten benötigt und deshalb so behandelt, als wären sie physisch ständig im Speicher vorhanden. Diesen festen Teilen des Objektprogramms ordnet man die Prioritätsnummern 00 bis 49 zu.

Die **unabhängigen** Segmente enthalten Programmteile, die nur dann benötigt werden, wenn man sie durch entsprechende Anweisungen aufruft. Sie können deshalb von anderen Segmenten überlagert werden oder selbst andere Segmente überlagern.

Durch die SEGMENT-LIMIT-Klausel kann der Programmierer die Angabe von permanenten und überlagerbaren Segmenten steuern.

Format:

```
SEGMENT-LIMIT IS prioritäts-nummer
```

Die in der Klausel anzugebende Prioritätszahl stellt eine Grenze (LIMIT) dar, ab der bestimmte permanente Segmente, die weniger oft benötigt werden, von unabhängigen Segmenten überlagert werden können.

Beispiel:

```
SOURCE-COMPUTER.        IBM-370.
OBJECT-COMPUTER.        IBM-370
    SEGMENT-LIMIT IS 28.
```

```
                   Segment-Limit = 28
                           ↓
┌────────────────────────┬────────────────────────┬────────────────────────┐
│ permanente Segmente    │ überlagerbare Segmente │ unabhängige Segmente   │
│                        │                        │                        │
│ 3 ...             27   │ ...          47 48 49  │ ...               99   │
└────────────────────────┴────────────────────────┴────────────────────────┘
```

Die Segmente mit den Prioritätsnummern 0 bis 49 bilden den festen Teil des Objektprogramms, also den Teil, der prioritätsbezogen am häufigsten benötigt wird. Durch die SEGMENT-LIMIT-Angabe wird dieser Teil aufgespalten in den permanenten Teil (0 bis 27) und den überlagerbaren Teil (28 bis 49). Dieser überlagerbare Teil wird nun durch den unabhängigen Teil überspeichert.

Wird die SEGMENT-LIMIT-Klausel nicht angegeben, werden alle Kapitel mit den Prioritätszahlen zwischen 0 und 49 als permanente Segmente betrachtet.

Die Segmentierung der PROCEDURE DIVISION hat das Format:

```
        kapitel-name    SECTION    [Prioritätszahl]
```

5.1.2.3 PROGRAM COLLATING SEQUENCE-Klausel

Mit dieser Klausel wird für das Programm eine andere Sortierfolge zum vorhandenen Zeichensatz festgelegt. Der in der Klausel anzugebende **alphabet-name** wird im Paragraphen SPECIAL-NAMES definiert. Die Programmsortierfolge wird für programm-internes nichtnumerisches Vergleichen benötigt. Die Klausel bezieht sich auch auf nichtnumerische Schlüsselfelder (Keys) beim Mischen und Sortieren, wenn sie nicht als COLLATING SEQUENCE-Angabe in der SORT- oder MERGE-Anweisung spezifiziert ist. Wird die Klausel nicht angegeben, wird die vom Hersteller vorgegebene Sortierfolge benutzt.

5.1.3 Der Paragraph SPECIAL-NAMES

Dieser vielseitige, aber auch recht unübersichtliche Paragraph beinhaltet die folgenden Funktionen:

1. Herstellerspezifische Funktionsnamen werden einfachen benutzerspezifischen Merknamen (mnemonische Namen) zugeordnet.

2. Abfrage von Software-Schalterzuständen.

3. Definition neuer Sortierfolgen für nichtnumerische Vergleiche (die Sortierfolge ist mit einem Alphabetnamen zu verbinden, der in der Klausel COLLATING SEQUENCE im Paragraphen OBJECT-COMPUTER anzugeben ist).

4. Vertauschung der Funktion von Dezimalpunkt und Komma in den PICTURE-Klauseln und numerischen Literalen.

5. Ersetzung des standardmäßig vorhandenen Währungszeichens ($) durch ein anderes.

6. Festlegen von Klassenbedingungen.

Da einige Hersteller von der Syntax des ANS-COBOL Standards für den SPECIAL-NAMES-Paragraphen abweichen, sollte in jedem Fall vor der Codierung das jeweilige Handbuch eingesehen werden.

Der Paragraph SPECIAL-NAMES besteht nur aus einem einzigen Satz. Der Dezimalpunkt darf also nur am Ende der Eintragungen stehen. Obwohl die Klauseln wahlfrei sind, ist zwingend die angegebene Reihenfolge im Format einzuhalten.

Das Format des hier beschriebenen SPECIAL-NAMES-Paragraphen ist an den Compiler **VS COBOL II** (ANS-1985) angelehnt.

5.1 CONFIGURATION SECTION

Format:

```
[SPECIAL-NAMES.
    [funktionsname-1 IS merkname] ···
    [funktionsname-2 IS merkname

    ⎧   ON STATUS IS       bedingungsname-1   ⎫
    ⎪     [OFF STATUS IS bedingungsname-2]    ⎪
    ⎨   OFF STATUS IS      bedingungsname-2   ⎬ ] ···
    ⎪     [ON STATUS IS   merkname-1]         ⎪
    ⎩                                         ⎭

[ALPHABET alphabet-name IS

    ⎧ STANDARD-1                                          ⎫
    ⎪ STANDARD-2                                          ⎪
    ⎪ NATIVE                                              ⎪
    ⎪ EBCDIC                                              ⎪
    ⎨            ⎡ {THROUGH}                    ⎤         ⎬ ] ···
    ⎪ literal-1  ⎢ {THRU   }   literal-2        ⎥ ···     ⎪
    ⎪            ⎢    ALSO     literal-3        ⎥         ⎪
    ⎩            ⎣    [ALSO    literal-4]···    ⎦         ⎭

[CLASS klassen-name IS      literal-5
            {THROUGH}       literal-6    ] ···
            {THRU   }

[CURRENCY SIGN IS literal]
[DECIMAL-POINT IS COMMA]].
```

5.1.3.1 Funktionsname-1 IS Merkname-Klausel

Mit dieser Klausel werden bestimmten herstellerspezifischen Funktionsnamen einfache benutzerspezifische Merknamen (mnemonische Namen) zugeordnet. Die Computerhersteller verwenden derartige Funktionsnamen für Systemeinheiten und zum Ausführen bestimmter Systemaktionen, die vom Compiler durchzuführen sind. Sehr oft sind diese Namen abstrakt und wenig aussagefähig. Deshalb wird über einen vom Programmierer anzugebenden einfachen Merknamen der entsprechende Maschinenname angesprochen. Für den Hersteller **IBM** können die in nachfolgender Tabelle stehenden Funktionsnamen angegeben werden:

Funktions-Name	Bedeutung	Anwendung in
SYSIN SYSIPT	System-Eingabeeinheit	ACCEPT-Anweisung
SYSOUT SYSLIST SYSLST	System-Ausgabeeinheit	DISPLAY-Anweisung
SYSPUNCH SYSPCH	System-Stanzausgabeeinheit	DISPLAY-Anweisung
CONSOLE	Konsol-Ein-/Ausgabe	ACCEPT- und DISPLAY-Anweisung
C01 - C12	Vorschubsteuerung - Vorschub auf Kanal 1...12	WRITE ADVANCING-Anweisung
CSP	Vorschubunterdrückung	WRITE ADVANCING-Anweisung
S01 S02	Ablagefach 1 und 2 beim Stanzen	WRITE ADVANCING-Anweisung

Beispiel:
```
SPECIAL-NAMES.
    C01 IS KANAL1
    C02 IS KANAL2
    C03 IS KANAL3
    CSP IS OHNE-VORSCHUB.
```

Die Funktionsnamen C01 ··· C03 werden ersetzt durch KANAL1 ··· KANAL3 und CSP durch OHNE-VORSCHUB. In den Anweisungen sind die Funktionsnamen durch die entsprechenden Merknamen zu ersetzen. Zum Beispiel WRITE AUSGABE-SATZ AFTER KANAL1.

Die *Funktionsname-1* IS *Merkname*-Klausel kann in beliebiger Anzahl im Programm codiert werden.

5.1.3.2 Funktionsname-2 IS Merkname-Klausel

Die Klausel definiert einen Programmschalter, der aus einen Byte besteht. Als *Funktionsname-2* können z. B. die **IBM**-Namen **UPSI-0** bis **UPSI-7** eingesetzt werden. UPSI ist die Abkürzung von **User Program Status Indicator**. Jeder UPSI-Statusanzeiger ist ein vom Programmierer definierter Programmschalter, der durch Ausführungsparameter *außerhalb* des COBOL-Programms definiert ist. Die Schalterzustandsbedingung bestimmt den mit dem Bedinungsnamen verbundenen Ein- oder Aus-Status des UPSI-Schalters. Dieser Wert wird als **alphanumerisch** angesehen. Er ist "wahr", wenn der UPSI-Schalter auf den Bedingungsnamen entsprechenden Wert gesetzt wird. In der PROCEDURE DIVISION wird der Schalterstatus (**ON** oder **OFF**) durch den zugeordneten Bedingungsnamen getestet.

Der UPSI-Schalter hat das Format **UPSInnnnnnnn**. Jedes n repräsentiert einen Schalter (0 bis 7), der den Wert "0" (OFF) oder "1" (ON) annehmen kann. Der UPSI-Ausführungsparameter wird in der JCL unmittelbar hinter der EXEC-Anweisung durch den **PARM**-Eintrag angegeben.

Beispiel:

Die UPSI-Schalter 1 und 4 sollen auf den ON-Status gesetzt werden. In der JCL kann unter MVS angegeben werden:
//stepname   EXEC   PGM=*programm-name*,
//   PARM=´[*user-parameter*][/**UPSI01001000**]´

UPSI-Schalter werden heute kaum noch verwendet, um Bedingungsvariable zu testen. Eine Methode, dem Programm zur Ausführungszeit variable Informationen mitzuteilen, basiert auf der Angabe von *User-Parametern*. Sie werden ebenso als PARM-Angaben hinter der **EXEC**-Anweisung in der JCL eingestellt. Im Quellprogramm muß zu diesem Zweck die **USING**-Option hinter der PROCEDURE DIVISION-Überschrift angegeben sein. Die Beschreibung der Felder, in welche die PARM-Werte zur Ausführungszeit durch das System übertragen werden, wird in der **LINKAGE SECTION** vorgenommen.

Beispiel:

Durch User-Parameter sollen einem Programm die folgenden variablen Informationen übergeben werden:

- *eine zweistellige, numerische Gruppenzahl, welche die Werte von 01 bis 20 annehmen kann;*
- *eine zweistellige, numerische Monatsangabe (01 - 12);*
- *eine zweistellige, numerische Jahresangabe.*

Die PARM-Parameter sind zu Beginn der Ausführung auf Gültigkeit zu prüfen. Bei ungültigen Werten sind Fehlermeldungen auszugeben und der Programmlauf ist zu beenden.

```
WORKING-STORAGE SECTION.
...
LINKAGE SECTION.
01   PARM.
     05 PARM-LNG          PIC S9(4) COMP.
     05 PARM-GRUPPE       PIC 99.
     05 FILLER            PIC X.
     05 PARM-MONAT        PIC 99.
     05 FILLER            PIC X.
     05 PARM-JAHR         PIC 99.
PROCEDURE DIVISION USING PARM.
...
PARM-PRUEFUNG.
     EVALUATE TRUE
        WHEN PARM-GRUPPE NOT NUMERIC
                OR PARM-GRUPPE < 01 OR > 20
           PERFORM PARM-FEHL-01
```

5.1 CONFIGURATION SECTION

```
              WHEN PARM-MONAT NOT NUMERIC
                        OR PARM-MONAT <01 OR >12
                 PERFORM PARM-FEHL-02
              WHEN PARM-JAHR NOT NUMERIC
                 PERFORM PARM-FEHL-03
              WHEN OTHER DISPLAY ´PARM-ANGABEN KORREKT´
         END-EVALUATE.
   ...
      STOP RUN.

   PARM-FEHL-01.
      DISPLAY ´PARM-GRUPPE FALSCH; PRUEFEN´.
      MOVE 999 TO RETURN-CODE.
   PARM-FEHL-02.
      DISPLAY ´PARM-MONAT FALSCH; PRUEFEN´.
      MOVE 999 TO RETURN-CODE.
   PARM-FEHL-03.
      DISPLAY ´PARM-JAHR FALSCH; PRUEFEN´.
      MOVE 999 TO RETURN-CODE.
```

In der **JCL** kann unter **MVS** angegeben werden:
//STEP1   EXEC PGM=TESTPROG,PARM=´GR,MO,JJ´

Anstelle der PARM-Angaben GR,MM,JJ müssen die tatsächlichen Werte für die Gruppe, den Monat und das Jahr eingesetzt werden.

Das Arbeiten mit PARM-Angaben wird jedoch nur dann sinnvoll sein, wenn die Anzahl der Parameter klein und damit die Angaben in der JCL übersichtlich bleiben. Eine elegantere Methode ist es, die Parameter als standardisierte "Vorlaufsätze" von einem externen Unterprogramm einlesen und abprüfen zu lassen. Ein derartiges Unterprogramm kann von einer ganzen Reihe von Programmen gleichermaßen mitbenutzt werden.

5.1.3.3 ALPHABET Alphabetname-Klausel

Durch die Klausel wird einem Alphabetnamen, der vom Programmierer frei definierbar ist, ein spezieller Zeichenvorrat oder eine andere Sortierfolge zugeordnet.

Der Alphabetname beschreibt:

1. Eine **Sortierfolge**, wenn er in der
   - PROGRAM COLLATING SEQUENCE-Klausel im OBJECT-COMPUTER-Paragraphen oder in der
   - COLLATING SEQUENCE-Angabe in der SORT- oder MERGE-Anweisung codiert wird;

2. Einen **Zeichenvorrat**, wenn er in der
   - CODE-SET-Klausel der FD-Eintragung oder in der
   - SYMBOLIC CHARACTERS-Klausel codiert wird.

Die Klausel kann mehrfach angegeben werden. Seit dem **ANS-1985** ist dem Alphabetnamen der Eintrag **ALPHABET** voranzustellen.

Die möglichen Angaben in der Klausel haben folgende Bedeutung:

STANDARD-1: Es wird der Zeichenvorrat oder die Sortierfolge des **ASCII**-Zeichensatzes verwendet (8-Bit-Code). Die Angabe kann seit dem **ANS-1985** gemacht werden.

STANDARD-2: Es wird der Zeichenvorrat oder die Sortierfolge des **ISO 7-Bit-Code** verwendet (entspricht dem ASCII-Code).

NATIVE: Es wird der maschineneigene Zeichenvorrat oder die maschineneigene Sortierfolge verwendet. Der NATIVE-Zeichensatz kann bei IBM entweder **EBCDIC** (unter **MVS**, **CMS** und **OS/400**) oder **ASCII** (unter **OS/2**) sein.

EBCDIC: Es wird der EBCDIC-Zeichenvorrat verwendet.

5.1 CONFIGURATION SECTION

Literal: Durch die Literal-Angabe wird eine andere, beliebige Sortierfolge des Zeichenvorrats festgelegt. Die neue Sortierfolge kann vom Programmierer definiert werden oder sie wird aus bestimmten Gründen vom Anwender vorgegeben.

Die **Literal-Angabe** ist immer nur zusammen mit der PROGRAM COLLATING SEQUENCE-Klausel im OBJECT-COMPUTER-Paragraphen anzuwenden. Wird eine neue Sortierfolge durch die Literal-Angabe festgelegt, gelten bei Anwendung des **EBCDIC-Codes** folgende Regeln:

1. Die Reihenfolge, in der die Literale angegeben werden, legt die neue Sortierfolge in aufsteigenden Positionsnummern fest. Das erste Literal nimmt also die Positionsnummer 1 in der Sortierfolge ein. Es entspricht dem **LOW-VALUE**-Wert. Das letzte Literal nimmt die Positionsnummer 256 (erweiterter IBM-Code) ein. Es entspricht dem **HIGH-VALUE**-Wert.

2. Wird eine Zeichenposition als numerisches Literal angegeben, muß es stets eine ganze Zahl ohne Vorzeichen sein. Es sind die Werte von 1 bis 256 (entspricht den 256 EBCDIC-Zeichen bei IBM) zulässig. Der Wert jedes Literals legt die Ordnungszahl des Zeichens innerhalb des EBCDIC-Zeichenvorrates fest.

Beispiel 1:

```
OBJECT-COMPUTER.      IBM-370
     PROGRAM COLLATING SEQUENCE
        IS ANWENDERFOLGE.

SPECIAL-NAMES.
   ALPHABET ANWENDERFOLGE IS 1, 2, 3, 4, 5,
   ...250, 249, 248, ... 241, 251, 252, ... 256.
```

In diesem Beispiel sind die Literale von 1 bis 256 angegeben, die den gesamten EBCDIC-Zeichenvorrat repräsentieren. Die Positionsnummer 1 steht für das erste und die Positionsnummer 256 für das letzte zu-

lässige EBCDIC-Zeichen im EBCDIC-Zeichenvorrat. Die Literale sind bis auf die Positionsnummern 250 bis 241 in aufsteigender Sortierfolge angegeben. Im EBCDIC-Zeichenvorrat repräsentieren diese Positionsnummern die Ziffern 0 bis 9. Die neue Anwender-Sortierfolge unterscheidet sich also von der ursprünglichen Standardannahme darin, daß die Ziffern von 0 bis 9 in absteigender Sortierfolge definiert sind.

3. Wird die Sortierfolge durch **nichtnumerische Literale** angegeben, so repräsentiert jedes Zeichen im Literal das tatsächliche Zeichen im EBCDIC-Zeichenvorrat. Enthält das nichtnumerische Literal eine Zeichenfolge, so wird jedem Zeichen in dieser Zeichenfolge eine aufsteigende Position zugeordnet, die mit dem am weitesten links stehenden Zeichen beginnt.

4. Jedes Zeichen in der Literal-Angabe nimmt eine niedere Position in der Sortierfolge ein als alle übrigen Zeichen des EBCDIC-Zeichenvorrats, die nicht angegeben werden. Die relative Reihenfolge der nicht angegebenen Zeichen des EBCDIC-Zeichenvorrats bleibt unverändert.

Beispiel 2:

```
OBJECT-COMPUTER.          IBM-370.
    PROGRAM COLLATING SEQUENCE
       IS ANWENDERFOLGE.

SPECIAL-NAMES.
    ALPHABET ANWENDERFOLGE IS "A", "B", "C", "D".
```

Dieses nichtnumerische Literal besteht aus einer Zeichenfolge, in der jedes Zeichen das tatsächliche Zeichen aus dem EBCDIC-Zeichenvorrat repräsentiert. Da die Zeichen in einem nichtnumerischen Literal definitionsgemäß eine niedere Zeichenposition einnehmen als alle nichtangegebenen Zeichen des EBCDIC-Zeichenvorrats, beginnt die hier definierte Anwender-Sortierfolge mit den Buchstaben A, B, C, D. Die übrige Standardsortierfolge bleibt erhalten. A wird damit auch zum LOW-VALUE-Wert der Sortierfolge.

5.1 CONFIGURATION SECTION

5. Jedes Zeichen in der Alphabetklausel darf nur einmal angegeben werden.

6. Durch die Angabe *literal-1* **THROUGH** *literal-2* werden alle EBCDIC-Zeichen der neuen Sortierfolge zugeordnet, die aufsteigend mit *literal-1* beginnen und mit *literal-2* enden. Dieser Bereich kann in aufsteigender oder absteigender Folge angegeben werden.

Beispiel 3:

```
SPECIAL-NAMES.
    ALPHABET ANWENDERFOLGE IS "A" THROUGH "Z"
```

Durch diese Angabe wird die ursprüngliche Standardsortierfolge des EBCDIC-Zeichenvorrates geändert. Die Anwendersortierfolge beginnt mit dem Buchstaben A (LOW-VALUE) in aufsteigender Folge bis Z. Die relativen Positionen der übrigen nichtangegebenen Zeichen bleiben erhalten.

Die Angabe ANWENDERFOLGE IS A THROUGH Z ist gleichbedeutend mit   ANWENDERFOLGE IS "A", "B", "C", ... "Z".

Beispiel 4:

```
SPECIAL-NAMES.
    ALPHABET ANWENDERFOLGE IS "Z" THROUGH "A".
```

Es wird für die Großbuchstaben mit Z beginnend eine absteigende Sortierfolge festgelegt. Z ist der LOW VALUE-Wert. Die relativen Positionen der übrigen nichtangegebenen Zeichen bleiben erhalten.

7. Jedes nichtnumerische Literal, welches mit **THROUGH** oder **ALSO** angegeben wird, darf nur eine Länge von einem Zeichen besitzen.

8. Durch die Angabe *literal-1* **ALSO** *literal-2* wird jedem angegebenen EBCDIC-Zeichen die gleiche Position in dieser Sortier-

folge zugeordnet. Das angegebene Zeichen mit der höchsten Position in dieser Sortierfolge wird der figurativen Konstante HIGH-VALUE, das mit der niedrigsten LOW-VALUE zugeordnet.

Beispiel 5:

```
OBJECT-COMPUTER.            IBM-370.
PROGRAMM COLLATING SEQUENCE IS ANWENDERFOLGE.

SPECIAL-NAMES.
   ALPHABET ANWENDERFOLGE IS SPACE
          ALSO "." ALSO "!" ALSO ";"
          ALSO "," ALSO "?" ALSO ":"
```

Die Interpunktionszeichen "." "!" ";" "," "?" ":" erhalten in dieser Sortierfolge alle die gleiche Sortierposition wie die Leerstelle (SPACE). Bei einem Vergleich würden z. B. die Angaben

- *Anschrift*
- *Anschrift.*
- *Anschrift!*
- *Anschrift;*
- *Anschrift,*
- *Anschrift?*
- *Anschrift:*

alle die gleiche Sortierwertigkeit einnehmen.

Beispiel 6:

```
SPECIAL-NAMES.
   ALPHABET ANWENDERFOLGE IS "A" ALSO "B"
                               ALSO "C"
                               ALSO "D"
```

In der angegebenen Sortierfolge nehmen die Großbuchstaben B, C und D bei Vergleichen die gleiche Position (Sortierwertigkeit) ein wie der Großbuchstabe A. A ist gleichzeitig der LOW-VALUE-Wert und D der HIGH-VALUE-Wert der Sortierfolge.

5.1.3.4 CURRENCY SIGN-Klausel

Das in der PICTURE-Klausel standardmäßig verwendete **$-Zeichen** (Dollarzeichen) als gleitendes Einfügungssymbol kann mit dieser Klausel durch ein anderes Symbol ersetzt werden. Dieses neue Symbol wird ebenfalls wie ein gleitendes Einfügungssymbol behandelt und darf deshalb mit keinem anderen PICTURE-Symbol übereinstimmen. Es muß ein **einstelliges nichtnumerisches Literal** sein.

Folgende Zeichen dürfen nicht verwendet werden:

- Ziffern   **0-9**
- Großbuchstaben   **A, B, C, D, P, R, S, V, X, Z**
- Kleinbuchstaben   **a-z**
- Leerstelle   **(Blank)**
- Sonderzeichen   *** + - / , . ; ( ) = "**
- figurative Konstanten.

Beispiel:

```
SPECIAL-NAMES.
   CURRENCY SIGN IS "M"
   ...

WORKING-STORAGE SECTION.
...
01    BETRAG              PIC MMM,MM9.99CR.
```

Beträgt der angenommene Feldinhalt von BETRAG gleich 00123456, dann lautet das Druckausgabeergebnis M1.234,56CR (siehe dazu die Ausführungen im Abschnitt PICTURE-Klausel).

Bei Nichtangabe der Klausel wird unter den SAA-Compilern beim **EBCDIC**-Code das hexadezimale **X"5B"** und beim **ASCII**-Code **X"24"** als PICTURE-Symbol für das Währungszeichen benutzt.

5.1.3.5 DECIMAL-POINT IS COMMA-Klausel

Wird die Klausel angegeben, werden die Funktionen des Dezimalpunktes und des Kommas in den PICTURE-Zeichenfolgen und in numerischen Literalen vertauscht. Dadurch können alle Compiler, die in den USA statt des Kommas den Dezimalpunkt verwenden, an die deutsche Dezimalkomma-Schreibweise angepaßt werden.

Beispiel:

```
SPECIAL-NAMES.
    DECIMAL-POINT IS COMMA.

WORKING-STORAGE SECTION.
01   BETRAG         PIC $$$,$$9.99CR.
```

Beträgt der angenommene Feldinhalt von BETRAG gleich 00123456, dann lautet das Druckausgabeergebnis $1.234,56CR (siehe dazu die Ausführungen im Abschnitt PICTURE-Klausel).

5.1.3.6 CLASS-Klausel

Die CLASS-Klausel wurde mit **ANS-1985** eingeführt. Durch sie kann eine Zeichenfolge definiert werden, die zur Abfrage einer Klassenbedingung verwendet wird.

Sind die angegebenen Literale **numerisch**, repräsentieren sie die jeweiligen Zeichenpositionen des vom System verwendeten Zeichensatzes. Die Angabe von 0 (Null) ist nicht zugelassen. Sind die Literale nichtnumerisch, repräsentieren sie die tatsächlichen Zeichen im Zeichensatz.

Durch die **THRU**-Angabe kann ein ganzer lückenloser Bereich des verwendeten Zeichensatzes angegeben werden, wobei es gleichgültig ist, ob dieser Bereich in aufsteigender oder absteigender Folge eingetragen wird.

5.1 CONFIGURATION SECTION

Der *klassen-name* ist unter Beachtung der Bildungsregeln frei wählbar.

Beispiel 1:

```
SPECIAL-NAMES.
   CLASS PRUEF-FOLGE IS 84 THRU 91 "B".
   ...

WORKING-STORAGE SECTION.
01    PRUEFZIFFER          PIC X(5).
...
PROCEDURE DIVISION.
   ...

   IF PRUEFZIFFER IS PRUEF-FOLGE
      PERFORM VERARBEITEN
         UNTIL DATEN-ENDE
   ELSE
      PERFORM FEHLER
   END-IF.
   ...
```

In diesem Beispiel repräsentiert die Angabe 227 THRU 234 im ASCII-Zeichensatz die Positionen für die Großbuchstaben S bis Z. Das nichtnumerische Literal "B" gibt das tatsächliche Zeichen B an. Das Feld PRUEFZIFFER darf demzufolge nur die Buchstaben S bis Z und B enthalten, wenn die Klassenbedingung erfüllt sein soll (z. B. "UUUST" oder "STUTB"). Würde der Feldinhalt z. B. "STUTA" sein, ist die Klassenbedingung wegen des Buchstabens A nicht erfüllt und es wird in die Prozedur FEHLER verzweigt.

Beispiel 2:

```
SPECIAL-NAMES.
   CLASS PRUEF-FOLGE IS "1" THRU "5" "8".
```

In diesem Fall wurden Ziffern als nichtnumerische Literale angegeben. Das auf die Klassenbedingung zu prüfende Feld darf demzufolge nur die tatsächlichen Ziffern 1 bis 5 und 8 enthalten (z. B. "12388").

5.2 INPUT-OUTPUT SECTION

Die INPUT-OUTPUT SECTION hat drei wesentliche Aufgaben zu erfüllen:

1. **Die Definition aller im Programm vorkommenden E-/A-Dateien.**

2. **Die Festlegung der externen Speichermedien für diese Dateien.**

3. **Die Zuordnung dieser Dateien zu den externen E-/A-Einheiten.**

Des weiteren enthält die SECTION Informationen für die Übertragung der Daten zwischen den externen Speichermedien und dem Programm. Die INPUT-OUTPUT SECTION unterteilt sich in die Paragraphen **FILE-CONTROL** und **I-O-CONTROL**.

Allgemeines Format:

```
[INPUT-OUTPUT SECTION.
    FILE-CONTROL.   {Dateisteuerungs-Eintragung} ...
    [I-O-CONTROL. Ein-/Ausgabesteuerungs-Eintragung]]
```

Die INPUT-OUTPUT SECTION muß zusammen mit dem Paragraphen FILE-CONTROL angegeben werden, wenn im Programm Dateien zu bearbeiten sind.

Die Angabe des Paragraphen I-O CONTROL ist wahlfrei.

Der Inhalt der INPUT-OUTPUT SECTION ist von den verwendeten Datei-Organisationsformen und Zugriffsmethoden abhängig, die in den nachfolgenden Abschnitten kurz behandelt werden.

5.2.1 Dateiorganisationsformen und Zugriffsmethoden

Unter Dateiorganisation versteht man die permanent vorhandene logische Dateistruktur, die beim Anlegen einer Datei festgelegt wird. Sie vermittelt dem Rechner, wie die zu speichernden Datensätze in Abhängigkeit von der Zugriffsart zu bearbeiten sind. Die Zugriffsart spezifiziert dabei die Methode des Zugriffs auf den einzelnen Datensatz beim Lesen und Schreiben.

In COBOL kennt man drei Dateiorganisationsformen und drei Zugriffsarten.

Dateiorganisationsform	Sequentiell	(SEQUENTIAL I-O)
	Relativ	(RELATIVE I-O)
	Indiziert	(INDEXED I-O)
Zugriffsart	Sequentiell	(SEQUENTIAL ACCESS)
	Wahlfrei	(RANDOM ACCESS)
	Dynamisch	(DYNAMIC ACCESS)

In **ANS-1974** wurden die Moduln

    SEQUENTIAL I-O
    RELATIVE   I-O
    INDEXED   I-O

eingeführt. Damit wurden die Moduln SEQUENTIAL ACCESS und RANDOM ACCESS des **ANS-1968** unbenannt und erweitert. Das Modul INDEXED I-O wurde hauptsächlich für die RANDOM-Verarbeitung geschaffen. Es realisiert die indizierte Organisationsform und löst die ältere Organisationsform **ISAM** (IBM) ab.

Die in der Tabelle angegebenen Bezeichnungen sind **SAA**-konform. Allerdings weicht die Terminologie für einige Systeme hiervon ab. So bezeichnet man unter **TSO/E, IMS** und **CMS** die Dateiorganisationsformen mit
QSAM-sequentiell   (QSAM = Queud Sequential ACCESS Method),
VSAM-indiziert,
VSAM-relativ
und unter **OS/2** die sequentielle Organisationsform mit **Record-sequentiell.**

5.2.1.1   Sequentielle Organisationsform (SEQUENTIAL I-O)

Bei der sequentiellen Organisation werden die Datensätze physisch hintereinander in der Reihenfolge ihres Zugangs auf der Datei abgespeichert. Jeder Datensatz hat also, außer dem ersten und dem letzten, einen eindeutigen Vorgänger und Nachfolger. Das Lesen und Schreiben beginnt stets am Dateianfang, wobei kein Satz übersprungen wird. Es gibt keine Schlüsselfelder (KEYS), mit deren Hilfe direkt auf einen bestimmten Datensatz zugegriffen werden könnte.

Sind die Dateien auf **Magnetband** abgespeichert, muß auch dann die gesamte Datei gelesen und neu beschrieben werden, wenn nur auf einen einzigen Datensatz zugegriffen werden soll. Die Zugriffszeit ist deshalb bei Magnetbanddateien sehr hoch, was bei sehr umfangreichen Dateien ganz besonders unwirtschaftlich ist.

Bei **Plattendateien** (RANDOM-Speicher) kann der Suchvorgang beim Auffinden des gewünschten Satzes abgebrochen werden, was die Wirtschaftlichkeit etwas erhöht. Eine Verbesserung bringt die **Blockung von *n* logischen Sätzen zu einem physischen Satz.** Damit entfallen bei Magnetbanddateien die n-1 Klüfte zwischen den logischen Sätzen, die wegen der verzögerten Beschleunigung und Abbremsung des Bandes beim Lese-/Schreibvorgang erforderlich sind.

5.2 INPUT-OUTPUT SECTION

Bei ungeblockten Plattendateien enthält jeder Datensatz zusätzlich Verwaltungsinformationen, bestehend aus je einer Adreßmarke einschließlich einer Kennzeichnung und zwei Prüfbytes. Bei einer Blockung entfallen hier ebenfalls n-1 Verwaltungsinformationen einschließlich der Prüfbytes.

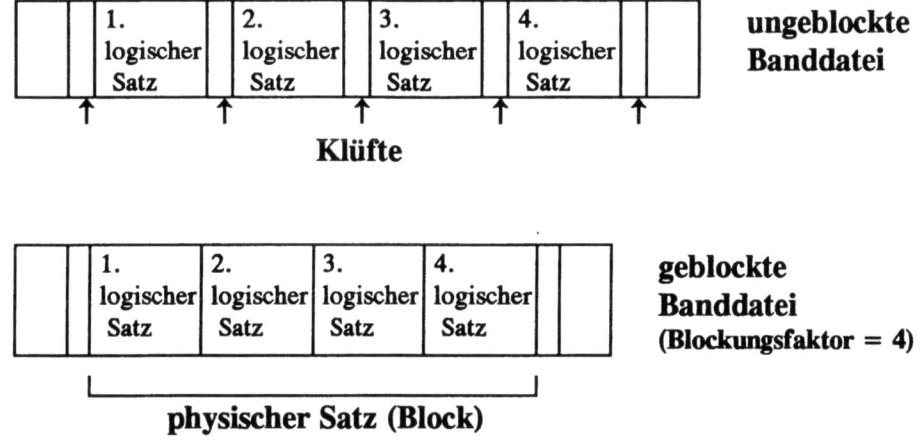

Da bei geblockten logischen Sätzen der physische Satz an einem Stück in den Hauptspeicher eingelesen wird, nimmt auch die physische Zugriffshäufigkeit auf den Datenträger ab, was sich als Beschleunigung des Lese-/Schreibvorganges auswirkt. Allerdings muß der Programmierer auch einen Pufferbereich im Hauptspeicher reservieren, dessen Größe der des physischen Satzes entspricht. Bei den üblichen hohen Blockungsfaktoren kann hier ein nicht unerheblicher Bedarf an Hauptspeicher entstehen, der auf dem PC in der Vergangenheit oft nicht vorhanden war.

Ist bei der Verwendung von Magnetband-Dateien weder das Zurückschreiben von geänderten Sätzen (UPDATE) noch das Einfügen (oder Entfernen) weitere Sätze möglich, können beim Einsatz von Plattendateien durch das absolute Adressierungsverfahren über Zylinder-, Spur- und Satz-Nummern diese Mängel behoben werden. Ein direkter Zugriff auf einen bestimmten Datensatz ist damit jedoch noch nicht realisierbar. Erst mit Einführung der VSAM-Dateien wurde ein derartiger Direktzugriff ermöglicht.

VSAM ist die Abkürzung von **VIRTUAL STORAGE ACCESS METHOD** und bedeutet den Direktzugriff auf die Daten eines virtuellen Speichers. Auf diesem virtuellen Speicher sind die einzelnen Daten- und Kontrollinformationen in gleich großen Abschnitten **hintereinander in adressierbarer Form** bis zu einer Länge von maximal 2^{32} Bytes angeordnet. Die relative Adressierung beginnt immer mit 0 (plus der Länge des 1. Satzes) und kann bei maximal 2^{32} (plus der Länge des letzten Satzes) enden. Ein beliebiger Datensatz kann damit durch die relative Byteadresse (**RBA**) seines Anfangs und der bekannten Satzlänge *eindeutig* bestimmt werden.

Die Verwaltung der VSAM-Dateien übernehmen die Kataloge. Dazu sind, in der Regel vom Systemprogrammierer, ein Hauptkatalog (MASTER-CATALOG) und vom Programmierer bei Bedarf Benutzerkataloge (USER-CATALOGS) zu definieren. Die Kataloge selbst sind VSAM-Dateien, die sämtliche Dateiinformationen enthalten.

Beim Laden einer VSAM-Datei mit Datensätzen wird ein Verfahren angewendet, das dem Blocken logischer Sätze entspricht. Bei jedem READ- oder WRITE-Befehl wird jeweils ein gleichlanger Dateiabschnitt in den Hauptspeicher geladen, der als **CONTROL-INTERVALL (CI)** bezeichnet wird.

Ein CI entspricht einem physischen Satz (Block). Die optimale Größe eines CI wird von den VSAM E-/A-Routinen automatisch bestimmt, wobei z. B. die Größe einer Plattenspur und die maximale Datensatzlänge in die Berechnung einbezogen werden. Die Größe eines CI kann jedoch auch vom Benutzer bei der Definition des Clusters angegeben werden Wird für die Cluster-Definition das IBM-Dienstprogramm IDCAMS verwendet, kann das mit Hilfe des Parameters CONTROL-INTERVALSIZE geschehen. Mit der Verarbeitung der Daten auf der CI-Ebene wird nicht nur eine optimale Ausnutzung der Plattenbereiche, sondern auch eine Beschleunigung des Lese/Schreibvorganges erreicht.

Durch das Zusammenfassen von mehreren CI entsteht eine **CONTROL AREA (CA)**. Für jedes CA wird im Indexteil ein Indexsatz aufgebaut. Die Größe eines CA wird ebenfalls von den VSAM-E-/A-Routinen

5.2 INPUT-OUTPUT SECTION

festgelegt. Sie beträgt mindestens eine Spur (Track) und maximal einen Zylinder (Cylinder). Bei allen E-/A-Operationen steht dem Programmierer jedoch immer nur ein CI zur Verfügung. Das Einspeichern der festen oder variablen logischen Datensätze in ein CI erfolgt *ohne* Klüfte stets linksbündig, während die Verwaltungsinformationen rechtsbündig angelagert werden.

Die Verwaltungsinformationen für ein CI beschränken sich auf

   1 RDF   (RECORD DEFINITION FIELD)
               mit 3 Bytes Länge pro logischer Satzlänge;

   1 CIDF (CONTROL INTERVALL DEFINITION FIELD)
               mit 4 Bytes Länge, welches auf den noch ungenutzten Bereich eines CI hinweist.

logischer Satz 1	logischer Satz 2	logischer Satz 3	logischer Satz 4	ungenutzter Bereich	RDF 4	RDF 3	RDF 2	RDF 1	CIDF

1 CONTROL-Intervall (CI)
(entspricht einem physischen Satz)

VSAM-Dateien können sequentiell, indiziert oder relativ organisiert sein. Da auch bei sequentiell organisierten VSAM-Dateien das Lesen stets am Dateianfang beginnt, reicht die Kenntnis der Satzlänge eines logischen Satzes aus, um zum jeweils nächsten Satz zu gelangen. Diese Information ist in den zugehörigen RDF-Feldern gespeichert.

Schlüsselfelder (KEYS) sind in sequentiell organisierten VSAM-Dateien nicht vorhanden.

SEQUENTIAL I-O Dateien gestatten grundsätzlich nur einen sequentiellen Lese- und Schreibzugriff (ACCESS IS SEQUENTIAL).

5.2.1.2 Indizierte Organisationsform (INDEXED I-O)

Bei der indizierten Organisation hat jeder Datensatz einen oder mehrere sortierbare **Ordnungsbegriffe (KEYs)**, von denen jeder mit einem Index verbunden ist. Ein **Index** liefert einen **logischen Pfad** zu einem zugehörigen Datensatz. Auch wenn die Ordnungsbegriffe lückenhaft sind, werden die Sätze immer in aufsteigender Folge der Ordnungsbegriffe gespeichert.

Bei den Ordnungsbegriffen unterscheidet man zwischen **Basisschlüsseln** (RECORD KEYS) und **Alternativ-Schlüsseln** (ALTERNATE KEYS). Während der Inhalt eines Basisschlüssels nur einmal in einer Datei vorkommen darf, können inhaltsgleiche Alternativ-Schlüssel mehrfach auftreten oder auch sich mit den Basisschlüsseln überschneiden. **In einer Datei dürfen also keine zwei oder mehr Sätze vorhanden sein, die den gleichen Basisschlüssel besitzen.** Der Basisschlüssel darf auch nicht verändert werden, wenn der Datensatz fortgeschrieben wird.

Datensätze können feste oder variable Länge haben.

Die Zuordnung (Adressierung) zwischen Datensatz und Plattenbereich kann hauptsächlich wegen der variablen (logischen) Satzlänge nicht rechnerisch, sondern nur über eine sortierte Tabelle (Index) erfolgen. In dieser Tabelle werden für jeden Datensatz der Ordnungsbegriff und die Adresse in sortierter Folge gespeichert. Soll auf einen bestimmten Datensatz zugegriffen werden (RANDOM-Zugriff), wird die Tabelle nach der zugehörigen Adresse durchsucht und ein logischer Pfad zu dem gewünschten Datensatz aufgebaut.

Sämtliche Indexe (Indizes) der Datei werden in einer gesonderten VSAM-Datei untergebracht, deren Aufbau in der Definition des CLUSTERs beschrieben wird. Um den Index nicht unnötig zu vergrößern, was Speicherplatz und erhöhte Zugriffszeit bedeutet, wird in der Regel nicht auf einen logischen Datensatz zugegriffen, sondern auf einen ganzen Dateiabschnitt, der mehrere Sätze enthält. Hier bietet sich das schon erörterte VSAM-CI (CONTROL-INTERVALL) an. Im

5.2 INPUT-OUTPUT SECTION

Index wird nun nur noch der Ordnungsbegriff des höchsten logischen Satzes des CI gespeichert, was die INDEX-Datei beträchtlich reduziert.

Die bei der VSAM-sequentiellen Organisation gemachten Aussagen über die Verwaltungsinformationen und den Leerbereich je CI gelten auch hier.

Dateien mit indizierter Organisationsform werden in der Regel durch VSAM realisiert, die im VSAM-Sprachgebrach als **KSDS (KEY SEQUENCED DATA SET)** bezeichnet werden. Es sind jedoch auch andere Zugriffsmethoden möglich.

INDEXED I-O-Dateien gestatten

- **sequentiellen Zugriff**   (ACCESS IS SEQUENTIAL)
- **wahlfreien Zugriff**   (ACCESS IS RANDOM)   und
- **dynamischen Zugriff**   (ACCESS IS DYNAMIC).

5.2.1.3 Relative Organisationsform (RELATIVE I-O)

Im Gegensatz zur absoluten Satzadressierung über Zylinder-, Spur- und Satz-Nummern wird bei der relativen Organisationsform die **relative Satzadressierung** verwirklicht. Vorstellbar ist eine derartige Datei als eine fortlaufende Folge gleich großer Plattenbereiche, wobei jeder Bereich einen logischen Satz aufnehmen kann. Die Bereiche sind von Anfang an lückenlos aufsteigend durch die relative Satzadresse durchnumeriert. Die relative Satzadressierung beginnt bei der relativen Organisationsform immer mit 01. Der erste Satzbereich wird demzufolge durch die relative Satznummer 01 adressiert, der zehnte durch die relative Satznummer 10 usw., wobei nicht alle Bereiche durch Datensätze belegt sein müssen. Ein Satz auf der Platte wird also eindeutig bestimmt durch die relative Satznummer und die bekannte Satzlänge.

Beim Laden einer relativ organisierten Plattendatei müssen die Ordnungsbegriffe der Sätze in relative Satzadressen umgerechnet werden, was zu Schwierigkeiten bei der Bereichsbelegung führen kann (z.B.

Doppelbelegungen). Nicht belegte Datensätze führen zu Lücken in der aufsteigenden Folge der relativen Satzadressen. Dadurch werden DUMMY-Sätze (Leer-Sätze) in die Datei eingefügt, die zu einem späteren Zeitpunkt belegt werden können.

Ein Datenbestand, der auf einer VSAM-relativ organisierten Datei gespeichert ist, nennt man **RELATIVE RECORD DATA SET (RRDS)**. Wie bei anderen VSAM-Dateien muß ein CATALOG angelegt und ein CLUSTER definiert werden. Da bei relativ organisierten Dateien die Satzlänge konstant sein muß, ein CI jedoch immer ein Vielfaches von 512 Bytes groß ist, entstehen zwischen dem Datenbereich und der RDF-Eintragung im CI geringfügige Leerbereiche. Minimiert werden diese Leerbereiche, wenn die CI-Berechnung durch die VSAM E/A-Routinen vorgenommen wird.

Satz 1	unbelegt (DUMMY)	Satz 3	unbelegt (DUMMY)	Leer-Bereich	RDF 4	RDF 3	RDF 2	RDF 1	CIDF

1 CONTROL-Intervall (CI)
(entspricht einem physischen Satz)

Wegen der dichten Anordnung der Datensätze im CI ergibt sich neben den sonstigen Vorteilen bei der VSAM-Verarbeitung eine sehr gute Kapazitätsauslastung der Platte und eine erhöhte Verarbeitungsgeschwindigkeit.

Auf RELATIVE I-O-Dateien kann

- **sequentiell**   (ACCESS IS SEQUENTIAL)
- **wahlfrei**   (ACCESS IS RANDOM)   oder
- **dynamisch**   (ACCESS IS DYNAMIC)

zugegriffen werden.

5.2.1.4 Sequentieller Zugriff (SEQUENTIAL ACCESS)

Die sequentielle Zugriffsart erlaubt das Lesen und Schreiben von Datensätzen nur in strenger sequentieller Folge. Da die Sätze beim Erstellen einer sequentiell organisierten Datei in der Reihenfolge ihres Zugangs gespeichert werden, erfolgt auch der Zugriff stets in der Reihenfolge des Zugangs, also vom Anfang an. Ist der Datenträger ein Magnetband, muß auch dann die gesamte Datei gelesen und zurückgeschrieben werden, wenn nur auf einen einzigen Satz zugegriffen werden soll. Beim Einsatz von Platten (RANDOM-Speicher) kann der Lesevorgang beim Auffinden des gewünschten Satzes abgebrochen werden. Die Zugriffszeit ist deshalb besonders bei Magnetbändern extrem hoch.

Auf alle drei Dateiorganisationsformen darf sequentiell zugegriffen werden. Für die sequentielle Organisation (SEQUENTIAL I-O) ist ausschließlich die sequentielle Zugriffsart zu verwenden. Bei indizierten Dateien (INDEXED I-O) ist der sequentielle Zugriff z. B. dann sinnvoll, wenn die Datei das erste Mal erstellt wird oder wenn viele Sätze aus der Datei verarbeitet werden sollen.

5.2.1.5 Wahlfreier Zugriff (RANDOM ACCESS)

Wahlfreier Zugriff (**RANDOM-Zugriff**) bedeutet direktes Zugreifen auf einen Datensatz, ohne das umständliche sequentielle Durchsuchen der Datei von Anfang an. Realisiert wird dieses direkte Zugreifen durch benutzer-definierte Schlüssel, die in relative Satzadressen umgerechnet werden.

Der wahlfreie Zugriff ist auf relative (RELATIVE I-O) und indizierte (INDEXED I-O) Dateien zugelassen. Bevor auf den betreffenden Satz zugegriffen wird, muß bei relativen Dateien die relative Satznummer im **RELATIVE KEY**-Feld und bei indizierten Dateien der Basisschlüssel im **RECORD KEY**-Feld gespeichert sein. Der wahlfreie Zugriff gestattet bei VSAM-relativen Dateien (RRDS) wegen der konstanten Satzlängen und der relativen Byteadresse eine nicht zu überbietende Zugriffsgeschwindigkeit. Allerdings nur dann, wenn die relativen Satznummern auch lückenlos durch Sätze belegt worden sind.

5.2.1.6 Dynamischer Zugriff (DYNAMIC ACCESS)

Bei einem dynamischen Zugriff können die Datensätze sequentiell und/oder wahlfrei verarbeitet werden. DYNAMIC ACCESS bedeutet also einen gemischten Zugriff (**RANDOM+SEQUENTIAL**), der wahlweise durch geeignete Ein-/Ausgabeanweisungen vom Programmierer gesteuert werden kann. Dieser Zugriffs-Modus ist immer dann zu wählen, wenn in einem Programm eine Datei sowohl im Direktzugriff als auch im sequentiellen Zugriff verarbeitet werden soll. Realisieren läßt sich das z. B. durch die START-Anweisung, indem durch den KEY-Zusatz auf denjenigen Satz positioniert wird, ab dem die Datei sequentiell weitergelesen werden soll.

Der dynamische Zugriff kann bei relativen (RELATIVE I-O) und indizierten (INDEXED I-O) Dateien verwendet werden.

5.3 Der Paragraph FILE-CONTROL

Im Paragraphen FILE-CONTROL werden Informationen für jede im Programm ansteuerbare Datei codiert. Diese Informationen sind im einzelnen:

- **Art der externen Ein-/Ausgabegeräte,**
- **Dateiorganisation** (sequentiell, relativ, indiziert),
- **Zugriffsart** (sequentiell, wahlfrei, dynamisch),
- **andere.**

Für jede der drei Dateiorganisationsformen hat der Paragraph FILE-CONTROL ein eigenes, organisationsabhängiges Format. Aus Gründen der Übersichtlichkeit wird nachfolgend nur ein einfaches, allgemein ge-

5.3 Der Paragraph FILE-CONTROL

haltenes Syntax-Gerüst des Paragraphen wiedergegeben. Auf die Abhängigkeit von der Organisationsform wird bei der Erklärung der Klauseln eingegangen.

Klauseln des Paragraphen FILE-CONTROL	Organisationsform

FILE-CONTROL.
  SELECT   -Klausel
  ASSIGN   -Klausel
  [RESERVE   -Klausel]
  [ORGANIZATION -Klausel]
  [ACCESS MODE   -Klausel]
  [RELATIVE KEY -Klausel]
  [FILE STATUS   -Klausel]
	sequentiell
	relativ
	indiziert

[PADDING CHARACTER -Klausel] **[RECORD DELIMITER** -Klausel]	sequentiell
[RECORD KEY -Klausel] **[ALTERNATE RECORD KEY** -Klausel]	indiziert
[PASSWORD -Klausel] **(nur IBM)**	VSAM-seq. relativ, indiziert

Der Paragraph FILE-CONTROL ist *nicht* wahlfrei. Die beiden Klauseln SELECT und ASSIGN müssen in jedem Fall angegeben werden. Die übrigen Klauseln sind für sequentielle Dateien wahlfrei.

Bei der Codierung des Paragraphen sind nachfolgende Punkte zu beachten:

1. Jede Datei, die in der DATA DIVISION mit einer FD- oder SD-Eintragung beschrieben wird, muß auch durch eine Eintragung im Paragraphen FILE-CONTROL beschrieben werden.

2. Das Schlüsselwort FILE-CONTROL darf nur einmal am Anfang des Paragraphen stehen. Es muß im Bereich A der COBOL-Zeile beginnen und mit einem Punkt abgeschlossen werden.

3. Die Klauseln des Paragraphen müssen im Bereich B der COBOL-Zeile beginnen. Die erste Eintragung muß eine SELECT-Klausel sein. Die Reihenfolge der übrigen Klauseln ist beliebig.

IBM-Erweiterung:
Wird die PASSWORD-Klausel angegeben, muß sie für indizierte Dateien unmittelbar nach der RECORD KEY- oder ALTERNATE RECORD KEY-Eintragung stehen, zu der sie gehört.

---

4. Jede Klausel kann aus Gründen der Übersichtlichkeit durch ein Komma oder Semikolon voneinander getrennt werden. Der Punkt ist erst am Ende jeder Dateisteuereintragung zu setzen.

5. Jeder Datenname, der in den Klauseln des Paragraphen FILE-CONTROL angegeben ist, muß in der DATA DIVISION eine Datenerklärung besitzen.

6. Jeder Datenname darf mit IN oder OF gekennzeichnet sein (siehe Kennzeichner-Verbindungswörter). Eine Normal- oder Spezial-Indizierung ist nicht möglich.

5.3.1 SELECT-Klausel

Alle ansteuerbaren Dateien des Programms erhalten einen programm-internen Namen, der mit der SELECT-Klausel dem Compiler mitgeteilt wird. Mit SELECT wird die Datei *"ausgewählt"*, *"selektiert"* und mit ASSIGN einem peripheren Gerät zugewiesen.

Format:

```
    SELECT    [OPTIONAL]    datei-name
```

5.3 Der Paragraph FILE-CONTROL

Der *datei-name* kann vom Programmierer frei gewählt werden. Er muß jedoch den Regeln für benutzer-definierte COBOL-Namen gehorchen, mindestens ein alphanumerisches Zeichen enthalten und innerhalb des Programms eindeutig sein.

Jeder in der SELECT-Klausel angegebene *datei-name* muß in der DATA DIVISION eine FD- oder SD-Eintragung besitzen (siehe Dateierklärung).

Die **OPTIONAL**-Angabe darf nur für Eingabedateien mit sequentieller Organisation angegeben werden, die nicht bei jedem Programmlauf vorhanden sein müssen (was z. B. von der Verarbeitungsart abhängig ist). Wird eine derartige Datei während eines Programmlaufs angesprochen (z. B. durch einen READ-Befehl), ist aber nicht frei verfügbar, werden automatisch EOF-Routinen (END OF FILE) wirksam, die ansonsten nur am Ende einer abgearbeiteten Datei aktiviert werden.

5.3.2 ASSIGN-Klausel

Mit der ASSIGN-Klausel wird die mit SELECT ausgewählte Datei einer physischen Systemeinheit zugewiesen.

Format:

```
ASSIGN   TO system-name
```

Der *system-name* bezeichnet den herstellerbezogenen Geräte-Typ, der zur Aufnahme des externen Speichermediums dient. Er bezeichnet allerdings nicht immer ein konkretes physisches Gerät, sondern manchmal auch eine System-Datei, der das betreffende Gerät zugeordnet ist. Welcher Systemname im Einzelfall zu verwenden ist, muß der Systemliteratur entnommen werden.

Für jede mit SELECT ausgewählte Datei muß die ASSIGN-Klausel codiert werden.

Die IBM-Compiler **OS/VS COBOL** (ANS-1974) und **VS COBOL II** (**ANS-1985**) erlauben für den System-Namen drei verschiedene Formate:

Format System-name	Datei-Organisation
[Kommentar-] [S-] Name	physisch-sequentiell
[Kommentar-] AS-Name	VSAM-sequentiell
[Kommentar-] Name	VSAM-indiziert und -relativ

Das Kommentar-Feld ist für alle drei Formate wahlfrei und kann vom Programmierer frei gestaltet werden. Es ist jedoch üblich, als Kommentar die System-Einheit bzw. den symbolischen Gerätenamen anzugeben, welcher der Datei zugeordnet ist. Der symbolische Gerätename kann auch als symbolischer Dateiname aufgefaßt werden. **Wird der Kommentar angegeben, muß er mit einem Bindestrich enden.**

Das **S-** und **AS-Feld** sind sogenannte Organisationsfelder, welche die Datei-Organisation bezeichnen:

    S = physisch sequentiell (QSAM),
    AS = VSAM-sequentiell.

Für **physisch sequentielle Dateien** ist das S wahlfrei und kann weggelassen werden. Für **sequentielle VSAM-Dateien** muß AS angegeben werden. Für **indizierte - oder relative VSAM-Dateien** ist kein Organisationsfeld zulässig.

Das Namens-Feld bezeichnet den frei wählbaren, externen Datei-Namen, der unter **MVS** und **CMS** in der DD-Anweisung des JOB CONTROL anzugeben ist. Er darf 1 bis 8 Zeichen lang sein und muß

5.3 Der Paragraph FILE-CONTROL

den Regeln für die Bildung des Programmnamens entsprechen. Im **DOS** darf er 3 bis 7 Zeichen lang sein und keine Sonderzeichen enthalten. Das Namens-Feld darf kein COBOL-reserviertes Wort sein.

Beispiel 1 (physisch-sequentielle Organisation):

```
INPUT-OUTPUT SECTION.
FILE-CONTROL.
   SELECT EINDAT   ASSIGN TO SYS010.
   SELECT AUSDAT   ASSIGN TO SYS011.
   SELECT LISTE    ASSIGN TO SYS012.
```

Die angenommene Eingabedatei mit dem programm-internen Namen EINDAT wird dem symbolischen Geräte-Namen SYS010, die Ausgabedatei SYS011 und die Ausgabeliste SYS012 zugeordnet. Diese symbolischen Geräte-Namen sind in der JCL einzustellen, wo sie als Befehl die Verbindung zum physischen Datenträger bzw. Drucker herstellen.

Unter **MVS** und **CMS** kann im JOB CONTROL angegeben werden:

```
//SYS010      DD    DSN=qualifier.datei-name,DISP=SHR
//SYS011      DD    DSN=qualifier.datei-name,DISP=SHR
//SYS012      DD    SYSOUT=X
```

Die Druckausgabe erfolgt in der Ausgabeklasse X.

Beispiel 2 (physisch-sequentielle Organisation):

```
INPUT-OUTPUT SECTION.
FILE-CONTROL.
   SELECT EINDAT ASSIGN TO EINGABE.
   SELECT AUSDAT ASSIGN TO AUSGABE.
   SELECT LISTE  ASSIGN TO LISTE.
```

Entsprechend kann unter **MVS** und **CMS** in der JCL angegeben werden:

```
    //EINGABE     DD      DSN=qualifier.datei-name,DISP=SHR
    //AUSGABE     DD      DSN=qualifier.datei-name,DISP=SHR
    //LISTE       DD      SYSOUT=(X,,D316),FCB=STD7
```

Die Ein- und Ausgabedatei kann physisch-sequentiell, VSAM-relativ oder VSAM-indiziert organisiert sein. Die Druckausgabe LISTE erfolgt in der Ausgabeklasse X auf DIN A3-Papier mit dem Vorschub FCB=STD7.

Bei frei wählbarem Namensteil haben sich auch die Organisationsfelder **S**, **R** und **I** eingebürgert. Sie stehen für

```
            S = sequentielle Organisation,
            R = relative Organisation,
            I = indizierte Organisation.
```

Obwohl diese Organisationsfelder vom Compiler ignoriert werden, sollte man sie jedoch zum Zwecke der Dokumentation bzw. der Klarheit wegen angeben.

Beispiel 3   (VSAM-indizierte Organisation):

```
INPUT-OUTPUT SECTION.
FILE-CONTROL.
     SELECT EIN1 ASSIGN TO S-KONTO.
     SELECT AUS1 ASSIGN TO I-AENDAT
                     ORGANISATION IS INDEXED
                     ACCESS IS RANDOM
                     RECORD KEY IS KUNDEN-NR.
```

Beispiel 4   (VSAM-relative Organisation):

```
INPUT-OUTPUT SECTION.
  SELECT RECH-DAT   ASSIGN TO S-RECH.
  SELECT STAT-DAT   ASSIGN TO R-STAT
                    ORGANIZATION IS RELATIVE
                    ACCESS IS SEQUENTIAL
                    RELATIVE KEY IS KUNDEN-NR.
```

5.3 Der Paragraph FILE-CONTROL

In **PC/DOS** kann auch der "DOS-Dateiname" aus dem DIRECTORY-Eintrag angegeben werden, welcher durch eine Laufwerks- und Pfadangabe ergänzt werden kann. Die Zuordnung dieses Namens zur betreffenden Datei geschieht durch den SET-Befehl, der einem JCL-Befehl unter **OS** oder **MVS** entspricht.

Beispiel 5:

```
SELECT PRODUKT-DATEI
     ASSIGN TO "C:PRODUCT.DAT"
```

Bei den Compilern **MS-COBOL** und **Micro Focus VS** kann der "System-name" in folgender Form angegeben werden:

> "DOS-Dateiname",
> DISK,
> PRINTER (für die Druckausgabe).

Es ist auch zulässig, "DOS-Gerätenamen" anzugeben, z.B. SELECT DRUCK-DATEI ASSIGN TO "PRN:" (erster paralleler Drucker).

5.3.3 RESERVE-Klausel

Für jede Datei im Programm legt der Compiler automatisch Puffer-Bereiche im Hauptspeicher an, die sich z. B. aus der Größe der Datei, dem Blockungsfaktor und aus überlappten Verarbeitungen ergeben. Sind in einem Programm viele Dateien eingebunden, kann durch die Puffer das Programm sehr langsam werden. Ein wesentlicher Faktor dafür sind auch die üblichen, sehr hohen Blockungsfaktoren der Dateien.

Durch die RESERVE-Klausel kann nun die Gesamtzahl der für jede Datei zu reservierenden Puffer-Bereiche festgelegt werden (von der Hauptspeichergröße abhängig). Dadurch besteht die Möglichkeit, einen weiteren ungenutzten Hauptspeicherbereich als Puffer zu nutzen, was zu einer höheren Verarbeitungsgeschwindigkeit führt.

Format:

```
RESERVE ganzzahl  [ AREA  ]
                  [ AREAS ]
```

Unter *ganzzahl* ist die absolute Anzahl der Puffer insgesamt zu verstehen. Die angegebene *ganzzahl* Puffer wird also keiner bereits vorhandenen Anzahl Puffer hinzugefügt (wie im ANS-1968 durch die ALTERNATE-Angabe).

Bei **IBM** darf unter **TSO/E**, **IMS** und **CMS** *ganzzahl* den Wert von 255 nicht überschreiten. Unter **OS/400** und **OS/2** wird die Klausel zwar auf die richtige Schreibweise geprüft, was aber keinen Einfluß auf die weitere Ausführung des Programms hat. Die Angabe des Wertes 0 (Null) ist nicht zulässig.

Ist für alle Dateien *gemeinsam* die Anzahl der Puffer festzulegen, muß die SAME AREA-Klausel angegeben werden (siehe SAME AREA-Klausel).

Wird die RESERVE-Klausel weggelassen, werden vom Compiler zwei Puffer reserviert. Die Anzahl der Puffer kann auch in der DD-Anweisung des JOB CONTROL angegeben werden.

Hinweis:
Bei PCs mit PC/DOS können in der Datei CONFIG.SYS mit der Anweisung BUFFERS=nn (nn = 01 bis 99) gemeinsam für alle Dateien Puffer eingerichtet werden.

5.3.4 ORGANIZATION-Klausel

Mit der ORGANIZATION-Klausel wird die Datei-Organisationsform angegeben. Unter Organisationsform ist die logische Dateistruktur zu verstehen, die beim Anlegen der Datei festgelegt wird und später nicht mehr geändert werden kann. Für die ORGANIZATION-Klausel gibt es entsprechend den drei Organisationsformen drei Formatangaben.

Format:

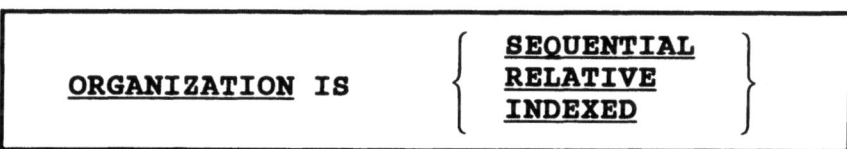

SEQUENTIAL (Sequentielle Organisation)
Die Sätze werden in Zugangsfolge in der Datei gespeichert. Die Beziehung der Sätze zueinander ändert sich nicht, es sei denn, die Datei wird erweitert. SEQUENTIAL muß verwendet werden für sequentielle Dateien, Druckdateien und Member einer Bibliothek (partitioned data sets).

RELATIVE (Relative Organisation)
Jeder Satz besitzt ein Ordnungsmerkmal, welches in eine relative Satznummer umgerechnet wird. Dadurch erhält jeder Satz einen festen Speicherbereich *relativ* zum Dateianfang. Der Bereich für nicht belegte Satznummern bleibt frei.

INDEXED (Indizierte Organisation)
Jeder Satz besitzt einen sortierbaren Ordnungsbegriff (RECORD KEY), der über einen Pfad mit einem zugehörigen Index verbunden ist. Der Index enthält den Ordnungsbegriff und die Speicherposition des Satzes. Das Suchen eines Satzes erfolgt immer über den Index-Bereich.

Wird diese wahlfreie Klausel nicht angegeben, nimmt der Compiler die **DEFAULT-Annahme SEQUENTIAL** an.

5.3.5 ACCESS MODE-Klausel

Mit dieser Klausel wird die Zugriffsart (ACCESS MODE) auf die Datei angegeben. Entsprechend den drei Zugriffsarten (sequentiell, wahlfrei, dynamisch) sind drei Formatangaben möglich.

Format:

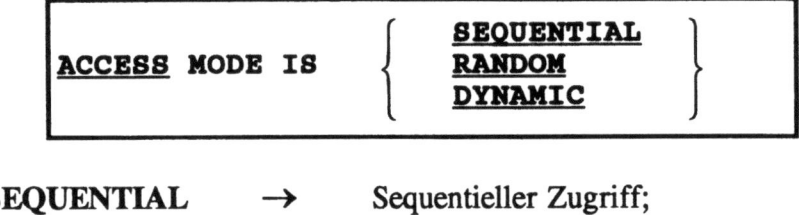

SEQUENTIAL	→	Sequentieller Zugriff;
RANDOM	→	Wahlfreier Zugriff;
DYNAMIC	→	Dynamischer Zugriff.

Auf sequentiell organisierte Dateien darf nur sequentiell zugegriffen werden, deshalb kann für diese Dateien die ACCESS MODE-Angabe entfallen (Default-Annahme). Für relativ und indiziert organisierte Dateien sind alle drei Zugriffsarten erlaubt. Die Eigenschaften der drei Zugriffsarten sind im Kapitel INPUT-OUTPUT SECTION beschrieben.

Für relativ organisierte Dateien (RELATIVE I-O) kann die ACCESS MODE-Klausel durch die RELATIVE KEY-Eintragung ergänzt werden.

Format (für relativ organisierte Dateien (RELATIVE I-O):

```
ACCESS MODE IS

    ⎧ SEQUENTIAL          [RELATIVE KEY IS daten.name-1] ⎫
    ⎨ { RANDOM  }                                        ⎬
    ⎩ { DYNAMIC }         RELATIVE KEY IS daten-name-2   ⎭
```

daten-name-1 spezifiziert ein numerisch definiertes, vorzeichenfreies Feld, in dem die relative Satz-Nummer unterzubringen ist. Siehe dazu Kapitel INPUT-OUTPUT SECTION "Relative Organisationsform". Dieses RELATIVE KEY-Datenfeld ist nicht Teil des eigentlichen Datensatzes. Das heißt, es darf nicht in der Datensatzerklärung dieser Datei definiert werden.

Ist die Zugriffsart **Sequentiell** (ACCESS MODE IS SEQUENTIAL), hat die RELATIVE KEY-Eintragung nur dann eine Bedeutung, wenn gleichzeitig die **START-Anweisung** codiert wird. Der Inhalt des RELATIVE KEY-Datenfeldes wird in diesem Fall für das Aufsuchen desjenigen Datensatzes benötigt, bei dem die sequentielle Verarbeitung beginnen soll.

Ist die START-Anweisung nicht angegeben, wird die RELATIVE KEY-Eintragung vom Compiler ignoriert. Die Verarbeitung beginnt dann stets beim ersten Satz der Datei.

Für die Zugriffsarten **Wahlfrei** (RANDOM) und **Dynamisch** (DYNAMIC) muß die RELATIVE KEY-Eintragung angegeben werden. Vor dem Zugriff ist das RELATIVE KEY-Datenfeld mit der relativen Satz-Nummer zu füllen.

5.3.6 PADDING CHARACTER-Klausel

Die Klausel wurde mit dem **ANS-1985** eingeführt. Sie ist nur auf sequentiell organisierte Dateien anwendbar, bei denen eine konstante Anzahl logischer Sätze zu einem Block zusammengefaßt werden soll.

Beim Erstellen oder Verlängern einer derart geblockten Datei besteht die Möglichkeit, daß für den letzten physischen Satz (Block) nicht mehr genügend logische Sätze zur Verfügung stehen. Die PADDING CHARACTER-Klausel erlaubt es dem Programmierer, diese fehlenden Sätze durch frei wählbare Zeichen aufzufüllen.

Format:

```
PADDING CHARACTER IS   { daten-name-1 }
                       { literal-1    }
```

daten-name-1 muß in der DATA DIVISION als ein einstelliges alphanumerisches Datenfeld definiert sein (die Definition darf jedoch nicht in der FILE SECTION erfolgen).

literal-1 muß ein einstelliges nichtnumerisches Literal sein.

Beispiel:

```
PADDING CHARACTER IS "*"
```

Block (mit konstanter Länge)

vorher	1. Satz	2. Satz	3. Satz	4. Satz	leer

nachher	1. Satz	2. Satz	3. Satz	4. Satz	*****

Sätze, die mit der PADDING CHARACTER-Klausel gefüllt wurden, werden beim sequentiellen Lesen von den E-/A-Routinen übersprungen, was sich günstig auf das Laufzeitverhalten geblockter Dateien auswirkt.

Hinweis:
Die PADDING CHARACTER-Klausel wird von SAA nicht unterstützt. Die Syntax der Klausel wird zwar von VS COBOL II abgeprüft, die Schreibweise hat jedoch keinen Einfluß auf die Lauffähigkeit des Programms.

5.3.7 RECORD DELIMITER-Klausel

Die Klausel wurde mit **ANS-1985** eingeführt. Mit ihr läßt sich das Ende eines variabel langen Datensatzes einer *sequentiellen* Datei bestimmen, die sich auf einem externen Speichermedium befindet.

Format:

$$\boxed{\underline{\text{RECORD DELIMITER}} \text{ IS } \left\{ \begin{array}{l} \underline{\textbf{STANDARD-1}} \\ \textit{hersteller-name-1} \end{array} \right\}}$$

Wird **STANDARD-1** angegeben, muß sich die Datei auf Magnetband befinden.

hersteller-name-1 kann ein beliebiges, vom Programmierer definiertes COBOL-Wort sein. Es wird angegeben, wenn sich die Datei auf einem beliebigen Datenträger befindet.

Hinweis:
Die RECORD DELIMITER-Klausel wird von SAA nicht unterstützt. Die Syntax der Klausel wird zwar von VS COBOL II abgeprüft, die Schreibweise hat jedoch keinen Einfluß auf die Lauffähigkeit des Programms.

5.3.8 RECORD KEY-Klausel

Bei Dateien mit indizierter Organisationsform (INDEXED I-O) hat jeder Datensatz einen oder mehrere sortierbare Ordnungsbegriffe (KEYs). Man unterscheidet dabei zwischen dem **Basisschlüssel** und den **Alternativschlüsseln**, die inhaltsgleich in der Datei mehrfach auftreten können.

Der Basisschlüssel, welcher zum Aufbau des Index dient, wird dem System durch die RECORD KEY-Klausel mitgeteilt. Der Wert des

Datenfeldes für den Basisschlüssel muß für die Sätze der Datei eindeutig sein.

Format:

```
RECORD KEY IS daten-name-2
```

daten-name-2 spezifiert das Datenfeld für den Basisschlüssel. Dieses Datenfeld muß in jedem Datensatz der Datei immer an der gleichen Stelle vorhanden sein. In der Datensatzbeschreibung der FILE SECTION muß es als ein alphanumerisches Datenfeld fester Länge definiert werden.

Besitzt die Datei mehr als eine Datensatzbeschreibung (z. B. aufgrund verschiedener Satzarten), darf *daten-name-2* auch in nur einer dieser Beschreibungen definiert sein. Diese Eintragung gilt dann auch für alle anderen Datensatzbeschreibungen.

IBM-Erweiterung:
daten-name-1 darf numerisch, numerisch aufbereitet, alphanumerisch aufbereitet, alphabetisch, extern- oder intern-dezimal definiert sein.

5.3.9 ALTERNATE RECORD KEY-Klausel

Neben dem Basisschlüssel können in einem Datensatz einer INDEXED I-O-Datei weitere Ordnungsbegriffe (KEYs) vorhanden sein, die als **Alternativschlüssel** bezeichnet werden. Muß der Basisschlüssel eindeutig sein, so dürfen im Gegensatz dazu die Alternativschlüssel auch inhaltsgleich mehrfach in einer Datei vorkommen. Desweiteren dürfen sich die Alternativschlüssel gegenseitig und den Basisschlüssel überlagern. Ansonsten gelten für die Alternativschlüssel die gleichen Regeln wie für den Basisschlüssel.

5.3 Der Paragraph FILE-CONTROL

Format:

```
[ALTERNATE RECORD KEY IS daten-name-3
         [WITH DUPLICATES]] ...
```

Jeder Alternativschlüssel muß dem System durch die ALTERNATE RECORD KEY-Klausel mitgeteilt werden. *daten-name-3* spezifiziert das Datenfeld für den Alternativschlüssel, welches einen Alternativ-Pfad zu den Daten in einer indizierten Datei aufbaut. Es muß, wie in der RECORD KEY-Klausel, als alphanumerisches Feld fester Länge definiert werden.

Die Angabe **WITH DUPLICATES** muß gemacht werden, wenn Alternativschlüssel mehrfach innerhalb einer Datei auftreten. Ist der Zugriff auf die Datei sequentiell, werden die Sätze mit gleichem Schlüssel in der Reihenfolge des Zugangs zur Verfügung gestellt. Bei wahlfreiem Zugriff wird nur auf den ersten Satz aus der Folge von Sätzen mit gleichem Schlüssel zugegriffen.

Wird beim Lesen eines Satzes über den Alternativschlüssel festgestellt, daß noch weitere Sätze mit dem gleichen Alternativschlüssel vorhanden sind, wird von den E-/A-Routinen der Wert "02" im FILE STATUS-Feld gespeichert.

Für eine VSAM-indizierte Datei (KSDS) muß sowohl die Definition des RECORD KEY als auch die des ALTERNATE RECORD KEY mit der Definition im **Katalog-Eintrag** übereinstimmen.

Beispiel (VSAM-indizierte Datei):

```
INPUT-OUTPUT SECTION.
FILE-CONTROL.
    SELECT BESTANDS-DAT ASSIGN TO I-BESDAT
        RECORD KEY IS KUNDEN-NR
        ALTERNATE RECORD KEY IS NAME
```

> **WITH DUPLICATES**
> ALTERNATE RECORD KEY IS KONTO-NR
> **WITH DUPLICATES**
> ALTERNATE RECORD KEY IS BLZ
> **WITH DUPLICATES**

Unter **MVS** lautet in der JCL die Zuordnung zur DD-Anweisung:

```
//BESDAT     DD DSN=CLUSTERNAME,DISP=OLD
//BESDAT1    DD DSN=PFAD1,DISP=OLD
//BESDAT2    DD DSN=PFAD2,DISP=OLD
//BESDAT3    DD DSN=PFAD3,DISP=OLD
```

In diesem Beispiel wurde der Name des Basis-Clusters mit CLUSTERNAME angegeben. Der Pfadname des ersten Alternativindex lautet PFAD1, der des zweiten PFAD2 und der des dritten PFAD3. Der DD-Name für den Basis-Cluster muß mit dem angegebenen Namen in der ASSIGN-Klausel übereinstimmen.

IBM-Erweiterung (PASSWORD-Klausel):

Für VSAM-Dateien kann die PASSWORD-Klausel angegeben werden. Durch sie wird ein nichtautorisierter Zugriff auf eine Datei verhindert. Für VSAM-indizierte Dateien muß die Klausel unmittelbar hinter der RECORD KEY- oder ALTERNATE RECORD KEY-Klausel angegeben werden. Für VSAM-relative Dateien steht sie unmittelbar hinter der RELATIVE KEY-Klausel.

Die Paßwort-Datenfelder sind in der WORKING-STORAGE SECTION als alphanumerische Felder zu definieren. Die ersten 8 Zeichen eines Feldes werden als Paßwort herangezogen. Ist das Feld kleiner als 8 Zeichen, werden die fehlenden Stellen durch Blanks ersetzt.

Jedes angegebene Paßwort muß einem extern definierten äquivalent sein.

Bei VSAM-indizierten Dateien, die vor dem Öffnen vollständig definiert wurden, braucht nur das Paßwort-Datenfeld für den RECORD KEY das gültige Paßwort enthalten.

Beispiel   (VSAM-indizierte Datei):

```
FILE CONTROL.
    SELECT BESTANDS-DAT ASSIGN TO I-BESDAT
           RECORD KEY IS KUNDEN-NR
           PASSWORD IS BASIS-PW
           ALTERNATE RECORD KEY IS NAME
               WITH DUPLICATES
           PASSWORD IS PFAD1-PW
           ALTERNATE RECORD KEY IS KONTO-NR
               WITH DUPLICATES
           PASSWORD IS PFAD2-PW
           ALTERNATE RECORD KEY IS BLZ
               WITH DUPLICATES
           PASSWORD IS PFAD3-PW
...
WORKING-STORAGE SECTION.
01    BASIS-PW         PIC X(8) VALUE "Paßwort-1".
01    PFAD1-PW         PIC X(8) VALUE "Paßwort-2".
01    PFAD2-PW         PIC X(8) VALUE "Paßwort-3".
01    PFAD3-PW         PIC X(8) VALUE "Paßwort-4".
```

5.3.10 FILE STATUS-Klausel

Mit dieser Klausel kann jede E-/A-Anweisung auf ihre erfolgreiche Durchführung geprüft werden.

Format:

```
FILE STATUS IS daten-name-4
```

daten-name-4 ist in der DATA DIVISION als ein zweistelliges alphanumerisches Feld zu definieren. Die Definition darf jedoch nicht in der FILE SECTION erfolgen. Einige Hersteller haben den File-Status-Code weiter spezifiziert. Zum Beispiel IBM für VSAM-Dateien (RETURN-, FUNCTION- und FEEBACK CODE) oder der erweiterte Code für die Hauptkategorie "9" beim Compiler MS-COBOL.

Nach jeder E-/A-Anweisung wird der temporäre Zustand der Datei (STATUS) abgeprüft und vom System als zweistelliger Dezimal-Code im STATUS-Feld gespeichert. **Dieser STATUS sollte nach jedem Zugriff auf die Datei abgeprüft werden.** Wird ein Fehler oder eine bestimmte Bedingung festgestellt, kann durch IF- oder EVALUATE-Abfragen zu den entsprechenden Programm-Routinen verzweigt werden, um z. B. Fehlermeldungen auszugeben und den Programmlauf nach Schließen aller Dateien zu beenden.

Grundsätzlich sollte für jede Datei ein separates STATUS-Feld definiert werden.

Die Prüfung des FILE STATUS kann nach folgenden E-/A-Anweisungen erfolgen:

```
ACCEPT      DISPLAY
OPEN        CLOSE
READ        WRITE
DELETE      START
REWRITE
```

Die zwei Ziffern des Dezimal-Codes werden als Zustandsanzeiger bezeichnet:

Ziffer 1 = Zustandsanzeiger 1
Ziffer 2 = Zustandsanzeiger 2

Zustandsanzeiger 1 beschreibt die Hauptkategorie des Status-Zustandes. Es bedeuten:

0   Erfolgreiche Durchführung der E-/A-Operation;
1   Dateiende erreicht (AT END-Bedingung);
2   Schlüsselfehler bei INDEXED I-O- oder RELATIVE I-O-Dateien;
3   Permanenter Fehler;
4   Logikfehler;
9   Vom Hersteller definierte Fehler.

Die nachfolgende Tabelle zeigt die Werte und Bedeutung der Zustandsanzeiger.

5.3 Der Paragraph FILE-CONTROL

Zustands-anzeiger-1	Zustands-anzeiger-2	Bedeutung
0		Erfolgreiche Durchführung der E/A-Anweisung
	0	Keine weiteren Informationen.
	2	In einer INDEXED I-O-Datei sind zwei oder mehrere Alternativschlüssel angegeben.
	4	Die ermittelte Satzlänge stimmt nicht mit der angegebenen überein.
	5	Eine OPEN-Anweisung wurde erfolgreich durchgeführt, aber die OPTIONAL-Datei ist nicht verfügbar.
	7	Eine OPEN- oder CLOSE-Anweisung steht im Gegensatz zum verwendeten Datenträger (z. B. NO REWIND, zusammem mit OPEN bzw. NO REWIND, REEL/UNIT, FOR REMOVAL mit CLOSE).
1		Datei-Ende erreicht (AT END-Bedingung)
	0	Keine weiteren Informationen oder OPTIONAL-Datei zur OPEN-Zeit nicht verfügbar (sequentieller Zugriff).
	4	Bei einer RELATIVE I-O-Datei ist die Zahl der signifikanten Ziffern in der relativen Satznummer größer als das dafür definierte RELATIVE KEY-Datenfeld.
2		Schlüsselfehler (KEY ERROR)
	1	Folgefehler beim sequentiellen Zugriff auf eine INDEXED I-O-Datei.
	2	Doppelter Schlüssel, der nicht erlaubt ist.
	3	Kein Satz gefunden, oder eine OPTIONAL-Datei ist nicht verfügbar.

Zustands-anzeiger-1	Zustands-anzeiger-2	Bedeutung (Fortsetzung)
	4	Grenzverletzung einer INDEXED I-O- oder RELATIVE I-O-Datei. oder bei einer RELATIVE I-O-Datei ist die Zahl der signifikanten Ziffern größer als das dafür definierte RELATIVE KEY-Datenfeld (sequentieller Zugriff).
3		**Permanenter Fehler (Datenfehler, Paritätsfehler oder Übertragungsfehler).**
	0	Keine weiteren Informationen.
	4	Verletzung der Grenzen einer SEQUENTIAL I-O-Datei (Dateigröße überschritten)
	5	OPEN-Anweisung konnte nicht ausgeführt werden, weil Datei nicht verfügbar war (keine OPTIONAL-Datei).
	7	OPEN-Anweisung konnte nicht ausgeführt werden, weil eine EXTEND- oder OUTPUT-Angabe codiert wurde, obwohl keine Schreib-Operationen erlaubt sind oder die I-O-Angabe codiert wurde, obwohl keine Ein- und Ausgabeoperationen erlaubt sind oder die INPUT-Angabe codiert wurde, obwohl keine Lese-Operationen erlaubt sind.
	8	OPEN-Anweisung konnte nicht ausgeführt werden, weil die Datei vorher mit WITH LOCK geschlossen wurde.
	9	OPEN-Anweisung konnte nicht ausgeführt werden, weil zwischen den festen Datei-Attributen und den angegebenen Unterschiede bestehen (z. B. bei Dateiorganisation, KEYs, Satzlänge, Satztyp (fest oder variabel), Blockungsfaktor).

5.3 Der Paragraph FILE-CONTROL

Zustands-anzeiger-1	Zustands-anzeiger-2	*Bedeutung* *(Fortsetzung)*
4		**Logikfehler**
	1	Eine OPEN-Anweisung wurde für eine geöffnete Datei angegeben.
	2	Eine CLOSE-Anweisung wurde für eine geschlossene Datei angegeben.
	3	Für eine Massenspeicherdatei mit sequentiellem Zugriff ging einem REWRITE kein erfolgreiches READ voraus, oder für eine relative oder indizierte Datei mit sequentiellem Zugriff ging einem DELETE oder REWRITE keine erfolgreiches READ voraus.
	4	Es existiert eine Grenzverletzung. Ein Satz, der zurückgeschrieben werden sollte, hatte nicht die gleiche Größe wie der, der ersetzt werden sollte oder ein Satz der geschrieben oder zurückgeschrieben werden sollte war größer als der größte oder kleiner als der kleinste Satz, der durch die RECORD IS VARYING-Klausel festgelegt wurde.
	6	Ein sequentielles READ wurde bei einer Datei versucht, die im INPUT- oder I-O-Modus geöffnet ist, und kein gültiger nächster Satz war aufgebaut worden, weil das vorhergehende READ nicht erfolgreich war oder eine AT END-Bedingung verursachte.
	7	Ein READ wurde für eine Datei versucht, die nicht im INPUT- oder I-O-Modus geöffnet ist.
	8	Ein WRITE wurde für eine Datei versucht, die nicht im I-O-, OUTPUT- oder EXTEND-Modus geöffnet ist.

Zustands-anzeiger-1	Zustands-anzeiger-2	*Bedeutung* *(Fortsetzung)*
	9	Ein DELETE- oder REWRITE wurde für eine Datei versucht, die nicht im I-O-Modus geöffnet ist.
9		**Vom Hersteller definierte Fehler (IBM)**
	0	Systemfehler (nicht näher definiert)
	1	Paßwortfehler (nur VSAM)
	2	Logikfehler (z. B. READ bei nicht geöffneter Datei).
	3	Betriebsmittel für VSAM-Dateien nicht verfügbar (z. B. Datenträger, E-/A-Geräte, Hauptspeicherkapazität usw.).
	4	Kein aktueller Satzzeiger (CURRENT RECORD POINTER) für sequentielle Anforderung. Nur VSAM mit CMPR2 Compiler-Option: Satzzeiger zeigt nicht auf den Beginn eines Satzes.
	5	Ungültige oder falsche Dateiinformation für VSAM-Datei (Job Control-Fehler).
	6	Keine DD-Anweisung (VSAM).
	7	Erfolgreiche Ausführung einer OPEN-Anweisung mit Integritätsprüfung (VSAM).

IBM-Erweiterung:

1. *daten-name-1 darf auch als vorzeichenfreies extern- oder intern dezimales Feld definiert werden. Es wird jedoch wie ein alphanumerisches Feld behandelt.*

2. *für VSAM-Dateien (ESDS, KSDS, RRDS) darf die FILE STATUS-Klausel um die wahlfreie Angabe daten-name-2 erweitert werden*

   Format:
   FILE STATUS IS *daten-name-1* [*daten-name-2*]

5.3 Der Paragraph FILE-CONTROL

daten-name-2 muß als ein Gruppenfeld von 6 Bytes Länge in der WORKING-STORAGE - oder LINKAGE SECTION definiert sein:

- *Byte-Position 1 und 2 enthalten den **VSAM RETURN CODE** in binärer Darstellung. Der Wert dieses VSAM-Codes ist 0, 8 oder 12.*

- *Byte-Position 3 enthält den **VSAM FUNCTION CODE** in binärer Darstellung. Der Wert dieses VSAM-Codes ist 0, 1, 2, 3, 4 oder 5.*

- *Byte-Position 4, 5 und 6 enthalten den **VSAM FEEDBACK CODE** in binärer Darstellung. Der Wert dieses VSAM-Codes liegt zwischen 0 und 255.*

Der FUNCTION CODE und FEEDBACK CODE wird nur dann gesetzt, wenn der RETURN CODE ungleich Null ist.

Weitere Informationen über die Definition von daten-name-2 sind dem IBM-Handbuch VS COBOL II Language Reference zu entnehmen.

Unter den IBM ANS-Compilern können die Statusfelder für VSAM-Dateien folgendermaßen definiert werden:

```
WORKING-STORAGE SECTION.
01   F-STATUS-FELDER.
     05 FS-STATUS                    PIC XX.
     05 VS-STATUS.
        10 VS-RETURN-CODE            PIC 99  COMP.
        10 VS-FUNCTION-CODE          PIC 9   COMP.
        10 VS-FEEDBACK-CODE          PIC 999 COMP.
```

Wird der FILE STATUS nicht abgefragt, kann ein Fehler im Programm zu einem abnormalen Programmende führen. Die Fehlersuche kann sich in derartigen Fällen auch bei weniger umfangreichen Programmen sehr zeitaufwendig gestalten. Die Klausel und die entsprechenden Abfrage-Routinen sollten deshalb bei jeder E-/A-Anweisung grundsätzlich immer angegeben werden. Das kann auch sehr wirkungsvoll im Zusammenhang mit DECLARATIVES geschehen.

Beispiel (IBM-Anwendung):

```
INPUT-OUTPUT SECTION.
FILE-CONTROL.
    SELECT U1-EINDAT ASSIGN TO SYS010
             ORGANIZATION IS INDEXED
             ACCESS IS RANDOM
             RECORD KEY IS KUNDEN-NR
             ALTERNATE RECORD KEY IS BLZ
               WITH DUPLICATES
             FILE STATUS IS F1-STATUS.
    SELECT U2-AUSDAT ASSIGN TO SYS011.
...

WORKING-STORAGE SECTION.
01  F1-STATUS.
    03  F1FS.
        05  F1FS1                   PIC X VALUE SPACE.
            88  U1-OK                     VALUE "0".
            88  U1-EOF                    VALUE "1".
            88  U1-INVALID-KEY            VALUE "2".
            88  U1-PERM-ERROR             VALUE "3".
            88  U1-LOGIC-ERROR            VALUE "4".
            88  U1-UNDEF-ERROR            VALUE "9".
        05  F1FS2                   PIC X VALUE SPACE.
    03  F1VS.
        05  F1VS1                   PIC 99   COMP.
            88  U1-VS-OK                  VALUE ZERO.
        05  F1VS-FUNCT-CODE         PIC 9    COMP.
        05  F1VS-FEEDB-CODE         PIC 999 COMP.

01  L1S                             PIC X VALUE "0".
...
PROCEDURE DIVISION.
A010.
    OPEN INPUT   U1-EINDAT
         OUTPUT  U2-AUSDAT.
    IF U1-OK
       MOVE "1" TO L1S
    ELSE
       DISPLAY "OPEN-FEHLER EINDAT, STATUS: "
                 F1FS
       MOVE "3" TO L1S
    END-IF.
...
```

```
B010.
   READ U1-EINDAT.
   EVALUATE TRUE
     WHEN U1-OK
         MOVE Gruppenbegriffe TO ···
     WHEN U1-EOF
         MOVE "2" TO L1S
         CLOSE U1-EINDAT
     WHEN OTHER
         DISPLAY "LESE-FEHLER EINDAT, STATUS: "
                   F1FS
         DISPLAY "ABBRUCH"
         STOP RUN
   END-EVALUATE.
   ···
```

Das Indikatorfeld L1S enthält einen selbstdefinierten Dateistatus, der in Kapitel 7.1.1 erklärt wird.

Eine andere Möglichkeit, E-/A-Operationen abzuprüfen, ist durch die ECEPTION/ERROR DECLARATIVES gegeben.

5.4 Der Paragraph I-O-CONTROL

Der zur INPUT-OUTPUT SECTION gehörende wahlfreie Paragraph I-O-CONTROL erfüllt folgende Aufgaben:

- Setzen von Prüfpunkten (CHECKPOINTS) bei der Abarbeitung langlaufender Programme (RERUN-Klausel);
- Gemeinsame Benutzung von Speicherbereichen für verschiedene Dateien (SAME AREA-Klausel);
- Auswahl einer Datei, die sich auf einem Magnetband mit mehreren anderen Dateien befindet (MULTIPLE FILE TAPE-Klausel);
- Optimale Nutzung von zugeordneten Puffer- und Einheitenplatz bei physisch sequentiellen Dateien (APPLY WRITE-ONLY-Klausel - **nur IBM**).

Die nachfolgende Abbildung zeigt das allgemeine Syntax-Gerüst des Paragraphen I-O-CONTROL.

```
[I-O-CONTROL.
    [[ RERUN              -Klausel ] ...
    [ SAME AREA           -Klausel ] ...
    [ MULTIPLE FILE TAPE  -Klausel ] ...
    [ APPLY WRITE-ONLY    -Klausel ] (nur IBM)...]]
```

Das Schlüsselwort I-O-CONTROL darf nur am Anfang des Paragraphen stehen. Es muß im Bereich A der COBOL-Zeile beginnen und mit einem Punkt enden. Die Klauseln innerhalb des Paragraphen können durch ein Komma oder durch ein Semikolon, gefolgt von einer Leerstelle, voneinander getrennt werden.

Der Paragraph muß nach der letzten Klausel mit einem Punkt abgeschlossen werden.

5.4.1 RERUN-Klausel (CHECK-POINT-Schreibung)

Durch diese Klausel wird die sogenannte **CHECK-POINT**-Schreibung realisiert. Findet bei langlaufenden Programmen bzw. bei der Verarbeitung sehr großer Dateien ein unvorhergesehener Programmabbruch statt, sind die aufgearbeiteten Daten bis zum Zeitpunkt des Abbruchs nicht mehr verwendbar. Der Programmlauf müßte in derartigen Fällen noch einmal von vorn beginnen.

Im Zusammenwirken mit der RERUN-Klausel werden im Hauptprogramm Prozeduren aktiviert, die entweder nach einer bestimmten Anzahl geschriebener Sätze oder am Ende jeder fortlaufenden Magnetband-Datei einen sogenannten Prüfpunkt schreibt (CHECK-POINT).

5.4 Der Paragraph I-O-CONTROL

Unter dem Schreiben eines Prüfpunktes versteht man den Abzug des Hauptspeicherinhalts (DUMP) auf eine sequentiell organisierte Plattendatei zum vorher definierten Zeitpunkt.

Wird das Programm nach dem Abbruch neu gestartet (RESTART), kann bei den Daten des letzten Prüfpunktes neu aufgesetzt werden. Dadurch sind lediglich die Daten nach dem Schreiben des letzten Prüfpunktes verloren, was sich in der Regel in überschaubaren Grenzen hält.

Das Wiederanlaufverfahren (RESTART) ist im COBOL systemabhängig, weil kein bindendes Verfahren dafür existiert. Das ist auch der Grund dafür, daß die RERUN-Klausel seit dem **ANS-1985** zur Löschung im nächsten COBOL-Standard vorgemerkt wurde. Je nachdem, ob physisch sequentielle Dateien (QSAM) oder VSAM-Dateien verarbeitet werden sollen, existieren für die **IBM-Anwendung** der RERUN-Klausel unterschiedliche Formate.

Format 1 (für physisch sequentielle Dateien - QSAM):

```
[RERUN [ON  { datei-name-1  } ]
            { system-name   }

        EVERY { ganzzahl-1   RECORDS }
              { END OF       REEL    }  OF datei-name-2] ...
              {              UNIT    }
```

Für physisch sequentielle Dateien spezifiziert *datei-name-1* eine externe Datei, auf der die Prüfpunkte geschrieben werden sollen. Diese Datei muß **physisch sequentiell** organisiert sein (QSAM). Der Dateiname darf nicht mit einem Namen übereinstimmen, der in der ASSIGN-Klausel angegeben ist.

Statt *datei-name-1* kann ein *system-name* angegeben werden, z. B. die symbolischen Gerätenamen SYSnnn in der IBM-Umgebung, wobei für nnn Ziffern zwischen 001 und 999 stehen dürfen.

datei-name-2 steht für eine physisch sequentielle Datei, für die während der Verarbeitung Prüfpunkte geschrieben werden sollen.

Für das Schreiben der Prüfpunkte gibt es zwei Möglichkeiten:

1. Je ein Prüfpunkt wird nach einer bestimmten Anzahl verarbeiteter Sätze geschrieben (**EVERY** *ganzzahl-1* **RECORDS**). *ganzzahl-1* spezifiziert eine Zahl, welche die Anzahl der Sätze angibt, nach der jeweils ein Prüfpunkt geschrieben werden soll.

2. Besteht zum Beispiel eine Datei aus mehreren Magnetbändern, wird mit der Angabe **EVERY END OF REEL** immer dann ein Prüfpunkt geschrieben, wenn die Datei-Ende-Bedingung (EOF) erreicht ist. Die Angaben REEL und UNIT sind austauschbar.

Beispiel 1:

```
I-O-CONTROL.
    RERUN ON CHECKPOINT
        EVERY END OF REEL OF EINDAT.
```

Die Datei EINDAT besteht aus mehreren Magnetbandrollen. Nach jedem verarbeiteten Magnetband wird ein Prüfpunkt auf die Datei CHECKPOINT geschrieben.

Beispiel 2:

```
I-O-CONTROL.
    RERUN ON CHECKPOINT
        EVERY 100000 RECORDS OF EINDAT.
```

Nach der Verarbeitung von je 100000 Sätzen der Datei EINDAT wird ein Prüfpunkt auf die Datei CHECKPOINT geschrieben.

Unter **MVS** kann für eine Direktzugriffsdatei in der JCL angegeben werden:

5.4 Der Paragraph I-O-CONTROL

```
//CHEKPT   DD DSN=Qualifier.CHECKPT1,UNIT=DISK,
//            VOL=SER=Plattenangabe,
//            DISP=(NEW;KEEP),
//            SPACE=(CYL,(20,10),RLSE), ...
```

Format 2 (für VSAM-Dateien):

> [**RERUN** [**ON** { *datei-name-1* / *system-name* }]
>
> **EVERY** *ganzzahl-1* **RECORDS** **OF** *datei-name-3*] ...

Wird eine VSAM-Datei verarbeitet, ist nur die Angabe **EVERY** *ganzzahl-1* **RECORDS** zulässig. *datei-name-3* steht hier für eine VSAM-Datei (sequentiell, relativ oder indiziert), für die während der Verarbeitung Prüfpunkte geschrieben werden sollen. Die übrigen Angaben sind mit Format 1 identisch.

Die RERUN-Klausel darf mehrfach angegeben werden.

Die RERUN-Klausel wird von allen **SAA**-Compilern akzeptiert. Unter **CMS**, **OS/400** und **OS/2** wird die Klausel zwar auf ihre Syntax geprüft, ansonsten jedoch als Kommentar behandelt.

5.4.2 SAME AREA-Klausel

Für jede Datei im Programm legt der Compiler automatisch Puffer-Bereiche im Hauptspeicher an. Die Größe dieser Puffer ergibt sich aus den gespeicherten Datenmengen, dem Blockungsfaktor und aus überlappten Verarbeitungen. Die Verarbeitung sehr großer Datenmengen mit den üblichen hohen Blockungsfaktoren kann einen riesigen Hauptspeicherbedarf erforderlich machen, der unter Umständen nicht vorhanden ist und darüber hinaus das Programm langsam macht. In COBOL kennt man zwei Klauseln, um auf die Anzahl und optimale Ausnutzung der Puffer Einfluß zu nehmen: Die RESERVE-Klausel und die SAME AREA-Klausel.

Während mit der RESERVE-Klausel eine feste Anzahl Puffer für jede einzelne Datei angelegt werden kann, werden durch die SAME AREA-Klausel für zwei oder mehrere Dateien gemeinsam zu nutzende Puffer eingerichtet. Diese Dateien benutzen also gemeinsam den gleichen Hauptspeicherbereich.

Allgemeines Format:

```
[SAME [RECORD] AREA
      FOR datei-name-1  {datei-name-2} ···] ···
```

Aus der Syntax dieses Formats geht hervor, daß die Klausel in zwei Formate aufgeteilt werden kann. Einmal mit und einmal ohne die wahlfreie Angabe RECORD.

Wird die Angabe **RECORD** weggelassen, umfaßt der gemeinsam genutzte Bereich alle Speicherbereiche, die den Dateien zugeordnet werden. Bei physisch sequentiellen Dateien (**QSAM**) darf deshalb immer nur eine Datei geöffnet sein.

Bei VSAM-Dateien hat die SAME AREA-Klausel mit oder ohne den Zusatz RECORD die gleiche Bedeutung.

Die Anwendung der Klausel ohne die RECORDS-Angabe spart Speicherplatz, weil alle angelegten Puffer durch die Dateien gemeinsam genutzt werden.

Durch den wahlfreien Zusatz **RECORD** spezifiziert die Klausel, daß zwei oder mehrere Dateien für die Verarbeitung des jeweiligen logischen Satzes den gleichen Hauptspeicherbereich gemeinsam benutzen sollen. Alle Dateien, die auf diesen gemeinsamen Bereich zugreifen,

5.4 Der Paragraph I-O-CONTROL

dürfen zur gleichen Zeit geöffnet sein. Derjenige Satz, der sich gerade in diesem Bereich befindet, wird als logischer Satz betrachtet, der zu jeder geöffneten Ausgabedatei und zu der zuletzt angesprochenen Eingabedatei gehört.

Hinweis:
Die Anwendung der Klausel mit dem RECORD-Zusatz muß nicht notwendigerweise Speicherplatz einsparen. Dieses Format erlaubt jedoch die Übertragung von Daten von einer Datei zu einer anderen mit minimaler Bewegung, weil die E-/A-Bereiche der Dateien identisch sind.

In einem Programm dürfen mehrere SAME AREA-Klausel codiert werden. **Dabei sind jedoch folgende Regeln zu beachten:**

1. Ein Dateiname darf mit gleichem Namen einmal in der Klausel des Formates 1 und einmal in der des Formates 2 auftreten.

2. Steht ein Dateiname in der Klausel mit Format 1 auch in der mit Format 2, so müssen auch alle anderen Dateinamen aus Format 1 im Format 2 codiert werden.

3. Die Regel, daß bei Angabe des Formats 1 immer nur eine Datei (QSAM) geöffnet sein darf, hat Vorrang vor der Regel, daß alle Dateien zur gleichen Zeit geöffnet sein dürfen.

Die Dateien, die in der Klausel mit dem RECORD-Zusatz angegeben sind, dürfen unterschiedliche Organisationsformen und Zugriffsarten besitzen.

IBM-Erweiterung:
Der RECORD-Zusatz darf nicht angegeben werden, wenn die Klausel RECORD CONTAINS 0 CHARACTERS codiert wurde.

Für **QSAM-Dateien** unter **MVS(TSO/E)**, **IMS**, **CMS** und **OS/400** wird die Klausel zwar auf ihre Syntax geprüft, ansonsten jedoch als Kommentar behandelt.

Beispiel 1:

```
SAME AREA
   FOR EINDAT-1, EINDAT-2, AUSDAT-1, AUSDAT-2
```

Die Klausel wurde ohne den RECORD-Zusatz angegeben. Alle Dateien benutzen deshalb den gleichen Pufferbereich. Wegen der überlappten Verarbeitung darf jedoch immer nur eine Datei geöffnet sein.

Beispiel 2:

```
SAME RECORD AREA
   FOR EINDAT-1, EINDAT-2, AUSDAT-1, AUSDAT-2
```

Durch den RECORD-Zusatz haben alle Dateien einen Zugriff auf den jeweiligen logischen Satz, der sich gerade im gemeinsam benutzten Speicherbereich befindet. Dieser Speicherbereich wird sowohl von den Eingabe- als auch den Ausgabe-Dateien gleichermaßen benutzt. Alle Dateien dürfen deshalb gleichzeitig geöffnet sein.

5.4.3 MULTIPLE FILE TAPE-Klausel

Um Magnetbandrollen einzusparen und das lästige Wechseln der Bänder zu vermeiden, können mehrere Dateien auf einem Magnetband untergebracht werden. Allerdings benötigt das System eine gewisse Suchhilfe, damit beim Öffnen (OPEN) die richtige Datei angesprochen werden kann. Diese Suchhilfe wird durch die MULTIPLE FILE TAPE-Klausel realisiert.

Format:

```
[MULTIPLE FILE TAPE CONTAINS
   datei-name-1      [POSITION ganzzahl-1]
   [datei-name-2     [POSITION ganzzahl-2] ] ... ] ...
```

5.4 Der Paragraph I-O-CONTROL

Die Klausel kann einmal mit und einmal ohne die wahlfreie Angabe **POSITION** *ganzzahl* codiert werden.

Wird **POSITION** *ganzzahl* weggelassen, müssen alle Dateien auf dem Magnetband in der richtigen physischen Reihenfolge angegeben sein. Die Angabe braucht jedoch nur bis zu der Datei erfolgen, die gerade noch benötigt wird.

Beispiel 1:

	Bandanfang				
MULTI-VOLUME Magnetband	Datei 1	Datei 2	Datei 3	Datei 4	Datei 5

Will man zum Beispiel die Datei 4 verarbeiten, kann die Klausel folgendermaßen codiert werden:

```
MULTIPLE FILE TAPE CONTAINS
    DATEI-1, DATEI-2, DATEI-3, DATEI-4.
```

Wird die Angabe **POSITION** *ganzzahl* codiert, dann müssen die Positionen der benötigten Dateien relativ zum Bandanfang angegeben werden.

Beispiel 2:

Im letzten Beispiel wurde die Datei-4 benötigt. Diese Datei steht gleichzeitig an der 4. Stelle vom Bandanfang her. Man kann also mit der POSITION-Angabe codieren:

```
MULTIPLE FILE TAPE CONTAINS
    DATEI-4 POSITION 4.
```

Diese Angabe ist gleichbedeutend mit der in Beispiel 1.

Die MULTIPLE FILE TAPE-Klausel ist im hohen Maße maschinenabhängig, weil jeder Hersteller eine andere Organisation seiner Magnetbänder vorschreibt. In älteren Programmen wurde z.B. in der

POSTION-Angabe die Anzahl der zu überspringenden Bandmarken angegeben. Dabei mußte unterschieden werden zwischen Bändern ohne Kennsätzen, mit STANDARD-Kennsätzen und mit NON-STANDARD-Kennsätzen.

Die Klausel ist seit dem ANS-1985 zur Löschung im nächsten COBOL-Standard vorgemerkt.

IBM-Erweiterung:
Die MULTIPLE FILE TAPE-Klausel wird von SAA nicht unterstützt. Unter MVS, CMS, OS/400 und OS/2 wird die Klausel zwar auf ihre Syntax geprüft, ansonsten jedoch als Dokumentation behandelt.

Unter MVS kann die Steuerung von MULTI-VOLUME-Dateien durch den LABEL-Parameter in der DD-Anweisung realisiert werden.

5.4.4 APPLY WRITE-ONLY-Klausel (IBM)

Die Angabe der Klausel bewirkt eine optimale Ausnutzung des Puffer- und Einheitenplatzes einer physisch sequentiellen Datei (QSAM), die mit einer variablen Satzlänge geblockt ist (**RECORDING MODE V**).

In der Regel wird ein Puffer abgeschnitten, wenn in ihm nicht mehr genügend Platz vorhanden ist, um einen Satz mit maximaler Satzlänge zu speichern. Die Angabe der Klausel bewirkt nun, daß ein Puffer nur dann abgeschnitten wird, wenn der nächstfolgende Satz nicht mehr in den unbenutzten Rest des Puffers abgelegt werden kann.

Format:

```
APPLY WRITE-ONLY ON
     daten-name-1 [daten-name-2] ...
```

5.4 Der Paragraph I-O-CONTROL

Für die Anwendung der Klausel gelten folgende Regeln:

1. Die angegebenen Dateien müssen physisch sequentiell organisiert und mit einer variablen Satzlänge geblockt sein (**RECORDING MODE V**);

2. Die Dateien müssen im **OUTPUT-Modus** geöffnet sein;

3. Alle auf die Dateien bezogenen WRITE-Anweisungen müssen die Angabe **WRITE** *satz-name* **FROM** *bezeichner* verwenden;

4. Auf untergeordnete Felder von *satz-name* darf in keiner prozeduralen Anweisung Bezug genommen werden und keines dieser untergeordneten Felder darf im Zusammenhang mit einer **OCCURS DEPENDING ON-Klausel** stehen;

Unter **MVS** und **CMS** kann die Klausel weggelassen und das gleiche Ergebnis mit der VS COBOL II-Option "AWO" erreicht werden. Die Default-Annahme ist "NOAWO".

Die APPLY WRITE-ONLY-Klausel ist in **SAA** nicht enthalten.

6 DATA DIVISION

In der DATA DIVISION werden alle Daten und Datenfolgen, die das COBOL-Programm verarbeiten oder erzeugen soll, definiert. Desweiteren wird in ihr die Speicherplatzbelegung und Konstantendefinition vorgenommen.

Die DATA DIVISION gliedert sich in fünf SECTIONS, in denen je nach Verwendungszweck die Definitionen stehen müssen.

Allgemeines Format (DATA DIVSION):

```
[DATA DIVISION.

 [FILE SECTION.]
 [WORKING-STORAGE SECTION.]
 [LINKAGE SECTION.]
 [COMMUNICATION SECTION.]
 [REPORT SECTION.]]
```

Seit dem **ANS-1985** ist die gesamte DATA DIVISION wahlfrei. Nachfolgend werden die fünf SECTIONs kurz beschrieben.

FILE SECTION
In dieser SECTION werden alle Dateien und die darin enthaltenen Datensätze erklärt (definiert). Die Überschrift FILE SECTION muß immer vorhanden sein und mit einem Punkt enden. Die SECTION beginnt mit den Dateierklärungen, welche die Stufenbezeichnung FD (SD bei Sortier- und Mischdateien) besitzen. Die **Dateierklärung** beinhaltet Informationen über die physische Struktur einer Datei und den internen Dateinamen.

Die **Satzerklärung** dient der Definition der Ein- und Ausgabepuffer. Es wird immer nur ein Satz einer Datei beschrieben. Bei variablen Satzlängen ist das der Satz mit der größten Satzlänge.

WORKING-STORAGE SECTION

In der WORKING-STORAGE SECTION müssen alle Daten und Datenbereiche definiert werden, die im Programm zwischengespeichert und umgeformt werden sollen. Darunter fallen auch Konstanten und Datensätze für die Weiterverarbeitung der Zwischenergebnisse. Während in der FILE SECTION in der Regel immer nur ein ganzer Satz für jede Datei beschrieben wird, werden in der WORKING-STORAGE SECTION die Elementarfelder für jede Satzart dieser Datei beschrieben.

LINKAGE SECTION

Die LINKAGE SECTION gehört zur Technik der externen Unterprogramme. Sie wird in externen Unterprogrammen zur Definition von Datenfeldern verwendet, die zum Hauptprogramm gehören, gleichzeitig aber vom Unterprogramm mitbenutzt werden sollen. Da diese Felder bereits in der WORKING-STORAGE SECTION des rufenden Programms erklärt wurden, wird für sie in der LINKAGE SECTION kein Speicherplatz reserviert.

In der LINKAGE SECTION dürfen alle Datenbeschreibungsklauseln verwendet werden. Die VALUE-Klausel allerdings nur mit der Stufennummer 88. Der Einsatz der EXTERNAL-Klausel und der GLOBAL-Klausel ist nicht zulässig.

COMMUNICATION SECTION

Mit der COMMUNICATION SECTION, die im COBOL-Modul "Communication" enthalten ist, wird die Datenfernverarbeitung realisiert. Sie enthält Datenfernverarbeitungs-Erklärungen für Ein- und/oder Ausgabe und wahlweise Satzerklärungen. Die SECTION stellt mit der Definition der Kommunikationseinrichtungen die Schnittstelle zwischen dem COBOL-Programm und dem Nachrichtensteuersystem dar (bei IBM MCS).

Den Kommunikationserklärungen muß die Eintragung CD vorangehen. **Die COMMUNICATION SECTION ist in SAA nicht enthalten.**

REPORT SECTION
Die REPORT SECTION erlaubt den Aufbau von Ausgabelisten, indem der physische Aufbau der Liste definiert wird. Der Programmierer beschreibt also, wie die Liste aussehen und welche Datenfelder die Listenlogik steuern soll. Die Struktur und Organisation der Liste wird durch eine **RD**-Eintragung beschrieben. **Die REPORT SECTION ist in SAA nicht enthalten.**

6.1 FILE SECTION

Jede Datei, die in der ENVIRONMENT DIVISION definiert wurde, muß in der FILE SECTION durch eine FD-Eintragung erklärt werden (SD bei Sortier- und Mischdateien). Dem FD-Eintrag folgt unmittelbar die Datensatz-Erklärung. Die FILE SECTION untergliedert sich demnach in zwei Bereiche, einen Bereich für die Dateierklärung und einen für die Datensatzerklärung.

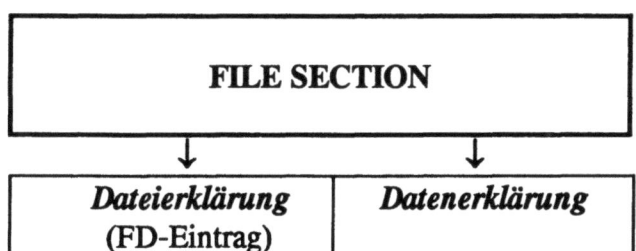

Während in der *Dateierklärung* der Aufbau der physischen Sätze (Blöcke) beschrieben wird, enthält die *Datenerklärung* den Aufbau der logischen Sätze (Records).

Unter einem FD-Eintrag können mehrere Datensatz-Erklärungen angegeben werden, die jedoch nur alternative Beschreibungen des gleichen Speicherbereichs sind. Die FD-Eintragung besitzt die höchste Organisationsstufe in der FILE SECTION.

Die Dateierklärung beginnt zwingend mit der **Stufenbezeichnung FD**, welcher nach einer Leerstelle der *datei-name* folgt. FD muß im Bereich A der COBOL-Zeile codiert werden. Der *datei-name* muß mit dem in der SELECT-Klausel für diese Datei angegebenen Dateinamen übereinstimmen (siehe SELECT-Klausel).

Allgemeines Format   (für physisch sequentielle Dateien - QSAM):

```
[FILE SECTION.
    FD datei-name
        [BLOCK CONTAINS     -Klausel]
        [RECORD CONTAINS    -Klausel]
        [LABEL RECORDS      -Klausel]
        [VALUE OF           -Klausel]
        [DATA RECORDS       -Klausel]
        [LINAGE             -Klausel]
        [RECORDING MODE     -Klausel]
        [CODE SET           -Klausel]

    01     Datensatz-Erklärung ...]
```

Die wahlfreien Klauseln dürfen in beliebiger Reihenfolge angegeben werden. Sie bilden einen einzigen COBOL-Satz, der nur am Ende mit einem Punkt abgeschlossen wird.

6.1.1 BLOCK CONTAINS-Klausel

Die Klausel gibt den **Blockungsfaktor** bei geblockten Sätzen und damit die Größe eines physischen Satzes (Block) an (siehe Kapitel Sequentielle Organisationsform). Durch die Klausel wird die Größe der anzulegenden Puffer im Hauptspeicher festgelegt.

6.1 FILE SECTION

Format:

```
[BLOCK CONTAINS [ ganzzahl-1 TO ] ganzzahl-2

         ⎧ CHARACTERS ⎫
         ⎨            ⎬ ]
         ⎩ RECORDS    ⎭
```

Wird die Klausel nicht angegeben, nimmt der Compiler an, daß die Sätze der Datei *nicht* geblockt sind. **Die Klausel sollte deshalb nur bei geblockten Sätzen angegeben werden.** Da bei VSAM-Dateien die Blockung keine Bedeutung hat, kann die Klausel weggelassen werden. Sie wird von den IBM ANS-Compilern als Kommentar betrachtet.

Die Klausel kann mit der RECORDS- oder CHARACTERS-Angabe angegeben werden.

RECORDS-Angabe

Wird RECORDS angegeben, muß *ganzzahl-2* für die Anzahl der logischen Sätze stehen, die zu einem physischen Satz geblockt wurden. Bei der RECORDS-Angabe stellt der Compiler automatisch den Speicherplatz für die benötigten Steuer-Bytes zur Verfügung. Der Programmierer braucht sich deshalb kaum mit den hersteller-spezifischen Besonderheiten zu befassen.

Beispiel 1   (feste Anzahl Sätze in einem Block):

BLOCK CONTAINS 100 RECORDS

Die Angabe besagt, daß 100 logische Sätze zu einem physischen Satz (Block) zusammengefaßt wurden (Blockungsfaktor = 100).

Beispiel 2   (variable Anzahl Sätze in einem Block):

BLOCK CONTAINS 80 TO 120 RECORDS

Die Anzahl der logischen Sätze in einem Block variiert von minimal 80 bis maximal 120.

CHARACTERS-ANGABE:

Der Blockungsfaktor läßt sich auch durch die Anzahl der Zeichen angeben, die für einen physischen Satz (Block) benötigt werden. Haben die logischen Sätze eine feste Satzlänge, steht *ganzzahl-2* für diese Anzahl Zeichen.

Beispiel 3 (feste Satzlänge):

    BLOCK CONTAINS 8000 CHARACTERS

Wird eine 80-stellige Sätzlänge unterstellt und beträgt der Blockungsfaktor 100, werden 8000 Bytes benötigt, um einen physischen Satz zu speichern (80 x 100 = 8000).

Liegt eine variable Satzlänge vor, muß die minimale und maximale Anzahl der Zeichen des physischen Satzes angegeben werden. Dabei repräsentiert

    ganzahl-1   die minimale Anzahl Zeichen,
    ganzahl-2   die maximale Anzahl Zeichen.

Allerdings müssen *ganzzahl-1* und *ganzahl-2* auch die Steuer- und Füllbytes enthalten, die nicht im logischen Satz enthalten sind. Die Anzahl der Steuerbytes ist herstellerbezogen und der jeweiligen Systemliteratur zu entnehmen.

Hinweis:

*Füllbytes fallen z. B. an, wenn die SYNCHRONIZED-Klausel angegeben ist. Für den Compiler **VS COBOL II** unter **MVS** sind für variable Sätze zusätzlich 4 Bytes für das Zählfeld hinzuzurechnen.*

Sind die hauptspeicherinternen Modalitäten des Systems dem Programmierer nicht bekannt, sollte die CHARACTERS-Angabe nicht verwendet werden.

> **IBM-Erweiterung:**
> 1. In der MVS-Umgebung kann die BLOCK CONTAINS-Klausel für SYSIN/SYSOUT-Dateien weggelassen werden. Der Blockungsfaktor wird in diesem Fall vom System ermittelt.
>
> 2. Soll die Blockgröße einer physisch sequentiellen Datei (QSAM) zur Ausführungszeit des Programms durch den DD-Parameter (DCB-Parameter) oder den Dateikennsatz bestimmt werden, ist die **BLOCK CONTAINS 0**-Klausel zu codieren.
>
> *Format:*
>
> ```
> BLOCK CONTAINS 0 CHARACTERS
> ```
>
> Wird **BLOCK CONTAINS 0** codiert, darf die Datei nicht in einer SAME AREA-Klausel angegeben sein.
>
> Die BLOCK CONTAINS 0-Klausel ist in SAA nicht enthalten.

Wird die BLOCK CONTAINS-Klausel nicht angegeben, nimmt der Compiler an, daß die Sätze der Datei nicht geblockt sind. Ein logischer Satz entspricht dann einem physischen Satz.

6.1.2 RECORD CONTAINS-Klausel

Die Klausel gibt die Länge der Datensätze einer physisch-sequentiellen Datei (QSAM) an. Sie braucht nicht angegeben zu werden, wenn die Datensatzlänge vollständig aus der Datensatzerklärung hervorgeht. Die Klausel darf auch dann weggelassen werden, wenn die Länge eines logischen Satzes variiert.

Seit dem **ANS-1985** existiert die Klausel in drei Formaten.

Format 1   (für feste Satzlängen):

```
[RECORD CONTAINS ganzzahl-1 CHARACTERS]
```

Format 1 gilt für feste Satzlängen. *ganzzahl-1* gibt die Anzahl der Zeichenpositionen an, die für das Speichern des Satzes intern benötigt werden.

Format 2   (für feste oder variable Satzlängen):

```
[RECORD CONTAINS [ganzzahl-2  TO]
                 ganzzahl-3 CHARACTERS]
```

Format 2 gilt für feste oder variable Satzlängen. Man erkennt, daß Format 1 aus Format 2 durch Weglassen der wahlfreien Angabe *ganzzahl-2 TO* hervorgeht. Für feste Satzlängen gelten deshalb die Erläuterungen zum Format 1. Bei variablen Satzlängen repräsentiert *ganzzahl-2* die minimale und *ganzzahl-3* die maximale Satzlänge.

Die Ausführung des Formats 2 der Klausel ist system-spezifisch. Unter **TSO/E**, **IMS** und **CMS** werden **variable Sätze** unterstellt, wenn nicht die Satzbeschreibungen auf der 01-Stufe die gleiche Länge haben. Unter **OS/400** und **OS/2** werden **feste Sätze** unterstellt.

Format 3   (für variable Satzlängen):

```
[RECORD IS VARYING IN SIZE
   [[FROM ganzzahl-4] TO [ganzzahl-5] CHARACTERS]
      [DEPENDING ON daten-name-1]]
```

6.1 FILE SECTION

Format 3 spezifiziert eine variable Datensatzlänge. *ganzzahl-4* gibt die minimale und *ganzzahl-5* die maximale Anzahl von Zeichenpositionen an, die in einem beliebigen Satz der Datei enthalten sind. *ganzzahl-4* muß immer kleiner sein als *ganzzahl-5*.

Wird *ganzzahl-4* oder *ganzzahl-5* nicht angegeben, errechnet der Compiler diese Werte aus der Satzerklärung, die dem FD-Eintrag für diese Datei unmittelbar folgt. **Es wird die Summe aller zum internen Speichern benötigten Bytes aus den Elementar-Datenfeldern des kleinsten und die Summe aus den Elementar-Datenfeldern des größten Datensatzes gebildet.**

Die jeweils zu verarbeitende variable Satzlänge wird in dem Datenfeld *daten-name-1* gespeichert. *daten-name-1* muß in der WORKING-STORAGE SECTION oder in der LINKAGE SECTION als ein vorzeichenfreies numerisches Feld definiert sein, wobei der Inhalt dieses Feldes nur Ganzzahlen annehmen darf.

Ein-/Ausgabeanweisungen der Datei mit variablen Datensätzen beziehen sich auf den Inhalt des Feldes *daten-name-1* bzw. ändern den Inhalt. Deshalb muß vor der Ausführung einer WRITE-Anweisung die jeweilige Länge des Datensatzes im Feld *daten-name-1* abgelegt werden. Geschieht das nicht, werden nur soviel Datenstellen auf den Ausgabe-Datenträger geschrieben, wie gerade aus dem Inhalt des Datenfeldes *daten-name-1* hervorgeht.

Hinweis:

Die mimimale und maximale Anzahl von Zeichenpositionen einer Datei mit variabler Satzlänge läßt sich für den Programmierer nicht ohneweiteres aus der Datensatzerklärung herleiten, die der FD-Eintragung unmittelbar folgt. Der Summe aller Bytes der Elementar-Datenfelder sind in der Regel noch Steuer- und Füllbytes hinzuzurechnen. Die Steuerbytes sind herstellerbezogen und müssen der jeweiligen Systemliteratur entnommen werden. Die Füllbytes ergeben sich z. B. aus der Anwendung der SYNCHRONIZED-Klausel (Ausrichtung von Datenfeldern im Hauptspeicher). Bei Anwendung der drei Formate der

RECORD-Klausel ist deshalb unter der Anzahl von Zeichenpositionen diejenige Anzahl zu verstehen, die zum Speichern des Satzes intern benötigt wird.

Sind die hauptspeicherinternen Modalitäten dem Programmierer nicht bekannt, sollte die RECORD CONTAINS-Klausel grundsätzlich weggelassen werden, da sie ohnehin wahlfrei ist.

Wird die Klausel verwendet und die angegebene Satzlänge stimmt nicht mit der vom Compiler errechneten überein, wird die angebene Satzlänge vom Compiler akzeptiert. Einige Compiler geben in diesem Fall Warnmeldungen aus.

Wird die Klausel weggelassen, errechnet der Compiler die Satzlängen aus der Datensatzerklärung unter Berücksichtigung aller Steuer- und Füllbytes.

IBM-Erweiterung:

*Soll unter MVS die Satzgröße einer physisch sequentiellen Datei (QSAM) zur Ausführungszeit des Programms durch den DD-Parameter (DCB-Parameter) oder den Dateikennsatz bestimmt werden, ist die **RECORD CONTAINS 0**-Klausel zu codieren.*
Die Klausel darf nur für Eingabedateien mit festen Satzlängen verwendet werden.

Format:

> **RECORD** *CONTAINS* **0** *CHARACTERS*

Wird die Klausel angegeben, darf die Datei nicht in einer SAME AREA-Klausel ODER APPLY WRITE-ONLY-Klausel aufgeführt sein. Ist zur Ausführungszeit die tatsächliche Satzgröße größer als in der Satzerklärung angegeben, so sind nur die Stellen aus der Satzerklärung verfügbar. Die übrigen Stellen werden abgeschnitten. Ist die tatsächliche Satzgröße kleiner als in der Satzerklärung angegeben, darf nur auf diese tatsächlich vorhandenen Datenstellen zugegriffen werden, ansonsten sind die Ergebnisse nicht vorhersagbar.

6.1.3 LABEL RECORD-Klausel

Durch die Klausel wird angegeben, ob die Datei mit Kennsätzen (LABELS) auf dem Datenträger gespeichert ist. In ANS-1974 war die Angabe der Klausel noch obligatorisch. In **ANS-1985** ist sie nicht nur wahlfrei, sondern wegen ihrer Systembezogenheit auch **zur Löschung im nächsten ANSI-Standard vorgemerkt**. In SAA ist die Klausel noch enthalten.

Format:

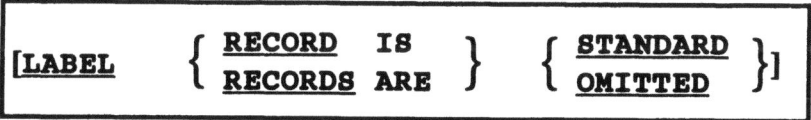

Die **STANDARD**-Angabe spezifiziert, daß die Datei Kennsätze enthält, die nach hersteller-spezifischen Richtlinien aufgebaut sind. Für Compiler, die nach dem ANS-1968/74 Standard arbeiten, ist die Angabe STANDARD für sequentielle Plattendateien zwingend erforderlich.

Magnetband-Dateien *können* STANDARD-Kennsätze haben.

Die **OMITTED**-Angabe spezifiziert, daß keine Kennsätze vorhanden sind. Das ist zum Beispiel bei Lochkarten- oder Druckdateien der Fall. In ANS-1968/74 mußte für diese Dateien die OMITTED-Angabe codiert werden. In **ANS-1985** ist eine derartige Spezifizierung nicht mehr notwendig.

Für VSAM-Dateien wird die LABEL RECORDS-Klausel von einigen Compilern auf die Syntax geprüft, sie hat jedoch keine Auswirkung auf die Ausführung des Programms.

Unter **TSO/E, IMS, CMS** und **OS/2** wird die Klausel auf die richtige Syntax geprüft, ansonsten jedoch als Dokumentation behandelt. Unter **OS/400** wird die Klausel *nur* für Magnetband-Dateien *nicht* als Dokumentation behandelt.

6.1.4 VALUE OF-Klausel

Die VALUE OF-Klausel kann nur im Zusammenhang mit der LABEL RECORDS-Klausel angewendet werden. Durch sie ist es möglich, Felder von Kennsätzen (LABELS) mit bestimmten Werten zu füllen bzw. Kennsätze auf diese Werte abzuprüfen.

Format:

```
VALUE OF daten-name-1 IS    { daten-name-2 }
                            { literal-1    }

         [daten-name-3 IS   { daten-name-4 } ] ...
                            { literal-2    }
```

daten-name-1 und *daten-name-3* sind Felder im Kennsatz, die mit den Feldinhalten von *daten-name-2* bzw. *daten-name-4* gefüllt werden. *daten-name-2* und *daten-name-4* müssen für Ausgabe-Dateien in der WORKING-STORAGE SECTION definiert sein. Die Felder dürfen qualifiziert, jedoch nicht indiziert sein. Die Klausel USAGE IS INDEX ist nicht zugelassen. *literal-1* und *literal-2* dürfen numerisch oder nichtnumerisch sein. Auch figurative Konstanten sind zugelassen.

Die Feldbezeichnungen *daten-name-1* und *daten-name-2* sind nur im Zusammenhang mit der im ANS-1968 geltenden LABEL RECORDS-Klausel zu sehen. Diese nicht mehr geltende Klausel hatte die Form LABEL RECORDS ARE *daten-name1* [*daten-name-2*] ... .

Für Eingabe-Dateien werden die Feldinhalte der Kennsätze mit den in der WORKING-STORAGE SECTION definierten Werten von *daten-name-2* bzw. *daten-name-4* abgeprüft. Die Klausel wird zwar von allen **IBM ANS-Compilern** auf richtige Schreibweise geprüft, ansonsten jedoch als Dokumentation behandelt.

Die Klausel wurde in **ANS-1985** zur Löschung im nächsten COBOL Standard vorgemerkt.

6.1.5 DATA RECORDS-Klausel

Die Klausel dient der Dokumentation aller in einer Datei zu verarbeitenden Datensätze im Quellprogramm. Die Auflistung erfolgt der reinen Übersichtlichkeit halber und hat keinerlei Einfluß auf die Verarbeitung.

Format:

```
DATA    { RECORD IS   }  daten-name-1  [daten-name-2] ···
        { RECORDS ARE }
```

daten-name-1, *daten-name-2* usw. bezeichnen die unterschiedlichen Satzstrukturen (Satzarten), die unmittelbar im Anschluß an die FD-Eintragung definiert werden müssen (Satzerklärung). Diese Satzstrukturen nehmen alle im Arbeitsspeicher den gleichen Speicherbereich ein. So wird zum Beispiel durch den READ-Befehl der gleiche Speicherbereich von den unterschiedlichsten Satzstrukturen überlagert. Diese Überlagerung wird dadurch möglich, daß jede Satzstruktur mit der Stufennummer 01 beginnend definiert wird.

Die Klausel wird zwar von allen **IBM ANS-Compilern** auf richtige Schreibweise geprüft, ansonsten jedoch als Dokumentation behandelt. **Sie ist seit dem ANS-1985 zur Löschung im nächsten COBOL-Standard vorgemerkt.**

Beispiel:

```
FD   U1-EINDAT
        LABEL RECORD STANDARD
        DATA RECORDS R1-01-SATZ, R1-02-SATZ.

01   R1-01-SATZ.
        05 R1-01-NAME           PIC X(30).
        05 R1-01-VORNAME        PIC X(15).
        05 R1-01-STRASSE        PIC X(30).
        05 R1-01-HAUSNR         PIC X(5).
```

```
       05  R1-01-PLZ           PIC X(5).
       05  R1-01-ORT           PIC X(30).
01 R1-02-SATZ.
       05  R1-02-KRETITINST    PIC X(30).
       05  R1-02-BLZ           PIC 9(8).
       05  R1-02-KONTO-NR      PIC 9(6)V99.
       05  R1-02-SOLL-Z        PIC 9V99.
       05  R1-02-HABEN-Z       PIC 99V99.
```

Hinweis:

In der Praxis hat es sich weitgehend durchgesetzt, daß in der FILE SECTION für jede Datei immer nur ein Satz als Elementarbereich erklärt wird. Die Strukturierung der unterschiedlichen Sätze wird in der WORKING-STORAGE SECTION vorgenommen. Das gleichzeitige Einlesen eines logischen Satzes in den Arbeitsbereich kann mit READ ... INTO ... erreicht werden.

6.1.6 LINAGE-Klausel

Die LINAGE-Klausel erlaubt die komfortable Gestaltung logischer Druckseiten. Dabei ist es nicht nur möglich, die Anzahl der Druckzeilen pro Seite festzulegen, sondern auch Aussagen über den oberen und unteren Seitenrand zu machen.

Format:

$$\left[\underline{\text{LINAGE}} \text{ IS } \left\{ \begin{array}{l} \textit{daten-name-1} \\ \textit{ganzzahl-1} \end{array} \right\} \text{ LINES} \right.$$

$$\left[\text{WITH } \underline{\text{FOOTING}} \text{ AT } \left\{ \begin{array}{l} \textit{daten-name-2} \\ \textit{ganzzahl-2} \end{array} \right\} \right]$$

$$\left[\text{LINES AT } \underline{\text{TOP}} \left\{ \begin{array}{l} \textit{daten-name-3} \\ \textit{ganzzahl-3} \end{array} \right\} \right]$$

$$\left. \left[\text{LINES AT } \underline{\text{BOTTOM}} \left\{ \begin{array}{l} \textit{daten-name-4} \\ \textit{ganzzahl-4} \end{array} \right\} \right] \right]$$

6.1 FILE SECTION

Die Zeilenzahl der Teilbereiche kann als numerisches Literal (*ganzzahl*) oder als numerisch definiertes Datenfeld (*daten-name*) mit der Zeilenzahl als Feldinhalt angegeben werden. Ein Datenfeld wird immer dann verwendet werden, wenn die Druckseite variabel zu gestalten ist. In diesem Fall muß die Zeilenzahl vor dem Druck in das entsprechende Datenfeld übertragen werden.

Durch die LINAGE-Klausel läßt sich eine Druckseite in folgende Bereiche aufteilen:

TOP	(oberer Rand)	*ganzzahl-3* = Anzahl Leerzeilen
LINAGE	(Seitenrumpf)	*ganzzahl-1* = Anzahl Textzeilen
-----**FOOTING**	(Fußzeilen-Grenze)	----------------------- *ganzzahl-2* = Anzahl Fußzeilen
BOTTOM	(unterer Rand)	*ganzzahl-4* = Anzahl Leerzeilen

Die in der Klausel definierte logische Seitengröße ergibt sich aus der Zeilensumme der Teilbereiche **TOP**, **LINAGE** und **BOTTOM**.

ganzzahl-1 (daten-name-1) gibt die maximale Anzahl Zeilen an, mit der eine Druckseite beschrieben werden soll. Diese Gesamtzahl Zeilen können auch Leerzeilen enthalten. Man bezeichnet diesen Zeilenbereich als Seitenrumpf.

WITH FOOTING-Angabe

ganzzahl-2 (daten-name-2) gibt die Anzahl Zeilen an, bei der eine zusätzliche Druckgrenze innerhalb des Seitenrumpfes spezifiziert wird. Der Zeilenbereich unterhalb dieser Grenze kann für Fußnoten genutzt werden. Der Wert darf nicht größer sein als die letzte Zeilennummer des Seitenrumpfes (*ganzzahl-1*).

LINES AT TOP-Angabe

ganzzahl-3 (daten-name-3) gibt die Anzahl Zeilen an, die den oberen Rand der logischen Druckseite bilden. Dieser Bereich wird nie bedruckt. Wird die LINES AT TOP-Angabe weggelassen, wird der Wert 0 (Null) angenommen. Der Druck beginnt in diesem Fall bei Zeile 1 der logischen Seite.

LINES AT BOTTOM-Angabe

ganzzahl-4 (daten-name-4) gibt die Anzahl Zahlen an, die den unteren Rand der logischen Druckseite bilden. Dieser Bereich wird nie bedruckt. Wird die LINES AT BOTTOM-Angabe weggelassen, wird der Wert 0 (Null) angenommen. Daß heißt, der Text wird bis zur letzten möglichen Zeile gedruckt.

LINAGE-COUNTER

Für jede FD-Eintragung, die eine LINAGE-KLAUSEL enthält, wird vom Compiler ein Zählfeld eingerichtet (LINAGE-COUNTER). Ein LINAGE-COUNTER ist ein Sonderregister, welches zum Zählen der Zeilenzahl beim Drucken benutzt werden kann. Der LINAGE-COUNTER kann unter dem gleichen Namen durch entsprechende Anweisungen in der PROCEDURE DEVISION abgefragt werden. Der Wert des Zählfeldes darf jedoch nicht verändert werden.

Enthalten mehrere FD-Eintragungen eine LINAGE-KLAUSEL, so werden vom Compiler genausoviel LINAGE-COUNTER generiert. Bei der Abfrage muß in diesem Fall jeder LINAGE-COUNTER mit dem dazugehörigen Dateinamen gekennzeichnet werden,

z. B.   **LINAGE-COUNTER OF LISTE1**
          LINAGE-COUNTER OF LISTE2.

6.1 FILE SECTION

Der LINAGE-COUNTER wird durch die OPEN-Anweisung initialisiert und auf den Wert 1 gesetzt. Nach jeder WRITE-Anweisung wird er nach folgenden Regeln verändert:

1. Bei der Angabe von **ADVANCING PAGE** wird der LINAGE-COUNTER auf den Wert 1 gesetzt.

2. Wenn **ADVANCING** *daten-name* oder *ganzzahl* angegeben ist, wird der LINAGE-COUNTER um den Wert hochgesetzt, der in *daten-name* gespeichert ist oder mit *ganzzahl* angegeben wurde.

3. Wird die ADVANCING-Angabe weggelassen, erhöht sich der Wert des LINAGE-COUNTER um 1.

4. Wird die maximale Seitenzahl erreicht, wird nach dem Vorschub auf die neue Seite der LINAGE-COUNTER auf 1 gesetzt.

Vergleiche dazu auch die Ausführungen zur END-OF-PAGE-Angabe in der WRITE-Anweisung.

Die LINAGE-Klausel darf nur für physisch sequentielle Dateien (QSAM) codiert werden, die mit OUTPUT oder EXTEND zu öffnen sind.

Beispiel:

```
FD   LISTE
     LABEL RECORD OMITTED
     LINAGE IS 62 LINES
     LINES AT TOP 5
     LINES AT BOTTOM 5.

01   LISTE-SATZ            PIC X(80).
```

Die gesamte logische Seite umfaßt 72 Druckzeilen (62 + 5 + 5 = 72). Der obere und der untere nicht zu bedruckende Rand beträgt je 5 Zeilen. Der Seitenrumpf mit 62 Zeilen hat bei Zeile 55 eine Fußnoten-Grenze.

6.1.7 RECORDING MODE-Klausel (Nur IBM)

Die RECORDING MODE-Klausel gibt das Format des physischen Datensatzes an. **Sie darf nur für physisch sequentielle Dateien (QSAM) angegeben werden.** Für VSAM-Dateien wird die Klausel vom Compiler ignoriert.

Die Klausel legt unabhängig von der Datendefinition das Format eines Satzes fest. Diese Information kann der Compiler jedoch auch aus der Satzdefinition selbst entnehmen. Deshalb wird die Klausel von **SAA** nicht unterstützt. Da die Kenntnis der Satzlängen- und Blockbeschreibungsfelder auch für die DCB-Angaben in der JCL eine gewisse Bedeutung haben, soll die Klausel hier ausführlich behandelt werden.

Format:

```
RECORDING MODE IS    Modus
```

Das Datensatzformat kann in vier Modi angegeben werden:

- F (fixed)   **feste Satzlänge**
- V (variable)   **variable Satzlänge**
- U (undefined) **unbestimmte Satzlänge** und
- S (spanned)   **blocküberspannende Satzlänge.**

F-Modus (feste Satzlänge):
Dieses Format wird angegeben, wenn die logischen Datensätze eine feste Länge haben und jeder vollständig in einem physischen Satz (Block) enthalten ist. Es gibt keine Satzlängen- und Blockbeschreibungsfelder.

V-Modus (variable Satzlänge):
Dieses Format kann sowohl für variable als auch für feste Satzlängen angegeben werden. Jeder Satz muß vollständig in einem physischen Satz (Block) enthalten sein.

6.1 FILE SECTION

Im V-Modus legt der Compiler für jeden logischen Satz ein **Satzlängenfeld** und für jeden physischen Satz (Block) ein **Blockbeschreibungsfeld** an. Diese Felder dürfen weder in der DATA DIVISION definiert werden, noch hat der Programmierer in irgendeiner Weise Zugriff zu ihnen. Sie sind beide 4 Bytes lang und dienen nur der internen Steuerung.

Die nachfolgende Abbildung zeigt die Anordnung der **Kontrollfelder** für den **V-Modus**.

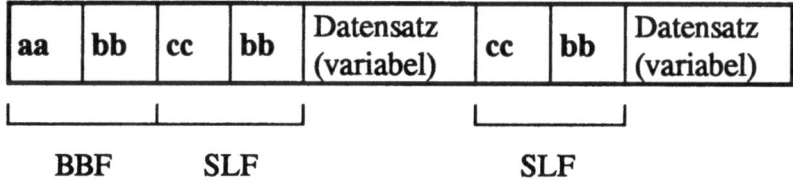

BBF = Blockbeschreibungsfeld
Dieses 4 Bytes lange Feld wird jedem Block vorangestellt.
Das Blockbeschreibungsfeld ist unterteilt in die Felder

 aa enthält die Länge eines Blocks (2 Bytes) und
 bb ist reserviert für die Benutzung vom System (2 Bytes).

SLF = Satzlängenfeld
Dieses 4 Bytes lange Feld wird jedem logischen Satz vorangestellt.
Das Satzlängenfeld ist unterteilt in die Felder

 cc enthält die Länge eines logischen Satzes einschließlich der vier 4 Bytes für das Satzlängenfeld (2 Bytes) und
 bb ist reserviert für das System (2 Bytes).

Geblockte variable Sätze:
Das Blockbeschreibungsfeld steht am Anfang eines jeden Blocks. Das Satzlängenfeld ist jedem logischen Satz zugeordnet.

Ungeblockte variable Sätze:
Jeder logische Satz enthält am Anfang ein Blockbeschreibungsfeld und ein Satzlängenfeld.

Beispiel:

```
FILE SECTION:
FD   KONTO
     RECORD CONTAINS 15 TO 400
     RECORDING MODE V
...
01   KONTO-SATZ          PIC X(400).
```

Unter **MVS** sind im JOB CONTROL die vier zusätzlichen Bytes des Satzlängenfeldes bei der Angabe der **LRECL- und BLKSIZE-Subparameter** zu berücksichtigen. Hierbei ist es unerheblich, ob die Sätze geblockt oder ungeblockt sind.

Sollen die Sätze aus dem obigen Beispiel 10-fach geblockt sein, dann könnte im JOB CONTROL für eine Ausgabedatei angegeben werden:

```
//SYSnnn    DD     DSN=qualifier.KONTO,DISP=SHR,
//                 DCB=(RECFM=VB,LRECL=404,
//                 BLKSIZE=4040),...
```

U-Modus (unbestimmte Satzlänge):
Kann die Satzlänge nicht im voraus bestimmt werden, ist der U-Modus anzugeben. Die Satzlänge kann demzufolge sowohl fest als auch variabel sein. Die logischen Sätze dürfen nicht geblockt sein, das heißt, ein logischer Satz entspricht einem physischen Satz. Die Sätze haben weder Satzlängenfelder noch Blockbeschreibungsfelder.

Bei unbestimmter Satzlänge muß RECORDING MODE U immer explizit angegeben werden, weil der Compiler diese Information nicht aus der Satzerklärung entnehmen kann.

S-Modus (blocküberspannende Satzlänge):
Der S-Modus muß angegeben werden, wenn ein logischer Satz zu mehreren physischen Sätzen geblockt ist. Das heißt, wenn ein logischer Satz nicht mehr vollständig in einem Block untergebracht werden kann, wird nur ein Segment dieses Satzes dort abgelegt, der restliche logische Satz wird im nächsten Block oder Blöcken gespeichert (blocküberspannend). **Der S-Modus kann dabei sowohl für feste als auch variable Sätze angegeben werden.**

Weil zur Verarbeitung immer ein vollständiger Satz benötigt wird, enthält jedes Satz-Segment ein Segmentbeschreibungsfeld und jeder Block ein Blockbeschreibungsfeld. Diese Felder dienen der internen Steuerung. Sie werden weder in der DATA DIVISION definiert, noch hat der Programmierer in irgendeiner Weise Zugriff zu ihnen.

Sind die Sätze im S-Modus geblockt, muß die BLOCK CONTAINS-Klausel angegeben werden.

Wird die RECORDING MODE-Klausel nicht angegeben, bestimmt der Compiler **VS COBOL II** den Satz-Modus.

6.1.8 CODE SET-Klausel

Die CODE SET-Klausel ist nur für Magnetbanddateien gültig. Sie ist eine nützliche Schnittstelle für die Verarbeitung von Daten auf Systemen, die unterschiedliche Zeichensätze verwenden.

Format:

```
[CODE-SET IS    alphabet-name-1]
```

alphabet-name-1 steht für die Zeichenvereinbarung, die im Paragraphen SPECIAL-NAMES mit der Angabe **STANDARD-1**,

STANDARD-2 oder **EBCDIC** verknüpft ist (siehe ALPHABET Alphabetname-Klausel).

Ist im Paragraphen SPECIAL-NAMES z. B. die Angabe STANDARD-1 gemacht worden, dann werden beim Schreiben der Datei die Daten vom EBCDIC- in den ASCII-Code umgesetzt. Die Magnetbanddatei kann dann auf einem Rechner, welcher den ASCII-Code verlangt, weiterverarbeitet werden. Beim Lesen werden die Daten einer derartigen Datei vom ASCII- in den EBCDIC-Code umgesetzt und können demzufolge auf einem Rechner, welcher den EBCDIC-Code verlangt, verarbeitet werden.

Ist im Paragraphen SPECIAL-NAMES **NATIVE** angegeben, wird die CODE-SET-Klausel zwar vom Compiler auf die richtige Schreibweise abgeprüft, eine Umsetzung der Daten von einem Zeichencode in den anderen findet jedoch nicht statt.

Wird die CODE-SET-Klausel codiert, dürfen die Daten der Datei implizit oder explizit nur mit **USAGE IS DISPLAY** definiert sein (siehe USAGE-Klausel). Wenn die Datei vorzeichenbehaftete numerische Daten beinhaltet, müssen diese mit der Klausel SIGN IS SEPARATE erklärt werden.

Wird die CODE-SET-Klausel weggelassen, unterstellt der Compiler den Zeichensatz des Herstellers (bei IBM **EBCDIC** für **TSO/E, IMS, CMS** und **OS/400** und **ASCII** für **OS/2**).

Obwohl der Einsatz der Klausel geräteabhängig ist, erlaubt sie den Austausch von Daten unterschiedlicher Systeme.

Beispiel   (Konvertierung in ASCII):

```
SPECIAL-NAMES.
    ALPHABET ANWENDER-CODE IS STANDARD-1.

FD   KONTO-MB
     CODE-SET IS ANWENDER-CODE
...
```

> *Hinweis:*
> *Wird das Programm unter MVS ausgeführt und ist in der CODE-SET-Klausel STANDARD-1 angegeben, dann sind im JOB CONTROL die DD-Anweisungen DCB=(OPTCD=Q) oder DCB=(RECFM=D···) überflüssig.*

6.2 Datenbeschreibung

Fast alle Daten, die in einem COBOL-Programm von externen Dateien zur Verfügung gestellt werden, sind nach einem strengen hierarchischen Prinzip aufgebaut. Dieses Prinzip ist ein Stufenkonzept, welches einen Datensatz in Datengruppen, Datenfelder und nicht mehr unterteilbare Datenelemente (elementare Datenfelder) unterteilt. Die Datengruppen haben die höchste Organisationsstufe, die Datenfelder eine niedrigere und die Datenelemente die niedrigste.

Der Satzaufbau einer Datei, in der Adressen abgelegt sind, könnte zum Beispiel wie folgt aufgebaut sein:

```
ADRESS-SATZ

NAME
VORNAME
STRASSE
HAUSNR
PLZ
ORT
```

Dieser ADRESS-SATZ kann durch das folgende Stufenkonzept aufgeteilt werden:

Beispiel 1:

ADRESS-SATZ					
NAMENS-TEIL		ADRESS-TEIL			
NAME	VORNAME	STRASSE	HAUSNR	PLZ	ORT

Der oberste Gruppenbegriff ist in diesem Beispiel die Eintragung ADRESS-SATZ. Diese höchste Hierarchiestufe kann weiter unterteilt werden in die Untergruppen NAMENS-TEIL und ADRESS-TEIL. Der NAMENS-TEIL wiederum ist unterteilt in die Datenelemente NAME und VORNAME und der ADRESS-TEIL in die Datenelemente STRASSE, HAUSNR, PLZ und ORT.

Für dieses Beispiel wären auch andere Stufenaufteilungen möglich. So könnten zum Beispiel die untergeordneten Datengruppen NAMENS-TEIL und ADRESS-TEIL entfallen. Die Datenelemente NAME, VORNAME, STRASSE, HAUSNR, PLZ und ORT würden dann direkt dem Gruppenbegriff ADRESS-SATZ untergeordnet sein.

Beispiel 2:

ADRESS-DATZ					
NAME	VORNAME	STRASSE	HAUSNR	PLZ	ORT

Die Zusammenfassung von Elementarfeldern eines Datensatzes muß vom Programmierer nach logischen Kriterien vorgenommen werden. So kann es zum Beispiel sehr nützlich sein, wenn der in Beispiel 1 aufgeteilte Datensatz auch unter den Gruppenbegriffen NAMENS-TEIL bzw. ADRESS-TEIL ansteuerbar ist. Bei Datenbewegungen können dann die Datenelemente NAME und VORNAME durch einen einzigen MOVE-Befehl gemeinsam übertragen werden.

Ist die Bezugnahme auf eine bestimmte Anzahl physisch hintereinanderliegender **Elementarfelder** erforderlich, wird man diese also zu einem **Gruppenfeld** zusammenfassen. Mehrere Gruppenfelder können wiederum zu einem neuen, in der Hierarchie höher stehenden Gruppenfeld kombiniert werden. Die einzelnen Hierarchieebenen dieser Felder werden durch Stufennummern gekennzeichnet. **Stufennummer 01 repräsentiert die höchste, und Stufennummer 49 die niedrigst mögliche Ebene.** Darüber hinaus gibt es einige spezielle Stufennummern zur Kennzeichnung besonderer Felder.

6.2.1 Stufennummern

Datensätze sind immer in logische Teile untergliedert, deshalb müssen die einzelnen hierarchischen Stufen für den Compiler eindeutig sein. Diese Eindeutigkeit erreicht man durch ein System von Stufennummern, mit denen Datengruppen und Datenelemente voneinander abgegrenzt werden. Man unterscheidet

- **Stufennummern für die Satzbeschreibung (01, 02-49)** und
- **spezielle Stufennummern (66, 77, 88)**.

6.2.1.1 Stufennummern für die Satzbeschreibung

01 Die höchste Hierarchiestufe erhält immer die Stufennummer 01. Ist eine Datei in logische Sätze gegliedert, kennzeichnet diese Stufennummer den Datensatz (Satzart) selbst. Die Stufennummer kann für Datengruppen, aber auch für einzelne Datenelemente verwendet werden (sofern sie logisch voneinander getrennt sind).

02-49 Die Stufennummern 02 bis 49 kennzeichnen Datengruppen oder einzelne Datenelemente innerhalb eines Datensatzes. Der Datensatz wird also durch diese Stufennummern hierarchisch weiter unterteilt. In der Hierarchie untergeordnete Datengruppen oder Datenelemente erhalten entsprechend höhere Stufennummern.

Alle Datengruppen, die unmittelbar einer Eintragung der Stufe 01 untergeordnet sind, müssen die gleiche Stufennummer besitzen.

Es ist weder erforderlich noch sinnvoll, daß untergeordnete Datengruppen oder Datenelemente mit der nächsthöheren Stufennummer gekennzeichnet werden. Nach einer Eintragung mit der Stufe 01 dürfen also Untergruppen oder Datenelemente mit der Stufe 03, 05 oder 10 folgen. Wichtig ist, daß untergeordnete Datengruppen oder Datenelemente in Bezug zu den vorhergehenden eine jeweils höhere Stufennummer erhalten.

Die Stufennummer 01 muß jeweils im Bereich A, die Stufennummern 02-49 im Bereich B der COBOL-Zeile angegeben werden.

Hinweis:
Die Stufennummern einer Datenhierarchie sollten immer in ausreichend großen Schrittabständen angegeben werden. Das spätere Einfügen weiterer Stufen wird dadurch erleichert. Es wird eine Abstufung in 5er Schritten empfohlen. Um das Quellprogramm übersichtlich zu gestalten, sollten Datengruppen oder Datenelemente mit der jeweils gleichen Stufennummer untereinander stehen. Die untergeordneten Gruppen oder Datenelemente sind entsprechend nach rechts einzurücken.

Für **Beispiel 1** kann folgendes Stufenkonzept codiert werden:

```
01   ADRESS-SATZ.
     05 NAMENS-TEIL.
        10 NAME         ...
        10 VORNAME      ...
     05 ADRESS-TEIL.
        10 STRASSE      ...
        10 HAUSNR       ...
        10 PLZ          ...
        10 ORT          ...
```

Für **Beispiel 2** kann codiert werden:

```
01   DATEN-SATZ.         ...
     05 NAME             ...
     05 VORNAME          ...
     05 STRASSE          ...
     05 HAUSNR           ...
     05 PLZ              ...
     05 ORT              ...
```

Stufennummern dürfen auch einstellig angegeben werden. So kann man statt "01" auch "1" schreiben. **Einstellige Stufennummern sind SAA-konform.** In der Praxis wird diese Schreibweise jedoch noch wenig angewandt.

6.2 Datenbeschreibung

Man beachte, daß unmittelbar hinter einem Gruppenbegriff stets ein Punkt steht. In den Beispielen also nach ADRESS-SATZ, NAMENS-TEIL und ADRESS-TEIL.

6.2.1.2 Spezielle Stufennummern

Spezielle Stufennummern werden für Datenfelder verwendet, die nicht in einem Datensatz enthalten sind (zum Beispiel zur Definition von Rechenfeldern, Konstanten, Variablen, Zählfeldern usw.).

66 Kennzeichnet Datengruppen oder Datenelemente, die durch die RENAMES-Klausel beschrieben werden. Mit dieser Klausel können Datenfelder neu benannt oder umgruppiert werden. Die Neubenennung oder Umgruppierung belegt den gleichen Speicherplatz wie die ursprüngliche Definition (siehe RENAMES-Klausel).

77 Kennzeichnet *unabhängige* Datenfelder, die nicht Teil eines Datensatzes sind (z. B. konstante Rechenfaktoren, Zähler, Variable usw.) Sie darf jedoch nur in der WORKING-STORAGE SECTION oder LINKAGE SECTION angegeben werden.

Auf die Verwendung der Stufennummer 77 sollte verzichtet werden, weil sie zur Löschung im nächsten COBOL-Standard vorgesehen ist.

Beispiel:
```
WORKING-STORAGE SECTION.
77   KONSTANTE-1      ...
77   KONSTANTE-2      ...
77   ZAEHLER-1        ...
```

88 Die Stufennummer 88 dient nicht der Reservierung von Datenbereichen, sondern zum Setzen von internen Schaltern. Diese Schalter nennt man Bedingungs-Namen, deren Inhalt während des Programmlaufs nach bestimmten Werten abgefragt wird (siehe VALUE-Klausel).

6.3 Datenerklärung

Durch die Datenerklärung werden die Eigenschaften von Datenfeldern festgelegt. Eine Reihe von Klauseln, die unmittelbar nach dem Datenfeldnamen codiert werden, vermitteln dem Compiler die erforderlichen Informationen.

In ANSI-Standard gibt es für die Datenerklärung entsprechend den unterschiedlichen Stufennummern drei Formate. Die allgemeine Syntax dieser Formate wird hier wiedergegeben. Die einzelnen Klauseln werden im Anschluß ausführlich behandelt.

Allgemeines Format 1:

```
stufen-nummer   { daten-name-1 }
                { FILLER       }

         [PICTURE            - Klausel]
         [SIGN               - Klausel]
         [REDEFINES          - Klausel]
         [BLANK WHEN ZERO    - Klausel]
         [JUSTIFIED RIGHT    - Klausel]
         [OCCURS             - Klausel]
         [SYNCHRONIZED       - Klausel]
         [USAGE              - Klausel]
         [VALUE              - Klausel]
         [EXTERNAL           - Klausel] (Nur IBM)
         [GLOBAL             - Klausel] (Nur IBM)
```

Allgemeines Format 2:

```
         66 daten-name-1 RENAMES daten-name-2

              [{ THRU    }  daten-name-3]
               { THROUGH }
```

6.3 Datenerklärung

Allgemeines Format 3:

```
88 bedingungs-name

    { VALUE IS  }  { literal-1 [  { THRU    }
    { VALUES ARE }                { THROUGH }

                                    literal-2 ] }
```

Regeln zum allgemeinen Format 1:

1. Das Format 1 ist für die Stufennummern **01 bis 49** und **77** zugelassen. Die Stufennummern 01 bis 09 können auch einstellig codiert werden, also ohne die führende Null, was jedoch in der Praxis kaum angewandt wird.

2. Die Klauseln können nach *daten-name-1* oder **FILLER** in beliebiger Reihenfolge angegeben werden, mit einer Ausnahme, die REDEFINES-Klausel muß unmittelbar auf *daten-name-1* oder **FILLER** folgen.

3. Die **PICTURE-Klausel** muß für jedes Elementardatenfeld angegeben werden (außer Indexdatenelementen bei der Tabellenverarbeitung).

4. Die Klauseln müssen voneinander getrennt werden durch
   - eine Leerstelle oder
   - ein Komma gefolgt von einer Leerstelle oder
   - ein Semikolon gefolgt von einer Leerstelle.

   Am Ende der letzten Klausel *muß* ein Punkt stehen.

Regeln zum allgemeinen Format 2 (RENAMES):

1. Eine Eintragung mit der Stufennummer **66** enthält immer eine RENAMES-Klausel.

2. Eine Eintragung mit der Stufennummer **66** darf kein anderes Datenfeld oder eine andere Datengruppe mit der Stufennummer **01, 66, 77** oder **88** umbenennen.

3. Eintragungen mit der Stufennummer **66**, die eine Datengruppe betreffen, müssen unmittelbar auf die letzte Datenerklärung dieser Gruppe codiert werden (siehe RENAMES-Klausel).

4. Eintragungen mit der Stufennummer **66** müssen mit einem Punkt abgeschlossen werden.

Regeln zum allgemeinen Format 3 (Bedingungsnamen-Eintragung):

1. Eine Eintragung mit der Stufennummer **88** ist immer eine Bedingungsnamen-Eintragung. Das heißt, der Inhalt eines Bedinungsnamen-Datenfelds wird nach der Bedingungsvariablen abgefragt, die verschiedene Werte annehmen kann.

2. Eine Bedingungsvariable ist ein Datenfeld, welches eines oder mehrere innere Werte annehmen kann. Dieses Datenfeld kann mit einem Bedingungsnamen verbunden sein.

3. Format 3 darf für die Datenbeschreibung von Gruppen- und Elementardatenfeldern verwendet werden (siehe Bedingungsnamen-Einträge unter VALUE-Klausel).

4. Eintragungen mit der Stufennummer **88** müssen mit einem Punkt abgeschlossen werden (siehe VALUE-Klausel).

6.3.1 Datennamen

Datennamen dienen der Adressierung von Datenfeldern im Programm. Sie müssen jeweils das erste Wort sein, welches der Stufennummer folgt. In der Praxis werden Datennamen durch das Anhängen von Präfixen und Suffixen gekennzeichnet. Dadurch ist eine eindeutige, leicht merkbare Zuordnung zu den jeweiligen Dateien, Satzarten und

6.3 Datenerklärung

Speicherbereichen möglich. Nachträgliche Änderungen des Programms können deshalb auch von Programmierern vorgenommen werden, denen das Programm nicht vertraut ist.

Eine allgemeine Standardisierung der Namensvergabe von Speicherbereichen existiert nicht. Nachfolgendes Schema charakterisiert als Präfix-Kennzeichung den Feldtyp. Der Feldtyp wird in der Regel durch eine laufende Nummer ergänzt.

Präfix-Kennzeichnung von Datenfeldern	
Feldtyp	**Erklärung**
U_n	Dateien
R_n	Satzbereiche (E-/A-Bereiche)
W_n	Arbeitsbereiche
I_n	Index-Datenfelder
K_n	Konstanten
S_n	selbstdefinierte Schalter
T_n	Tabellen
RD	redefinierte Felder
RF	Rechenfelder
Z_n	Zähler
QG_n	Schalter für Gruppenwechsel: QG1 = "1" Gruppenwechsel für Untergruppe 1 kann ausgeführt werden. QG1 = "0" Gruppenwechsel für Untergruppe 1 kann nicht ausgeführt werden.
QL_n	Schalter für Gruppenwechsel: QL1 = "1" Gruppenwechsel für Untergruppe 1 hat stattgefunden. QL1 = "0" Gruppenwechsel für Untergruppe 1 hat nicht stattgefunden.

Feldtyp	Erklärung (Fortsetzung)
Ln	Gruppenbegriffsfelder (dateibezogen)
LnFS	Feld für File-Status
LnS	selbstdefinierter Datei-Status: LnS = "0" Datei nicht geöffnet LnS = "1" Datei geöffnet LnS = "2" Datei abgearbeitet (geschlossen) LnS = "3" Datei nicht vorhanden (für diesen Lauf)
LNn	dateineutrales Gruppenbegriffsfeld (für den "neuen" zur Verarbeitung anstehenden Satz)
LAn	dateineutrales Gruppenbegriffsfeld (für den "alten" zuletzt verarbeiteten Satz)

n = laufende Nummer (Datei, Gruppenbegriff usw.)

Beispiel:

```
INPUT-OUTPUT SECTION.
FILE-CONTROL.
    SELECT U1-ADRESSEN ASSIGN TO ···
           FILE STATUS IS L1FS.
    SELECT U2-KONTO    ASSIGN TO ···
           FILE STATUS IS L2FS.
    SELECT U3-AUSDAT   ASSIGN TO ···
           FILE STATUS IS L3FS.

DATA DIVISION.
FILE SECTION.
FD  U1-ADRESSEN
···
    DATA RECORD IS R1-SATZ.
01  R1-SATZ          PIC X(150).

FD  U2-KONTO
···
    DATA RECORD IS R2-SATZ.
01  R2-SATZ          PIC X(200).
```

6.3 Datenerklärung

```
     FD  U3-AUSDAT
     ...
         DATA RECORD IS R3-SATZ.
     01  R3-SATZ            PIC X(400).

     WORKING-STORAGE SECTION.
    *******************************************
    ***       FILE STATUS-FELDER             *
    *******************************************
     01  L1FS               PIC 99.
     01  L2FS               PIC 99.
     01  L3FS               PIC 99.

    *******************************************
    ***       DATEI-STATUS-FELDER            *
    *******************************************
     01  L1S                PIC X VALUE "2".
     01  L2S                PIC X VALUE "2".
     01  L3S                PIC X VALUE "2".

    *******************************************
    ***       INDEX-FELDER                   *
    *******************************************
     01  I-TAB1             PIC 9(4) VALUE ZERO COMP.
     01  I-TAB2             PIC 9(4) VALUE ZERO COMP.

    *******************************************
    ***       SELBSTDEFINIERTE SCHALTER      *
    *******************************************
     01  S-FEHL1            PIC 9 VALUE ZERO.
     01  S-FEHL2            PIC 9 VALUE ZERO.

    *******************************************
    ***       EINGABE-DATEIEN                *
    *******************************************
     01  W1-SATZ.
         05  W1-KUNDEN-NR   PIC 9(10) VALUE ZERO.
         05  W1-NAME        PIC X(25) VALUE SPACE.
           .
           .
     01  W2-SATZ.
         05  W2-KUNDEN-NR   PIC 9(10) VALUE SPACE.
         05  W2-KONTO-NR    PIC 9(10) VALUE SPACE.
```

```
      ******************************************
      ***              AUSGABE-DATEI           *
      ******************************************
       01  W3-SATZ.
           05  W3-KUNDEN-NR       PIC 9(10) VALUE ZERO.
           05  W3-BETRAG-1        PIC X(8)  VALUE SPACE.
           05  RD-W3-BETRAG-1     REDEFINES W3-BETRAG-1
                                  PIC +(5)9V99.
           05  W3-BETRAG-2        PIC X(8)  VALUE SPACE.
           05  RD-W3-BETRAG-2     REDEFINES W3-BETRAG-2
                                  PIC +(5)9V99.
       01  W-DATUM.
           05  W-TAG              PIC XX.
           05  FILLER             PIC X VALUE ".".
           05  W-MONAT            PIC XX.
           05  FILLER             PIC X VALUE ".".
           05  W-JAHR             PIC XX.
       ...
```

6.3.1.1 Die Feldbezeichnung FILLER

Das reservierte COBOL-Wort FILLER bezeichnet ein Datenfeld, welches *nicht* explizit ansteuerbar ist. Oft werden damit freibleibende Stellen im Datensatz benannt (Füllsel), die erst zu einem späteren Zeitpunkt mit ansteuerbaren Feldnamen belegt werden. Einem FILLER-Feld können mit der VALUE-Klausel Daten zugeordnet werden. Eine Bezugnahme ist jedoch nur über einen übergeordneten Datennamen möglich.

Seit dem **ANS-1985** ist die Angabe des Wortes FILLER wahlfrei. Wird in einer Satz-Beschreibung weder ein Datenname noch FILLER angegeben, unterstellt der Compiler ein FILLER-Feld. Diese Regel ist auch in **SAA** enthalten.

```
       01  LIST-KOPF.
           05                     PIC X(25).
           05                     PIC X(31) VALUE
                     "LISTE DER UNGUELTIGEN SATZARTEN".
```

FILLER darf *nicht* als Bedingungsname oder in einer 66er-Definition verwendet werden.

6.3.2 PICTURE-Klausel

Mit der PICTURE-Klausel werden die Größe und die Kategorie nicht weiter unterteilbarer Datenfelder beschrieben.

Format:

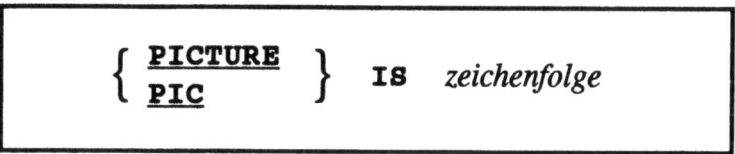

Die PICTURE-Klausel muß in der DATA DIVISION für jedes zu definierende Datenelement angegeben werden. Ausnahmen davon sind Index-Datenfelder (USAGE IS INDEX) und mit der RENAMES-Klausel umbenannte Datenfelder. Man unterscheidet zwischen der Definition von Rechenfeldern und drucktechnisch aufbereiteten (editierten) Feldern.

Die in der PICTURE-Zeichenfolge erlaubten Symbole bestimmen die Datenklasse und Datenkategorie eines Datenfeldes. Eine PICTURE-Zeichenfolge darf maximal 30 Zeichen enthalten.

6.3.2.1 Datenklassen und Datenkategorien

In **ANS-1985 COBOL** unterscheidet man zwischen 4 Datenklassen und 5 Datenkategorien. In der **IBM**-Umgebung kommen 3 weitere Datenkategorien hinzu.

Die 5 Datenkategorien des ANS-COBOL sind

- **Alphabetisch,**
- **Numerisch,**
- **Numerisch druckaufbereitet,**
- **Alphanumerisch,**
- **Alphanumerisch druckaufbereitet.**

In der nachstehenden Tabelle sind die Datenklassen und Datenkategorien für Elementar- und Gruppendatenfelder einschließlich der IBM-Erweiterungen aufgeführt.

Datenfeld	Datenklasse	Datenkategorie
Elementar-datenfeld	Alphabetisch	**Alphabetisch**
	Numerisch	**Numerisch**
		Interne Gleitkomma-Darstellung (IBM)
	Alphanumerisch	**Numerisch aufbereitet**
		Alphanumerisch aufbereitet
		Alphanumerisch
		Externe Gleitkomma-Darstellung (IBM)
		DBCS (IBM)
Gruppen-datenfeld	Alphanumerisch	**Alphabetisch**
		Numerisch
		Interne Gleitkomma-Darstellung (IBM)
		Numerisch aufbereitet
		Alphanumerisch aufbereitet
		Alphanumerisch
		Externe Gleitkomma-Darstellung (IBM)
		DBCS (IBM)

Die Kombination der PICTURE-Zeichenfolge bestimmt die Datenkategorie eines Feldes.

Die Zuordnung der PICTURE-Symbole und ihre Bedeutung zu den Datenkategorien ist der nachfolgenden Tabelle zu entnehmen.

6.3 Datenerklärung

PICTURE-Symbol	Beschreibung der Symbole
A	**Datenkategorie:** Alphabetisch **Zulässige Zeichen:** Buchstaben A - Z, Blank Grundsymbol für alphabetische Datenfelder. Jedes **A** steht für ein alphabetisches Zeichen oder Blank.
9	**Datenkategorie:** Numerisch **Zulässige Zeichen:** Ziffern 0 - 9 Grundsymbol für numerische Datenfelder. Jede **9** steht für eine Ziffer.
X	**Datenkategorie:** Alphanumerisch **Zulässige Zeichen:** gesamter Zeichensatz Grundsymbol für alphanumerische Datenfelder. Jedes **X** steht für ein beliebiges Zeichen des Zeichensatzes.
V	**Datenkategorie:** Numerisch aufbereitet Beschreibt die Lage des Dezimalpunktes (Komma) und darf in der Zeichenfolge nur einmal stehen. Es beansprucht *keinen* Speicherplatz.
S	**Datenkategorie:** Numerisch Gibt, daß der Inhalt eines Datenfeldes vorzeichenbehaftet ist. Es darf in der PICTURE-Zeichenfolge nur einmal vorkommen und nur in der äußerst linken Position stehen. S beansprucht *keinen* Speicherplatz.
P	**Datenkategorie:** Numerisch Das Skalenstellenzeichen steht zur Darstellung von Zehnerstellen, wobei jedes links oder rechts an die PICTURE-Zeichenfolge angefügte **P** für eine Nullstelle steht. Wenn in der PICTURE-Zeichenfolge kein V für einen Dezimalpunkt angegeben wurde, wird durch P gleichzeitig der Dezimalpunkt festgelegt. Der Dezimalpunkt wird links neben dem ersten P angenommen, wenn die P-Folge links neben dem ersten Ziffern-Symbol steht.

	(Fortsetzung)
P *Fortsetzung*	Der Dezimalpunkt wird rechts neben dem letzten **P** angenommen, wenn die P-Folge rechts neben dem letzten Ziffern-Symbol steht. Steht das **P** mehrmals in einer PICTURE-Zeichenfolge, darf es immer nur als zusammenhängende Zeichenkette links oder rechts von den übrigen Symbolen stehen. **V** und **S** bilden davon die einzige Ausnahme. **P** beansprucht keinen Speicherplatz.

6.3.2.2 Alphabetische Datenelemente

Für alphabetische Datenelemente gelten folgende Regeln:

1. Zur Definition alphabetischer Datenelemente (keine Druckaufbereitung) darf die PICTURE-Zeichenfolge nur das Symbol **A** enthalten.

2. Ein alphabetisches Datenelement darf nur aus den 26 Buchstaben des Alphabets (Groß-/Kleinbuchstaben) und Blanks (Leerstellen) bestehen.

3. Bei alphabetischen Datenelementen muß die Klausel USAGE IS DISPLAY angegeben bzw. als Standardannahme impliziert sein (siehe USAGE-Klausel).

4. Wird einem alphabetischen Datenelement ein Anfangswert mit einer VALUE-Klausel zugeordnet, darf dieser nur aus einem nichtnumerischen Literal bestehen.

6.3.2.3 Numerische Datenelemente

Für numerische Datenelemente gelten folgende Regeln:

1. Zur Definition numerischer Datenelemente darf eine PICTURE-Zeichenfolge nur die Symbole **9, P, S,** und **V** enthalten.

2. Ein numerisches Datenelement darf nur aus den Ziffern **1 bis 9, 0** (Null) und, wenn vorzeichenbehaftet, aus einem voran- oder nachgestellten **+** (plus) oder **-** (minus) bestehen.

3. Ein numerisches Datenelement darf höchstens **18 Dezimalstellen** lang sein.

4. Bei numerischen Datenelementen ist die **USAGE-Klausel** mit den Angaben **DISPLAY, BINARY, COMPUTATIONAL** und **PACKED-DECIMAL** zugelassen.

IBM-Erweiterung:
Der Compiler IBM VS COBOL II erlaubt auch die Verwendung von USAGE IS COMPUTATIONAL-3 (COMP-3) oder COMPUTATIONAL-4 (COMP-4). Siehe USAGE-Klausel.

COMP-3 und COMP-4 sind in SAA enthalten.

5. Wird für ein numerisches Datenelement die **VALUE-Klausel** angegeben, darf sie nur ein numerisches Literal oder die figurative Konstante ZERO enthalten. Für ein numerisches Gruppendatenfeld wird die Datengruppe allerdings als alphanumerisch betrachtet und das Literal muß nichtnumerisch oder eine figurative Konstante sein.

Beispiele:

Nachfolgende Zusammenstellung zeigt für einige PICTURE-Zeichenfolgen den gültigen Wertebereich.

PICTURE	gültiger Bereich	
	von	bis
PIC 9999	0	9999
PIC S999	-999	+999
PIC S999V99	-999.99	+999.99
PIC PPP999	0	.000999
PIC S999PPP	-1000 +1000	-999000 +999000 oder 0

6.3.2.4 Alphanumerische Datenelemente

Für alphanumerische Datenelemente gelten folgende Regeln:

1. Zur Definition alphanumerischer Datenelemente (keine Druckaufbereitung) darf eine PICTURE-Zeichenfolge entweder
   - nur aus dem Symbol **X**
   - oder einer Kombination aus den Symbolen **A**, **X** und **9** bestehen.

   Eine Zeichenfolge, die nur aus dem Symbol **A** oder nur aus dem Symbol **9** besteht, definiert kein alphanumerisches Datenelement.

   Das alphanumerische Datenelement wird vom Compiler so betrachtet, als ob die Zeichenfolge nur das Symbol **X** enthalten würde.

2. Ein alphanumerisches Datenelement kann beliebige Zeichen des erlaubten Zeichenvorrats enthalten.

3. Bei alphanumerischen Datenelementen muß die Klausel **USAGE IS DISPLAY** angegeben bzw. als Standardannahme impliziert sein (siehe USAGE-Klausel).

6.3 Datenerklärung

4. Wird einem alphanumerischen Datenelement ein **Anfangswert** mit einer VALUE-Klausel zugeordnet, darf dieser nur aus einem nichtnumerischen Literal oder einer figurativen Konstante bestehen.

6.3.2.5 Aufbau der PICTURE-Zeichenfolge

Eine PICTURE-Zeichenfolge muß folgenden Regeln gehorchen:

1. Eine PICTURE-Zeichenfolge darf maximal 30 Symbole umfassen. Die Klammern für den Vervielfältigungsfaktor zählen nicht.

2. Die folgenden Symbole dürfen in einer PICTURE-Zeichenfolge mehrmals vorhanden sein:

    A, B, P, X, Z, 9, 0, /, +, -, *, $

3. Mehrmals in einer PICTURE-Zeichenfolge hintereinander vorkommende Symbole können durch einen Vervielfältigungsfaktor, der in eine Klammer eingeschlossen ist, abgekürzt werden.

Durch den Vervielfältigungsfaktor sind zum Beispiel die folgenden Zeichenfolgen einander äquivalent:

PIC S9999V999 → PIC S9(4)V9(3)

4. Die folgenden Symbole dürfen nur einmal in einer PICTURE-Zeichenfolge vorhanden sein:

    S V . CR DB

Bei der Verwendung des Dezimalpunktes gibt es allerdings eine Ausnahme: Soll der Dezimalpunkt durch die Klausel DECIMAL-POINT IS COMMA, die im Paragraphen SPECIAL-NAMES angegeben wird, in ein Komma umgewandelt werden, kann der Dezimalpunkt im Druckfeld mehrmals stehen.

Beispiel:

```
01  SENDEFELD    PIC 9(7)V99.
01  DRUCKFELD    PIC 9.999.999,99.
```

5. Eine PICTURE-Zeichenfolge muß mindestens eines der folgenden Symbole enthalten:

$$A \quad X \quad Z \quad 9 \quad *$$

6. Die folgenden in Klammern stehenden Symbole schließen einander aus. Es darf also jeweils nur ein Symbol aus einer Klammer allein oder als Zeichenkette in einer PICTURE-Zeichenfolge stehen:

$$\left\{ \begin{array}{c} + \\ - \end{array} \right\} \qquad \left\{ \begin{array}{c} CR \\ DB \end{array} \right\} \qquad \left\{ \begin{array}{c} Z \\ * \end{array} \right\}$$

Beispiele:

PICTURE	Datenwert	Feldwert
PIC A(6)	SATZNR	S A T Z N R
	SATZ	S A T Z ␣ ␣
PIC 9(6)	123456	1 2 3 4 5 6
PIC 9(4)V9(2)	1234.56	1 2 3 4 5 6
	34.56	0 0 3 4 5 6
PIC 9(4)V9(2)	0,56	0 0 0 0 5 6
PIC S9(6)	+123456	1 2 3 4 5 6+
PIC S9(4)V9(2)	-34,56	0 0 3 4 5 6
PIC X(6)	AB3456	A B 3 4 5 6
PIC X(4)	ENDE	E N D E
PIC X(5)	AB3 /6	A B 3 ␣ /

6.3 Datenerklärung

Vereinbarung: In diesen Beispielen wurde die Lage des gedachten Dezimalpunktes (PIC-Symbol V) durch eine *fette* Abgrenzung zwischen den Ziffern des Feldwertes dargestellt. Diese Vereinbarung gilt auch für künftige Beispiele.

Beachte: *Im letzten Beispiel wurde wegen unzureichender Stellendefinition die äußerste rechte Stelle des Datenwertes abgeschnitten.*

6.3.2.6 PICTURE-Symbole für die Druckaufbereitung

Die bisher beschriebenen PICTURE-Symbole dienen der Definition von Arbeitsbereichen. Mit ihnen lassen sich Größe und Datenkategorie der Datenfelder beschreiben. Für die Druckausgabe sind diese Symbole jedoch ungeeignet, denn es lassen sich bei numerischen Datenausgaben weder das Komma darstellen noch führende Nullen beseitigen, die bei der Auswertung der Daten stören.

Um die Daten über Drucker oder Bildschirm auszugeben, müssen sie mit dem MOVE-Befehl vom Arbeitsbereich in den Ausgabebereich gebracht werden, in dem sie für den Druck oder für die DISPLAY-Ausgabe aufbereitet (editiert) werden. Man unterscheidet zwischen **gleitenden** und **festen Einfügungssymbolen**.

Gleitende Einfügungssymbole

Gleitende Einfügungssymbole dienen der Definition von numerischen Druck-Datenfeldern. An jeder Stelle in der PICTURE-Zeichenfolge, an der ein derartiges Symbol steht, können Ziffern gespeichert werden. Stehen zwei oder mehrere dieser Symbole in der PICTURE-Zeichenfolge, wirken sie wie gleitende Einfügungssymbole.

Gleitende Einfügungssymbole	
Symbol	Bedeutung
Z	Unterdrückung führender Nullen
$	Währungssymbol
+	Vorzeichensymbol
-	Vorzeichensymbol
*	Ersetzung führender Nullen durch Stern

Man unterscheidet zwei Arten der gleitenden Einfügungsaufbereitung:

1. In einer PICTURE-Zeichenfolge können links vom Dezimalpunkt beliebig viele eines Einfügungssymbols stehen. Bei der Aufbereitung der Daten wird als Ergebnis ein einzelnes Symbol direkt vor die erste Ziffer gesetzt, die ungleich Null ist.

   Beispiel 1:

   PIC $$$,$$$.99
   Wert des Datenfeldes: .123
   Druckaufbereitetes Ergebnis: $.123

2. Alle numerischen Zeichenpositionen des Datenfeldes werden durch das gleitende Einfügungssymbol repräsentiert. Als Ergebnis der Aufbereitung gibt es zwei Möglichkeiten:

   - Ist der Wert des Datenfeldes Null, werden als druckaufbereitetes Ergebnis nur Leerstellen ausgegeben;

   - Ist der Wert des Datenfeldes ungleich Null, dann findet eine Druckaufbereitung wie unter Punkt 1 statt.

   Beispiel 2:

   PIC   +++,+++,+++.++
   Wert des Datenfeldes: +000,001.12
   Druckaufbereitetes Ergebnis: +1.12

Feste Einfügungssymbole

Sie erscheinen in der Druckausgabe stets an der Stelle, an der sie auch in der PICTURE-Zeichenfolge eingestellt wurden. Man bezeichnet diese Symbole deshalb auch als ortsfeste Einfügungssymbole. **Die feste Einfügungsaufbereitung ist nur bei numerischen Datenfeldern möglich.**

Die in nachstehender Tabelle aufgeführten Einfügungssymbole, die nur einmal in der Zeichenfolge stehen dürfen, können für diese Aufbereitungsart benutzt werden.

6.3 Datenerklärung

Feste Einfügungssymbole	
Symbol	**Bedeutung**
$	Währungssymbol
+	Vorzeichensymbol
-	Vorzeichensymbol
CR	Vorzeichensymbol (Credit)
DB	Vorzeichensymbol (Debit)

Für die feste Einfügungsaufbereitung gelten folgende Regeln:

1. In einer PICTURE-Zeichenfolge darf nur ein Währungssymbol und ein Vorzeichensymbol codiert werden.

2. Das Währungssymbol $ muß in einer PICTURE-Zeichenfolge in der äußerst linken Zeichenposition stehen, es sei denn, ein + oder - geht dem Währungssymbol voraus.

Beispiel 3:

```
PIC    $999,999.99
PIC    +$999,999.99
```

3. Wird eines der Vorzeichen-Symbole + oder - in der Zeichenfolge verwendet, muß dieses in der äußerst linken oder äußerst rechten Zeichenposition stehen.

Beispiel 4:

```
PIC    999.99+
PIC    +999.99
```

4. Wird eines der Vorzeichen-Symbole **CR** (Credit) oder **DB** (Debit) in der Zeichenfolge verwendet, muß dieses die zwei äußerst linken oder die zwei äußerst rechten Zeichenpositionen einnehmen.

Beispiel 5:

PIC 999.99CR
PIC CR999.99

Die nachfolgende Zusammenstellung zeigt die PICTURE-Symbole der Druckaufbereitung und ihre Bedeutung.

Gleitende Einfügungssymbole

Z Repräsentiert eine numerische Zeichenposition (wie Symbol 9), unterdrückt jedoch führende Nullen im Druckbild (ZERO SUPRESSION).

Sollen zwei oder mehrere Zeichenpositionen in der PICTURE-Folge durch Z repräsentiert werden, sind sie stets als zusammenhängende Zeichenkette von links beginnend zu codieren. Diese Zeichenkette darf nur durch die Aufbereitungssymbole Punkt oder Komma unterbrochen werden. Jedes Z beansprucht einen Speicherplatz und muß demzufolge bei der Berechnung der Datenfeldlänge mitgezählt werden.

* Repräsentiert eine führende numerische Zeichenposition (wie Symbol Z), die jedoch führende Nullen im Druckbild durch Sterne ersetzt. Ansonsten gelten die gleichen Verarbeitungsregeln wie bei Z. Der Stern (Schutzstern) wurde zur Schecksicherung in der COBOL-Verarbeitung eingeführt, um nach dem Drucken von Schecks das Einfügen von Ziffern zu verhindern.

$ Das Währungssymbol $ repräsentiert wie der Stern (*) eine numerische Zeichenposition, die jedoch im Gegensatz zum Stern nur einmal direkt vor der Ziffer gedruckt wird. Die übrigen führenden Nullen werden in Leerstellen umgewandelt. Jedes $ beansprucht einen Speicherplatz und muß deshalb bei der Berechnung der Datenfeldlänge mitgezählt werden.

6.3 Datenerklärung

+ -Als **gleitende Vorzeichensymbole** dienen die Vorzeichen dem Voranstellen eines Plus- oder Minuszeichens vor die auszugebende Ziffernfolge. Es gelten die gleichen Verarbeitungsregeln wie beim Währungssymbol $. Führende Nullen werden unterdrückt bzw. in Leerstellen umgewandelt. Die Null, die direkt vor der Ziffer steht, wird jedoch in ein Vorzeichen umgewandelt.

Bei der Verwendung von + wird immer ein Vorzeichen gedruckt, so wie es im Sendefeld gespeichert ist. Bei der Verwendung von - wird nur dann ein Vorzeichen gedruckt, wenn der Wert der Daten im Sendefeld negativ ist.

Die Symbole schließen sich gegenseitig in einer Zeichenfolge aus. Beide Vorzeichensymbole beanspruchen einen Speicherplatz und müssen deshalb bei der Berechnung der Datenfeldlänge mitgezählt werden.

Ortsfeste Einfügungssymbole

CR CB Die Symbole CR (Credit) und DB (Debet) dienen wie die Vorzeichensymbole für die Druckaufbereitung positiver und negativer Datenfelder. Sie müssen entweder die beiden Zeichenpositionen in der äußerst linken oder äußerst rechten Seite in der PICTURE-Zeichenfolge einnehmen. Die Symbole werden nur dann als zwei Zeichen nach der letzten Ziffer gedruckt, wenn der Wert des Datenfeldes im Sendefeld negativ ist.

+ -Als **ortsfeste Einfügungssymbole** dürfen + und - nur einmal entweder ganz rechts oder ganz links in der PICTURE-Zeichenfolge stehen.

Führende Nullen werden nicht unterdrückt bzw. in Leerstellen umgewandelt.

Bei Verwendung von + wird immer ein Vorzeichen gedruckt, so wie es im Sendefeld gespeichert ist. Bei Verwendung von - wird nur dann ein Vorzeichen gedruckt, wenn der Wert der Daten im Sendefeld negativ ist.

B B kann in numerischen und alphanumerischen Datenfeldern stehen. Es dient dem Einfügen von Leerstellen und kann in beliebiger Anzahl in einer PICTURE-Zeichenfolge codiert werden (die maximale Anzahl der PIC-Zeichen darf jedoch nicht überschritten werden).

0 Die 0 (Null) kann in numerischen und alphanumerischen Feldern stehen und wird wie Symbol B verwendet. Sie bewirkt jedoch das Einfügen von Nullen im Druckbild.

/ Der Schrägstrich wird wie B und 0 (Null) verwendet. Er bewirkt jedoch das Einfügen eines oder mehrerer Schrägstriche im Druckbild (z. B. bei der Angabe des Datums anstelle der Punkte).

. Der Punkt ist ein spezielles Einfügungssymbol zur Darstellung des Dezimalpunktes (deutsch: Komma). Der Punkt kann an beliebiger Stelle der PICTURE-Zeichenfolge stehen, nicht jedoch an letzter Stelle.

Durch die Klausel DECIMAL-POINT IS COMMA im Paragraphen SPECIAL-NAMES kann der Dezimalpunkt gegen ein Dezimalkomma ausgetauscht werden. Bei diesem Tausch gelten die für den Punkt angegebenen Regeln für das Komma, und die Regeln für das Komma gelten für den Punkt. Bei der Berechnung der Datenfeldlänge ist der Punkt mitzuzählen.

, Das Komma hat die Funktion eines Einfügungssymbols und kann damit an beliebiger Stelle der PICTURE-Zeichenfolge stehen, oder es dient als Dezimalkomma zur Abgrenzung der Tausender-Stellen. Wenn das Komma das letzte Zeichen in der Zeichenkette ist, muß die PICTURE-Klausel die letzte Klausel der Datenerklärung sein und mit einem Punkt abgeschlossen werden. Bei der Berechnung der Datenfeldlänge ist das Komma mitzuzählen.

6.3.2.7 Mindestlänge der PICTURE-Zeichenfolge

Damit beim Übertragen der Daten aus dem Sendefeld in das Empfangsfeld keine Datenstellen abgeschnitten werden, muß die PICTURE-Zeichenfolge eine Mindestlänge haben. Besonders bei der Einfügung des Dezimalpunktes und des Vorzeichens muß dieser Umstand berücksichtigt werden, weil diese Zeichen im Sendefeld keine Speicherkapazität in Anspruch nehmen.

Die Mindestlänge der PICTURE-Zeichenfolge ergibt sich aus der

Anzahl der Datenpositionen des Sendefeldes
plus *Anzahl der festen Einfügungssymbole im Empfangsfeld*
plus *einem Zeichen für das gleitende Einfügungssymbol.*

Das Empfangsfeld muß um soviel Stellen größer sein als das Sendefeld, wie Zeichen *zusätzlich* dargestellt werden sollen.

Beispiele:

SENDEFELD	PIC S9(6)V99		1	2	3	4	5	6	7	8	
EMPFANGSFELD	PIC +9(6)V,99	+	1	2	3	4	5	6	,	7	8
SENDEFELD	PIC 9(6)V99		1	2	3	4	5	6	7	8	
EMPFANGSFELD	PIC $(6)9.99	$	1	2	3	4	5	6	.	7	8

In beiden Beispielen werden für das EMPFANGSFELD zwei Stellen mehr benötigt als für das SENDEFELD. Im ersten Beispiel müssen das Vorzeichen und das Komma mitgezählt werden, im zweiten Beispiel das Dollarzeichen und der Dezimalpunkt.

Beispiele für ortsfeste Einfügungsaufbereitung (+ -):

SENDEFELD	PIC S9(6)	`0 0 1 2 3 4+`
DRUCKFELD	PIC +9(6)	`+ 0 0 1 2 3 4`
SENDEFELD	PIC S9(6)	`0 0 1 2 3 4-`
DRUCKFELD	PIC S9(6)	`- 0 0 1 2 3 4`
SENDEFELD	PIC S9(6)	`0 0 1 2 3 4+`
DRUCKFELD	PIC -9(6)	`  0 0 1 2 3 4`
SENDEFELD	PIC S9(4)V9(2)	`    1 2 3 4`
DRUCKFELD	PIC +9(4).9(2)	`+ 0 0 1 2 . 3 4`

Da führende Nullen sich in der Druckausgabe oft als störend erweisen, können sie durch eine +-Zeichenkette unterdrückt werden (siehe gleitende Einfügungssymbole)

| DRUCKFELD | PIC +(4)9.99 | `    + 1 2 . 3 4` |

Beispiele (CR, DB):

| SENDEFELD | PIC S9(6) | `0 0 1 2 3 4+` |
| DRUCKFELD | PIC 9(6)CR | `0 0 1 2 3 4  ` |

CR und DB werden nur dann gedruckt, wenn der Wert der Daten im Sendefeld negativ ist. Im letzten Beispiel ist der Feldinhalt positiv, deshalb kein Andruck von CR.

SENDEFELD	PIC S9(6)	`0 0 1 2 3 4-`
DRUCKFELD	PIC 9(6)CR	`0 0 1 2 3 4 C R`
SENDEFELD	PIC S9(3)V99	`0 1 2 3 4-`
DRUCKFELD	PIC 9(6)CR	`0 1 2 . 3 4 C R`

6.3 Datenerklärung

Beispiele (B, 0):

SENDEFELD	PIC 9(6)	`1 2 3 4 5 6`
DRUCKFELD	PIC 9(3)B9(3)	`1 2 3   4 5 6`
SENDEFELD	PIC X(6)	`A 1 B 2 C 3`
DRUCKFELD	PIC XXBXXBXX	`A 1   B 2   C 3`
SENDEFELD	PIC 9(4)	`1 2 3 4`
DRUCKFELD	PIC 9B9(3)B00	`1   2 3 4   0 0`
SENDEFELD	PIC X(4)	`1 2 3 4`
DRUCKFELD	PIC X(4)000	`1 2 3 4 0 0 0`
SENDEFELD	PIC 9(4)V99	`1 2 3 4 5 6`
DRUCKFELD	PIC 9B9(3),99	`1   2 3 4 , 5 6`

Das PICTURE-Symbol B kann ein einfaches Hilfsmittel für die Druckaufbereitung numerischer und alphanumerischer Felder sein, indem zwischen zwei Druckfeldern ein oder mehrere Blanks eingefügt werden. Die Lesbarkeit einer Liste wird dadurch wesentlich erhöht.

Beispiele / (Schrägstrich) . (Punkt) , (Komma):

SENDEFELD	PIC 9(6)	`1 2 3 4 5 6`
DRUCKFELD	PIC XX/XX/XX	`1 2 / 3 4 / 5 6`
SENDEFELD	PIC 9(6)	`1 2 3 4 5 6`
DRUCKFELD	PIC X(6)/	`1 2 3 4 5 6 /`
SENDEFELD	PIC 9(4)V99	`1 2 3 4 5 6`
DRUCKFELD	PIC 9,9(3).99	`1 , 2 3 4 . 5 6`
SENDEFELD	PIC S9(5)	`1 2 3 4 5`
DRUCKFELD	PIC +9.99.99	`+ 1 . 2 3 . 4 5`

Beispiele für gleitende Einfügungsaufbereitung (**Z** und ∗):

SENDEFELD	PIC 9(6)	`0 0 0 1 2 3`
DRUCKFELD	PIC Z(4)99	`        1 2 3`
SENDEFELD	PIC 9(6)	`0 0 0 0 1 2`
DRUCKFELD	PIC Z(3)9(3)	`      0 1 2`
SENDEFELD	PIC 9(6)	`0 0 0 1 2 3`
DRUCKFELD	PIC ∗∗∗∗99	`∗ ∗ ∗ 1 2 3`
SENDEFELD	PIC 9(6)	`0 0 0 0 0 0`
DRUCKFELD	PIC ∗(6)	`∗ ∗ ∗ ∗ ∗ ∗`

Damit im Zahlungsverkehr der Schutzstern seiner Funktion gerecht wird, ist es sinnvoll, das Druckfeld um wenigstens eine Stelle länger zu machen als das Sendefeld. Dadurch steht vor dem ausgedruckten Ergebnis immer ein Stern.

Beachte:
Der Schutzstern als Unterdrückungssymbol und die Klausel BLANK WHEN ZERO dürfen nicht gemeinsam in einer Eintragung stehen.

Beispiele ($ und + -)

SENDEFELD	PIC 9(4)V99	`1 2 3 4 5 6`
DRUCKFELD	PIC $$$$9.99	`$ 1 2 3 4 . 5 6`
SENDEFELD	PIC 9(4)V99	`0 0 0 0 1 2`
DRUCKFELD	PIC $$$$9.99	`      $ 0 . 1 2`
SENDEFELD	PIC 9(5)	`0 0 1 2 3`
DRUCKFELD	PIC ++++9	`    + 1 2 3`

6.3 Datenerklärung

SENDEFELD	PIC 9(4)	`0 1 2 3`
DRUCKFELD	PIC +++9	`+ 0 . 1 2 3`

Ein einzelnes links stehendes Einfügungssymbol, das von einem festen Einfügungssymbol (hier Punkt) nach rechts abgegrenzt ist, gefolgt von weiteren Einfügungssymbolen, wird nicht als Teil der gleitenden Zeichenfolge betrachtet.

Im letzten Beispiel wird deshalb die führende Null nicht in eine Leerstelle umgewandelt. Das erste + in der PICTURE-Zeichenfolge wird wegen des nachfolgenden Punktes, der von einer gleitenden Zeichenkette gefolgt ist, als festes Einfügungssymbol betrachtet.

SENDEFELD	PIC S9(4)	`0 0 1 2-`
DRUCKFELD	PIC +++9	`    - 1 2`
SENDEFELD	PIC S9(4)	`0 0 1 2+`
DRUCKFELD	PIC ---9	`      1 2`
SENDEFELD	PIC S9(4)	`0 0 1 2-`
DRUCKFELD	PIC ---9	`    - 1 2`

6.3.3 SIGN-Klausel

Mit der SIGN-Klausel läßt sich das Vorzeichen eines numerischen Datenfeldes in einem separaten Byte vor oder hinter der Ziffer abspeichern. Voraussetzung dafür ist, daß die PICTURE-Zeichenfolge, die dieses numerische Datenfeld definiert, ein S enthält. Die SIGN-Klausel darf auch bei einem Gruppenfeld angegeben werden, welches ausschließlich vorzeichenbehaftete numerische Elementarfelder enthält.

Format:

$$[\text{SIGN IS}] \left\{ \begin{array}{l} \underline{\text{LEADING}} \\ \underline{\text{TRAILING}} \end{array} \right\} [\text{SEPARATE CHARACTER}]$$

Ohne SEPARATE-Angabe:
Wird die SEPARATE CHARACTER-Angabe weggelassen, wird durch LEADING oder TRAILING festgelegt, ob das Vorzeichen im linken Byte (LEADING) oder im rechten Byte (TRAILING) des Datenfeldes untergebracht werden soll. In beiden Fällen wird kein zusätzliches Byte zur Unterbringung des Vorzeichens benötigt.

Beispiel:

```
                          Feldinhalt
PIC S9(6)   SIGN IS LEADING    1+ 2 3 4 5 6
PIC S9(6)   SIGN IS TRAILING   1 2 3 4 5 6+
```

Aus dem zweiten Beispiel ist ersichtlich, daß die Angabe **SIGN IS TRAILING** der **Standardannahme** entspricht und deshalb bei der Definition eines Datenfeldes weggelassen werden kann.

Mit SEPARATE-Angabe:
Wird die SEPARATE CHARACTER-Angabe spezifiziert, wird durch LEADING oder TRAILING festgelegt, daß das Vorzeichen in einem separaten linken oder rechten Byte untergebracht werden soll.

6.3 Datenerklärung

Beispiel:

```
                            Feldinhalt
PIC S9(6)  SIGN IS LEADING SEPARATE  |+|1|2|3|4|5|6|
PIC S9(6)  SIGN IS TRAILING SEPARATE |1|2|3|4|5|6|+|
```

Bei der Bestimmung der Datenfeldlänge ist das separate Byte mitzuzählen. Dieses Byte stellt jedoch keine Ziffernposition dar. Im letzten Beispiel benötigt demzufolge jedes Feld 7 Bytes, wobei 6 Bytes Ziffernpositionen repräsentieren. Die SIGN-Klausel darf nur verwendet werden, wenn bei der Datenbeschreibung USAGE IS DISPLAY angegeben bzw. als Standardannahme implizit unterstellt ist.

Wurde in einer FD-Eintragung die CODE-SET-Klausel für eine Datei angegeben, muß *jedes* vorzeichenbehaftete numerische Feld dieser Datei mit der SIGN IS SEPARATE-Klausel definiert werden.

6.3.4 REDEFINES-Klausel

Mit der REDEFINES-Klausel läßt sich ein vorhandener Datenbereich redefinieren. Dieser Datenbereich erhält eine neue Struktur, d.h. er wird neu aufgeteilt.

Format:

---

stufen-nummer $\left\{ \begin{array}{l} \textit{daten-name-1} \\ \text{FILLER} \end{array} \right\}$ **REDEFINES** *daten-name-2*

---

daten-name-2 bezeichnet einen bereits definierten Bereich, der nun durch eine neue Datenstruktur (***daten-name-1***) umdefiniert wird. Die neue Datenstruktur repräsentiert nicht nur eine andere Feldaufteilung, sondern sie kann auch andere Datenformate besitzen. So kann zum Beispiel ein alphanumerisches Feld in ein numerisches redefiniert werden.

Die *stufen-nummer* und *daten-name-1* (oder **FILLER**) gehören nicht zur eigentlichen REDEFINES-Klausel. Aus Gründen der Klarheit und Übersichtlichkeit sind sie jedoch im Format enthalten.

Datenbereiche lassen sich auf zwei unterschiedliche Arten redefinieren. Man unterscheidet zwischen

- **impliziter Redefinition** und
- **expliziter Redefinition.**

Die REDEFINES-Klausel bezieht sich *nur* auf die explizite Redefinition.

6.3.4.1 Implizite Redefinition (FILE SECTION)

Der Inhalt einer Eingabedatei wird bei der impliziten Redefinition als *ein* Datenbereich definiert. Beim Einlesen der Datensätze (READ) wird dieser Bereich von den unterschiedlichen Strukturen einzelner Sätze alternativ überlagert. Der Programmierer kann diese Datenstrukturen dann wahlweise verwenden, indem er in seinen Programmieranweisungen den jeweiligen Datennamen, der einer bestimmten Datenstuktur (Satzart) entspricht, einsetzt.

Die implizite Redefinition ist nur in der FILE SECTION möglich.

Man reserviert in der FILE SECTION den Speicherbereich, indem man die verschiedenen Satzstrukturen jeweils mit der Stufennummer 01 beginnend definiert. Für jede dieser unterschiedlichen Datenstrukturen wird immer der *gleiche* Hauptspeicherbereich verwendet. Voraussetzung ist jedoch, daß die Datenerklärung der Strukturen jeweils mit der Stufennummer 01 beginnt. Nur in diesem Falle liegt eine implizite Redefinition vor.

Die Angabe der REDEFINES-Klausel entfällt bei der impliziten Redefinition.

6.3 Datenerklärung

Beispiel 1 (implizite Redefinition):

```
FD  U1-EINDAT
    ...
    DATA RECORDS R1-SA01, R1-SA02.

01  R1-SA01.
    05 R1-01-SA            PIC 99.
    05 R1-01-KUNDEN-NR     PIC 9(8).
    05 R1-01-NAME          PIC X(10).
    05 R1-01-ARTIKEL-NR    PIC X(7).
    05 R1-01-BESTELL-MENGE PIC 9(4).
    05 R1-01-PREIS         PIC 9(5)V99.
    05 FILLER              PIC X(40).

01  R1-SA02.
    05 R1-02-SA            PIC 99.
    05 R1-02-KUNDEN-NR     PIC 9(8).
    05 R1-02-RECH-DAT      PIC 9(6).
    05 R1-02-ZAHLFRIST     PIC 9(4).
    05 R1-02-GESAMT-PREIS  PIC 9(7)V99.
    05 R1-02-MWST          PIC 9(4).
    05 R1-02-SKONTO        PIC 9(3).
    05 FILLER              PIC X(41).
```

Hinweis:

Bei der Beschreibung der DATA RECORDS-Klausel wurde bereits darauf hingewiesen, daß in der Praxis die Definition der Elementardatenfelder in der WORKING-STORAGE SECTION erfolgt. Werden diese Felder in der FILE SECTION definiert, kann es bei variablen Sätzen zu Problemen führen, indem bestimmte Satzfragmente des zuvor gelesenen Satzes mit in den Arbeitsspeicher übertragen werden. Umgehen kann man diesen unerwünschten Effekt auch dadurch, daß grundsätzlich jedem Feld in der WORKING-STORAGE SECTION ein Anfangswert zugeordnet wird, was gängige Programmierpraxis ist. Wenn keine anderen Werte vorgegeben, bei numerischen Feldern ZEROS bzw. bei alphanumerischen Feldern SPACES). Seit dem ANS-1985 kann für die Anfangswertzuweisung auch die INITIALIZE-Anweisung verwendet werden.

6.3.4.2 Explizite Redefinition

Die explizite Redefinition ist in der FILE SECTION und in der WORKING-STORAGE SECTION möglich. **Die REDEFINES-Klausel muß bei einer expliziten Redefinition immer angegeben werden.**

In der **FILE SECTION** dürfen explizite Redefinitionen nur unter den **Stufennummern 02 bis 49** erfolgen. In der **WORKING-STORAGE SECTION** sind die **Stufennummern 01 bis 49** zugelassen. **Die Stufennummern 66 und 88 dürfen grundsätzlich nicht verwendet werden.**

Seit dem **ANS-1985** darf der redefinierte Bereich (*daten-name-2*) auf jeder Stufennummer kleiner sein als der redefinierende. In ANS-1974 war das nur auf der Stufennummer 01 möglich.

Beispiel 2   (für WORKING-STORAGE SECTION):

```
01  DRUCKZEILE-1.
    05 FELD-1            PIC X(5)      VALUE SPACES.
    05 FELD-2            PIC X(10)     VALUE SPACES.
    05 FELD-3            PIC X(40)     VALUE SPACES.
    05 FELD-4            PIC X(10)     VALUE SPACES.
    05 FILLER            PIC X(15)     VALUE SPACES.

01  RD-DRUCKZEILE-2 REDEFINES DRUCKZEILE-1.
    05 RD-FELD-12        PIC X(30)     VALUE SPACES.
    05 RD-FELD-13        PIC X(30)     VALUE SPACES.
    05 FILLER            PIC X(20)     VALUE SPACES.
```

Die Datenstruktur DRUCKZEILE-1 legt die Größe des Arbeitsspeicherbereichs durch die PICTURE-Klauseln ihrer Elementardatenfelder fest. Durch die REDEFINES-Klausel wird dieser Bereich neu aufgeteilt bzw. von der Datenstruktur RD-DRUCKZEILE-2 überlagert. Der Programmierer kann nun alternativ auf DRUCKZEILE-1 oder RD-DRUCKZEILE-2 zugreifen. Der Dateninhalt beider Definitionen wird durch die Redefinition nicht verändert.

6.3.4.3 Mehrmalige Redefinition eines Datenbereichs

Der gleiche Datenbereich darf mehrmals redefiniert werden. Das redefinierende Datenfeld (*daten-name-1*) muß jedoch unmittelbar auf das redefinierte Datenfeld (*daten-name-2*) folgen. Es dürfen also zwischen dem redefinierten und dem redefinierenden Datenfeld keine anderen Datenfelder vorhanden sein.

Wird ein Datenbereich mehrmals redefiniert, müssen alle Redefinitionen den ursprünglichen Datennamen *daten-name-1* benutzen.

Beispiel 3:

```
02 FELD-1                      PIC 9(4).
02 FELD-2 REDEFINES FELD-1     PIC 9V9(3).
02 FELD-3 REDEFINES FELD-1     PIC 99V99.
```

Beispiel 4:

```
02 FELD-1.
   05 SUB-FELD-A               PIC 9(4).
   05 SUB-FELD-B               PIC 9(4).
02 FELD-2 REDEFINES FELD-1.
   05 SUB-FELD-C               PIC 9V9(3).
   05 SUB-FELD-D               PIC 9V(3).
02 FELD-3 REDEFINES FELD-1.
   05 SUB-FELD-E               PIC 9(6)V99.
02 FELD-4 REDEFINES FELD-1.
   05 SUB-FELD-F               PIC 9(2)V99.
   05 SUB-FELD-G               PIC 9(2)V99.
```

Die REDEFINES-Klausel darf auch für ein Feld angegeben werden, welches dem redefinierenden Feld (*daten-name-1*) untergeordnet ist.

Beispiel 5:

```
05 FELD-1
   10  SUB-FELD-11             PIC X(6).
   10  SUB-FELD-12             PIC X(6).
   10  FILLER                  PIC X(10).
```

```
       05 RD-FELD-2 REDEFINES FELD-1.
          10   SUB-FELD-21         PIC 9(9)V99.
          10   SUB-FELD-22         PIC 9(9)V99.
          10 RD-FELD-3 REDEFINES SUB-FELD-22
                                  PIC 9(11).
```

Beispiel für eine *falsche* Redefinition:

```
02 FELD-1.
   05 SUB-FELD-A              PIC 9(4).
   05 SUB-FELD-B              PIC 9(4).
02 FELD-2                     PIC 99.
02 FELD-3 REDEFINES FELD-1.
   05 SUB-FELD-C              PIC 9V9(3).
   05 SUB-FELD-D              PIC 9V9(3).
02 FELD-4 REDEFINES FELD-1.
   05 SUB-FELD-E              PIC 9(6)V99.
```

Die erste Redefinition ist falsch, weil der redefinierende Datenbereich FELD-3 nicht unmittelbar auf den redefinierten Datenbereich FELD-1 folgt (FELD-2 liegt dazwischen).

6.3.4.4 Redefinition von Einzelfeldern

Einzelfelder werden oft dann redefiniert, wenn der Feldinhalt einmal numerisch, das andere Mal alphanumerisch sein kann. Das ist zum Beispiel bei Betragsfeldern der Fall, die vorzeichenbehaftet sind (PICTURE-Symbol S), und bei denen die Lage des Dezimalpunktes gekennzeichnet ist (PICURE-Symbol V).

Beispiel 5:

FILE SECTION:

```
01   R1-SA01.
     02   R1-BETRAG                    PIC X(10).
     02 RD-R1-BETRAG REDEFINES R1-BETRAG
                                       PIC S9(8)V99.
```

WORKING-STORAGE SECTION:

```
01  W1-SA01.
    02  W1-BETRAG                    PIC X(12).
    02  RD-W1-BETRAG REDEFINES W1-BETRAG
                                     PIC +(8)9V,99.
```

Der Inhalt des Feldes R1-BETRAG kann je nach den entsprechenden Feldwerten der Eingabedatei numerisch sein oder, wenn keine Daten für dieses Feld vorliegen, Leerstellen (Blanks) enthalten. Wenn das Feld numerisch gefüllt ist, dann soll der Wert ein Vorzeichen enthalten und die Lage des Dezimal-Punktes gekennzeichnet werden. Da die PICTURE-Symbole S und V jedoch nur für numerische Felder zugelassen sind, stoßen wir hier auf Schwierigkeiten. Diese Schwierigkeiten lassen sich durch eine Redefinition des Feldes R1-BETRAG elegant umgehen. Besteht der eingelesene Wert aus Leerstellen, dann wird dieser alphanumerische Feldinhalt mit dem MOVE-Befehl von Feld R1-BETRAG in das Feld W1-BETRAG des Arbeitsspeichers gebracht. Ist der eingelesene Wert jedoch numerisch, wird alternativ der Feldinhalt des redefinierten Feldes RD-R1-BETRAG in das redefinierte Feld RD-W1-BETRAG des Arbeitsspeichers übertragen.

In der PROCEDURE DIVISION könnte die steuernde Abfrage folgendermaßen programmiert werden:

```
A-SA01.
    IF R1-BETRAG = SPACE
       MOVE R1-BETRAG TO W2-BETRAG
    ELSE MOVE RD-R1-BETRAG TO RD-W1-BETRAG
    END-IF
```

6.3.4.5 Datenübertragungen in redefinierte und redefinierende Felder

Durch die Redefinition eines Datenbereichs erhält der ursprüngliche Bereich eine neue Struktur, er wird umdefiniert. Die alte Datenstruktur bleibt deswegen trotzdem erhalten und es kann jederzeit mit ihr gearbeitet werden.

Eine Redefinition bewirkt kein Löschen von Daten und macht auch keine vorhergehenden Definitionen unwirksam. Es können jederzeit Daten sowohl in das redefinierende Datenfeld (*daten-name-1*) als auch in das redefinierte Datenfeld (*daten-name-2*) übertragen werden.

Beispiel 7:

```
02  FELD-1                    PIC X(6).
02  FELD-2 REDEFINES FELD-1 PIC 9(4)V99.
    .
    .
MOVE A TO FELD-1.
MOVE B TO FELD-2.
```

Hierbei ist allerdings folgendes zu beachten:

Erfolgt die Anweisung MOVE A TO FELD-2 unmittelbar auf MOVE B TO FELD-1, so wird im gleichen Speicherbereich der Feldwert A durch B ersetzt. Die erste MOVE-Anweisung hat deshalb im weiteren Programmlauf keinerlei Bedeutung mehr.

Es ist nicht gestattet, den Feldwert eines redefinierenden Feldes (*daten-name-1*) in ein redefiniertes Feld (*daten-name-2*) zu übertragen.

Auf das letzte Beispiel bezogen darf die Anweisung MOVE FELD-2 TO FELD-1 also nicht codiert werden. Das Ergebnis einer derartigen Datenübertragung ist nicht vorhersagbar.

Nachfolgend sind die wichtigsten Regeln zur REDEFINES-Klausel zusammengefaßt:

1. Wird die REDEFINES-Klausel angegeben, muß sie stets die erste Klausel hinter *daten-name-1* sein.

2. Die Stufennummern des redefinierenden und redefinierten Bereichs müssen übereinstimmen und dürfen nicht **66** oder **88** sein.

3. Der redefinierende Bereich (*daten-name-1*) muß unmittelbar auf den redefinierten Bereich folgen. Es dürfen keine Bereiche zwischen beiden liegen.

4. Mehrere Redefinitionen des gleichen Datenbereichs sind zugelassen. Sie müssen jedoch alle den ursprünglichen Datennamen (*daten-name-2*) benutzen und unmittelbar aufeinander folgen.

5. Die Datenerklärung für den redefinierten Bereich darf weder eine OCCURS- noch eine REDEFINES-Klausel besitzen.

6. Die Datenerklärung für den redefinierenden Bereich (*daten-name-1*) darf keine VALUE-Klausel enthalten.

7. Eine Redefinition bewirkt weder ein Löschen von Daten noch macht sie vorhergehende Definitionen unwirksam. Sowohl in den redefinierenden als auch in den redefinierten Bereich können jederzeit Datenübertragungen vorgenommen werden.

8. In ANS-1974 darf der redefinierte Bereich nur auf der Stufennummer 01 kleiner sein als der redefinierende Bereich. Seit dem **ANS-1985** ist diese Einschränkung weggefallen.

IBM-Erweiterung:
Die Datenerklärung des redefinierten Bereichs darf eine REDEFINES-Klausel enthalten. Diese Erweiterung ist jedoch in SAA nicht enthalten. Von einer Anwendung dieser Regel sollte abgesehen werden.

6.3.5 BLANK WHEN ZERO-Klausel

Es wurde schon bei der Beschreibung der PICTURE-Klausel darauf hingewiesen, daß es oft als störend empfunden wird, wenn die Druckausgabe führende Nullen enthält bzw. wenn bei einem Datenwert Null alle Ziffernpositionen mit Null besetzt sind.

Durch die gleitenden PICTURE-Einfügungssymbole Z, + oder - können führende Nullen eines numerischen Feldes in Leerstellen umgewandelt werden. Der Nachteil dieser Methode ist allerdings, daß feste Einfügungssymbole der PICTURE-Zeichenfolge in der Ausgabe angedruckt werden, auch dann, wenn der Datenwert dieses Feldes Null ist.

Beispiel 1:

		Feldwert
SENDEFELD	PIC 9(6)	0 0 0 0 0 0
DRUCKFELD	PIC ZZ/ZZ/ZZ	⎵⎵/⎵⎵/⎵⎵

Dieser Nachteil kann durch Anwendung der BLANK WHEN ZERO-Klausel umgangen werden.

Format:

Ist der innere Wert eines Datenfeldes Null, wird durch Angabe der Klausel der gesamte Feldinhalt der Druckausgabe in Leerstellen (Blanks) umgewandelt. Das trifft auch auf alle festen Einfügungssymbole zu.

Beispiel 2:

		Feldwert
SENDEFELD	PIC 9(6)	0 0 0 0 0 0
DRUCKFELD	PIC 99/99/99 BLANK WHEN ZERO.	⎵⎵⎵⎵⎵⎵⎵⎵

Allerdings werden führende Nullen durch BLANK WHEN ZERO *nicht* in Blanks umgewandelt. Die Klausel wird also immer nur dann wirksam, wenn der gesamte Feldinhalt Null ist, was das nächste Beispiel verdeutlicht.

6.3 Datenerklärung

Beispiel 3:

```
                                        Feldwert
SENDEFELD    PIC 9(6)            | 0 | 0 | 1 | 2 | 3 | 4 |
DRUCKFELD    PIC 99/99/99        | 0 | 0 | / | 1 | 2 | / | 3 | 4 |
             BLANK WHEN ZERO.
```

Die führenden Nullen des Druckfeldes bleiben erhalten.

Die BLANK WHEN ZERO-Klausel darf nur bei numerischen Elementarfeldern oder numerisch aufbereiteten Elementarfeldern angegeben werden. Die Felder müssen explizit oder implizit das Datenformat **USAGE IS DISPLAY** besitzen. **Eine Anwendung der Klausel auf Rechenfelder ist nicht möglich, weil Blank kein numerischer Wert ist.** Wird die Klausel für Rechenfelder angegeben, erfolgt von einigen Compilern eine automatische Zuordnung zur Datenkategorie "numerisch aufbereitet". Andere Compiler geben Fehler- oder Warnmeldungen aus.

Die Klausel darf nicht angegeben werden

- bei Feldern mit der Stufennummer **66** oder **88**,
- zusammen mit einem Schutzstern (*) oder dem Vorzeichensymbol S,
- für Felder, die mit **USAGE IS INDEX** definiert wurden.

IBM-Erweiterung:
1. *In der BLANK WHEN ZERO-Klausel kann die Angabe ZERO ersetzt werden durch ZEROS oder ZEROES.*

2. *Wird die BLANK WHEN ZERO-Klausel zusammen mit einem Null-Unterdrückungssymbol angegeben, wird BLANK WHEN ZERO durch die Null-Unterdrückung aufgehoben.*

3. *Die BLANK WHEN ZERO-Klausel ist nicht erlaubt für*
   - *Datenfelder, die mit USAGE IS POINTER definiert sind,*
   - *Externe- oder interne Gleitkomma-Darstellung.*

6.3.6 JUSTIFIED RIGHT-Klausel

Die Standardpositionierung für das Einspeichern von alphabetischen und alphanumerischen Zeichen in ein empfangendes Datenfeld ist linksbündig. Das heißt, die Zeichen werden so, wie sie eingelesen werden, von links nach rechts in den Datenpositionen angelagert. Manchmal ist es jedoch zweckmäßig, die Daten rechtsbündig einzuspeichern, was zum Beispiel bei der Erstellung von Druckausgaben oder Tabellen nützlich sein kann.

Die rechtsbündige Anlagerung von Daten in einem Empfangsfeld wird mit der JUSTIFIED RIGHT-Klausel vorgenommen.

Format:

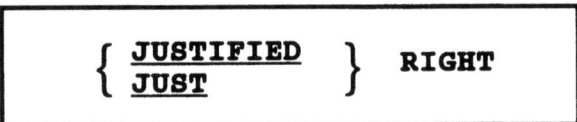

Für die JUSTIFIED RIGHT-Klausel gelten die folgenden Regeln:

1. Die Klausel darf nur für *alphabetische* oder *alphanumerische* **Elementarfelder** angegeben werden. Sie ist nicht anwendbar auf numerische, numerisch aufbereitete oder alphanumerisch aufbereitete Felder.

2. Die Klausel darf nicht für Indexdatenfelder (USAGE IS INDEX) angegeben werden.

3. Ist das sendende Datenfeld größer als das empfangende, werden die am weitesten links stehenden Zeichen abgeschnitten.

4. Ist das empfangende Datenfeld größer als das sendende, werden die Zeichen rechtsbündig im Empfangsfeld angelagert. Die nicht benutzten Zeichenpositionen am linken Feldende werden mit *Leerstellen* gefüllt.

6.3 Datenerklärung

5. Die Klausel darf nicht für Eintragungen mit der Stufennummer 66 (RENAMES) oder 88 (Bedingungsname) angegeben werden.

6. Die Angabe der Klausel hat keinen Einfluß auf die gleichzeitige Initialisierung eines Feldes (z. B. mit der VALUE-Klausel).

Beispiele:

		Feldinhalt
SENDEFELD	PIC X(10)	`A N S   C O B O L  `
EMPFANGSFELD	PIC X(10)	`A N S   C O B O L  `
SENDEFELD	PIC X(10)	`A N S   C O B O L  `
EMPFANGSFELD	PIC X(10) **JUST**	`  A N S   C O B O L`
SENDEFELD	PIC X(10)	`A N S   C O B O L  `
EMPFANGSFELD	PIC X(8) **JUST**	`N S   C O B O L`

Im letzten Beispiel wurde wegen unzureichender Stellendefinition eine Datenstelle am linken Feldrand abgeschnitten.

IBM-Erweiterung:
Die JUSTIFIED-Klausel darf nicht angegeben werden für

- *Datenfelder mit USAGE IS POINTER,*
- *Externe oder interne Gleitkommadarstellung.*

6.3.7 OCCURS-Klausel

Die OCCURS-Klausel dient der Definition von Tabellen. Damit entfällt bei Feldern mit gleichen Definitionsmerkmalen die Einzelbeschreibung, die nicht nur einen hohen Codieraufwand erfordert, sondern auch Probleme bei der Bezugnahme zu den Daten während der Ausführung des Programms mit sich bringt. **Die OCCURS-Klausel wird im Kapitel Tabellenverarbeitung behandelt.**

6.3.8 SYNCHRONIZED-Klausel

Die Angabe der Klausel bewirkt das wortweise Einspeichern von **binären** Elementarfeldern in den Arbeitsspeicher, wobei sich die Ausrichtung linksbündig (**LEFT**) oder rechtsbündig (**RIGHT**) an den Wortgrenzen orientiert.

Format:

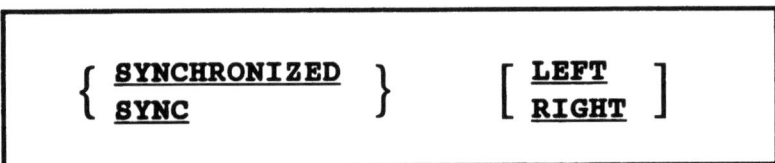

Es gibt Maschinentypen, die diese Klausel verlangen (z. B. IBM System/360), was zu einer **Beschleunigung bei der Verarbeitung arithmetischer Operationen für** *binäre* **Datenelemente** führt. Allerdings wird das Programm dadurch maschinenabhängig. Die nachfolgenden Ausrichtungsregeln sind **SAA**-konform.

Wird die Klausel angegeben, kann sich wegen der Ausrichtung einzelner Felder einer Struktur die logische Satzlänge (RECORD) und damit auch die physische Satzlänge (BLOCK) ändern. Das heißt, es werden unter Umständen mehr Speicherstellen benötigt, als die Addition der Einzelfelder ergibt. Bei Angabe der BLOCK CONTAINS- oder der RECORD CONTAINS-Klausel in der FD-Anweisung muß dieser Umstand berücksichtigt werden.

Wird die SYNC-Klausel für ein **untergeordnetes BINARY-Element** angegeben (Stufennummer 02 bis 49 oder 77), dann werden die Daten auf folgende Grenzen ausgerichtet:

1. Liegt das Datenelement in einem PICTURE-Bereich von **S9 bis S9(4)**, erfolgt die Ausrichtung auf eine **Halbwortgrenze** (Mehrfaches von 2 Bytes).

6.3 Datenerklärung

2. Liegt das Datenelement in einem PICTURE-Bereich von **S9(5) bis S9(18)**, erfolgt die Ausrichtung auf eine **Vollwortgrenze** (Mehrfaches von 4 Bytes).

Wird die SYNC-Klausel für ein USAGE IS DISPLAY- oder PACKED-DECIMAL-Datenelement angegeben, wird sie von den meisten Compilern als Dokumentationsangabe behandelt.

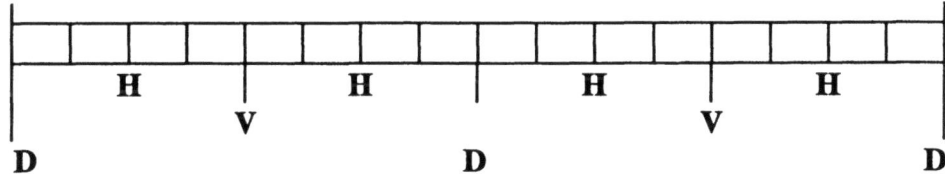

H = Halbwortgrenze
V = Vollwortgrenze
D = Doppelwortgrenze

6.3.8.1 Einfügung von Füll-Bytes durch den Compiler

Nehmen wir an, daß eine Datenstruktur, wie im folgenden Beispiel angegeben, aufgebaut sei:

Beispiel 1:

```
01   STRUCTUR-A.
     05 FELD-1          PIC X(4).
     05 FELD-2          PIC XX.
     05 FELD-3.
        10 FELD-31      PIC S9(5) BINARY SYNC.
```

Nach den Ausrichtungsregeln für ein COMP-Element liegt FELD-31 im PICTURE-Bereich S9(5) bis S9(18). Die Ausrichtung erfolgt damit auf eine Vollwortgrenze. Das heißt, die Ausrichtung könnte auf Byte 4, 8, 12 usw. der Datenstruktur erfolgen. Da vor dem COMP-Element FELD-1 gleich 4 Bytes und FELD-2 gleich 2 Bytes (insgesamt 6 Bytes) in Anspruch nehmen, ist eine Ausrichtung von FELD-31 nur auf Byte 8 möglich. Damit würden aber in der Datenstruktur 2 Bytes fehlen. Um sicherzustellen, daß das SYNC-Element auf der richtigen Byte-Grenze beginnt, fügt der Compiler automatisch sogenannte **Füll-Bytes** in die Datenstruktur ein. Das oben angeführte Beispiel würde nach der Kompilierung wie folgt aussehen:

```
01   STRUCTUR-A.
     05  FELD-1        PIC X(4).
     05  FELD-2        PIC XX.
     05  FELD-3.
         10  FUELL-BYTE PIC XX. (eingefügt vom Compiler)
         10  FELD-31    PIC S9(5) BINARY SYNC.
```

	Feld-1			Feld-2	Füll-Bytes	Feld-31			
H			H		H		H		
	V			V					
D				D					D

Die Abbildung zeigt, daß das SYNC-Element FELD-31 nach der Kompilierung korrekt auf einer Vollwortgrenze beginnt.

Die SYNC-Klausel läßt sich auch für ein binäres Datenelement angeben, das sich im Bereich einer **OCCURS**-Klausel befindet. Dadurch wird das Datenelement bei jedem Auftreten ausgerichtet.

Beispiel 2:

```
01   R1-SATZ.
     05  TEILSATZ-A       PIC X.
     05  TEILSATZ-B       OCCURS 5.
         10  ELEMENT-1    PIC X.
         10  ELEMENT-2    PIC S9(4)V99 BINARY SYNC.
         10  ELEMENT-3    PIC S9(3)     BINARY SYNC.
         10  ELEMENT-4    PIC X(5).
```

Der Compiler berechnet die Größe der gesamten Datenstruktur und fügt die erforderlichen Füll-Bytes ein. Nach der Kompilierung entspricht die Datenstruktur folgender Schreibweise:

6.3 Datenerklärung

```
01  R1-SATZ.
    05  TEILSATZ-A         PIC X.
    05  TEILSATZ-B         OCCURS 5.
        10  ELEMENT-1      PIC X.
        10  FUELL-BYTE     PIC XX.  (eingefügt vom Compiler)
        10  ELEMENT-2      PIC S9(5) BINARY SYNC.
        10  ELEMENT-3      PIC S9(3) BINARY SYNC.
        10  ELEMENT-4      PIC X(5).
        10  FUELL-BYTE     PIC XX.  (eingefügt vom Compiler)
```

Das binäre Datenelement ELEMENT-2 muß wegen PIC S9(5) auf einer Vollwortgrenze beginnen. Da vor ELEMENT-2 jedoch nur 2 Bytes definiert wurden, werden vom Compiler vor dem binären Feld ELEMENT-2 zwei Füll-Bytes eingefügt.

Das binäre Datenelement ELEMENT-3 muß wegen PIC S9(3) auf einer Halbwortgrenze beginnen, was hier gegeben ist. Damit wäre das erste Auftreten des Tabellenelements richtig definiert. Das zweite Tabellenelement würde damit jedoch 1 Byte vor einer Doppelwortgrenze beginnen und damit ist die geforderte Ausrichtung der binären Felder ELEMENT-2 und ELEMENT-3 nicht mehr gegeben. Der Compiler muß deshalb nach ELEMENT-4 zwei weitere Füll-Bytes einfügen.

6.3.8.2 Einfügung von Füll-Bytes durch den Programmierer

In der FILE SECTION, WORKING-STORAGE SECTION und LINKAGE SECTION richtet der Compiler automatisch alle Felder mit der Stufennummer 01 auf eine Doppelwortgrenze aus. Dabei ist es gleichgültig, ob die SYNC-Klausel angegeben ist oder nicht. Sind diese Sätze logisch geblockt, wird die Verarbeitungseffizienz wesentlich gesteigert, wenn *zwischen* den Sätzen die erforderlichen Füll-Bytes vom Programmierer eingefügt werden.

Die Berechnung der Füll-Bytes *zwischen* den Sätzen kann folgendermaßen vorgenommen werden:

- Die Längen aller Elementarfelder, einschließlich der vom Compiler eingefügten Füll-Bytes werden addiert. Bei variablen Sätzen sind in der MVS-Umgebung zusätzlich vier Bytes für das Zählfeld hinzuzufügen.

- Die Summe wird durch den höchsten Wert von *m* (wenn sich mehrere SYNC-Elemente im Satz befinden) dividiert. Dabei gilt:
  $m = 2$ für **S9**   bis **S9(4)**,
  $m = 4$ für **S9(5)**   bis **S9(18)**.

- Ist der Divisionsrest *r* gleich Null, ist kein Einfügen von Füll-Bytes erforderlich. Ist *r* ungleich Null, müssen *m-r* Füll-Bytes durch den Programmierer eingefügt werden.

Beispiel 3:

```
01    STRUCTUR-B.
      05  FELD-1        PIC X(10).
      05  FELD-2        PIC X(25).
      05  FELD-3        PIC X(6).
      05  FELD-4        PIC S9(6) BINARY SYNC.
      05  FELD-5        PIC S9(4) BINARY SYNC.
```

Die Byte-Summe aus den Längen der Elementarfelder FELD-1, FELD-2 und FELD-3 beträgt 41. Das SYNC-Element FELD-4 muß wegen S9(6) auf eine Vollwortgrenze ausgerichtet sein, also einem Vielfachen von 4. Da dafür nur die relative Adresse 44 in Frage kommt, fügt der Compiler vor FELD-4 drei Füll-Bytes ein. Die Byte-Summe vor dem SYNC-Element FELD-5 beträgt nun 48. FELD-5 muß wegen S9(4) auf einer Halbwortgrenze (Vielfaches von 2) ausgerichtet sein, was hier zutreffend ist. Der Datensatz besitzt damit folgende Struktur:

```
01    STRUCTUR-B.
      05  FELD-1        PIC X(10).
      05  FELD-2        PIC X(25).
      05  FELD-3        PIC X(6).
      05  FUELL-BYTE    PIC XXX.  (eingefügt vom Compiler)
      05  FELD-4        PIC S9(6) BINARY SYNC.
```

6.3 Datenerklärung

```
           05 FELD-5          PIC S9(4) BINARY SYNC.
```

Nach diesem Schritt werden die Füll-Bytes ermittelt, die vom Programmierer *zwischen* den Sätzen einzufügen sind.

Die Summe aller Bytes des Satzes STRUCTUR-B beträgt 50. Da wegen FELD-4 der höchste Wert von *m* gleich 4 ist, ergibt sich nach der Division ein Rest von $r = 2$. Demnach sind vom Programmierer am Ende des Satzes $m - r = 2$ Füll-Bytes einzufügen. Damit besitzt der Satz mit insgesamt 52 Bytes die folgende endgültige Struktur:

```
01    STRUCTUR-B.
      05 FELD-1           PIC X(10).
      05 FELD-2           PIC X(25).
      05 FELD-3           PIC X(6).
      05 FUELL-BYTE       PIC XXX.  (eingefügt vom Compiler)
      05 FELD-4           PIC S9(6) BINARY SYNC.
      05 FELD-5           PIC S9(4) BINARY SYNC.
      05 FUELL-BYTE       PIC XX.   (eingefügt vom Programmierer)
```

Wird die SYNC-Klausel für ein Feld angegeben, das eine **REDEFINES**-Klausel enthält, muß das redefinierte Feld die richtige Ausrichtung für das redefinierende Feld besitzen. Eine Generierung von Füll-Bytes durch den Compiler wird in diesem Fall nicht vorgenommen.

Beispiel 4:

```
05 ELEMENT-A                  PIC X(4).
05 RD-ELEMENT-B REDEFINES ELEMENT-A
                              COMP SYNC PIC S9(9).
```

Das redefinierende Feld RD-ELEMENT-B ist wegen S9(9) auf eine Vollwortgrenze ausgerichtet. Das redefinierde Feld ELEMENT-A muß demzufolge ebenfalls auf einer Vollwortgrenze beginnen, was hier wegen X(4) der Fall ist.

Beispiel 5:

```
05 ELEMENT-A                  PIC X(3).
05 RD-ELEMENT-B REDEFINES ELEMENT-A.
```

```
        10 ELEMENT-B1           COMP SYNC PIC S9(9).
        10 ELEMENT-B2           PIC X.
```

Wegen der Definition S9(9) muß ELEMENT-B1 auf einer Vollwortgrenze beginnen. Da ELEMENT-A jedoch nur 3 Bytes enthält, muß der Programmierer dieses Feld durch ein zusätzliches Füll-Byte auf PIC X(4) ändern. Das Einfügen eines Füll-Bytes nach ELEMENT-A ist wegen der sich anschließenden REDEFINES-Klausel nicht möglich.

IBM-Erweiterung:

1. *Die SYNC-Klausel darf auch in Datendefinitionen mit der Stufennummer 01 angegeben werden. In diesem Fall werden auch alle untergeordneten Datenelemente auf die bestimmte Wortgrenze ausgerichtet. Die Angaben LEFT bzw. RIGHT werden hier wie Kommentare behandelt.*

2. *Wird die SYNC-Klausel für ein Zeigerfeld (POINTER) oder ein COMPUTATIONAL-1-Datenelement angegeben, wird das Datenelement auf eine Vollwortgrenze (Mehrfaches von 4 Bytes) ausgerichtet.*

3. *Wird die SYNC-Klausel für ein COMPUTATIONAL-2-Datenelement angegeben, wird das Datenelement auf eine Doppelwortgrenze ausgerichtet.*

4. *Die Angabe der SYNC-Klausel für ein COMPUTATIONAL-3-Datenelement wird als Kommentar betrachtet.*

5. *Die Angabe der SYNC-Klausel für ein COMPUTATIONAL-4-Datenelement wird genauso behandelt wie die Angabe der Klausel für ein COMPUTATIONAL-Datenelement.*

6. *Wird die SYNC-Klausel weggelassen, werden die Datenelemente intern in Zwischenfelder umgespeichert und auf die richtige Grenze ausgerichtet.*

6.3.9 USAGE-Klausel

Zur Definition der Daten in der DATA DIVISION gehört auch die Angabe des Datenformats. Dabei wird festgelegt, in welcher Form die Daten dem Rechner zugeführt werden. So ist es zum Beispiel sinnvoll, numerische Daten dem Rechner sofort in einem rechenfähigen Format anzubieten. Dadurch entfällt eine interne Umwandlung, die den Programmlauf verlangsamen würde. Diese Umwandlung numerischer Daten findet bei jedem MOVE-Befehl, bei jedem Vergleich und bei jeder arithmetischen Operation statt.

Format:

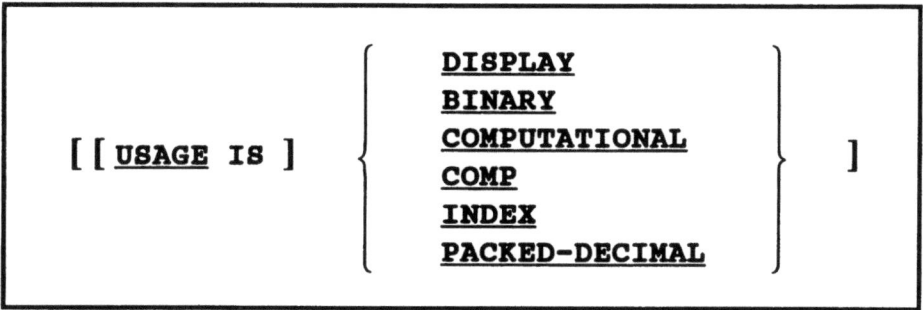

Die USAGE-Klausel kann auf jeder Stufe angegeben werden, außer auf Stufennummer 66 oder 88. Wird die USAGE-Klausel nicht angegeben, nimmt der Compiler als **Standardannahme USAGE IS DISPLAY** an.

6.3.9.1 USAGE IS DISPLAY

Wird USAGE IS DISPLAY angegeben, werden die Daten ohne besondere Aufbereitung lesbar und druckbar angezeigt bzw. ausgegeben. Ein Zeichen besteht aus 8 Bits (=1 Byte), was der üblichen Form der Datenein-/Ausgabe entspricht.

USAGE IS DISPLAY wird als **Character-Darstellung** bezeichnet.

USAGE IS DISPLAY kann für folgende Datenarten angegeben werden:

Datenart	PICTURE-Symbol
alphabetisch	A
alphanumerisch	X A 9
alphanumerisch aufbereitet	X A 9 (B 0 /)
numerisch aufbereitet	9 P V (B 0 Z , . * + - $ CR DB /)
extern dezimal (numerisch)	9 S V P

Die Zeichen der Druckaufbereitung stehen in Klammern!

Die Datenarten alphabetisch, alphanumerisch, alphanumerisch aufbereitet und numerisch aufbereitet wurden bereits bei der Beschreibung der PICTURE-Klausel behandelt.

Extern dezimale Felder sind numerische Felder, die auch als entpackte oder gezont dezimale Felder bezeichnet werden. Jede Ziffer einer Zahl wird durch ein Byte gebildet, wobei die vier linken Bits die Zonenfelder (hexadezimal "F") und die vier rechten Bits den eigentlichen Wert darstellen. Zum Beispiel wird der Wert +1234 eines mit PIC S9(4) DISPLAY definierten Feldes unter **MVS, CMS** und **OS/400** intern als **F1 F2 F3 C4** dargestellt. Das C im linken Halbbyte des äußerst rechten Bytes repräsentiert das Vorzeichen.

Die USAGE-Klausel läßt sich sowohl auf elementarer Stufe als auch auf der Gruppenstufe angeben. Wird sie auf der Gruppenstufe angegeben, gilt sie für alle dieser Stufe untergeordneten Datenelemente.

Beispiel 1:

```
01   KUNDEN-SATZ.
     02 SATZART        PIC 99    USAGE IS DISPLAY.
     02 KUNDEN-NR      PIC 9(9)  USAGE IS DISPLAY.
```

Diese Angabe ist gleichbedeutend mit

```
01   KUNDEN-SATZ       USAGE IS DISPLAY.
     02 SATZART        PIC 99.
     02 KUNDEN-NR      PIC 9(9).
```

6.3.9.2 USAGE IS BINARY

Die BINARY-Angabe wurde mit **ANS-1985** eingeführt. Sie spezifiziert, daß der Inhalt eines Datenfeldes in binärer Form für die Weiterverarbeitung umgewandelt wird. Die Angabe BINARY ist deshalb nur bei numerischen Feldern möglich.

Binäre Datenelemente haben ein dezimales Äquivalent, das aus den Dezimalziffern 0 bis 9 und einem Vorzeichen besteht. Der belegte Speicherplatz ist abhängig von der Größe der Dezimalziffer, die durch die PICTURE-Klausel definiert wird.

PICTURE-Klausel	belegter Speicherplatz
PIC 9 bis 9(4)	2 Bytes (Halbwort)
PIC 9(5) bis 9(9)	4 Bytes (Vollwort)
PIC 9(10) bis 9(18)	8 Bytes (2 Vollwörter - *aber nicht immer ein Doppelwort*)

Das äußerste linke Bit des Speicherbereichs repräsentiert immer das Vorzeichen.

Die BINARY-Angabe kann auf der Gruppen- oder Elementarstufe angegeben werden. Wird die Klausel auf der Gruppenstufe angegeben, dann gilt sie für alle dieser Stufe untergeordneten Datenelemente. Die Gruppe selbst darf allerdings nicht für arithmetische Operationen benutzt werden, sie wird vom Compiler als *nichtnumerisch* betrachtet.

Die BINARY-Angabe ist in der **IBM-Anwendung** den Angaben COMPUTATIONAL (COMP) und COMPUTATIONAL-4 (COMP-4) gleichwertig.

Beispiel 2:

```
01  FELD-1           USAGE BINARY.
    05 FELD-11       PIC S9(5).
    05 FELD-12       PIC 9(4).
```

Die **BINARY-Angabe** sollte bei rechenintensiven Operationen herangezogen werden, was zu einer Beschleunigung der Verarbeitung führt.

6.3.9.3 USAGE IS COMPUTATIONAL (COMP)

COMPUTATIONAL oder die zulässige Abkürzung COMP läßt sich mit "rechenfähig" übersetzen. Ein Datenfeld, in dessen Definition die COMP-Angabe steht, darf deshalb nur Daten enthalten, die eine unmittelbare rechnerische Weiterverarbeitung ermöglichen (Rechenfeld).

Die Bedeutung der COMP-Angabe ist systemabhängig. Deshalb ist im Einzelfall immer das jeweilige Compiler-Handbuch zu Rate zu ziehen. Die COMP-Angabe wird jedoch normalerweise Datendarstellungen zugeordnet, die die größte Effizienz bei der Durchführung arithmetischer Operationen zuläßt.

Für **MVS**, **CMS** und **OS/2** entspricht die COMP-Angabe der binären Darstellungsform und ist mit der Angabe BINARY identisch. Unter **OS/400** wird COMP für die intern dezimale Darstellung benutzt.

IBM-Erweiterung:
1. *DISPLAY-1 definiert ein DBCS-Datenfeld.*

2. *POINTER definiert Adreßfelder, die mit der SET-Anweisung gefüllt werden.*

   (Pointer-Datenfelder sind Elementardatenfelder von 4 Bytes Länge, die als nichtnumerisch betrachtet werden. Sie werden häufig in externen Unterprogrammen verwendet)

3. *COMPUTATIONAL-1 bzw. COMP-1 definiert Datenfelder mit Gleitkomma-Darstellung einfacher Genauigkeit und COMPUTATIONAL-2 bzw. COMP-2 Gleitkomma-Darstellung doppelter Genauigkeit.*

6.3 Datenerklärung

4. COMPUTATIONAL-3 bzw. COMP-3 entspricht der Angabe PACKED-DECIMAL und COMPUTATIONAL-4 bzw. COMP-4 der Angabe BINARY.

IBM Format-Erweiterung:

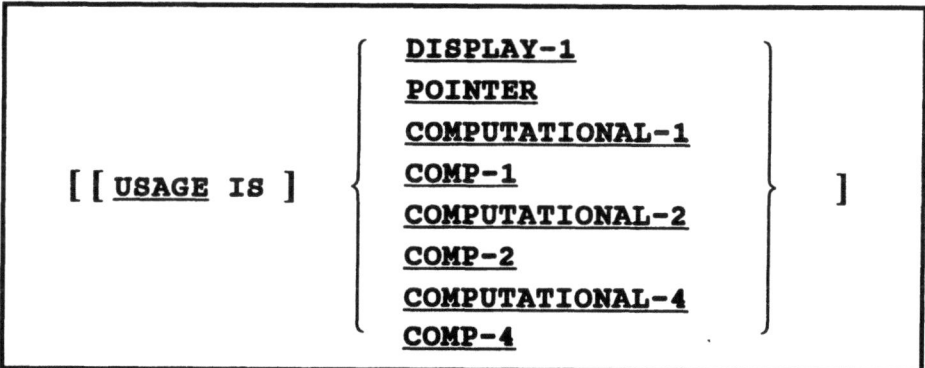

Bei der Darstellungsform COMP-3 und COMP-4 werden Dezimalziffern bis zu maximal 18 Stellen verarbeitet.

6.3.9.4 USAGE IS INDEX

Die INDEX-Angabe dient der Definition von Datenfeldern, in denen ein *unabhängiger* Indexwert abgelegt werden soll. Dieser Index hat die Eigenschaft eines Spezialindex (siehe OCCURS-Klausel), der jedoch nicht an die Verarbeitung einer Tabelle gebunden ist.

Ein Indexdatenfeld ist ein **4 Bytes langes Elementarfeld**, welches der Zwischenspeicherung von Spezialindizes dient, die auch als Parameter an Unterprogramme übergeben werden können. Die Wertzuordnung erfolgt durch die **SET-Anweisung**.

Die INDEX-Angabe kann auf jeder Stufe geschrieben werden (außer 88). Wird ein Gruppendatenfeld mit der INDEX-Angabe codiert, sind sämtliche untergeordnete Datenfelder Indexdatenfelder. Das Gruppenfeld selbst wird jedoch nicht als Indexdatenfeld betrachtet, und eine Bezugnahme mit der SET- oder SEARCH-Klausel ist nicht zulässig.

Ein Indexdatenfeld darf *nicht* gleichzeitig mit den folgenden Klauseln definiert werden:

- PICTURE,
- JUSTIFIED,
- BLANK WHEN ZERO,
- SYNCHRONIZED,
- VALUE.

IBM-Erweiterung:
Die SYNC-Klausel darf auf ein Indexdatenfeld angewendet werden.

6.3.9.5 USAGE IS PACKED-DECIMAL

Die Klausel wurde mit **ANS-1985** eingeführt. Sie entspricht der Angabe COMP-3 bei den SAA-Compilern. PACKED-DECIMAL spezifiziert eine intern dezimale gepackte Darstellung, wobei in einem Byte zwei Ziffern untergebracht werden. Das Vorzeichen wird immer im äußersten rechten Halbbyte des Datenfeldes untergebracht.

In **ungepackter Form** belegt jede Dezimalziffer ein ganzes Byte (8 Bit), wobei im jeweils linken Halbbyte das hexadezimale **F** und im rechten Halbbyte eine der hexadezimalen Ziffern **0 - 9** gespeichert ist. **Das Vorzeichen eines *ungepackten* Feldes ist immer im linken Halbbyte des äußerst rechten Bytes als hexadezimal A - F verschlüsselt.** Zum internen Rechnen wird grundsätzlich die gepackte Form benötigt. Eine gepackte Speicherungsform liegt vor, wenn zur Darstellung einer Dezimalziffer nur ein Halbbyte (4 Bits) verwendet wird.

Das Vorzeichen eines *gepackten* Feldes wird immer im äußerst rechten Halbbyte des Datenfeldes durch die hexadezimalen Ziffern A - F verschlüsselt.

6.3 Datenerklärung

Beim Packen wird das Vorzeichen aus dem äußerst rechten Byte des ungepackten Feldes übernommen und in das äußerst rechte Halbbyte der gepackten Form übertragen.

Beispiel 3 (Packen einer *geraden* Dezimalzahl):

Die negative Ziffer -1234 soll in gepackter und ungepackter Form dargestellt werden.

ungepackte Form | F | 1 | F | 2 | F | 3 | D | 4 | 5 Bytes belegt

gepackte Form | 0 | 1 | 2 | 3 | 4 | D | 3 Bytes belegt

Beim Packen muß unterschieden werden, ob die Dezimalzahl *gerade* oder *ungerade* ist. Wird eine gerade Dezimalzahl gepackt, ist das linke Halbbyte des Datenfeldes überflüssig. Es muß aber dem Feld hinzugerechnet werden, weil immer nur ganze Bytes verarbeitet werden können. Deshalb wird das äußerst linke Halbbyte mit einer Null gefüllt (siehe Beispiel 3).

Beispiel 4 (Packen einer *ungeraden* Dezimalzahl):

```
77  ZAEHLER PIC 9(5) VALUE 12345 PACKED-DECIMAL.
```

Im Hauptspeicher kann dieser Wert wie folgt gespeichert werden:

HEX | 1 | 2 | 3 | 4 | 5 | F |

Die intern gepackte Form belegt nicht nur einen geringeren Speicherplatz, sondern ermöglicht auch ein schnelleres Rechnen.

Beispiel 5:

```
01  FELD-1.
    05  FELD-A           USAGE PACKED-DECIMAL.
        10  FELD-A1      PIC 9(4)    VALUE ZERO.
        10  FELD-A2      PIC 9(6)    VALUE ZERO.
    05  FELD-B           PIC X       VALUE SPACE.
01  FELD-2               PIC S9(4) PACKED-DECIMAL.
```

Das Entpacken von Dezimalzahlen

Soll ein gepacktes Feld angezeigt bzw. ausgedruckt werden, ist es vor der Ausgabe zu entpacken. Das heißt, die beim Packen entfernten Zonenteile müssen wieder eingefügt werden. Man überträgt deshalb den Feldinhalt in Felder, die implizit oder explizit das Datenformat USAGE IS DISPLAY besitzen. Werden die Werte nicht entpackt, wird lediglich das **dezimale Äquivalent** ausgegeben. Ist ein gepacktes Feld z. B. mit Leerstellen gefüllt, lautet das dezimale Äquivalent

>   bei geraden Dezimalzahlen: 0404040···
>   bei ungeraden Dezimalzahlen: 404040···

Beispiel 6:

```
01  W1-KENN                   PIC 9(7) PACKED-DECIMAL.
...
01  W2-AUSGABE-SATZ.
    05  W2-KENN                                PIC 9(7).
    05  RD-W2-KENN REDEFINES W2-KENN PIC X(7).
...
    IF W1-KENN NUMERIC
       MOVE W1-KENN TO W2-KENN
    ELSE
       MOVE SPACE TO RD-W2-KENN
    END-IF.
...
    DISPLAY W2-AUSGABE-SATZ.
```

6.3.9.6 Vorzeichenverarbeitung unter VS COBOL II

Unter VS COBOL II ist die Vorzeichen-Interpretation von der Compiler-Option **NUMPROC** abhängig.

NUMPROC(PFD):
Der Compiler interpretiert nur die hexadezimalen Ziffern **C**, **D**, **F** als gültige Vorzeichen für entpackte (USAGE IS DISPLAY) und gepackte Felder (USAGE IS COMP-3 bzw. PACKED-DECIMAL). **F** wird als vorzeichenloser Feldinhalt angenommen. NUMPROC(PFD) darf nur

6.3 Datenerklärung

dann verwendet werden, wenn die Vorzeichenkonvention exakt mit dem IBM-Standard übereinstimmt.

NUMPROC(NOPFD):
Alle hexadezimalen Ziffern (**A, B, C, D, E, F**) werden als gültige Vorzeichen interpretiert. Die Option sollte z. B. verwendet werden, wenn externe Unterprogramme in PL/I oder FORTRAN geschrieben sind. NUMPROC(NOPFD) ist die Standardannahme von VS COBOL II und braucht deshalb nicht explizit angegeben werden. Die Option entspricht dem **American National Standard**.

Beachte: Je nach verwendeter Compiler-Option können Vorzeichenbedingungen (IF Feld NUMERIC ...) unterschiedlich ausfallen.

Nachfolgende Tabelle zeigt die optionsabhängige Vorzeicheninterpretation.

hexadezimale Verschlüsselung	Vorzeichen	Compiler-Option (VS COBOL II)
X´C´	+	
X´D´	-	NUMPROC(PFD)
X´F´	vorzeichenlos	
X´A´	+	
X´B´	-	
X´C´	+	
X´D´	-	NUMPROC(NOPFD)
X´E´	+	
X´F´	+	

6.3.9.7 Einfluß des Datenformats auf die Effizienz arithmetischer Operationen

Arithmetische Operationen lassen sich nicht mit Daten durchführen, die im DISPLAY-Format (gezonte Dezimaldarstellung) dem Rechner vorliegen. Diese Daten müssen bei jedem MOVE, bei jedem Vergleich und jeder arithmetischen Operation in die gepackte interne Darstellungsform konvertiert werden. Nach dem Rechenvorgang werden die Ergebnisse wieder in die externe Dezimaldarstellung umgewandelt. **Bei rechenintensiven Operationen kann die Konvertierung ein bedeutender Zeitfaktor sein.** Man bedenke, daß die Konvertierung unter Umständen viel mehr Zeit erfordert als der Rechenvorgang selbst. Um die Effizienz von Rechenoperationen zu erhöhen, sollten die Daten dem Rechner in einem rechenfähigen Format angeboten werden. Welche interne Darstellungsform dazu verwendet wird hängt davon ab, ob mit der Dezimal-, Binär- oder Gleitkomma-Arithmetik gerechnet werden soll. Dem Programmierer stehen dafür die Datenformate **PACKED-DECIMAL** oder **BINARY** zur Verfügung.

Die **Gleitkomma-Darstellung**, die eine Sonderform der binären Darstellung ist, wird in der Regel nur von Groß-Rechenanlagen unterstützt. Sie gestattet die Verarbeitung sehr großer Zahlen mit einfacher oder doppelter Genauigkeit (bei IBM COMP-1 bzw. COMP-2). Bei Mikrocomputern werden Gleitkomma-Operationen oft durch eine spezielle Software simuliert. Die entsprechenden Hardware-Komponenten sind bei diesen Rechnern also nicht vorhanden. Die Effizienz softwaregesteuerter Gleitkomma-Operationen ist allerdings wesentlich geringer als die der hardware-gesteuerten.

Hohe Verarbeitungseffizienz erreicht man, wenn alle an einem Rechen- oder Übertragungsvorgang beteiligten Felder gleiche Strukturmerkmale aufweisen. Diese Strukturmerkmale sind:

- das Datenformat (PACKED-DECIMAL oder BINARY),
- die Feldlänge,
- die Position des Vorzeichens,
- die Anzahl der Stellen nach dem Dezimalpunkt.

Rechenfelder, in denen das Vorzeichen in einem separaten Byte abgelegt ist, können die Effizienz vermindern. Die Angabe der SIGN IS SEPARATE-Klausel sollte deshalb bei Rechenfeldern vermieden werden.

Nachfolgende Tabelle zeigt eine Gegenüberstellung des Effizienzverhaltens von USAGE IS DISPLAY, PACKED-DECIMAL und BINARY.

6.3 Datenerklärung

Datenformat USAGE IS	Erforderliche Speicherstellen	Hinweise
DISPLAY (extern dezimal)	1 Byte für jedes Zeichen	**Anwendung:** • Druckausgaben, • DISPLAY-Ausgaben Speicherung in *Character*-Darstellung. Konvertierung bei allen arithmetischen Operationen. **Geringe Verarbeitungseffizienz bei arithmetischen Operationen.**
PACKED-DECIMAL (intern dezimal)	1 Halbbyte für jedes Zeichen (für das letzte Zeichen wird wegen der Speicherung des Vorzeichens 1 Byte benötigt)	**Anwendung:** Bei numerischen Feldern für rechenintensive Operationen. Konvertierung bei vielen Anlagen nicht erforderlich. **Hohe Verarbeitungseffizienz wird erreicht, wenn die Anzahl der Ziffernpositionen in der PIC-Folge ungerade ist.** Geringer Speicherbedarf.
BINARY (binär)	2 Byte für die Bedingung $0 < N \leq 4$ 4 Byte für $4 < N \leq 9$ 8 Byte für $9 < N \leq 18$ (N = Anzahl der 9er-Stellen in der PIC-Zeichenfolge)	**Anwendung:** Bei numerischen Feldern für rechenintensive Operationen. Konvertierung bei vielen Anlagen nicht erforderlich. **Höhere Verarbeitungseffizienz als bei PACKED-DECIMAL oder DISPLAY.** Ist die Anzahl der 9er-Symbole in der PIC-Folge > 9, nimmt die Effizienz ab. Konvertierungen zwischen BINARY und DISPLAY haben eine geringere Effizienz als zwischen PACKED-DECIMAL und DISPLAY.

6.3.10 VALUE-Klausel

Mit der VALUE-Klausel wird der Anfangswert (Initialwert) eines Datenfeldes festgelegt. Zu Beginn des Programmlaufs wird das Feld mit diesem Wert gefüllt und kann im späteren Verlauf mit anderen variablen Werten überschrieben werden. Unterbleibt das spätere Überschreiben, weil zum Beispiel der entsprechende Eingabewert nicht vorhanden war, kann der Anfangswert auf das Ausgabemedium ausgegeben werden.

Die Übertragung des Anfangswertes in das Datenfeld erfolgt analog den Regeln für den MOVE-Befehl.

Format:

```
        VALUE IS      literal
```

Die VALUE-Klausel darf nur in der WORKING-STORAGE SECTION angegeben werden. In der FILE - oder LINKAGE SECTION ist die Klausel nur für Bedingungsnamen-Eintragungen erlaubt.

Regeln zur VALUE-Klausel:

1. Die VALUE-Klausel darf auf der Gruppenstufe angegeben werden, wenn nicht eine der folgenden Eintragungen gleichzeitig in der Datenerklärung steht:

    - JUSTIFIED RIGHT,
    - SYNCHRONIZED und
    - USAGE (außer USAGE IS DISPLAY).

    Wird die Klausel auf der Gruppenstufe angegeben, dann muß das Literal nichtnumerisch oder eine figurative Konstante sein. Alle untergeordneten Datenelemente werden deshalb als nichtnumerische Datenfelder angesehen (PICTURE-Symbol X).

6.3 Datenerklärung

Eine weitere VALUE-Klausel innerhalb der untergeordneten Gruppe darf *nicht* angegeben werden.

2. Die Angabe der Klausel ist unabhängig von den Klauseln BLANK WHEN ZERO oder JUSTIFIED RIGHT.

3. Die Klausel darf nicht angegeben werden, wenn die Eintragung eine REDEFINES-Klausel enthält bzw. einer solchen untergeordnet ist.

4. Die Klausel darf nicht im Widerspruch zu anderen Klauseln stehen, die in der Datenbeschreibung angegeben sind.

Regeln für die Literal-Angabe:

1. Ist das Feld numerisch definiert, muß auch das Literal numerisch sein.

2. Ist das Feld alphabetisch, alphanumerisch, alphanumerisch aufbereitet oder numerisch aufbereitet definiert, muß das Literal nichtnumerisch sein.

3. Falls die Möglichkeit dazu besteht, kann ein Literal durch eine figurative Konstante ersetzt werden.

4. Besitzt ein numerisches Literal ein Vorzeichen, muß die PICTURE-Zeichenfolge das Symbol S enthalten (Beispiel 6).

5. Druckaufbereitungszeichen der PICTURE-Klausel werden beim initialisieren vom Compiler ignoriert. Da sie jedoch bei der Bestimmung der Feldlänge berücksichtigt werden, sollten sie im Literal enthalten sein.

6. Besitzt ein numerisches Literal weniger Stellen als in der PICTURE-Klausel angegeben, so erfolgt durch den Compiler eine Anpassung an die definierte Feldgröße durch das Hinzufügen von

Nullen. Für die Feldausrichtung gelten die Ausrichtungsregeln (siehe JUSTIFIED-Klausel).

7. Besitzt ein numerisches Literal mehr Stellen als in der PICTURE-Klausel angegeben, erfolgt nur dann ein links- oder rechtsbündiges Abschneiden, wenn diese Stellen Nullen sind. Ansonsten darf die Anzahl der Stellen des Literals die Feldlänge nicht überschreiten.

Beispiel 1:

```
01  FELD-A              VALUE SPACE.
    05 FELD-A1          PIC X(4).
    05 FELD-A2          PIC X(9).
    05 FILLER           PIC X.
    05 FELD-A3          PIC XX.
```

Alle FELD-A untergeordneten Felder erhalten den Anfangswert SPACE.

Beispiel 2:

```
01  FELD-B              VALUE ZERO.
    05 FELD-B1          PIC 9(4).
    05 FELD-B2          PIC 9.
    05 FELD-B3          PIC 9(4)V99.
```

Alle FELD-B untergeordneten Felder erhalten den Anfangswert ZERO.

Beispiel 3:

                                                             Feldinhalt

```
01  WOCHENTAGE          VALUE "123456".
    05 MONTAG           PIC X.          | 1 |
    05 DIENSTAG         PIC X.          | 2 |
    05 MITTWOCH         PIC X.          | 3 |
    05 DONNERST         PIC X.          | 4 |
    05 FREITAG          PIC X.          | 5 |
    05 SAMSTAG          PIC X.          | 6 |
    05 SONNTAG          PIC X.          | 7 |
```

6.3 Datenerklärung

Beispiel 4:

```
77  ELEMENT-1     PIC Z(6)9       VALUE ZERO.
01  KUNDEN-NR     PIC 9(10)       VALUE ZERO.
01  NAME          PIC X(25)       VALUE SPACES.
01  GRUNDWERT     PIC 9(3)V99     VALUE 12345.
01  NUMMER        PIC X(5)        VALUE "12345".
01  HINWEIS-1     PIC X(50)       VALUE
       "PROGRAMMENDE, WENN WEITER; DANN RETURN".
```

Beispiel 5:

```
01  NAME          PIC X(3)        VALUE "IBM".
01  MWST          PIC X(4)        VALUE "14 %".
01  LISTKOPF      PIC X(21)       VALUE
       "LISTE DER FORDERUNGEN".
01  UNTERSTRICH   PIC X(21)       VALUE
       "*********************".
```

Gleiche Zeichen, die sich in der Zeichenkette mehrmals wiederholen, können durch den Zusatz **ALL** vervielfältigt werden. Damit entfällt die lästige Wiederholung der Zeichen, was besonders bei längeren Zeichenketten unpraktisch ist. Das letzte Beispiel ist deshalb gleichbedeutend mit

```
01   UNTERSTRICH PIC X(21)        VALUE ALL "*".
```

Beispiel 6:

	Feldinhalt
77 FELD1 PIC 9(6) VALUE 12.	0 0 0 0 1 2
77 FELD2 PIC 9(4)V99 VALUE 12.	0 0 1 2 0 0
77 FELD3 PIC 9(4)V99 VALUE 000012.	0 0 1 2 0 0

Beispiel 7:

```
01  GRUND-BETRAG  PIC S9(6)V99    VALUE +123456.00.
01  KONSTANTE     PIC S9(6)V99    VALUE -123456.00.
```

Seit dem **ANS-1985** darf die **VALUE**-Klausel auch dann angegeben werden, wenn die Eintragung eine **OCCURS**-Klausel enthält bzw. einer solchen untergeordnet ist. Damit lassen sich Tabellen bzw. die einer Tabelle untergeordneten Felder initialisieren. Sollen jedoch nur einzelne Elementarfelder oder die einer bestimmten Datenkategorie initialisiert werden, ist die **INITIALIZE**-Anweisung zu verwenden.

Beispiel 7:

```
01  TAB-A       VALUE "12345".
    05 TAB-B    PIC X OCCURS 5.
```

Nach dieser Regel enthält z. B. das Element TAB (4) den Wert 4.

IBM-Erweiterung:
Wird die VALUE-Klausel in der FILE - oder LINKAGE SECTION angegeben und ist der Eintrag nicht mit einem Bedingungsnamen verknüpft, betrachtet der Compiler VS COBOL II den Eintrag als Kommentar.

6.3.11 RENAMES-Klausel

Mit der RENAMES-Klausel werden Datenelemente oder Datenstrukturen umbenannt oder zu neuen Strukturen zusammengefaßt.

Format:

```
66 daten-name-1 RENAMES daten-name-2

    [ { THRU     } daten-name-3 ]
      { THROUGH  }
```

Die Klausel darf nur mit der Stufennummer 66 angegeben werden.

6.3 Datenerklärung

66 und *daten-name-1* gehören nicht zur Klausel. Sie dienen im Format nur der besseren Klarheit und Übersichtlichkeit.

Man sollte sich genau den Unterschied zwischen der RENAMES- und der REDEFINES-Klausel verdeutlichen. Die RENAMES-Klausel faßt Datenelemente oder Strukturen zusammen und gibt ihnen neue Namen, während die REDEFINES-Klausel Datenelemente oder Strukturen neu definiert, d.h. neue Strukturen über die alte legt. Der Programmierer kann *alternativ* den urprünglichen oder den mit RENAMES umbenannten Datennamen in seinen Anweisungen benutzen.

daten-name-2 bezeichnet denjenigen Datenbereich, der umbenannt werden soll. Er kann ein Elementarfeld oder eine Gruppe sein.

Der zweite Teil der Klausel (**THRU** *daten-name-3*) wird nur dann angegeben, wenn mehrere hintereinander liegende Einzelfelder oder Gruppen umbenannt werden sollen. In diesem Fall wird *daten-name-1* immer als Datengruppe mit dem Datenformat USAGE IS DISPLAY betrachtet.

Beispiel 1:

```
01   RECORD-1.
     02 TEILSATZ-A.
        05 ELEMENT-1           PIC ...
        05 ELEMENT-2           PIC ...
        05 ELEMENT-3           PIC ...
        05 ELEMENT-4           PIC ...
     02 TEILSATZ-B             PIC ...

66   ELEMENT-5 RENAMES ELEMENT-4.
```

In diesem Beispiel wird ein einzelnes Datenelement (ELEMENT-4) umbenannt. Damit ist es möglich, dieses Element alternativ einmal unter dem Datennamen ELEMENT-4, ein anderes Mal unter den Datennamen ELEMENT-5 anzusprechen. Eine derartige Programmierung kann zum Beispiel beim Gruppenwechsel einer Stapelverarbeitung sinnvoll sein.

Beispiel 2:

```
01  RECORD-1.
    05  TEILSATZ-A.
        10  ELEMENT-1        PIC ...
        10  ELEMENT-2        PIC ...
        10  ELEMENT-3        PIC ...
        10  ELEMENT-4        PIC ...
        10  ELEMENT-5        PIC ...
    05  TEILSATZ-B           PIC ...

66  TEILSATZ-C RENAMES TEILSATZ-A.
```

Beispiel 3:

```
01  RECORD-1.
    05  TEILSATZ-A.
        10  ELEMENT-1        PIC ...
        10  ELEMENT-2        PIC ...
        10  ELEMENT-3        PIC ...
        10  ELEMENT-4        PIC ...
        10  ELEMENT-5        PIC ...

66  ELEMENT-5 RENAMES ELEMENT-2 THRU ELEMENT-5.
```

Regeln zur RENAMES-Klausel:

1. Die Klausel darf nur mit der Stufennummer 66 verwendet werden. Andere Stufennummern sind grundsätzlich *nicht* erlaubt.

2. Die Klausel muß immer am Ende des definierten Datenbereichs angegeben werden.

3. Für einen Datenbereich können mehrere RENAMES-Klauseln angegeben werden. Sie müssen alle der letzten Eintragung für diesen Bereich folgen.

4. Datenelemente mit der Stufennummer **01**, **66**, **77** oder **88** dürfen nicht umbenannt werden.

5. Fehlt der Eintrag **THRU** *daten-name-3*, dann wird *daten-name-1* als Elementarfeld betrachtet, wenn *daten-name-2* ein Elementarfeld ist, bzw. *daten-name-1* wird als Gruppenfeld betrachtet, wenn *daten-name-2* ein Gruppenfeld ist.

6. Wird die Angabe **THRU** *daten-name-3* codiert, dann wird *daten-name-1* als Datengruppe betrachtet.

7. Alle in der Klausel auftretenden Daten-Namen dürfen durch **IN** oder **OF** gekennzeichnet werden. *daten-name-1* darf jedoch nur mit Namen der Stufennummer 01 oder FD gekennzeichnet werden.

8. Der RENAMES-Eintrag darf keine PICTURE-Klausel enthalten.

9. Der Eintrag von *daten-name-2* und *daten-name-3* darf keine OCCURS-Klausel enthalten oder einem Eintrag untergeordnet sein, der die Klausel enthält.

Beispiel 4   (für eine *falsche Angabe* der RENAMES-Klausel):

```
01  RECORD-1.
    05  TEILSATZ-B.
        10  ELEMENT-B1          PIC ...
        10  ELEMENT-B2          PIC ...
        10  ELEMENT-B3 REDEFINES ELEMENT-B2.
            15  ELEMENT-B31     PIC ...
            15  ELEMENT-B32     PIC ...
    05  TEILSATZ-C              PIC ...

66  TEILSATZ-D RENAMES TEILSATZ-B
               THRU ELEMENT-B31.
```

Das Feld TEILSATZ-D kann nicht bestimmt werden, weil der umzubenennende Bereich falsch angegeben wurde. Die THRU-Angabe liegt innerhalb von TEILSATZ-B. Beispiel 5 zeigt eine korrekte Umbennung des letzten Beispiels.

Beispiel 5:

```
01  RECORD-1.
    05  TEILSATZ-B.
        10  ELEMENT-B1            PIC ...
        10  ELEMENT-B2            PIC ...
        10  ELEMENT-B3 REDEFINES ELEMENT-B2.
            15  ELEMENT-B31       PIC ...
            15  ELEMENT-B32       PIC ...
    05  TEILSATZ-C                PIC ...

66  TEILSATZ-D RENAMES ELEMENT-B1
        THRU    ELEMENT-B31.
```

6.3.12 Stufennummer 88 (Bedingungs-Namen)

Die Stufennummer 88 dient nicht der Reservierung von Speicherbereichen, sondern zum Setzen von programm-internen Schaltern. Diese Schalter sind mit Bedingungen verknüpft, die während des Programmlaufs ständig abgefragt werden können. Wird eine Bedingung als "wahr" erkannt, kann zu bestimmten Prozeduren im Programm verzweigt werden. Den Namen, der einer Bedingung zugeordnet ist, nennt man Bedingungs-Namen.

Die Zuordnung von Werten für Bedingungs-Namen läßt sich durch ein besonderes Format der VALUE-Klausel realisieren.

Format:

```
88  bedingungs-name
        { VALUE IS   }  literal-1 [THRU     literal-2]
        { VALUES ARE }

                        [literal-3   THRU   literal-4]] ...
```

Soll dem Bedingungs-Namen nur ein einziger Wert zugeordnet werden, ist *literal-1* anzugeben.

6.3 Datenerklärung

Beispiel 1:

```
01   KUNDEN-SATZ.
     05 SATZ-ART                PIC 99.
        88 ADRESS-SATZ          VALUE 01.
        88 KONTO-SATZ           VALUE 02.
        88 RECHNUNGS-SATZ       VALUE 03.
```

In der PROCEDURE DIVISION könnte die steuernde Abfrage folgendermaßen angegeben werden:

```
EVALUATE SATZ-ART
    WHEN ADRESS-SATZ      ... Anweisungen ...
    WHEN KONTO-SATZ       ... Anweisungen ...
    WHEN RECHUNGS-SATZ    ... Anweisungen ...
    WHEN OTHER PERFORM FEHLER
END-EVALUATE.
...
```

Durch die Angabe *literal-1 THRU literal-2* kann dem Bedingungs-Namen ein ganzer Werte-Bereich zugeordnet werden. Dabei ist es unerheblich, ob dieser Bereich lückenlos benötigt wird oder nur einzelne diskrete Werte abgefragt werden, die in dem Bereich eingestreut sind.

Beispiel 2:

```
02 RECHNUNGS-BETRAG  PIC 9(6)V99.
   88 BETRAG-1    VALUE 1     THRU 999,99.
   88 BETRAG-2    VALUE 1000  THRU 1999,99.
   88 BETRAG-3    VALUE 2000  THRU 2999,99.
   88 BETRAG-4    VALUE 3000  THRU 6999,99.
   88 BETRAG-5    VALUE 7000  THRU 9999,99.
```

Soll zum Beispiel ein Rabattbetrag in Abhängigkeit vom Rechnungsbetrag gewährt werden, kann man abfragen

```
IF BETRAG-1 PERFORM RABATT-1
   ELSE ...
IF BETRAG-2 PERFORM RABATT-2
   ELSE ...
```

Das Format für die 88er Definition läßt auch die kombinierte Angabe von diskreten Werten und Werte-Bereichen zu.

Beispiel 3:

```
01  VARIABLE-1          PIC 999.
    88 STATISTIK-KZ     VALUE 20 THRU 30, 37, 41,
                            56.THRU 99, 150, 160,
                            150 THRU 160,
                            300 THRU 370,
                            400 THRU 470.
                            600 THRU 650.
    ...
    IF STATISTIK-KZ
    THEN ···
    ELSE ···
```

Für Bedingungsnamen gelten folgende Regeln:

1. Die VALUE-Klausel muß in einem Bedingungsnamen-Eintrag angegeben werden. Sie ist die einzige Klausel, die einen derartigen Eintrag zuläßt.

2. Ein Bedingungsnamen-Eintrag ist immer mit einer Bedingungsvariablen verbunden. Die Bedingungsvariable kann auf beliebiger Stufennummer angegeben werden (außer 66 und 88) und darf kein Indexdatenfeld sein (USAGE IS INDEX).

3. Wird *literal-1* **THRU** *literal-2* angegeben, ist der Bedingungsname mit einem Wertebereich verbunden. Es können gleichzeitig mehrere Bereiche und Einzelwerte angegeben werden.

4. Ein angegebenes Literal muß der Datenkategorie entsprechen, die durch die PICTURE-Klausel für die Bedingungsvariable festgelegt wurde.

5. Der Bedingungsname darf auch einer **Datengruppe** zugeordnet werden. In diesem Fall gelten folgende Regeln:

6.3 Datenerklärung

- Der Wert des Bedingungsnamens muß ein nichtnumerisches Literal oder eine figurative Konstante sein;

- Die Länge des Bedingungsnamenwertes darf die Gesamtlänge aller Datenfeldelemente innerhalb der Gruppe nicht überschreiten;

- Kein Element innerhalb der Gruppe darf die JUSTIFIED- oder SYNCHRONIZED-Klausel enthalten;

- Die Elemente innerhalb der Gruppe müssen das Datenformat USAGE IS DISPLAY besitzen.

6. Der Vergleichstest, der durch die Zuordnung eines Bedingungsnamens einer Datengruppe impliziert wird, erfolgt entsprechend den Regeln für den Vergleich nichtnumerischer Operanden, unabhängig von der Art der Datenelemente innerhalb der Gruppe.

IBM-Erweiterung:
Die Elemente innerhalb einer Gruppe dürfen auch andere Datenformate als USAGE IS DISPLAY besitzen. Diese Erweiterung ist jedoch nicht SAA-konform.

Beispiel 4:

```
01   L1-FILE-STATUS.
     05  L1FS.
         10  L1FS1               PIC X    VALUE SPACE.
             88  U1-OK                    VALUE "0".
             88  U1-DATEI-ENDE            VALUE "1".
             88  U1-SCHLUESSEL-FEHLER     VALUE "2".
             88  U1-PERMANENT-FEHLER      VALUE "3".
             88  U1-LOGIC-FEHLER          VALUE "4".
             88  U1-UNDEF-FEHLER          VALUE "9".
         10  L1FS2               PIC X    VALUE SPACE.
```

Seit dem **ANS-1985** darf ein Bedingungsname durch die SET-Anweisung auf den Schalterzustand "wahr" gesetzt werden:

SET *bedingungs-name* **TO TRUE**

Dadurch wird der Wert, der dem Bedingungsnamen durch die VALUE-Klausel zugeordnet ist, in die Bedingungsvariable übertragen (siehe SET-Anweisung Format 4).

Hinweis:

Wurden dem Bedingungsnamen mehrere Werte oder ein Wertebereich zugeordnet, wird in die Bedingungsvariable durch SET ⋯ TO TRUE der erste dieser Werte übertragen.

Beispiel 5:

```
01   L1-TRANSACTION-CODE     PIC X(9).
...
01   L1-RECORD.
     05  L1-AEND-ART         PIC X.
         88 L1-ANLEGEN       VALUE "N".
         88 L1-AENDERN       VALUE "A".
         88 L1-LOESCHEN      VALUE "L".
         88 L1-ANSCHAUEN     VALUE "B".
     05  L1-KEY              PIC X(6).
...
PROCEDURE DIVISION.
    ...
    EVALUATE L1-TRANSACTION-CODE
        WHEN "ANLEGEN"    SET L1-ANLEGEN   TO TRUE
        WHEN "AENDERN"    SET L1-AENDERN   TO TRUE
        WHEN "LOESCHEN"   SET L1-LOESCHEN  TO TRUE
        WHEN "ANSCHAUEN"  SET L1-LOESCHEN  TO TRUE
        WHEN OTHER DISPLAY "FALSCHE EINGABE"
    END-EVALUATE.
```

7 PROCEDURE DIVISION

Die PROCEDURE DIVISION enthält alle notwendigen Anweisungen für die Datenverarbeitung, die Programmsteuerung sowie zusätzliche Sondervereinbarungen für den Fehlerfall (DECLARATIVES). Sie ist die einzige Division, die vom Programmierer entsprechend den Programmanforderungen frei gestaltet werden kann. Seit dem **ANS-1985** ist die PROCEDURE DIVISION wahlfrei. Ein Programm ohne PROCEDURE DIVISION ist jedoch wegen des Fehlens von Anweisungen zu keiner Problemlösung fähig.

Der Aufbau der PROCEDURE DIVISION kann aus drei fundamentalen Steuerstrukturen hergeleitet werden:

- **Sequenz** (Anweisungsfolge),
- **Selektion** (Bedingungs-Auswahl),
- **Iteration** (Schleifenbildung).

Diese Steuerstrukturen sind der programmierbaren Problemlösung entsprechend zu hierarchisch gegliederten Strukturblöcken (Moduln) zusammenzufassen, die das Gesamtprogramm ergeben. Das Gesamtprogramm darf nur einen Eingang (*vom* Betriebssystem) und einen Ausgang (*zum* Betriebssystem) besitzen (siehe Kapitel 12 Grundlagen der strukturierten Programmierung).

Die PROCEDURE DIVISION besitzt ein bestimmtes Format. Dieses Format beinhaltet die DECLARATIVES und die USING-Klausel. Die DECLARATIVES sind codierte Sondervereinbarungen, die in Kraft treten, wenn während der Ausführung des Programms bestimmte Fehlerbedingungen vorhanden sind (siehe DECLARATIVES). Die USING-Klausel ist nur in externen Unterprogrammen zu verwenden, die von einem Hauptprogramm aus durch die CALL-Anweisung aufgerufen werden. Durch die USING-Klausel können Daten des Hauptprogramms im Unterprogramm mitbenutzt werden (siehe USING-Klausel).

Paragraphen

In der PROCEDURE DIVISION versteht man unter einem Paragraphen die Zusammenfassung eines oder mehrerer COBOL-Sätze, in denen Anweisungen für das Programm enthalten sind. Jeder Paragraph ist gekennzeichnet durch einen Paragraphennamen, der vom Programmierer unter Beachtung der Bildungsregeln frei gewählt werden kann.

Aus einem **Paragraphennamen** sollte die Funktion des Paragraphen und die Hierarchiestufe des Moduls, in welchem er sich befindet, hervorgehen. Der eigentliche Paragraphenname wird deshalb durch Präfixe und Suffixe eindeutig gekennzeichnet. Gehört der Paragraph zum Modul auf der höchsten Hierarchiestufe (Haupt-Modul), erhält er den Buchstaben **A**. Gehört er zum Modul auf der zweiten Hierarchiestufe (Entscheidungslogik) erhält er den Buchstaben **B** usw. Da der Verarbeitungsteil eines Programms oft aus mehreren Moduln der gleichen Hierarchiestufe besteht (z. B. bei der Einzelverarbeitung), können laufende Dateinummern und Gruppenbegriffs-Bezeichnungen angehängt werden. Ein Präfix sollte immer mit einer drei- oder vierstelligen Ziffernfolge abgeschlossen werden, die in Zehner- oder Hunderter-Schritten angegeben wird. Dadurch wird nicht nur das Auffinden eines Paragraphen erleichtert, sondern neue Paragraphen können sowohl in der Entwurfsphase als auch bei späteren Programmänderungen problemlos eingefügt werden.

Der Paragraphenname muß im **Bereich A** (Spalte 8 bis 11) der COBOL-Zeile beginnen und aus einer zusammenhängenden Zeichenkette bestehen. Darüber hinaus gelten für den Paragraphennamen folgende Bildungsregeln:

1. Der Paragraphenname darf maximal 30 Zeichen lang sein und nur die folgenden Zeichen enthalten:

    - Großbuchstaben   A-Z,
    - Kleinbuchstabeen   a-z,
    - Ziffern   0-9,
    - Bindestrich   "-".

Die Kleinbuchstaben sind seit dem **ANS-1985** zugelassen. Sie werden genauso wie Großbuchstaben behandelt.

2. Gemäß **SAA**-Standard muß jeder Paragraphenname mindestens einen Buchstaben enthalten, ansonsten darf er mit einer Ziffer beginnen oder nur aus Ziffern bestehen.

3. Der Bindestrich "-" darf nicht an erster oder letzter Stelle des Paragraphennamens stehen.

4. Paragraphennamen innerhalb einer SECTION der PROCEDURE DIVISION müssen eindeutig sein. Paragraphennamen, die jedoch unterschiedlichen SECTIONs angehören, können gleich sein. In diesem Fall müssen die Paragraphennamen jedoch durch **IN** oder **OF** gekennzeichnet werden.

Ein gekennzeichneter Paragraphenname besitzt das folgende Format:

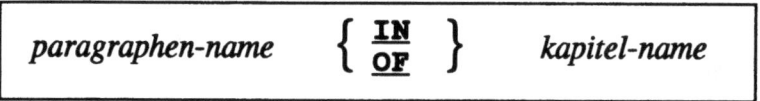

5. Bis zum ANS-1974 durften reservierte COBOL-Wörter (z. B. MOVE, ACCEPT, ADD usw.) nicht als Paragraphennamen verwendet werden. Diese Restriktion ist mit dem **ANS-1985** weggefallen, denn der Compiler kann aus dem logischen Zusammenhang heraus erkennen, ob es sich um einen Paragraphennamen oder eine Anweisung handelt.

6. Der Paragraphenname muß mit einem Punkt enden.

7. In der gleichen Zeile, in der ein Paragraphenname steht, dürfen COBOL-Sätze mit Anweisungen codiert werden. Zwischen dem mit einem Punkt abgeschlossenen Paragraphennamen und dem ersten COBOL-Satz muß jedoch mindestens eine Leerstelle vorhanden sein.

Das Ende eines Paragraphen liegt vor, wenn ein neuer Paragraph oder eine neue SECTION beginnt oder das Quellprogramm physisch beendet ist.

COBOL-Sätze mit Anweisungen müssen im **Bereich B** der Codierzeile stehen.

Kapitel (SECTIONs)

Bei größeren Programmen kann es von Nutzen sein, wenn Paragraphen zu übergeordneten Kapiteln (SECTIONs) zusammengefaßt werden. In der Praxis hat es sich bewährt, wenn bei PERFORM-Aufrufen jedes Modul gleichzeitig zu einer SECTION zusammengefaßt ist. Dadurch entfallen auch weitgehenst die **THRU**-Angaben.

Die Überschrift eines Kapitels setzt sich zusammen aus dem Kapitelnamen und dem Zusatz SECTION.

Format der Kapitelüberschrift:

```
[ kapitel-name   SECTION.]
```

Der Kapitelname ist ein Programmiererwort und gehorcht in der PROCEDURE DIVISION den gleichen Regeln wie der Paragraphenname.

Für ein Kapitel gelten die folgenden Regeln:

1. Der Kapitelname muß wie der Paragraphenname im **Bereich A** (Spalte 8 bis 11) der COBOL-Zeile beginnen.

2. Zwischen dem Kapitelnamen und dem Zusatz SECTION muß mindestens eine Leerstelle vorhanden sein. Der gesamte Prozedurname (Kapitelüberschrift) endet mit einem Punkt.

3. In der SECTION-Zeile darf außer einer Prioritätsnummer keine andere Eintragung stehen. Die Prioritätsnummer ist Teil der SEGMENT-LIMIT-Klausel, die zur Löschung im nächsten COBOL-Standard vorgesehen ist (siehe SEGMENT-LIMIT-Klausel).

4. Werden Paragraphen zu SECTIONs zusammengefaßt, muß die gesamte PROCEDURE DIVISION in SECTIONs unterteilt sein. Das heißt, es ist nicht zulässig, nur einen Teil der Paragraphen zu einer oder mehreren SECTIONs zusammenzufassen. Daraus ergibt sich die Forderung, daß unmittelbar nach der Zeile "PROCEDURE DIVISION." eine SECTION beginnen muß.

5. Nach einer SECTION-Zeile folgt unmittelbar ein Paragraph. Die Angabe eines Paragraphennamens ist zwar nicht zwingend erforderlich, eine Ansteuerung (z. B. mit PERFORM) ist dann jedoch nur über die gesamte SECTION möglich.

6. Das Ende einer SECTION liegt vor, wenn eine neue SECTION beginnt, oder das Quellprogramm physisch beendet ist.

Ein Quellprogramm gewinnt an Klarheit, wenn merkfähige Kapitelnamen verwendet werden, die eine Bezugnahme zu den jeweiligen Programmabschnitten gestatten.

7.1 Die Struktur der PROCEDURE DIVISION

Obwohl der Programmierer die PROCEDURE DIVISION den Erfordernissen entsprechend frei gestalten kann, ist es unumgänglich, ihr eine Struktur zu geben, die das Programm übersichtlich und wartungsfreundlich macht. Die Ablaufsteuerung eines Programms wird im wesentlichen durch die vier folgenden Grundfunktionen bestimmt:
- **Wiederholung (Iteration),**
- **Entscheidungssteuerung (Selektion),**
- **Einzelverarbeitung,**
- **Unterstützungsoperationen.**

Damit läßt sich für jedes COBOL-Programm eine einheitliche Struktur herleiten. G. Rogers beschreibt bereits 1983 in der IBM-Zeitschrift "Systems Journal" eine einfache Programmarchitektur, die auf dieser vierstufigen Hierarchie beruht und für die meisten kommerziellen Programme geeignet ist. Das Prinzip dieser Architektur ist nachfolgender Abbildung zu entnehmen.

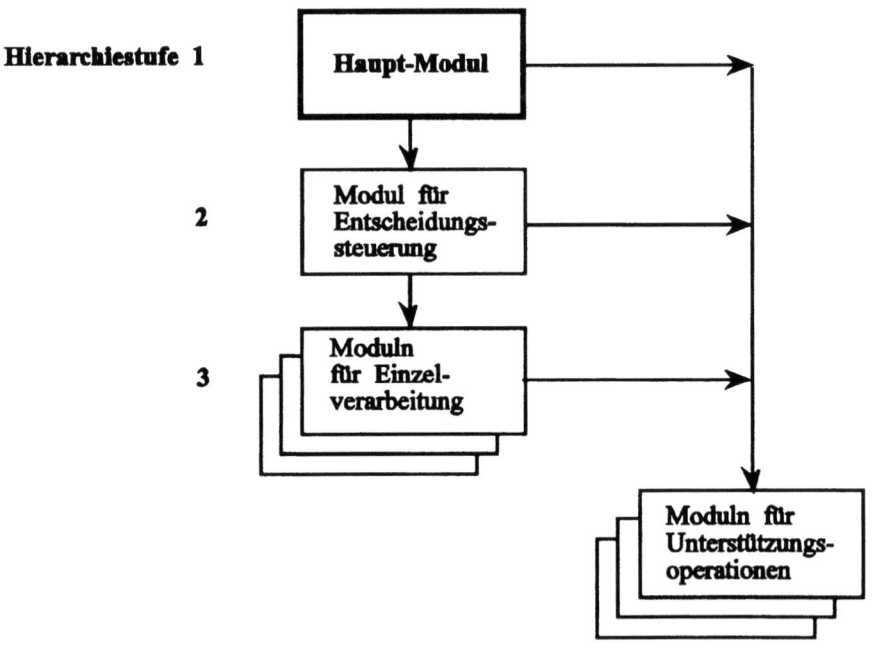

7.1 Die Struktur der PROCEDURE DIVISION

Anmerkung: Die Abbildung wurde entlehnt aus G. Rogers, COBOL-Handbuch, Oldenbourg Verlag, München/Wien, 1990

Die vier Grundfunktionen werden in hierarchisch gegliederten Moduln untergebracht, die nach den Regeln der strukturierten Programmierung erstellt werden (siehe Kapitel 12 Grundlagen der strukturierten Programmierung). Nachfolgend werden die wichtigsten Moduln kurz beschrieben.

Haupt-Modul

Dieser Modul repräsentiert die oberste Hierarchiestufe in der Programm-Struktur. in ihm ist die **Logik für die Hauptsteuerung** untergebracht, die im wesentlichen aus der Programmschleife für die Hauptverarbeitung besteht. Bei weniger umfangreichen Programmen können hier auch die Anweisungen für den **Vorlauf** und **Nachlauf** untergebracht werden. Zum Vorlauf gehört z. B. das Öffnen aller Dateien und das einleitende Vorlesen. Im Nachlauf werden alle Dateien geschlossen. Wird für alle E-/A-Operationen der FILE STATUS abgeprüft, was hier vorausgesetzt wird, sollte sowohl der Vor- als auch der Nachlauf in separaten Moduln untergebracht werden. Dadurch bleibt der Haupt-Modul übersichtlich und die wichtigsten Steuerfunktionen sind auf einem Blick erkennbar.

Der Haupt-Modul enthält in der Regel nur **CALL-** oder **PERFORM-**Aufrufe für die Entscheidungssteuerung und die Unterstützungsoperationen sowie die Anweisung zur Beendigung des Programmlaufs **STOP RUN**.

Beispiel:

```
A000-HAUPTSTEUERUNG SECTION.
A010-HAUPTST-ANFANG.
    PERFORM B000-OEFFNEN
    PERFORM C000-INITIALISIEREN
    PERFORM D000-AUSWAHL
    PERFORM E000-VERARBEITEN
        UNTIL DATEN-ENDE
```

```
    PERFORM G000-PROTOKOLL.
    PERFORM H000-ENDE.
    STOP RUN.
A999-HAUPTST-ENDE.
    EXIT.
```

Nach den Regeln der strukturierten Programmierung darf ein Modul immer nur einen Eingang und einen Ausgang besitzen. Da auch das Gesamtprogramm als globales Modul aufzufassen ist, darf **STOP RUN**, welches den Ausgang zum Betriebssystem kennzeichnet, nur einmal vorhanden sein. Bei einem **abnormalen Programmende** ist es jedoch sinnvoll, die Steuerung sofort dem Betriebssystem zu übergeben ohne die nachfolgenden PERFORM- oder CALL-Aufrufe abzuarbeiten. Erreicht werden kann das, indem erstmalig diejenige PERFORM-Anweisung mit einem Endpunkt abgeschlossen wird, hinter welcher sich der Aufruf des Moduls zum Schließen aller Dateien befindet. Im letzten Beispiel ist das hinter PERFORM G000-PROTOKOLL. Wird also beim Lesen ein FILE STATUS ungleich "00" bzw "10" festgestellt, ist der Aufsetzpunkt nach dem Rückverzweigen die Anweisung PERFORM H000-ENDE, der unmittelbar STOP RUN folgt. Es besteht jedoch auch die Möglichkeit, die Anweisungsfolge der HAUPTSTEUERUNG SECTION als **Inline-PERFORM** anzugeben, die mit END-PERFORM abzuschließen ist.

In einigen Systemumgebungen darf statt STOP RUN auch ein Rückkehr-Code (RETURN CODE) aktiviert werden, der den Programmabbruch bewirkt und die Steuerung dem System übergibt.

Moduln für die Entscheidungssteuerung

Der Modul für die Entscheidungssteuerung repräsentiert die 2. Hierarchiestufe und ist dem Haupt-Modul unmittelbar untergeordnet. Er kann im Programm immer nur einmal vorkommen. Der Modul enthält die charakteristische Entscheidungslogik für das Programm, wie sie zum Beispiel für folgende Funktionen benötigt wird:

7.1 Die Struktur der PROCEDURE DIVISION

- Gruppenwechsel,
- Abgleichung von Reihen,
- Dialog-Steuerung.

An dieser Stelle soll nur auf den **Gruppenwechsel** kurz eingegangen werden.

Ein Gruppenwechsel basiert auf der Änderung eines Ordnungsbegriffs in einem Schlüsselfeld. Der Ordnungsbegriff kann sich aus mehreren Teilbegriffen zusammensetzen, die zwar als logisches Ganzes zu verstehen sind, sich jedoch oft in nicht zusammenhängenden Einzelfeldern eines Satzes befinden. Es wird deshalb in vielen Fällen sinnvoll sein, diese Teilbegriffe nach jedem Lesevorgang in ein physisch zusammenhängendes Arbeitsfeld zu übertragen.

Ordnungsbegriff			
Unterschlüssel-n	Unterschlüssel-3	Unterschlüssel-2	Unterschlüssel-1

Ändert sich der Ordnungsbegriff auf der niedersten Ebene, bezeichnet man ihn als "**Gruppenwechsel 1**". Ändert er sich auf der nächsthöheren Ebene als "**Gruppenwechsel 2**" usw. Auf jeder Gruppenebene findet die Verarbeitung von der niedrigsten bis zur jeweils höchsten Ebene statt. Als höchste Gruppenebene ist immer die Gesamtheit aller zu verarbeitenden Sätze anzusehen. Ist das Datenende aller Dateien erreicht, kann das als ein Gruppenwechsel auf allen Ebenen interpretiert werden.

Grundbedingung für eine Gruppenwechsel-Verarbeitung ist, daß die Sätze in Schlüsselfolge vorliegen.

Moduln für die Einzelverarbeitung

Auf der dritten Hierarchiestufe befinden sich alle Moduln, welche die speziell programmierte Einzelverarbeitung beinhalten. Sie werden direkt vom Modul mit der Entscheidungslogik gesteuert. Je nach der speziellen Verarbeitungslogik können diese Moduln sehr umfangreich sein. In der Praxis wird man deshalb die Anweisungen für bestimmte

Teilaufgaben, z. B. für jede Gruppenstufe, in separaten Moduln unterbringen.

Moduln für Unterstützungsoperationen
Unterstützungsoperationen werden auch als Dienstleistungsfunktionen bezeichnet, weil sie von allen anderen Moduln auf jeder Hierarchiestufe aufgerufen werden können. Klassische Unterstützungsfunktionen sind zum Beispiel:

- Moduln für E-/A-Operationen,
- Druck-Routinen für Listen,
- sequentielles Lesen,
- Laden von Tabellen,
- Manipulation von Feldern usw.

Ein Modul sollte immer nur eine *einzige* spezielle Programmfunktion beinhalten und zu anderen Moduln eine geringe **Kopplung** aufweisen. Ideal ist eine Kopplung anzusehen, wenn ein Modul völlig unabhängig von anderen Moduln ist. Dadurch kann er bei Programmänderungen problemlos ausgetauscht werden, ohne die Arbeitsweise anderer Moduln zu beeinflussen. Um dieser Unabhängigkeit nahe zu kommen vertreten einige Autoren die Ansicht, daß grundsätzlich jedes Modul als getrennt übersetztes Unterprogramm fungieren sollte. Der Verfasser ist jedoch der Meinung, daß dadurch bei sehr komplexen Programmen, die aus vielen Moduln bestehen, die Klarheit und Übersichtlichkeit des Gesamtprogramms als Zielsetzung der strukturierten Programmierung abnimmt.

Welche Moduln ausgelagert werden sollen, muß im Einzelfall entschieden werden. In jedem Fall sollten es Moduln mit Funktionen sein, die auch von anderen Programmen mitbenutzt werden können. Das sind z. B. standardisierte Lese-Routinen für große Bestandsdateien mit genau definierten Übergabebereichen, Druck-Routinen oder Routinen zum Einlesen standardisierter Vorlauf-Funktionen.

7.1.1 Der selbstdefinierte Datei-Status

Der selbstdefinierte Datei-Status, der nicht mit dem FILE STATUS verwechselt werden darf, ist ein Hilfsmittel für die interne Ablaufsteuerung des Programms. **Er soll in jeder Ablaufphase über den Zustand einer Datei Auskunft geben können.** Der Status wird in der Regel bei Eingabedateien als einstelliger Code nach jeder **OPEN**-, **READ**- und **CLOSE**-Anweisung in ein Indikatorfeld übertragen. Das Indikatorfeld kann dann zur Ablaufsteuerung, z. B. über eine Bedingungsnamen-Eintragung, als Mehrwerte-Schalter abgefragt werden.

Das **Indikatorfeld** wird in der Programmier-Praxis oft mit **LnS** bezeichnet, wobei "n" für die laufende Dateinummer steht.

Das Indikatorfeld kann folgenden Inhalt haben:

LnS = 0   Datei nicht geöffnet oder optional nicht vorhanden;
    = 1   Datei geöffnet (lesebereit);
    = 2   Datei abgearbeitet (Dateiende erreicht);
    = 3   Datei leer.

Der selbstdefinierte Dateistatus kann sowohl für Ein- als auch Ausgabedateien verwendet werden, wobei die Informationen für das Indikatorfeld auch über **Vorlaufkarten-Parameter** - z. B. bei Optional-Dateien - zur Verfügung gestellt werden können.

Ist bei der Verarbeitung der Daten ein Gruppenwechsel vorgesehen, kann der Dateistatus mit zur **Gruppensteuerung** herangezogen werden. In diesem Fall wird man das Indikatorfeld als Teil des Gruppenbegriffs (Ordnungsbegriff) definieren. Dadurch wird das Ende *aller* Eingabedaten im Indikatorfeld angezeigt und ein Gruppenwechsel mit allen weiteren Maßnahmen ausgelöst.

Ein dreistufiger Gruppenbegriff kann als Arbeitsfeld wie folgt definiert werden:

```
01  L1-GRUPPEN-BEGRIFF.
    05  L1-STATUS              PIC X VALUE "0".
    05  L1M-GRUPPE.
        10  L1-HAUPT-GRUPPE    PIC 99.
        10  L1-UEBER-GRUPPE    PIC 99.
        10  L1-UNTER-GRUPPE    PIC 99.
    05  L1-DATEI-NR            PIC 9 VALUE 1.
```

Der gesamte Ordnungsbegriff setzt sich aus dem Feld für den selbstdefinierten Datei-Status **L1-STATUS**, dem reinen Gruppenbegriff **L1M-GRUPPE** und einem zusätzlichen Feld für die Datei-Nummer **L1-DATEI-NR** zusammen. Der Gruppenbegriff L1M-GRUPPE kann aus mehreren hierarchisch gegliederten Teil-Gruppenbegriffen bestehen, die sich an beliebiger Stelle des Eingabesatzes befinden können und nach dem Lesen eines Satzes in das Gruppenbegriffsfeld zu übertragen sind.

Das Indikatorfeld für den Datei-Status wird nach erfolgreichem Öffnen der Datei auf den Wert "1" gesetzt. Kann die Datei nicht geöffnet werden (FILE STATUS ungleich "00") oder ist das Dateiende (EOF) erreicht (FILE STATUS = 10), erhält es den Wert "2".

Zur **Kontrolle des Gruppenwechsels** werden neben den dateibezogenen Gruppenbegriffsfeldern zwei dateineutrale Felder benötigt (**L-NEU** und **L-ALT**). In das Feld L-NEU wird der gesamte Gruppenbegriff des gerade (neu) eingelesenen Satzes übertragen und in das Feld L-ALT der Gruppenbegriff des zuvor (alt) gelesenen Satzes.

MOVE L1-GRUPPEN-BEGRIFF TO L-NEU.

Der physische Aufbau beider Felder ist mit dem Feld des dateibezogenen Gruppenbegriffs identisch. Die Verarbeitung der Sätze auf der obersten Gruppenstufe findet solange statt, bis Eingabedaten vorhanden sind

PERFORM *Verarbeitung* **UNTIL L1-STATUS > "1".**

Ein Gruppenwechsel bei der Einzelverarbeitung findet immer dann statt, wenn die Schleifen-Bedingung **L-NEU > L-ALT** erfüllt ist.

7.2 Datenübertragungen

Eine Datenübertragung soll hier definiert werden als das Kopieren von Daten aus einem Sendefeld in ein Empfangsfeld, wobei bestimmte Datenumwandlungen gleichzeitig vorgenommen werden können.

Datenübertragungen lassen sich durch eine Reihe von Anweisungen realisieren.

7.2.1 ACCEPT-Anweisung

Die ACCEPT-Anweisung dient zur Eingabe geringer Datenmengen über die Bildschirm-Tastatur, wie z. B. einzelner Parameter oder kleinerer Texte. Für derart geringe Datenmengen wäre es ein unverhältnismäßig hoher Aufwand, eine eigene Datei in der FILE SECTION zu beschreiben und die erforderlichen Anweisungen in der PROCEDURE DIVISION zu codieren. Ursprünglich diente die ACCEPT-Anweisung zur Kommunikation zwischen dem Bediener an der Console und dem Programm. Auf diese Weise war es möglich, in Ausnahmesituationen auf bestimmte Programmnachrichten hin die nötigen Bediener-Eingriffe vorzunehmen.

In ANSI-Standard gibt es für die ACCEPT-Anweisung zwei unterschiedliche Formate. Während Format 1 der Übertragung von Daten dient, können mit Format 2 Systeminformationen abgerufen werden.

7.2.1.1 Übertragung von Daten

Format 1 der ACCEPT-Anweisung ist ein wesentliches Element der Dialogführung. Der Einsatz der Anweisung erstreckt sich vor allem auf

- den Abruf von Daten aus Dialog-Programmen (siehe Dialog-orientierte Programmierung);

- dem Dialog zwischen Bediener und Programm in Ausnahmesituationen. Voraussetzung dafür ist jedoch, daß der Bediener durch die Ausgabe gezielter Hinweise die erforderlichen Antworten eingeben kann;

- das Einlesen von Vorlaufkarten bei Batch-Programmen durch die JOB-Control-Steuerung.

Format 1   (Übertragung von Daten):

```
ACCEPT daten-name [ FROM { merkname
                           Funktions-name } ]
```

daten-name bezeichnet ein Datenfeld fester Länge, in welches die Daten übertragen werden sollen (Empfangsfeld). Es darf als Gruppen- oder Elementarfeld mit den Datenkategorien **alphabetisch, alphanumerisch, alphanumerisch aufbereitet, numerisch aufbereitet** oder **extern-dezimal** definiert werden. Vom Compiler wird *daten-name* wie ein alphanumerisches Feld behandelt.

Ist das Empfangsfeld kleiner definiert als Zeichen in der Eingabeeinheit angegeben, werden die rechts liegenden überschießenden Zeichen abgeschnitten. Ist das Empfangsfeld größer definiert, werden die restlichen, nicht gefüllten Stellen mit Blanks belegt.

Die Ausrichtung der Daten im Empfangsfeld erfolgt in ANS-COBOL linksbündig. Eine Prüfung oder Aufbereitung der Daten findet nicht statt.

Wird die wahlfreie FROM-Angabe weggelassen, wird als Datenquelle die vom Hersteller angegebene Systemeingabeeinheit angenommen. SAA unterstützt die IBM-Funktionsnamen SYSIN und CONSOLE.

Beispiel 1:

In einem Batch-Programm unter MVS soll der Datenwert 12345 in das Feld EMPFANGS-FELD übertragen werden.

```
WORKING-STORAGE SECTION.
77   EMPFANGS-FELD            PIC 9(5).
...

IDENTIFICATION DIVISION.
...
   ACCEPT EMPFANGS-FELD.
```

In der JCL kann in der DD-Anweisung der Datenwert unter der Systemeingabeeinheit SYSIN angegeben werden:

```
//SYSIN     DD   *
12345
```

FROM-Angabe

Wird die wahlfreie FROM-Angabe verwendet, muß der angegebene Merkname im Paragraphen SPECIAL-NAMES mit einem Eingabegerät bzw. einer systemlogischen Eingabeeinheit verbunden werden (siehe Funktions-Name-1 IS Merk-Name-Klausel). Welche Systemeingabeeinheiten verwendet werden dürfen, ist dem jeweiligen Compiler-Handbuch zu entnehmen.

Beispiel 2:

In der IBM-Anwendung kann für Beispiel 1 angegeben werden

```
SPECIAL-NAMES.
    SYSIN IS EINGABE.
...

WORKING-STORAGE SECTION.
77   EMPFANGS-FELD            PIC 9(5).
...
```

PROCEDURE DIVISION.
...
ACCEPT EMPFANGS-FELD FROM EINGABE.

Unter **MVS** ist in der JCL der Merkname in der DD-Anweisung anzugeben:

```
//EINGABE    DD   *
12345
```

Unter Berücksichtigung der angegebenen IBM-Erweiterung darf in der FROM-Angabe auch eine **Systemeingabeeinheit** stehen. Die modifizierte ACCEPT-Anweisung des Beispiels 2 lautet dann

ACCEPT EMPFANGS-FELD FROM SYSIN.

In der JCL ist demzufolge ebenfalls einzustellen:

```
//SYSIN      DD   *
12345
```

Für den IBM-Funktionsnamen **SYSIN** gelten unter **VS COBOL II** die folgenden Regeln:

1. **Für Release 3.0** wird die zu übertragende Satzlänge standardmäßig mit 80 Zeichen angenommen. Das gilt auch dann, wenn die angegebene Satzlänge größer als 80 Zeichen ist.

2. **Ab Release 3.1** können Sätze bis zu 256 Zeichen übertragen werden. Allerdings ist in diesem Fall die Satzlänge durch den DCB-Parameter in der JCL anzugeben.

Beispiel:

```
//SYSIN      DD   *,DCB=(LRECL=133)
```
Daten

7.2 Datenübertragungen

3. SYSIN darf auch einen geblockten Satz enthalten. Die Blockung ist auch in diesem Fall in der JCL durch den DCB-Parameter anzugeben.

   Beispiel:

   ```
   //SYSIN     DD  *,DCB=(RECFM=FB,LRECL=80,
   //                     BLKSIZE=800)
   Daten
   ```

4. Die Übertragung aus SYSIN wird solange fortgesetzt, bis das Empfangsfeld gefüllt oder EOF erreicht ist. Ist das Empfangsfeld kleiner als Zeichen in der Systemeingabeeinheit vorhanden sind, werden die nicht aufnehmbaren Zeichen abgeschnitten. Ist das Empfangsfeld kein ganzzahliges Vielfaches von 80 Zeichen (n∗80, n=1, 2, 3, ...), wird der nicht aufnehmbare Rest des Eingabesatzes abgeschnitten.

Wird als Systemeingabeeinheit CONSOLE angegeben, darf die maximale Satzlänge betragen:

   bei **IBM**   114 Zeichen,
   bei **Siemens**   72 Zeichen.

Der Bediener erhält immer dann einen Hinweis, wenn das Empfangsfeld über die CONSOLE nicht vollständig gefüllt wurde. In der IBM-Anwendung ist es die Nachricht **AWAITING REPLAY**, die den Bediener zur Eingabe weiterer Daten auffordert.

Einlesen mehrerer Datensätze

Sollen mehrere Sätze aus der Eingabeeinheit eingelesen werden, kann man die ACCEPT-Anweisung in eine **Programmschleife** einsetzen. Dazu muß allerdings das Ende der Sätze gekennzeichnet sein. Die ACCEPT-Anweisung wird in diesem Fall solange ausgeführt, bis das **Ende-Kennzeichen** erreicht ist.

Beispiel 3:

```
WORKING-STORAGE SECTION.
77   EMPFANGS-FELD            PIC X(20).
...

PROCEDURE DIVISION.
...
    PERFORM WITH TEST AFTER
        UNTIL EMPFANGS-FELD = "ENDE"
        ACCEPT EMPFANGS-FELD FROM SYSIN
        IF EMPFANGS-FELD NOT = "ENDE"
            PERFORM VERARBEITUNG
        ELSE
            CONTINUE
    END-PERFORM.
```

Wird SYSIN in der IBM-Anwendung als Systemeingabeeinheit angenommen, können unter **MVS** in der JCL die Eingabesätze angegeben werden. Als Schlußsatz steht das Endekennzeichen ENDE.

```
//SYSIN     DD   *
```
1. Eingabe-Satz
2. Eingabe-Satz
3. Eingabe-Satz
...
ENDE

7.2.1.2 Übertragung von Systeminformationen

Format 2 der ACCEPT-Anweisung dient zur Übertragung der in den Sonderregistern **DATE, DAY, DAY-OF-WEEK** und **TIME** enthaltenen Informationen in das Feld *daten-name* (siehe Sonderregister). Werden diese Informationen während der Ausführung des Programms benötigt, um z. B. das Datum oder die Uhrzeit in bestimmte Ausgabedaten einzufügen, können sie durch dieses Format der ACCEPT-Anweisung aus der Hardware entnommen werden.

7.2 Datenübertragungen

Format 2 (Übertragung von Systeminformationen):

```
ACCEPT daten-name FROM  { DATE       }
                        { DAY        }
                        { DAY-OF-WEEK}
                        { TIME       }
```

daten-name darf als Gruppen- oder Elementarfeld definiert werden. Für die Übertragung gelten die Regeln der MOVE-Anweisung ohne die CORRESPONDING-Angabe.

DATE

Mit der DATE-Angabe wird das Tagesdatum in der Form **JJMMTT** in das Empfangsfeld übertragen. Dabei bedeutet

- **JJ** = die letzten beiden Stellen der Jahreszahl,
- **MM** = der aktuelle Monat,
- **TT** = der aktuelle Tag.

DATE beinhaltet das implizite PICTURE-Format PIC 9(6).

Beispiel 1:

Ist das aktuelle Tagesdatum der 25.08.92, dann wird durch die ACCEPT-Anweisung folgender Wert im Empfangsfeld abgespeichert:

```
WORKING-STORAGE SECTION.
01  DATUM                   PIC 9(6).

PROCEDURE DIVISION.
...
    ACCEPT DATUM FROM DATE.
```

Inhalt des Empfangsfeldes DATUM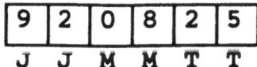

DAY

Mit der DAY-Angabe wird der laufende Tag des Jahres in der Form **TTTJJ** in das Empfangsfeld übertragen. Dabei bedeutet

    TTT = der aktuelle Tag innerhalb des Jahres,
    JJ = die letzten beiden Stellen der Jahreszahl.

DAY beinhaltet das implizite PICTURE-Format PIC 9(5).

Beispiel 2:

Ist das Tagesdatum der 31.12.92, dann wird durch die ACCEPT-Anweisung folgender Wert im Empfangsfeld abgespeichert:

```
WORKING-STORAGE SECTION.
01  TAG                     PIC 9(5).

PROCEDURE DIVISION.
...
    ACCEPT TAG FROM DAY.
```

Inhalt des Empfangsfeldes TAG

3	6	5	9	2
T	T	T	J	J

DAY-OF-WEEK

DAY-OF-WEEK wurde mit **ANS-1985** eingeführt. Mit dieser Angabe wird der aktuelle Wochentag einstellig in der Form T in das Empfangsfeld übertragen. **DAY-OF-WEEK ist nicht SAA-konform.**

T steht für den Wochentag, der wie folgt verschlüsselt ist:

    Montag = **1**   Freitag = **5**
    Dienstag = **2**   Samstag = **6**
    Mittwoch = **3**   Sonntag = **7**
    Donnerstag = **4**

Die Angabe beinhaltet das implizite PICTURE-Format PIC 9.

7.2 Datenübertragungen

Beispiel 3:

```
WORKING-STORAGE SECTION.
01   WOCHENTAG              PIC 9.

PROCEDURE DIVISION.
...
     ACCEPT WOCHENTAG FROM DAY-OF-WEEK.
```

Wird der Wochentag mit Donnerstag angenommen, ist der Inhalt des Empfangsfeldes "4".

TIME

Mit der TIME-Angabe wird die Uhrzeit in der Form **HHMMSShh** in das Empfangsfeld übertragen. Dabei bedeutet

- **HH** = die aktuelle Stunde des Tages,
- **MM** = die aktuelle Minute der Stunde,
- **SS** = die aktuelle Sekunde der Minute,
- **hh** = das Hundertstel der aktuellen Sekunde.

TIME beinhaltet das implizite PICTURE-Format PIC 9(8).

Beispiel 4:

Beträgt die aktuelle Uhrzeit 08:20:25:36, dann wird durch die ACCEPT-Anweisung folgender Wert im Empfangsfeld abgespeichert:

```
WORKING-STORAGE SECTION.
01   UHRZEIT                PIC 9(8).

PROCEDURE DIVISION.
...
     ACCEPT UHRZEIT FROM TIME.
```

Inhalt des Empfangsfeldes Uhrzeit

0	8	2	0	2	5	3	6
H	H	M	M	S	S	h	h

7.2.2 DISPLAY-Anweisung

Die DISPLAY-Anweisung dient zur Ausgabe geringer Datenmengen über den Bildschirm, für die eine eigene Dateibeschreibung in der FILE SECTION und die erforderlichen Anweisungen in der PROCEDURE DIVISION (z. B. OPEN, CLOSE) unwirtschaftlich wäre.

Die DISPLAY-Anweisung ist das Gegenstück zur ACCEPT-Anweisung. Auch sie ist ein wichtiges Element der **Dialogführung**, die ursprünglich dazu diente, dem Bediener an der Console gezielte Hinweise zu geben, um bestimmte Eingriffe vorzunehmen (z. B. Magnetbänder wechseln oder Verarbeitungsfehler anzuzeigen).

Format:

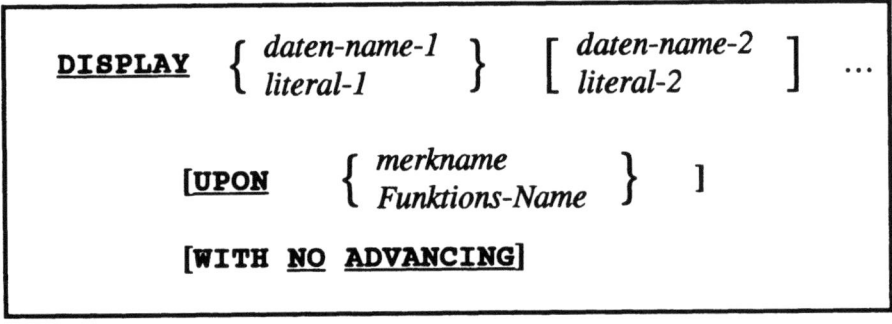

daten-name-1, *literal-1* usw. stehen für diejenigen Daten, die auf das vom Hersteller vorgesehene Gerät ausgegeben werden sollen. Die Ausgabe erfolgt in der Reihenfolge der Angabe, also *daten-name-1*, *daten-name-2* ··· bzw. *literal-1*, *literal-2* ···. Durch dieses sequentielle Abrufen unterschiedlicher Daten können ganze Dateien zusammengestellt werden. Die Länge der auszugebenden Datenfelder sowie ihre internen Speicherungsformen spielen dabei keine Rolle. Bei jedem Übertragungsvorgang werden die Daten in eine extern lesbare Form konvertiert.

literal-1 darf ein nichtnumerisches Literal, numerisches Literal oder eine figurative Konstante sein. Wird ein numerisches Literal angegeben, muß es eine vorzeichenlose Ganzzahl sein. Ist *literal-1* eine

7.2 Datenübertragungen

figurative Konstante, wird nur ein einziges Zeichen der figurativen Konstante übertragen.

Beispiel 1:

DISPLAY ZERO UPON SYSOUT.

Es wird nur ein einziges Zeichen (hier: 0) auf die Systemausgabeeinheit SYSOUT geschrieben.

IBM-Erweiterung:
literal-1 usw. darf eine vorzeichenbehaftete oder gebrochene Zahl sein. Diese Erweiterung ist in SAA nicht enthalten.

Achtung:
Wird die gebrochene Zahl mit einem (deutschen) Komma angegeben und wurde im Paragraphen SPECIAL-NAMES die Angabe DECIMAL-POINT IS COMMA nicht gemacht, wird das Komma von VS COBOL II Rel. 3.2 ignoriert.
   Beispiel:
   DISPLAY 12345,678
   Die Ausgabe lautet dann 12345678

Wird die UPON-Angabe weggelassen, erfolgt die Ausgabe der Daten auf die vom Hersteller vorgesehene Systemausgabeeinheit.

Beispiel 2:

```
WORKING-STORAGE SECTION.
01   SENDE-FELD              PIC X(16) VALUE
                             "ZWISCHENERGEBNIS".
     IDENTIFICATION DIVISION.
     ...
         DISPLAY SENDE-FELD.
```

Da die UPON-Angabe nicht codiert wurde, wird als Ausgabegerät die Systemausgabeeinheit angenommen.

Für ein Batch-Programm in der **MVS**-Umgebung kann in der JCL angegeben werden:

```
//SYSOUT    DD   SYSOUT=A
```

Die Ausgabe erfolgt in der Ausgabeklasse A.

UPON-Angabe

Durch die wahlfreie UPON-Angabe kann der Programmierer ein beliebiges Ausgabegerät über einen aussagefähigen Merknamen ansprechen. Der Merkname muß im Paragraphen SPECIAL-NAMES einem vom Hersteller angegebenen Funktions-Namen zugeordnet sein (siehe Funktions-Name-1 IS Merk-Name-Klausel).

Der Hersteller **IBM** erlaubt unter MVS die Angabe der folgenden Funktions-Namen:

Funktions-Name	Satzlänge	Bedeutung
SYSOUT	120 Bytes	logische Systemausgabeeinheit
SYSPUNCH	72 Bytes	logische Systemstanzeinheit
CONSOLE	100 Bytes	Konsol-Schreibmaschine

SYSPUNCH ist in **SAA** nicht enthalten.

Beispiel 3:

Für Beispiel 1 kann angegeben werden

```
SPECIAL-NAMES.
    SYSOUT IS AUSGABE.
...
WORKING-STORAGE SECTION.
01  SENDE-FELD          PIC X(16) VALUE
                        "ZWISCHENERGEBNIS".
```

7.2 Datenübertragungen

PROCEDURE DIVISION.
...
   DISPLAY SENDE-FELD UPON AUSGABE.

Unter **MVS** kann in der JCL angegeben werden:

```
//AUSGABE    DD   SYSOUT=A
```

Die Ausgabe erfolgt wieder in der Ausgabeklasse A.

Bei den Herstellern **IBM** und **Siemens** dürfen, wie bei der ACCEPT-Anweisung, statt der Merknamen in der UPON-Angabe die gültigen Funktions-Namen codiert werden:

   DISPLAY SENDE-FELD UPON **SYSOUT**.

Demzufolge muß in der JCL stehen:

```
//SYSOUT DD   SYSOUT=A
```

Die Systemausgabeeinheit SYSOUT

Die logische Systemausgabeeinheit SYSOUT repräsentiert standardmäßig einen ungeblockten Satz von 121 Bytes Länge. Davon wird 1 Byte zur Unterbringung des Vorschubsteuerzeichens benötigt. Ist die Summe aller Zeichen des sendenden Feldes größer als 120, wird automatisch nach 120 Stellen ein neuer Satz geschrieben. Die Übertragung wird solange fortgesetzt, bis alle Zeichen des Sendefeldes ausgegeben sind.

Beispiel 4:

Ist ein Sendefeld 300 Bytes lang, werden durch SYSOUT 3 Sätze zu je 120 Bytes Länge geschrieben. Da für den letzten Satz nur 60 Zeichen zur Verfügung standen, werden die restlichen Stellen bis zum Byte 120 mit Blanks gefüllt.

Durch **SYSOUT** können auch Sätze ausgegeben werden, die eine Länge von mehr als 120 Bytes besitzen, ein anderes Satzformat haben oder geblockt sind. In derartigen Fällen müssen in der DD-Anweisung des JOB CONTROL die entsprechenden **DCB-Subparameter** angegeben werden. Das zusätzliche Byte für das Vorschubsteuerzeichen ist dabei zu berücksichtigen.

Beispiel 5:

Über die Systemausgabeeinheit SYSOUT ist ein Satz von 132 Bytes Länge auszugeben. Unter MVS kann in der JCL angegeben werden:

```
//SYSOUT    DD    SYSOUT=A,DCB=(LRECL=133,
//                BLKSIZE=133)
```

Sollen mehrere Sätze ausgegeben werden, die gleichzeitig 10-fach geblockt sind, ist die oben gemachte Angabe durch den **RECFM**-Subparameter zu ergänzen:

```
//SYSOUT    DD    SYSOUT=A,DCB=(RECFM=FB,
//                LRECL=133,BLKSIZE=1330).
```

Arbeitet man mit einem PC, findet die DISPLAY-Ausgabe standardmäßig auf dem Bildschirm statt. Dabei werden compilerabhängig Sätze bis zu 132 Bytes ausgegeben. Reicht eine Bildschirmzeile zur Darstellung eines Satzes nicht aus, erfolgt die Fortsetzung auf der nächsten Zeile. Wird dabei das Bildschirmende erreicht, werden die restlichen, nicht darstellbaren Zeichen abgeschnitten.

Soll bei einem PC die DISPLAY-Ausgabe auf ein anderes Ausgabegerät gelegt werden, ist anhand des Compiler-Handbuches zu prüfen, ob eine derartige Ausgabe überhaupt möglich bzw. welcher Funktionsname dafür anzugeben ist. In **MS-COBOL** muß z. B. der Funktionsname PRINTER angegeben werden, wenn die DISPLAY-Ausgabe auf einen Drucker gelegt werden soll.

Unter **VS COBOL II** ist ein eingeschränkter Bildschirm-Dialog nur möglich, wenn im **TSO** vor Ausführung des Programms der Bildschirm der Systemausgabeeinheit SYSOUT zugeordnet wird (für ACCEPT SYSIN). Für die DISPLAY-Anweisung lautet die Zuordnung

```
ALLOC    DD(SYSOUT)   DSN(*)
```

Die DISPLAY-Anweisung kann auch zur Kennzeichnung von Datensätzen verwendet werden, bei denen bestimmte Verarbeitungssituationen aufgetreten sind, z. B. SIZE ERROR-, INVALID KEY- oder OVERFLOW-Bedingungen.

WITH NO ADVANCING-Angabe
Diese Angabe wurde mit **ANS-1985** eingeführt. **Sie besitzt keine Gültigkeit für SAA** und ist für den Compiler VS COBOL II nicht zugelassen.

Jede DISPLAY-Anweisung bewirkt einen Zeilenvorschub *vor* der Zeichenausgabe, wobei es gleichgültig ist, welches Gerät für die Ausgabe benutzt wird. **Wird die WITH NO ADVANCING-Angabe angegeben, wird der Zeilenvorschub unterdrückt** und der Text einer weiteren DISPLAY-Anweisung unmittelbar an den Text der vorhergehenden angehängt. Damit ist es möglich, den Text mehrerer DISPLAY-Anweisungen hintereinander in einer Zeile auszugeben. Das nachfolgende Beispiel verdeutlicht diesen Sachverhalt.

Beispiel 6:

```
WORKING-STORAGE SECTION.
01   ZWISUM                   PIC 9(5)V99.

IDENTIFICATION DIVISION.
...
     DISPLAY "ZWISCHENSUMME: " WITH NO ADVANCING.
     DISPLAY ZWISUM            WITH NO ADVANCING.
     DISPLAY "DM".
```

Beträgt der Wert im Feld ZWISUM 12345,67, dann wird auf das Ausgabemedium in einer Zeile ausgegeben:

    ZWISCHENSUMME: 12345,67 DM

Werden im obigen Beispiel die DISPLAY-Anweisungen ohne die WITH NO ADVANCING-Angaben codiert, würde die Ausgabe lauten:

    ZWISCHENSUMME:
    12345,67
    DM

7.2.3 MOVE-Anweisung

Mit der MOVE-Anweisung werden Daten innerhalb des Arbeitsspeichers von einem Datenfeld in ein oder mehrere andere Datenfelder übertragen. Dabei bleibt der Dateninhalt im Sendefeld erhalten. Der Dateninhalt wird aus dem Sendefeld in das Empfangsfeld kopiert.

Für die MOVE-Anweisung gibt es drei Formate. Während Format 1 für einfache Datenübertragungen geeignet ist, können mit Format 2 Teilbereiche aus dem sendenden Feld übertragen werden. Zum Format 3 siehe MOVE CORRESPONDING-Anweisung.

Format 1   (einfache Datenübertragung):

```
MOVE  { daten-name-1 }  TO  daten-name-2 ...
      { literal-1     }
```

daten-name-1 bzw. *literal-1* bezeichnen die sendenden und *daten-name-2*, usw. die empfangenden Datenbereiche. Index-Datenfelder dürfen in einer MOVE-Anweisung nicht angegeben werden.

7.2 Datenübertragungen

Eine MOVE-Anweisung, bei der sowohl Sende- als auch Empfangsfeld Elementardatenfelder sind, bezeichnet man als **elementare MOVE-Anweisung**. Die dazugehörige Datenübertragung ist eine **einfache Datenübertragung**.

Seit dem **ANS-1985** können in Empfangsfelder ohne Druckaufbereitung auch druckaufbereitete Daten übertragen werden. Die Entfernung der Aufbereitungszeichen findet intern in einem Zwischenspeicher statt.

Alphanumerisches MOVE

Ein alphanumerisches MOVE liegt vor, wenn Sende- und Empfangsfeld **alphabetisch, alphanumerisch** oder **alphanumerisch aufbereitet** definiert sind. Die übertragenen Zeichen werden linksbündig im Empfangsfeld eingespeichert.

Ist das Empfangsfeld kleiner als das Sendefeld, werden die rechts liegenden überschüssigen Zeichen abgeschnitten. Ist das Empfangsfeld größer als das Sendefeld, werden die freibleibenden rechts liegenden Zeichenpositionen mit Leerstellen (Blanks) gefüllt.

Numerisches MOVE

Bei einem numerischen MOVE darf das Sende- und Empfangsfeld **numerisch mit oder ohne Druckaufbereitung** definiert sein. Die Ausrichtung der Daten im Empfangsfeld erfolgt immer dezimalpunktgerecht.

Ist das Empfangsfeld kleiner als das Sendefeld, werden die rechts oder links liegenden überschüssigen Zeichen, je nach der Lage des Dezimalpunktes, abgeschnitten. Ist das Empfangsfeld größer als das Sendefeld, werden die freibleibenden Zeichenpositionen mit Nullen (ZEROS) aufgefüllt.

Für die Vorzeichenübertragung gelten folgende Regeln:

Empfangsfeld mit Vorzeichendefinition
- Ein Vorzeichen des Sendefeldes wird mit der gegebenenfalls erforderlichen Konvertierung in das Empfangsfeld übernommen.

- Ist das Sendefeld vorzeichenfrei, wird im Empfangsfeld ein positives Vorzeichen generiert.

Empfangsfeld ohne Vorzeichendefinition:
Der absolute Betrag des Sendefeldes wird übertragen. Eine Vorzeichengenerierung im Empfangsfeld findet nicht statt.

Übertragungen mit unterschiedlicher Datenkategorie

Durch eine MOVE-Anweisung werden auch bestimmte Datenumformungen oder Druckaufbereitungen vorgenommen. Damit wird sichergestellt, daß der Inhalt des Sendefeldes formatgerecht in das Empfangsfeld übertragen wird.

Die MOVE-Anweisung berücksichtigt bei der formatgerechten Übertragung

- **die Datenklasse,**
- **die interne Datendarstellung,**
- **die Länge des Datenfeldes.**

Die Übertragung darf allerdings nur zwischen Datenbereichen stattfinden, dessen Datenkategorien verträglich sind. Sollen z. B. Daten aus einem numerisch definierten Feld in ein alphabetisch definiertes übertragen werden, gibt der Compiler entsprechende Fehlermeldungen aus.

Die gültigen und ungültigen Übertragungsmöglichkeiten können nachfolgender Tabelle entnommen werden.

7.2 Datenübertragungen

Datenkategorie des Sendefeldes	Datenkategorie des Empfangsfeldes			
	alphabetisch	alpha-numerisch (mit und ohne Druck-aufbereitung)	numerisch (mit und ohne Druck-aufbereitung)	Gleitkomma-darstellung -extern -intern (IBM)
alphabetisch und SPACE	JA	JA	NEIN	NEIN
alphanumerisch	JA	JA	JA	JA
alphanumerisch mit Druckauf-bereitung	JA	JA	NEIN	NEIN
numerisch (ganzzahlig) und ZERO	NEIN	JA	JA	NEIN
numerisch (nicht ganzzahlig)	NEIN	NEIN	JA	JA
numerisch mit Druckauf-bereitung	NEIN	JA	JA	JA
Gleitkomma-darstellung (IBM)	NEIN	NEIN	JA	JA

Ja = zulässige Übertragung
Nein = nicht zulässige Übertragung

MOVE-Anweisungen für Datengruppen

Sowohl das Sendefeld (*daten-name-1*) als auch das Empfangsfeld (*daten-name-2* usw.) können Datengruppen sein. Eine Datengruppe wird bei der Übertragung stets wie ein alphanumerisches Feld behandelt, auch dann, wenn die einzelnen Elementarfelder der Gruppe numerisch oder alphabetisch definiert sind. Das heißt, **ein Gruppen-Empfangsfeld wird ohne Beachtung der Struktur seiner Elementarfelder gefüllt. Eine Umwandlung der Daten von einer internen Form in eine andere findet nicht statt.** Aus diesem Grund ist besonders sorgfältig zu prüfen, ob die Elementarfelder der empfangenden Gruppe mit denen der sendenden Gruppe kompatibel sind.

Beispiel 1:

```
01  R1-DRUCKSATZ.
    05  R1-STZ             PIC X.
    05  R1-DRUCKZEILE      PIC X(132).

WORKING-STORAGE SECTION.
01  W1-LISTKOPF.
    05  FILLER             PIC X(60) VALUE SPACES.
    05  W1-LISTZEILE1      PIC X(26) VALUE
            "LISTE DER VERARBEITETEN SA".
    05  FILLER             PIC X(10).
    05  W1-DATUM           PIC X(8).

PROCEDURE DIVISION.
...
    MOVE W1-LISTKOPF TO R1-DRUCKZEILE.
```

MOVE-Anweisungen mit figurativen Konstanten

In einer MOVE-Anweisung darf anstelle eines Literals (*literal-1*) eine figurative Konstante zur Übertragung in ein Empfangsfeld eingesetzt werden. Die figurativen Konstanten sind im Abschnitt Reservierte Wörter beschrieben.

Beispiel 2:

```
    MOVE ZEROS TO FELD1

    MOVE SPACES TO FELD2
```

Empfangsfeld: | 0 | 0 | 0 | 0 | 0 |

Durch eine derartige Übertragung wird in jeder Datenstelle des Empfangsfeldes die figurative Konstante gespeichert. Figurative Konstanten können auch in Datengruppen übertragen werden, dabei wird jedes Elementarfeld der Gruppe vollständig mit dem Datenwert gefüllt, den die figurative Konstante repräsentiert.

Figurative Konstanten können aus folgenden Gründen in Datenbereiche übertragen werden:

7.2 Datenübertragungen

- **Numerische Datenfelder im Arbeitsbereich auf Null setzen**
  Während eines Programmlaufs müssen oft numerische Felder auf Null gesetzt werden. Das ist z. B. bei Zählfeldern der Fall. So ist ein Zeilenzähler nach jedem Seitenwechsel auf Null zu setzen. Auch bei Rechenfeldern, die variable Werte beinhalten, kann ein zurücksetzen auf Null nach einer bestimmten Anzahl abgearbeiteter Schleifen erforderlich sein.

- **Alphanumerische Felder im Arbeitsbereich löschen**
  Datenfelder für Drucksätze, die während der Verarbeitung mit den unterschiedlichsten Daten und Hinweisen gefüllt werden, sind vor jedem neuen Einspeichern zu löschen. Nur dadurch wird sichergestellt, daß keine unerwünschten Daten in den Ausgangsbereich übertragen werden.

- **Löschen von Ausgangsbereichen in der FILE SECTION**
  Damit in Ausgangsbereichen keine unerwünschten Zeichen verbleiben, die auf das Ausgabemedium übertragen werden, wird man vor dem Einspeichern eines Datensatzes diesen Bereich löschen.

Hinweis:
Keinesfalls dürfen Eingangsbereiche in der FILE SECTION gelöscht werden (z B. vor jedem READ).

Beispiel 3:

```
FILE SECTION.
FD  AUSGABE-DATEI
...
01  AUSGABE-SATZ              PIC X(133).

WORKING-STORAGE SECTION.
01  SORT-SCHLUESSEL-VORH      PIC X(14).
01  ERSTMALS-SCHALTER         PIC XX.
01  DATEI-ENDE-KZ             PIC X.
01  BLATT-NR                  PIC 9(4).
01  ZEILEN-ZAEHLER            PIC 99.
01  DATENBANK-SEGMENT         PIC X(8).
```

```
01  STATUS-CODE              PIC XX.
01  AUSWAHL-KZ               PIC X.

01  STAMM-SATZ.
    05  SORT-SCHLUESSEL.
        10  KUNDEN-NR        PIC X(10).
        10  MONAT            PIC XX.
        10  GRUPPE           PIC XX.
    05  KUNDEN-ANSCHR.
        10  NAME             PIC X(20).
        10  VORNAME          PIC X(20).
        10  STRASSE          PIC X(20).
        10  PLZ-ORT          PIC X(20).
    05  STATISTIK-DATEN.
        10  KUNDEN-ART       PIC XX.
        10  RABATT-KZ        PIC XX.
        10  DB-SEGMENT       PIC X(8).
        10  OP-SCHLUESSEL    PIC X.

PROCEDURE DIVISION.
...
INITIALISIERUNG SECTION.
INIT-0010.
    MOVE "JA" TO ERSTMALS-SCHALTER.
    MOVE ZERO TO BLATT-NR, ZEILEN-ZAEHLER
    MOVE "ANSCHRDB" TO DATENBANK-SEGMENT, DB-SEG
    MOVE "N" TO DATEI-ENDE-KZ.
    MOVE "00" TO STATUS-CODE.
    MOVE LOW-VALUES TO SORT-SCHLUESSEL-VORH.
    MOVE SPACES TO KUNDEN-ANSCHR.
    MOVE "99" TO RABATT-KZ.
    MOVE SPACES TO AUSGABE-SATZ.
INIT-9999.
    EXIT.
```

Beispiel 4:

```
WORKING-STORAGE SECTION.
01  ZEILENZAHL               PIC ZZZ9.

PROCEDURE DIVISION.
...
    IF ZEILENZAHL > 70
        PERFORM BLATTWECHSEL
```

7.2 Datenübertragungen

```
     MOVE ZEROS TO ZEILENZAHL
ELSE NEXT SENTENCE.
```

Ein Literal läßt sich in der MOVE-Anweisung durch Voranstellen der figurativen Konstante **ALL** wiederholt abspeichern. Dabei wird das Literal linksbündig so oft hintereinander gespeichert, bis das Datenfeld vollständig gefüllt ist. Überschüssige Reste des Literals werden abgeschnitten.

Beispiel 5:

Feldinhalt Empfangsfeld

MOVE **ALL** "*"   TO EMPFANGSFELD | * | * | * | * | * | * | * | * |

MOVE **ALL** "ABC" TO EMPFANGSFELD | A | B | C | A | B | C | A | B |

Aber:

Feldinhalt Empfangsfeld

MOVE "*"   TO EMPFANGSFELD | * | | | | | | | |

MOVE "ABC" TO EMPFANGSFELD | A | B | C | | | | | |

Durch die ALL-Angabe lassen sich besonders größere Datenfelder bequem mit der benötigten Zeichenfolge füllen.

Statt der figurativen Konstante **SPACE** können in Einzelfällen auch Leerstellen durch das Literal b (b steht für eine Leerstelle) eingespeichert werden.

Beispiel 6:

```
MOVE " "   TO ...      (eine Leerstelle wird übertragen)
MOVE "   " TO ...      (drei Leerstellen werden übertragen)
```

Selbstverständlich könnte auch ALL vor das Literal " " gestellt werden, um das gesamte Datenfeld mit Leerstellen zu füllen. Aufgrund der besseren Klarheit wird jedoch der Variante mit SPACES der Vorzug gegeben.

Übertragung eines Teilbereiches aus dem Sendefeld

Seit dem **ANS-1985** können auch Teile des Sendefeldes durch die MOVE-Anweisung in das Empfangsfeld übertragen werden. Zu diesem Zweck muß hinter dem Sendefeld, in Klammern eingeschlossen, die Byteposition angegeben werden, bei der die Übertragung beginnen soll, und die Zeichenlänge des Teilfeldes. Beide Ziffern sind durch einen Doppelpunkt voneinander zu trennen.

Format:

```
MOVE daten-name-1 (ganzzahl-1:[ganzzahl-2])
   TO daten-name-2 [daten-name-3] ...
```

Wird *ganzzahl-2* nicht angegeben, reicht der zu übertragende Bereich von Byteposition *ganzzahl-1* bis zum Ende des Feldes.
daten-name-1 darf auch eine Datengruppe sein.

Beispiel 7:

```
01  SENDEFELD           PIC X(17) VALUE
                          "FASANENHOFSTRASSE".
01  EMPFANGSFELD        PIC X(3).
```

                  Empfangsfeld

```
MOVE SENDEFELD (8:3) TO EMPFANGSFELD      | H | O | F |
```

Beispiel 8:

```
    05 KUNDEN-NR           PIC X(12).
    05 KENNZEICHNER REDEFINES KUNDEN-NR.
       10 FILLER           PIC X(5).
       10 STAT-KZ          PIC XX.
       10 GEBIETS-NR       PIC X(5).
```

```
PROCEDURE DIVISION.
...
    MOVE STAT-KZ     TO FELD-A.
    MOVE GEBIETS-NR TO FELD-B.
```

Die REDEFINES-Klausel kann wegfallen, wenn aus dem Feld KUNDEN-NR die den Feldern STAT-KZ und GEBIETS-NR entsprechenden Teilbereiche übertragen werden:

```
    MOVE KUNDEN-NR (6:2) TO FELD-A.
    MOVE KUNDEN-NR (8:5) TO FELD-B.
```

Der Vorteil einer Teilbereichs-Übertragung liegt in der Umgehung von Redefinitionen, falls diese Art der Übertragung eine Redefinition ersetzen kann. Da die Teilbereiche jedoch keinen kennzeichnenden Namen besitzen, nimmt die Transparenz des Programms ab.

7.2.4 MOVE CORRESPONDING-Anweisung

Das Übertragen von Datengruppen mit der elementaren MOVE-Anweisung kann lediglich als ein starres Kopieren des gesamten Sendebereichs aufgefaßt werden. Dieses Kopieren ist von der Datenstruktur unabhängig und in seiner Funktion mit einer READ-Anweisung vergleichbar.

Durch die CORRESPONDING-Eintragung ist eine differenzierte Übertragung zwischen ähnlichen Datenstrukturen möglich, wobei die MOVE-Anweisung in eine Reihe von Einzelübertragungen aufgelöst wird. Die Anwendung der MOVE CORRESPONDING-Anweisung kann deshalb bei kleineren Programmen durchaus sinnvoll sein, weil dadurch eine Reihe elementarer MOVE-Anweisungen eingespart wird.

Die Übertragung findet immer nur zwischen gleichnamigen Datenelementen oder gleichnamigen Datengruppen statt. Ist im Empfangsfeld ein korrespondierender Datenname nicht vorhanden, wird dieses Feld bei der Übertragung nicht berücksichtigt.

Format 3:

```
MOVE  { CORRESPONDING }  daten-name-1 TO
      { CORR          }              daten-name-2 ...
```

Beispiel:

Nachfolgend werden aus der Datengruppe VORSATZ die Elementarfelder ORT, MONAT, TAG und JAHR in die korrespondierenden Elementarfelder der Datengruppe DATUM übertragen. Die Elementarfelder BEREICHS-NR, LISTEN-NR, GEBIETS-NR und UHRZEIT bleiben bei der Übertragung unberücksichtigt, weil keine korrespondierenden Datennamen im Empfangsbereich vorhanden sind.

```
01    VORSATZ.
      05 BEREICHS-NR          PIC 9(4).
      05 LISTEN-NR            PIC 99.
      05 ORT                  PIC X(15).
      05 GEBIETS-NR            PIC XX.
      05 MONAT                PIC 99.
      05 TAG                  PIC 99.
      05 UHRZEIT              PIC 9999.
      05 JAHR                 PIC 99.
      05 FILLER               PIC X(55).

01    DATUM.
      05 ORT                  PIC X(15).
      05 FILLER               PIC X    VALUE ",".
      05 TAG                  PIC 99.
      05 FILLER               PIC X    VALUE ",".
      05 MONAT                PIC 99.
      05 FILLER               PIC X    VALUE ",".
      05 JAHR                 PIC 99.

PROCEDURE DIVISION.
...
      MOVE CORRESPONDING VORSATZ TO DATUM.
```

7.2 Datenübertragungen

Bei der Übertragung mit einer elementaren MOVE-Anweisung müßten die Datennamen wegen der Gleichnamigkeit mit **IN** oder **OF** gekennzeichnet werden:

```
MOVE ORT OF VORSATZ TO ORT OF DATUM.
MOVE MONAT OF VORSATZ TO MONAT OF DATUM.
MOVE TAG OF VORSATZ TO TAG OF DATUM.
MOVE JAHR OF VORSATZ TO JAHR OF DATUM.
```

Hinweis:

In der Praxis wird MOVE CORRESPONDING kaum angewandt. Der Grund ist, daß bei komplexeren Programmen die eindeutige Definition der Felder unumgänglich ist. Gleichnamige Felder können besonders bei Programmänderungen wegen des schlecht nachvollziehbaren Datenflusses zu Übertragungsfehlern führen, deren Behebung in keinem Verhältnis zur Einsparung einiger MOVE-Anweisungen steht.

Für die CORRESPONDING-Eintragung gelten die folgenden Regeln:

- Sowohl der Sendebereich (*daten-name-1*) als auch der Empfangsbereich (*daten-name-2*) müssen Datengruppen sein. Diese Gruppenfelder dürfen *nicht* auf der Stufe 66, 77 oder 88 stehen oder mit USAGE IS INDEX beschrieben sein. Der Datenname FILLER ist nicht zugelassen.

- Untergeordnete Elemente des Sendebereichs, die kein korrespondierendes Feld im Empfangsbereich besitzen, werden bei der Übertragung *nicht* berücksichtigt.

- Für Einzelübertragungen zwischen den korrespondierenden Datenfeldern gelten die Regeln der elementaren MOVE-Anweisung.

Korrespondierend sind Datenfelder dann, wenn die folgenden Bedingungen zutreffen:

- Die Datennamen beider Felder müssen identisch sein. Sind die Felder qualifiziert, muß die Qualifizierung lückenlos bis zur Stufe der Gruppenfelder reichen. Die Gruppennamen selbst dürfen jedoch nicht in der Qualifizierung enthalten sein.

- Mindestens eines der untergeordneten Felder muß elementar sein.
- Die Felder dürfen nicht den Datennamen **FILLER** besitzen.
- Die untergeordneten Felder dürfen nicht durch die Klauseln REDEFINES, RENAMES, OCCURS oder USAGE IS INDEX beschrieben sein.

IBM-Erweiterung:
Die Gruppenfelder daten-name-1 und/oder daten-name-2 dürfen einem FILLER-Feld untergeordnet sein.

7.2.5 STRING-Anweisung

In der Praxis kommt es oft vor, daß der Inhalt von mehreren Datenfeldern oder Teile dieser Datenfelder zu einem Datenfeld zusammengefaßt werden soll. Dieses Hintereinanderreihen von Daten ist durch die STRING-Anweisung realisierbar.

Format:

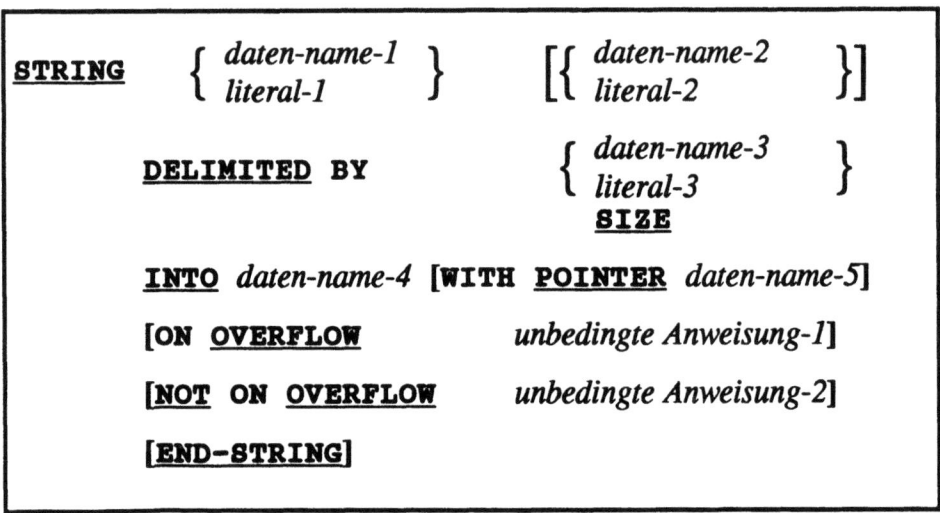

7.2 Datenübertragungen

Die STRING-Anweisung kann besonders bei der Zusammenstellung und Übertragung von Informationen eine nützliche Hilfe sein. Damit entfallen auch die MOVE-Anweisungen zur Übertragung der Einzeldaten.

Sendefelder
daten-name-1, daten-name-2 ...bzw. *literal-1, literal-2* ....bezeichnen diejenigen Felder, die zu einem Datenfeld zusammengefaßt werden sollen (Sendefelder). Sie müssen implizit oder explizit das Datenformat **USAGE IS DISPLAY** besitzen. Ist das Sendefeld ein numerisches Elementarfeld, muß es ganzzahlig sein und die PICTURE-Zeichenfolge darf kein Symbol **P** enthalten.

Die **Literale** müssen nichtnumerisch sein. Als Literal kann auch eine figurative Konstante **außer ALL** angegeben werden, die immer als einstelliges nichtnumerisches Literal betrachtet wird.

Empfangsfeld (INTO-Angabe)
daten-name-4 ist das Empfangsfeld, in dem die Sendefelder zu einem Datenbereich aneinandergereiht werden. Es muß als **alphanumerisches** Feld definiert sein und das implizite oder explizite Datenformat **USAGE IS DISPLAY** besitzen. Es ist weder die JUSTIFIED-Klausel zugelassen noch darf die PICTURE-Zeichenfolge Druckaufbereitungszeichen beinhalten.

DELIMITED BY-Angabe
Die DELIMITED BY-Angabe muß in jeder STRING-Anweisung vorhanden sein. Sie gibt die sogenannten Begrenzer an, welche die zu übertragenden Daten begrenzen. DELIMITED BY läßt sich mit "begrenzt durch" übersetzen. Wird die **SIZE**-Angabe verwendet, werden die Sendefelder in ihrer vollen Länge in das Empfangsfeld übertragen.

Wird die STRING-Anweisung ausgeführt, erfolgt die Übertragung der Sendefelder in das Empfangsfeld in der Reihenfolge, in der sie in der Anweisung angegeben sind. Die Sendefelder werden bei der Übertragung nicht gelöscht, sondern wie bei der MOVE-Anweisung lediglich in das Empfangsfeld kopiert.

Das nachfolgende Beispiel soll das Prinzip der STRING-Anweisung verdeutlichen.

Beispiel 1:

```
WORKING-STORAGE SECTION.
01  KUNDEN-SATZ.
    05 KUNDEN-NR  PIC X(6)    |1|2|3|4|5|6|
    05 NAME       PIC X(10)   |M|E|I|E|R| | | | | |
01  KONTO-SATZ.
    05 KONSTANTE      PIC X(3) VALUE "***".
    05 BLZ            PIC X(8).
01  EMPFANGSFELD      PIC X(22).

PROCEDURE DIVISION.
...
    STRING KUNDEN-NR, NAME, KONSTANTE
       DELIMITED BY SIZE INTO EMPFANGSFELD
    END-STRING.
```

Feldinhalt EMPFANGSFELD

|1|2|3|4|5|6|M|E|I|E|R| | | | | | |*|*|*| | |

Die Übertragung der Zeichen in das Empfangsfeld entspricht den Standardregeln für die elementare Übertragung alphanumerischer Datenfelder, mit einer Ausnahme: **Ist das Empfangsfeld größer als die Summe aller sendenden Zeichen, findet eine Auffüllung mit Leerstellen nicht statt.** Um diese Aussage zu veranschaulichen, soll Beispiel 1 derart modifiziert werden, daß vor Ausführung der STRING-Anweisung das Empfangsfeld mit dem Zeichen "/" (Bindestrich) vollständig gefüllt wird.

7.2 Datenübertragungen

```
PROCEDURE DIVISION.
...
    MOVE ALL "/" TO EMPFANGSFELD.
    STRING KUNDEN-NR, NAME, KONSTANTE
      DELIMITED BY SIZE INTO EMPFANGSFELD
    END-STRING.
```

Feldinhalt EMPFANGSFELD

1	2	3	4	5	6	M	E	I	E	R					*	*	*	/	/	/

Aus dem Ergebnis geht hervor, daß der Inhalt aller Zeichenpositionen, die nicht durch die Sendefelder gefüllt wurden, erhalten bleibt.

Begrenzer

Sollen Sendefelder nur zum Teil übertragen werden, müssen Begrenzer angegeben werden. Begrenzer können Datennamen (*daten-name-3*) oder Literale (*literal-3*) sein, die innerhalb der Sendefelder vorhanden sind und als Stopp-Marke interpretiert werden können. Ein Begrenzer darf eine figurative Konstante außer **ALL** sein, die immer als einstelliges nichtnumerisches Literal betrachtet wird.

Beispiel 2:

Die STRING-Anweisung aus Beispiel 1 wird durch die Angabe von Begrenzern folgendermaßen geändert:

```
PROCEDURE DIVISION.
...
    STRING KUNDEN-NR DELIMITED BY "4"
           NAME      DELIMITED BY SPACE
           KONSTANTE DELIMITED BY SIZE
                     INTO EMPFANGSFELD
    END-STRING.
```

Feldinhalt EMPFANGSFELD

1	2	3	M	E	I	E	R	*	*	*										

In diesem Beispiel wird das Feld KUNDEN-NR durch das Literal "4" und NAME durch die figurative Konstante SPACE begrenzt. Das Feld KONSTANTE wird durch die SIZE-Angabe in voller Länge übertragen.

Aus Beispiel 2 geht hervor, daß ein Sendefeld ausschließlich bis zum Auftreten des Begrenzers übertragen wird. **Der Begrenzer selbst wird nicht übertragen.**

WITH POINTER-Angabe

Durch die POINTER-Angabe kann festgelegt werden, ab welcher Stelle des Empfangsfeldes die Speicherung der übertragenen Zeichen beginnen soll. *daten-name-5*, welches den POINTER (Zeiger) definiert, muß ein numerisch definiertes Feld sein.

Beginnt die Übertragung, wird der Feldinhalt von *daten-name-5* nach jedem geprüften Zeichen um den Wert 1 erhöht. Nach der Übertragung des letzten Zeichens weist der POINTER auf die nächste freie Zeichenposition des Empfangsfeldes.

Das POINTER-Feld muß mindestens so groß definiert werden, daß es den Wert für die maximale Anzahl der Zeichen des Empfangsfeldes plus 1 aufnehmen kann.

Vor der Übertragung muß das POINTER-Feld mit einem Anfangswert gefüllt werden, der nicht kleiner als 1 und nicht größer als die Anzahl der zu übertragenden Zeichen sein darf.

Hinweis:
Zeigt der Pointer auf eine Zeichenposition, die außerhalb des empfangenden Feldes liegt, wird eine ON OVERFLOW-Bedingung geschaffen. Die Übertragung der Zeichen aus den Sendefeldern kann in diesem Fall unvollständig sein. Wurde ON OVERFLOW nicht angegeben, geht die Steuerung an die nächste Anweisung über, die der STRING-Anweisung folgt.

Beispiel 3:

```
WORKING-STORAGE SECTION.
77  ZEIGER            PIC 99 VALUE ZERO.

01  KUNDEN-SATZ.
    05 KUNDEN-NR   PIC X(6)   |1|2|3|4|5|6|
    05 NAME        PIC X(10)  |M|E|I|E|R| | | | | |

01  KONTO-SATZ.
    05 KONSTANTE      PIC X(3) VALUE "***".
    05 BLZ            PIC X(8).

01  EMPFANGSFELD      PIC X(22).

PROCEDURE DIVISION.
...
    MOVE 05 TO ZEIGER.
    STRING KUNDEN-NR, NAME, KONSTANTE
      DELIMITED BY SIZE INTO EMPFANGSFELD
       WITH POINTER ZEIGER
    END-STRING.
```

Feldinhalt EMPFANGSFELD

| | | |1|2|3|4|5|M|E|I|E|R| | | | | |*|*|*|

ON OVERFLOW-Angabe

Wurde das Empfangsfeld zu klein definiert, endet die Übertragung, wenn die letzte Byteposition des Empfangsfeldes gefüllt ist. Der Rest der sendenden Zeichen wird abgeschnitten. Im umgekehrten Fall werden keine weiteren Daten übertragen, wenn der Wert eines POINTER-Feldes kleiner als 1 oder größer als die Länge des Empfangsfeldes ist. Um einen derartigen Fall programmtechnisch abzufangen, kann die ON OVERFLOW-Angabe mit einer unbedingten Anweisung codiert werden. So besteht z. B. die Möglichkeit, zu einer Fehler-Prozedur zu verzweigen oder entsprechende Hinweismeldungen auszugeben.

Beispiel 5:

```
STRING KUNDEN-NR, NAME, KONSTANTE
  DELIMITED BY SIZE INTO EMPFANGSFELD
  WITH POINTER ZEIGER
  ON OVEFLOW PERFORM ERROR-1
END-STRING.
```

Wird die wahlfreie OVERFLOW-Angabe weggelassen, wird ohne Berücksichtigung der unterdrückten Daten die nachfolgende Anweisung abgearbeitet. Der Verarbeitungsfehler wird also nicht dokumentiert. Aus diesem Grunde ist es empfehlenswert, die OVERFLOW-Angabe mit den entsprechenden unbedingten Anweisungen zu codieren.

Besteht keine OVERFLOW-Bedingung, wird die Angabe ignoriert und die Steuerung geht zur nächsten Anweisung über.

NOT ON OVERFFLOW-Angabe
Die wahlfreie Angabe NOT ON OVERFLOW wurde mit **ANS-1985** eingeführt. Durch sie wird eine unbedingte Anweisung dann ausgeführt, wenn die OVERFLOW-Bedingung *nicht* zutrifft.

Hinweis:
Die ON OVERFLOW- und NOT ON OVERFLOW-Angabe verlangsamt den Programmlauf um den Faktor 2. Dessen ungeachtet, sollte ON OVERFLOW bei der STRING-Anweisung angegeben werden.

END-STRING-Angabe
END-STRING ist ein expliziter Ende-Begrenzer, der mit **ANS-1985** eingeführt wurde. Die Angabe begrenzt bei Schachtelungen korrekt jede STRING-Anweisung, was früher nur durch den Endpunkt möglich war. Durch END-STRING kann die STRING-Anweisung als unbedingte Anweisung innerhalb einer bedingten Anweisung angegeben werden. END-STRING darf auch eine bedingte STRING-Anweisung begrenzen.

7.2.6 UNSTRING-Anweisung

Die UNSTRING-Anweisung ist das logische Gegenstück zur STRING-Anweisung. Durch sie werden hintereinanderliegende Daten eines Sendefeldes auf zwei oder mehrere Einzelfelder (Empfangsfelder) aufgeteilt. Die UNSTRING-Anweisung ersetzt dabei, wie die STRING-Anweisung, eine Reihe von einzelnen MOVE-Befehlen.

Format:

```
UNSTRING daten-name-1
    [ DELIMITED BY [ALL]   { daten-name-2 }
                           { literal-2    }

         [OR [ALL]   { daten-name-3 } ] ...]
                     { literal-3    }

    INTO daten-name-4 [[DELIMITER IN daten-name-5]

                       COUNT IN daten-name-6] ...]

    [WITH POINTER      daten-name-7]

    [TALLYING IN       daten-name-8]

    [ON OVERFLOW       unbedingte anweisung-1]

    [NOT ON OVERFLOW   unbedingte anweisung-2]

    [END-UNSTRING]
```

Jedes im Format angegebene Literal muß nichtnumerisch sein. Statt dessen darf auch eine figurative Konstante außer ALL *literal* angegeben werden. Wird eine figurative Konstante verwendet, repräsentiert sie ein einstelliges nichtnumerisches Literal.

Sendefeld

daten-name-1 spezifiziert dasjenige Datenfeld, dessen Inhalt auf die Empfangsfelder aufgeteilt werden soll. Es muß als alphanumerisches Feld definiert sein.

Empfangsfelder

daten-name-4 steht hier für alle Empfangsfelder (**INTO-Felder**), in denen die hintereinanderliegenden Feldinhalte des sendenden Feldes aufgeteilt werden.

Die Empfangsfelder müssen das Datenformat **USAGE IS DISPLAY** besitzen und können definiert werden als **alphabetisch, alphanumerisch** oder **numerisch** (ohne das PICTURE-Symbol P).

Die Übertragung der Zeichen in die Empfangsfelder entspricht den Standardregeln für die elementare Übertragung. Das heißt, daß die rechts liegenden restlichen Stellen, die nicht durch die Übertragung gefüllt wurden, **bei alphabetischen und alphanumerischen Feldern mit Leerstellen und bei numerischen Feldern mit Nullen gefüllt werden.**

DELIMITED BY-Angabe

Die DELIMITED BY-Angabe ist in der UNSTRING-Anweisung wahlfrei. Sie gibt die Begrenzer an, die für die Aufteilung des Sendefeldes in die einzelnen Empfangsfelder benötigt werden.

daten-name-2 und *daten-name-3* bzw. die Literale *literal-2* und *literal-3* spezifizieren die Begrenzerzeichen (Trennzeichen). Ein Begrenzerzeichen kann aus einem oder mehreren hintereinanderliegenden Zeichen bestehen. In diesem Fall wird es jedoch nur dann als Begrenzer betrachtet, wenn seine Zeichen unmittelbar aufeinanderfolgen und in dieser Sequenz auch im Sendefeld enthalten sind.

Werden als Begrenzer Literale angegeben, müssen sie nichtnumerisch sein. Statt eines Literals darf auch eine figurative Konstante außer ALL

7.2 Datenübertragungen

angegeben werden. Eine figurative Konstante wird immer als ein einstelliges nichtnumerisches Literal betrachtet.

Begrenzer sind nicht Teil der Zeichenkette, die sie begrenzen. Sie werden deshalb nicht mit in die Empfangsfelder übertragen.

Wird DELIMITED BY *nicht* angegeben, ist die Anzahl der überprüften Zeichen abhängig von der Länge und der Datenkategorie des aktuellen Empfangsfeldes:

- Ist das Empfangsfeld **alphanumerisch** oder **alphabetisch**, ist die Anzahl der zu überprüfenden Zeichen gleich der Anzahl der Zeichenpositionen im Empfangsfeld.

- Ist das Empfangsfeld **numerisch**, ist die Anzahl der zu überprüfenden Zeichen gleich der Anzahl von Zeichenpositionen im ganzzahligen Teil des Empfangsfeldes.

Beispiel 1:

Das nachfolgende Sendefeld soll in die Empfangsfelder SA, KUNDEN-NR, KONSTANTE und MWST aufgeteilt werden. Trennzeichen im Sendefeld sind "/" "," und SPACE.

Feldinhalt SENDEFELD

| A | B | / | 1 | 2 | 3 | 4 | 5 | 6 | , | * | * | * | * | * | | 1 | 4 | % | | | |

```
WORKING-STORAGE SECTION.
01  SENDEFELD           PIC X (22).
```
                                            Feldinhalt
```
01  SAAB.
    05 SA           PIC XX.      A B
    05 KUNDEN-NR    PIC 9(6).    1 2 3 4 5 6
    05 KONSTANTE    PIC X(6).    * * * * *
    05 MWST         PIC X(3).    1 4 %
```

```
PROCEDURE DIVISION.
...
    UNSTRING SENDEFELD
        DELIMITED BY "/" OR "," OR SPACE
        INTO SA KUNDEN-NR KONSTANTE MWST
    END-UNSTRING.
...
```

ALL-Angabe

Wird DELIMITED BY ALL angegeben, wird das mehrfach hintereinanderfolgende Auftreten eines Begrenzers so behandelt, als sei er nur einmal vorhanden. Werden zwei oder mehrere Begrenzer angegeben, besteht eine logische ODER-Verknüpfung (OR).

Beispiel 2:

Das Sendefeld aus Beispiel 1 wird so modifiziert, daß der Begrenzer SPACE mehrfach hintereinander auftritt.

Feldinhalt SENDEFELD

A	B	/	1	2	3	4	5	6	,	*	*	*	*	*				1	4	%

Durch die Angabe

```
    UNSTRING SENDEFELD
        DELIMITED BY "/" OR ", " OR ALL SPACES
        INTO SA KUNDEN-NR KONSTANTE MWST
    END-UNSTRING.
```

ist das Ergebnis mit dem in Beispiel 1 identisch.

Hinweis:

Wird bei einem mehrfach hintereinanderfolgenden Auftreten eines Begrenzers DELIMITED BY ALL nicht angegeben, wird das entsprechende Empfangsfeld je nach der Definition (alphabetisch, alphanumerisch oder numerisch) vollständig mit Leerstellen oder Nullen gefüllt.

DELIMITER-Angabe
Für die weitere Verarbeitung der übertragenen Daten kann es von Nutzen sein, die Begrenzer (DELIMITER), die ja selbst nicht mit in die Empfangsfelder (INTO-Felder) übertragen werden, in gesonderten Empfangsfeldern abzuspeichern. Damit besteht zum Beispiel die Möglichkeit, die DELIMITER-Felder nach den Begrenzern abzufragen und bei falschem Feldinhalt nach bestimmten Prozeduren zu verzweigen.

daten-name-5 steht für das entsprechende datenempfangende DELIMITER-Feld. Es muß **alphanumerisch** definiert und mindestens so groß sein, wie der zugehörige Begrenzer Zeichen enthält.

DELIMITER IN darf nur im Zusammenhang mit der DELIMITED BY-Angabe verwendet werden.

COUNT-Angabe
Für jedes Empfangsfeld (INTO-Feld) kann ein Zählfeld (*daten-name-6*) eingerichtet werden, in welchem die Anzahl der zu übertragenden Zeichen gespeichert wird. Die Begrenzer sind in dieser Anzahl nicht enthalten.

COUNT IN darf nur im Zusammenhang mit der DELIMITED BY-Angabe verwendet werden.

TALLYING-Angabe
Die Anzahl der durch die UNSTRING-Anweisung gefüllten INTO-Felder (*daten-name-4*) ist vom Inhalt des Sendefeldes abhängig. Je mehr Zeichenketten, die durch Begrenzer voneinander getrennt sind, vorliegen, desto mehr Empfangsfelder können gefüllt werden. Die genaue Anzahl der gefüllten Empfangsfelder ist jedoch verarbeitungsbedingt nicht vorhersagbar. Wird die Anzahl der gefüllten Empfangsfelder für Programmverzweigungen benötigt, kann sie durch die TALLYING-Angabe in einem separat definierten Zählfeld (*daten-name-8*) gespeichert werden.

Das TALLYING-Zählfeld muß als ganzzahliges Feld definiert sein. Die PICTURE-Zeichenfolge darf das Symbol P nicht enthalten.

Vor Ausführung der UNSTRING-Anweisung ist das Zählfeld auf den Anfangswert zu setzen.

Beispiel 3:

Die UNSTRING-Anweisung aus Beispiel 1 wird durch die Angabe von DELIMITER, COUNT und TALLYING erweitert.

Feldinhalt SENDEFELD

| A | B | / | 1 | 2 | 3 | 4 | 5 | 6 | , | * | * | * | * | * | | 1 | 4 | % | | | |

```
WORKING-STORAGE SECTION.
01  SENDEFELD            PIC X(22).
```

Feldinhalt

```
01  SAAB.
    05  SA               PIC XX.          A B
    05  KUNDEN-NR        PIC 9(6).        1 2 3 4 5 6
    05  KONSTANTE        PIC X(6).        * * * * *
    05  MWST             PIC X(3).        1 4 %
77  DEL-1                PIC X.           /
77  DEL-2                PIC X.           ,
77  DEL-3                PIC X.
77  DEL-4                PIC X.
77  ZAEHL-1              PIC 99.          0 2
77  ZAEHL-2              PIC 99.          0 6
77  ZAEHL-3              PIC 99.          0 5
77  ZAEHL-4              PIC 99.          0 3
77  ANZAHL               PIC 99.          0 4
```

```
PROCEDURE DIVISION.
...
    MOVE ZERO TO ANZAHL.
    UNSTRING SENDEFELD
      DELIMITED BY "/" OR "," OR SPACE
        INTO SA
              DELIMITER IN DEL-1 COUNT IN ZAEHL-1
             KUNDEN-NR
              DELIMITER IN DEL-2 COUNT IN ZAEHL-2
             KONSTANTE
              DELIMITER IN DEL-3 COUNT IN ZAEHL-3
             MWST
              DELIMITER IN DEL-4 COUNT IN ZAEHL-4
      TALLYING IN ANZAHL
    END-UNSTRING.

    IF DEL-1 NOT = "/" OR DEL-2 NOT = ","
                    OR DEL-3 NOT = SPACE ...
      DISPLAY "FEHLERHAFTER EINGABESATZ"
      DISPLAY SENDEFELD
    ELSE CONTINUE
    END-IF.
```

POINTER-Angabe

Die POINTER-Angabe spezifiziert ein Zeigerfeld, durch welches festgelegt werden kann, ab welcher Stelle des Sendefeldes die Übertragung in die Empfangsfelder beginnen soll. *daten-name-7*, welches den POINTER enthält, muß ein numerisch definiertes ganzzahliges Feld sein. Das Symbol P ist in der PICTURE-Zeichenfolge nicht erlaubt.

Beginnt die Übertragung, wird der Feldinhalt nach jedem geprüften Zeichen um den Wert 1 erhöht. Nach der Übertragung des letzten Zeichens hat der POINTER einen Wert, der dem vorgegebenen Anfangswert plus der Anzahl der geprüften Zeichen entspricht.

Hinweis:

In der Anzahl der geprüften Zeichen sind die Byte-Positionen für die Begrenzer enthalten.

Vor Ausführung der UNSTRING-Anweisung ist das POINTER-Feld mit dem geforderten **Anfangswert** zu füllen (siehe dazu auch den Hinweis zur STRING-Anweisung, wenn der POINTER auf eine Zeichenposition zeigt, die außerhalb des empfangenden Feldes liegt).

Wird die POINTER-Angabe nicht gemacht, erfolgt die Übertragung des Sendefeldes ab der ersten Zeichenpositon von links.

Die Angaben **ON OVERFLOW** und **NOT ON OVERFLOW** haben die gleichen Eigenschaften wie bereits in der STRING-Anweisung beschrieben. Die NOT ON OVERFLOW-Angabe wurde mit **ANS-1985** eingeführt.

END-UNSTRING ist wie END-STRING ein Ende-Begrenzer (Scope Terminator), welcher mit **ANS-1985** eingeführt wurde. Damit lassen sich geschachtelte UNSTRING-Anweisungen angeben, deren Wirkungskreise jede für sich durch END-UNSTRING begrenzt werden kann (siehe dazu auch END-STRING).

Durch den Ende-Begrenzer wird die UNSTRING-Anweisung zu einer unbedingten Anweisung und kann damit innerhalb einer bedingten Anweisung angegeben werden.

Beispiel 4:

Die nachfolgenden Angaben entsprechen im wesentlichen Beispiel 3 mit dem Unterschied, daß aus dem Empfangsfeld SAAB das Elementarfeld SA weggefallen ist. Gleichzeitig wird vorgegeben, daß die ersten drei Stellen des Sendefeldes nicht in das Empfangsfeld übertragen werden sollen. Dieses Problem läßt sich durch eine POINTER-Angabe lösen.

```
WORKING-STORAGE SECTION.
01   SENDEFELD              PIX X(22).

01   SAAB.
     05  KUNDEN-NR           PIC 9(6).
     05  KONSTANTE           PIC X(6).
     05  MWST                PIC X(3).
```

```
77  DEL-2           PIC X  VALUE SPACE.
77  DEL-3           PIC X  VALUE SPACE.
77  DEL-4           PIC X  VALUE SPACE.
77  ZAEHL-2         PIC 99 VALUE ZERO.
77  ZAEHL-3         PIC 99 VALUE ZERO.
77  ZAEHL-4         PIC 99 VALUE ZERO.

77  ANZAHL          PIC 99.
77  ZEIGER          PIC 99.

PROCEDURE DIVISION.
...
    MOVE ZERO TO ANZAHL.
    MOVE 03 TO ZEIGER.
    UNSTRING SENDEFELD
      DELIMITED BY "/" OR "," OR SPACE
        INTO KUNDEN-NR
              DELIMITER IN DEL-2 COUNT IN ZAEHL-2
             KONSTANTE
              DELIMITER IN DEL-3 COUNT IN ZAEHL-3
             MWST
              DELIMITER IN DEL-4 COUNT IN ZAEHL-4
      WITH POINTER ZEIGER
      TALLYING IN ANZAHL
      ON OVERFLOW GO TO UNSTR-ERROR
    END-UNSTRING.
```

Das POINTER-Feld ZEIGER enthält nach Ausführung der UNSTRING-Anweisung den Wert 17 (Anzahl der geprüften Zeichen plus 1). Falls die Verarbeitung es zuläßt, kann der Anfangswert des POINTER-Feldes auch durch eine VALUE-Klausel angegeben werden.

7.2.7 INSPECT-Anweisung

Durch die INSPECT-Anweisung können bestimmte Zeichen oder Zeichenketten eines Datenfeldes gezählt und/oder durch andere Zeichen ersetzt werden. Die Anweisung wurde bereits mit ANS-1974 eingeführt. Sie löste damit die weniger leistungsfähige EXAMINE-Anweisung ab, die in ANS-COBOL gelöscht wurde.

INSPECT kann in 4 Formaten angegeben werden, wobei Format 4 (INSPECT CONVERTING) mit **ANS-1985** eingeführt wurde. Durch die CONVERTING-Erweiterung wurde INSPECT zu einer sehr leistungsstarken Anweisung, welche die von IBM- und Siemens-Compilern unterstützte TRANSFORM-Anweisung überflüssig macht.

Nachstehend werden die Formate 1, 2 und 4 angegeben. Format 3 ist lediglich eine Zusammenfassung der Formate 1 und 2 und erlaubt das gleichzeitige Zählen (TALLYING) und Ersetzen (REPLACING) von Zeichen.

Format 1 (Zählen von Einzelzeichen und Zeichenketten):

```
INSPECT daten-name-1 TALLYING   { daten-name-2 FOR

        CHARACTERS  [{ BEFORE } INITIAL
                       AFTER

                      { daten-name-3 }]  ...
                      { literal-3    }

   { ALL     }  {{ daten-name-4 }  ... }...
   { LEADING }   { literal-4    }

                  [{ BEFORE } INITIAL
                     AFTER

                    { daten-name-5 }]  ...}...
                    { literal-5    }
```

Alle **Literale**, die in den Formaten 1 bis 4 angegeben sind, müssen **nichtnumerisch** sein. Statt dessen darf auch eine figurative Konstante außer ALL *literal* angegeben werden. Wird eine figurative Konstante verwendet, repräsentiert sie ein einstelliges nichtnumerisches Literal.

7.2 Datenübertragungen

Format 2 (Ersetzen von Einzelzeichen und Zeichenketten):

```
INSPECT daten-name-1 REPLACING

    CHARACTERS BY  { daten-name-2 }
                   { literal-2    }

    [{ BEFORE } INITIAL { daten-name-3 }]...
     { AFTER  }         { literal-3    }

    { ALL     }  {{ daten-name-4 }
    { LEADING }   { literal-4    }
    { FIRST   }

                      BY  { daten-name-5 }
                          { literal-5    }

    [{ BEFORE } INITIAL { daten-name-6 }]...}...
     { AFTER  }         { literal-6    }
```

Format 4 (Zeichenweises Umwandeln von Zeichenketten):

```
INSPECT daten-name-1

    CONVERTING { daten-name-2 } TO { daten-name-3 }
               { literal-2    }    { literal-3    }

    [{ BEFORE } INITIAL { daten-name-4 }]...
     { AFTER  }         { literal-4    }
```

INSPECT ist eine recht komplexe und unübersichtliche Anweisung. Zum besseren Verständnis wurde für das Format 1 die folgende verbale Erklärung gewählt.

Zum Format 1 INSPECT-Anweisung (TALLYING)

Anweisung	Erklärung
INSPECT *daten-name-1* **TALLYING** *daten-name-2*	Prüfe *daten-name-1* und **Zähle** (TALLYING) die in diesem Feld gefundenen Zeichen oder Zeichenketten in *daten-name-2*

FOR CHARACTERS
    BEFORE (AFTER)
    INITIAL
        daten-name-3 (literal-3)
	- sämtliche Zeichen vor (BEFORE) oder nach (AFTER) einem Auslösezeichen (INITIAL), angegeben in *daten-name-3 (literal-3)*.

FOR ALL
    daten-name-4 (literal-4)
    BEFORE (AFTER)
    INITIAL
        daten-name-5 (literal-5)
	- **alle in *daten-name-4 (literal-4)* angegebenen Zeichen**, vor (BEFORE) oder nach (AFTER) einem Auslösezeichen (INITIAL), angegeben in *daten-name-5 (literal-5)*.

FOR LEADING
    daten-name-4 (literal-4)
    BEFORE (AFTER)
    INITIAL
        daten-name-5 (literal-5)
	- **die führenden Zeichen**, angegeben in *daten-name-4 (literal-4)*, vor (BEFORE oder nach (AFTER) einem Auslösezeichen (INITIAL), angegeben in *daten-name-5 (literal-5)*.

daten-name-1 steht für das Datenfeld, welches auf ein Zeichen oder eine Zeichengruppe hin geprüft werden soll. Das Feld muß implizit oder explizit das Datenformat **USAGE IS DISPLAY** besitzen. Es kann als Elementar- oder Gruppenfeld definiert sein.

IBM-Erweiterung:
Unter MVS, CMS, OS/400 und OS/2 dürfen alle Datenfelder außer dem Zählfeld (daten-name-2) die externe Gleitkomma-Darstellung be-

7.2 Datenübertragungen

inhalten. Diese Felder werden so behandelt, als ob sie alphanumerisch redefiniert worden wären und die INSPECT-Anweisung sich auf diese alphanumerischen Felder bezieht.

TALLYING

daten-name-2 ist als elementares numerisches Zählfeld für ganze Zahlen einzurichten. Das Symbol P darf in der PICTURE-Zeichenfolge nicht enthalten sein. Im Zählfeld wird die Anzahl der im Feld *daten-name-1* gefundenen Zeichen oder Zeichenketten gespeichert.

Vor dem Zählen muß das Zählfeld auf den erforderlichen Anfangswert gesetzt werden. Im Regelfall wird das Null sein.

Format 1 der INSPECT-Anweisung erlaubt 3 verschiedene Möglichkeiten des Zählens (TALLYING):

- FOR CHARACTERS,
- FOR ALL,
- FOR LEADING.

FOR CHARACTERS

Durch die Angabe FOR CHARACTERS werden alle Zeichen gezählt, die das Feld *daten-name-1* enthält. Sinnvoll ist das oft dann, wenn mit dem Zählvorgang vor (**BEFORE**) oder nach (**AFTER**) einem auslösenden Zeichen (**INITIAL**) begonnen wird. Das Auslösezeichen muß im Feld *daten-name-3* oder als Literal (*literal-3*) angegeben werden. Das Zählfeld (*daten-name-2*) wird nach jedem gezählten Zeichen einschließlich der Leerstellen um den Wert 1 erhöht.

Beispiel 1:

Es sollen alle Zeichen des Feldes TESTLINE bis zum erstmaligen Auftreten des Zeichens "" gezählt werden.*

```
WORKING-STORAGE SECTION.
01   TESTLINE              PIC X(20).
01   ZAEHL                 PIC 99 VALUE ZERO.
...
PROCEDURE DIVISION.
...
     INSPECT TESTLINE TALLYING ZAEHL
             FOR CHARACTERS BEFORE "*".
```

TESTLINE

| 1 | 2 | A | B | 1 | 2 | A | B | * | T | E | S | T | L | I | N | E | * | A | B |

1 >>>>>>>>>>>>>>> 8

ZAEHL

| 0 | 8 |

Bei der Angabe

```
     INSPECT TESTLINE TALLYING ZAEHL
             FOR CHARACTERS AFTER "*"
```

wird nach (AFTER) dem Auslösezeichen "*" mit dem Zählen begonnen. Im Feld ZAEHL wird deshalb der Wert 11 gespeichert.

Hinweis:
Ist in einer INSPECT-Anweisung ein Auslösezeichen durch BEFORE oder AFTER angegeben, wird immer nur das erste Auftreten dieses Zeichens als Auslöser interpretiert. Alle nachfolgenden Zeichen der gleichen Art werden als Teil der zu prüfenden Zeichenkette betrachtet (siehe Beispiel 1).

FOR ALL

Durch die Angabe FOR ALL wird ein bestimmtes Zeichen oder eine bestimmte Zeichenkette gezählt, die entweder im Feld *daten-name-3* oder als Literal (*literal-3*) anzugeben ist. Das Zählen beginnt an der äußerst linken Zeichenposition und setzt sich bis zur äußerst rechten Zeichenposition fort.

7.2 Datenübertragungen

Mit dem Zählvorgang darf auch hier *vor* (**BEFORE**) oder *nach* (**AFTER**) einem Auslösezeichen begonnen werden. Das Auslösezeichen selbst ist in der Summe der gezählten Zeichen nicht enthalten.

Beispiel 2:

Das Feld TESTLINE des Beispiels 1 soll nach der Zeichenkette "AB" durchsucht werden.

```
INSPECT TESTLINE TALLYING ZAEHL
        FOR ALL "AB"
```

TESTLINE

| 1 | 2 | A | B | 1 | 2 | A | B | * | T | E | S | T | L | I | N | E | * | A | B |

ZAEHL

| 0 | 3 |

Beispiel 3:

Die INSPECT-Anweisung des Beispiels 2 soll durch eine BEFORE-Angabe ergänzt werden. Zu Zählen ist die Zeichenkette "AB" bis zum erstmaligen Auftreten des Zeichens "".*

```
INSPECT TESTLINE TALLYING ZAEHL
        FOR ALL "AB" BEFORE "*".
```

TESTLINE

| 1 | 2 | A | B | 1 | 2 | A | B | * | T | E | S | T | L | I | N | E | * | A | B |

ZAEHL

| 0 | 2 |

Wird die Anweisung mit der AFTER-Angabe geschrieben,

```
INSPECT TESTLINE TALLYING ZAEHL
        FOR ALL "AB" AFTER "*".
```

ist der Inhalt des Zählfeldes 01. Damit wird noch einmal deutlich, daß nur das erste Auftreten von "*" als Auslösezeichen interpretiert wird.

Beispiel 4:

Die zu zählende Zeichenkette "AB" soll in der INSPECT-Anweisung nicht als Literal, sondern in einem separat definierten Feld (ZEICHEN) angegeben werden.

```
WORKING-STORAGE SECTION.
01   TESTLINE                 PIC X(20).
01   ZAEHL                    PIC 99 VALUE ZERO.
01   ZEICHEN                  PIC XX.
...
PROCEDURE DIVISION.
...
     MOVE "AB" TO ZEICHEN.
     INSPECT TESTLINE TALLYING ZAEHL
             FOR ALL ZEICHEN BEFORE "*".
```

Das Ergebnis ist das gleiche wie in Beispiel 3.

FOR LEADING

Mit FOR LEADING können alle führenden Zeichen des zu durchsuchenden Feldes gezählt werden. Dieses Zeichen oder diese Zeichenkette ist im Feld *daten-name-4* oder als Literal (*literal-4*) anzugeben.

Als führende Zeichen bezeichnet man mehrere hintereinanderliegende gleiche Zeichen, die am Anfang des Datenfeldes stehen. Ein *einziges* **führendes Zeichen wird nicht berücksichtigt.**

Beispiel 5:

```
     INSPECT TESTLINE TALLYING ZAEHL
             FOR LEADING ZERO.
```

TESTLINE

0	0	0	0	0	0	1	2	3	4	*	T	E	S	T	L	I	N	E	*

1>>>>>>>>>> 6

ZAEHL

0	6

7.2 Datenübertragungen

Aber:
Würde das Feld TESTLINE nur *eine* führende Null besitzen, wäre der Inhalt des Zählfeldes 00.

TESTLINE

| 0 | 1 | 2 | 3 | 4 | 5 | 6 | 7 | 8 | 9 | * | T | E | S | T | L | I | N | E | * |

1>>>>>>>>>>   6

ZAEHL

| 0 | 6 |

Auch bei FOR LEADING kann ein Auslösezeichen (INITIAL) angegeben werden, vor (**BEFORE**) oder nach (**AFTER**) dessen Auftreten mit dem Zählen begonnen werden soll.

Zum Format 2 INSPECT-Anweisung (REPLACING)

Mit der INSPECT-Anweisung des Formats 2 lassen sich Zeichen oder Zeichenketten eines Feldes durch andere Zeichen oder Zeichenketten ersetzen (REPLACING).

Für das Ersetzen gibt es vier verschiedene Angaben:

- **REPLACING CHARACTERS,**
- **REPLACING ALL,**
- **REPLACING LEADING,**
- **REPLACING FIRST.**

daten-name-1 wurde bereits bei der Beschreibung des Formats 1 behandelt. Im Format 2 sollen alle oder bestimmte Zeichen bzw. Zeichenketten des Feldes *daten-name-1* durch andere ersetzt werden.

Ist *literal-4* eine figurative Konstante, darf *literal-5* bzw. *daten-name-5* nur 1 Byte lang sein.

REPLACING CHARACTERS

Durch diese Angabe werden im Feld *daten-name-1* sämtliche Zeichen Byte für Byte durch die in *daten-name-2* oder als Literal (*literal-2*) angegebenen Zeichen ersetzt. Mit dem Ersetzen kann vor (**BEFORE**) oder nach (**AFTER**) einem Auslösezeichen (**INITIAL**) begonnen werden. Das Auslösezeichen ist im Feld *daten-name-3* oder als Literal (*literal-3*) anzugeben.

Die Zeichenketten, die ausgetauscht werden sollen, müssen entweder die gleiche Länge haben oder die neue Zeichenkette in *daten-name-2* bzw. als Literal (*literal-2*) darf nur 1 Byte lang sein.

Beispiel 6:

```
INSPECT KONTO REPLACING
        CHARACTERS BY SPACE AFTER ":".
```

KONTO   *vorher*

| K | O | N | T | O | : | 1 | 2 | 3 | 4 | 5 | 6 | 7 | 8 | 9 | 0 | A | A | A | A |

nachher

| K | O | N | T | O | : | | | | | | | | | | | | | | |

REPLACING ALL

Durch ALL werden in *daten-name-1* diejenigen Zeichen ersetzt, die zum Vergleich in *daten-name-4* angegeben sind. Die aktuellen Zeichen, welche die "alten" ersetzen sollen, sind in *daten-name-5* bzw. als Literal (*literal-5*) anzugeben. Mit dem Ersetzen kann vor (**BEFORE**) oder nach (**AFTER**) einem Auslösezeichen (**INITIAL**) begonnen werden, welches in *daten-name-6* oder als Literal (*literal-6*) anzugeben ist.

Die Felder werden für alle Ersetzungsarten (ALL, LEADING, FIRST) wie folgt bezeichnet:

7.2 Datenübertragungen

daten-name-4 (literal-4) = **Subjektfeld**
daten-name-5 (literal-5) = **Ersetzungsfeld**

Bei den Angaben ALL, LEADING und FIRST muß das Subjektfeld und das Ersetzungsfeld die gleiche Länge haben.

Ist das **Subjektfeld** eine **figurative Konstante**, wird es als einstelliges nichtnumerisches Literal angesehen. Demzufolge muß auch das Ersetzungsfeld einstellig angegeben werden. Ist das **Ersetzungsfeld** eine **figurative Konstante**, wird unterstellt, daß es die gleiche Länge wie das Subjektfeld besitzt. Zum Beispiel wird durch die Angabe
```
      REPLACING ALL "AB" BY SPACE
```
das Ersetzungsfeld als zweistellig betrachtet.

Beispiel 7:

```
INSPECT KONTO
    REPLACING ALL "A" BY "*".
```

KONTO   *vorher*
| K | O | N | T | O | : | 1 | 2 | 3 | 4 | 5 | 6 | 7 | 8 | 9 | 0 | A | A | A | A |

                                                                          nachher
| K | O | N | T | O | : | 1 | 2 | 3 | 4 | 5 | 6 | 7 | 8 | 9 | 0 | * | * | * | * |

Beispiel 8:

```
INSPECT FELD-1
    REPLACING ALL "ABC" BY "DEF"
              ALL "1"   BY SPACE
              ALL "*"   BY "/"
              ALL SPACE BY ZERO AFTER "/"
              ALL "A"   BY "B".
```

FELD-1   *vorher*
| A | B | C | 1 | 2 | 3 | * | * | * | | / | | | A | A | A | A | A |

                                                                          nachher
| D | E | F | | 2 | 3 | / | / | / | | / | 0 | 0 | B | B | B | B | B |

REPLACING LEADING

Durch LEADING werden alle führenden Zeichen des Feldes *daten-name-1* ersetzt. Die zu ersetzenden Zeichen sind zum Vergleich in *daten-name-4* oder als Literal (*literal-4*) anzugeben. Die aktuellen Zeichen, welche die "alten" ersetzen sollen, müssen in *daten-name-5* bzw. als Literal (*literal-5*) angegeben werden. Es gelten die gleichen Regeln wie unter REPLACING ALL angegeben.

Beispiel 9:

```
INSPECT BETRAG
    REPLACING LEADING ZERO BY SPACE AFTER ":".
```

BETRAG   *vorher*

| B | E | T | R | A | G | : | 0 | 0 | 0 | 0 | 0 | 1 | 2 | 3 | 4 | 5 | , | 0 | 0 |

nachher

| B | E | T | R | A | G | : | | | | | | 1 | 2 | 3 | 4 | 5 | , | 0 | 0 |

REPLACING FIRST

Durch die Angabe REPLACING FIRST wird die erste auftretende Zeichenkette im Feld *daten-name-1* ersetzt, welche zum Vergleich in *daten-name-4* bzw. als Literal (*literal-4*) angegeben ist. Im Feld *daten-name-5*, oder als Literal (*literal-5*), ist die neue Zeichenkette anzugeben.

Die auszutauschenden Zeichenketten müssen die gleiche Länge haben. Es gelten die gleichen Regeln wie unter REPLACING ALL angegeben.

Beispiel 10:

```
INSPECT BETRAG
    REPLACING FIRST "0000" BY SPACE AFTER ":".
```

7.2 Datenübertragungen

BETRAG *vorher*

| B | E | T | R | A | G | : | 0 | 0 | 0 | 0 | 0 | 1 | 2 | 3 | 4 | 5 | , | 0 | 0 |

nachher

| B | E | T | R | A | G | : | | | | | | 0 | 1 | 2 | 3 | 4 | 5 | , | 0 | 0 |

Zum Format 3 INSPECT-Anweisung

Format 3 besteht aus einer Zusammenfassung der Formate 1 und 2. Die bereits gemachten Aussagen zu diesen Formaten treffen deshalb auch hier zu.

Beispiel 11:

```
INSPECT FELD-1
    TALLYING ZAEHL FOR CHARACTERS BEFORE "*"
    REPLACING ALL "A" BY "Z" AFTER "/".
```

FELD-1 *vorher*

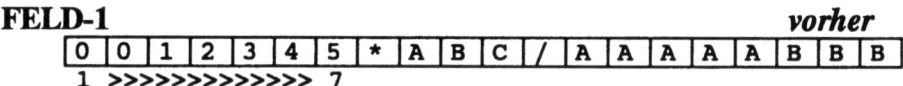

| 0 | 0 | 1 | 2 | 3 | 4 | 5 | * | A | B | C | / | A | A | A | A | B | B | B |

1 >>>>>>>>>>>> 7

ZAEHL

| 0 | 7 |

FELD-1 *nachher*

| 0 | 0 | 1 | 2 | 3 | 4 | 5 | * | A | B | C | / | Z | Z | Z | Z | B | B | B |

Zum Format 4 INSPECT-Anweisung (CONVERTING)

Mit der INSPECT-Anweisung des Formats 4 kann eine beliebige Zeichenfolge in eine andere, gleich große Zeichenfolge umgewandelt werden (CONVERTING). *daten-name-2* enthält alle Einzelzeichen, die im Feld *daten-name-1* umgewandelt werden sollen. *daten-name-3* enthält dagegen die Ersatzzeichen. Die Konvertierung erfolgt byteweise von links nach rechts, deshalb müssen beide Felder mit gleicher Länge definiert werden. Werden statt Datenfeldern Literale angegeben (*literal-2*, *literal-3*), müssen diese ebenfalls die gleiche Länge besitzen. Wird als Literal eine figurative Konstante verwendet, werden alle Zeichen des Feldes *daten-name-1* durch die figurative Konstante ersetzt.

Die Konvertierung kann durch ein Auslösezeichen oder eine auslösende Zeichengruppe (INITIAL) begrenzt werden. Bei der Angabe **BEFORE** wird vor und bei der Angabe **AFTER** nach dem ersten Auftreten des Auslösezeichens mit der Umwandlung begonnen.

INSPECT CONVERTING läßt sich als eine Anweisung des Formats 2 mit einer Reihe von **ALL**-Angaben interpretieren. Deshalb gelten hier die gleichen Regeln wie bei einer Ersetzung mit REPLACING ALL. Die Anwendung des Formats 4 ist jedoch besonders bei der Konvertierung größerer Zeichenfolgen einfacher und mit weniger Zeitaufwand verbunden als das langwierige Ersetzen der Einzelzeichen mit ALL.

INSPECT CONVERTING wurde mit dem **ANS-1985** eingeführt. Die Anweisung entspricht in ihrer Wirkung der früheren TRANSFORM-Anweisung, die von IBM- und Siemens-Compilern unterstützt wurde.

Beispiel 12:

```
INSPECT FELD-1 CONVERTING
    "ABCDEFGHIJKLMNOPQRSTUVWXYZ" TO
    "abcdefghijklmnopqrstuvwxyz".
```

FELD-1   *vorher*

| A | B | C | D | E | F | G | H | I | J | K | L | M | N | O | P | Q | R | S | ... |

vorher

| a | b | c | d | e | f | g | h | i | j | k | l | m | n | o | p | q | r | s | ... |

Beispiel 13:

```
INSPECT FELD-2 CONVERTING
    SPACE TO ZERO.
```

7.2 Datenübertragungen

FELD-2   *vorher*

| B | E | T | R | A | G | : | | | | | 1 | 2 | 3 | 4 | 5 | , | 0 | 0 |

nachher

| B | E | T | R | A | G | : | 0 | 0 | 0 | 0 | 1 | 2 | 3 | 4 | 5 | , | 0 | 0 |

Mit gleichem Ergebnis könnte für dieses Beispiel auch codiert werden

```
INSPECT FELD-2 REPLACING
        ALL SPACE BY ZERO.
```

Beispiel 14:

```
INSPECT FELD-3 CONVERTING
        SPACE TO "-" BEFORE "*" AFTER "/".
```

FELD-3   *vorher*

| | | | | | * | 1 | 2 | 3 | 4 | 5 | , | 0 | 0 | / | | | | | |

nachher

| - | - | - | - | - | * | 1 | 2 | 3 | 4 | 5 | , | 0 | 0 | / | - | - | - | - | - |

INSPECT CONVERTING kann wegen des zeichenweisen Vergleichs auch für das Umsetzen von Zeichen aus einer Sortierfolge in eine andere verwendet werden.

Hinweis:

*Wenn die Datenfelder **daten-name-2**, **daten-name-3** und **daten-name-4** den gleichen Speicherplatz belegen wie das zu prüfende Feld **daten-name-1**, ist das Ergebnis der INSPECT CONVERTING-Anweisung nicht vorhersagbar.*

7.2.8 INITIALIZE-Anweisung

Die INITIALZE-Anweisung wurde mit **ANS-1985** eingeführt. Sie gestattet, ein Datenfeld mit vordefinierten Werten zu füllen, wobei gleichzeitig bestimmte Ersetzungen vorgenommen werden können. INITIALIZE ist besonders für die Initialisierung von Tabellen geeignet, deren Elemente mit unterschiedlichen Datenkategorien definiert wurden. Dabei können sowohl einzelne subskribierte Felder als auch vollständige Tabellen mit Anfangswerten versehen werden.

Format:

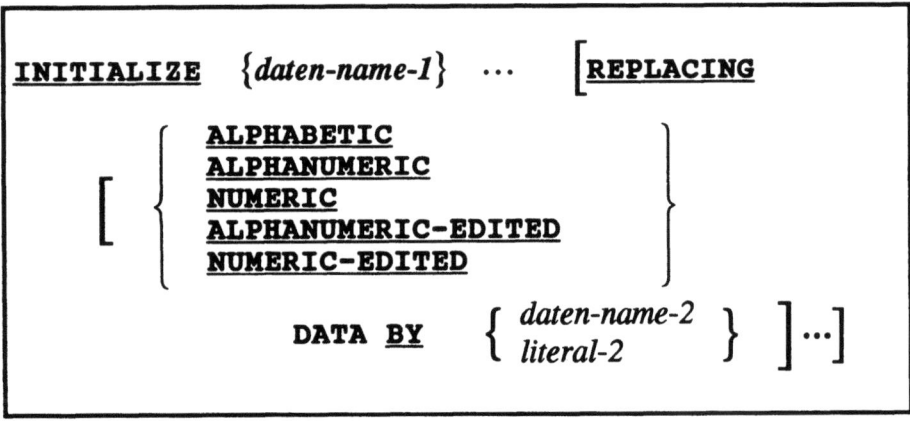

daten-name-1 steht für das empfangende Datenfeld, welches mit den Initial-Werten gefüllt werden soll. Es kann ein Elementardatenfeld, Gruppendatenfeld oder eine Tabelle sein. Die Beschreibung von *daten-name-1* darf keine RENAMES-Klausel enthalten.

daten-name-2 repräsentiert das sendende Datenfeld, dessen Inhalt nach *daten-name-1* zu übertragen ist. Statt eines Datenfeldes darf auch ein Literal (*literal-2*) bzw. eine figurative Konstante angegeben werden.

Die Übertragung der Zeichen wird durch die INITIALIZE-Anweisung so vorgenommen, als läge für jedes einzelne Datenelement eine MOVE-Anweisung vor. Wird die INITIALIZE-Anweisung auf der Gruppenstufe angegeben, entspricht deren Ausführung einer Reihe von MOVE-Anweisungen, für jedes Datenelement eine.

7.2 Datenübertragungen

Da mit der Einführung des **ANS-1985** auch die Übertragung von druckaufbereiteten Feldern möglich wurde, lassen sich durch INITIALIZE auch numerisch- und alphanumerisch-druckaufbereitete Felder initialisieren.

Folgende Felder werden *nicht* durch die INITIALIZE-Anweisung initialisiert:

- Felder mit der Bezeichnung **FILLER**;
- **Index-Datenfelder**;
- Felder, die mit **OCCURS DEPENDING ON** beschrieben sind;
- Felder, die eine **RENAMES**-Klausel enthalten.

Ohne REPLACING-Zusatz

Wird der wahlfreie REPLACING-Zusatz weggelassen, werden je nach Datenkategorie von *daten-name-1* Leerzeichen (SPACES) oder Nullen (ZEROS) dorthin übertragen.

Datenkategorie	Initialisierungs-Zeichen
alphabetisch alphanumerisch alphanumerisch-aufbereitet	SPACES
numerisch numerisch-aufbereitet	ZEROS

Daraus lassen sich folgende Regeln ableiten:

- Der vor der Initialisierung vorhandene Feldinhalt wird je nach Datenkategorie von Leerzeichen oder Nullen überspeichert, so als läge ein **MOVE SPACES** bzw. **MOVE ZEROS TO** *Empfangsfeld* vor.

- Numerische Felder werden mit Nullen gefüllt, so als läge ein **MOVE ZEROS TO** *Empfangsfeld* vor.

- Alphanumerische Felder werden mit Leerzeichen gefüllt, so als läge ein **MOVE SPACES TO** *Empfangsfeld* vor.

- Druckaufbereitete Felder werden entsprechend ihrer Definition initialisiert.

Beispiel 1:

```
WORKING-STORAGE SECTION.
01  W1-SATZ.                          Feldinhalt nach Initialisierung
    05 SA     PIC XX                  [ | ]
    05 NR     PIC 9(7)                [0|0|0|0|0|0|0]
    05 ART    PIC X(10)               [ | | | | | | | | | ]
    05 A-NR   PIC 9(3)/99             [0|0|0|/|0|0]
    05 GIRO   PIC 9(10)               [0|0|0|0|0|0|0|0|0|0]
    05 BLZ    PIC 9(8)                [0|0|0|0|0|0|0|0]
    05 GUTH   PIC 9(6)V99             [0|0|0|0|0|0|0|0]
    05 BETR   PIC *(5)9,99            [*|*|*|*|*|0|,|0|0]

PROCEDURE DIVISION.
...
    INITIALIZE W1-SATZ.
```

Beispiel 2.

```
WORKING-STORAGE SECTION.
01  W1-DRU.                           Feldinhalt nach Initialisierung
    05 FELD1  PIC *(6)9.99CR          [*|*|*|*|*|*|0|.|0|0]
    05 FELD2  PIC A(10)               [ | | | | | | | | | ]
    05 FELD3  PIC B(6)9.99            [ | | | | | | |0|.|0|0]
```

7.2 Datenübertragungen

```
05  FELD4  PIC S9(8)V99    |0|0|0|0|0|0|0|0|0|0|
05  FELD5  PIC $(6)9.99    |   |   |   |   |   |$|0|.|0|0|
05  FELD6  PIC +(4)9.99    |   |   |   |   |+|0|.|0|0|
PROCEDURE DIVISION.
...
    INITIALIZE W-DRU.
```

Mit REPLACING-Zusatz

Durch REPLACING können Elementarfelder einer Datengruppe initialisiert werden. Die Elementarfelder müssen jedoch der Datenkategorie angehören, die im REPLACING-Zusatz angegeben ist bzw. die Übertragung der Daten muß den Regeln entsprechender MOVE-Anweisungen gehorchen. Der Anfangswert für diese Felder ist im Feld *datenname-2* oder als Literal (*literal-2*) anzugeben.

Beispiel 3:

Es wird für dieses Beispiel angenommen, daß der Feldinhalt von W1-SATZ vor der Initialisierung dem in Beispiel 1 entspricht.

```
WORKING-STORAGE SECTION.
01  W1-SATZ.                       Feldinhalt nach Initialisierung
    05  SA     PIC XX              |-|-|
    05  NR     PIC 9(7)            |0|0|0|0|0|0|0|
    05  ART    PIC X(10)           |-|-|-|-|-|-|-|-|-|-|
    05  A-NR   PIC 9(3)/99         |0|0|0|/|0|0|
    05  GIRO   PIC 9(10)           |0|0|0|0|0|0|0|0|0|0|
    05  BLZ    PIC 9(8)            |0|0|0|0|0|0|0|0|
    05  GUTH   PIC 9(6)V99         |0|0|0|0|0|0|0|0|
    05  BETR   PIC *(5)9,99        |*|*|*|*|*|0|,|0|0|
```

INITIALIZE W1-SATZ.
REPLACING ALPHANUMERIC DATA BY ALL "-".

Durch den REPLACING-Zusatz wurden die alphanumerisch definierten Felder SA und ART mit dem Literal " - " gefüllt. Die übrigen Felder wurden nicht initialisiert, weil sie numerisch bzw. numerisch druckaufbereitet definiert sind.

Hinweis:

Soll der gesamte Feldinhalt initialisiert werden, muß vor dem Literal die figurative Konstante ALL stehen. Die Anweisung ... REPLACING ALPHANUMERIC DATA BY "-" würde nur die jeweils 1. Stelle der Felder SA und ART initialisieren.

Der REPLACING-Zusatz darf auch dann angegeben werden, wenn das empfangende Feld (*daten-name-1*) ein Elementardatenfeld ist. Die Initialisierung findet nur dann statt, wenn die Datenkategorie dieses Feldes mit der im REPLACING-Zusatz angegebenen übereinstimmt bzw. die Übertragung der Daten den Regeln einer entsprechenden MOVE-Anweisung entspricht.

Beispiel 4:

```
01  ALPHANUM-1        PIC X(6) JUST VALUE "TEST".
01  ALPHABETIC-1      PIC A(3) VALUE "123".

PROCEDURE DIVISION.
...
    INITIALIZE ALPHANUMERIC-1
      REPLACING ALPHANUMERIC DATA BY ALPHABETIC-1.
```

ALPHANUM-1

Feldinhalt vor Initialisierung

		T	E	S	T

Feldinhalt nach Initialisierung

			1	2	3

7.2 Datenübertragungen

In diesem Beispiel findet eine Übertragung von Daten aus einem alphabetisch definierten in ein alphanumerisch definiertes Feld statt, was den Regeln für die Übertragung durch eine MOVE-Anweisung entspricht.

Hinweis:
*Belegt **daten-name-1** den gleichen Speicherbereich wie **daten-name-2**, ist das Ergebnis der INITIALIZE-Anweisung nicht vorhersagbar.*

7.2.8.1 Initialisierung von Tabellen

Die INITIALIZE-Anweisung kann zur Initialisierung von Tabellen verwendet werden. Da die VALUE-Anweisung nicht zusammen mit der OCCURS-Klausel codiert werden darf, war bis zum ANS-1974 die direkte Initialisierung einer Tabelle zum Zeitpunkt der Definition nicht möglich. Eine Möglichkeit der Anfangswertzuweisung besteht zum Beispiel durch die Redefinition eines Datenbereichs, welcher für die Tabelle verwendet werden kann.

Beispiel 5 (Anfangswertzuweisung durch Redefinition):

```
WORKING-STORAGE SECTION.
...
77  I               PIC 9 VALUE ZERO.
01  W-TAGE.
    05 FILLER       PIC X(10) VALUE "MONTAG".
    05 FILLER       PIC X(10) VALUE "DIENSTAG".
    05 FILLER       PIC X(10) VALUE "MITTWOCH".
    05 FILLER       PIC X(10) VALUE "DONNERSTAG".
    05 FILLER       PIC X(10) VALUE "FREITAG".
    05 FILLER       PIC X(10) VALUE "SAMSTAG".
    05 FILLER       PIC X(10) VALUE "SONNTAG".

01  W-TAGE-TAB REDEFINES W-TAGE.
    05 W-TAG        PIC X(10) OCCURS 7 INDEXED BY I.
```

Diese Vorgehensweise ist jedoch wegen des recht hohen Codieraufwands nur bei kleineren Tabellen sinnvoll.

Bei Tabellen, die nur aus numerischen oder alphanumerischen Feldern bestehen, können Anfangswerte mit der MOVE-Anweisung zugeordnet werden.

Beispiel 6 (Anfangswertzuweisung durch MOVE-Anweisungen):

```
01  W-TAGE-TAB.
    05 W-TAG     PIC X(10) OCCURS 7 INDEXED BY I.

PROCEDURE DIVISION.
...
    MOVE SPACES TO W-TAGE-TAB.
```

Besteht jedoch eine Tabelle aus gemischt definierten Feldern, so konnte vor dem ANS-1985 eine Wertezuweisung nur über eine Programmschleife realisiert werden. Die INITIALIZE-Anweisung stellt für derartige Fälle ein hervorragendes Hilfsmittel dar, um Elementarfeldern einer bestimmten Datenkategorie einen Anfangswert zuzuweisen.

Beispiel 7 (Anfangswertzuweisung durch INITIALIZE-Anweisung):

```
01  W-BANK-TAB.
    05 W-BANK        OCCURS 1000 INDEXED BY I.
       10 W-KREDIT-INST  PIC X(30).
       10 W-ORT          PIC X(30).
       10 W-BLZ          PIC 9(8).
       10 W-STAT-KZ      PIC A(5).
PROCEDURE DIVISION.
...
    INITIALIZE W-BANK-TAB
       REPLACING ALPHANUMERIC DATA BY SPACES
                 NUMERIC DATA BY ZEROS
                 ALPHABETIC DATA BY ALL "*".
```

Die alphanumerisch definierten Felder werden mit Leerzeichen, die numerischen mit Nullen und die alphabetischen mit ALL "" initialisiert.*

Mit der INITIALIZE-Anweisung können auch einzelne Tabellen-Elemente initialisiert werden.

Beispiel 8:

```
SET I TO 20.
INITIALIZE W-BLZ (I) REPLACING BY 60000000.
```

7.3 Arithmetische Ausdrücke

Unter einem arithmetischen Ausdruck versteht man die Kombination von numerischen Datenelementen oder numerischen Literalen, Klammern, Vergleichssymbolen und arithmetischen Operatoren. Arithmetische Ausdrücke können in Klammern eingeschlossen sein. Klammern geben die Reihenfolge an, mit der Berechnungen durchzuführen sind.

7.3.1 Arithmetische Operatoren

Arithmetische Operatoren sind logische Funktionszeichen, die für die Bildung arithmetischer Ausdrücke (z. B. Formeln) verwendet werden. In ANS-COBOL unterscheidet man zwischen fünf binären und einem unären Operator.

Binärer Operator	Bedeutung
+	Addition
-	Subtraktion
*	Multiplikation
/	Division
**	Potenzierung
Unärer Operator	**Bedeutung**
+	positiver Multiplikator (Nur IBM/Siemens)
-	negativer Multiplikator

Bei den arithmetischen Operatoren + (Plus) und - (Minus) muß man gedanklich zwischen Vorzeichen und Rechenzeichen unterscheiden. Rechenzeichen geben an, ob die durch sie verbundenen Zahlen addiert oder subtrahiert werden sollen. Sie werden als **binäre Operatoren** bezeichnet. Demgegenüber bestimmen Vorzeichen, ob eine Zahl oder ein Ausdruck positiv oder negativ ist. Vorzeichen werden als **unäre Operatoren** bezeichnet.

Hinweis:
Der unäre Operator + ist in ANS-COBOL nicht vorgesehen. Bei den Herstellern IBM und Siemens dient er nur der Dokumentation.

Für unäre Operatoren gelten folgende Regeln:

- Ein unärer Operator darf nur links neben einer Zahl oder einem Ausdruck stehen.

- Steht ein unärer Operator unmittelbar neben einem binären Operator, so wird der rechts stehende als unär betrachtet.

- Vor und nach einem arithmetischen Operator muß mindestens eine Leerstelle vorhanden sein.

Für die Bildung arithmetischer Ausdrücke im Zusammenhang mit arithmetischen Operatoren gelten die mathematischen Grundregeln. Danach ergibt sich für die Abarbeitung arithmetischer Ausdrücke die folgende Reihenfolge:

1. **Klammerausdrücke,**
2. **Unäre Operatoren,**
3. **Potenzierung,**
4. **Multiplikation und Division,**
5. **Addition und Subtraktion.**

Klammern müssen immer dann angegeben werden, wenn Mehrdeutigkeiten in der Logik auftreten, aufeinanderfolgende Operationen auf der gleichen hierarchischen Stufe stehen oder die hierarchische Ausführungsfolge geändert werden soll.

Ausdrücke, die in Klammern eingeschlossen sind, besitzen die größte Wertigkeit und werden zuerst berechnet. Befinden sich arithmetische Ausdrücke in einer **Schachtelung von Klammern**, ist die Reihenfolge der Berechnung vom inneren zum äußeren Klammerpaar. Sind arithmetische Operationen auf der gleichen hierarchischen Stufe nicht in Klammern angegeben, erfolgt die Berechnung des Ausdrucks von links nach rechts. Die Angabe von Klammern muß eindeutig sein, d.h. einer linken Klammer muß immer eine rechte Klammer gegenüberstehen. Bei Schachtelungen von Klammern gilt die Grundregel: **Die Anzahl der linken Klammern muß gleich der Anzahl der rechten Klammern sein.**

7.4 Bedingungen

Durch eine Bedingung wird das Objektprogramm veranlaßt, einen alternativen Programmpfad auszuwählen, der vom Wahrheitsgehalt einer Bedingung abhängig ist. Bedingungen können in den Anweisungen EVALUATE, IF, PERFORM und SEARCH angegeben werden. Man unterscheidet zwischen einfachen und komplexen Bedingungen.

7.4.1 Einfache Bedingungen

Eine einfache Bedingung kann den Wahrheitswert von **"wahr"** oder **"falsch"** bzw. **Ja** oder **Nein** annehmen.

In COBOL kennt man vier verschiedene einfache Bedingungen:
- **Klassenbedingungen,**
- **Vorzeichenbedingungen,**
- **Vergleichsbedingungen,**
- **Bedingungsnamen-Bedingungen.**
- **Schalter-Zustandsbedingungen** (UPSI-Schalter bei IBM)

7.4.1.1 Klassenbedingungen

Durch eine Klassenbedingung läßt sich überprüfen, ob der Inhalt eines Datenfeldes **numerisch** oder **alphabetisch** ist. Eine derartige Datenprüfung ist besonders dann sinnvoll, wenn es sich um ersterfaßte Daten handelt, oder wenn diese Daten von anderen neuen oder geänderten Programmen zur Verfügung gestellt werden. Unterbleibt eine Datenprüfung und werden in ein numerisch definiertes Empfangsfeld alphanumerische Daten, oder in ein alphabetisch definiertes numerische Daten eingespeist, endet der Programmlauf abnormal. Die Ursachen für den Abbruch sind in einem derartigen Fall nur schwer zu ermitteln.

Seit dem **ANS-1985** wurde die Abfrage nach Groß- und Kleinbuchstaben (**ALPHABETIC-UPPER, ALPHABETIC-LOWER**) sowie auf einen Klassennamen (*klassen-name*) erweitert.

Format:

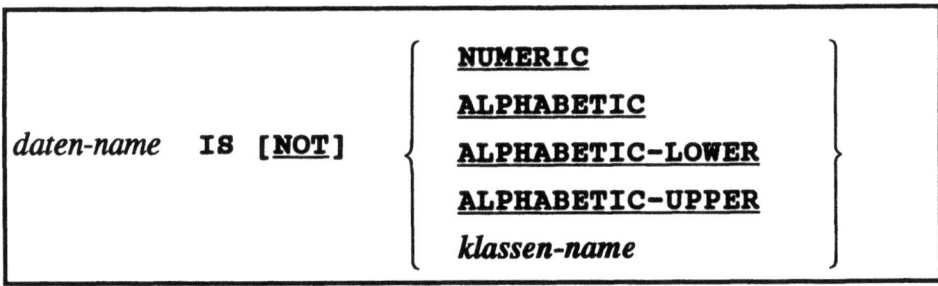

daten-name-1 bezeichnet das zu prüfende Datenfeld. Es muß implizit oder explizit mit **USAGE IS DISPLAY** definiert sein. Andere Darstellungsarten sind nicht zugelassen.

IBM-Erweiterung:
daten-name-1 darf für einen Feldinhalt, der auf numerisch zu testen ist, mit USAGE IS COMPUTATIONAL-3 oder USAGE IS PACKED-DECIMAL definiert sein.

NOT-Angabe
Durch den Zusatz NOT wird das nachfolgende Schlüsselwort als Verneinung abgefragt. So bedeutet z. B. die Angabe NOT NUMERIC einen Test nach einem nichtnumerischen Feldinhalt.

NUMERIC
Die Abfrage nach einem numerischen Feldinhalt darf nur bei **numerisch** oder **alphanumerisch** definierten Feldern vorgenommen werden. Ein Feld wird als numerisch betrachtet, wenn es ausschließlich die Ziffern **0-9** mit oder ohne **Vorzeichen** enthält. Ist das zu prüfende Feld vorzeichenbehaftet, wird es nur dann als numerisch angesehen, wenn auch seine PICTURE-Zeichenfolge ein Vorzeichen enthält.

Ein Feld darf *nicht* auf numerisch getestet werden, wenn es alphabetisch definiert wurde oder ein Gruppenfeld ist, welches mehrere vorzeichenbehaftete Elementarfelder enthält.

ALPHABETIC
Die Abfrage nach einem alphabetischen Feldinhalt darf nur bei **alphabetisch** oder **alphanumerisch** definierten Feldern vorgenommen werden. Ein Feld wird als alphabetisch betrachtet, wenn es ausschließlich die Buchstaben **A-Z** und die **Leerstelle** enthält. Seit dem ANS-1985 gehören dazu auch die Kleinbuchstaben **a-z**.

Ein Feld darf *nicht* auf ALPHABETIC getestet werden, wenn es numerisch definiert ist.

ALPHABETIC-LOWER
Die Angabe wurde mit **ANS-1985** eingeführt. Durch sie kann ein **alphabetisch** oder **alphanumerisch** definiertes Feld auf Kleinbuchstaben getestet werden. Der Test ist dann "wahr", wenn das Feld ausschließlich die Kleinbuchstaben **a-z** und die **Leerstelle** enthält.

ALPHABETIC-UPPER

Die Angabe wurde mit **ANS-1985** eingeführt. Es gelten die Regeln für ALPHABETIC-LOWER mit dem Unterschied, daß der Test dann wahr ist, wenn das Feld ausschließlich die Großbuchstaben **A-Z** und die **Leerstelle** enthält. Ein Feld darf nicht auf ALPHABETIC-LOWER oder ALPHABETIC-UPPER getestet werden, wenn es numerisch definiert ist.

klassen-name

Die Angabe wurde mit **ANS-1985** eingeführt. Wird bei der Abfrage der Klassenbedingung *klassen-name* angegeben, darf das Feld *daten-name-1* nur die Zeichen enthalten, die im Paragraphen SPECIAL-NAMES unter *klassen-name* angegeben sind (siehe CLASS-Klausel). Ein Feld darf nicht auf *klassen-name* getestet werden, wenn es numerisch definiert ist.

Die nachfolgende Zusammenstellung zeigt die gültigen Datenklassen, nach denen ein Datenfeld geprüft werden kann.

Datenklasse des Feldes	Gültige Prüfung
numerisch	[NOT] NUMERIC
alphabetisch	[NOT] ALPHABETIC [NOT] ALPHABETIC-LOWER [NOT] ALPHABETIC-UPPER [NOT] *klassen-name*
alphanumerisch alphanumerisch aufbereitet numerisch aufbereitet	[NOT] NUMERIC [NOT] ALPHABETIC [NOT] ALPHABETIC-LOWER [NOT] ALPHABETIC-UPPER [NOT] *klassen-name*
extern Dezimal (gepackte Darstellung)	[NOT] NUMERIC

7.4 Bedingungen

Beispiel:

```
IF EINGABE IS NUMERIC
    PERFORM VERARBEITUNG
ELSE
    PERFORM DATEN-FEHLER
END-IF
```

oder

```
IF EINGABE IS NOT NUMERIC
    PERFORM DATEN-FEHLER
ELSE
    PERFORM VERARBEITUNG
END-IF
```

In der Prozedur DATEN-FEHLER kann nun eine entsprechende Fehlermeldung ausgegeben und der Programmlauf abgebrochen werden. Es besteht jedoch auch die Möglichkeit, den Datenfehler durch das Programm beseitigen zu lassen. So können zum Beispiel mit der Anweisung INSPECT REPLACING führende Blanks in Nullen umgewandelt werden.

7.4.1.2 Vorzeichenbedingungen

Durch eine Vorzeichenbedingung läßt sich ermitteln, ob ein numerischer Wert **positiv, negativ** oder **Null** ist.

Format:

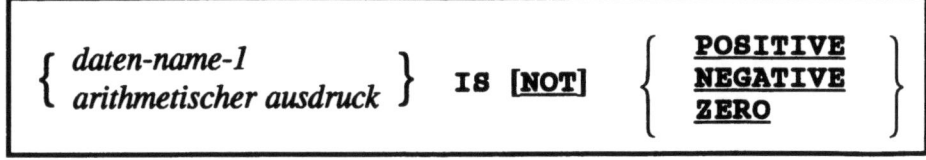

daten-name-1 muß ein numerisch definiertes Feld sein.

arithmetischer ausdruck steht für einen arithmetischen Ausdruck (z. B. eine Formel), dem ein intern ermitteltes Ergebnis vorausgehen kann und der auf einen Datennamen Bezug nehmen muß. Der Feldinhalt von *daten-name-1* bzw. *arithmetischer ausdruck* ist positiv, wenn sein Wert größer als Null, und negativ, wenn sein Wert kleiner als Null ist. Ist das Feld *daten-name-1* nicht vorzeichenbehaftet, kann es entweder POSITIVE oder ZERO sein.

Durch die **NOT-Angabe** wird das nachfolgende Schlüsselwort verneint. So bedeutet z. B. die Angabe ···NOT ZERO, daß der Wahrheitswert positiv oder negativ sein kann. Vorzeichenbedingungen werden in der Praxis oft durch Vergleichsbedingungen ersetzt.

Beispiel 1:

```
IF BETRAG IS NOT NEGATIVE OR NOT ZERO
    PERFORM RECHNUNG
ELSE
    PERFORM ERSTATTUNG
END-IF
```

Beispiel 2:

```
WORKING-STORAGE SECTION.
01   ZWISUM-1      PIC 99.
01   ZWISUM-2      PIC 99.
01   ZWISUM-3      PIC 99.
01   K             PIC 99.
01   S             PIC 9(4) PACKED-DECIMAL.
...
PROCEDURE DIVISION.
...
   ADD 10 TO ZWISUM-1, ZWISUM-2, ZWISUM-3.
   ADD 100 TO K.
   COMPUTE S = (ZWISUM-1 + ZWISUM-2 - ZWISUM-3) * K
   EVALUATE TRUE
      WHEN S IS POSITIVE DISPLAY "SUMME IST POSITIV"
      WHEN S IS NEGATIVE DISPLAY "SUMME IST NEGATIV"
      WHEN S IS ZERO     DISPLAY "SUMME IST NULL"
   END-EVALUATE.
...
```

7.4.1.3 Vergleichsbedingungen

Eine Vergleichsbedingung erlaubt einen Vergleich zwischen zwei Operanden. Ein Operand kann dabei ein Datenname, Literal, arithmetischer Ausdruck oder Indexname sein.

Format:

```
⎧ daten-name-1      ⎫   ⎧ IS [NOT] GREATER THAN            ⎫
⎪ literal-1         ⎪   ⎪ IS [NOT] LESS THAN              ⎪
⎨ arithm. ausdruck-1⎬   ⎪ IS [NOT] EQUAL THAN             ⎪
⎩ index-name-1      ⎭   ⎪ IS [NOT] >                      ⎪
                        ⎨ IS [NOT] <                      ⎬
                        ⎪ IS [NOT] =                      ⎪
                        ⎪ IS GREATER THAN                 ⎪
                        ⎪           OR EQUAL TO           ⎪
                        ⎪ IS >=                           ⎪
                        ⎪ IS LESS THAN                    ⎪
                        ⎪           OR EQUAL TO           ⎪
                        ⎩ IS <=                           ⎭

                        ⎧ daten-name-2            ⎫
                        ⎪ literal-2               ⎪
                        ⎨ arithmetischer ausdruck-2⎬
                        ⎩ index-name-2            ⎭
```

Nachfolgend werden, falls zulässig, *daten-name-1* usw. als **Operand-1** und *daten-name-2* usw. als **Operand-2** bezeichnet. Operand-1 bezeichnet man als das **Subjekt** und Operand-2 als das **Objekt** der Vergleichsbedingung. Außer bei numerischen Vergleichen müssen beide Operanden das gleiche USAGE-Format besitzen. **Der Vergleich zwischen zwei Literalen ist nicht erlaubt.** Da sich der Wert eines Literals nicht ändert, ist ein derartiger Vergleich ohnehin sinnlos.

Ist einer der beiden Operanden eine Datengruppe, wird ein nichtnumerischer Vergleich unterstellt.

In der nachfolgenden Tabelle sind die Vergleichsoperatoren und ihre Bedeutung aufgelistet.

Vergleichsoperator	verkürzte Schreibweise	Bedeutung
IS GREATER THAN	IS >	größer als
IS NOT GREATER THAN	IS NOT >	nicht größer als
IS LESS THAN	IS <	kleiner als
IS NOT LESS THAN	IS NOT <	nicht kleiner als
IS EQUAL TO	IS =	gleich
IS NOT EQUAL TO	IS NOT =	nicht gleich
IS GREATER THAN OR EQUAL TO	IS >=	größer als oder gleich
IS LESS THAN OR EQUAL TO	IS <=	kleiner als oder gleich

Davon wurden mit **ANS-1985** eingeführt:
- IS GREATER THAN OR EQUAL TO
- IS >=
- IS LESS THAN OR EQUAL TO
- IS <=

Numerischer Vergleich

Bei einem numerischen Vergleich werden die algebraischen Werte beider Operanden miteinander verglichen. Die Feldlängen und die internen Darstellungsformen der Operanden haben keinen Einfluß auf den Vergleich. So können z. B. gepackte Werte mit ungepackten verglichen werden. Vorzeichenlose Operanden werden als positiv betrachtet. Der Wert Null ist immer eindeutig, unabhängig davon, ob er vorzeichenbehaftet ist oder nicht.

Beispiel 1:

```
IF BETRAG IS GREATER THAN OR EQUAL TO 10000
    PERFORM RABATT
END-IF
```

7.4 Bedingungen

Nichtnumerischer Vergleich

Ein nichtnumerischer Vergleich wird auf der Grundlage der verwendeten **binären Sortierfolge** durchgeführt. Das heißt, für den EBCDIC-Zeichensatz basiert der Vergleich auf der EBCDIC-Sortierfolge und für den ASCII-Zeichensatz auf der ASCII-Sortierfolge. Ist im Paragraphen OBJECT-COMPUTER die Klausel PROGRAM COLLATING SEQUENCE angegeben, wird die Sortierfolge verwendet, die im Paragraphen SPECIAL-NAMES unter der ALPHABET *Alphabetname*-Klausel angegeben ist.

Beide Operanden müssen explizit oder implizit das Datenformat **USAGE IS DISPLAY** besitzen.

1. Nichtnumerischer Vergleich zwischen Operanden gleicher Länge

Bei einem nichtnumerischen Vergleich beeinflußt die Feldlänge der Operanden das Ergebnis. Sind die Feldlängen beider Operanden gleich, beginnt der Vergleich, indem von links beginnend Byte für Byte der jeweils gleichen Positionen miteinander verglichen werden. **Die Operanden sind genau dann gleich, wenn jedes Byte-Paar gleich ist.** Sind Byte-Paare ungleich, wird die relative Zeichenposition beider Operanden innerhalb der Sortierfolge ermittelt. **Derjenige Operand wird als der größere betrachtet, der das höhere Zeichen in der Sortierfolge enthält.**

Beispiel 2:

```
01  FELD-1  PIC X(6).    | 1 | 2 | 3 | 4 | 5 | A |   Vergleich der
01  FELD-2  PIC X(6).    | 1 | 2 | 3 | 4 | 5 | B |   Byte-Paare
                                             ↑
                                  ungleiches Byte-Paar
```

Wird der EBCDIC- oder ASCII-Zeichensatz zugrunde gelegt, nimmt B in der Sortierfolge eine höhere Position als A ein. Damit ist FELD-2 größer als FELD-1.

```
    IF FELD-1 >= FELD-2
       DISPLAY "FELD-1 >= FELD-2"
       PERFORM PROC-1
    ELSE PERFORM PROC-2
    END-IF
```

Die IF-Anweisung verzweigt in den NEIN-Zweig.

2. Nichtnumerischer Vergleich zwischen Operanden ungleicher Länge

Haben die zu vergleichenden Operanden ungleiche Feldlängen, wird das kleinere Feld so behandelt, als ob die fehlenden Byte-Stellen rechts mit **Leerstellen** aufgefüllt würden. Dadurch ergibt sich ein simulierter Vergleich zwischen Operanden gleicher Länge.

Beispiel 3:

```
01   FELD-1   PIC X(6).        | A | B | C | D |   |   |    Vergleich der
01   FELD-2   PIC X(4).        | A | B | C | D | b | b |    Byte-Paare
```
simuliertes Auffüllen der fehlenden Byte-Stellen mit Blanks

Wird der EBCDIC- oder ASCII-Zeichensatz zugrunde gelegt, nehmen alle Zeichen in der Sortierfolge die gleiche Position ein. Damit ist FELD-1 gleich FELD-2.

```
    EVALUATE TRUE
       WHEN FELD-1 = FELD-2
            DISPLAY "FELD-1 = FELD-2"
       WHEN FELD-1 > FELD-2
            DISPLAY "FELD-1 > FELD-2"
       WHEN OTHER
            DISPLAY "FELD-1 < FELD-2"
    END-EVALUATE
```

Es wird über DISPLAY der Hinweis ausgegeben: "FELD-1 = FELD-2"

7.4 Bedingungen

Vergleich zwischen numerischen und nichtnumerischen Operanden

Die Regeln für den nichtnumerischen Vergleich finden ihre Anwendung. Das bedeutet, daß beide Operanden das Datenformat **USAGE IS DISPLAY** besitzen müssen. Der numerische Operand muß bei einem derartigen Vergleich ganzzahlig sein.

Beispiel 4:

```
01   FELD-1   PIC 9(4).    │1│2│3│4│
01   FELD-2   PIC X(4).    │1│2│3│ │
```

Die Ziffer 4 des zweiten Feldes nimmt in der Sortierfolge eines Standardzeichensatzes eine höhere Position ein als die Ziffer 3 des ersten Feldes. Damit ist FELD-2 größer als FELD-1.

```
IF FELD-1 > FELD-2
    PERFORM PROC-1
ELSE PERFORM PROC-2
END-IF
```

Die IF-Anweisung verzweigt in den NEIN-Zweig.

Vergleich mit Index-Namen und Index-Datenfeldern

Vergleiche mit Index-Namen oder Index-Datenfeldern basieren auf folgenden Regeln:

- **Index-Name mit Index-Name:**
  Die entsprechenden Werte der Elementnummern werden miteinander verglichen.

- **Index-Name mit numerischen ganzzahligen Datenfeld/Literal:**
  Der Wert des Index-Namens wird mit dem Datenfeld oder Literal verglichen.

- **Index-Datenfeld mit Index-Name oder mit anderen Index-Datenfeld:**
Die tatsächlichen Werte werden ohne Konvertierung miteinander verglichen.

Nachstehende Tabelle zeigt die erlaubten Vergleiche mit Index-Namen und Index-Datenfeldern.

Operanden	Index-Name	Index-Datenfeld	Datenname (numerisch ganzzahlig)	Literal (numerisch ganzzahlig)
Index-Name	Vergleich der Elementnummern	Vergleich ohne Konvertierung	Vergleich der Elementnummern mit Datenname	Vergleich der Elementnummern mit Literal
Index-Datenfeld	Vergleich ohne Konvertierung	Vergleich ohne Konvertierung	*Nicht erlaubt*	*Nicht erlaubt*

Wird ein Index-Datenfeld mit einem Datennamen oder einem Literal verglichen, sind die Ergebnisse nicht vorhersagbar.

7.4.1.4 Bedingungsnamen-Bedingungen

Eine Bedingungsnamen-Bedingung kann als aussagefähige Alternative zur Vergleichsbedingung verwendet werden. Sie bestimmt, ob eine Bedingunsvariable diejenigen Werte besitzt, die über einen Bedingungsnamen mit ihr verknüpft sind.

Format:

Die Bedingungsnamen-Bedingung läßt sich besonders dann mit Erfolg einsetzen, wenn ein Datenfeld nach mehreren Werten abgefragt werden soll. Die Zuordnung der Werte zu einem Bedingungsnamen wird über eine **88er Definition** vorgenommen (siehe Spezielle Stufennummern).

7.4.2 Zusammengesetzte Bedingungen

Eine zusammengesetzte Bedingung liegt dann vor, wenn mehrere einfache Bedingungen durch die logischen Operatoren **AND** und/oder **OR** oder durch Verneinung mit **NOT** miteinander verknüpft sind. Der Wahrheitswert einer zusammengesetzten Bedingung ergibt sich aus den logisch verknüpften Wahrheiten der einfachen Bedingungen.

Format:

```
einfache bedingung   { AND / OR }   [NOT]   einfache bedingung ...
```

Innerhalb einer zusammengesetzten Bedingung können aus Gründen der Übersichtlichkeit, oder um logische Verknüpfungen von einfachen Bedingungen herzustellen, **Klammern** gesetzt werden. Werden Klammern verwendet, erfolgt die Auswertung der Bedingungen zuerst in der Klammer, bei einer Schachtelung von Klammern fortschreitend von der inneren zur äußeren Klammer. Werden keine Klammern verwendet, erfolgt die Auswertung von links nach rechts, wobei zuerst alle AND-Verknüpfungen berücksichtigt werden. Die logischen Operatoren AND und OR NOT wurden bereits im Abschnitt Reservierte Wörter beschrieben.

Beispiel:

```
IF SATZART = 02 OR 03 AND FELD-A NOT = ZERO
                      AND STAT-KZ NOT = "AA"
    PERFORM PROC-A THRU PROC-E
ELSE DISPLAY "KEINE DATEN VORHANDEN"
    PERFORM PROC-G
END-IF
```

7.5 Bedingte Anweisungen

Durch eine bedingte Anweisung wird der Wahrheitswert einer Bedingung ermittelt und ein alternativer Programmpfad bei der Abarbeitung der weiteren Anweisungen erzwungen. Welcher Pfad eingeschlagen wird, hängt vom definierten Wahrheitswert der Bedingung ab.

In diesem Kapitel soll nur die IF-Anweisung behandelt werden. Andere bedingte Anweisungen, wie z. B. ADD···ON SIZE ERROR, STRING ···ON OVERFLOW, READ···AT END usw., werden in anderen Kapiteln beschrieben.

7.5.1 IF-Anweisung

Die IF-Anweisung prüft Bedingungen auf ihren Wahrheitsgehalt. Je nachdem, ob dieser Wahrheitsgehalt mit "JA" oder "NEIN" beantwortet werden kann, werden alternative Anweisungen abgearbeitet bzw. wird zu alternativen Prozeduren verzweigt.

Format:

```
IF bedingung THEN      { anweisung-1      }
                       { NEXT SENTENCE    }

            [ ELSE     { anweisung-2   [END-IF] } ]
                       { NEXT SENTENCE           }
[END-IF]
```

In vielen Fällen bietet sich als Alternative zur IF-Anweisung die leistungsstarke EVALUATE-Anweisung an. EVALUATE sollte immer anstelle mehrfach geschachtelter IF-Anweisungen verwendet werden.

Das wahlfreie Wort THEN

Das reservierte Wort THEN ist im ANS-1968 und 1974 nicht zugelassen. In früheren COBOL-Versionen war es enthalten. Seit dem **ANS-1985** darf THEN wieder verwendet werden, weil dadurch die Lesbarkeit der IF-Anweisung verbessert wird. **Auf die Verarbeitung hat THEN keinen Einfluß.**

NEXT SENTENCE-Angabe

NEXT SENTENCE kann im JA- und NEIN-Zweig angegeben werden. Die Angabe bewirkt, daß die Steuerung sofort auf den nächsten COBOL-Satz übergeht, welcher der IF-Anweisung folgt.

Ist im JA-Zweig keine *anweisung-1* angegeben, muß NEXT SENTENCE codiert werden. In diesem Fall ersetzt NEXT SENTENCE die fehlende *anweisung-1*.

Da der gesamte NEIN-Zweig wahlfrei ist, muß NEXT SENTENCE beim Fehlen der *anweisung-2* nicht angegeben werden. Die Steuerung geht dann sofort auf den nächsten COBOL-Satz über. Aus Gründen einer besseren Übersichtlichkeit und Lesbarkeit sollte die NEXT SENTENCE-Angabe immer codiert werden.

Wenn NEXT SENTENCE angegeben ist, darf die Anweisung nicht mit END-IF abgeschlossen werden. Als Alternative zu NEXT SENTENCE darf in einen Leerzweig **CONTINUE** angegeben werden. Der Vorteil der CONTINUE-Angabe besteht darin, daß unmittelbar danach END-IF codiert werden darf (siehe CONTINUE-Anweisung).

IBM-Erweiterung:
END-IF darf unmittelbar nach NEXT SENTENCE angegeben werden. Die Steuerung geht dann jedoch nicht an die nächste Anweisung über, die END-IF folgt, sondern an die Anweisung, die nach dem nächsten Endpunkt codiert ist. Bei geschachtelten IF-Anweisungen ist das nur dann der Fall, wenn NEXT SENTENCE vor dem äußeren END-IF

angegeben wurde. Es ist deshalb empfehlenswert, hinter dem äußeren (letzten) END-IF einen Endpunkt zu setzen (siehe Beispiel 4 und 5).

ELSE-Angabe

Die ELSE-Angabe repräsentiert den wahlfreien **NEIN-Zweig** der IF-Anweisung. Sie muß immer dann angegeben werden, wenn zur *anweisung-1* eine alternative *anweisung-2* vorgesehen ist. Ist die Bedingung nicht erfüllt, wird sofort über den ELSE-Zweig die *anweisung-2* ausgeführt. Ist kein ELSE-Zweig vorhanden, wird zum nächsten COBOL-Satz übergegangen.

END-IF-Angabe

END-IF ist ein Ende-Begrenzer, der mit **ANS-1985** eingeführt wurde. Mit END-IF wird die IF-Anweisung in eine unbedingte Anweisung umgewandelt. Dadurch kann sie in anderen Anweisungen eingesetzt werden, die unbedingte Anweisungen verlangen (z. B. READ ⋯ AT END). Die END-IF-Angabe ist besonders bei geschachtelten IF-Anweisungen ein wertvolles Hilfsmittel, da dadurch nicht nur die Anweisungsfolge der JA-Zweige, sondern auch die der NEIN-Zweige exakt begrenzt werden kann. Bis zum ANS-1974 war das nur durch einen Punkt möglich, der jedoch gleichzeitig die gesamte IF-Anweisung beendete. **Der NEIN-Zweig darf nicht mit END-IF begrenzt werden, wenn für ihn ELSE NEXT SENTENCE angegeben wurde.**

Beispiel 1:

```
IF KONTO-NR IS NOT NUMERIC
    PERFORM ERROR-KORR
  ELSE NEXT SENTENCE.
```

Trifft die Bedingung zu, wird über den JA-Zweig die Anweisung PERFORM ERROR-KORR ausgeführt. Trifft die Bedingung nicht zu, wird über den NEIN-Zweig (ELSE) zum nächsten COBOL-Satz übergegangen, welcher der IF-Anweisung folgt. END-IF darf wegen NEXT SENTENCE nicht angegeben werden.

7.5 Bedingte Anweisungen

Beispiel 2:

```
IF KONTO-NR IS NOT NUMERIC
    PERFORM ERROR-KORR
    DISPLAY "KONTONUMMER IST NICHT NUMERISCH"
ELSE PERFORM VERARBEITUNG
END-IF
```

Trifft die Bedingung zu, werden über den JA-Zweig die Anweisungen PERFORM ERROR-KORR und DISPLAY... ausgeführt. Trifft die Bedingung nicht zu, wird über den NEIN-Zweig die Anweisung PERFORM VERARBEITUNG ausgeführt und die gesamte IF-Anweisung durch END-IF beendet.

7.5.1.1 Geschachtelte IF-Anweisungen

Im inneren einer IF-Anweisung können weitere IF-Anweisungen codiert werden. Man spricht in diesem Fall von einer geschachtelten IF-Anweisung. Diese inneren IF-Anweisungen können sowohl im JA- als auch im NEIN-Zweig der äußeren IF-Anweisung vorkommen.

Zu beachten ist besonders bei mehrdimensionalen Schachtelungen die Zuordnung der ELSE-Angaben zu ihren IF-Anweisungen. **Alle inneren IF-Anweisungen müssen als Paare von IF und ELSE betrachtet werden.** Da geschachtelte IF-Anweisungen sehr komplex und damit unübersichtlich sein können, empfiehlt es sich in jedem Fall, den ELSE-Zweig zu codieren, auch dann, wenn dieser keine Anweisungen enthält (ELSE NEXT SENTENCE bzw. ELSE CONTINUE). Jedes ELSE der inneren IF-Anweisungen besitzt dann ein unmittelbar vorhergehendes IF.

Beispiel 3:

Im JA-Zweig einer äußeren IF-Anweisung befinden sich zwei weitere IF-Anweisungen.

```
         IF SA = 00
         THEN IF FELD-1 = SPACE AND STAT-KZ NOT = "AB"
              THEN PERFORM PROC-21
              ELSE PERFORM PROC-22
              END-IF
                   IF FELD-3 > ZERO
                   THEN PERFORM PROC-31
                        MOVE BETRAG TO SUMME
                   ELSE PERFORM PROC-33
                   END-IF
         ELSE PERFORM   PROC-11
         END-IF.
```

Hinweis:

*Bei geschachtelten IF-Anweisungen sollte jedes IF durch ein **END-IF** abgeschlossen werden. Wird im Inneren einer IF-Anweisung aus Versehen ein Punkt gesetzt, wird die gesame IF-Anweisung dadurch abgeschlossen, und die Steuerung geht an die Anweisung über, die der äußeren IF-Anweisung folgt.*

Durch geschachtelte IF-Anweisungen verliert ein Quellprogramm an Übersichtlichkeit, was besonders bei späteren Programmänderungen problematisch sein kann. Geschachtelte IF-Anweisungen mit mehr als zwei inneren IF-Abfragen sollten deshalb nur in Ausnahmefällen codiert werden. Ist eine Variable auf verschiedene Werte zu testen, empfiehlt sich die Anwendung einer **EVALUATE-Anweisung**.

Beispiel 4   (IBM-Erweiterung):

```
         IF KUNDEN-NR = ZERO
             DISPLAY "KEINE KUNDEN-NR VORHANDEN"
             PERFORM EINGABE
         ELSE
            NEXT SENTENCE
         END-IF
         PERFORM PROC-1.
         PERFORM PROC-2.
```

Wird der ELSE-Zweig durchlaufen, geht die Steuerung wegen den unmittelbar auf NEXT SENTENCE folgenden (äußeren) END-IF an die

7.5 Bedingte Anweisungen

Anweisung über, die nach dem nächsten Endpunkt angegeben ist. In diesem Fall ist das PERFORM PROC-2. Anders ist die Situation in Beispiel 5.

Beispiel 5 (IBM-Erweiterung):
```
IF KUNDEN = ZERO
   DISPLAY "KEINE KUNDEN-NR VORHANDEN"
   IF KUNDEN-KENNUNG = "AA"
      MOVE  ALL "9" TO KUNDEN-NR
   ELSE
      NEXT SENTENCE
   END-IF
END-IF
PERFORM PROC-1.
PERFORM PROC-2.
```

ELSE NEXT SENTENCE befindet sich in der inneren IF-Anweisung, die zwar durch END-IF begrenzt ist, welcher aber ein weiteres END-IF der äußeren IF-Anweisung folgt. Wird der ELSE-Zweig durchlaufen, geht die Steuerung deshalb folgerichtig an die Anweisung PERFORM PROC-1 über.

7.5.1.2 IF-Anweisungen mit Leerzweigen

Bei einer IF-Anweisung kann entweder der JA-Zweig oder der NEIN-Zweig keine Anweisungen enthalten (Leerzweig). Ist der JA-Zweig ein Leerzweig, muß NEXT SENTENCE angegeben werden. Ist der NEIN-Zweig ein Leerzweig, kann NEXT SENTENCE angegeben werden.

Seit dem **ANS-1985** darf in einem Zweig, der keine Anweisungen enthält, auch die **CONTINUE**-Anweisung eingesetzt werden. Mit CONTINUE wird lediglich darauf hingewiesen, daß in diesem Zweig keine ausführbaren Anweisungen enthalten sind und die Steuerung an die nächste Anweisung übergeht, die diesem Zweig folgt. **Der Vorteil einer CONTINUE-Anweisung liegt darin, daß unmittelbar nach CONTINUE die END-IF-Angabe codiert werden darf, was bei NEXT SENTENCE nicht möglich ist.**

Beispiel 6:

```
IF SUMME > 10000
   PERFORM RABATT
ELSE
   IF BEST-NR = 9999
         PERFORM A-00
         MOVE STAT-KZ TO STAT
   ELSE
         CONTINUE
   END-IF
END-IF.
```

Beispiel 7:

```
IF SUMME > 10000
   CONTINUE
ELSE
   IF BEST-NR = 9999
         PERFORM A-00
         MOVE STAT-KZ TO STAT
   ELSE
         CONTINUE
   END-IF
END-IF.
```

Ist in Beispiel 7 die Bedingung SUMME > 10000 erfüllt, geht die Steuerung an die nächste Anweisung über, die der letzten END-IF-Angabe folgt.

7.5.2 CONTINUE-Anweisung

Die CONTINUE-Anweisung wurde mit **ANS-1985** eingeführt. Sie kann in den Zweig einer beliebigen Bedingungsanweisung eingesetzt werden, der keine ausführbaren Anweisungen enthält (Leerzweig). CONTINUE entspricht damit der NEXT SENTENCE-Angabe in der IF-Anweisung.

Die CONTINUE-Anweisung beinhaltet *keine* logische Operation, sondern dient ausschließlich der Klarheit einer Bedingungsanweisung.

Format:

```
CONTINUE
```

Beispiel 1:

```
IF F-STATUS = "00"
THEN CONTINUE
ELSE
    PERFORM ERROR-1 THRU ERROR-3
END-IF
```

Im JA-Zweig sind keine Anweisungen enthalten. Durch CONTINUE wird verdeutlicht, daß die Steuerung an die nächste Anweisung übergeht, wenn die angegebene Bedingung erfüllt ist.

Beispiel 2:

```
READ UMDAT
    AT END CONTINUE.
```

Ist das Ende der Datei UMDAT erreicht, geht die Steuerung an den nächsten COBOL-Satz über, welcher der READ-Anweisung folgt.

7.5.3 EVALUATE-Anweisung

Die EVALUATE-Anweisung wurde mit **ANS-1985** eingeführt. Mit ihr können CASE-Unterscheidungen ausgewertet und die dazugehörigen Anweisungen ausgeführt werden. CASE-Unterscheidungen (Fall-Unterscheidungen) wurden seit dem ANS-1968 mit der GO TO DEPENDING ON-Anweisung aufgelöst.

Die EVALUATE-Anweisung ist ein leistungsfähiges Instrument zur Unterstützung der strukturierten Programmierung, die anstelle komplexer, geschachtelter IF-Anweisungen eingesetzt werden kann.

Format:

```
EVALUATE {auswahl-subjekt} [ALSO {auswahl-subjekt}] ···
   {{WHEN {auswahl-objekt} [ALSO {auswahl-objekt}] ···} ···
        anweisung-1} ···
   [WHEN OTHER anweisung-2]
[END-EVALUATE]
```

Um die Formatangabe zu vereinfachen, wurden folgende Ersetzungen vorgenommen:

auswahl-subjekt: *daten-name-1*
                        literal-1
                        ausdruck-1
                        TRUE
                        FALSE

auswahl-objekt: **ANY**
                       bedingung-2
                       TRUE
                       FALSE

$$[\text{NOT}] \left\{ \begin{array}{l} \textit{daten-name-2} \\ \textit{literal-2} \\ \textit{arithm.-ausdruck-2} \end{array} \right\}$$

$$\left[\left\{ \begin{array}{l} \underline{\text{THROUGH}} \\ \underline{\text{THRU}} \end{array} \right\} \left\{ \begin{array}{l} \textit{daten-name-3} \\ \textit{literal-3} \\ \textit{arithm.-ausdruck-3} \end{array} \right\} \right]$$

Auswahl-Subjekte

Die Angaben, die vor dem ersten WHEN gemacht werden, bezeichnet man als Auswahl-Subjekte. Sie werden durch EVALUATE auf die angegebenen Bedingungen geprüft. Werden mehrere Auswahl-Subjekte angegeben, sind diese durch **ALSO** voneinander zu trennen. *ausdruck-1* kann als arithmetischer - oder Bedingungs-Ausdruck angegeben werden.

Auswahl-Objekte

Als Auswahl-Objekte bezeichnet man die Angaben, die in den WHEN-Klauseln gemacht werden. Sie beziehen sich immer auf die Auswahl-Subjekte. Durch einen Vergleich wird festgestellt, ob die angegebenen Auswahl-Objekte dem Auswahl-Subjekt entsprechen. Bei Übereinstimmung wird die zugehörige Anweisung ausgeführt.

Wirkungsweise

Die Wirkungsweise der EVALUATE-Anweisung soll an einer CASE-Struktur erfolgen, die mit der GO TO ··· DEPENDING ON-Anweisung codiert ist.

```
GO TO PROC-01
      PROC-02
      PROC-03
   DEPENDING ON SATZART.
```

Je nach dem Feldinhalt von SATZART, wird durch GO TO nach der Prozedur PROC-01, -02, oder -03 verzweigt. Mit der EVALUATE-Anweisung kann dieses CASE-Problem folgendermaßen gelöst werden.

Beispiel 1:

```
EVALUATE SATZART
   WHEN 01 PERFORM PROC-01
   WHEN 02 PERFORM PROC-02
   WHEN 03 PERFORM PROC-03
   WHEN OTHER PERFORM ERROR-1
END-EVALUATE.
```

Auswahl-Subjekt ist in diesem Beispiel das Feld SATZART. Auswahl-Objekte sind die numerischen Literale 01, 02, 03 in den WHEN-Angaben. Bei Ausführung der Prüfung werden die vorgegebenen Werte der Objekte mit dem zugehörigen Subjekt (SATZART) verglichen. Stimmen diese Werte überein, wird die zugehörige Anweisung ausgeführt. Es erfolgt also ein sukzessives Abprüfen der WHEN-Angaben von Anfang an, bis Subjekt und Objekt übereinstimmende Werte enthalten. Gibt es bei keiner WHEN-Angabe eine Übereinstimmung, dann wird WHEN OTHER aktiviert und die zugehörige Anweisung ausgeführt. Wird die wahlfreie WHEN OTHER-Angabe nicht codiert, geht die Steuerung an den nächsten COBOL-Satz über, welcher der EVALUATE-Anweisung folgt.

ALSO-Angabe

Die EVALUATE-Anweisung erlaubt die Angabe mehrerer Subjekte, die durch ALSO voneinander zu trennen sind. Werden insgesamt *n* Subjekte angegeben, so müssen auch *n* Objekte in jedem WHEN-Zusatz enthalten sein. Die Objekte im WHEN-Zusatz sind ebenfalls durch ALSO zu trennen.

Die Anzahl der Subjekte muß immer mit der Anzahl der Objekte in einem WHEN-Zusatz übereinstimmen.

Die Zuordnung der Objekte in einem WHEN-Zusatz zu den korrespondierenden Subjekten erfolgt immer positionsgerecht. Das heißt, das erste Objekt wird dem ersten Subjekt zugeordnet, das zweite Objekt dem zweiten Subjekt usw.

Hinweis:
Die CPU-Zeit läßt sich optimieren, wenn die Fälle, die am häufigsten auftreten, in den ersten WHEN-Zweigen angegeben werden. Im letzten Beispiel wird unterstellt, daß die Satzart 01 während der Verarbeitung am häufigsten auftritt, sie ist deshalb im ersten WHEN-Zweig anzugeben. Die SA 02 tritt am zweithäufigsten auf usw.

7.5 Bedingte Anweisungen

Die **Objekt/Subjekt-Paare müssen immer der gleichen Datenklasse angehören.** Das heißt z. B., ein numerisch definiertes Feld darf nur nach numerischen Werten abgefragt werden. Die figurative Konstante **ZERO (ZEROS, ZEROES)** ist als Objekt nicht zulässig.

Beispiel 2:

```
EVALUATE SATZART   ALSO ZAHLUNGSART ALSO KENNUNG
   WHEN 01 ALSO 0 ALSO AA    ADD 1 TO STATISTIK-KZ
                             PERFORM A-01
   WHEN 02 ALSO 2 ALSO BB    ADD 2 TO STATISTIK-KZ
                             PERFORM A-02
   WHEN 03 ALSO 3 ALSO CC    ADD 3 TO STATISTIK-KZ
                             PERFORM A-03
   WHEN 04 ALSO 2 ALSO DD    ADD 4 TO STATISTIK-KZ
                             PERFORM A-04
   WHEN OTHER                DISPLAY KUNDEN-NR
        "ANGABEN NICHT ZULAESSIG" UPON AUSGABE
END-EVALUATE
```

Dieses Beispiel enthält die 3 Subjekte SATZART, ZAHLUNGSART und KENNUNG. Dementsprechend sind in jedem WHEN-Zusatz 3 Objekt-Angaben vorhanden. Die Prüfung beginnt, indem der Feldinhalt der Subjekte mit den zugehörigen Objektangaben des 1. WHEN-Zusatzes verglichen wird. Die Anweisungen des 1. WHEN-Zusatzes werden ausgeführt, wenn SATZART=01, ZAHLUNGSART=0 und KENNUNG=AA ist (logische UND-Verknüpfung). Werden beim Vergleich Abweichungen festgestellt, geht die Steuerung an das 2. WHEN über. Stimmen die Objektangaben in keinem WHEN-Zusatz mit den Feldinhalten der Subjekte überein, wird WHEN OTHER aktiviert und die DISPLAY-Anweisung ausgeführt.

TRUE/FALSE-Angabe

Die Angaben **TRUE (wahr)** oder **FALSE (falsch)** können als Subjekt oder Objekt angegeben werden. **Sie müssen immer mit einer korrespondierenden Bedingung verknüpft sein.** Das heißt, wird als Subjekt TRUE oder FALSE angegeben, muß das korrespondierende Objekt eine

Bedingung sein. Wird als Objekt TRUE oder FALSE angegeben, muß das korrespondierende Subjekt eine Bedingung sein. Als Bedingungen können auch Bedingungsnamen (Stufen-Nr. 88) angegeben werden.

Beispiel 3:

```
EVALUATE K > 0 ALSO Z < 0,12 ALSO TRUE
  WHEN TRUE   ALSO TRUE  ALSO G > 0    MOVE 01 TO KZ
  WHEN 100    ALSO 0,07  ALSO G > 10   MOVE 02 TO KZ
  WHEN 150    ALSO TRUE  ALSO G > 50   MOVE 02 TO KZ
  WHEN 200    ALSO FALSE ALSO G > 100  MOVE 03 TO KZ
  WHEN FALSE  ALSO FALSE ALSO G < 1    MOVE 04 TO KZ
  WHEN OTHER  DISPLAY "WERT K ODER Z ODER G FALSCH"
              PERFORM ERROR-1
              CONTINUE
END-EVALUATE.
```

Die Anweisung MOVE 01 TO KZ wird genau dann ausgeführt, wenn
- *die Subjekt-Bedingung   K > 0   wahr ist,*
- *die Subjekt-Bedingung   Z < 0,1 wahr ist,*
- *die Objekt-Bedingung   G > 0   wahr ist.*

Sind diese Bedingungen nicht erfüllt, geht die Steuerung an den 2. WHEN-Zusatz über usw. Erfüllt kein WHEN-Zusatz die Bedingungen, wird WHEN OTHER aktiviert, wobei CONTINUE darauf hinweist, daß die Steuerung an den nächsten COBOL-Satz übergeht.

ANY-Angabe

Das Wort ANY kann man mit "irgendein" oder "beliebig" übersetzen. Wird es als Objektangabe verwendet, findet **kein Vergleich** mit dem korrespondierenden Subjekt statt. Das Subjekt wird damit unabhängig von seinem Wert oder der repräsentierenden Bedingung als wahr betrachtet.

ANY muß immer dann angegeben werden, wenn in einem WHEN-Zusatz ein Vergleich erforderlich ist, in einem anderen jedoch nicht.

7.5 Bedingte Anweisungen

Beispiel 4:

In diesem Beispiel werden Rechnungsbeträge in Verbindung mit Zahlungsfristen geprüft und entsprechend eines Kunden-Kennzeichens Prozeduren ausgeführt, die Erinnerungen oder Mahnungen schreiben.

```
EVALUATE  RECHDAT     BETRAG    KUNDEN-KZ
   WHEN   < MON-2     <= 500    ANY
                                ADD 1 TO STAT-KZ
   WHEN   < MON-2     > 500     R
                                PERFORM ERINNERN
   WHEN   < MON-1     > 500     R
                                PERFORM MAHNEN
   WHEN   ANY         ANY       S
                                PERFORM UEBERTRAG
   WHEN OTHER CONTINUE
END-EVALUATE.
```

Ist der Inhalt der Felder RECHDAT und BETRAG beliebig (ANY) und das Feld KUNDEN-KZ gleich "S" wird die Prozedur UEBERTRAG ausgeführt.

THRU-Angabe

THRU (THROUGH) darf nur als Objekt eingesetzt werden. Die Angabe wird immer dann verwendet, wenn ein korrespondierendes Subjekt einen ganzen Wertebereich annehmen kann, der als wahr angesehen wird.

Beispiel 5:

```
EVALUATE FELD-1 ALSO FELD-2
   WHEN   1     THRU  9      ALSO A   PERFORM PROC-01
   WHEN   10    THRU  99     ALSO B   PERFORM PROC-02
   WHEN   100   THRU  999    ALSO C   PERFORM PROC-03
   WHEN   1000  THRU  9999   ALSO D   PERFORM PROC-04
   WHEN OTHER                         PERFORM PROC-05
END-EVALUATE.
```

In diesem Beispiel wird die Anweisung PERFORM PROC-01 dann ausgeführt, wenn FELD-1 einen beliebigen Wert zwischen 1 und 9 beinhaltet und wenn FELD-2 gleich A ist. Ist das nicht der Fall, wird der 2. WHEN-Zusatz geprüft usw.

Durch **NOT** kann ein Wert oder Wertebereich des korrespondierenden Subjekts verneint werden. Die Angabe NOT 1 THRU 9 bedeutet z.B., daß alle Werte wahr sind, die nicht diesem Bereich angehören.

END-EVALUATE
END-EVALUATE ist ein expliziter Ende-Begrenzer (Scope Terminator), der mit **ANS-1985** eingeführt wurde. Dadurch kann die EVALUATE-Anweisung auch als unbedingte Anweisung eingesetzt werden. Besonders Schachtelungen von Bedingungsanweisungen lassen sich durch END-Begrenzer optimieren, weil dadurch jede Anweisung exakt nach vorn und hinten begrenzt wird. Vor dem ANS-1985 war das nur durch Angabe des Endpunktes möglich, der jedoch gleichzeitig die gesamte Anweisung beendete.

7.5.3.1 Verarbeitung von Entscheidungstabellen

Durch Entscheidungstabellen lassen sich komplizierte Entscheidungssituationen übersichtlich und einfach darstellen. Das Aufstellen einer Entscheidungstabelle ist besonders dann sinnvoll, wenn die Anzahl der Bedingungen und Entscheidungsergebnisse (Aktionen) groß ist. In solchen Fällen können Entscheidungstabellen auch Programmablaufpläne ersetzen.

Eine Entscheidungstabelle enthält die Beschreibung der Bedingungen, die Entscheidungsregeln (Fälle) und die Entscheidungsergebnisse. Oft ist in der Tabelle auch die Beschreibung alternativer Tätigkeiten enthalten. Damit repräsentiert sich eine Entscheidungstabelle als CASE-Struktur mit Mehrfachbedingungen, die sich besonders einfach durch die EVALUATE-Anweisung auflösen läßt.

7.5 Bedingte Anweisungen

Beispiel:

Bedingungen/Aktionen	1	2	3	4	5	6	7	8	9
STORNO-KEY = 01	JA								
= 02		JA							
= 03			JA						
= 04				JA					
= 05					JA				
ungleich 01 bis 05						JA			
KONTO-ART = AA	JA								
= BB			JA						
= CC		JA							
= DD				JA					
= EE					JA				
ungleich AA bis EE							JA		
DISPLAY:									
KONTO ERLOSCHEN	JA								JA
BLZ FALSCH		JA							
WIDERSPRUCH			JA						
KEINE DECKUNG				JA					
KONTO FALSCH					JA				
ABBRUCH							JA	JA	

Diese Entscheidungstabelle kann durch die EVALUATE-Anweisung wie folgt codiert werden:

```
EVALUATE STORNO-KEY KONTO-ART
    WHEN 01          AA DISPLAY "KONTO ERLOSCHEN"
    WHEN 02          CC DISPLAY "BLZ     FALSCH"
    WHEN 03          BB DISPLAY "WIDERSPRUCH"
    WHEN 04          DD DISPLAY "KEINE DECKUNG"
    WHEN 05          EE DISPLAY "KONTO FALSCH"
    WHEN OTHER DISPLAY "STORNO ODER KONTO FALSCH"
               PERFORM ABBRUCH
END-EVALUATE.
```

7.6 Arithmetische Anweisungen

Durch arithmetische Anweisungen lassen sich Rechenoperationen durchführen. Obwohl COBOL keine mathematisch orientierte Sprache ist, können die vier Grundrechenarten und das Potenzieren zur Lösung mathematischer Probleme herangezogen werden. Die arithmetischen Operationszeichen und die dazugehörigen Anweisungen sind:

+ (Addieren) **ADD**
- (Subtrahieren) **SUBTRACT**
* (Multiplizieren) **MULTIPLY**
/ (Dividieren) **DIVIDE**
** (Potenzieren)

Für das Potenzieren gibt es keine besondere Anweisung, da eine Potenz als das Produkt gleicher Faktoren angesehen werden kann. So ergibt sich z. B. die zweite Potenz von A aus dem Produkt A * A und dafür schreibt man in COBOL A ** 2.

Durch die Anweisung **COMPUTE** lassen sich arithmetische Operationen miteinander verbinden und das Ergebnis einem definierten Datenfeld zuordnen. Die Effizienz der COMPUTE-Anweisung ist größer als die der separaten arithmetischen Anweisungen ADD, SUBTRACT, MULTIPLY und DIVIDE.

COBOL bietet keine Möglichkeit zur Berechnung höherer mathematischer Funktionen bzw. wissenschaftlicher Probleme. Derartige Berechnungen müssen in externen Unterprogrammen durchgeführt werden, die z. B. in ASSEMBLER, FORTRAN oder C geschrieben sind.

Maximal zulässige Größe der Operanden
Die maximale Größe der Operanden in den arithmetischen Anweisungen darf **18 Stellen** nicht überschreiten. Diese Regel gilt auch für sämtliche Zwischenergebnisse. Der Programmierer kann resultierende

7.6 Arithmetische Anweisungen

Größen durch eine "*Kombination*" der Operanden ermitteln. Für die **ADD**- und **SUBTRACT**-Anweisung erreicht man die Kombination durch Überlagerung aller Operanden (außer denen der GIVING-Felder).

Beispiel:
```
01   FELD-1        PIC 9(10)V9(5).
01   FELD-2        PIC 9(8)V99.
01   FELD-3        PIC 9(13)V9(4).
```

Die Anweisung ADD FELD-1, FELD-2 TO FELD-3 ergibt durch Kombination der Operanden eine implizite *hypothetische* Feldgröße von PIC 9(13)V9(5), was 18 Dezimalstellen entspricht.

Bei der **DIVIDE**- und **MULTIPLY**-Anweisung werden für die Kombination nur die empfangenden Felder herangezogen (außer dem REMAINDER-Feld bei der DIVIDE-Anweisung). Bei der **COMPUTE**-Anweisung ist keine Längenbegrenzung durch Kombination nötig. In der Anweisung dürfen alle Feldlängen eine maximale Länge von 18 Stellen haben.

Besitzen unterschiedliche Operanden einer arithmetischen Anweisung den gleichen oder einen sich überlappenden Speicherbereich, ist das Ergebnis der Operation nicht vorhersagbar.

IBM-Erweiterung:
Alle explizit angegebenen Operanden in den arithmetischen Anweisungen dürfen maximal 18 Stellen besitzen. Diese Erweiterung ist jedoch in SAA nicht enthalten.

Gemeinsame Angaben arithmetischer Anweisungen

Die arithmetischen Anweisungen haben eine Reihe gemeinsamer Angaben in den Formaten. Diese Angaben sind ohne weiteres auch ohne die zugehörigen Formate verständlich, deshalb sollen sie vor der Beschreibung der Anweisungen hier behandelt werden. Die gemeinsamen

Angaben GIVING und CORRESPONDING werden zusammen mit den Anweisungen behandelt.

7.6.1 ROUNDED-Angabe

Durch eine arithmetische Operation können die nach dem Komma stehenden Dezimalstellen eines Empfangsfeldes größer sein als das Empfangsfeld definiert wurde. Dieser Umstand tritt besonders nach Multiplikationen und Divisionen auf, wo unendliche Dezimalbrüche entstehen können.

Wird ROUNDED nicht angegeben, werden die nach dem Komma überschießenden, nicht definierten Stellen, abgeschnitten. Dadurch kann ein Maximalfehler entstehen, der eine ganze Einheit der letzten Dezimale beträgt, denn die folgende Ziffer kann 0, 1, 2, ··· 9 sein. Auf diese Weise können sich besonders bei umfangreichen arithmetischen Operationen die Einzelfehler durch Fehlerfortpflanzung zu nicht vertretbaren Werten aufaddieren.

Durch die Angabe von ROUNDED wird die letzte definierte Stelle des Empfangsfeldes gerundet, indem der innere Wert des Feldes um 1 erhöht wird, wenn die erste überschießende Ziffer gleich oder größer als 5 ist.

Beispiel:

Das genaue Ergebnis einer arithmetischen Operation beträgt 00123,7594. Das Empfangsfeld ist definiert mit

```
    01 E-FELD        PIC 9(5)V99.
```

Der Inhalt des Empfangsfeldes lautet dann

```
    mit    ROUNDED:   00123,76
    ohne   ROUNDED:   00123,75
```

7.6 Arithmetische Anweisungen 315

IBM-Erweiterung:
Bei internen Gleitkommadarstellungen (COMP-1, COMP-2) zeigt die ROUNDED-Angabe keine Wirkung, weil das Ergebnis derartiger Operationen immer gerundet wird.

7.6.2 ON SIZE ERROR-Angabe

Diese Angabe tritt dann in Kraft, wenn durch arithmetische Operationen die ermittelten Ergebnisse einen **Feldüberlauf** verursachen. Ein Feldüberlauf kann bei folgenden Bedingungen auftreten:

- Wenn nach der Dezimalpunktausrichtung der größte Wert überschritten wird, den das Feld aufnehmen kann.
- Wenn durch Null dividiert wird.

In diesen Fällen wird die unbedingte Anweisung in der SIZE ERROR-Angabe ausgeführt. Die SIZE ERROR-Angabe dient der Sicherheit, damit bei einer Überlaufbedingung keine unkontrollierbaren Ergebnisse auftreten können.

Für die Anweisungen **ADD**, **SUBTRACT** und **COMPUTE** wird die Angabe ON SIZE ERROR nur für die endgültigen Ergebnisse der Empfangsfelder wirksam. Für **MULTIPLY** und **DIVIDE** tritt die Überlaufbedingung bereits für interne Zwischenergebnisse in Kraft.

Wird in einer arithmetischen Anweisung gleichzeitig die ROUNDED-Angabe codiert, erfolgt die Aufrundung vor Prüfung der Überlaufbedingung.

Es ist nicht sinnvoll, jeder arithmetischen Operation ROUNDED und ON SIZE ERROR beizufügen. Durch die Angabe wird zusätzlicher Maschinencode erzeugt, dessen Abarbeitung den Programmlauf erheblich verlangsamen kann. Der Programmierer sollte deshalb mit anderen Mitteln sicherstellen, daß jede Fehlermöglichkeit ausgeschlossen ist.

7.6.3 NOT ON SIZE ERROR-Angabe

Diese Angabe wurde mit **ANS-1985** eingeführt. Durch sie wird eine unbedingte Anweisung dann ausgeführt, wenn die Überlaufbedingung *nicht* zutrifft.

7.6.4 END-Begrenzungen

Die Angaben
> **END-ADD**
> **END-SUBTRACT**
> **END-DIVIDE**
> **END-MULTIPLY**
> **END-COMPUTE**

sind explizite Ende-Begrenzer, die mit **ANS-1985** eingeführt wurden. Durch die Angabe von END-Begrenzern können Bedingungsanweisungen als unbedingte Anweisungen eingesetzt werden. Das ist immer dann erforderlich, wenn eine unbedingte Anweisung als Klausel innerhalb einer bedingten Anweisung angegeben werden soll. Zum Beispiel anstelle der AT END-Klausel innerhalb der READ-Anweisung.

Bei Schachtelungen von Bedingungsanweisungen kann durch END-Begrenzer auch innerhalb der Schachtelung der Wirkungskreis jeder Anweisung exakt begrenzt werden. Vor dem ANS-1985 war eine derartige Begrenzung nur durch den Endpunkt möglich, der jedoch gleichzeitig die gesamte Anweisung beendete.

Durch die exakten Begrenzungen erhält jede Funktion innerhalb einer Schachtelung einen klar definierten Ein- und Ausgang im Sinne der "Strukturierten Programmierung", was die problemlose Gruppierung von Funktionen zu Moduln unterstützt. Damit lassen sich auch bei späteren Programmänderungen ganze Moduln austauschen, ohne die Arbeitsweise anderer Moduln zu beeinflussen (siehe "Grundlagen der strukturierten Programmierung").

7.6.5 ADD-Anweisung

Durch die ADD-Anweisung können numerische Operanden addiert werden. Da COBOL eine kaufmännisch orientierte Sprache ist, wurden besonders die arithmetischen Anweisungen sehr leistungsstark ausgelegt. Die ADD-Anweisung läßt sich deshalb je nach Anwendung in drei verschiedene Formate unterteilen.

In **Format 1** wird die aus einem oder mehreren Sendefeldern gebildete Summe zum Inhalt eines oder mehrerer Empfangsfelder aufaddiert. Demgegenüber wird in **Format 2** von mindestens zwei Sendefeldern eine Summe gebildet, die den Inhalt des Empfangsfeldes (GIVING-Feld) *überspeichert*. In **Format 3** werden durch CORRESPONDING beliebig viele Elementarfelder einer Datengruppe auf gleichnamige elementare Empfangsfelder einer anderen Datengruppe aufaddiert.

Format 1:

```
ADD  { daten-name-1 }  ... TO daten-name-2 [ROUNDED] ...
     { literal-1    }

     [ON SIZE ERROR          unbedingte anweisung-1]

     [NOT ON SIZE ERROR      unbedingte anweisung-2]

     [END-ADD]
```

Format 2:

```
ADD  { daten-name-1 }  ... GIVING daten-name-2
     { literal-1    }                         [ROUNDED] ...

     [ON SIZE ERROR          unbedingte anweisung-1]

     [NOT ON SIZE ERROR      unbedingte anweisung-2]

     [END-ADD]
```

Format 3 (Addition von Datenstrukturen):

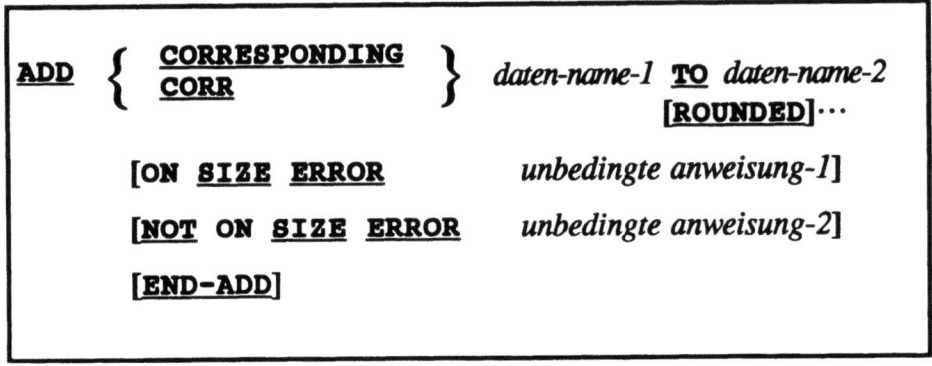

Die **Literale**, die in allen Formaten angegeben sind, müssen **numerisch** sein.

Zum Format 1 ADD-Anweisung
Die Summe aller numerischen Operanden, die vor TO stehen (**Sendefelder**), wird zu jedem Operanden addiert, der TO folgt (**Empfangsfelder**). Die Anzahl der Sende- und Empfangsfelder in einer ADD-Anweisung ist beliebig. Wird mehr als ein Sendefeld zu einem oder mehreren Empfangsfeldern addiert, werden die Werte der einzelnen Sendefelder in einem temporären **Zwischenfeld** addiert. Anschließend wird das Zwischenfeld zum eigentlichen Empfangsfeld addiert.

Das Zwischenfeld wird vom Compiler generiert. Es darf nirgendwo in der DATA DIVISION definiert sein.

Jedes Feld in der ADD-Anweisung des Formats 1 muß ein **numerisch definiertes Elementarfeld** sein. Numerisch druckaufbereitete Felder sind *nicht* zugelassen.

Hinweis:
Numerisch definierte Datenfelder dürfen die PICTURE- Symbole 9, P, S und V enthalten (siehe Numerische Datenelemente).

7.6 Arithmetische Anweisungen

Beispiel 1:

```
WORKING-STORAGE SECTION.
77   ZAEHLER-1           PIC 99 VALUE ZEROS.
77   ZAEHLER-2           PIC 99 VALUE ZEROS.
77   ZAEHLER-3           PIC 99 VALUE ZEROS.
01   BETRAG-1            PIC 9(4)V99.
01   BETRAG-2            PIC 9(4)V99.
01   BETRAG-3            PIC 9(4)V99.
01   GEBUEHR-1           PIC 99V99.
01   GEBUEHR-2           PIC 99V99.
01   GEBUEHR-3           PIC 99V99.

PROCEDURE DIVISION.
...
    ADD GEBUEHR-1 TO BETRAG-1.
```

	vorher	nachher
BETRAG-1	0 1 2 0 0 0	0 1 2 3 5 0
GEBUEHR-1	0 3 5 0	0 3 5 0

Dieses Beispiel stellt die einfachste Form einer ADD-Anweisung dar. Der Feldinhalt von GEBUEHR-1 wird zum Feldinhalt von BETRAG-1 addiert. Der Feldinhalt von GEBUEHR-1 bleibt erhalten. Die in diesem Beispiel definierten Felder gelten auch für alle weiteren Beispiele der ADD-Anweisung.

Beispiel 2:

```
    ADD GEBUEHR-1 GEBUEHR-2 TO BETRAG-1 BETRAG-2
    END-ADD.
```

	vorher	nachher
BETRAG-1	0 1 2 0 0 0	0 1 8 0 0 0
BETRAG-2	0 1 3 0 0 0	0 1 9 0 0 0
GEBUEHR-1	0 3 5 0	0 3 5 0
GEBUEHR-2	0 2 5 0	0 2 5 0
ZWISCHENSUMME *(vom Compiler generiert)*		0 6 0 0

Die Feldinhalte von GEBUEHR-1 und GEBUEHR-2 werden in einem Zwischenfeld summiert und die Summe anschließend zu den Feldinhalten von BETRAG-1 und BETRAG-2 addiert.

Beispiel 3:

```
ADD 1 TO ZAEHLER-1 ZAEHLER-2 ZAEHLER-3.
```

	vorher	nachher
ZAEHLER-1	0 0	0 1
ZAEHLER-2	0 0	0 1
ZAEHLER-3	0 0	0 1

Ein numerisches Literal wird zum Feldinhalt von ZAEHLER-1, ZAEHLER-2 und ZAEHLER-3 hinzuaddiert.

Zum Format 2 ADD-Anweisung

Das Format 2 verlangt mindestens zwei Sendefelder, von denen auch hier eine Zwischensumme gebildet wird. Im Gegensatz zum Format 1 wird diese Zwischensumme jedoch nicht zum Empfangsfeld (*daten-name-2*) hinzuaddiert, sondern sie überspeichert durch die **GIVING**-Angabe den Inhalt des Empfangsfeldes. Dieses Überspeichern entspricht einem internen MOVE der Zwischensumme zum Empfangsfeld. Da ein MOVE auch die Übertragung von Druckaufbereitungs-Zeichen zuläßt, darf *daten-name-2* sowohl **numerisch** als auch **numerisch druckaufbereitet** definiert sein. Für die Sendefelder ist jedoch nur eine numerische Definition zugelassen.

Hinweis:

Es sei darauf hingewiesen, daß im Format 2 der ADD-Anweisung das TO durch GIVING ersetzt wurde. GIVING ist also bei der ADD-Anweisung kein echter Zusatz, wohl aber bei den Anweisungen SUBTRACT, MULTIPLY und DIVIDE.

7.6 Arithmetische Anweisungen

Beispiel 4:

```
ADD GEBUEHR-1 GEBUEHR-2 GEBUEHR-3
    GIVING BETRAG-3 ROUNDED
    ON SIZE ERROR PERFORM UEBERLAUF
END-ADD.
```

	vorher	nachher
BETRAG-3	0 0 0 0 0 0	0 0 0 7 5 0
GEBUEHR-1	0 3 5 0	0 3 5 0
GEBUEHR-2	0 2 5 0	0 2 5 0
GEBUEHR-3	0 1 5 0	0 1 5 0
ZWISCHENSUMME (*vom Compiler generiert*)		0 7 5 0

Aus diesem Beispiel wird noch einmal deutlich, daß die Sendefelder GEBUEHR-1, GEBUEHR-2 und GEBUEHR-3 zu einer Zwischensumme aufaddiert werden, welche den Inhalt des Empfangsfeldes BETRAG-3 überspeichert.

Zum Format 3 ADD-Anweisung

Charakteristisch für Format 3 ist die **CORRESPONDING**-Angabe, deren Anwendung bereits im Zusammenhang mit der MOVE-Anweisung beschrieben wurde.

Durch ADD CORRESPONDING können beliebig viele Elementarfelder einer Datengruppe (*daten-name-1*) zu korrespondierenden Elementarfeldern einer anderen Datengruppe (*daten-name-2*) addiert werden. Der Compiler löst dabei die Gruppenanweisung in so viele Einzelanweisungen auf, wie korrespondierende Felder vorhanden sind. Korrespondierend sind zwei Datenfelder dann, wenn sie identische Namen besitzen. Sind die Namen qualifiziert, muß die Qualifizierung für beide Felder lückenlos bis zur Stufe von *datenname-1* bzw. *datenname-2* reichen.

Von der Addition durch ADD CORR bleiben unberücksichtigt:

1. Felder, die nicht gleichnamig sind;

2. Felder mit der Bezeichnung **FILLER**;

3. Felder, die auf der Stufe **66**, **77**, **88** oder mit **USAGE IS INDEX** definiert sind;

4. Felder, die in ihrer Definition die Klauseln **OCCURS**, **REDEFINES** oder **RENAMES** enthalten. Allerdings dürfen übergeordnete Gruppenfelder selbst eine REDEFINES- oder OCCURS-Klausel enthalten (siehe Beispiel 5).

Beispiel 5:

```
01   GRUPPENFELD-1.
     05 GRUPPE-A.
        10 UNTERGRUPPE-A.
           15 FELD-1   PIC 9(6).
           15 FELD-2   PIC 9(6).
           15 FELD-3   PIC 9(6).
           15 FILLER   PIC X(6).
           15 FELD-4   PIC 9(6) OCCURS 10.

01   GRUPPENFELD-2.
     05 GRUPPE-B.
     05 RD-GRUPPE-C REDEFINES GRUPPE-B.
        10 UNTERGRUPPE-B.
           15 FELD-1   PIC 9(6).
           15 FELD-2   PIC 9(6).
           15 FILLER   PIC X(6).
           15 FELD-3   PIC 9(6).
           15 FELD-4   PIC 9(6).

     ADD CORR GRUPPE-A TO RD-GRUPPE-C.
```

Von der Struktur GRUPPE-A haben die Elementarfelder FELD-1, FELD-2 und FELD-3 korrespondierende Felder in der Struktur RD-GRUPPE-C. Der Inhalt dieser Felder wird zu den der korrespondierenden addiert. Die übrigen bleiben von der ADD-Anweisung unberücksichtigt (FILLER, OCCURS).

7.6.6 SUBTRACT-Anweisung

Durch die SUBTRACT-Anweisung können numerische Operanden voneinander subtrahiert werden. Da die Subtraktion eine Umkehroperation der Addition ist, sind die Formate der SUBTRACT-Anweisung denen der ADD-Anweisung sehr ähnlich. Mehr Informationen über die Angaben ROUNDED, CORRESPONDING, ON SIZE ERROR und NOT ON SIZE ERROR sind deshalb den Beschreibungen zur ADD-Anweisung zu entnehmen.

Man unterscheidet auch hier zwischen drei verschiedenen Formaten.

Format 1:

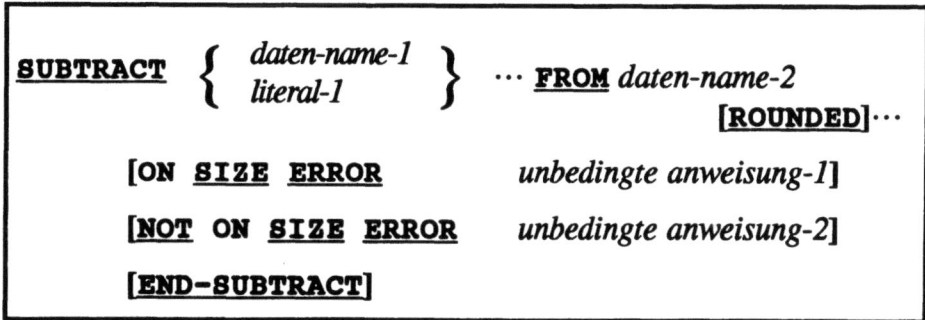

Format 2:

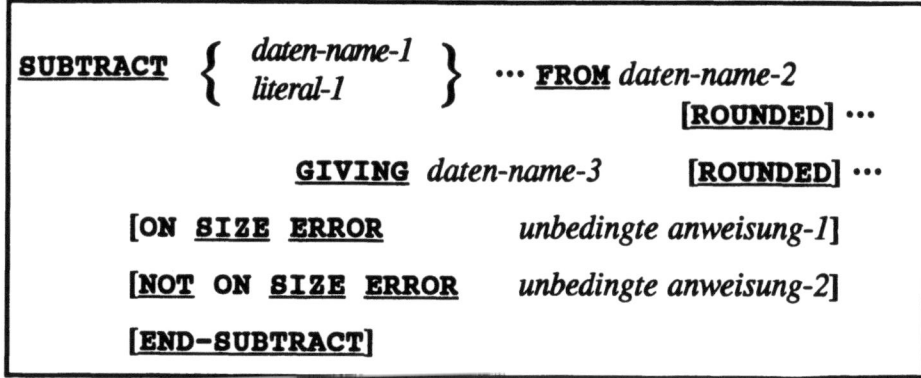

Format 3 (Subtraktion von Datenstrukturen):

```
SUBTRACT  { CORRESPONDING } daten-name-1
          { CORR          }

                    FROM daten-name-2 [ROUNDED]

      [ON SIZE ERROR        unbedingte anweisung-1]

      [NOT ON SIZE ERROR    unbedingte anweisung-2]

      [END-SUBTRACT]
```

Zum Format 1 SUBTRACT-Anweisung

Durch die SUBTRACT-Anweisung kann ein numerischer Operand, oder die Summe mehrerer Operanden, von einem oder mehreren anderen Operanden subtrahiert werden.

Aus allen Datenfeldern bzw. Literalen, die vor FROM angegeben sind (*daten-name-1* bzw. *literal-1* ...), wird eine interne Zwischensumme gebildet (Subtrahend). Diese Summe wird vom Inhalt eines oder mehrerer Datenfelder (Minuenden), die nach FROM angegeben sind (*daten-name-2* ...), subtrahiert.

Anstelle von *daten-name-2* darf *kein* Literal angegeben werden. Der Grund ist auch einsichtig, wenn man bedenkt, daß der Minuend von der gebildeten Differenz überspeichert wird. Da ein Literal jedoch immer ein konstanter Wert ist, der gegebenenfalls auch von anderen Programmfunktionen mitbenutzt wird, ist eine Zerstörung oder Änderung des Literals unzulässig.

Jedes Feld in der SUBTRACT-Anweisung des Formats 1 muß numerisch definiert sein. Numerisch aufbereitete Felder sind *nicht* zugelassen.

7.6 Arithmetische Anweisungen

Beispiel 1:

```
SUBTRACT RABATT FROM BETRAG-1
END-SUBTRACT.
```

	vorher	nachher
BETRAG-1	`0 1 0 0 0 0`	`0 0 9 5 0 0`
RABATT	`0 5 0 0`	`0 5 0 0`

Beispiel 2:

```
SUBTRACT RABATT GEBUEHR-1 FROM BETRAG-1
    ROUNDED
    ON SIZE ERROR
        PERFORM UEBERLAUF
END-SUBTRACT.
```

	vorher	nachher
BETRAG-1	`0 1 0 0 0 0`	`0 0 9 1 0 0`
RABATT	`0 5 0 0`	`0 5 0 0`
GEBUEHR-1	`0 3 5 0`	`0 3 5 0`
ZWISCHENSUMME (*vom Compiler generiert*)		`0 3 5 0`

Aus den Feldern RABATT und GEBUEHR-1 wird eine interne Zwischensumme gebildet (Subtrahend). Diese Zwischensumme wird vom Feld BETRAG-1 (Minuend) abgezogen.

Beispiel 3:

```
SUBTRACT 150 FROM BETRAG-1 BETRAG-2
END-SUBTRACT.
```

	vorher	nachher
BETRAG-1	`0 1 0 0 0 0`	`0 0 9 8 5 0`
BETRAG-2	`0 0 5 0 0 0`	`0 0 4 8 5 0`

Zum Format 2 SUBTRACT-Anweisung

Sehr oft wird es als Nachteil empfunden, daß der Minuend durch das Endergebnis (Differenz) überspeichert wird. Durch die zusätzliche Angabe eines weiteren Datenfeldes (**GIVING**-Feld) kann dieser Nachteil umgangen werden.

Das Endergebnis wird bei Anwendung des Formats 2 im **GIVING**-Feld (*daten-name-3*) gespeichert, während die Feldinhalte von *daten-name-1* ... und *daten-name-2* ... erhalten bleiben. Ein weiterer Vorteil ist, daß das GIVING-Feld als einziges Feld der SUBTRACT-Anweisung Druckaufbereitungs-Zeichen enthalten darf.

Beispiel 4:

Beispiel 2 wird durch die GIVING-Angabe folgendermaßen modifiziert:

```
SUBTRACT RABATT GEBUEHR-1 FROM BETRAG-1
         GIVING ERGEBNIS
         ROUNDED
         ON SIZE ERROR
             PERFORM UEBERLAUF
END-SUBTRACT.
```

	vorher	nachher
ERGEBNIS	1 1 1 1 1 1	0 0 9 1 5 0
BETRAG-1	0 1 0 0 0 0	0 1 0 0 0 0
RABATT	0 5 0 0	0 5 0 0
GEBUEHR-1	0 3 5 0	0 3 5 0
ZWISCHENSUMME (*vom Compiler generiert*)		0 8 5 0

Das Ergebnis der Subtraktion wird im GIVING-Feld ERGEBNIS abgelegt. Aus den angegebenen Feldinhalten geht deutlich hervor, daß der vorher im GIVING-Feld vorhandene Wert überspeichert wird. Die Feldinhalte von BETRAG-1, RABATT und GEBUEHR-1 bleiben unverändert.

7.6 Arithmetische Anweisungen

Zum Format 3 SUBTRACT-Anweisung
Format 3 der SUBTRACT-Anweisung beinhaltet die **CORRESPONDING**-Angabe, auf die bereits bei der Behandlung der ADD-Anweisung eingegangen wurde (siehe ADD-Anweisung).

7.6.7 MULTIPLY-Anweisung

Durch die MULTIPLY-Anweisung können zwei numerische Operanden miteinander multipliziert werden. Man unterscheidet zwischen zwei verschiedenen Formaten.

Format 1:

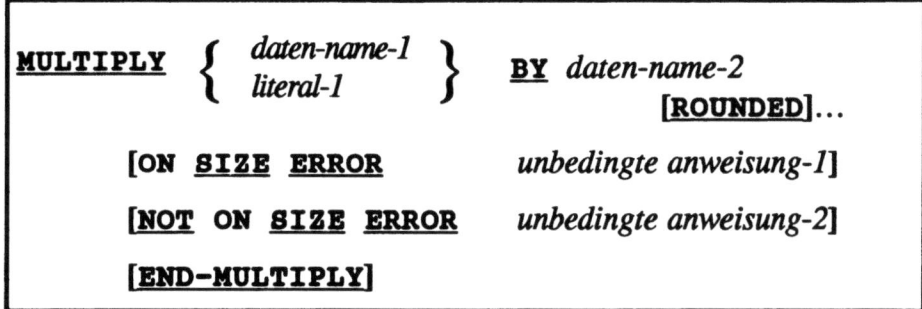

Format 2:

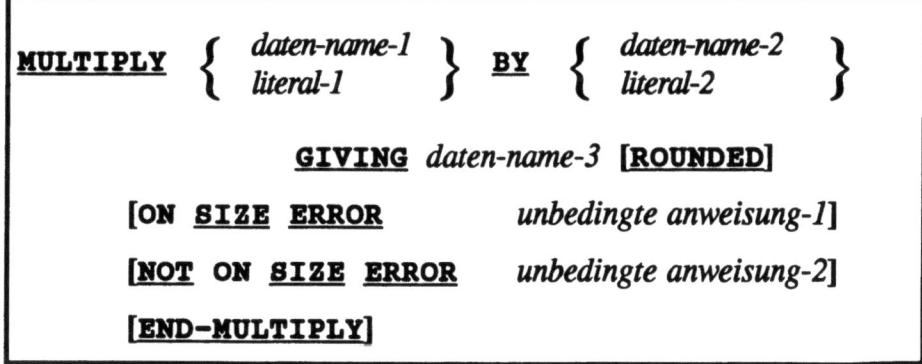

Zum Format 1 MULTIPLY-Anweisung

daten-name-1 (bzw. *literal-1*) spezifiziert den Multiplikator, der mit dem Multiplikanden (*daten-name-2* ...) multipliziert werden soll. Das Ergebnis der Multiplikation wird im Feld *daten-name-2* abgelegt, indem es den Multiplikanden überspeichert. Werden mehrere Multiplikanden angegeben, wird der Multiplikator mit jedem Multiplikanden multipliziert und die Ergebnisse in den Folgefeldern von *daten-name-2* abgelegt.

Jedes Feld im Format 1 muß **numerisch** definiert sein. Numerisch aufbereitete Felder sind nicht zugelassen.

Beispiel 1:

```
01  ANZAHL              PIC 9(4)     VALUE 5.
01  EINZEL-PREIS        PIC 9(4)V99  VALUE 100.00.
  :
    MULTIPLY ANZAHL BY EINZEL-PREIS
       ROUNDED
       ON SIZE ERROR PERFORM UEBERLAUF
    END-MULTIPLY.
```

	vorher	nachher
EINZEL-PREIS	0 1 0 0 0 0	0 5 0 0 0 0
ANZAHL	0 0 0 5	0 0 0 5

Der Feldinhalt von ANZAHL repräsentiert den Multiplikator, EINZEL-PREIS den Multiplikanden. Durch Ausführung der Multiplikation wird der Multiplikand (EINZEL-PREIS) durch das Endergebnis überspeichert.

Beispiel 2:

```
01 EINZEL-PREIS        PIC 9(4) VALUE 100.00.
```

7.6 Arithmetische Anweisungen

```
MULTIPLY 1.13 BY EINZEL-PREIS
    ROUNDED
    ON SIZE ERROR
        PERFORM UEBERLAUF
END-MULTIPLY.
```

Der Multiplikant ist in diesem Fall ein Literal. Im Feld EINZEL-PREIS wird nach der Multiplikation der Wert 011300 gespeichert.

Zum Format 2 MULTIPLY-Anweisung

Um den Feldinhalt des Multiplikanden nicht durch das Ergebnis der Multiplikation zu zerstören, kann das Ergebnis in einem separaten **GIVING**-Feld gespeichert werden. Der Feldinhalt des Multiplikanden bleibt dadurch erhalten. Zu beachten ist bei Anwendung des Formats 2, daß der Multiplikand nur einmal vorkommen darf. *daten-name-2* besitzt also keine Folgefelder. Allerdings darf das Ergebnis in mehreren GIVING-Feldern gespeichert werden.

Das **GIVING**-Feld darf im Gegensatz zu allen anderen Feldern der MULTIPLY-Anweisung **Druckaufbereitungs-Zeichen** enthalten.

Beispiel 3:

```
01  ANZAHL          PIC 9(4)       VALUE 5.
01  PREIS           PIC 9(4)V99    VALUE 100.00.
01  ERGEBNIS        PIC +9(4).99   VALUE ZERO.
...
        MULTIPLY ANZAHL BY PREIS
                GIVING ERGEBNIS ROUNDED
                ON SIZE ERROR PERFORM UEBERLAUF
        END-MULTIPLY.
```

	vorher	nachher
ERGEBNIS	0 0 0 0 0 0 0	+ 0 5 0 0 . 0 0
PREIS	0 1 0 0 0 0	0 1 0 0 0 0
ANZAHL	0 0 0 5	0 0 0 5

7.6.8 DIVIDE-Anweisung

Mit der DIVIDE-Anweisung kann ein numerischer Operand durch einen oder mehrere andere numerische Operanden dividiert werden. Der **Divisionsrest** wird in einem separaten Feld (**REMAINDER**) untergebracht.

In ANS-COBOL unterscheidet man insgesamt zwischen 5 verschiedenen DIVIDE-Formaten, die sich jedoch lediglich durch unterschiedliche Anwendung des REMAINDER-Zusatzes ergeben. Nachfolgend werden drei Formate vorgestellt, wobei die REMAINDER-Angabe auf Format 3 beschränkt bleibt.

Format 1:

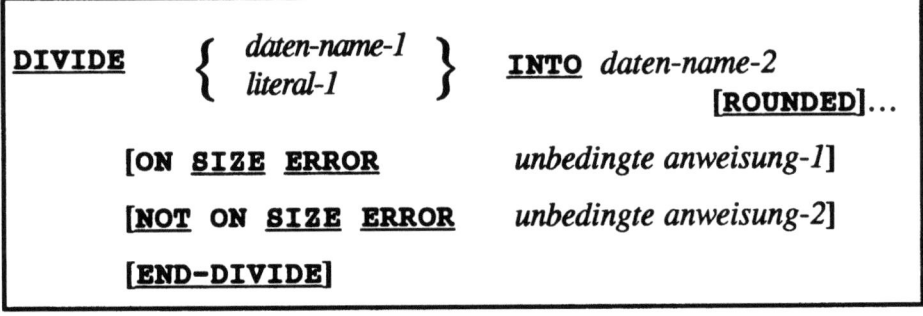

Format 2:

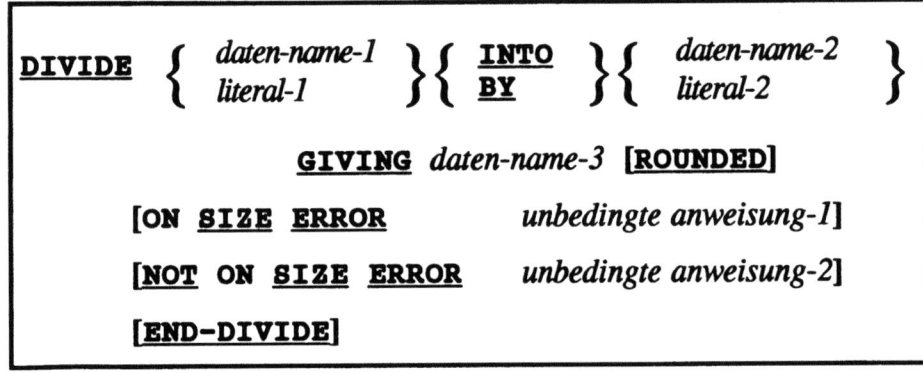

7.6 Arithmetische Anweisungen

Format 3:

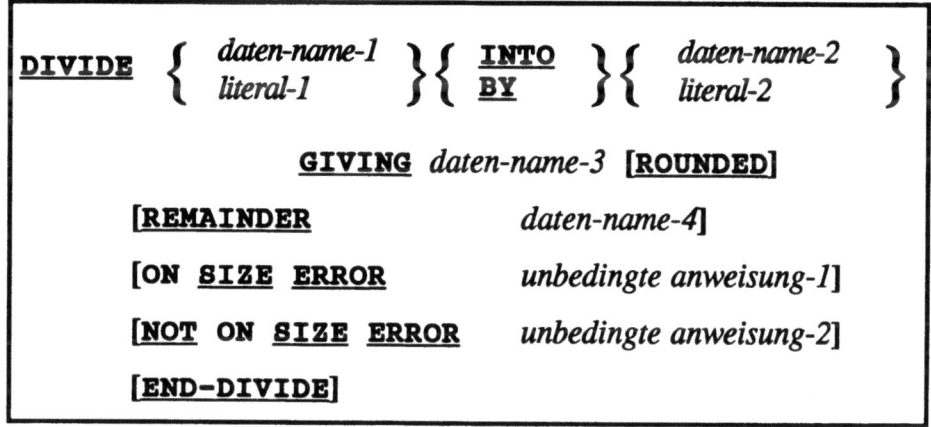

Zum Format 1 DIVIDE-Anweisung
Der Inhalt von *daten-name-2* (Dividend) wird durch den Inhalt von *daten-name-1* (Divisor) dividiert und das Ergebnis (Quotient) in *daten-name-2* gespeichert. Das gleiche gilt für die numerischen Literale. Die Divisionsanweisung des Formats 1 entspricht dem englisch-amerikanischen Sprachgebrauch, indem man sagt: *Dividiere den Divisor in den Dividenden hinein* (INTO).

daten-name-1 und *daten-name-2* müssen numerisch definiert sein.

Zum Format 2 DIVIDE-Anweisung
Wem die englisch-amerikanische Form der Divsion nicht geläufig ist, kann auf die Schreibweise des deutschen Sprachraumes zurückgreifen, indem man formuliert: *Dividiere den Dividenden durch (BY) den Divisor*. Die Zuordnung von Dividend und Divisor zu den Datennamen kann also durch Wahl der Angaben **INTO** oder **BY** gesteuert werden.

INTO:	*daten-name-1 (literal-1)*	=	Divisor
	daten-name-2 (literal-2)	=	Dividend
BY:	*daten-name-1 (literal-1)*	=	Dividend
	daten-name-2 (literal-2)	=	Divisor

Da im Format 1 das Endergebnis (Quotient) den Dividenden (*daten-name-2*) überspeichert, kann im Format 2 durch Definition eines **GIVING**-Feldes dieser Mangel umgangen werden. Das Ergebnis wird dabei im Feld *daten-name-3* abgelegt. Der Feldinhalt von *daten-name-2* bleibt erhalten.

Das **GIVING**-Feld (*daten-name-3*) muß als numerisches Elementarfeld oder numerisch aufbereitetes Feld definiert sein.

Beispiel 1:

Der Inhalt des Feldes GESAMT-PREIS (Dividend) soll durch den Inhalt von ANZAHL (Divisor) geteilt werden.

```
DIVIDE ANZAHL INTO GESAMT-PREIS
    ROUNDED
END-DIVIDE.
```

	vorher		nachher
GESAMT-PREIS	0 1 0 0 2 3		0 0 2 0 0 5
ANZAHL	0 0 0 5		0 0 0 5

Das gleiche Ergebnis wird durch die BY-Angabe erzielt, indem codiert wird

```
DIVIDE GESAMT-PREIS BY ANZAHL
    ROUNDED
END-DIVIDE.
```

Wird ROUNDED in diesem Beispiel nicht angegeben, beträgt das Endergebnis 20,04.

Beispiel 2:

Beispiel 1 soll derart modifiziert werden, daß das Endergebnis in einem separaten Feld abgespeichert werden kann.

7.6 Arithmetische Anweisungen

	vorher	nachher
GESAMT-PREIS	0 1 0 0 2 3	0 1 0 0 2 3
ANZAHL	0 0 0 5	0 0 0 5
ERGEBNIS	0 0 0 0 0 0	0 0 2 0 0 5

```
DIVIDE GESAMT-PREIS BY ANZAHL
        GIVING ERGEBNIS ROUNDED
END-DIVIDE.
```

Aus den Feldangaben ist ersichtlich, daß der Inhalt von GESAMT-PREIS auch nach der Division erhalten bleibt.

Zum Format 3 DIVIDE-Anweisung

REMAINDER-Angabe

Format 3 unterscheidet sich von den anderen beiden Formaten durch die Speicherung des Divisionsrestes (**REMAINDER**) in einem separat definierten Empfangsfeld (*daten-name-4*).

Die Genauigkeit des errechneten Quotienten hängt in erster Linie von der Struktur und Größe des Quotientenfeldes ab. Die maschineninterne Rechenungenauigkeit spielt hier eine untergeordnete Rolle. *Unter Divisionsrest ist deshalb hier nicht der mathematisch definierte Rest zu verstehen, der aus den Teilbarkeitsregeln hervorgeht, sondern derjenige Rest, der sich aus der begrenzten Stellenzahl des Quotientenfeldes nach dem Komma ergibt. Bei gleichem Wert von Dividend und Divisor können sich deshalb infolge unterschiedlicher Definitionen des Quotientenfeldes auch unterschiedliche Rest-Werte ergeben.*

Der im **REMAINDER**-Feld abgelegte Rest kann aus folgender Beziehung hergeleitet werden:

> **Rest = Dividend - (Divisor * Quotient)**

Das REMAINDER-Feld muß dabei mindestens so viele Stellen nach dem Komma enthalten, wie im Dividenden, Divisor oder Quotienten maximal nach dem Komma enthalten sind.

Das **REMAINDER-Feld** muß als **numerisches Elementarfeld** oder **numerisch aufbereitetes Feld** definiert sein.

Beispiel 3:

```
WORKING-STORAGE SECTION.
01  DIVIDENT         PIC 9(4)V999  VALUE 100.230.
01  DIVISOR          PIC 9(4)V99   VALUE 17.60.
01  QUOTIENT         PIC 9(4)V99   VALUE ZERO.
01  REST             PIC 99        VALUE ZERO.
...
    DIVIDE DIVIDEND BY DIVISOR
        GIVING QUOTIENT
        REMAINDER REST
    END-DIVIDE.
```

	vorher	nachher
DIVIDEND	0 1 0 0 2 3 0	0 1 0 0 2 3 0
DIVISOR	0 0 1 7 6 0	0 0 1 7 6 0
QUOTIENT	0 0 0 0 0 0	0 0 0 5 6 9
REST	0 0 0 0	0 0 8 6

Da eines der beteiligten Felder (DIVIDEND) maximal 3 Stellen nach dem Komma besitzt, muß auch das REMAINDER-Feld mit mindestens 3 Stellen nach dem Komma definiert sein. Die Berechnung des Restes kann zur Kontrolle nachvollzogen werden:

$$Rest = 100{,}23 - (17{,}6 * 5{,}69) = 0{,}086.$$

*Würde das Quotientenfeld QUOTIENT mit PIC 9(4)V999 festgelegt, ergäbe das einen geringeren Rest von 100,23 - (17,6 * 5,694) = 0,015. Daraus wird noch einmal deutlich, daß der Restwert von der Definition des Quotientenfeldes abhängig ist.*

7.6 Arithmetische Anweisungen

Für die Angaben **ROUNDED** und **ON SIZE ERROR** gelten im Format 3 die folgenden zusätzlichen Regeln:

1. Wird **ROUNDED** angegeben, erfolgt die Berechnung des Divisionsrestes (REMAINDER) mit einem abgeschnittenen statt gerundeten Quotienten, der in einem internen Zwischenfeld gespeichert ist.

2. Wird **ON SIZE ERROR** angegeben und tritt eine Überlaufbedingung ein, ist die Berechnung des Divisionsrestes sinnlos. Der Inhalt des REMAINDER-Feldes bleibt deshalb unverändert.

3. Eine Überlaufbedingung kann auch bei der Berechnung des Divisionsrestes auftreten. Der Inhalt des REMAINDER-Feldes bleibt auch in diesem Fall unverändert.

Division durch Null
Die Division durch Null ist grundsätzlich nicht gestattet. Wird in einer arithmetischen Operation durch Null dividiert und ist ON SIZE ERROR nicht angegeben, endet der Programmlauf abnormal. Durch die Angabe **ON SIZE ERROR** kann ein programmierter Programmabbruch eingeleitet und entsprechende Fehlernachrichten ausgegeben werden.

7.6.9 COMPUTE-Anweisung

Die Berechnung komplexer Ausdrücke (Formeln) mit den verbalen arithmetischen Anweisungen erfordert nicht nur einen hohen Codieraufwand, sondern die entsprechenden Programmabschnitte werden auch unübersichtlich und damit fehleranfällig. Desweiteren kann die Programmlaufzeit wegen der Abarbeitung der einzelnen Anweisungen beträchtlich zunehmen. Durch die COMPUTE-Anweisung lassen sich diese Nachteile vermeiden und arithmetische Ausdrücke auf komfortable Art berechnen.

Format:

```
COMPUTE daten-name-1 [ROUNDED] ...
                            = arithmetischer ausdruck-1
    [ON SIZE ERROR       unbedingte anweisung-1]
    [NOT ON SIZE ERROR   unbedingte anweisung-2]
    [END-COMPUTE]
```

In *daten-name-1* wird das errechnete Endergebnis gestellt. Es muß als **numerisches** oder **numerisch aufbereitetes Elementarfeld** definiert sein.

IBM-Erweiterung:
Statt des Gleichheitszeichens "=" kann das reservierte COBOL-Wort EQUAL verwendet werden.

Alle Datenfelder, die *innerhalb* des arithmetischen Ausdrucks vorkommen, sind Rechenfelder, die **numerisch** definiert sein müssen.

Beispiel 1:

Die nachfolgende Formel soll einmal mittels der verbalen arithmetischen Anweisungen und einmal unter Verwendung der COMPUTE-Anweisung berechnet werden. Das Endergebnis S ist für die Werte N = 10, A = 100 und D = 5 zu errechnen.

$$S = N * A + \frac{(N-1) * D}{2} * N$$

```
WORKING-STORAGE SECTION.
01  S         PIC 9(6) VALUE ZERO.
01  N         PIC 9(6) VALUE 10.
01  A         PIC 9(6) VALUE 100.
01  D         PIC 9(6) VALUE 5.
```

7.6 Arithmetische Anweisungen

```
01  ZWI-WERT-1 PIC 9(6) VALUE ZERO.
01  ZWI-WERT-2 PIC 9(6) VALUE ZERO.
01  ZWI-WERT-3 PIC 9(6) VALUE ZERO.
01  ZWI-WERT-4 PIC 9(6) VALUE ZERO.
01  ZWI-WERT-5 PIC 9(6) VALUE ZERO.
...
PROCEDURE DIVISION.
...
    MULTIPLY N BY A GIVING ZWI-WERT-1.
    SUBTRACT 1 FROM N GIVING ZWI-WERT-2.
    MULTIPLY ZWI-WERT-2 BY N GIVING ZWI-WERT-3.
    DIVIDE ZWI-WERT-3 BY 2 GIVING ZWI-WERT-4.
    MULTIPLY ZWI-WERT-4 BY D GIVING ZWI-WERT-5.
    ADD ZWI-WERT-1 TO ZWI-WERT-5 GIVING S.
```

Das Endergebnis der Berechnung lautet S = 1225. Das gleiche Ergebnis kann mit erheblich geringerem Codieraufwand durch Anwendung der COMPUTE-Anweisung errechnet werden.

COMPUTE S = N * A + (N - 1) * N * D / 2.

Besonders bei der Auflösung größerer arithmetischer Ausdrücke kann es von Vorteil sein, die Berechnung in Teilschritten vorzunehmen. Zur Aufnahme der Zwischenergebnisse müssen dann allerdings weitere Variable definiert werden.

COMPUTE U = N * A.
COMPUTE V = (N - 1) * N * D / 2.
COMPUTE S = U + V.

Zu den Bildungsregeln arithmetischer Ausdrücke und der Reihenfolge ihrer mathematischen Auflösung siehe Kapitel "Arithmetische Operatoren".

Wird die Reihenfolge der Berechnung nicht beachtet, führen Datenfehler zu unrichtigen Ergebnissen oder einem abnormalen Programmende. Als Hilfsmittel können deshalb Teile des Ausdrucks, die auf der gleichen hierarchischen Berechnungsstufe stehen, in **Klammern** eingeschlossen werden. Für die in Beispiel 1 angegebene COMPUTE-Anweisung kann geschrieben werden:

COMPUTE S = (N * A) + (((N - 1) * N) * D) / 2.

Um die Zugehörigkeit der Klammerpaare zu verdeutlichen, wurden diese in unterschiedlicher Größe dargestellt.

Beispiel 2:

$$B = \frac{R}{Q^N} \cdot \frac{Q \cdot N - 1}{Q - 1}$$

COMPUTE B = (R / Q ** N) * ((Q * N) - 1) / (Q - 1).

Beispiel 3:

Mit den Mitteln des ANS-COBOL lassen sich auch Wurzelberechnungen durchführen. Da jede Wurzelrechnung eine Umkehrung des Potenzierens ist, kann man für die Quadratwurzel aus B schreiben

$$A = B^{1/2}$$

Mit der COMPUTE-Anweisung kann dieser Ausdruck folgendermaßen codiert werden:

COMPUTE A = B ** 0.5

Die Zusätze **ROUNDED, ON SIZE ERROR** und **NOT ON SIZE ERROR** wurden bereits bei der Behandlung der elementaren arithmetischen Ausdrücke behandelt.

Hinweis:
Wird ein Programm unter dem Gesichtspunkt der Kompatibilität zu anderen Systemen erstellt, sollte die COMPUTE-Anweisung durch die elementaren arithmetischen Anweisungen ADD, SUBTRACT, MULTIPLY und DIVIDE ersetzt werden. Der Grund dafür ist, daß die Zwischenergebnisse der COMPUTE-Anweisung system-spezifischer sind als die der elementaren arithmetischen Anweisungen.

7.7 Eingabe-/Ausgabeanweisungen

E-/A-Anweisungen dienen der Übertragung von Datensätzen von oder zu externen Dateien. Diese Dateien müssen vor der Übertragung geöffnet (**OPEN**) und nach der Übertragung geschlossen werden (**CLOSE**).

Durch die **FD-Eintragung** in der FILE SECTION ist festgelegt, welche E-/A-Anweisungen in der PROCEDURE DIVISION für die entsprechende Datei erlaubt sind. E-/A-Anweisungen in der PROCEDURE DIVISION sind:

```
OPEN     CLOSE    READ
WRITE    REWRITE  START
DELETE   ACCEPT   DISPLAY.
```

Die ACCEPT- und die DISPLAY-Anweisung wurde bereits unter "Datenübertragungen" behandelt.

7.7.1 OPEN-Anweisung

Bevor auf eine Datei zugegriffen werden kann, muß sie mit der OPEN-Anweisung geöffnet werden. Unter Öffnen versteht man das Herstellen einer Verbindung vom Programm zur Datei. Die OPEN-Anweisung gilt für die drei Dateiorganisationsformen
SEQUENTIAL I-O,
RELATIVE I-O und
INDEXED I-O
in gleicher Weise. Deshalb wäre es ausreichend, für die Anweisung nur ein einziges Format anzugeben. Für SEQUENTIAL I-O ist jedoch auch die Magnetbandverarbeitung zugelassen, die wiederum für VSAM-Dateien keine Bedeutung hat. Aus diesem Grunde wird hier ausschließlich zum Zwecke der Klarheit ein Format für physisch-sequentielle Datcien (QSAM) und ein Format für VSAM-Dateien angegeben.

Format 1 gilt für **physisch sequentielle Dateien (QSAM)**, welches auch die Klauseln für die Magnetbandverarbeitung beinhaltet. Da die drei Dateiorganisationsformen auch durch **VSAM** realisiert werden können, gilt **Format 2** für

    VSAM-sequentielle Dateien   (ESDS),
    VSAM-relative Dateien   (RRDS),
    VSAM-indizierte Dateien   (KSDS).

Format 2 unterscheidet sich vom Format 1 nur dadurch, daß die wahlfreien Angaben REVERSED und WITH NO REWIND nicht zugelassen sind. Diese Zusätze haben nur für die Magnetbandverarbeitung eine gewisse Bedeutung. **REVERSED ist zur Löschung im nächsten ANS-COBOL vorgesehen.**

Format 1 (physisch-sequentielle Dateien - QSAM):

```
          ⎧ INPUT   datei-name-1 ··· [ REVERSED        ] ⎫
          ⎪                          [ WITH NO REWIND  ] ⎪
OPEN      ⎨ OUTPUT  datei-name-2 ··· [ WITH NO REWIND ]  ⎬
          ⎪ I-O     datei-name-3 ···                     ⎪
          ⎩ EXTEND  datei-name-4 ···                     ⎭
```

Format 2 (VSAM-Dateien):

```
          ⎧ INPUT    datei-name-1  ··· ⎫
OPEN      ⎨ OUTPUT   datei-name-2  ··· ⎬  ···
          ⎪ I-O      datei-name-3  ··· ⎪
          ⎩ EXTEND   datei-name-4  ··· ⎭
```

7.7 Eingabe-/Ausgabeanweisungen

In einer OPEN-Anweisung dürfen zwar die Klauseln INPUT, OUTPUT, I-O und EXTEND gleichzeitig angegeben werden, allerdings darf jede von ihnen nur ein einziges Mal vorhanden sein. Es ist jedoch zulässig, daß unter einer Klausel beliebig viele Dateien geöffnet werden können.

OPEN INPUT (Lesezugriff)

Durch die Angabe von **OPEN INPUT** wird eine Datei ausschließlich für das Lesen von Sätzen verfügbar gemacht (Ausgabeoperationen). Ist die Datei geöffnet, können die Sätze nur mit der **READ**-Anweisung in den Arbeitsspeicher eingelesen werden. Durch OPEN INPUT werden gleichzeitig folgende Funktionen ausgeführt:

- **Prüfung der Zugriffsberechtigung,**
- **Prüfung der Anfangskennsätze,**
- **Positionierung auf den Dateianfang,**
- **Einrichten eines Eingabe-Puffers im Hauptspeicher.**

OPEN OUTPUT (Schreibzugriff)

Wird eine Datei für Ausgabeoperationen neu angelegt, muß sie mit OPEN OUTPUT geöffnet werden. Nach dem Öffnen können die Sätze nur durch die WRITE-Anweisung in die Datei geschrieben werden.

Hinweis:
Wird OPEN OUTPUT für eine Datei angegeben, die bereits vorhanden ist, werden die Daten überschrieben.

Durch OPEN OUTPUT werden gleichzeitig

- **die Anfangskennsätze der Datei geschrieben,**
- **ein Ausgabe-Puffer im Hauptspeicher eingerichtet,**
- **ein Speicherbereich auf dem Datenträger reserviert** bzw.
- **ein Zwischenspeicher für die Druckausgabe eingerichtet.**

Beispiel 1:

```
PROCEDURE DIVISION.
EROEFFNUNG SECTION.
ERO-0010.
    OPEN INPUT   EINGABE-DATEI
         OUTPUT  AUSGABE-DATEI.
```

Diese Angabe ist gleichbedeutend mit

```
    OPEN INPUT   EINGABE-DATEI.
    OPEN OUTPUT  AUSGABE-DATEI.
```

Die letzte Form der Anweisung ist jedoch weniger zu empfehlen, weil sich dadurch die Anzahl der Maschinenbefehle erhöht und der Programmlauf verlangsamt wird. Wird jedoch gleichzeitig der **FILE-STATUS** abgeprüft, kann der Übersichtlichkeit wegen für jede Datei eine separate OPEN-Anweisung angegeben werden.

Beispiel 2:

```
    OPEN INPUT EINGABE-DATEI
        IF U1-STATUS NOT = ZERO
            DISPLAY "OPEN-FEHLER EINGABE-DATEI,
                    FILE-STATUS: " U1-STATUS
            GO TO END-0010.
    OPEN OUTPUT AUSGABE-DATEI
        IF U2-STATUS NOT = ZERO
            DISPLAY "OPEN-FEHLER AUSGABE-DATEI,
                    FILE-STATUS: " U2-STATUS
            GO TO END-0010.
```

OPEN I-O (Lese-/Schreibzugriff)

I-O ist eine Kombination aus INPUT und OUTPUT. Damit können während der Verarbeitung Sätze gelesen (**READ**) und nach einem Update wieder auf die Datei zurückgeschrieben werden (**REWRITE**). Durch OPEN I-O werden gleichzeitig die Kennsätze geprüft und anschließend neue Kennsätze geschrieben. **OPEN I-O** darf nur für Massenspeicher-Dateien angegeben werden. Für Magnetband-Dateien ist die Angabe nicht zulässig.

7.7 Eingabe-/Ausgabeanweisungen

OPEN EXTEND (Datei-Erweiterung)
Mit OPEN EXTEND können bereits bestehende Dateien für Ausgabeoperationen fortgeschrieben werden. **Die Angabe ist nur für sequentiell organisierte Dateien zulässig.** Nach dem Öffnen der Datei werden die Sätze mit WRITE-Anweisungen an den letzten existierenden Satz angefügt.

OPEN EXTEND darf in folgenden Fällen angegeben werden:

1. Wenn eine Datei durch das **Hinzufügen von Sätzen** fortgeschrieben werden soll;

2. Wenn eine Datei für **Ausgabeoperationen** angelegt werden soll;

3. Wenn eine VSAM-sequentielle Datei bereits vorhanden ist, die Sätze jedoch zu irgendeinem Zeitpunkt logisch oder physisch (DELETE) entfernt wurden (**Leerdatei**).

Die EXTEND-Angabe darf nicht für Mehrdatenträger-Dateien (MULTIPLE REEL FILE) angegeben werden. Durch OPEN EXTEND werden gleichzeitig Anfangskennsätze geprüft und Endkennsätze gelöscht bzw. neu erstellt.

IBM-Erweiterung:
OPEN EXTEND darf auch für VSAM-indizierte Dateien (KSDS) angegeben werden. Ist für VSAM-Dateien im Paragraphen FILE-CONTROL die PASSWORD-Klausel angegeben, muß das PASSWORD-Datenfeld vor Ausführung der OPEN-Anweisung mit dem gültigen Paßwort gefüllt sein. Ist kein Paßwort oder kein gültiges Paßwort gespeichert, kann die Datei nicht geöffnet werden. In diesem Fall wird der Status-Code 91 (ungültiges Paßwort) ausgegeben.

Jeder Dateiname, der in der OPEN-Anweisung angegeben ist, muß in einer **FD-Eintragung** in der DATA DIVISION definiert sein. Werden mehrere Dateinamen angegeben, können diese unterschiedliche Organisations- oder Zugriffsmethoden haben, soweit diese mit dem angegebenen Eröffnungs-Modus vereinbar sind.

Beispiel 4:

```
OPEN I-O    DATEI-1 DATEI-2
     EXTEND DATEI-3 DATEI-4 DATEI-5.
```

Angaben für die Magnetbandverarbeitung

REVERSED-Zusatz

REVERSED ist für die Verarbeitung von **Magnetband-Dateien** vorgesehen. Die Angabe bewirkt, daß eine Datei in **umgekehrter Reihenfolge** gelesen werden kann. Das erste READ liest den letzten Datensatz in den Arbeitsspeicher ein, das zweite READ den vorletzten usw. Dadurch entfällt bei Dateien, die während eines Programmlaufs mehrmals vollständig gelesen werden müssen, das Zurücksetzen des Magnetbandes zum Dateianfang.

REVERSED darf nicht für Mehrdatenträger-Dateien angegeben werden und die Satzlänge der Datei muß fest sein. Der wahlfreie REVERSED-Zusatz ist **zur Löschung im nächsten ANS-COBOL vorgesehen.**

Beispiel 5:

```
OPEN INPUT MB-DATEI.
IF F-STATUS NOT = ZERO
    PERFORM STATUS-FEHLER-1
    GO TO ENDE
END-IF.
READ MB-DATEI      (Vorwärtslesen)
    AT END CLOSE MB-DATEI
    OPEN INPUT MB-DATEI REVERSED
    IF F-STATUS NOT = ZERO
        PERFORM STATUS-FEHLER-2
        GO TO ENDE
    END-IF
END-READ.
...
READ MB-DATEI ...    (Rückwärtslesen)
```

WITH NO REWIND-Zusatz

NO REWIND läßt sich mit "Ohne Zurückspulen" übersetzen. Die Angabe bewirkt, daß beim OPEN einer Magnetband-Datei **kein Zurücksetzen auf den Bandanfang** erfolgt. Das Zurücksetzen ist z. B. dann unerwünscht, wenn sich auf einer Bandrolle mehrere Dateien befinden und auf eine der hinteren Dateien zugegriffen werden soll. Befindet sich das Band in einem derartigen Fall bereits in der richtigen Position, würde die OPEN-Anweisung das Band zuerst an den Bandanfang zurücksetzen.

WITH NO REWIND darf nicht für Mehrdatenträger-Dateien (**MULTIPLE REEL FILE**) angegeben werden.

Beispiel 6:

```
PROCEDURE DIVISION.
EROEFFNUNG SECTION.
ERO-0010.
    OPEN INPUT EINGABE-1 WITH NO REWIND
               EINGABE-2
    OUTPUT AUSGABE.
```

7.7.2 CLOSE-Anweisung

Jede Datei, die mit OPEN geöffnet worden ist, muß mit der CLOSE-Anweisung nach der Verarbeitung geschlossen werden. Nach dem Schließen sind keine Ein-/Ausgabeoperationen mehr möglich. Die Datei wird freigegeben. Durch das Schließen werden auch die Verwaltungsinformationen der Datei ergänzt, Schlußkennsätze geschrieben und der Inhalt von Puffer-Speichern ausgegeben.

Der Übersichtlichkeit halber werden hier für die CLOSE-Anweisung 2 Formate angegeben, obwohl Format 2 im Format 1 bereits enthalten ist. **Format 1** gilt für physisch sequentielle Dateien (**QSAM**) und **Format 2** für **VSAM**-Dateien.

Format 1 (physisch sequentielle Dateien - QSAM):

```
CLOSE {datei-name
         [ { REEL }   [ WITH NO REWIND    ]
           { UNIT }   [ FOR REMOVAL       ]
                                                ] }...
                      { NO REWIND }
                WITH  { LOCK      }
```

Format 2 (VSAM-Dateien):

```
CLOSE  datei-name   [WITH LOCK] ...
```

Für die CLOSE-Anweisung gelten folgende allgemeine Regeln:

1. In einer CLOSE-Anweisung können mehrere Dateien angegeben werden. Diese Dateien dürfen unterschiedliche Organisationsformen und Zugriffsmethoden besitzen.

2. Es dürfen immer nur geöffnete Dateien geschlossen werden. Wird auf eine bereits geschlossene Datei die CLOSE-Anweisung angewandt, entsteht ein Logik-Fehler und der FILE STATUS 42 wird ausgegeben.

3. Soll auf eine bereits geschlossene Datei im gleichen Programmlauf erneut zugegriffen werden, muß sie wieder durch OPEN geöffnet werden.

4. Wird eine geöffnete Datei nicht durch CLOSE geschlossen, erfolgt seit dem **ANS-1985** ein automatisches Schließen am Programmende.

7.7 Eingabe-/Ausgabeanweisungen

IBM-Erweiterung:
Der Compiler VS COBOL II Rel. 3.0 und 3.1 unterstützt das automatische Schließen einer Datei nicht, wenn die Option NORES angegeben wurde.

REEL/UNIT-Zusatz

REEL oder UNIT muß bei physisch sequentiellen Dateien (QSAM) angegeben werden, die sich auf mehreren Datenträgern befinden (**Mehrdatenträger-Dateien**). REEL (=Bandrolle) wird bei Magnetband- und UNIT (=Einheit) bei Massenspeicher-Dateien (z. B. Platten, Disketten) angegeben.

Die Angabe von **REEL** bewirkt, daß das zuletzt verarbeitete Magnetband an den Anfang zurückgespult und auf das nächste Band zugegriffen wird. Von dem zur Verarbeitung anstehenden Band werden die Kennsätze geprüft bzw. geschrieben, je nachdem welcher Eröffnungs-Modus in der OPEN-Anweisung angegeben ist.

Ist die Datei auf mehrere Massenspeicher verteilt, muß **UNIT** angegeben werden. Dadurch wird der zuletzt bearbeitete Datenträger geschlossen und auf den nächsten zugegriffen. Der bei Magnetbändern eingeleitete Rückspulvorgang hat hier keine Bedeutung.

Beispiel 1:

Eine Magnetband-Datei mit Namen MULTI-BAND-DATEI ist auf mehrere Bandrollen verteilt.

```
CLOSE MULTI-BAND-DATEI
      REEL.
```

Eine Datei befindet sich auf mehreren Disketten (Mehrdisketten-Datei).

```
CLOSE MULTI-DISKETTEN-DATEI
      UNIT.
```

WITH NO REWIND-Zusatz

WITH NO REWIND hat nur für Magnetband-Dateien Bedeutung. Durch die Angabe wird das zuletzt bearbeitete Magnetband nicht an seinen Anfang zurückgesetzt.

WITH NO REWIND kann immer dann angegeben werden, wenn sich auf einem Magnetband mehrere Dateien befinden und die erste Datei bereits verarbeitet wurde. Ohne auf den Anfang zurücksetzen zu müssen, kann auf die zweite Datei sofort zugegriffen werden, was die Laufzeit des Programms verringert.

Ist eine Datei auf mehrere Magnetbandrollen verteilt, werden alle bereits verarbeiteten Dateien geschlossen und die Bänder an den Anfang zurückgesetzt. Nur bei der zuletzt bearbeiteten Magnetbandrolle unterbleibt das Zurücksetzen an den Bandanfang.

Beispiel 2:

```
CLOSE BAND-DATEI
     WITH NO REWIND.
```

REEL/UNIT FOR REMOVAL

Die Angabe ist nur für **physisch sequentielle Mehrdatenträger-Dateien** zulässig. Durch sie wird dem System mitgeteilt, daß der aktuelle Datenträger logisch von dieser Einheit entfernt worden ist. Bei Magnetband-Dateien wird das aktuelle Band gleichzeitig auf den Anfang zurückgesetzt. Während des gleichen Programmlaufs kann jedoch wieder auf den Datenträger zugegriffen werden, nachdem die Datei erneut mit einer einfachen CLOSE-Anweisung (ohne REEL/UNIT) geschlossen und anschließend mit einer OPEN-Anweisung wieder geöffnet wird.

Beispiel 3:

```
CLOSE MULTI-BAND-DATEI
     REEL FOR REMOVAL.
```

WITH LOCK-Zusatz (Dateisperre)

Wird in einer CLOSE-Anweisung WITH LOCK angegeben, kann die Datei während des gleichen Programmlaufs nicht mehr geöffnet werden. Der LOCK-Zusatz ist auf Dateien mit beliebigen Organisationsformen und Zugriffsmethoden anwendbar.

Wird eine **Magnetbanddatei**, die sich auf einer einzelnen Rolle befindet, mit LOCK gesperrt, wird das Band an den Anfang zurückgesetzt und die Datei physisch vom Programm getrennt (Bediener-Eingriff).

WITH LOCK kann auch in Verbindung mit **REEL** oder **UNIT** angegeben werden. Allerdings nur dann, wenn es sich um Mehrdatenträger-Dateien handelt. Alle Magnetbandrollen der Datei, die bereits abgearbeitet wurden, werden geschlossen und an den Anfang zurückgesetzt. Es findet eine physische Trennung vom Programm statt. Ist sowohl bei Magnetband- als auch bei Massenspeicher-Dateien das Dateiende noch nicht erreicht, wird auf den nächsten Datenträger umgeschaltet.

Beispiel 4:

Eine Datei, die sich auf einer einzigen Diskette befindet, soll mit Dateisperre geschlossen werden.

```
CLOSE DISKETTEN-DATEI
      WITH LOCK.
```

Eine Datei, die sich auf mehreren Disketten befindet (Mehrdisketten-Datei) soll mit Dateisperre geschlossen werden.

```
CLOSE MULTI-DISKETTEN-DATEI
      UNIT WITH LOCK.
```

Eine Magnetband-Datei, die sich auf einer Rolle oder Kassette befindet, soll mit Dateisperre geschlossen werden.

```
CLOSE MB-DATEI
      REEL WITH LOCK.
```

7.7.3 READ-Anweisung

Durch die READ-Anweisung wird bei **sequentiellem Zugriff** der jeweils nächste Satz einer Datei zur Verfügung gestellt. Bei sequentieller Organisation ist das der nächste *logische* Satz, bei indizierter oder relativer Organisation der nächste Satz in *Schlüsselfolge*. Bei **wahlfreiem Zugriff** ist es ein bestimmter Satz einer Massenspeicher-Datei.

Für die READ-Anweisung gibt es zwei Formate. **Format 1** gilt bei sequentiellem und **Format 2** bei **wahlfreiem Zugriff**.

Format 1 (sequentieller Zugriff):

```
READ datei-name    [NEXT] RECORD
                          INTO daten-name-1]

          [AT END              unbedingte anweisung-1]
          [NOT AT END          unbedingte anweisung-2]
          [END-READ]
```

Format 2: (wahlfreier Zugriff):

```
READ datei-name    RECORD [INTO daten-name-1]

          [KEY IS    daten-name-2
          [INVALID KEY         unbedingte anweisung-1]
          [NOT INVALID KEY     unbedingte anweisung-2]
          [END-READ]
```

datei-name steht für die Datei, die gelesen werden soll. Sie muß durch einen **FD-Eintrag** in der DATA DIVISION definiert sein. Vor Ausführung der READ-Anweisung ist die Datei durch OPEN INPUT oder OPEN I-O zu öffnen.

INTO-Angabe

Bei jedem READ wird ein Satz aus dem Eingabepuffer zur Verfügung gestellt. Bei Dateien mit sequentieller Organisation ist es der nächste Satz in der logischen Reihenfolge. Bei indizierter oder relativer Organisation mit sequentiellem Zugriff ist es der nächste Satz in Schlüsselfolge. Dem Programmierer steht es nun frei, diesen Satz im Eingangsbereich zu belassen oder ihn zusätzlich in den Arbeitsbereich der WORKING-STORAGE SECTION (oder LINKAGE SECTION) zu übertragen.

Die Übertragung des logischen Satzes in den Arbeitsbereich kann durch die **INTO**-Angabe veranlaßt werden. Die Regeln für die Übertragung entsprechen denen der MOVE-Anweisung (ohne CORRESPONDING). Die INTO-Angabe ist damit äquivalent zu den Einzelanweisungen

>   **READ** *datei-name*
>   **MOVE** *satz-name* **TO** *daten-name-1*.

Enthält der FD-Eintrag die RECORD IS VARYING-Klausel, wird für das implizite MOVE eine Gruppenübertragung angenommen. *daten-name-1* steht für den Arbeitsbereich, der in der WORKING-STORAGE SECTION zu definieren ist.

Hinweis:
Die INTO-Angabe sollte nicht bei variablen Satzlängen benutzt werden (IBM: RECORDING MODE U, V, S). Der Grund ist, daß der Compiler die Satzgröße des gerade eingelesenen logischen Satzes für das interne MOVE verwendet. Demzufolge kann man ein anderes Ergebnis als erwartet erhalten, wenn dieser Satz von der Satzdefinition (01-Level) abweicht.

---

1. Sequentieller Zugriff

Im Abschnitt Datei-Organisationsformen und Zugriffsmethoden wurde bereits darauf hingewiesen, daß beim Lesen geblockter logischer Sätze einer sequentiell organisierten Datei stets ein physischer Satz (Block) in den Eingabe-Puffer des Hauptspeichers eingelesen wird. Ist z. B. ein Satz 10-fach geblockt, werden beim ersten READ 10 logische Sätze eingelesen, von denen allerdings nur der erste Satz dem Programmierer zur Verfügung steht. Beim zweiten READ wird der zweite logische Satz zur Verfügung gestellt usw. Nach dem 10. READ wird der nächste physische Satz eingelesen. Man muß also unterscheiden zwischen der vom Betriebssystem eingeleiteten Übertragung eines physischen Satzes (Block) vom Datenträger und dem Zugriff auf einen logischen Satz im Eingabe-Puffer. Beide Aktionen werden durch die READ-Anweisung ausgelöst.

NEXT-Angabe

Bei **sequentiellem Zugriff** (ACCESS SEQUENTIAL) hat NEXT keine Auswirkung auf die Ausführung der READ-Anweisung. Die Angabe dient nur der Klarheit und dokumentiert, daß bei sequentieller Organisation auf den nächsten logischen Satz und bei indizierter oder relativer Organisation auf den nächsten Satz in Schlüsselfolge zugegriffen wird.

Bei **dynamischem Zugriff** (ACCESS DYNAMIC) kann auf die Sätze sequentiell und/oder wahlfrei zugegriffen werden. Für einen sequentiellen Zugriff *muß* NEXT angegeben werden.

AT END-Angabe   (nur bei sequentiellem Zugriff)

AT END spezifiziert eine *unbedingte Anweisung*, die in Kraft tritt, wenn kein logischer Satz mehr zum Lesen vorgefunden wird (Datei-Ende). In der Vergangenheit realisierte diese Anweisung oft eine Programmverzweigung mit **GO TO** zu einem Ende-Paragraphen, der die CLOSE-Anweisungen und das logische Programmende (STOP RUN) enthielt. Im Hinblick auf die Zielsetzung der strukturierten Programmierung ist eine derartige Programmierpraxis jedoch nicht mehr zeitgemäß. Das Ende aller einzulesenden Sätze sollte durch einen **Daten-Ende-Schalter** angezeigt werden, der durch die unbedingte Anweisung auf den Wahrheitswert "Ja" gesetzt wird. Die Verarbeitungsschleife wird dann so oft durchlaufen (PERFORM UNTIL), bis die Schaltervariable diesen Wert annimmt. Realisiert werden kann der Schalter entweder durch ein einfaches Indikatorfeld oder durch einen

7.7 Eingabe-/Ausgabeanweisungen

Bedingungsnamen (88er Definition). In das Indikatorfeld muß *vor* dem ersten READ der Wert mit dem Wahrheitsgehalt "Nein" und nach Aktivierung der AT END-Bedingung der Wert mit dem Wahrheitsgehalt "Ja" übertragen werden.

Die **AT END**-Angabe ist nur dann wahlfrei, wenn das Programm DECLARATIVES enthält oder der Daten-Ende-Schalter durch Abfrage des **FILE STATUS** nach dem Wert "10" (EOF) gesetzt wird.

Beispiel 1:

```
FD   EINGABE-DATEI
01   R1-SATZ             PIC X(133).

WORKING-STORAGE SECTION.
01   AUSGABE-SATZ        PIC X(133)    VALUE SPACES.
01   EOF-KZ              PIC X         VALUE SPACE.
...
PROCEDURE DIVISION.
A000-HAUPT SECTION.
A010.
    OPEN INPUT EINGABE-DATEI.
    MOVE "N" TO EOF-KZ.
    ...
A020.
    READ EINGABE-DATEI INTO AUSGABE-SATZ
        AT END MOVE "J" TO EOF-KZ
    END-READ.
A030.
    PERFORM B000-VERARBEITEN
        UNTIL EOF-KZ = "J".
    CLOSE EINGABE-DATEI.
    STOP RUN.
A999.
    EXIT.
```

NOT AT END-Angabe (nur bei sequentiellem Zugriff)

Die Angabe wurde mit **ANS-1985** eingeführt. Sie gestattet die Codierung der unbedingten Anweisung mit einem Ja- und einem Nein-Zweig. NOT AT END wird aktiviert, wenn das Datei-Ende noch *nicht* erreicht ist, also bei jedem ausgeführten READ.

2. Wahlfreier Zugriff

Format 2 der READ-Anweisung ist für indizierte oder relative Dateien in der wahlfreien Zugriffsart vorgesehen. Format 2 gilt auch für die dynamische Zugriffsart, wenn der Satzzugriff wahlfrei ist. Da beim wahlfreiem Zugriff immer ein bestimmter Satz gelesen werden soll, muß dieser durch einen **Bezugsschlüssel** benannt werden. Bei indizierten Dateien ist das durch die KEY IS-Angabe möglich.

KEY IS-Angabe

KEY IS spezifiziert den Zugriff auf einen **Alternativschlüssel (ALTERNATE KEY)** bei **indizierten Dateien**. Vor Ausführung der READ-Anweisung muß deshalb ein **Bezugsschlüssel** in *daten-name-2* vorhanden sein. Wird die READ-Anweisung ausgeführt, findet ein Vergleich zwischen Bezugsschlüssel und dem im Satz vorhandenen Alternativschlüssel statt. Stimmen beide Schlüssel überein, wird der Satzzeiger auf diesen Satz positioniert und der Satz verfügbar gemacht. Stimmt der Bezugsschlüssel mit keinem Wert des Alternativschlüssels überein, wird **INVALID KEY** aktiviert und das Lesen abgebrochen. Ist die Klausel **FILE STATUS** angegeben, wird gleichzeitig in das Status-Feld der Wert **23** gestellt. Sind doppelte Alternativschlüssel vorhanden (WITH DUPLICATES), wird immer der Satz mit dem niedrigsten Wert des **Basisschlüssels** (RECORD KEY) gelesen und in das Status-Feld der Wert **02** gestellt. Dieser sequentielle Lesevorgang wiederholt sich solange, bis alle Sätze mit gleichem Alternativschlüssel gelesen wurden.

Wird die KEY IS-Angabe *nicht* gemacht, dient bei indizierten Dateien der Basisschlüssel **RECORD KEY** und bei relativen Dateien der **RELATIVE KEY** als Bezugsschlüssel für die Satzanforderung. Vor jedem READ muß demzufolge der Suchbegriff im entsprechenden Schlüsselfeld gespeichert sein.

NOT INVALID KEY wurde mit **ANS-1985** eingeführt. Die Angabe gestattet die Codierung der unbedingten Anweisung mit einem Ja- und Nein-Zweig. NOT INVALID KEY wird immer dann aktiviert, wenn beim Lesen ein *gültiger* Satzschlüssel gefunden wurde.

7.7 Eingabe-/Ausgabeanweisungen

Beispiel 2:

```
FILE-CONTROL.
    SELECT ADRESSEN ASSIGN TO ADRESSEN
            ORGANIZATION INDEXED
            ACCESS MODE RANDOM
            RECORD KEY KONTO-NR
            ALTERNATE KEY GEBURTS-DATUM
                WITH DUPLICATES
            FILE STATUS F-STATUS.
DATA DIVISION.
FILE SECTION.
FD ADRESSEN
    ...
01  ADRESS-SATZ.
    05 KONTO-NR           PIC 9(10).
    05 NAME               PIC X(20).
    05 VORNAME            PIC X(20).
    05 GEBURTS-DATUM      PIC 9(6).

WORKING-STORAGE SECTION.
01  F-STATUS              PIC 99         VALUE ZEROS.
01  EOF-SWITCH            PIC X.
    88 END-OF-FILE        VALUE "J".
01  AUSGABE-SATZ          PIC X(133)     VALUE SPACES.

A020.
    READ EINGABE-DATEI INTO AUSGABE-SATZ
        KEY IS GEBURTS-DATUM
        INVALID KEY
            DISPLAY "DOPPELTER SCHLUESSEL"
        NOT INVALID KEY
            DISPLAY "ADRESSE GESPEICHERT"
    END-READ.
    IF F-STATUS = 10
       SET END-OF-FILE TO TRUE
    ELSE
       IF F1-STATUS NOT = 00
          PERFORM E000-FEHLER
          STOP RUN
       ELSE
          CONTINUE
       END-IF
    END-IF.
```

7.7.4 WRITE-Anweisung

Durch die WRITE-Anweisung wird ein logischer Satz aus dem Ausgabe-Puffer in eine Datei geschrieben. Wurde die BLOCK CONTAINS-Klausel angegeben, kann ein physischer Satz (Block) im Ausgabe-Puffer zusammengestellt und auf die externe Datei geschrieben werden. Entsprechend der READ-Anweisung gibt es auch für WRITE ein Format für **sequentiellen Zugriff** (ACCESS IS SEQUENTIAL) und ein Format für **wahlfreien Zugriff** (ACCESS IS RANDOM). Da Ausgabedaten aus dem Puffer auch sofort auf den Drucker gelegt werden können, enthält Format 1 darüber hinaus **Angaben zur Druckersteuerung**.

Format 1 (sequentieller Zugriff):

```
WRITE datensatz-name      [FROM daten-name-1]

        [{ AFTER  } ADVANCING
           BEFORE

                    { daten-name-2  [ LINES ]  }
                      ganzzahl        LINE
                      Merkname
                      PAGE                     ]

[AT      { END-OF-PAGE }  unbedingte anweisung-1]
           EOP

[NOT AT  { END-OF-PAGE }  unbedingte anweisung-2]
           EOP

[END-WRITE]
```

7.7 Eingabe-/Ausgabeanweisungen

Format 2 (wahlfreier Zugriff):

```
WRITE datensatz-name    [FROM daten-name-1]

[INVALID KEY            unbedingte anweisung-1]
[NOT INVALID KEY        unbedingte anweisung-2]
[END-WRITE]
```

datensatz-name
Während bei der READ-Anweisung der Dateiname angegeben wird, muß bei der WRITE-Anweisung immer der Satzname codiert werden. *datensatz-name* ist der Datenname des Ausgabepuffers, welcher in der FILE SECTION, unmittelbar hinter der FD-Eintragung unter der Stufennummer 01, definiert worden ist. Der Datensatzname darf qualifiziert werden. Er darf jedoch *nicht* mit einer SORT- oder MERGE-Datei verbunden sein (SD-Eintrag).

FROM-Angabe
Die wahlfreie FROM-Angabe ist sowohl für den sequentiellen als auch wahlfreien Zugriff gültig. Wurde bei der READ-Anweisung durch INTO zusätzlich der gelesene Satz in den Arbeitsspeicher übertragen, kann analog dazu bei der WRITE-Anweisung ein Satz aus dem Arbeitsspeicher in den Ausgabe-Puffer gestellt werden. Die WRITE-Anweisung mit der FROM-Angabe entspricht damit den Einzelanweisungen

    MOVE *daten-name-1* TO *datensatz-name*
    WRITE *datensatz-name*.

Die implizite Übertragung durch FROM wird damit entsprechend den Regeln für die MOVE-Anweisung ohne CORRESPONDING ausgeführt.

Ist zum Beispiel bei einer **sequentiellen Datei** eine 10-fache Blockung vorgesehen, werden 10 logische Sätze im Puffer zusammengestellt und als physischer Satz auf die externe Ausgabedatei geschrieben. Bei **indizierten** oder **relativen Dateien**, die als VSAM realisiert sind, wird ein CONTROL INTERVALL (CI) im Puffer aufgebaut und auf die Ausgabedatei geschrieben. Man muß deshalb auch bei der WRITE-Anweisung unterscheiden zwischen dem Einspeichern eines logischen Satzes in den Ausgabepuffer und dem Schreiben eines physischen Satzes (oder CI) auf die Ausgabedatei. Beide Aktionen werden durch die WRITE-Anweisung ausgelöst.

Wird die FROM-Angabe nicht gemacht und ist z. B. bei sequentiellen Dateien eine Blockung der Sätze vorgesehen, wird nach jedem WRITE ein anderer Bereich des Ausgabe-Puffers zur Speicherung der logischen Sätze herangezogen. Die Effizienz ist deshalb bei geblockten Ausgabesätzen mit der FROM-Angabe etwas größer als ohne.

Beispiel 1:
```
FILE CONTROL.
    SELECT AUSGABE-DATEI ASSIGN TO DISK.
FD  AUSGABE-DATEI.
01  R2-SATZ             PIC X(133).

WORKING-STORAGE SECTION.
01  W-SA01.
    02 FILLER           PIC X(12) VALUE
                                  "AUSGABELISTE".
    02 KUNDEN-NR        PIC 9(10).
    02 NAME             PIC X(15).
...
PROCEDURE DIVISION.
...
    WRITE R2-SATZ FROM W-SA01.
```

Werden die bearbeiteten Sätze nicht mit der FROM-Angabe in den Ausgabe-Puffer gebracht, müssen sie mit der MOVE-Anweisung dorthin übertragen werden. Im letzten Beispiel müßte dann codiert werden
```
    MOVE W-SA01 TO R2-SATZ.
    WRITE R2-SATZ.
```

Nach Ausführung der WRITE-Anweisung ist der Datensatz in *daten-name-1* auch weiterhin verfügbar, nicht jedoch in *datensatz-name* mit einer Ausnahme: Ist die Datei in einer SAME RECORD AREA-Klausel aufgeführt, steht der ausgegebene Satz auch den anderen in der Klausel angegebenen Dateien zur Verfügung.

ADVANCING-Angabe
Die Angabe dient der **Vorschubsteuerung bei der Druckausgabe**. Man unterscheidet zwei Arten des Vorschubs:

BEFORE ADVANCING   Drucken **vor** dem Vorschub
                        (erst drucken, dann vorschieben)

AFTER ADVANCING   Drucken **nach** dem Vorschub
                        (erst vorschieben, dann drucken)

Die nachfolgenden Eintragungen haben folgende Bedeutung:

ganzzahl
ganzzahl gibt die Anzahl Zeilen an, um die bei jedem WRITE konstant vorgeschoben werden soll.

Beispiel 2:

   WRITE AUSGABE-SATZ AFTER ADVANCING 2 LINES.

Es wird das Papier um 2 Zeilen vorgeschoben, danach wird der Satz gedruckt.

Beispiel 3:

   WRITE AUSGABE-SATZ BEFORE ADVANCING 2 LINES.

Erst wird der Satz gedruckt, dann wird um 2 Zeilen vorgeschoben.

daten-name-2
Die Anzahl der Leerzeilen, um die vorgeschoben werden soll, kann in einem numerisch definierten Elementarfeld gespeichert werden. Das ist z. B. dann sinnvoll, wenn der Vorschub während des Druckens von Listen oder Briefen **variabel** sein muß.

Beispiel 4:

```
WORKING-STORAGE SECTION.
01   VORSCHUB              PIC 9 VALUE ZERO.
...
PROCEDURE DIVISION.
...
     MOVE 4 TO VORSCHUB.
     WRITE R2-SATZ FROM W-KOPF-1 BEFORE VORSCHUB.
     MOVE 1 TO VORSCHUB.
     WRITE R2-SATZ FROM W-TEXT-1 BEFORE VORSCHUB.
```

```
         ┌─────────────────────────────────────────┐
         │              Überschrift                │
       1 │  ─────────────────────────────────────  │
       2 │  ─────────────────────────────────────  │
       3 │  ─────────────────────────────────────  │
       4 │             1. Textzeile                │
       5 │  ─────────────────────────────────────  │
       . │                                         │
       : │                                         │
         └─────────────────────────────────────────┘
```

Die Überschrift wird in der Grundposition gedruckt, in welcher der Druckkopf gerade steht. Anschließend erfolgt ein Vorschub um 4 Zeilen. Dann wird in dieser Position die 1. Textzeile gedruckt, der sich ein Vorschub von einer Zeile anschließt.

Page
Soll auf die nächste Seite vorgeschoben werden, kann man PAGE angeben. Beim Bedrucken von Briefen oder Formblättern muß oft wegen bereits eingedruckter Absenderangaben oder vorhandener Kopfzeilen auf einer bestimmten Zeile mit dem Drucken begonnen werden. In

diesem Fall muß die LINAGE-Klausel in der FD-Eintragung die gewünschte Zeilenposition enthalten (TOP MARGIN bzw. BOTTOM MARGIN). Ist die LINAGE-Klausel nicht angegeben, beginnt der Druck auf der ersten Zeile der folgenden Seite (siehe LINAGE-Klausel).

Merkname

Statt der PAGE-Angabe kann man im Paragraphen SPECIAL-NAMES mit der Klausel *Funktionsname-1 IS Merkname* einen aussagefähigen Merknamen angeben. Für *funktionsname-1* ist der herstellerspezifische Funktionsname einzusetzen.

Beispiel 5:

Bei IBM bedeutet der Funktionsname C01 den Vorschub auf die erste Druckzeile der nächsten Seite (Kanal 1). C01 soll der Merkname NEUE-SEITE zugeordnet werden.

```
ENVIRONMENT DIVISION.
CONFIGURATION SECTION.
SOURCE-COMPUTER.       IBM-370.
...
SPECIAL-NAMES.
    C01 IS NEUE-SEITE
...
PROCEDURE DIVISION.
...
    WRITE AUSGABE-SATZ FROM UEBERSCHRIFT
        AFTER ADVANCING NEUE-SEITE.
```

Die ADVANCING-Angabe ist wahlfrei. Wird sie weggelassen, unterstellt der Compiler die Angabe **AFTER ADVANCING 1 LINES**.

Beispiel 6:

```
    WRITE AUSGABE-SATZ FROM UEBERSCHRIFT.
```

Nach dem automatischen Vorschub um 1 Zeile (Standardannahme) wird der Drucksatz UEBERSCHRIFT gedruckt.

Hinweise:
1. Die Angabe BEFORE ADVANCING hat gegenüber AFTER ADVANCING den Vorteil, daß ein schnellerer Programmdurchlauf erzielt wird. Der Grund liegt darin, daß das Programm zuerst einen Satz abgibt und während der relativ langen Vorschubzeit bereits einen Satz aufbereiten kann.
2. Die gemischte Anwendung von AFTER und BEFORE sollte man vermeiden. Das Quellprogramm verliert dadurch nicht nur an logischer Klarheit, sondern beim späteren Einfügen zusätzlicher Schreibbefehle können Zeilen übereinandergedruckt ausgegeben werden.

Beispiel 7:
```
    WRITE R2-SATZ FROM W-UEBERSCHRIFT AFTER 2.
    WRITE R2-SATZ FROM W-TEXT-1 BEFORE 2.
```

Die Zeilen W-UEBERSCHRIFT und W-TEXT-1 werden übereinandergedruckt.

IBM-Anwendung:
Beim Compiler VS COBOL II wird durch die Angabe **AFTER ADVANCING** *im ersten Byte des Ausgabesatzes das Vorschubsteuerzeichen gespeichert. Dieses Zeichen, das beim Drucken nicht angedruckt wird, aktiviert den Vorschub. Wird beim Kompilieren die Compiler-Option* **ADV** *benutzt, wird das Vorschubsteuerzeichen dem eigentlichen Ausgabesatz vorangestellt. Wird dagegen die Compiler-Option* **NOADV** *angegeben, wird das Vorschubsteuerzeichen im ersten Byte des Ausgabesatzes gespeichert. Das erste Byte muß also für das Steuerzeichen reserviert werden. Wurde für die Datei die LINAGE-Klausel codiert, hat die Angabe NOADV keine Wirkung, sondern es wird ADV unterstellt. Wird die Druckausgabe zur Weiterverarbeitung auf einen*

7.7 Eingabe-/Ausgabeanweisungen 363

Massenspeicher gelegt, kann das Vorschubsteuerzeichen im ersten Byte abgefragt werden.

Beispiel 8:

```
01  AUSGABE-SATZ.
    05 STEUER-ZEICHEN        PIC X.
    05 AUSGABE-TEXT          PIC X(132).
```

AT END-OF-PAGE

Der Zusatz darf nur für Dateien angegeben werden, die in der FD-Eintragung die **LINAGE-Klausel** enthalten.

AT END-OF-PAGE wird aktiviert, wenn der **LINAGE-COUNTER** den Wert der FOOTING-Angabe erreicht oder überschreitet. In diesem Fall wird die *unbedingte anweisung-1* ausgeführt. Der AT END-OF-PAGE-Zusatz verhindert also einen Seitenüberlauf bzw. das Überschreiben bereits vorhandener Fußnoten.

Statt END-OF-PAGE darf die Abkürzung **EOP** verwendet werden. Die Angaben ADVANCING PAGE und END-OF-PAGE dürfen nicht gleichzeitig in einer WRITE-Anweisung stehen.

Beispiel 9:

```
FD  LISTE
    LABEL RECORD OMITTED
    LINAGE IS 62 LINES
    WITH FOOTING AT 55
    LINES AT TOP 5
    LINES AT BOTTOM 5
    DATA RECORD IS R2-SATZ.
01  R2-SATZ                  PIC X(133).
...
WORKING-STORAGE SECTION.
01  W-SA01.
    05 ...
...
```

```
01  W-SA99               PIC X(26) VALUE
                         "FORTSETZUNG NAECHSTE SEITE".
...
PROCEDURE DIVISION.
...
    WRITE R2-SATZ FROM W-SA01 BEFORE ADVANCING 1
        AT END-OF-PAGE PERFORM FUSSNOTE
    END-WRITE.

FUSSNOTE.
    WRITE R2-SATZ FROM W-SA99 BEFORE ADVANCING PAGE
    END-WRITE.
...
```

Für jede Datei, die in der FD-Eintragung eine LINAGE-Klausel enthält, wird vom Compiler das Sonderregister **LINAGE-COUNTER** eingerichtet. Der LINAGE-COUNTER ist ein Zählfeld zum Speichern der Zeilenzahl einer Druckseite. Der Zähler wird durch die OPEN-Anweisung auf den Wert 1 gesetzt und nach jedem WRITE um den Wert hochgesetzt, der implizit oder explizit durch die ADVANCING-Angabe vorgegeben ist. Durch ADVANCING PAGE, oder wenn die maximale Seitenzahl erreicht ist, wird der Zähler auf 1 zurückgesetzt. Werden im Programm mehrere Zeilenzähler verwendet, muß jeder mit dem Namen der Druckdatei qualifiziert werden. Zum Beispiel

FD LISTE   → LINAGE-COUNTER OF LISTE
FD PROTOKOLL   → LINAGE-COUNTER OF PROTOKOLL.

Den LINAGE-COUNTER kann man als Operand in arithmetischen Anweisungen einsetzen. Der Inhalt des Zählers darf dabei jedoch nicht verändert werden.

NOT AT END-OF-PAGE

Der Zusatz wurde mit **ANS-1985** eingeführt. NOT AT END-OF-PAGE wird aktiviert, wenn die FOOTING-Grenze noch *nicht* erreicht ist.

Zu **END-WRITE** siehe die Ausführungen unter 7.6.4 END-Begrenzungen.

INVALID KEY-Angabe (wahlfreier Zugriff)

Durch INVALID KEY kann geprüft werden, ob ein Satz bei wahlfreiem Zugriff richtig auf indizierte oder relative Dateien geschrieben wurde.

INVALID KEY wird aktiviert, wenn

- bei sequentiellem Zugriff (ACCESS SEQUENTIAL) der Satz nicht in aufsteigender Sortierfolge vorliegt (**FILE STATUS = 21**);

- der Basisschlüssel (RECORD KEY) bei indizierten Dateien oder die relative Satznummer (RELATIVE KEY) bei relativen Dateien bereits in der Datei existiert (doppelter Schlüssel, **FILE STATUS = 22**);

- die extern definierten Dateigrenzen überschritten wurden (**FILE STATUS = 24**).

- bei indizierten Dateien ein bereits vorhandener Alternativschlüssel (ALTERNATE KEY) auf die Datei geschrieben werden soll, obwohl kein DUPLICATES angegeben wurde (**FILE STATUS = 22**).

INVALID KEY darf bei indizierten und relativen Dateien nur dann weggelassen werden, wenn DECLARATIVES-Routinen vorhanden sind.

IBM-Erweiterung:
INVALID KEY darf auch dann fehlen, wenn keine DECLARATIVES angegeben sind. Allerdings muß in diesem Fall der Inhalt des FILE STATUS-Feldes abgefragt werden.

NOT INVALID KEY-Angabe (wahlfreier Zugriff)

Die Angabe wurde mit **ANS-1985** eingeführt. NOT INVALID KEY wird aktiviert, wenn ein Satz mit *gültigem* Satzschlüssel bzw. relativer Satznummer geschrieben werden konnte.

Vorschubunterdrückung

Das numerische Literal *ganzzahl* oder der Feldinhalt von *daten-name-2* kann auf den Wert 0 (Null) gesetzt werden. In diesem Fall wird der Vorschub unterdrückt. Eine Vorschubunterdrückung kann z. B. für den Fettdruck von Überschriftenzeilen oder bestimmten Informationsbegriffen verwendet werden, indem die gleiche Zeile ohne Vorschub übereinander gedruckt wird.

Beispiel 10:
```
WRITE R2-SATZ FROM W-UEBERSCHRIFT.
WRITE R2-SATZ FROM W-UEBERSCHRIFT AFTER 0.
```

Das erste WRITE beinhaltet die Standardannahme AFTER ADVANCING 1. Beim zweiten WRITE wird der Vorschub unterdrückt und die UEBERSCHRIFT zum zweiten Mal auf der gleichen Zeile gedruckt.

7.7.5 REWRITE-Anweisung

Mit REWRITE wird ein zuvor gelesener Satz auf die Datei zurückgeschrieben. Vor dem Zurückschreiben kann der Satz geändert werden (Update). Für Dateien in der **sequentiellen Zugriffsart** muß demzufolge dem **REWRITE immer ein erfolgreiches READ vorangegangen sein**, denn nur der zuletzt gelesene Satz wird zurückgeschrieben. Für Dateien in der **wahlfreien bzw. dynamischen Zugriffsart** wird bei indizierter Organisation der zu ersetzende Satz durch den Wert des RECORD KEY-Feldes und bei relativer Organisation durch den des RELATIVE RECORD KEY-Feldes identifiziert.

REWRITE ist *nur* im Eröffnungsmodus **OPEN I-O** (Update-Modus) möglich. Des weiteren muß sich die Datei auf einem Massenspeicher (DIRECT ACCESS STORAGE DEVICE) befinden.

Für die REWRITE-Anweisung existieren zwei Formate. **Format 1** gilt für **sequentiellen Zugriff** und **Format 2** für **wahlfreien Zugriff**.

7.7 Eingabe-/Ausgabeanweisungen

Format 1 (sequentieller Zugriff):

```
REWRITE datensatz-name    [FROM daten-name]
[END-REWRITE]
```

Format 2 (wahlfreier Zugriff):

```
REWRITE datensatz-name    [FROM  daten-name]
    [INVALID KEY          unbedingte anweisung-1]
    [NOT INVALID KEY      unbedingte anweisung-2]
[END-REWRITE]
```

FROM-Angabe

FROM hat hier die gleiche Bedeutung wie bei der WRITE-Anweisung. Ein logischer Satz kann damit aus dem Arbeitsspeicher in den Ausgabepuffer übertragen und dort zu einem physischen Satz (Block) bei sequentieller Organisation oder einem CI bei indizierter oder relativer Organisation zusammengestellt werden (siehe WRITE-Anweisung).

Wie bei der WRITE-Anweisung muß auch bei REWRITE der **Satzname** angegeben werden (siehe WRITE-Anweisung). *datensatz-name* ist der Datenname des Ausgabepuffers, welcher in der FILE SECTION unmittelbar hinter der FD-Eintragung definiert werden muß. Nach erfolgreicher Ausführung der REWRITE-Anweisung ist der logische Satz im Feld *datensatz-name* nicht mehr verfügbar. Es sei denn, die Datei ist in einer SAME RECORD AREA-Klausel aufgeführt. In diesem Fall steht der Satz auch den anderen in der Klausel angegebenen Dateien zur Verfügung.

INVALID KEY-Angabe (wahlfreier Zugriff)
INVALID KEY darf *nur* für Dateien mit **indizierter** oder **relativer Organisation** angegeben werden. Bei sequentieller Organisation hat die Angabe keine Bedeutung, weil es bei dieser Organisationsform keine ungültigen Ordnungsbegriffe gibt.

INVALID KEY wird aktiviert, wenn versucht wurde, einen ungültigen Satzschlüssel auf die Datei zurückzuschreiben. Beim Update muß deshalb streng darauf geachtet werden, daß der Inhalt des Schlüsselfeldes nicht geändert wird. Wird der Schlüssel vor dem Zurückschreiben geändert, und ist dieser geänderte Schlüssel bereits in der Datei vorhanden, wird dieser Satz zurückgeschrieben. Die INVALID KEY-Angabe darf bei indizierten und relativen Dateien nur dann weggelassen werden, wenn DECLARATIVES-Routinen angegeben wurden.

IBM-Erweiterung:
INVALID KEY muß auch dann nicht angegeben werden, wenn keine DECLARATIVES-Routinen vorhanden sind. Allerdings ist in diesem Fall der FILE STATUS abzufragen.

Wird ein ungültiger Satzschlüssel zurückgeschrieben, werden folgende Werte in das FILE STATUS-Feld gestellt:

File-Status	Ursache
21	Folgefehler durch Ändern des Schlüssels (ACCESS SEQUENTIEL)
22	Doppelter Alternativschlüssel, aber es wurde kein DUPLICATES angegeben (ACCESS RANDOM bzw. DYNAMIC)
23	Kein Satz unter diesem Schlüssel gefunden (ACCESS RANDOM bzw. DYNAMIC)
24	Der Schlüssel wurde hinter der oberen Dateigrenze positioniert (ACCESS RANDOM bzw. DYNAMIC)

NOT INVALID KEY-Angabe

NOT INVALID KEY wurde mit **ANS-1985** eingeführt. Die Angabe wird aktiviert, wenn ein Satz mit gültigem Satzschlüssel zurückgeschrieben wurde. Für Dateien mit sequentieller Organisation darf NOT INVALID KEY nicht angegeben werden.

Beispiel 1 (sequentieller Zugriff):

Die Datensätze der Datei KONTO sollen durch die Sätze der Datei AENDAT berichtigt (I-O-Modus) und im Anschluß neue hinzugefügt werden (EXTEND-Modus). Die Sätze beider Dateien sind nach der Kundennummer in aufsteigender Folge sortiert. Wenn beim Lesen die Felder R1-KUNDEN-NR und R2-KUNDEN-NR gleich sind, wird der ursprüngliche Satz auf Datei KONTO (R1-SATZ) durch den Berichtigungssatz (R2-Satz) ersetzt.

```
IDENTIFICATION DIVISION.
PROGRAM-ID.                BERICH.
ENVIRONMENT DIVISION.
CONFIGURATION SECTION.
SOURCE-COMPUTER.           IBM-370.
OBJECT-COMPUTER.           IBM-370.
INPUT-OUTPUT SECTION.
FILE-CONTROL.
    SELECT U1-KONTO   ASSIGN TO SYS010
                      FILE STATUS IS F1-STATUS.
    SELECT U2-AENDAT  ASSIGN TO SYS011
                      FILE STATUS IS F2-STATUS.
DATA DIVISION.
FILE SECTION.
FD  U1-KONTO
    RECORD CONTAINS 80
    LABEL RECORD STANDARD.
01  R1-SATZ.
    02 R1-KUNDEN-NR     PIC 9(10).
    02 R1-TEXT          PIC X(70).
FD  U2-AENDAT
    RECORD CONTAINS 80
    LABEL RECORD STANDARD.
```

```cobol
01  R2-SATZ.
    02 R2-KUNDEN-NR      PIC 9(10).
    02 R2-TEXT           PIC X(70).

WORKING-STORAGE SECTION.
01  F1-STATUS.
    05 F1FS.
       10 F1FS1          PIC X VALUE SPACE.
          88 U1-OK             VALUE "0".
          88 U1-EOF            VALUE "1".
    05 F1FS2             PIC X VALUE SPACE.

01  F2-STATUS.
    05 F2FS.
       10 F2FS1          PIC X VALUE SPACE.
          88 U2-OK             VALUE "0".
          88 U2-EOF            VALUE "1".
    05 F2FS2             PIC X VALUE SPACE.

PROCEDURE DIVISION.
A000-STEUERUNG SECTION.
A010.
    PERFORM B000-OEFFNEN
    PERFORM C000-VERARBEITEN
       UNTIL U1-EOF
    EVALUATE TRUE
       WHEN U2-OK
            CLOSE U1-KONTO
            OPEN EXTEND U1-KONTO
            PERFORM H000-EINFUEGEN
               UNTIL U2-EOF
       WHEN OTHER
            CONTINUE
    END-EVALUATE.
    PERFORM F000-ENDE.
    STOP RUN.
A999.
    EXIT.

B000-OEFFNEN SECTION.
B010.
    OPEN I-O   U1-KONTO
         INPUT U2-AENDAT.
```

7.7 Eingabe-/Ausgabeanweisungen

```cobol
    EVALUATE U1-OK
       WHEN TRUE
             CONTINUE
       WHEN OTHER
             DISPLAY "OPEN-FEHLER KONTO, STATUS: "
                     F1-STATUS
    END-EVALUATE.

    EVALUATE U2-OK
       WHEN TRUE
             CONTINUE
       WHEN OTHER
             DISPLAY "OPEN-FEHLER AENDA, STATUS: "
                     F2-STATUS
    END-EVALUATE.
B999.
    EXIT.

C000-VERARBEITEN SECTION.
C010.
    PERFORM D000-LESEN-1.
    PERFORM E000-LESEN-2.
    EVALUATE TRUE
       WHEN R1-KUNDEN-NR < R2-KUNDEN-NR
             PERFORM D000-LESEN-1
                UNTIL R1-KUNDEN-NR = R2-KUNDEN-NR
             REWRITE R1-SATZ FROM R2-SATZ
       WHEN R1-KUNDEN-NR = R2-KUNDEN-NR
             REWRITE R1-SATZ FROM R2-SATZ
    END-EVALUATE.
C999.
    EXIT.

D000-LESEN-1 SECTION.
D010.
    READ U1-KONTO.
    EVALUATE TRUE
       WHEN U1-OK   CONTINUE
       WHEN U1-EOF  CONTINUE
       WHEN OTHER
             DISPLAY "LESE-FEHLER KONTO, STATUS: "
                     F1-STATUS "ABBRUCH"
    END-EVALUATE.
```

```
D999.
    EXIT.

E000-LESEN-2 SECTION.
E010.
    READ U2-AENDAT.
    EVALUATE TRUE
        WHEN U2-OK   CONTINUE
        WHEN U2-EOF  CONTINUE
        WHEN OTHER
            DISPLAY "LESE-FEHLER AENDAT,"
            DISPLAY "STATUS: " F2-STATUS
            DISPLAY "ABBRUCH"
    END-EVALUATE.
E999.
    EXIT.

H000-EINFUEGEN SECTION.
H010.
    WRITE R1-SATZ FROM R2-SATZ.
    PERFORM E000-LESEN-2.
H999.
    EXIT.

F000-ENDE SECTION.
F010.
    CLOSE U1-KONTO U2-AENDAT.
F999.
    EXIT.
```

7.7.6 START-Anweisung

Die START-Anweisung ist nur bei Dateien mit **indizierter und relativer Organisation** einsetzbar. Im VSAM-Sprachgebrauch sind das VSAM-relative - **(RRDS)** und VSAM-indizierte Dateien **(KSDS)**.

Mit START kann auf einen beliebigen Satz positioniert werden, von dem ab die Datei sequentiell verarbeitet wird. Der angegebene Schlüssel ist der Startpunkt für die sequentielle Verarbeitung.

7.7 Eingabe-/Ausgabeanweisungen

Durch die START-Anweisung wird geprüft, ob der gewünschte Satz in der Datei vorhanden ist, ab dem sequentiell verarbeitet werden soll. Er wird jedoch durch START *nicht* verfügbar gemacht.

Format:

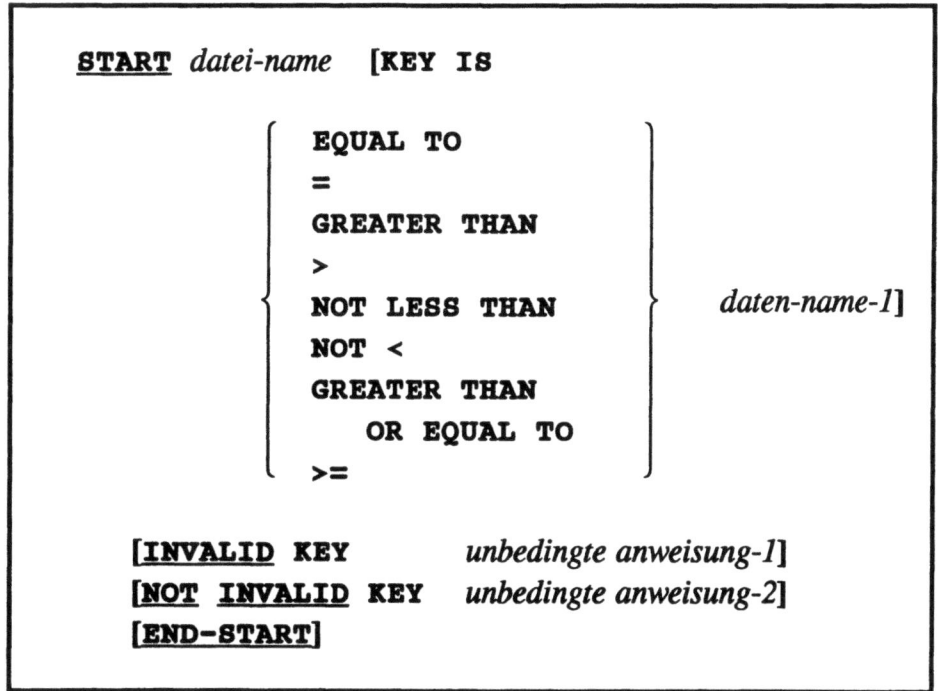

datei-name steht für eine Datei, auf die nur **sequentiell** (ACCESS SEQUENTIAL) oder **dynamisch** (ACCESS DYNAMIC) zugegriffen werden darf. Sie muß in der DATA DIVISION einen FD-Eintrag besitzen. Eine Sortier- oder Mischdatei (SD-Eintrag) ist nicht zugelassen.

KEY IS-Zusatz
Durch den wahlfreien Zusatz KEY IS wird ein Vergleich zwischen dem angegeben Datennamen (*daten-name-1*) und dem gespeicherten KEY (Ordnungsbegriff bzw. relative Satznummer) hergestellt. Der aktuelle Satzzeiger wird dabei auf den ersten Satz der Datei positioniert, bei dem die Vergleichsbedingung erfüllt ist.

Für die Satzpositionierung gelten folgende Vergleichsbedingungen.

Vergleichsoperator	Vergleichsbedingung
EQUAL (=)	KEY ist gleich *daten-name-1*
GREATER (>)	KEY ist größer als *daten-name-1*
NOT LESS (NOT <)	KEY ist nicht kleiner als *daten-name-1*
GREATER OR EQUAL (>=)	KEY ist größer oder gleich *daten-name-1*

Wird KEY IS nicht angegeben, wird als **Standardannahme** der Vergleichsoperator **EQUAL TO** (=) angenommen.

Je nachdem, ob eine **indizierte** oder **relative** Datei vorliegt, kann unter *daten-name-1* für den Vergleich eines der nachfolgend aufgeführten Schlüsselfelder herangezogen werden:

- bei **indizierten Dateien** der Basisschlüssel (RECORD KEY), ein beliebiger Alternativschlüssel (ALTERNATE RECORD KEY) oder ein verkürzter Schlüssel (Generic Key);

- bei **relativen Dateien** die relative Satznummer (RELATIVE KEY).

daten-name-1 darf qualifiziert aber nicht indiziert sein.

Beispiel 1:

Der Ordnungsbegriff einer indizierten Datei (RECHDAT) sei die 10-stellige Kundennummer. Ab Kundennummer 0000012345 soll die Datei sequentiell verarbeitet werden.

```
01  K-NR                   PIC X(10).
...
    MOVE "0000012345" TO K-NR.
    START RECHDAT KEY IS EQUAL TO K-NR.
```

Da EQUAL TO die Standardannahme ist, kann für die START-Anweisung geschrieben werden

```
    START RECHDAT KEY IS K-NR.
```

Angabe eines verkürzten Ordnungsbegriffs
(Generic Key)

Falls die Eindeutigkeit es zuläßt, kann für indizierte Dateien ein verkürzter Ordnungsbegriff (Generic Key) angegeben werden. **Der verkürzte Ordnungsbegriff muß aus den am weitesten links stehenden Ziffern des Basis-OB gebildet werden.** Wird nur eine Ziffer angegeben, muß es die am weitesten links stehende Ziffer sein. Durch einen Generic Key kann ein **Gruppenbegriff als Suchargument** herangezogen werden.

Beispiel 2:

| 1 | 2 | 3 | 4 | 5 | 6 | 7 | 8 | 9 | 0 | | Basis-OB

| 1 | 2 | 3 | *gültiger verkürzter OB*

| 1 | 2 | 3 | 4 | 5 | 6 | 7 | *gültiger verkürzter OB*

| 1 | *gültiger verkürzter OB*

Durch den verkürzten Ordnungsbegriff können bestimmte **Gruppen-Elemente des OB** als Suchbegriff herangezogen werden. Der verkürzte OB muß jedoch immer ein zusammenhängender Teil des OB sein, der am weitesten links steht.

| 2 | 3 | 4 | 5 | **ungültiger** *verkürzter OB*

Die letzte Angabe ist falsch, weil die am weitesten links stehende Ziffer des Basis-OB ("1") nicht im verkürzten OB enthalten ist.

Beispiel 3:
```
FILE-CONTROL.
    SELECT RECHDAT ASSIGN TO RECHDAT
           ORGANIZATION  IS INDEXED
           RECORD KEY    IS K-SCHLUESSEL
           ACCESS MODE   IS RANDOM.
...
```

```
FD   RECHDAT.
01   K-SATZ.
     05 K-SCHLUESSEL.
        10 K-GEBIETS-NR       PIC 9(4).   ←(Generic Key)
        10 K-NR               PIC 9(10).
        10 K-GRUPPE           PIC 9(2).
     05 NAME                  PIC X(20).
...
GEBIET-SUCHEN.
    START RECHDAT KEY IS EQUAL TO K-GEBIETS-NR
        INVALID KEY DISPLAY "KEINE GEBIETS-NR: "
                    K-GEBIETS-NR " GEFUNDEN"
            GO TO GEBIET-SUCHEN-ENDE.
    READ RECHDAT NEXT.   ←   (sequentielles READ)
...
```

Durch die START-Anweisung wird geprüft, ob ein Satz mit dem Generic Key K-GEBIETS-NR in der Datei vorhanden ist. Wird ein Satz gefunden, muß er anschließend sequentiell gelesen werden, denn die START-Anweisung stellt den Satz selbst nicht zur Verfügung.

INVALID KEY-Angabe

INVALID KEY wird aktiviert, wenn der gesuchte Satz durch den angegebenen Vergleich nicht gefunden wurde. In diesem Fall wird der **Status 23** in das FILE STATUS-Feld gestellt und die *unbedingte anweisung-1* ausgeführt. INVALID KEY darf weggelassen werden, wenn die Datei DECLARATIVES-Routinen enthält.

IBM-Erweiterung:
INVALID KEY darf auch dann weggelassen werden, wenn keine DECLARATIVES-Routinen codiert wurden. Allerdings muß dann nach jeder START-Anweisung der FILE STATUS abgefragt werden.

NOT INVALID KEY-Angabe

Dieser Zusatz wurde mit **ANS-1985** eingeführt. Die unbedingte Anweisung wird immer dann ausgeführt, wenn ein *gültiger* Satz gefunden wurde.

Zu **END-START** siehe die Ausführungen unter Kapitel 7.6.4 END-Begrenzungen.

7.7.7 DELETE-Anweisung

Durch die DELETE-Anweisung kann ein Satz *logisch* aus einer **relativen** oder **indizierten** Datei entfernt werden. Die Zugriffsart kann sequentiell (**SEQUENTIAL ACCESS**), wahlfrei (**RANDOM ACCESS**) oder dynamisch sein (**DYNAMIC ACCESS**). Vor Ausführung der DELETE-Anweisung muß die Datei durch **OPEN I-O** geöffnet worden sein.

Format:

```
DELETE     datei-name RECORD
   [INVALID KEY          unbedingte anweisung-1]
   [NOT INVALID KEY      unbedingte anweisung-2]
   [END-DELETE]
```

Sequentieller Zugriff
Bei sequentiellem Zugriff wird immer der zuletzt gelesene Satz aus der Datei entfernt. Einem DELETE muß demzufolge immer ein erfolgreiches READ vorangegangen sein (**FILE STATUS = 00**).

Wahlfreier und dynamischer Zugriff
Bei wahlfreiem oder dynamischem Zugriff wird immer der Satz aus der Datei entfernt, dessen Schlüssel gerade im KEY-Datenfeld gespeichert ist. Dem DELETE braucht kein READ vorangegangen sein.

Bei relativen Dateien ist im KEY-Datenfeld der primäre Satzschlüssel (**RECORD KEY**) und bei indizierten Dateien die relative Satznummer (**RELATIVE KEY**) untergebracht. Ein Alternativ-Schlüssel darf *nicht* angegeben werden.

Bei **relativen Dateien** kann der freigewordene Speicherbereich für einen Satz mit der gleichen relativen Satznummer (RELATIVE KEY) verwendet werden. Bei **indizierten Dateien**, die durch **VSAM** realisiert worden sind, steht der Speicherbereich des entfernten Satzes für das Hinzufügen von weiteren Sätzen zur Verfügung.

Beispiel 1:
```
FILE CONTROL.
    SELECT KONTO ASSIGN TO DISKETTE
            ORGANIZATION    IS INDEXED
            ACCESS          IS RANDOM
            RECORD KEY      IS K-KUNDEN-NR
            FILE STATUS     IS F-STATUS.

FD  KONTO.
01  KONTO-SATZ.
    05 K-KUNDEN-NR          PIC 9(10).
    05 FILLER               PIC X(70).
...
WORKING-STORAGE SECTION.
01  F-STATUS                PIC XX.
...
PROCEDURE DIVISION.
...
    OPEN I-O KONTO.
    ...
    MOVE KUNDEN-NUMMER TO K-KUNDEN-NR
    IF RECHNUNG-BEZAHLT
        PERFORM ENTFERNEN
    ELSE
        PERFORM MAHNEN
    END-IF.
...
ENTFERNEN.
    PERFORM PRUEFEN.
    DELETE KONTO RECORD.
    IF F-STATUS = "23"
        DISPLAY "KUNDEN-NR: " K-KUNDEN-NR
                "NICHT VORHANDEN"
        PERFORM···
    ELSE CONTINUE
    END-IF.
```

7.7 Eingabe-/Ausgabeanweisungen

```
PRUEFEN.
   READ KONTO INTO ...
   IF PRUEFZIFFER-OK
      CONTINUE
   ELSE
      DISPLAY "PRUEFEN: " W-KUNDEN-NR
      ...
   END-IF.
```

Mit Ausführung der DELETE-Anweisung wird der bezeichnete Satz ohne Prüfung gelöscht. Vor dem DELETE sollte deshalb durch eine ausreichende Prüfung sichergestellt sein, daß der Löschvorgang nicht aufgrund eines Eingabe- bzw. Datenfehlers ausgelöst wird. Dazu kann der Satz vor dem DELETE gelesen und eine Vergleichsprüfung mit anderen Daten durchgeführt werden. Im letzten Beispiel wurde deshalb vor dem DELETE die Prüf-Routine PRUEFEN aufgerufen.

Beispiel 2:

```
MOVE "1234567890" TO K-KUNDEN-NR.
DELETE KONTO RECORD.
```

INVALID KEY-Angabe

Die Angabe wird aktiviert, wenn der zu entfernende Satz nicht gefunden wurde (**FILE STATUS = 23**). INVALID KEY darf weggelassen werden, wenn im Programm EXCEPTION/ERROR-Routinen codiert wurden (siehe DECLARATIVES). *Bei **IBM** darf die Angabe auch dann fehlen, wenn keine EXCEPTION/ERROR-Routinen vorhanden sind. Allerdings muß dann der FILE STATUS abgefragt werden.*

NOT INVALID KEY-Angabe

NOT INVALID KEY wurde mit **ANS-1985** eingeführt. Die Angabe wird immer dann aktiviert, wenn ein Satz mit *gültigem* Schlüssel oder relativer Satznummer entfernt wurde.

Zu **END-DELETE** siehe die Ausführungen unter Kapitel 7.6.4 END-Begrenzungen.

7.8 Programmverzweigungen

Oft besteht der Wunsch, von der strengen sequentiellen Befehlsfolge im Verarbeitungsteil der PROCEDURE DIVISION abzuweichen und durch einen Sprungbefehl auf einen anderen Paragraphen oder ein anderes Kapitel (SECTION) aufzusetzen. Wird als Sprungbefehl **GO TO** verwendet, kann das Programm nach dem Aufsetzpunkt sequentiell weiterverarbeitet werden. Bei Verwendung von **PERFORM** wird nach Abarbeitung einer oder mehrerer Prozeduren (Paragraphen, Kapitel) zum Ausgangspunkt zurückverzweigt.

7.8.1 PERFORM-Anweisung

Mit PERFORM können einzelne oder mehrere Prozeduren, die außerhalb der sequentiellen Befehlsfolge liegen, aufgerufen und abgearbeitet werden. Nach der letzten Anweisung der aufgerufenen Prozedur kehrt das Programm automatisch zum Ausgangspunkt zurück (Rücksprung). Die Steuerung wird daraufhin an die nächste Anweisung übergeben, die der PERFORM-Anweisung folgt. Das Rückverzweigen geschieht dadurch, daß bereits beim Kompilieren am Ende der aufgerufenen Prozedur eine Routine zur Rückverzweigung eingefügt wird. Werden mehrere Prozeduren aufgerufen (PERFORM THRU), befindet sie sich am Ende der letzten Prozedur. Diese Routine, welche die **Rücksprungadresse** enthält, wird durch den PERFORM-Aufruf aktiviert.

Die gerufene Prozedur kann auch sequentiell durchlaufen werden, d. h. ohne durch PERFORM aufgerufen zu sein. Ein derartiges Durchlaufen kann ungewollt geschehen, wenn unsauber programmiert wurde (z. B. mit GO TO).

Der Vorteil der PERFORM-Anweisung liegt darin, daß von beliebig vielen Stellen des Programms die rufende Prozedur angesteuert werden kann und nach dem Ausführen der Anweisungen an den Ausgangspunkt zurückverzweigt wird.

7.8 Programmverzweigungen

Die rufende Prozedur kann an beliebiger Stelle der PROCEDURE DIVISION stehen, allerdings sollte dabei immer der Gesichtspunkt der Klarheit und Übersichtlichkeit Beachtung finden.

Bei der PERFORM-Anweisung unterscheidet man seit dem **ANS-1985** zwischen **Inline-** und **Outline-Codierung**.

IN-LINE-PERFORM

Die Inline-Codierung wurde mit **ANS-1985** eingeführt. Sie stellt ein wesentliches Element zur Unterstützung der **strukturierten Programmierung** dar. Bei einem IN-LINE-PERFORM befindet sich die auszuführende Anweisungsfolge nicht in einer separaten Prozedur, die außerhalb der sequentiellen Befehlsfolge liegt, sondern sie ist selbst ein integrierter Teil der PERFORM-Anweisung. Dadurch kann ein "PERFORM-Block" zusammengestellt werden, welcher genau an der Stelle des Programms zu codieren ist, an der er benötigt wird. Ein Ansteuern der Anweisungsfolge von anderen Stellen des Programms aus ist jedoch nicht möglich. Die Anweisungen eines IN-LINE-PERFORM müssen *unbedingte Anweisungen* sein, ansonsten sind sie durch die entsprechenden END-Begrenzer in unbedingte Anweisungen umzuwandeln. Die Anweisungsfolge *muß* mit **END-PERFORM** abgeschlossen werden.

OUT-OF-LINE-PERFORM

Die Outline-PERFORM-Anweisung dient dem Aufruf eines **internen Unterprogramms**. Unter einem internen Unterprogramm versteht man einen abgeschlossenen Programmteil, der aus einen oder mehreren Paragraphen oder Kapiteln (SECTIONs) besteht und an beliebiger Stelle der PROCEDURE DIVISION codiert sein darf. Ein internes Unterprogramm kann von jeder Stelle des Programms aus mit PERFORM angesteuert werden.

END-PERFORM darf bei der Outline-Codierung *nicht* angegeben werden.

Die PERFORM-Anweisung, die sehr umfangreich ist, wird üblicherweise in 4 Formaten angegeben. Seit dem **ANS-1985** kann jedes dieser Formate noch einmal in ein Format für **Inline-** und ein Format für **Outline-Codierung** aufgeteilt werden.

Format 1:

```
>>OUT-OF-LINE<<

PERFORM prozedurname-1  [{ THRU    } prozedurname-2
                          THROUGH

>>IN-LINE<<

PERFORM  {unbedingte anweisung}
END-PERFORM
```

Format 1 beinhaltet die einfachste Anwendung der PERFORM-Anweisung. Im OUT-OF-LINE PERFORM kann durch die Angabe **PERFORM** *prozedurname-1* eine einzelne Prozedur aufgerufen werden.

Durch den Zusatz **THRU (THROUGH)** *prozedurname-2* lassen sich mehrere Prozeduren aufrufen, die jedoch alle lückenlos hintereinander liegen müssen. *prozedurname-2* muß also immer die letzte Prozedur in einer Prozedurfolge sein.

Beispiel 1 (Outline-Codierung):

```
PROCEDURE DIVISION.
A000-STEUERUNG SECTION.
A010.
    PERFORM B000-OEFFNEN.
    PERFORM C000-INITIALISIERUNG.
    PERFORM D000-LESEN.
    PERFORM E000-VERARBEITEN
       UNTIL EOF-KZ.
```

7.8 Programmverzweigungen

```
        PERFORM F000-PROTOKOLL.
        PERFORM G000-ENDE.
        STOP RUN.
 A999.
        EXIT.

 B000-OEFFNEN SECTION.
 B010.
        OPEN INPUT   EINDAT
             OUTPUT  AUSDAT.
        IF F1-STATUS NOT = "00"
            MOVE "OPEN-FEHLER EINDAT" TO SW-TEXT
            MOVE F1-STATUS TO SW-STATUS
            PERFORM H000-STATUS-FEHLER
            PERFORM G000-ENDE
            STOP RUN
        ELSE
            CONTINUE
        END-IF.
 B999.
        EXIT.

 C000-INITIALISIERUNG SECTION.
 ...
```

Bei einem **IN-LINE-PERFORM** darf innerhalb der PERFORM-Anweisung kein Punkt hinter den einzelnen Anweisungen stehen, da sonst die Inline-Routine nach dem Punkt beendet wird.

Beispiel 2   (Inline-Codierung, Format 1):

```
ADD 1 TO ZEILEN-NR
IF ZEILEN-NR > 60
    PERFORM
       MOVE SEITEN-NR TO UE-SEITE
       WRITE R1-SATZ FROM UEBERSCHRIFT-1 AFTER KAN1
       WRITE R1-SATZ FROM UEBERSCHRIFT-2
       WRITE R1-SATZ FROM W1-SATZ
       MOVE 2 TO ZEILEN-NR
    END-PERFORM
ELSE
   WRITE R1-SATZ FROM W1-SATZ
END-IF
```

Format 2:

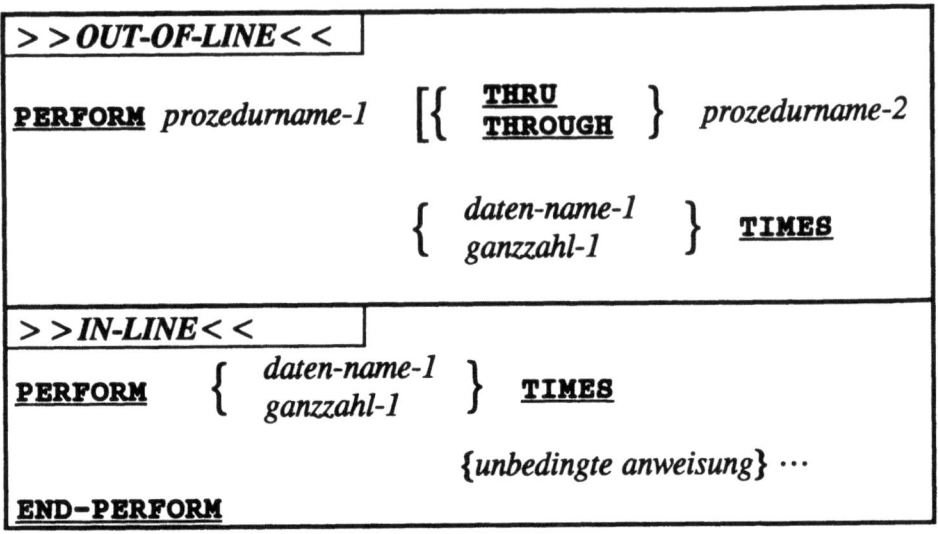

Format 2 unterscheidet sich vom Format 1 nur durch die **TIMES**-Angabe. Mit TIMES kann festgelegt werden, wie oft die gerufene Prozedur ausgeführt werden soll. Die Anzahl der Durchläufe (TIMES) kann als *ganzzahl-1* oder als numerischer Feldinhalt von *daten-name-1* angegeben werden. *ganzzahl-1* muß ein ganzzahliges numerisches Literal sein.

Die TIMES-Angabe wird immer dann verwendet, wenn die Anzahl der Durchläufe von vornherein feststeht. Die Anzahl kann jedoch auch in Abhängigkeit abzufragender Bedingungen variabel sein. In diesem Fall ist der bedingungsabhängige Wert vor Ausführung der PERFORM-Anweisung in das Feld *daten-name-1* zu übertragen.

Beispiel 3:

Eine Listenzeile soll durch Bindestriche (-) zweimal unterstrichen werden.

```
    PERFORM UNDERLINE 2 TIMES.
    ...
UNDERLINE.
    MOVE ALL "-" TO R2-TEXT.
    WRITE R2-SATZ.
```

7.8 Programmverzweigungen

Beispiel 4:

Alle Elemente der Tabelle GEWINN-TAB sollen auf den Anfangswert ZERO gesetzt werden.

```
77  I-MONAT                  PIC 99 BINARY.
01  M-SATZ.
    05 GEWINN-TAB.
       10 MONAT OCCURS 12.
          15 GEWINN-VS    PIC S9(9)V99 BINARY.
          15 GEWINN-NS    PIC S9(9)V99 BINARY.
          15 STEUERN      PIC S9(9)V99 BINARY.
...
    MOVE 0 TO I-MONAT.
    PERFORM 12 TIMES
       ADD 1 TO I-MONAT
       MOVE ZERO TO GEWINN-VS (I-MONAT)
                    GEWINN-NS (I-MONAT)
                    STEUER    (I-MONAT)
    END-PERFORM.
```

Die Anweisungen des INLINE-PERFORM werden in diesem Beispiel 12mal durchlaufen. In der Praxis wird man derartige Initialisierungen allerdings anders durchführen (z. B. mit der INITIALIZE-Anweisung).

Format 3:

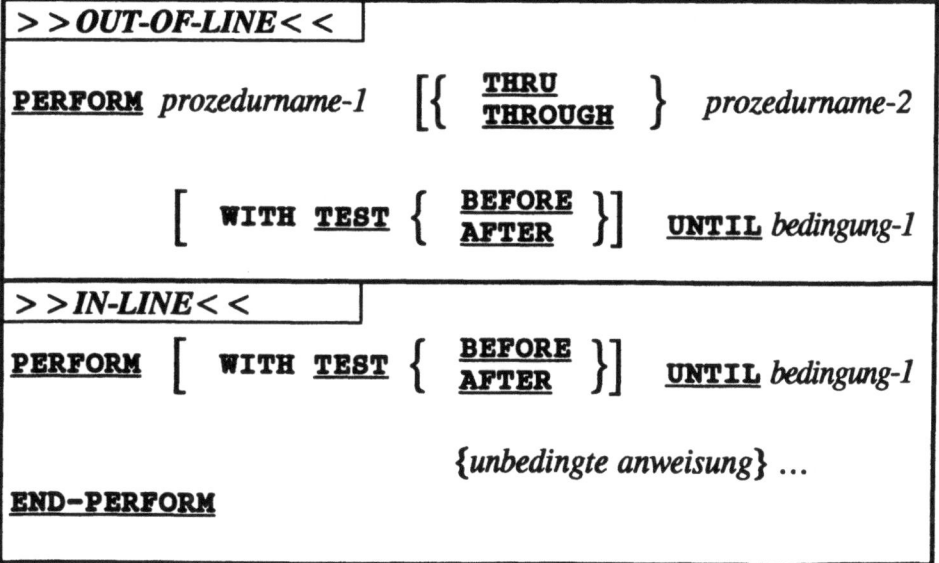

Mit **Format 3** können durch die **UNTIL**-Angabe die aufgerufenen Prozuren so lange ausgeführt werden, bis die angegebene Bedingung (*bedingung-1*) erfüllt ist. Die PERFORM ··· UNTIL-Anweisung eignet sich deshalb besonders für breitgefächerte Optimierungsprobleme, bei denen eine bestimmte Zielfunktion ein Minimum oder Maximum annehmen soll.

Beispiel 5:

```
01   KAPITAL-ANF           PIC S9(9)V99 BINARY.
01   KAPITAL-END           PIC S9(9)V99 BINARY.
01   P                     PIC 99V99    BINARY.

     MOVE 100.00 TO KAPITAL-ANF.
     MOVE 5.50 TO P.
```
PERFORM BERECHNUNG UNTIL KAPITAL-END > 10000.
```
BERECHNUNG.
     COMPUTE KAPITAL-END
             = KAPITAL-ANF * (1 + P / 100) ** 5
     END-COMPUTE.
     ADD 100 TO KAPITAL-ANF.
```

Der Zusatz **WITH TEST** wurde mit **ANS-1985** eingeführt. Damit kann bestimmt werden, ob die angegebene Bedingung vor (**BEFORE**) oder nach (**AFTER**) Ausführung der Prozedur getestet werden soll.

Bis zum ANS-1974 wurde die Bedingungsprüfung immer vor Ausführung der Ansteuerung vorgenommen. War die Bedingung jedoch bereits erfüllt, wurde die Prozedur überhaupt nicht angesteuert. Da es jedoch in der Praxis Fälle gibt, bei denen die Prozedur mindestens einmal durchlaufen werden muß, kann der Zusatz **WITH TEST AFTER** codiert werden. Das heißt, die Bedingungsprüfung findet *nach* der Ansteuerung der Prozedur statt (siehe Beispiel 6).

Wird WITH TEST nicht angegeben, wird die **Standardannahme WITH TEST BEFORE** wirksam.

7.8 Programmverzweigungen

Format 4:

```
>>OUT-OF-LINE<<
```

PERFORM *prozedurname-1* $\left[\left\{ \begin{array}{l} \underline{\text{THRU}} \\ \underline{\text{THROUGH}} \end{array} \right\} \text{\textit{prozedurname-2}} \right.$

$\left[\text{WITH } \underline{\text{TEST}} \left\{ \begin{array}{l} \underline{\text{BEFORE}} \\ \underline{\text{AFTER}} \end{array} \right\} \right]$

$\underline{\text{VARYING}} \left\{ \begin{array}{l} \textit{daten-name-1} \\ \textit{index-name-1} \end{array} \right\} \underline{\text{FROM}} \left\{ \begin{array}{l} \textit{daten-name-2} \\ \textit{index-name-2} \\ \textit{literal-2} \end{array} \right\}$

$\underline{\text{BY}} \left\{ \begin{array}{l} \textit{daten-name-3} \\ \textit{literal-3} \end{array} \right\} \underline{\text{UNTIL}} \text{ \textit{bedingung-1}}$

$\left[\underline{\text{AFTER}} \left\{ \begin{array}{l} \textit{daten-name-4} \\ \textit{index-name-4} \end{array} \right\} \underline{\text{FROM}} \left\{ \begin{array}{l} \textit{daten-name-5} \\ \textit{index-name-5} \\ \textit{literal-5} \end{array} \right\} \right.$

$\underline{\text{BY}} \left\{ \begin{array}{l} \textit{daten-name-6} \\ \textit{literal-6} \end{array} \right\} \underline{\text{UNTIL}} \text{ \textit{bedingung-2}} \left.\right] \ldots$

Die Bedingung, die für das Ansteuern einer Prozedur erforderlich ist, wird im Format 4 durch den variierbaren Wert einer Laufvariablen festgelegt (**VARYING**). Das Feld *daten-name-1* oder *indexname-1* steht für diese Laufvariable.

Vor der ersten Ansteuerung der Prozedur muß die Laufvariable auf einen **Anfangswert** gesetzt werden, was durch die **FROM**-Angabe geschieht. Der Anfangswert wird nach jedem Durchlauf um einen bestimmten Wert (Schrittwert) erhöht, bis der vorgegebene **Endwert** erreicht ist. Die **Schrittweite** wird durch die **BY**-Angabe und der **Endwert** durch die **UNTIL**-Angabe festgelegt. Es ist in jedem Fall unerheblich, ob das Feld für die Laufvariable (*daten-name-1* bzw.

indexname-1) ein Index- oder Subscript-Feld ist. Die Einspeicherung der Werte übernimmt immer FROM.

Beispiel 6:
```
WORKING-STORAGE SECTION.
77   ZAE                  PIC 99.
...
PROCEDURE DIVISION.
...
    PERFORM PROC-1 VARYING ZAE
                FROM 1 BY 1 UNTIL ZAE > 50.
```

In diesem Beispiel bedeuten:

VARYING ZAE	=	**Laufvariablen-Feld**
FROM 1	=	**Anfangswert**
BY 1	=	**Schrittweite**
UNTIL ZAE > 50	=	**Bedingung** (Endwert = 50)

Der Inhalt des Laufvariablen-Feldes ZAE wird zu Beginn auf den Anfangswert 1 gesetzt (FROM) und bei jedem Durchlauf um 1 erhöht (BY) bis (UNTIL) die Bedingung ZAE > 50 erfüllt ist. Die Prozedur PROC-1 wird also genau 50mal durchlaufen. Beim 51. Mal ist die Bedingung ZAE > 50 erfüllt und die Steuerung geht an die nächste Anweisung über, die der PERFORM-Anweisung folgt.

Bei der Formulierung der Bedingung muß berücksichtigt werden, ob die Bedingungsprüfung mit **WITH TEST BEFORE** oder mit **WITH TEST AFTER** durchgeführt wird. Im letzten Beispiel wurde WITH TEST nicht angegeben und damit die vom Compiler vorgegebene Standardannahme WITH TEST BEFORE wirksam. Das heißt, die Bedingungsprüfung wird vor Ausführung der Prozedur durchgeführt und die Laufvariable ZAE auf den Wert 1 gesetzt. Nach der ersten Schleife hat die Variable bereits den Wert 2 und nach der 49. Schleife den Wert 50. Würde die Bedingung mit UNTIL ZAE = 50 angegeben, könnte die 50. Schleife nicht mehr durchlaufen werden, weil bereits nach der 49. Schleife abgebrochen wird. Die Bedingung muß deshalb lauten:

UNTIL ZAE > 50

7.8 Programmverzweigungen

Bei Angabe **WITH TEST AFTER** wird dagegen die Bedingungsprüfung nach Ausführung der Prozedur durchgeführt. Damit erhält die Variable erst nach der ersten Schleife den Wert 1. Die Bedingung muß deshalb lauten:

$$\text{UNTIL ZAE} = 50$$

Der Rücksprung nach jeder Schleife erfolgt nicht zum Anfang der PERFORM-Anweisung, sondern zur Abfrage der Bedingung (UNTIL).

7.8.1.1 Tabellenverarbeitung mit PERFORM VARYING

Da die Laufvariable auch ein Index oder Subscript sein kann, eignet sich die PERFORM VARYING-Anweisung besonders für die Tabellenverarbeitung.

Beispiel 7 (eindimensionale Tabelle):

Die 12 rückliegenden Monatsumsätze eines Betriebes, die in den gleichgroßen Feldern UMSATZ gespeichert sind, sollen im Feld SUMME aufaddiert werden. Die eindimensionale Tabelle der 12 Monatsfelder sei folgendermaßen definiert:

```
01  UMSATZ-TAB.
    05 MONATS-UMSATZ  OCCURS 12
                      INDEXED BY MONATS-INDEX.
       10 UMSATZ      PIC S9(6)V99.
01  SUMME             PIC S9(7)V99.
```

Für die PERFORM-Anweisung kann angegeben werden:

```
PERFORM A1
   VARYING MONATS-INDEX FROM 1 BY 1
   UNTIL MONATS-INDEX > 12.
...
A1.
   ADD UMSATZ (MONATS-INDEX) TO SUMME.
```

Der Anfangswert wird im Feld MONATS-INDEX durch die FROM-Angabe auf den Wert 1 gesetzt. Die Prozedur A1 muß wegen der 12 Monatsfelder auch 12 mal durchlaufen werden. Da WITH TEST BEFORE implizit unterstellt ist (Standardannahme), muß die Bedingung lauten UNTIL MONATS-INDEX > 12. Ist die Bedingung nicht erfüllt, wird die Prozedur A1 ausgeführt und der MONATS-INDEX um +1 erhöht. Anschließend wird zur PERFORM-Anweisung rückverzweigt und erneut die Bedingung abgefragt.

AFTER-Zusatz (geschachtelte Programmschleifen)

Durch den AFTER-Zusatz können geschachtelte Programm-Schleifen und damit **mehrdimensionale Tabellen** verarbeitet werden. Jede Tabellen-Dimension besitzt eine eigene Schleife und damit eine eigene Laufvariable (Anfangswert, Schrittweite, Endwert). Durch AFTER können die untergeordneten Schleifen in der richtigen Reihenfolge durchlaufen werden. Die Reihenfolge der AFTER-Eintragungen ist immer von der äußeren geschachtelten Schleife zu inneren geschachtelten Schleife.

> Das **1. AFTER** kennzeichnet die **erste geschachtelte Schleife**.
> Das **2. AFTER** kennzeichnet die **zweite geschachtelte Schleife**
> usw.

Beispiel 8 (zweidimensionale Tabelle):

Beispiel 6 soll hier zu einer zweidimensionalen Tabelle erweitert werden. Dazu sei gefordert, daß die Umsätze der letzten 10 Jahre zusätzlich im Feld SUMME addiert werden sollen. Die eindimensionale Tabelle des Beispiels 6 wird also um den übergeordneten JAHRES-UMSATZ erweitert.

```
01   UMSATZ-TAB.
     05 JAHRES-UMSATZ      OCCURS 10
                           INDEXED BY JAHRES-INDEX.
        10 MONATS-UMSATZ   OCCURS 12
                           INDEXED BY MONATS-INDEX.
           15 UMSATZ       PIC S9(6)V99 BINARY.
```

7.8 Programmverzweigungen

```
01  SUMME                   PIC S9(7)V99 BINARY.

PROCEDURE DIVISION.
...
    PERFORM A1
      VARYING JAHRES-INDEX FROM 1 BY 1
        UNTIL JAHRES-INDEX > 10
      AFTER MONATS-INDEX FROM 1 BY 1
        UNTIL MONATS-INDEX > 12.
A1.
    ADD UMSATZ (JAHRES-INDEX, MONATS-INDEX)
            TO SUMME.
```

Zuerst werden beide Laufvariable (MONATS-INDEX, JAHRES-INDEX) auf die Anfangswerte gesetzt. Dann wird die Variable der äußeren Schleife abgefragt (JAHRES-INDEX > 10). Ist die Bedingung erfüllt, wird PERFORM abgebrochen und die nächste Anweisung ausgeführt. Ist sie nicht erfüllt, wird die Variable der inneren Schleife abgefragt (MONATS-INDEX > 12). Ist die Bedingung nicht erfüllt, wird die Prozedur A1 mit den Werten JAHRES-INDEX = 1 und MONATS-INDEX = 1 durchlaufen. Anschließend wird der MONATS-INDEX um + 1 erhöht und erneut abgefragt.

Das Abarbeiten der inneren Schleife wird so lange fortgesetzt, bis die Endebedingung MONATS-INDEX > 12 erfüllt ist. Der MONATS-INDEX wird nun wieder auf den Anfangswert gesetzt, der JAHRES-INDEX um +1 erhöht und die Bedingung für den JAHRES-INDEX wieder abgefragt. Die innere Schleife wird nun erneut so oft durchlaufen, bis die Bedingung für den MONATS-INDEX wieder erfüllt ist. Daraufhin wird der JAHRES-INDEX erhöht usw. Die Schleifen werden so lange durchlaufen, bis für den JAHRES-INDEX die Endebedingung erreicht ist.

Seit dem **ANS-1985** können mindestens 6-dimensionale Tabellen verarbeitet werden. Im ANS-1974 waren es mindestens 3-dimensionale.

Beispiel 9 (dreidiminsionale Tabelle):

```
01  UMSATZ-TAB.
    05 JAHRES-UMSATZ         OCCURS 10
                             INDEXED BY JAHRES-INDEX.
       10 MONATS-UMSATZ      OCCURS 12
                             INDEXED BY MONATS-INDEX.
          15 TAGES-UMSATZ OCCURS 365
                             INDEXED BY TAGES-INDEX.
             20 UMSATZ       PIC S9(6)V99 BINARY.
01  SUMME                    PIC S9(9)V99 BINARY.
...
PROCEDURE DIVISION.
...
    PERFORM A1 WITH TEST AFTER
        VARYING JAHRES-INDEX FROM 1 BY 1
            UNTIL JAHRES-INDEX = 10
        AFTER MONATS-INDEX FROM 1 BY 1
            UNTIL MONATS-INDEX = 12.
        AFTER TAGES-INDEX FROM 1 BY 1
            UNTIL TAGES-INDEX = 365.
...
A1.
    ADD UMSATZ (JAHRES-INDEX, MONATS-INDEX,
                TAGES-INDEX) TO SUMME.
```

Zu Beginn werden wieder alle Laufvariable auf die Anfangswerte gesetzt. Die anschließend durchgeführten Aktionen sind die gleichen wie bei der zweidimensionalen Tabelle des Beispiels 8. Zusätzlich durchläuft die Laufvariable TAGES-INDEX den vollständigen Zyklus, wenn MONATS-INDEX um +1 erhöht wird. Zu beachten ist bei diesem Beispiel, daß die Bedingungsprüfungen jeweils nach dem Schleifendurchlauf stattfinden (WITH TEST AFTER). Die Bedingungen lauten deshalb JAHRES-INDEX = 10 usw.

7.8.1.2 Geschachtelte PERFORM-Anweisungen

Befindet sich in einer Prozedur, die durch PERFORM aufgerufen wird, eine weitere PERFORM-Anweisung, spricht man von einer geschachtelten PERFORM-Anweisung.

7.8 Programmverzweigungen

Durch geschachtelte PERFORM-Anweisungen können hierarchisch gegliederte Unterprogramme verwirklicht werden, die besonders bei größeren Programm-Systemen die Arbeit wesentlich erleichtern. Die Schachtelung ist jedoch nur mit Einschränkungen möglich (nicht bei IBM), was an zwei Beispielen demonstriert werden soll.

Beispiel 1:

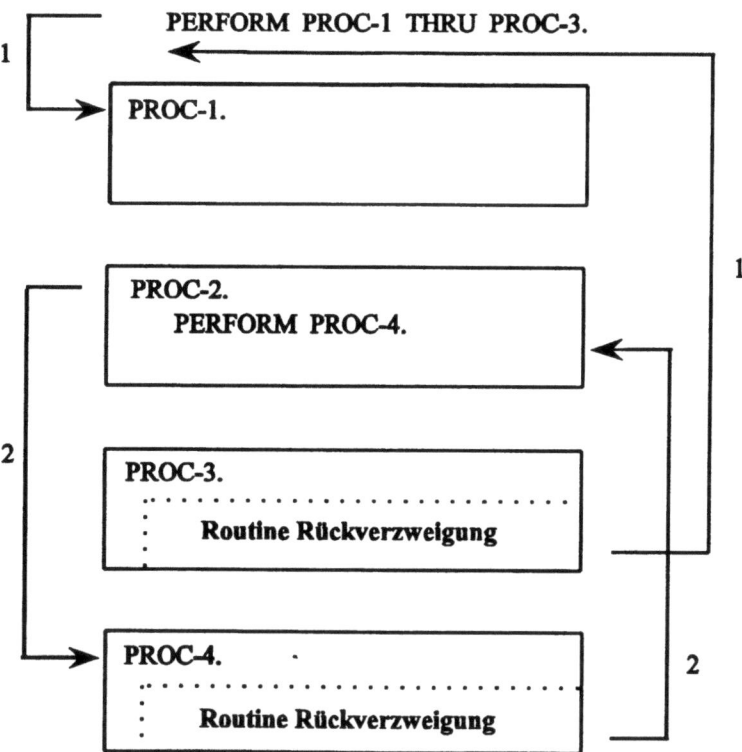

Die 1. PERFORM-Anweisung ruft die Prozeduren PROC-1 bis PROC-3 auf und hinterläßt die Routine für die Rücksprungadresse am Ende von PROC-3. Innerhalb dieser Prozedurenkette befindet sich eine weitere PERFORM-Anweisung, welche die außerhalb liegende Prozedur PROC-4 aufruft. Die Routine für die Rücksprungadresse wird für dieses 2. PERFORM am Ende von PROC-4 eingerichtet. Beide Routinen beeinflussen sich gegenseitig nicht, weil sie verschiedene Rückverzweigungspunkte haben.

Anders ist die Situation des folgenden Beispiels:

Beispiel 2:

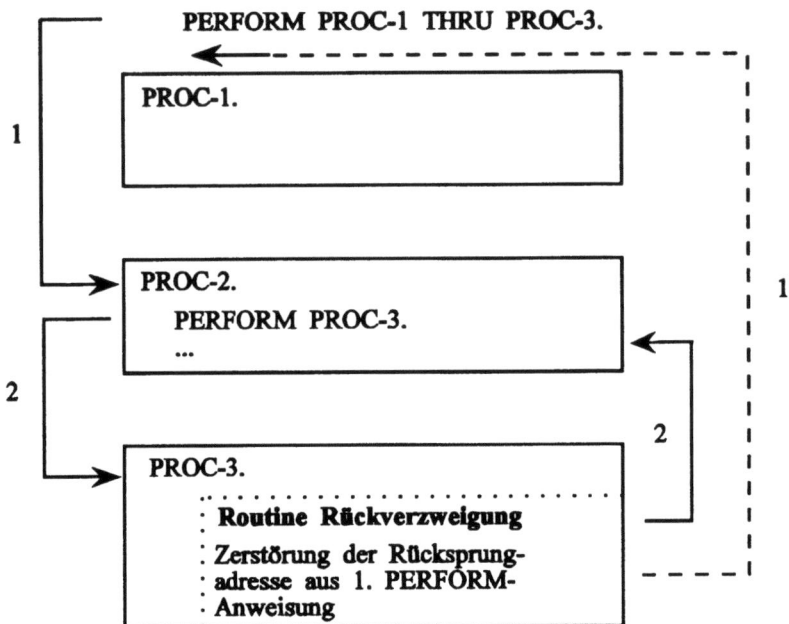

Durch die 1. PERFORM-Anweisung wird wieder PROC-1 bis PROC-3 aufgerufen und die Routine für die Rücksprungadresse am Ende von PROC-3 hinterlegt. Das 2. PERFORM ruft jedoch auch PROC-3 auf und versucht dort ebenfalls die Rücksprungadresse zu hinterlegen. Beide PERFORM-Anweisungen haben also einen gemeinsamen Rückverzweigungspunkt. Dadurch wird die Rücksprungadresse der 1. PERFORM-Anweisung zerstört, und das interne Unterprogramm findet nicht mehr den Weg zum Ausgangspunkt zurück.

Aus diesem Sachverhalt läßt sich folgende wichtige Regel ableiten:

Es ist nicht zulässig, daß bei einer geschachtelten PERFORM-Anweisung ein *gemeinsamer* Rückverzweigungspunkt besteht.

7.8 Programmverzweigungen 395

IBM-Erweiterung:
Es dürfen zwei oder mehrere Rückverzweigungspunkte zusammenfallen. Demzufolge sind auch alle Formen von PERFORM-Schachtelungen zulässig.

Um auch in **ANS-COBOL** beliebige PERFORM-Schachtelungen zu codieren, können die Unterprogramme mit der **EXIT**-Anweisung abgeschlossen werden.

7.8.2 EXIT-Anweisung

Mit der EXIT-Anweisung lassen sich Unterprogramme exakt abschließen, wenn geschachtelte PERFORM-Anweisungen gemeinsame Rückverzweigungspunkte besitzen. Ansonsten besitzt die Anweisung nur einen dokumentarischen Wert, um Abschnittsausgänge als solche zu kennzeichnen.

Format:

```
    paragraphen-name  EXIT
```

In ANS-1974 mußte die EXIT-Anweisung die einzige Anweisung in einem Paragraphen sein. Seit dem **ANS-1985** ist diese Einschränkung weggefallen. EXIT muß allerdings als *letzte* Anweisung in einem Paragraphen stehen.

Haben in einer geschachtelten PERFORM-Anweisung n Prozeduren den gleichen Rückverzweigungspunkt, dann müssen mindestens $n-1$ zusätzliche Paragraphen eingefügt werden, die jeweils nur die EXIT-Anweisung enthalten.

EXIT führt zu keinerlei Aktion des Rechners, sondern es hat lediglich eine Funktion in der Programmlogik.

In IBM-Programmen hat die EXIT-Anweisung keine Bedeutung mehr. Um die Kompatibilität der Programme mit anderen Compilern sicherzustellen, sollte die Anweisung jedoch beim Auftreten geschachtelter PERFORM-Anweisungen codiert werden. Die EXIT-Anweisung kann aber auch zum Zwecke der Klarheit und Übersichtlichkeit angegeben werden, um anzuzeigen, daß Unterprogramme an dieser Stelle enden.

Für das Beispiel 2 kann unter Verwendung der EXIT-Anweisung folgendes Lösungsschema angegeben werden:

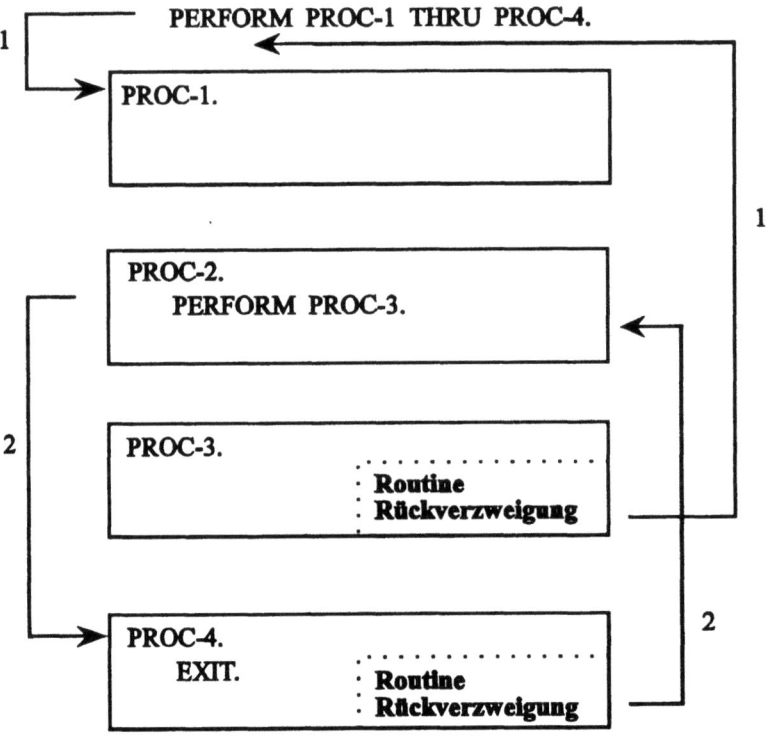

Durch Anhängen des Paragraphen PROC-4, welcher als einzige Anweisung EXIT enthält, wird das erste Unterprogramm abgeschlossen. Dadurch haben beide PERFORM-Anweisungen unterschiedliche Rückverzweigungspunkte bzw. Routinen für die Rücksprungadressen. Eine gegenseitige Beeinflussung ist damit ausgeschlossen.

7.8.3 GO TO-Anweisung

GO TO heißt wörtlich übersetzt "gehe nach". Mit der Anweisung kann zu einer anderen Stelle im Programm verzweigt werden. Im Gegensatz zur PERFORM-Anweisung wird jedoch am Ende der aufgerufenen Prozedur nicht zum Ausgangspunkt zurückverzweigt, sondern es wird **sequentiell** im Programm weitergearbeitet.

Format:

```
GO TO prozedurname
```

prozedurname kann ein Paragraph oder ein Kapitel sein. **Wird zu einer SECTION verzweigt, darf nur der Kapitelname der SECTION angegeben werden.**

Der häufige Gebrauch von GO TO macht ein Programm unübersichtlich und fehleranfällig. Der Einsatz sollte deshalb nur nach den strengen **Regeln der strukturierten Programmierung** erfolgen. Danach darf die Anweisung ausschließlich in folgenden Ausnahmefällen angegeben werden:

1. Befindet sich eine Schleife *innerhalb* eines Strukturblocks (Moduls), darf mit GO TO auf den Schleifenanfang zurückverzweigt werden. Das können z. B. Verarbeitungsschleifen sein, an deren Ende zum READ-Paragraphen zurückverzweigt wird.

2. Wird bei einer Bedingungsabfrage das **Datei-Ende** oder der **Fehlerfall** festgestellt, darf mit GO TO zum Ausgang des Strukturblocks oder des Programms verzweigt werden. Die Verzweigung ist jedoch immer nur in Vorwärtsrichtung erlaubt.

3. **Fall-Unterscheidungen** (CASE-Strukturen) dürfen mit GO TO··· DEPENDING ON aufgelöst werden. Mit Einführung des **ANS-1985** steht dafür jedoch die leistungsstarke EVALUATE-Anweisung zur Verfügung.

Beispiel:

```
A010.
    READ KUNDEN-DAT
        AT END GO TO F999.
    IF F1-STATUS NOT = 00
        GO TO F999
        ...
B010.
    IF SA = 00 PERFORM VERARBEITUNG-SA00.
        GO TO A010
...     ...
F999.
    CLOSE KUNDEN-DAT.
    STOP RUN.
```

7.8.4 GO TO ··· DEPENDING ON-Anweisung

Mit der Anweisung kann in Abhängigkeit einer Variablen zu einer von mehreren Prozeduren verzweigt werden (**CASE-Unterscheidungen**).

Format:

> **GO TO** *prozedurname-1* [*prozedurname-2*] ···
> **DEPENDING ON** *daten-name*

prozedurname-1, *prozedurname-2* usw. ist die Reihenfolge der Prozeduren, zu denen in Abhängigkeit des Feldinhaltes der Variablen *daten-name* verzweigt werden soll. *daten-name* muß als ganzzahlig numerisches Elementarfeld definiert sein, das nur vorzeichenfreie Werte enthalten darf.

Hat die Variable im Feld den Wert 1, wird zur ersten Prozedur in der *angegebenen* Reihenfolge verzweigt. Hat sie den Wert 2, wird zur zweiten Prozedur verzweigt usw.

7.8 Programmverzweigungen

Wert der Variablen	Verzweigung zur
01	1. angegebenen Prozedur
02	2. angegebenen Prozedur
03	3. angegebenen Prozedur

Obwohl die Prozeduren (Paragraphen, Kapitel) in beliebiger Reihenfolge codiert werden können, sollte die Reihenfolge mit der in der GO TO ··· DEPENDING ON-Anweisung angegebenen übereinstimmen. Liegt der Wert der Variablen außerhalb des Bereichs der angegebenen Prozeduren, erfolgt keine Verzweigung und die Steuerung geht an die nächste Anweisung über, die GO TO ··· DEPENDING folgt. Dieser Fehlerfall kann über ein zu setzendes **Fehlerkennzeichen** abgefragt werden.

Für den Compiler **VS COBOL II** können bis zu 255 Prozedurnamen in einer GO TO ··· DEPENDING ON-Anweisung angegeben werden. In DOS sind es sogar 2031.

Angewendet werden kann GO TO ··· DEPENDING ON, wenn z. B. Datensätze unterschiedlicher Satzart verarbeitet werden sollen. In Abhängigkeit von der Satzart wird durch die Anweisung zu den entsprechenden Verarbeitungs-Routinen verzweigt. Am Ende jeder Verarbeitungs-Routine muß allerdings durch ein GO TO zum Beginn der Schleife zurückverzweigt werden. Das kann z. B. zum Paragraphen oder der SECTION mit der READ-Anweisung sein.

Beispiel:

Die Satzarten 01 bis 04 werden durch die Eingabedatei EINDAT zur Weiterverarbeitung zur Verfügung gestellt. Das Kennzeichen der Satzarten befindet sich jeweils in den Stellen 1 bis 2 der Sätze.

```
FILE SECTION.
FD   U1-EINDAT
     RECORD CONTAINS 80
     LABEL RECORD IS STANDARD
01   R1-EINDAT                 PIC X(80).
```

```
WORKING-STORAGE SECTION.
01  W1-EINDAT                PIC X(80).

01  W1-01 REDEFINES W1-EINDAT.
    02  W1-01-SA             PIC 99.
    02  W1-01-KUNDEN-NR      PIC 9(10).
    02  W1-01-NAME           PIC X(15).

01  FEHLER-KZ                PIC X.
    88  FALSCHE-SA           VALUE "J".

PROCEDURE DIVISION.
...
LESEN SECTION.
LESEN-0010.
    READ U1-EINDAT INTO W1-EINDAT
        AT END GO TO ENDE.
    IF F-STATUS NOT = "00"
        GO TO FEHLER
    ELSE NEXT SENTENCE.
LESEN-9999.
    EXIT.

AUSWAHL SECTION.
AUSWAHL-0010.
    GO TO VERARB-01
          VERARB-02
          VERARB-03
          VERARB-04
          DEPENDING ON W1-01-SA.
    GO TO LESEN.
    IF W1-01-SA NOT = 01 OR 02 OR 03 OR 04
        MOVE "J" TO FEHLER-KZ
    ELSE
        CONTINUE.
    END-IF.
    IF FALSCHE-SA
        DISPLAY "FALSCHE SA BEI KUNDEN-NR:"
        DISPLAY W1-01-KUNDEN-NR W1-01-SA
    ELSE
        CONTINUE
    END-IF.
AUSWAHL-9999.
    EXIT.
```

7.8 Programmverzweigungen

```
VERARBEITUNG SECTION.
VERARB-01.
    Verarbeitung der SA 01
    GO TO LESEN.

VERARB-02.
    Verarbeitung der SA 02
    GO TO LESEN.

VERARB-03.
    Verarbeitung der SA 03
    GO TO LESEN.

VERARB-04.
    Verarbeitung der SA 04
    GO TO LESEN.
...
```

Statt der Verzweigung mit GO TO ··· DEPENDING ON könnte auch mit der IF-Anweisung die Satzart abgefragt werden. Bei der Verarbeitung bis zu zwei Satzarten kann das auch sinnvoll sein. Sind jedoch viele Satzarten vorhanden, wird die IF-Abfrage zu unübersichtlich. Da die GO TO ··· DEPENDING ON-Anweisung nicht der Zielsetzung der Strukturierten Programmierung entspricht, sollte bei CASE-Unterscheidungen mit der **EVALUATE-Anweisung** gearbeitet werden (siehe EVALUATE-Anweisung).

7.8.5 STOP-Anweisung

Durch **STOP RUN** wird der Programmlauf beendet und die Steuerung dem Betriebssystem übergeben. STOP RUN muß deshalb **die letzte ausführbare Anweisung des Programms sein**. Soll das Programm weiterarbeiten, muß es neu gestartet werden.

Format:

Mit Einführung des **ANS-1985** werden durch STOP RUN alle Dateien **automatisch geschlossen**, wenn das nicht vorher durch die CLOSE-Anweisung geschehen ist.

STOP RUN darf mehrfach im Programm auftreten und an beliebigen Stellen codiert werden. Nach den **Regeln der Strukturierten Programmierung** ist jedoch für einen Strukturblock (Modul) immer nur ein Eingang und ein Ausgang zugelassen. Da auch das *gesamte* Programm als Strukturblock aufgefaßt werden muß, verbietet sich das mehrfache Codieren von STOP RUN mit einer Ausnahme: Wird bei bedingten Abfragen der Fehlerfall festgestellt, darf die Steuerung durch zusätzliche STOP RUN sofort dem Betriebssystem übergeben werden. Eine Alternative dazu, die in den meisten Fällen angewandt werden kann, wurde im Kapitel 7.1 bei der Beschreibung des Haupt-Moduls erörtert.

Mit **STOP** *literal* kann das Programm für einen Bedienereingriff zeitweilig angehalten werden. *literal* darf ein numerisches oder nichtnumerisches Literal oder eine figurative Konstante sein (außer ALL *literal*). Ist das Literal numerisch, muß es eine **vorzeichenlose Ganzzahl** repräsentieren. Das Literal wird auf der Console angezeigt. Der Operator kann nun bestimmte, verarbeitungsbedingte Eingriffe vornehmen (z. B. Magnetbänder wechseln, Formblätter in den Drucker einlegen usw.). Danach kann er das Programm für den Weiterlauf wieder freigeben, wobei die nächste Anweisung ausgeführt wird, die STOP *literal* folgt.

STOP *literal* ist eine stark maschinenabhängige Anweisung, die im nächsten ANS-COBOL Standard zur Löschung vorgemerkt ist.

Statt STOP *literal* sollte der Bediener-Dialog mit ACCEPT bzw. DISPLAY durchgeführt werden.

Beispiel 1:

```
STEUERUNG SECTION.
A010.
```

```
        PERFORM OEFFNEN.
        PERFORM INITIALISIEREN.
        PERFORM VERARBEITEN
            UNTIL DATEI-ENDE.
        PERFORM PROTOKOLL.
        PERFORM ENDE.
        STOP RUN.
A999.
        EXIT.
```

Beispiel 2:

```
        STOP "FORMBLATT NR. 5 EINLEGEN, WENN FERTIG,
            ENTER DRUECKEN".
```

IBM-Erweiterung:
1. *STOP RUN muß nicht die letzte Anweisung in der Programm-Sequenz sein. Allerdings werden nachfolgende Anweisungen dieser Sequenz nicht verarbeitet.*

2. *literal darf eine vorzeichenbehaftete numerische Ganzzahl oder ein nichtganzzahliges Literal sein.*

7.8.6 ALTER-Anweisung

Mit ALTER kann das Sprungziel einer GO TO-Anweisung geändert werden. Damit wird in bestimmten verarbeitungsbedingten Situationen eine "Weiche" gestellt, um den normalen Programmpfad zu verlassen und einen **Sonderpfad** einzuschlagen.

Format:

```
ALTER  {prozedurname-1
            TO [PROCEED TO] prozedurname-2} ···
```

prozedurname-1 gibt den Paragraphen an, in dem die GO TO-Anweisung codiert ist. **GO TO muß die einzige Anweisung in diesem Paragraphen sein.**

prozedurname-2 steht für das geänderte Sprungziel (Paragraph, Kapitel) der GO TO-Anweisung.

Wenn sämtliche Anweisungen des Sonderpfades ausgeführt wurden, und beim nächsten Schleifendurchlauf wieder der Normalpfad durchlaufen werden soll, muß die Weiche mit ALTER in die ursprüngliche Stellung gebracht werden.

Beispiel:

```
    ALTER  PROC-2                          Stellen der Weiche
           TO PROCEED TO PROC-5.           auf den Sonderpfad
    ...

PROC-2.
    GO TO PROC-4.
PROC-3.
    ...
PROC-4.
    ...
PROC-5.
    ...
    ALTER  PROC-2                          Zurückstellen der
           TO PROCEED TO PROC-4.           Weiche auf den
                                           Normalpfad
```

Die ALTER-Anweisung macht ein Programm unübersichtlich und fehleranfällig und entspricht damit nicht der Zielsetzung der Strukturierten Programmierung. Sie wurde aus diesem Grunde seit dem **ANS-1985** zur **Löschung im nächsten COBOL-Standard** vorgesehen. Statt ALTER kann mit der EVALUATE-Anweisung eine Weiche realisiert werden, indem in Abhängigkeit einer Variablen ein anderes Sprungziel angesteuert wird.

7.9 Tabellenverarbeitung

Unter einer Tabelle versteht man eine Folge von Datenfeldern, die alle die gleichen Definitionsmerkmale besitzen. Wollte man derartige Felder einzeln definieren, müßte jedes Feld einen eigenen Namen erhalten und mit der PICTURE-Klausel definiert werden. Problematisch ist auch die Bezugname zu den Daten während der Ausführung des Programms. Man kann sich eine Vorstellung von der Schreibarbeit machen, wenn z.B. eine 1000-gliedrige Tabelle nach dieser Methode definiert werden müßte:

```
01    FELD-1          PIC X(30).
01    FELD-2          PIC X(30).
01    FELD-3          PIC X(30).
         :
         :
01    FELD-1000       PIC X(30).
```

COBOL bietet mit der OCCURS-Klausel eine elegante Methode der Tabellenverarbeitung, die bis zum ANS-1974 im COBOL-Modul TABLE HANDLING enthalten war. Seit dem **ANS-1985** ist TABLE HANDLING im Modul NUCLEUS implementiert.

7.9.1 OCCURS-Klausel

Die OCCURS-Klausel wird zur Definition von Tabellengliedern verwendet. Sie gibt an, daß das bezeichnete Datenfeld so oft, wie in der Klausel angegeben, wiederholt werden soll. **Eine Tabelle besteht damit aus einer bestimmten Anzahl gleich definierter Datenfelder bzw. Datenbereiche.**

Da alle Tabellenglieder den gleichen Namen haben, ist ein Ansteuern der einzelnen Glieder (Elemente) nur über den gemeinsamen Datennamen möglich, dem eine Elementnummer angehängt wird. Man bezeichnet diese Elementnummer auch als **Normalindex** (Subscript). Die Technik dieser Indizierung heißt **Normalindizierung** (Subscripting).

Eine andere Technik der Indizierung, bei der vom Compiler erzeugte Indexnamen verwendet werden, nennt man **Spezialindizierung** (Indexing).

Man unterscheidet grundsätzlich zwei verschiedene Arten von Tabellen:

- **Tabellen mit fester Anzahl von Gliedern,**
- **Tabellen mit variabler Anzahl von Gliedern.**

Demzufolge gibt es auch zwei verschiedene Formate der OCCURS-Klausel.

Format 1 (für Tabellen mit fester Länge):

```
OCCURS ganzzahl TIMES

  [{ ASCENDING  } KEY IS daten-name-2] ...
     DESCENDING

  [INDEXED BY index-name-1 ...]
```

Format 2 (Tabellen mit variabler Länge):

```
OCCURS ganzzahl-1 TO ganzzahl-2 TIMES
    DEPENDING ON daten-name-1

  [{ ASCENDING  } KEY IS daten-name-2] ...
     DESCENDING

  [INDEXED BY index-name-1 ...]
```

Die OCCURS-Klausel darf nicht auf der Stufennummer 01, 66, 77 oder 88 angegeben werden.

7.9 Tabellenverarbeitung

Der Name des sich wiederholenden Tabellengliedes ist der Datenname des zu definierenden Datenfeldes.

OCCURS *ganzzahl* **TIMES** bedeutet, daß das Datenfeld (Tabellenglied) n-mal hintereinander vorkommt. *ganzzahl-1* und *ganzzahl-2* müssen ganze positive Zahlen sein.

Beispiel 1:

Die eingangs skizzierte 1000-gliedrige Tabelle kann mit der OCCURS-Klausel definiert werden als

```
01  TABELLE.
    02 FELD           PIC X(30) OCCURS 1000 TIMES.
```

Mit Einführung des **ANS-1985** darf die OCCURS-Klausel im Zusammenhang mit der **VALUE**-Klausel angegeben werden. Damit kann eine Tabelle oder die ihr untergeordneten Felder auf den gleichen **Anfangswert** gesetzt werden. Sollen jedoch einzelne Elemente einer Tabelle oder untergeordnete Felder einer bestimmten Datenkategorie vorbesetzt werden, ist dafür die INITIALIZE-Anweisung zu verwenden (siehe INITIALIZE-Anweisung, Initialisierung von Tabellen).

OCCURS *ganzzahl-1* **TO** *ganzzahl-2* muß bei Tabellen mit variabler Länge angegeben werden. *ganzzahl-1* steht für die minimale Anzahl und *ganzzahl-2* für die maximale Anzahl Tabellenglieder.

Der Compiler reserviert stets den Speicherbereich für die maximale Anzahl Tabellenglieder. Während des Programmlaufs muß den Programm-Routinen ständig mitgeteilt werden, wieviel Tabellenglieder angelegt bzw. gefüllt werden müssen. Diese Anzahl kann für jeden Programmschritt *daten-name-1* entnommen werden, welches als **Zählfeld** einzurichten ist. Die genaue Anzahl von Tabellengliedern ist also abhängig vom Inhalt des Feldes *daten-name-1*. Dieser Sachverhalt wird dem Compiler durch die Eintragung **DEPENDING ON** *daten-name-1* mitgeteilt.

Beispiel 2:

```
01    TABELLE              VALUE ALL "9".
      05 PRUEF-FELD        OCCURS 100.
         10 PRUEF-1        PIC X(10).
         10 PRUEF-2        PIC X(10).
         10 PRUEF-3        PIC X(10).
         ...
```

Die gesamte Tabelle wird auf den Anfangswert ALL "9" gesetzt.

Beispiel 3:

```
01    ANZAHL               PIC 9(4).
01    TABELLE.
      05 ADRESS-SATZ OCCURS 100 TO 1000 TIMES
                     DEPENDING ON ANZAHL
                     ASCENDING KEY IS KUNDEN-NR.
         10 KUNDEN-NR      PIC X(10) VALUE ALL "9".
         10 NAME           PIC X(30).
         10 VORNAME        PIC X(15).
         10 STRASSE        PIC X(30).
         10 HAUSNR         PIC X(5).
         10 PLZ            PIC X(5).
         10 ORT            PIC X(30).
```

Das Feld KUNDEN-NR wird auf den Anfangswert ALL "9" gesetzt.

Das DEPENDING ON-Feld (*daten-name-1*) darf nicht einen Speicherbeich innerhalb einer Tabelle belegen.

Beispiel 4:

```
01    GRUPPEN-FELD.
      05 SATZ-1.
         10 FELD-1         PIC S9(4) BINARY.
         10 FELD-2         PIC X(10) OCCURS 1 TO 100
                              DEPENDING ON FELD-1
         10 FELD-3         PIC X(10).
```

ASCENDING / DESCENDING-Angabe

Die wahlfreie Eintragung ASCENDING/DESCENDING KEY gibt einen Sortierschlüssel innerhalb des Tabellengliedes an, nach dem alle Tabellenglieder in aufsteigender (ASCENDING) oder absteigender Folge (DESCENDING) geordnet werden können. *daten-name-2* kann zum Beispiel ein untergeordnetes Feld des gemeinsamen Datennamens sein.

Beispiel 5:

```
01   TABELLE.
     05 ADRESS-SATZ OCCURS 1000 TIMES
                 ASCENDING KEY IS KUNDEN-NR.
        10 KUNDEN-NR    PIC 9(10).
     ...
```

Der gemeinsam benutzte Datenname für die Tabellenglieder ist ADRESS-SATZ, welcher 1000mal vorkommt. Der Sortierschlüssel ist die KUNDEN-NR in aufsteigender Folge.

Als Sortierschlüssel können auch mehrere untergeordnete Felder des Datennamens angegeben werden.

Beispiel 6:

```
01   TABELLE.
     05 ADRESS-SATZ OCCURS 1000 TIMES
                 ASCENDING KEY IS KUNDEN-NR
                                  NAME.
     ...
```

In diesem Folge-Beispiel wird die KUNDEN-NR und der NAME als Sortierschlüssel angegeben.

Der allen Tabellengliedern gemeinsame Datenname kann ebenfalls als Sortierschlüssel angegeben werden. In diesem Fall erstreckt sich das Suchargument über den gesamten Datenbereich.

Beispiel 7:

```
01  TABELLE.
    05  ADRESS-SATZ OCCURS 1000 TIMES
                    ASCENDING KEY IS ADRESS-SATZ.
    ...
```

Ob die Angabe des gemeinsam benutzten Datennamens als Sortierschlüssel sinnvoll ist, kann nur im speziellen Einzelfall geprüft werden (im letzten Beispiel ist das sicher nicht der Fall).

In der **ASCENDING/DESCENDING-Angabe** können bis zu 12 Schlüssel angegeben werden, die in absteigender Wertigkeit aufzulisten sind. Die Gesamtlänge aller Schlüssel darf jedoch 255 Stellen nicht übersteigen. Ein Schlüssel darf die Datenformate **DISPLAY**, **BINARY** oder **PACKED-DECIMAL** besitzen. Die ASCENDING/DESCENDING-Schlüsselfelder werden von der **SEARCH-Anweisung** für ein binäres Durchsuchen der Tabelle verwendet.

IBM-Erweiterung:
Ein Schlüssel darf das Datenformat USAGE IS COMP-1 bis COMP-4 besitzen.

7.9.1.1 Normalindizierung (Subscripting)

Wird die wahlfreie INDEXED BY-Angabe weggelassen, müssen die einzelnen Tabellenglieder durch die Normalindizierung (Subscripting) adressierbar gemacht werden. Der Normalindex (Subscript) ist ein **ganzzahliger Wert**, der in eine runde Klammer einzuschließen ist und die Nummer eines Tabellengliedes angibt (Elementnummer). Normalindizes dürfen nur dann angegeben werden, wenn auf ein einzelnes Datenfeld innerhalb eines Tabellengliedes Bezug genommen werden soll.

Der Wert eines Normalindex darf nicht kleiner als 1 und nicht größer als die maximale Anzahl der Tabellenelemente sein. Das ist besonders

7.9 Tabellenverarbeitung

seit dem **ANS-1985** bei der Anfangswertzuweisung mit der VALUE-Klausel zu beachten. Liegt der Index durch den Anfangswert oder durch die Bezugnahme zu einem Tabellenelement außerhalb dieser Grenzen, geben einige Compiler bei der Umwandlung Warn- oder Fehlermeldungen aus. Andere erzeugen einen Maschinencode, der die Ausführung des Programms unter Ausgabe eines Hinweises beendet

Beispiel 8:

```
01   TABELLE.
     05  ADRESS-SATZ OCCURS 1000.
         10  KUNDEN-NR      PIC X(10).
         10  NAME           PIC X(20).
         10  VORNAME        PIC X(20).

PROCEDURE DIVISION.
...
     MOVE KUNDEN-NR (20) TO ···
     MOVE NAME (20) TO ···
```

Die in Klammern eingeschlossene Elementnummer kennzeichnet das 20. Tabellenglied innerhalb der 1000-gliedrigen Tabelle. Will man das gesamte Tabellenglied übertragen, codiert man

```
     MOVE ADRESS-SATZ (20) TO ···
```

oder durch eine Kennzeichnung mit IN oder OF

```
     MOVE ADRESS-SATZ OF TABELLE(20) TO ···
```

Im letzten Beispiel wird das 20. Glied (Element) der Tabelle in ein anderes Datenfeld übertragen. Man nennt diese Art der Normalindizierung **direkt**, weil das Tabellenglied ohne Umwege unmittelbar über den in Klammern eingeschlossenen Subscript ansteuerbar ist. Das Subscript (Elementnummer) darf jedoch selbst wieder ein beliebiger Datenname sein, der eine ganze positive Zahl bezeichnet. Der Wert, der unter diesem Datennamen gespeichert ist, wird als Subscript für das Tabellenglied oder für untergeordnete Felder verwendet.

Beispiel 9:

```
01  TABELLE.
    05  ADRESS-SATZ  OCCURS 1000
                     ASCENDING KEY KUNDEN-NR
                                   NAME.
        10  KUNDEN-NR      PIC X(10) VALUE SPACE.
        10  NAME           PIC X(20) VALUE SPACE.
        10  VORNAME        PIC X(20).

01  ZEIGER               PIC 9(4).

PROCEDURE DIVISION.
...
    MOVE 20 TO ZEIGER.
    IF KUNDEN-NR (ZEIGER) NOT NUMERIC
        INSPECT KUNDEN-NR (ZEIGER)
            REPLACING CHARACTERS BY SPACES
        DISPLAY "UNGUELTIGE KUNDEN-NR BEI
                ADRESSE: "ZEIGER
        PERFORM NEUE-EINGABE
    ELSE
        CONTINUE
    END-IF.
    MOVE KUNDEN-NR (ZEIGER) TO ···
    MOVE NAME (ZEIGER) TO ···
```

Man nennt diese Art der Normalindizierung **indirekt**, weil das Tabellenglied, oder ein untergeordnetes Feld, nur *mittelbar* über einen Datennamen (im Beispiel ZEIGER) ansteuerbar ist. Man bezeichnet den Datennamen, der den eigentlichen INDEX beinhaltet, auch als **Datennamen-Index**. Ein Datennamen-Index kann zwar durch Zusätze zum Datennamen gekennzeichnet sein, eine eigene Indizierung darf er jedoch nicht besitzen.

7.9.1.2 Spezialindizierung (Indexing)

Durch die wahlfreie **INDEXED BY**-Angabe wird die Spezialindizierung realisiert. Ein Spezialindex ist ein vom Compiler bei der Umwandlung generierter Speicherbereich, der zur Aufnahme der Elementnummer eines Tabellengliedes dient und dem Datenformat USAGE IS INDEX zugeordnet wird. In diesem Speicherbereich, der eine Länge von **4 Bytes** hat, ist die **relative Adresse** vom Beginn der Tabelle untergebracht.

Format Spezialindizierung:

$$\left\{ \begin{array}{c} \textit{daten-name-1} \\ \textit{bedingungsname} \end{array} \right\} \left[\left\{ \begin{array}{c} \underline{\textbf{IN}} \\ \underline{\textbf{OF}} \end{array} \right\} \textit{daten-name-2} \right] \dots$$

$$\left(\left\{ \begin{array}{c} \textit{index-name-1} \\ \textit{literal-1} \end{array} \right\} \left[\left\{ \begin{array}{c} + \\ - \end{array} \right\} \textit{literal-4} \right] \right.$$

$$\left[\left\{ \begin{array}{c} \textit{index-name-2} \\ \textit{literal-2} \end{array} \right\} \left[\left\{ \begin{array}{c} + \\ - \end{array} \right\} \textit{literal-5} \right] \right.$$

$$\left[\left\{ \begin{array}{c} \textit{index-name-3} \\ \textit{literal-3} \end{array} \right\} \left[\left\{ \begin{array}{c} + \\ - \end{array} \right\} \textit{literal-6} \right] \right]\left. \right] \right)$$

Die Indexnamen (*Index-name-1* usw.) können vom Programmierer unter Berücksichtigung der Bildungsregeln frei gewählt werden. Die zugehörigen Datenfelder dürfen jedoch nicht im Programm definiert sein. **Die Definition erfolgt ausschließlich durch die INDEXED BY-Eintragung in der OCCURS-Klausel.**

literal-1 bis *literal-3* repräsentieren positive oder vorzeichenlose Ganzzahlen. Dagegen dürfen für *literal-4* bis *literal-6* nur vorzeichenlose Ganzzahlen stehen.

IBM-Erweiterung:
literal-4 bis literal-6 dürfen positive oder vorzeichenlose Ganzzahlen sein.

Es gibt zwei verschiedene Arten der Spezialindizierung, die **direkte** und **relative Spezialindizierung**.

Direkte Spezialindizierung

Bei der direkten Spezialindizierung hat der INDEX-Name die Form eines Normalindex. Der Wert dieses Index repräsentiert die **relative Adresse**, die der Compiler folgendermaßen errechnet:

(Elementnummer - 1) × **Länge der individuellen Tabelleneintragung**

Im Gegensatz zur Normalindizierung wird bei der Spezialindizierung der **Index in binärer Form abgespeichert**. Um auf ein bestimmtes Tabellenglied zugreifen zu können, muß der Spezialindex mit der entsprechenden Elementnummer versehen werden. Dieses Zuordnen der Elementnummer wird durch die **SET-Anweisung** erreicht. Die MOVE-Anweisung darf dafür nicht verwendet werden.

Beispiel 10:

```
01  TABELLE.
    05 ADRESS-SATZ OCCURS 1000 INDEXED BY INDEX.
       10 KUNDEN-NR        PIC X(10).
       10 NAME             PIC X(20).
       10 VORNAME          PIC X(20).
       10 STRASSE          PIC X(20).
       10 PLZ              PIC X(5).
       10 ORT              PIC X(20).

PROCEDURE DIVISION.
...
    SET INDEX TO 20.
    MOVE KUNDEN-NR (INDEX) TO ...
    MOVE NAME (INDEX) TO ...
```

Für ein Tabellenglied von ADRESS-SATZ werden 125 Bytes benötigt. Der binäre Wert von INDEX für das 20. Tabellenglied errechnet sich aus (20-1) x 125 = 2375.

7.9 Tabellenverarbeitung

Auf einen Spezialindex darf nur mit den folgenden Anweisungen zugegriffen werden:

> SET, SEARCH, PERFORM, IF

Relative Spezialindizierung

In der Praxis kann es vom Vorteil sein, auf ein beliebiges Tabellenglied zuzugreifen, ohne den Spezialindex selbst zu verändern. Diese Möglichkeit besteht, indem zu dem Spezialindex in Klammern ein ganzzahliges numerisches Literal addiert bzw. subtrahiert wird.

Bespiel 11:

Im letzten Beispiel wurde codiert

```
SET INDEX TO 20.
MOVE KUNDEN-NR (INDEX) TO ···
MOVE NAME (INDEX) TO ···
```

Soll nun auf das 22. oder 18. Tabellenglied zugegriffen werden, codiert man

```
MOVE KUNDEN-NR (INDEX + 2) TO ···
MOVE NAME (INDEX + 2) TO ···
```

bzw.

```
MOVE KUNDEN-NR (INDEX - 2) TO ···
MOVE NAME (INDEX - 2) TO ···
```

Der Wert des Spezialindex von 20 wird also in diesem Beispiel nicht verändet, sondern durch die Addition 20 + 2 relativ auf 22 erhöht bzw. durch die Subtraktion 20 - 2 relativ auf 18 vermindert.

Zwischen dem Index-Namen, Vorzeichen und Literal muß je eine Leerstelle stehen.

Effizienz der Index- und Subscript-Adressierung

Die Verarbeitung von Tabellen mit **Index-Adressierung** ist effizienter als mit **Subscript-Adressierung**. Der Grund liegt darin, daß der Index bereits die Distanz zum Anfang der Tabelle enthält und deshalb die Berechnung während der Laufzeit des Programms entfällt. Darüberhinaus kann mit einer **relativen Spezialindizierung** (Relative Indexing) gegenüber einer **direkten Spezialindizierung** (Direct Indexing) zusätzlich CPU-Zeit eingespart werden, weil die Verarbeitung der SET-Anweisungen entfällt.

Werden **Subscripte** zur Adressierung verwendet, sollten diese als **Datennamen-Index in binärer Form (BINARY)** dem Rechner angeboten werden. Die Länge des Feldes sollte 9 Stellen nicht überschreiten. Günstiger ist es, dafür 4 oder weniger Stellen zu benutzen.

Variable Tabellen haben eine *geringere* Verarbeitungseffizienz als konstante Tabellen. Deshalb sind unnötige Konvertierungen des Datenformats zu vermeiden. Das DEPENDING ON-Feld sollte aus diesem Grund mit dem Format **BINARY** definiert werden.

7.9.1.3 Mehrdimensionale Tabellen

Wird ein Tabellenglied ein weiteres Mal unterteilt und wird dieser untergeordnete Bereich erneut mit der OCCURS-Klausel beschrieben, spricht man von einer zweidimensionalen Tabelle. In jedem Tabellenglied der 1. Dimension ist damit eine vollständige Tabelle der 2. Dimension enthalten. Entsprechend sind die Verhältnisse für drei- und mehrdimensionale Tabellen.

Beispiel 12 (zweidimensionale Tabelle):

Der Monatsabsatz eines Produktionsbetriebes soll über 5 Jahre hinweg für weitere Verarbeitungen zur Verfügung gestellt werden. Diesen Sachverhalt kann man durch eine zweidimensionale Tabelle darstellen.

7.9 Tabellenverarbeitung

```
01  ABSATZ-TABELLE.
    05 MONATS-ABSATZ   OCCURS 12.
       10 JAHRES-ABSATZ      PIC 9(6)V99 OCCURS 5.
```

Diese Definition ergibt eine Tabelle mit insgesamt 60 Tabellengliedern zu je 8 Bytes Länge. MONATS-ABSATZ ist ein Tabellenglied einer eindimensionalen Tabelle, welches 12mal auftritt. JAHRES-ABSATZ ist ein Tabellenglied einer zweidimensionalen Tabelle, welches 5mal auftritt. Die nachfolgende Abbildung zeigt diese Tabelle.

	Jahr 1988	1989	1990	1991	1992
Monat 1	(1, 1)	(1, 2)	(1, 3)	(1, 4)	(1, 5)
2	(2, 1)	(2, 2)	(2, 3)	(2, 4)	(2, 5)
3	(3, 1)	(3, 2)	(3, 3)	(3, 4)	(3, 5)
4	(4, 1)	(4, 2)	(4, 3)	(4, 4)	(4, 5)
5	(5, 1)	(5, 2)	(5, 3)	(5, 4)	(5, 5)
6	(6, 1)	(6, 2)	(6, 3)	(6, 4)	(6, 5)
7	(7, 1)	(7, 2)	(7, 3)	(7, 4)	(7, 5)
8	(8, 1)	(8, 2)	(8, 3)	(8, 4)	(8, 5)
9	(9, 1)	(9, 2)	(9, 3)	(9, 4)	(9, 5)
10	(10, 1)	(10, 2)	(10, 3)	(10, 4)	(10, 5)
11	(11, 1)	(11, 2)	(11, 3)	(11, 4)	(11, 5)
12	(12, 1)	(12, 2)	(12, 3)	(12, 4)	(12, 5)

Es wäre für dieses Beispiel auch denkbar, den JAHRES-ABSATZ als äußere und den MONATS-ABSATZ als innere Tabelle darzustellen. Damit wäre in jedem Element von JAHRES-ABSATZ eine vollständige Tabelle von MONATS-ABSATZ enthalten.

```
01  ABSATZ-TABELLE.
    05 JAHRES-ABSATZ OCCURS 5.
       10 MONATS-ABSATZ PIC 9(7)V99 OCCURS 12.
```

Adressierung einer mehrdimensionalen Tabelle

Die Elemente einer mehrdimensionalen Tabelle können durch Normal- oder Spezialindizierung adressierbar gemacht werden. Bei einer eindimensionalen Tabelle kennzeichnet eine Elementnummer das entsprechende Tabellenglied eindeutig. **Bei zweidimensionalen Tabellen muß für jede Dimension eine Elementnummer angegeben werden.** Vergleichbar ist dieser Sachverhalt mit einem Kartesischen Koordinatensystem in der Ebene. Um den Ort eines Punktes im Koordinatensystem eindeutig festlegen zu können, benötigt man einen Abszissenwert und einen Ordinatenwert.

Die Subscripte einer mehrdimensionalen Tabelle sind in Klammern einzuschließen und entweder durch ein Komma, gefolgt von einer Leerstelle, oder durch eine Leerstelle voneinander zu trennen.

Die erste Elementnummer kennzeichnet immer ein Tabellenglied der ersten Dimension, die zweite Elementnummer ein Tabellenglied der zweiten Dimension, das im Tabellenglied der ersten Dimension enthalten ist.

Beispiel 13:

Aus dem letzten Beispiel soll der Datenwert des Monats 5 von 1990 übertragen werden.

```
MOVE JAHRES-ABSATZ (5, 3) TO ···
```

Die Elementnummer 5 kennzeichnet das Tabellenglied 5 (Monat 5) in der ersten Dimension und Elementnummer 3 das Tabellenglied 3 (Jahr 1990) in der zweiten Dimension, welches in der ersten Dimension enthalten ist. Soll der Absatz des Monats 5 der gesamten fünf Jahre übertragen werden, braucht man nur das fünfte Tabellenglied in der ersten Dimension anzugeben

```
MOVE MONATS-ABSATZ (5) TO ···
```

7.9 Tabellenverarbeitung 419

In diesem Fall werden alle fünf Eintragungen des Monats 5 als ein Datenfeld von insgesamt 5 x 8 = 40 Bytes Länge übertragen. Die Übertragung eines gesamten Jahresabsatzes über alle 12 Monate hinweg ist in diesem Beispiel nicht möglich, weil der JAHRES-ABSATZ dem MONATS-ABSATZ untergeordnet ist (also unterschiedliche Dimensionen vorhanden sind).

Bei Anwendung der **indirekten Normalindizierung** kann für dieses Beispiel codiert werden:

```
WORKING-STORAGE SECTION.
77  ZEIGER-1                PIC 99.
77  ZEIGER-2                PIC 99.

PROCEDURE DIVISION.
...
    MOVE 5 TO ZEIGER-1.
    MOVE 3 TO ZEIGER-2.
    MOVE JAHRES-ABSATZ (ZEIGER-1, ZEIGER-2) TO···
```

Für die **Spezialindizierung** gelten die entsprechenden Regeln.

7.9.2 SET-ANWEISUNG

Die SET-Anweisung dient

- zum Setzen von Anfangswerten bei Spezialindizes,

- zur Erhöhung oder Verminderung des Wertes eines Spezialindex,

- zum Setzen von Merknamen (mnemonische Namen) auf den Schalterzustand "EIN" oder "AUS",

- zum Setzen von Bedinungsnamen auf den Schalterzustand "WAHR".

Entsprechend dieser Anwendungsmöglichkeiten gibt es für die SET-Anweisung 4 verschiedene Formate.

Format 1 (Setzen von Indexen):

$$\underline{\textbf{SET}} \quad \left\{ \begin{array}{l} \textit{index-name-1} \\ \textit{daten-name-1} \end{array} \right\} \ \ldots \ \underline{\textbf{TO}} \ \left\{ \begin{array}{l} \textit{index-name-2} \\ \textit{daten-name-2} \\ \textit{ganzzahl-2} \end{array} \right\}$$

Damit bei der Spezialindizierung auf ein bestimmtes Tabellenglied zugegriffen werden kann, muß der Spezialindex auf die entsprechende Elementnummer gesetzt werden. Dieses Setzen der Elementnummer wird mit der SET-Anweisung des Formats 1 vorgenommen.

indexname-1 bzw. *daten-name-1*   →   **empfangende Felder**
indexname-2 bzw. *daten-name-2*   →   **sendende Felder.**

Die **empfangenden Felder** können angegeben werden als

- Indexname   (*index-name-1*),
- Index-Datenfeld   (*daten-name-1*),
- ganzzahliges Datenfeld   (*daten-name-1*).

Die **sendenden Felder** können angegeben werden als

- Indexname   (*index-name-2*)
- Index-Datenfeld   (*daten-name-2*),
- ganzzahliges Datenfeld   (*daten-name-2*),
- Ganzzahl   (*ganzzahl*).

Die Elementnummer muß bei der Spezialindizierung immer als **relativer Adreßwert** im Spezialindex vorliegen. Deshalb findet bei jeder SET-Anweisung eine Umwandlung der angegebenen Elementnummer in die relative Adresse statt. Die Umwandlung entfällt nur dann, wenn statt der Elementnummer bereits die relative Adresse im sendenden Feld vorliegt und das empfangende Feld diesen Wert aufnehmen kann.

7.9 Tabellenverarbeitung

Die zulässigen Kombinationsmöglichkeiten der sendenden und empfangenden Felder sind nachstehender Tabelle zu entnehmen.

Sendefeld	Empfangsfeld		
	Indexname	Index-Datenfeld	ganzzahliges Datenfeld
Indexname	JA	JA*	JA
Index-Datenfeld	JA*	JA*	NEIN
ganzzahliges Datenfeld	JA	NEIN	NEIN
Ganzzahl	JA	NEIN	NEIN

JA   = gültige Kombination mit Umwandlung
NEIN = ungültige Kombination
*   = Es findet keine Umwandlung statt

Die Verarbeitungseffizienz kann gesteigert werden, wenn bei einer gültigen Kombination die Umwandlung in den relativen Adreßwert entfällt.

Beispiel 1:

```
01  TEXT-TAB.
    05 ZEILE OCCURS 50 INDEXED BY Z-NR.
       10 FELD OCCURS 10 INDEXED BY F-NR
                        PIC X(8).

PROCEDURE DIVISION.
...
    SET Z-NR TO 20.
    SET F-NR TO 5.
    MOVE FELD (Z-NR, F-NR) TO DRUCK-SATZ.
...
```

Die sendenden Felder sind im Beispiel 1 Ganzzahlen, die empfangenden Felder Indexnamen. Die numerischen Werte der sendenden Felder werden mit Ausführung der SET-Anweisung in relative Adressen umgewandelt.

Hinweis:

Es sei an dieser Stelle noch einmal darauf hingewiesen, daß die Indexnamen vom Compiler generierte Speicherbereiche sind, die nirgendwo im Programm definiert sein dürfen. Die Definition erfolgt ausschließlich durch die INDEXED BY-Eintragung in der OCCURS-Klausel.

Beispiel 2:

Statt der Ganzzahlen (Literale) des Beispiels 1 sollen numerisch definierte ganzzahlige Datenfelder verwendet werden, um die Elementnummern der Tabellenglieder zu speichern.

```
01    TEXT-TAB.
      05 ZEILE OCCURS 50 INDEXED BY Z-NR.
         10 FELD OCCURS 10 INDEXED BY F-NR
                 PIC X(8).

01    Z-NAME                PIC 99 VALUE ZEROS.
01    F-NAME                PIC 99 VALUE ZEROS.

PROCEDURE DIVISION.
...
      MOVE 10   TO Z-NAME.
      MOVE 5    TO F-NAME.
      SET Z-NR TO Z-NAME.
      SET F-NR TO F-NAME.
...
```

Die sendenden Felder sind ganzzahlige Datenfelder und die empfangenden Felder Indexnamen. Gemäß der vorher dargestellten Tabelle findet eine Umwandlung der numerischen Elementnummern in die relativen Adressen statt.

Werden nach der Verarbeitung der entsprechenden Tabellenglieder erneut numerische Elementnummern benötigt, können durch SET-Anweisungen die relativen Adressen in Elementnummern rückverwandelt werden.

7.9 Tabellenverarbeitung

```
SET Z-NAME TO Z-NR.
SET F-NAME TO F-NR.
```

Index-Datenfelder können auch *unabhängige Datenfelder* sein, die zu keiner bestimmten Tabelle gehören. Sie werden in der Regel auf 77er Stufe mit USAGE IS INDEX definiert. Die Angabe der PICTURE-Klausel ist *nicht* zulässig.

```
77  INDEX-FELD-1  USAGE IS INDEX.
77  INDEX-FELD-2  USAGE IS INDEX.

PROCEDURE DIVISION.
...
    SET INDEX-FELD-1 TO Z-NR.
    SET INDEX-FELD-2 TO F-NR.
```

Die empfangenden Felder sind Index-Datenfelder, die sendenden Indexnamen. Eine Umwandlung der Feldinhalte findet nicht statt, weil die empfangenden Felder die relativen Adressen der sendenden Felder übernehmen.

Format 2 (Erhöhung/Verminderung von Indexen):

$$\underline{\text{SET}} \ \{index\text{-}name\}\cdots \ \left\{ \begin{array}{c} \underline{\text{UP}} \\ \underline{\text{DOWN}} \end{array} \right\} \ \underline{\text{BY}} \ \left\{ \begin{array}{c} daten\text{-}name\text{-}1 \\ literal\text{-}1 \end{array} \right\}$$

Durch Format 2 der SET-Anweisung läßt sich der Spezialindex eines empfangenden Feldes um einen bestimmten Wert erhöhen (**UP**) oder vermindern (**DOWN**).

index-name-1 repräsentiert das empfangende Feld, dessen Indexwert geändert werden soll. Der Wert dieses Feldes muß vor und nach Ausführung der SET-Anweisung einer Elementnummer der zugehörigen Tabelle entsprechen.

daten-name-1 repräsentiert das sendende Feld. Es kann auch als numerisches Literal (*literal-1*) angegeben werden. Der Wert dieses Feldes bzw. des Literals, der den Index erhöht oder vermindert, muß eine ganze, positive Zahl sein, die der gewünschten Elementnummer der Tabelle entspricht.

Mit einer SET-Anweisung können die relativen Adressen mehrerer empfangender Felder gleichzeitig um den gleichen Wert erhöht oder vermindert werden. Die Änderung erfolgt in der angegebenen Reihenfolge der Indexnamen (*index-name-1*, *index-name-2* ···).

Beispiel 3:

Die Spezialindizes des Beispiels 1 sollen um die in der SET-Anweisung angegebenen Werte erhöht bzw. vermindert werden.

```
SET Z-NR UP BY 05.
SET F-NR DOWN BY 02.
```

Die relativen Adressen entsprechen vor und nach den SET-Anweisungen den folgenden Elementnummern:

	vorher	nachher
Z-NR	20	25
F-NR	05	03

Format 3   (Setzen des Schalterzustandes "EIN" bzw. "AUS"):

$$\underline{\text{SET}} \quad \left\{ \{merkname\} \cdots \underline{\text{TO}} \quad \left\{ \underline{\underline{\text{ON}}\atop\text{OFF}} \right\} \right\} \cdots$$

SET ··· TO ON/OFF wurde mit **ANS-1985** eingeführt. Mit dieser Anweisung kann ein Merkname (mnemonischer Name), der im Paragraphen SPECIAL-NAMES durch die Klausel **Funktionsname-2 IS**

Merkname-Klausel angegeben wurde, auf den Schalterzustand "EIN" (ON) oder "AUS" (OFF) gesetzt werden. In der PROCEDURE DIVISION kann man dann den mit SET gesetzten Schalterzustand durch einen entsprechenden Bedingungsnamen testen.

Beispiel 4:

```
SPECIAL-NAMES.
    UPSI-0 IS STATUS-ANZEIGER
            ON STATUS IS VERARBEITUNG
            OFF STATUS IS ABBRUCH.
...
WORKING-STORAGE SECTION.
01  STATUS-ANZEIGER         PIC X.
    88 VERARBEITUNG         VALUE "Y".
    88 ABBRUCH              VALUE "N".

PROCEDURE DIVISION.
...
PRUEF SECTION.
PRUEF-0010.
...
    IF KUNDEN-NR = ZERO
        SET STATUS-ANZEIGER TO OFF
    ELSE
        SET STATUS-ANZEIGER TO ON
    END-IF.
...
    IF VERARBEITUNG
        PERFORM ...
    ELSE
        IF ABBRUCH
            DISPLAY "KUNDEN-NR. FEHLT, ABBRUCH"
            PERFORM ENDE
        END-IF
    END-IF.
    STOP RUN.
PRUEF-9999.
    EXIT.
```

Die UPSI-Statusanzeiger, die noch in SAA enthalten sind, werden in der Praxis kaum noch verwendet. Siehe dazu auch die Ausführungen im Kapitel Funktionsname-2 IS Merkname-Klausel.

Format 4   (Setzen des Schalterzustandes "WAHR")

```
SET {bedingungsname} ... TO TRUE
```

SET ... TO TRUE wurde mit **ANS-1985** eingeführt. Durch die Anwendung wird ein Bedingungsname (88er Definition) auf den Schalterzustand "WAHR" (**TRUE**) gesetzt. Das bedeutet, daß ein Schalter oder ein Kennzeichen (Flag) auf den Anfangswert zurückgesetzt wird, welcher ihm in der Datenbeschreibung zugewiesen wurde.

Wie bereits in den Erklärungen zur Stufennummer 88 dargelegt, können dem Bedingungsnamen sowohl mehrere Einzelwerte als auch ein ganzer Wertebereich zugeordnet werden. Mit Ausführung der SET-Anweisung wird immer der *erste* angegebene Wert (Literal) in die Bedingungsvariable übertragen.

Beispiel 5:

```
WORKING-STORAGE SECTION.
01  VORLAUF-CODE              PIC X(6) VALUE SPACE.

01  ZAHLUNGSART               PIC 99.
    88 ZAHLUNG-BAR            VALUE 00.
    88 ZAHLUNG-UEBERWEISUNG   VALUE 01.
    88 ZAHLUNG-ABBUCHUNG      VALUE 02.
PROCEDURE DIVISION.
...
    EVALUATE VORLAUF-CODE
        WHEN "BAR"
                SET ZAHLUNG-BAR TO TRUE
        WHEN "UEBERW"
                SET ZAHLUNG-UEBERWEISUNG TO TRUE
        WHEN "ABBUCH"
                SET ZAHLUNG-ABBUCHUNG TO TRUE
        WHEN OTHER
                DISPLAY "ZAHLUNGSART FALSCH"
    END-EVALUATE.
```

7.9 Tabellenverarbeitung

Je nach dem Inhalt des Vorlaufkarten-Parameters VORLAUF-CODE werden die 88er Definitionen auf "Wahr" gesetzt. Das bedeutet, ist der Feldinhalt von VORLAUF-CODE z. B. "BAR", wird mit Ausführung der SET-Anweisung der Wert "00" in das Feld ZAHLUNGS-ART übertragen.

Die SET-Anweisung des Formats 4 entspricht damit einem **MOVE** *literal* **TO** *bedingungs-variable*.

Beispiel 6:

```
WORKING-STORAGE SECTION.
01  EOF-SWITCH           PIC X.
    88 END-OF-FILE       VALUE "Y".

PROCEDURE DIVISION.
...
    READ EINDAT
        AT END SET END-OF-FILE TO TRUE
    END-READ.
    PERFORM VEARBEITUNG
            UNTIL END-OF-FILE.
...
```

7.9.3 SEARCH-Anweisung

Mit der SEARCH-Anweisung kann eine Tabelle nach einem angegebenen Suchbegriff durchsucht werden. Wenn der Suchbegriff gefunden ist, wird die angegebene Anweisung ausgeführt. Diese Anweisung kann z. B. darin bestehen, den Feldinhalt des Elements zur off-line-Verarbeitung auf dem Bildschirm anzuzeigen bzw. die zugehörige Elementnummer auszugeben.

Man unterscheidet zwischen **sequentiellem** und **binärem Durchsuchen** einer Tabelle. Für sequentielles Durchsuchen wird Format 1 und binäres Durchsuchen Format 2 der SEARCH-Anweisung herangezogen.

7.9.3.1 Sequentielles Durchsuchen einer Tabelle

Mit Format 1 können **unsortierte Tabellen** durchsucht werden. Dieser Vorgang wird als sequentielles Durchsuchen bezeichnet, weil mit dem zugehörigen Anfangswert beginnend alle Elemente der Tabelle nacheinander bis zum gefundenen durchsucht werden.

Format 1   (Durchsuchen unsortierter Tabellen):

```
SEARCH daten-name-1  [ VARYING { daten-name-2  } ]
                                { index-name-2  }

            [AT END   unbedingte anweisung-1]

        { WHEN        { unbedingte anweisung-2 } } ...
        { bedingung-1 { NEXT SENTENCE          }

[END-SEARCH]
```

daten-name-1 ist der Elementname der Tabelle, welcher mit OCCURS und **INDEXED BY** definiert sein muß. Eine Indizierung von *daten-name-1* in der SEARCH-Anweisung ist nicht zulässig. Das heißt, das Feld muß sich auf alle Elemente der Tabelle beziehen. *daten-name-1* darf jedoch einem Datenfeld untergeordnet sein, welches die OCCURS-Klausel enthält, es kann also Teil einer mehrdimensionalen Tabelle sein. Jede Dimension der Tabelle muß dann jedoch die INDEXED BY-Angabe enthalten.

Soll eine mehrdimensionale Tabelle durchsucht werden, muß für jede Dimension eine SEARCH-Anweisung codiert werden. Das läßt sich am einfachsten mit **PERFORM VARYING** realisieren. Vor jedem Suchvorgang müssen die Indexe mit der SET-Anweisung auf einen Anfangswert gesetzt werden, was in den meisten Fällen 1 sein wird.

VARYING-Zusatz

Wird der wahlfreie VARYING-Zusatz weggelassen, wird für die Tabelle (*daten-name-1*) der **erste** (oder einzige) **Index**, der mit INDEXED BY angegeben wurde, zum Suchen benutzt.

Wird der VARYING-Zusatz angegeben, kann ein **zweiter Index**, der für *daten-name-1* mit INDEXED BY angegeben wurde, zum Suchen herangezogen werden. Dieser Index ist als Indexname (*indexname-1*) anzugeben. Als Indexname darf auch ein Index einer anderen Tabelle angegeben werden, wobei dieser Index gleichzeitig und mit der gleichen Schrittweite variiert wird (+1) wie der Suchindex.

Statt eines Indexnamens (*index-name-2*) kann im VARYING-Zusatz auch ein Index-Datenfeld oder ein ganzzahliges Datenfeld (*daten-name-2*) zur Unterbringung des zu variierenden Index verwendet werden.

AT END-Zusatz

Der wahlfreie AT END-Zusatz bewirkt, daß nach einem erfolglosen Durchsuchen der Tabelle die angegebene Anweisung (*unbedingte anweisung-1*) ausgeführt wird. AT END wird auch dann aktiviert, wenn der Index durch die SET-Anweisung auf einen größeren Anfangswert gesetzt wird, als Elemente in der OCCURS-Klausel angegeben sind. Wird AT END weggelassen, geht die Steuerung an die nächste Anweisung über, die der SEARCH-Anweisung folgt.

WHEN-Zusatz

Im WHEN-Zusatz wird die Bedingung angegeben, nach deren Erfüllung die Suche abgebrochen wird. Gleichzeitig wird die angegebene Anweisung oder Anweisungsfolge ausgeführt.

In einer SEARCH-Anweisung ist mindestens ein WHEN-Zusatz anzugeben. Sind mehrere Bedingungen vorgesehen, müssen diese in getrennten WHEN-Zusätzen stehen.

NEXT SENTENCE

Wird in einem WHEN-Zusatz keine Anweisung angegeben, die nach erfolgreicher Suche auszuführen ist, kann mit NEXT SENTENCE die Steuerung an die nächste Anweisung übergeben werden, die der SEARCH-Anweisung folgt. **Die SEARCH-Anweisung darf in diesem Falle jedoch nicht mit END-SEARCH abgeschlossen werden.** Zu **END-SEARCH** siehe die Ausführungen in Abschnitt 7.6.4 END-Begrenzungen.

Beispiel 1 (sequentielles Suchen):

```
01  ADR-TAB.
    05 ADR-SATZ OCCURS 1000 INDEXED BY ADR-IND.
        10 ADR-GRUPPE        PIC 99.
        10 ADR-NETZ-NR       PIC 9(5).
        10 ADR-ANSCHLUSS-NR  PIC 9(7).
        10 ADR-NAME          PIC X(30).
PROCEDURE DIVISION.
...
    SET ADR-IND TO 1.
    SEARCH ADR-SATZ
        AT END DISPLAY "NETZ-NR NICHT GEFUNDEN"
        WHEN ADR-NETZ-NR (ADR-IND) = 500
            DISPLAY ADR-NAME (ADR-IND)
    END-SEARCH.
```

Beispiel 2 (sequentielles Suchen):

```
01  FEHLER-KZ-TAB          VALUE SPACES.
    88 KEINE-FEHLER        VALUE SPACES.
    05 FEHLER-1            PIC XX.
    05 FEHLER-2            PIC XX.
    05 FEHLER-3            PIC XX.
    05 ...
    05 FEHLER-50           PIC XX.
01  FILLER REDEFINES FEHLER-KZ-TAB.
    05 FEHLER-KZ OCCURS 50
               INDEXED BY KZ-INDEX PIC XX.
01  FEHLER-HINWEIS-TAB.
    05 FILLER   PIC X(25) VALUE "KONTO-NR FALSCH".
    05 FILLER   PIC X(25) VALUE "BLZ FALSCH".
    05 FILLER   PIC X(25) VALUE "NAME FALSCH".
```

7.9 Tabellenverarbeitung

```
        05 FILLER    PIC X(25) VALUE "KEINE DECKUNG".
        05 ...
    01 FILLER REDEFINES FEHLER-HINWEIS-TAB.
        05 FEHLER-HINWEIS OCCURS 50
                    INDEXED BY HINWEIS-INDEX PIC X(25).
    01 FEHLER-ON             PIC XX.

PROCEDURE DIVISION.
...
    SET KZ-INDEX TO 1.
    PERFORM UNTIL KEINE-FEHLER
        SEARCH FEHLER-KZ
            WHEN FEHLER-KZ (KZ-INDEX) = FEHLER-ON
                MOVE SPACE TO FEHLER-KZ (KZ-INDEX)
                SET HINWEIS-INDEX TO KZ-INDEX
                MOVE FEHLER-HINWEIS (HINWEIS-INDEX)
                            TO DRUCK-SATZ
                PERFORM DRUCKEN
        END-SEARCH
    END-PERFORM.
```

Beispiel 3 (sequentielles Suchen:

Eine zweidimensionale Tabelle ist zu durchsuchen. Für jede Dimension muß eine eigene SEARCH-Anweisung codiert werden.

```
01 ADR-TAB.
    05 ADR-SATZ OCCURS 1000 INDEXED BY ADR-IND.
        10 ADR-GRUPPE       PIC 99.
        10 ADR-NETZ-NR      PIC 9(5).
        10 ADR-ANSCHLUSS-NR PIC 9(7).
        10 ADR-NAME         PIC X(30).
        10 BESTELLUNG OCCURS 500
                    INDEXED BY BEST-IND.
            15 BEST-NR      PIC 9(6).
            15 BEST-MENGE   PIC 9(4).
PROCEDURE DIVISION.
SUCH1.
    SET ADR-IND TO 1.
    SEARCH ADR-SATZ AT END PERFORM HINWEIS-1
        WHEN ADR-NETZ-NR (ADR-IND) = 500
                        PERFORM SUCH2
    END-SEARCH.
...
```

```
SUCH2.
    SET BEST-IND TO 1.
    SEARCH BESTELLUNG AT END PERFORM HINWEIS-2
      WHEN BEST-NR (ADR-IND BEST-IND) = 999999
           DISPLAY BEST-MENGE (ADR-IND BEST-IND)
    END-SEARCH.
```

7.9.3.2 Binäres Durchsuchen einer Tabelle

Das sequentielle Durchsuchen kann besonders bei großen Tabellen ein nicht unerheblicher Zeitfaktor sein. Ein Verfahren, welches den Suchvorgang verkürzt, ist das binäre Durchsuchen. **Voraussetzung dafür ist, daß die Elemente der Tabelle nach einem Schlüsselbegriff (KEY) sortiert vorliegen.**

Beim binären Durchsuchen wird aus dem ersten und letzten Index der sortierten Tabelle ein arithmetischer Mittelwert gebildet. Dieser Mittelwert-Index zeigt auf das mittlere Element der Tabelle. Der Vergleich mit dem Suchargument beginnt bei diesem Element. Ist das Suchargument mit dem mittleren Element identisch, wird die Suche abgebrochen. Ist das nicht der Fall, wird durch einen weiteren Vergleich festgestellt, ob das Suchargument größer oder kleiner als das mittlere Element ist. Ist das Suchargument bei aufsteigender Sortierfolge größer, wird aus dem hinteren Tabellenteil ein Mittelwert gebildet, ist es kleiner, wird aus dem vorderen Tabellenteil ein Mittelwert gebildet. Der neu errechnete Mittelwert-Index wird nun wiederum mit dem Suchargument verglichen. Dieser Vorgang wiederholt sich solange, bis ein Mittelwert mit dem Suchargument übereinstimmt und die Suche abgebrochen wird.

Stimmen Anfangs-Index und End-Index eines halbierten Tabellenteils miteinander überein, wird die Suche erfolglos abgebrochen und der **AT END**-Zusatz aktiviert (wenn angegeben).

Das binäre Durchsuchen wird durch Anwendung des Formats 2 der SEARCH-Anweisung realisiert.

7.9 Tabellenverarbeitung

Das binäre Durchsuchen von Tabellen basiert nicht auf einem von **CODASYL** festgelegten Verfahren. Es bleibt damit den Herstellern überlassen, auf der Grundlage der SEARCH-Anweisung ein Verfahren zu realisieren, welches den schnellstmöglichen Weg zum Auffinden des Sucharguments garantiert.

Format 2 (Durchsuchen sortierter Tabellen

```
SEARCH ALL daten-name-1 [AT END unbedingte anweisung-1]

       ⎧        ⎧ daten-name-2    ⎫  ⎧ IS EQUAL TO ⎫
  WHEN ⎨        ⎨                 ⎬  ⎨ IS =        ⎬
       ⎩        ⎩ bedingungs-name-2⎭  ⎩             ⎭

                    ⎧ daten-name-3           ⎫
                    ⎨ literal-3              ⎬
                    ⎩ arithmetischer ausdruck-3⎭

 ⎡         ⎧ daten-name-4    ⎫  ⎧ IS EQUAL TO ⎫
 ⎢  AND    ⎨                 ⎬  ⎨ IS =        ⎬
 ⎣         ⎩ bedingungs-name-4⎭  ⎩             ⎭

                    ⎧ daten-name-5           ⎫
                    ⎨ literal-5              ⎬  ⎤ ...
                    ⎩ arithmetischer ausdruck-5⎭  ⎦

       ⎧ unbedingte anweisung-3 ⎫
       ⎨ NEXT SENTENCE          ⎬
       ⎩                        ⎭
[END-SEARCH]
```

Angenommen, wir haben eine Tabelle mit 15 Elementen (OCCURS 15). Der Schlüsselbegriff sei aufsteigend sortiert (ASCENDING KEY) und das Suchargument besitzt den Wert 15. Die dazu erforderlichen Suchschritte, die das wiederholte Halbieren der Tabelle zur Grundlage haben, sind nachfolgender Abbildung zu entnehmen.

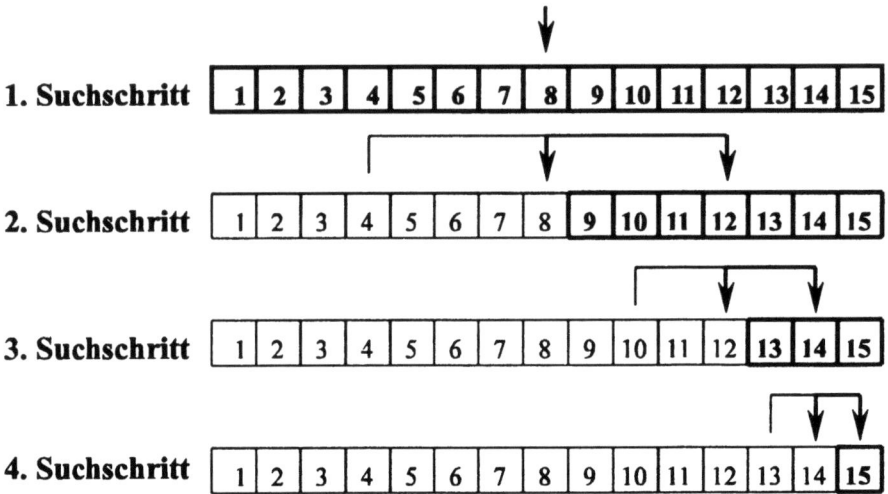

Durch das binäre Suchen (**Halbierungsmethode**) wird das Suchargument in nur 4 Suchschritten gefunden. Beim sequentiellen Suchen wären dafür 15 Suchschritte erforderlich gewesen (vorausgesetzt, daß der Index mit der SET-Anweisung auf den Wert 1 gesetzt wurde).

Durch die schrittweise Halbierung der Tabelle wird die zu durchsuchende Tabellenlänge bei jedem Suchschritt um die Hälfte verkürzt. Eine Tabelle der Länge $L = (2^n - 1)$ ist damit bereits nach n Suchschritten vollständig durchsucht.

Für Format 2 gelten die gleichen Grundregeln wie für Format 1 der SEARCH-Anweisung. **SEARCH ALL** bedeutet, daß für das Durchsuchen die gesamten Indexwerte der Tabelle benötigt werden. Das Setzen eines Anfangswertes mit der SET-Anweisung hat deshalb keine Bedeutung.

Während im Format 1 durch den VARYING-Zusatz ein zweiter Such-Index angegeben werden kann, **wird im Format 2 immer der erste**

7.9 Tabellenverarbeitung

Index aus der INDEXED BY-Angabe zum Suchen verwendet. Deshalb ist der VARYING-Zusatz im Format 2 nicht zugelassen.

Im **WHEN**-Zusatz darf in den Vergleichsbedingungen nur die Gleichheitsrelation angegeben werden (= bzw. **EQUAL TO**). Andere Vergleichsoperatoren sind nicht zugelassen.

Die Vergleichsbedingungen müssen in einem einzigen WHEN-Zusatz angegeben werden. Diese dürfen jedoch komplex sein und durch logische **AND** miteinander verknüpft werden. Auch in den AND-Angaben ist nur die Gleichheitsrelation als Vergleichsoperator zugelassen.

Alle Vergleiche, die im WHEN-Zusatz angegeben sind, müssen sich auf den Sortierschlüssel (KEY) beziehen und in der Reihenfolge codiert werden, in der die KEY-Felder im ASCENDING-/DESCENDING-Zusatz angegeben worden sind. Einer der angegebenen Vergleichsoperanden im WHEN-Zusatz (Subjekt oder Objekt) muß demzufolge der Sortierschlüssel sein.

Wird für den Vergleich ein Bedingungsname verwendet (*bedingungsname-2, bedingungs-name-4*), muß er sich ebenfalls auf einen Wert des Sortierschlüssels beziehen *(Bedingungsnamen werden auf der Stufennummer 88 definiert)*.

Grundlage für das binäre Durchsuchen ist, daß die Tabelle in sortierter Form vorliegt. Das heißt, *daten-name-1* **muß in der OCCURS-Klausel den Zusatz ASCENDING - bzw. DESCENDING KEY besitzen.** Der Sortierschlüssel ist demzufolge immer Bestandteil des Tabellenelements *daten-name-1*.

Beispiel 4 (binäres Suchen):

Die eindimensionale Tabelle aus Beispiel 1 soll nach der binären Methode durchsucht werden. Als Sortierschlüssel ist das Feld ADR-ANSCHLUSS-NR zu verwenden. Die Sortierfolge ist aufsteigend.

```
01  ADR-TAB.
    05  ADR-SATZ OCCURS 1000
                ASCENDING KEY ADR-ANSCHLUSS-NR
                INDEXED BY ADR-IND.
        10  ADR-GRUPPE       PIC 99.
        10  ADR-NETZ-NR      PIC 9(5).
        10  ADR-ANSCHLUSS-NR PIC 9(7).
        10  ADR-NAME         PIC X(30).
PROCEDURE DIVISION.
...
    SEARCH ALL ADR-SATZ
        AT END DISPLAY "NETZ-NR NICHT GEFUNDEN"
        WHEN ADR-NETZ-NR (ADR-IND) = 500
            DISPLAY ADR-NAME (ADR-IND)
    END-SEARCH.
```

Beispiel 5 (binäres Suchen):

Die zweidimensionale Tabelle KUNDEN-TAB ist nach der binären Methode zu durchsuchen. Wie bei Anwendung des Formats 1 ist auch hier für jede Tabellen-Dimension eine SEARCH-Anweisung anzugeben.

```
01  KUNDEN-TAB.
    05  K-SATZ OCCURS 50000 INDEXED BY K-IND
                ASCENDING KEY K-GRUPPE K-NR.
        10  K-GRUPPE         PIC 99.
        10  K-NR             PIC 9(7).
        10  K-NAME           PIC X(30).
        10  K-KONTO-NR       PIC 9(10).
        10  BESTELLUNG OCCURS 100 INDEXED BY B-IND
                ASCENDING KEY BEST-NR.
            15  BEST-NR      PIC 9(6).
            15  BEST-MENGE   PIC 9(4).
PROCEDURE DIVISION.
...
SUCH1.
    SEARCH ALL K-SATZ
        AT END PERFORM HINWEIS-1
        WHEN K-GRUPPE (K-IND) = 00
            AND K-NR (K-IND) = 1234567
                PERFORM SUCH2
    END-SEARCH.
```

```
SUCH2.
    SEARCH ALL BESTELLUNG
        AT END PERFORM HINWEIS-2
        WHEN BEST-NR (K-IND B-IND) = 999999
          AND BEST-MENGE (K-IND B-IND) = 100
            PERFORM PRUEF-RABATT
    END-SEARCH.
```

7.10 Änderung von Quell-Text

In der Praxis kann es eine große Hilfe sein, wenn umfangreiche Änderungen von Quell-Text ohne nennenswerten Schreibaufwand vorgenommen werden können. Werden z. B. normierte Programmteile in einer Bibliothek gespeichert, können sie bei Bedarf vor der Umwandlung von dort kopiert werden. Gleichzeitig sind Änderungen bzw. Ersetzungen von Teilen des Quell-Textes möglich. Diese Quell-Text-Manipulationen werden durch den COBOL-Modul SOURCE TEXT MANIPULATION unterstützt, der in ANS-1974 LIBRARY genannt wurde.

7.10.1 COPY-Anweisung

Mit COPY können Programmteile im Quell-Code, die in eine Bibliothek übernommen wurden, während des Kompilierens von dort kopiert werden. Gleichzeitig kann man ausgewählte Textteile oder Wörter durch andere Textteile oder Wörter ersetzen.

Der Vorteil der Arbeit mit kopiertem Quell-Code liegt vor allem darin, daß für eine Reihe von ähnlichen Programmen eine genormte Schnittstelle geschaffen werden kann. Besonders bei größeren Programmsystemen, die zum Teil einheitliche oder ähnliche Datensatzbeschreibungen haben, wird durch den gemeinsamen Zugriff auf eine Bibliothek viel Codierarbeit überflüssig. Das gilt besonders bei Programmanpassungen wegen geänderter Datensatzbeschreibungen oder

Verarbeitungs-Routinen. Die Anwendung kann sich auch auf genormte Fehlerbehandlungs-Routinen oder Druckformate erstrecken.

Wie der Quell-Code in die Bibliothek übernommen werden kann, ist systemabhängig und nicht Bestandteil der Programmiersprache COBOL.

Format:

$$
\underline{\text{COPY}}\ \textit{text-name-1}\ \left[\left\{\begin{array}{c}\underline{\text{IN}}\\ \underline{\text{OF}}\end{array}\right\}\ \textit{bibliothekts-name-1}\ \right]
$$

$$
\left[\ \underline{\text{REPLACING}}\ \left\{\left\{\begin{array}{l}==\textit{pseudo-text-1}\\ \textit{daten-name-1}\\ \textit{literal-1}\\ \textit{word-1}\end{array}\right\}\right.\right.
$$

$$
\left.\underline{\text{BY}}\ \left\{\begin{array}{l}==\textit{pseudo-text-1}\\ \textit{daten-name-1}\\ \textit{literal-1}\\ \textit{word-1}\end{array}\right\}\right\}\ \ldots\ ]
$$

Die COPY-Anweisung kann in jeder DIVISION des Programms codiert werden. Sie ist an der Stelle anzugeben, an welcher der Quell-Code eingefügt werden soll. Das Einfügen geschieht vor dem eigentlichen Übersetzungsprozeß vom Quell-Code in den Maschinen-Code.

text-name-1 steht für die Bezeichnung, unter welcher der Quell-Code in der Bibliothek gespeichert ist (COPY-Element). Diese Bezeichnung muß den Regeln für die Bildung eines Programm- bzw. Dateinamens gehorchen. *text-name-1* kann durch den Zusatz **IN** oder **OF** eindeutig gekennzeichnet werden. Das ist vor allem dann sinnvoll, wenn sich die benötigten COPY-Elemente in mehreren Bibliotheken befinden.

7.10 Änderung von Quell-Text

bibliotheks-name-1 gibt den Namen der Bibliothek an, in welcher der zu kopierende Quell-Code gespeichert ist. Auch dieser Name muß den Regeln für die Bildung eines Programm- bzw. Datennamens gehorchen. Unter **MVS** und **CMS** werden die ersten 8 und unter **OS/400** die ersten 10 Stellen von *text-name-1* und *bibliotheks-name-1* zur Identifikation herangezogen. Das erste dieser Zeichen muß darüberhinaus ein Buchstabe sein. In der Bibliothek müssen diese identifizierenden Stellen eindeutig sein.

REPLACING-Zusatz

Durch den wahlfreien REPLACING-Zusatz können ausgewählte Wortformen während des Kopiervorganges durch andere Wortformen ersetzt werden. Der Quell-Code in der Bibliothek bleibt dabei in seiner ursprünglichen Form erhalten. Unter Wortformen sind hier beliebig lange Textteile (*pseudo-text*), Datennamen (*daten-name*), Literale (*literal*) oder einzelne Worte (*word*) zu verstehen. Austauschbar sind die Wortformen in beliebigen Kombinationen. Das bedeutet, ein Wort kann zum Beispiel durch ein Literal, durch Text oder Datennamen ersetzt werden.

Nachfolgend werden die Wortformen *pseudo-text-1* usw. zusammenfassend als *Operand-1* und *pseudo-text-2* usw. zusammenfassend als *Operand-2* bezeichnet. *Operand-1* kennzeichnet damit den zu ersetzenden Text und *Operand-2* den Ersetzungstext.

Durch einen Vergleich zwischen dem Operanden-1 und dem Bibliotheks-Text wird grundsätzlich jede übereinstimmende Textangabe durch die im Operanden-2 angegebene Wortform ersetzt. Zu beachten ist, daß immer nur vollständige Worte, Literale oder Datennamen ersetzt werden können. Teile davon dürfen nicht im REPLACING-Zusatz angegeben werden.

pseudo-text kann als eine Zeichenkette verstanden werden, die aus beliebig vielen Worten und Zeichen besteht. Die Zeichenkette ist in der COPY-Anweisung immer in zwei aufeinanderfolgende Gleichheitszeichen (==) einzuschließen.

pseudo-text-1 spezifiziert den Text, welcher durch eine beliebige Wortform ersetzt werden soll. Dieser Text darf nicht aus einer Leerkette (====), aus Leerzeichen (==   ==) oder aus Kommentarzeilen bestehen. Diese Einschränkung gilt jedoch nicht für den Ersetzungstext (*pseudo-text-2*).

word-1 steht für ein beliebiges, reserviertes COBOL-Wort, welches durch eine beliebige Wortform ersetzt werden soll.

daten-name-1 ist ein beliebiger, vom Programmierer gewählter Name, der z. B. ein Datenfeld oder eine Prozedur bezeichnen kann.

literal-1 darf ein beliebiges numerisches oder nichtnumerisches Literal sein.

Für den REPLACING-Zusatz gelten folgende zusätzliche Regeln:

1. Eine Ersetzung findet nur dann statt, wenn Operand-1 und der Bibliotheks-Text völlig identisch sind. Das heißt, daß jedes Trennzeichen (Punkt, Komma, Semikolon, Space) beim Vergleich berücksichtigt wird.

2. Ist Operand-1 eine figurative Konstante, findet eine Ersetzung nur dann statt, wenn diese figurative Konstante auch im Bibliotheks-Text enthalten ist. Steht z. B. ALL "*", dann wird die Zeichenkette "*****" nicht berücksichtigt.

3. Arithmetische und logische Operatoren sowie PICTURE-Zeichenfolgen werden als Worte betrachtet und sollten deshalb mittels der Option *pseudo-text* ersetzt werden. Um Fehler zu vermeiden ist stets die gesamte PICTURE-Eintragung einschließlich des Wortes PICTURE bzw. PIC zu ersetzen.

Geschachtelte COPY-Anweisungen sind nicht zulässig. Das heißt, innerhalb eines zu kopierenden Textes darf keine COPY-Anweisung angegeben sein.

7.10 Änderung von Quell-Text

IBM-Erweiterung:
1. *Geschachtelte COPY-Anweisungen sind zulässig. Eine derartige Anweisung darf jedoch keinen REPLACING-Zusatz enthalten.*

2. *Eine COPY-Anweisung darf nach dem Bibliotheksnamen die Angabe SUPPRESS enthalten. SUPPRESS bewirkt, daß die kopierte Komponente nicht im Übersetzungsprotokoll ausgedruckt wird. SUPPRESS ist in SAA nicht enthalten.*

3. *Der Bibliotheks-Text darf Zeilen mit den Anweisungen EJECT; SKIP 1/2/3 oder TITLE enthalten. Diese Zeilen werden jedoch während der Ausführung der COPY-Anweisung als Kommentarzeilen betrachtet.*

Beispiel 1:

Die Satzbeschreibung der Datei STAMMDAT ist in einer Bibliothek mit dem Namen COPYLIB unter dem Text-Namen STAMM gespeichert.

```
              STAMM.COPYLIB
    01  R1-STAMM-SATZ.
        05  R1-SA              PIC XX.
        05  R1-KUNDEN-NR       PIC 9(7) COMP.
        05  R1-ARTIKEL         PIC X(10).
        05  R1-ARTIKEL-NR      PIC 9(6).
        05  R1-KONTO.
            10  R1-GIRO        PIC 9(10).
            10  R1-BLZ         PIC 9(8).
            10  R1-GUTHABEN    PIC 9(6)V99.
            10  R1-RECHBETR    PIC 9(6)V99.
        05  FILLER             PIC X(2).
```

```
FD  STAMMDAT
    LABEL RECORD STANDARD
    DATA RECORD R1-STAMM-SATZ.
    COPY STAMM IN COPYLIB.
WORKING-STORAGE SECTION.
...
```

In der Umwandlungsliste wird der Programmabschnitt wie folgt angedruckt:

```
FD   STAMMDAT
     LABEL RECORD STANDARD
     DATA RECORD R1-STAMM-SATZ.
     COPY STAMM IN COPYLIB.
01   R1-STAMM-SATZ.
     05 R1-SA              PIC XX.
     05 R1-KUNDEN-NR       PIC 9(7) COMP.
     05 R1-ARTIKEL         PIC X(10).
     05 R1-ARTIKEL-NR      PIC 9(6).
     05 R1-KONTO.
        10 R1-GIRO         PIC 9(10).
        10 R1-BLZ          PIC 9(8).
        10 R1-GUTHABEN     PIC 9(6)V99.
        10 R1-RECHBETR     PIC 9(6)V99.
     05 FILLER             PIC X(2).
WORKING-STORAGE SECTION.
...
```

Beispiel 2:

Mit dem Kopieren des Copy-Elements soll gleichzeitig die FILLER-Bezeichnung in Beispiel 1 durch R1-UMSATZ-KZ ersetzt werden.

```
FD   STAMMDAT
     LABEL RECORD STANDARD
     DATA RECORD R1-STAMM-SATZ.
     COPY STAMM IN COPYLIB
          REPLACING FILLER BY R1-UMSATZ-KZ.
WORKING-STORAGE SECTION.
...
```

In der Umwandlungsliste wird der Programmabschnitt wie folgt angedruckt:

```
FD   STAMMDAT
     LABEL RECORD STANDARD
     DATA RECORD R1-STAMM-SATZ.
     COPY STAMM IN COPYLIB.
```

7.10 Änderung von Quell-Text 443

```
01  R1-STAMM-SATZ.
    05 R1-SA              PIC XX.
    05 R1-KUNDEN-NR       PIC 9(7) COMP.
    05 R1-ARTIKEL         PIC X(10).
    05 R1-ARTIKEL-NR      PIC 9(6).
    05 R1-KONTO.
        10 R1-GIRO        PIC 9(10).
        10 R1-BLZ         PIC 9(8).
        10 R1-GUTHABEN    PIC 9(6)V99.
        10 R1-RECHBETR    PIC 9(6)V99.
    05 R1-UMSATZ-KZ       PIC X(2).
WORKING-STORAGE SECTION.
...
```

Beispiel 3:

Eine für mehrere Programme gleichzeitig benutzte Fehler-Routine mit dem Namen ERROR-MSG soll aus der Bibliothek kopiert werden.

```
FEHLER SECTION.
FEHL-01.
    COPY ERRORMSG IN COPYLIB
        REPLACING =="01A-PROG-AUSDRU: ABBRUCH,
                    REASON-CODE "==
             BY =="01A-PROG-UPDATE: ABBRUCH,
                  REASON-CODE "==
                =="**************** LESE-FEHLER
                    DAT. EINDAT, FILE-STATUS.= "==
             BY =="**************** KEY-FEHLER
                    DAT. UPDATE, FILE-STATUS.= "==.
```

In der Umwandlungsliste wird der Programmabschnitt wie folgt ange-druckt:

```
FEHLER SECTION.
FEHL-01.
    COPY ERRORMSG IN COPYLIB
...
        STRING "01A-PROG-AUSDRU: ABBRUCH,
                REASON-CODE= " R-CODE
            DELIMITED BY SIZE INTO HINWEIS-TEXT1.
```

```
       WRITE HINWEIS-SATZ.
       STRING "**************** LESE-FEHLER
           DAT. EINDAT, FILE-STATUS.= " F-STATUS
       DELIMITED BY SIZE INTO HINWEIS-TEXT1.
       WRITE HINWEIS-SATZ.
       MOVE "1" TO S-FEHLER.
       PERFORM ENDE-01.
STOP RUN.
```

Hinweis:

Es sei noch einmal ausdrücklich darauf hingewiesen, daß kein Teil eines Worts oder eines Literals durch den REPLACING-Zusatz ausgetauscht werden kann. So könnte im Beispiel 3 kein Teil der im Copy-Element stehenden Angabe
`"01A-PROG-AUSDRU: ABBRUCH, REASON-CODE = "`
ausgetauscht werden, weil es sich hier um ein nichtnumerisches Literal handelt.

Unter **VSE** wird die Qualifizierung von *text-name-1* mit **IN** oder **OF** nicht unterstützt und, wenn angegeben, als Kommentar betrachtet. Damit *text-name-1* identifiziert werden kann, muß er in der Anweisung **LIBDEF SOURCE** angegeben und die Compiler-Option **LIB** benutzt werden.

7.10.2 REPLACE-Anweisung

Die REPLACE-Anweisung wurde mit **ANS-1985** eingeführt. In ihrer Wirkungsweise entspricht die Anweisung dem REPLACING-Zusatz in der COPY-Anweisung mit der Ausnahme, daß sie sich auf das *gesamte* Quellprogramm bezieht, nicht nur auf ein COPY-Element in einer Bibliothek.

Die REPLACE-Anweisung existiert in zwei Formaten, wobei Format 2 als Schalter interpretiert werden kann, der die REPLACE-Anweisung deaktiviert. Damit läßt sich die Ersetzung von Pseudo-Text auf bestimmte Programmteile beschränken.

7.10 Änderung von Quell-Text

Format 1:

```
REPLACE {==pseudo-text-1== BY ==pseudo-text-2==} ...
```

Format 2:

```
REPLACE OFF
```

Im Gegensatz zum REPLACING-Zusatz in der COPY-Anweisung **läßt sich mit der REPLACE-Anweisung nur Pseudo-Text ersetzen.** Der Austausch anderer Wortformen ist nicht möglich. Pseudo-Text ist jedoch immer als Zeichenkette zu verstehen, die ein oder mehrere Worte enthalten kann, deshalb läßt sich auch ein einzelnes Wort oder nichtnumerisches Literal ersetzen. Sowohl der zu ersetzende Text (*pseudo-text-1*) als auch der Ersetzungstext (*pseudo-text-2*) ist in Begrenzerzeichen (==) einzuschließen. Jeder übereinstimmende Text, der bei einem Vergleich zwischen *pseudo-text-1* und dem Quell-Code gefunden wurde, wird durch *pseudo-text-2* ausgetauscht. **Sämtliche Regeln, die über *pseudo-text-1* und *pseudo-text-2* in der COPY-Anweisung angegeben wurden, gelten auch für die REPLACE-Anweisung.**

Die REPLACE-Anweisung kann in jeder DIVISION des Programms angegeben werden. Sie ist an der Stelle zu codieren, ab der Quell-Text ersetzt bzw. geändert werden soll. Ist die Ersetzung nur auf einen Programmabschnitt begrenzt, muß nach der letzen zu ersetzenden Textzeile **REPLACE OFF** codiert werden.

Der Geltungsbereich einer REPLACE-Anweisung reicht von der Zeile des Eintrags bis

- zur Angabe von REPLACE OFF;
- zum Geltungsbereich einer anderen REPLACE-Anweisung;
- zum physischen Ende des Quell-Programms.

Daraus kann man folgern, daß REPLACE-Anweisungen nicht geschachtelt werden dürfen.

Kommentarzeilen oder Leerzeilen, die im Quell-Text oder im *pseudo-text-1* vorkommen, werden beim Vergleich nicht berücksichtigt. Allerdings werden derartige Zeilen aus *pseudo-text-2* in das Quell-Programm übernommen. Jedes Wort von *pseudo-text-2*, welches in das Quell-Programm übernommen wird, beginnt an der gleichen Stelle der COBOL-Zeile, in der es im *pseudo-text-2* steht.

Ist in einem Quell-Programm eine COPY- und eine REPLACE-Anweisung gleichzeitig zu codieren, muß die COPY-Anweisung immer zuerst verarbeitet werden. Wird die Umwandlung unter **VS COBOL II** vorgenommen, muß die Compiler-Option **LIB** eingestellt werden.

Beispiel:

```
WORKING-STORAGE SECTION.
REPLACE ==PACKED-DECIMAL== BY ==BINARY==
        FEHLER-KZ==        BY ==HINWEIS==.

77   I-KONTO   PIC S9(4) VALUE ZERO PACKED-DECIMAL.
77   I-BLZ     PIC S9(4) VALUE ZERO PACKED-DECIMAL.
77   I-BETR    PIC S9(4) VALUE ZERO PACKED-DECIMAL.
77   I-NAME    PIC S9(4) VALUE ZERO PACKED-DECIMAL.
...
01   FEHLER-KZ-TAB    VALUE SPACES.
     88 KEINE-FEHLER  VALUE SPACES.
        05 FEHLER-1   PIC XX.
        05 FEHLER-2   PIC XX.
        05 ...
01   FILLER REDEFINES FEHLER-KZ-TAB.
     05 FEHLER-KZ OCCURS 50
                  INDEX BY KZ-INDEX PIC X
...
PROCEDURE DIVISION.
...
     PERFORM UNTIL KEINE-FEHLER
        SEARCH FEHLER-KZ
           WHEN FEHLER-KZ (KZ-INDEX) = FEHLER-ON
              MOVE SPACE TO FEHLER-KZ (KZ-INDEX)
```

7.10 Änderung von Quell-Text 447

```
            SET HINWEIS-INDEX TO KZ-INDEX
            MOVE FEHLER-HINWEIS (HINWEIS-INDEX)
                TO DRUCK-SATZ
            PERFORM DRUCKEN
        END-SEARCH
    END-PERFORM
    REPLACE OFF.
...
```

7.10.3 BASIS-Anweisung (Nur IBM)

Die Basis-Anweisung ist eine IBM-Erweiterung, die im ANS-COBOL nicht enthalten ist. Durch sie können vollständige Quell-Programme in einer Bibliothek gespeichert und bei Bedarf von dort kopiert werden.

Format:

```
[zeilen-nummer]        BASIS   programm-name
```

Die BASIS-Anweisung darf an beliebiger Stelle einer COBOL-Zeile codiert werden (Stelle 1 bis 72). Anderen Text darf diese Zeile nicht enthalten. Die Anweisung wird anstelle des vollständigen Quell-Programms angegeben.

programm-name ist der Name, unter welchem der Quell-Text in der Bibliothek gespeichert ist. Er muß den Regeln für die Bildung eines Programmnamens gehorchen. In den Stellen 1 bis 7 der COBOL-Zeile kann wahlweise eine Zeilennummer (*zeilen-nummer*) angegeben werden.

IBM erlaubt zum Kopieren das gleichzeitige Einfügen und/oder Löschen von Quell-Text-Zeilen, was mit den logisch zugehörigen Anweisungen **INSERT** und **DELETE** erreicht wird.

Format:

zeilen-nummer { **INSERT** / **DELETE** } *zeilen-nummer-feld*	

INSERT (Einfügen)

zeilen-nummer-feld steht für eine *einzige* Zeilennummer im Quell-Text, nach der eine oder mehrere Zeilen eingefügt werden sollen. Nach der Zeilennummer muß deshalb mindestens eine Anweisung stehen.

DELETE (Löschen)

zeilen-nummer-feld steht für eine einzelne Zeilennummer, eine Zeilennummerfolge, einen Zeilennummerbereich oder eine beliebige Kombination von Zeilennummern, Zeilennummerfolgen und Zeilennummerbereichen. Jede einzelne Eintragung muß von einem Komma, gefolgt von einer Leerstelle, voneinander getrennt sein. Anfangs- und Endzeilennummer eines Bereiches werden durch einen Bindestrich voneinander getrennt. Nach DELETE können Quellenprogramm-Anweisungen codiert werden. Diese Anweisungen werden in das BASIS-Quellenprogramm unmittelbar nach den zu entfernenden Zeilen eingefügt.

Beispiel 1:

In einem Quellprogramm, welches unter dem Namen AUSDRU in einer Bibliothek gespeichert ist, sollen die Zeilennummern 010120 bis 010124 gelöscht und gleichzeitig neue Quelltextzeilen eingefügt werden.

ursprünglicher Quelltext in der Bibliothek:

```
010111          OPEN INPUT    EINGABE
010112               OUTPUT AUSGABE
010113          MOVE 'F' TO DATEI-ENDE-KZ.
010114          READ EINGABE INTO W-EINGABE
010115             AT END
010116                MOVE 'T' TO DATEI-ENDE-KZ.
010117          IF DATEI-ENDE-KZ = 'T'
010118             DISPLAY 'ENDE DER DATEI EINGABE'
010119          ELSE
```

7.10 Änderung von Quell-Text 449

```
010120          IF KONTO-NR = ZERO
010121             PERFORM FEHLER
010122             PERFORM ERNEUTE-EINGABE
010123          ELSE
010124             CONTINUE
010125          END-IF
010126       END-IF.
             ...
010180       STOP RUN.
```

Basis-Anweisung mit DELETE und einzufügenden Quelltext:

BASIS AUSDRU
DELETE 010120-010124
```
010120          IF KONTO-NR IS NOT NUMERIC
010121              OR KONTO-NR LESS ´1000000000´
010122              OR GREATER ´9000000000´
010123          DISPLAY ´KONTO-NR UNGUELTIG´
010124          PERFORM FEHLER
010125          PERFORM ERNEUTE-EINGABE
010126          ELSE
010127          PERFORM VERARBEITUNG
```

In der Umwandlungsliste wird der eingefügte Programmabschnitt mit einem I in Stelle 7 angedruckt:

```
010111       OPEN INPUT   EINGABE
010112            OUTPUT  AUSGABE
010113       MOVE ´F´TO DATEI-ENDE-KZ
010114       READ EINGABE INTO W-EINGABE
010115            AT END
010116               MOVE ´T´TO DATEI-ENDE-KZ.
010117       IF DATEI-ENDE-KZ = ´T´
010118          DISPLAY ´ENDE DER DATEI EINGABE´
010119       ELSE
010120I         IF KONTO-NR IS NOT NUMERIC
010121I             OR KONTO-NR LESS ´1000000000´
010122I             OR GREATER ´9000000000´
010123I             DISPLAY ´KONTO-NR UNGUELTIG´
010124I             PERFORM FEHLER
010125I             PERFORM ERNEUTE-EINGABE
010126I         ELSE
010127I             PERFORM VERARBEITUNG
010128          END-IF
010129       END-IF.
             ...
010184       STOP RUN.
```

8 Externe Unterprogramme

Durch die Unterprogrammtechnik lassen sich Programme modularisieren, d.h. in Bausteine zerlegen. Man unterscheidet zwischen internen und externen Unterprogrammen. **Interne Unterprogramme** werden durch PERFORM aufgerufen. Sie stellen geschlossene Programmteile (Prozeduren) innerhalb eines Programms dar, die von beliebiger Stelle der PROCEDURE DIVISION aufgerufen werden können. Nach dem Durchlaufen der aufgerufenen Prozedur wird durch eine aktivierte Rücksprungadresse zum Ausgangspunkt zurückverzweigt. Interne Unterprogramme sind damit feste Bestandteile des Programms. Werden sie geändert, muß das Programm neu umgewandelt werden.

Bei größeren Programmen oder Programmsystemen kann es Programmteile geben, die mehrfach vorkommen und damit auch in fast unveränderter Form mehrfach codiert werden müssen. Sind derartige Moduln häufigen Änderungen unterworfen, kann es eine wertvolle Hilfe sein, sie als **externe Unterprogramme** zu realisieren, die bei Bedarf vom rufenden Programm durch CALL aufgerufen werden.

Externe Unterprogramme lassen sich auch dann einsetzen, wenn bestimmte Software-Probleme sich nicht durch COBOL-Routinen realisieren lassen. Die Unterprogramme können in solchen Fällen z. B. in ASSEMBLER, FORTRAN oder "C" geschrieben werden.

Externe Unterprogramme, die getrennt übersetzt werden, spielen eine wesentliche Rolle zur Unterstützung der **strukturierten Programmierung**. Sie erleichtern nicht nur die Modularisierung des Programms, sondern sie gewährleisten bei richtiger Anwendung auch ein hohes Maß an Unabhängigkeit gegenüber anderen Moduln. Diese Unabhängigkeit läßt sich durch PERFORM-Aufrufe kaum erreichen, weil interne Unterprogramme gewöhnlich an andere Teile eines Moduls gekoppelt sind. Je größer aber die Unabhängigkeit zwischen den Moduln ist, desto problemloser lassen sie sich bei Programmänderungen vollständig austauschen, ohne dadurch andere Moduln in ihrer Arbeitsweise zu beeinflussen.

Ein Unterprogramm kann selbst wieder weitere Unterprogramme aufrufen. Es ist aus diesem Grunde nicht sinnvoll, ein rufendes Programm als Hauptprogramm zu bezeichnen, denn ein rufendes Unterprogramm würde damit selbst zum Hauptprogramm. In der Fachliteratur haben sich deshalb die Begriffe **rufendes Programm** bzw. **aufgerufenes Programm** fest eingebürgert. Das Prinzip eines externen Unterprogramms ist nachfolgender Abbildung zu entnehmen.

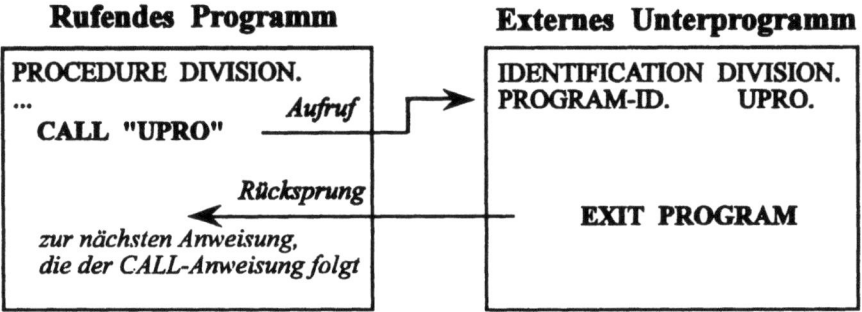

In einem externen Unterprogramm sind alle vier DIVISIONs enthalten und es wird separat umgewandelt. Zur Ausführung wird es mit dem rufenden Programm durch den **Linkage Editor** verbunden. Nach dem Aufruf (CALL) geht die Steuerung an das Unterprogramm über.

Ist die Verarbeitung im Unterprogramm beendet, kann die Steuerung entweder durch die Anweisung **EXIT PROGRAM** an das rufende Programm zurückgegeben, ein weiteres Unterprogramm aufgerufen, oder der Programmlauf beendet werden.

8.1 CALL-Anweisung

Durch die CALL-Anweisung wird ein separat übersetztes Unterprogramm aufgerufen. Damit geht gleichzeitig die Steuerung vom rufenden Programm auf das Unterprogramm über. Die Anweisung besitzt eine wichtige Funktion zur Unterstützung der strukturierten Programmierung, weil nur durch sie ein Höchstmaß an Unabhängigkeit der separat übersetzten Moduln erreicht wird.

8.1 CALL-Anweisung

Für die CALL-Anweisung können zwei Formate angegeben werden. Format 2 ist für **SAA** nicht zulässig. Das gilt auch für den CONTENT-Zusatz im Format 1.

Format 1:

```
CALL    { daten-name-1 }
        { literal-1    }

   [ USING  { [BY REFERENCE] }  {daten-name-2} ... ] ...
            {  BY CONTENT   }

     [ON OVERFLOW unbedingte anweisung-1]
     [END-CALL]
```

Format 2:

```
CALL    { daten-name-1 }
        { literal-1    }

   [ USING  { [BY REFERENCE] }  {daten-name-2} ... ] ...
            {  BY CONTENT   }

     [ON EXCEPTION        unbedingte anweisung-1]
     [NOT ON EXCEPTION    unbedingte anweisung-2]
     [END-CALL]
```

Die Formate unterscheiden sich durch den OVERLOW- und EXCEPTION-Zusatz. Im Format 1 wird der wahlfreie Zusatz **ON OVERFLOW** dann aktiviert, wenn durch das Laden des Unterprogramms ein Speicherüberlauf stattfindet. Durch eine unbedingte Anweisung (*unbedingte anweisung-1*) können z. B. Hinweismeldungen ausgegeben werden.

ON EXCEPTION im Format 2 hat eine ähnliche Funktion wie ON OVERFLOW. Der Zusatz wird jedoch auch dann aktiviert, wenn das Unterprogramm zwar erfolgreich geladen, die Ausführung aber aus anderen Gründen nicht möglich ist.

Durch den Zusatz **NOT ON EXCEPTION** kann eine unbedingte Anweisung (*unbedingte anweisung-2*) ausgeführt werden, die anzeigt, daß das Unterprogramm erfolgreich geladen und ausgeführt wurde.

Name des Unterprogramms

Der Name des aufzurufenden Unterprogramms kann als nichtnumerisches Literal (*literal-1*) oder in einem Datenfeld gespeichert (*daten-name-1*) angegeben werden. Im letzteren Fall muß der Programmname vor Ausführung der CALL-Anweisung durch ein MOVE in das Feld *daten-name-1* übertragen werden.

Der Name muß den Regeln für die Bildung eines Programmnamens gehorchen. Unter **MVS**, **CMS** und **OS/2** werden die ersten 8 und unter **OS/400** die ersten 10 Stellen zur Identifikation benutzt. Diese Stellen müssen im Programm eindeutig sein. Darüberhinaus muß unter MVS, CMS und OS/400 das erste Zeichen ein Buchstabe sein. *daten-name-1* ist als alphanumerisches Feld zu definieren. *literal-1* muß nichtnumerisch sein.

Statisches CALL

Ein statisches CALL liegt vor, wenn die Objektmodule des rufenden Programms und des Unterprogramms *zusammen* zu einem Lade-Modul gebunden sind. Wird das Unterprogramm aufgerufen, dann braucht es also nicht erst geladen zu werden, sondern es befindet sich zu diesem Zeitpunkt bereits im Hauptspeicher.

Bei einem statischen CALL muß der Programmname als *nichtnumerisches Literal* (**CALL** *literal*) angegeben werden.

8.1 CALL-Anweisung

Beim Compiler **VS COBOL II** ist das Objektprogramm mit der Compiler-Option **NODYNAM** umzuwandeln (Standardannahme).

Die Ausführung eines statischen Aufrufs erfolgt schneller als die eines dynamischen, weil das Unterprogramm nicht erst in den Hauptspeicher geladen werden muß. Allerdings wird bei dieser Methode durch die ständige Präsenz im Hauptspeicher unter Umständen viel Speicherkapazität gebunden. Der statische Aufruf wird vor allem dann angewandt, wenn das Unterprogramm häufig vom gleichen rufenden Programm benötigt wird.

Dynamisches CALL

Ein dynamisches CALL bedeutet, daß das Unterprogramm unabhängig vom rufenden Programm in einem separaten Lademodul gebunden wird. Erst beim Aufruf durch das rufende Programm wird das Unterprogramm in den Hauptspeicher geladen. Auf diese Weise steht dem Anwender beim ersten dynamischen CALL immer der ursprüngliche, initialisierte Zustand des Unterprogramms zur Verfügung (siehe dazu auch CANCEL-Anweisung).

Der Programmname darf beim dynamischen Aufruf als nichtnumerisches Literal (**CALL** *literal-1*) oder als Datenname angegeben werden (**CALL** *daten-name-1*). Bei der Angabe als Datenname wird immer ein dynamischer Aufruf unterstellt (unabhängig von der Compiler-Option), weil zur Ausführungszeit noch nicht extern bestimmt werden kann, wie der Name des Unterprogramms lautet.

Beim Compiler **VS COBOL II** muß die Compiler-Option **DYNAM** angegeben werden.

Die Methode des dynamischen CALLs kann dann angewendet werden, wenn

- das Unterprogramm relativ selten benötigt wird oder sehr groß ist;

- eine größere Anzahl Unterprogramme aufgerufen werden muß;
- Unterprogramme im initialisierten Zustand (ursprünglicher Status) aufgerufen werden sollen;
- der Name des Unterprogramms zur Ausführungszeit nicht extern bestimmt werden kann.

Sie ist aber auch in Erwägung zu ziehen, wenn das Unterprogramm, unabhängig vom rufenden Programm, häufig geändert wird. Das rufende Programm greift in diesem Fall immer auf die neueste Unterprogramm-Version zu, ohne daß es wiederholt mit dem Objektmodul des Unterprogramms gebunden werden muß.

Wird mit **VS COBOL II** kompiliert, muß die Option **RESIDENT** angegeben sein, weil dynamische CALLs nur in Verbindung mit der COBOL-Bibliothekseinrichtung unterstützt werden.

8.1.1 USING-Zusatz

Der USING-Zusatz definiert die Schnittstelle zwischen dem rufenden Programm und dem Unterprogramm. Durch die Angabe wird festgelegt, welche Datenfelder des rufenden Programms (*daten-name-2 ...*) vom Unterprogramm mitbenutzt werden sollen bzw. welche Daten an das Unterprogramm zu übergeben sind. Diese Datenfelder müssen in der FILE SECTION oder WORKING-STORAGE SECTION des rufenden Programms definiert sein. Datenfelder der LINKAGE SECTION können nur dann mitbenutzt werden, wenn das rufende Programm selbst ein Unterprogramm ist (geschachtelte Unterprogramme).

Bis zum ANS-1974 mußten die mitbenutzten Datenfelder des rufenden Programms auf der Stufennummer 01 oder 77 definiert sein. Mit dem **ANS-1985** ist diese Einschränkung weggefallen. Voraussetzung ist jedoch, daß diese Felder auf der Elementarstufe angegeben sind. *daten-name-2 ...* steht für diejenigen Datenfelder, deren Daten bei Ausführung an das Unterprogramm zu übergeben sind.

8.1 CALL-Anweisung

Beispiel 1 (statisches CALL):

```
WORKING-STORAGE SECTION.
01  SA01.
    05  SA                  PIC 99.
    05  KUNDEN -NR          PIC 9(10) COMP-3.
    05  EINRICHT-DAT        PIC 9(6)  COMP-3.
    05  BETRAG              PIC 9(6)V99.

PROCEDURE DIVISION.
...
    CALL "UPRO-1" USING KUNDEN-NR
        ON OVERFLOW DISPLAY
                "PROG-AUFRUF UPRO-1 NICHT
                 ERFOLGREICH, SPEICHERUEBERLAUF"
    END-CALL.
...
```

Beispiel 2 (dynamisches CALL):

```
WORKING-STORAGE SECTION.
77  UPRO-NAME               PIC  X(8).

01  SA01.
    05  SA                  PIC 99.
    05  KUNDEN -NR          PIC 9(10) COMP-3.
    05  EINRICHT-DAT        PIC 9(6)  COMP-3.
    05  BETRAG              PIC 9(6)V99.

PROCEDURE DIVISION.
...
    MOVE "UPRO-1" TO UPRO-NAME.
    CALL UPRO-NAME USING KUNDEN-NR
        ON OVERFLOW DISPLAY "PROG-AUFRUF UPRO-1
                             NICHT ERFOLGREICH,
                             SPEICHERUEBERLAUF"
    END-CALL.

    CANCEL UPRO-NAME.
    MOVE "UPRO-2" TO UPRO-NAME.
    CALL UPRO-NAME USING ···
    ...
```

8.1.1.1 USING BY REFERENCE / CONTENT

Die USING-Zusätze BY REFERENCE und BY CONTENT wurden mit **ANS-1985** eingeführt. Durch sie kann festgelegt werden, ob das Unterprogramm Änderungen an den bereitgestellten Daten des rufenden Programms vornehmen kann oder nicht.

Bis zum ANS-1974 stand für die gemeinsam benutzten Daten nur *ein* Speicherbereich zur Verfügung, der im rufenden Programm angelegt war. Durch den Rückgriff des Unterprogramms auf diese Daten bestand jedoch auch die Problematik der ungewollten Datenänderung. Der USING-Zusatz **BY REFERENCE** dokumentiert, daß eine derartige Bezugnahme (Reference) des Unterprogramms auf diese Daten zulässig ist. Daten des gemeinsam benutzten Speicherbereichs können somit durch das Unterprogramm geändert werden.

BY REFERENCE ist die Standardannahme (Default) im USING-Zusatz. Sie dient nur der Dokumentation und kann weggelassen werden.

Wird **BY CONTENT** im USING-Zusatz angegeben, werden die damit bezeichneten Datenbereiche gegen einen Update-Zugriff des Unterprogramms geschützt. Damit das Unterprogramm jedoch mit diesen Daten arbeiten kann, werden mit Ausführung der CALL-Anweisung die betreffenden Felder in Speicherbereiche kopiert, die vom Compiler bereitgestellt wurden. Die Definition dieser Felder wird in unveränderter Form in der LINKAGE SECTION des Unterprogramms vorgenommen. Der Unterschied liegt nun aber darin, daß für diese Felder Speicherplatz benötigt wird.

Beispiel 3:

```
CALL "UPRO"
          USING BY REFERENCE EINRICHT-DAT BETRAG
                BY CONTENT KUNDEN-NR
END-CALL.
```

END-CALL
END-CALL ist ein expliziter Ende-Begrenzer, der mit **ANS-1985** eingeführt wurde. Die CALL-Anweisung kann damit als unbedingte Anweisung innerhalb einer bedingten Anweisung angegeben werden (z. B. anstelle der AT END-Klausel innerhalb der READ-Anweisung). Bei geschachtelten Anweisungen kann durch END-Begrenzer jede Anweisung exakt begrenzt werden. Dadurch wird die Bildung von Moduln im Sinne der Strukturierten Programmierung erleichtert, die sich bei Programmänderungen problemlos gegen andere austauschen lassen.

8.2 USING-Zusatz in der PROCEDURE DIVISION des Unterprogramms

Damit die Adressen der mitbenutzten Datenfelder an das Unterprogramm übergeben werden können, muß die Überschrift der PROCEDURE DIVISION im Unterprogramm die gleiche USING-Angabe enthalten, wie sie in der CALL-Anweisung steht.

Format:

```
PROCEDURE DIVISION [USING {daten-name-2} ... ]
```

Da sowohl das rufende Programm als auch das Unterprogramm separat übersetzt werden, könnten die Namen der Datenfelder (*daten-name-2*) von denen im USING-Zusatz der CALL-Anweisung abweichen. Ein derartiges Vorgehen widerspricht jedoch dem Prinzip der Klarheit und sollte deshalb strikt vermieden werden. Im allgemeinen werden im USING-Zusatz der PROCEDURE DIVISION genauso viele Datenfelder angegeben, wie sie in der CALL-Anweisung eingetragen wurden. Es können jedoch auch weniger Datenfelder angegeben werden, wenn im Unterprogramm darauf verzichtet werden soll.

Hinweis:
Die Zuordnung der Adressen zwischen den Feldern der beiden USING-Angaben erfolgt bei den meisten Compilern positionsgerecht. Das heißt, die Adresse des 1. Feldes im USING der CALL-Anweisung wird dem 1. Feld im USING der PROCEDURE DIVISION des Unterprogramms zugeordnet usw. Hieraus ist schon ersichtlich, daß das Weglassen von Datenfeldern im USING der PROCEDURE DIVISION problematisch sein kann.

Beispiel 4 (Zuordnung von Adressen):

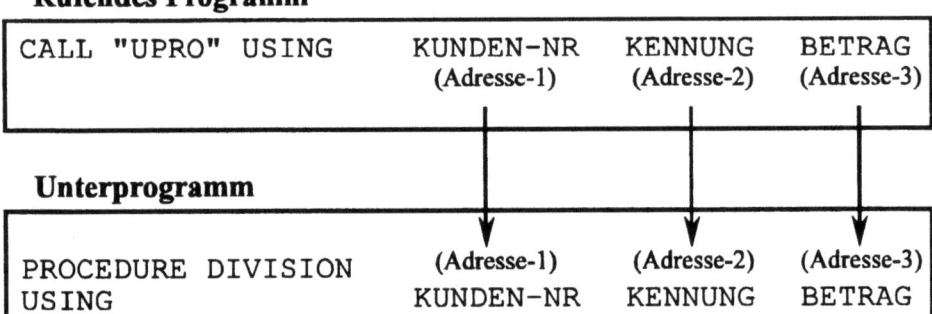

8.3 LINKAGE SECTION
(Daten-Definition im Unterprogramm)

Jedes Unterprogramm, das mit USING in der CALL-Anweisung aufgerufen wird, muß die LINKAGE SECTION enthalten. In ihr werden alle Datenfelder definiert, die im USING-Zusatz der PROCEDURE DIVISION angegeben sind. Da diese Felder lediglich vom Unterprogramm mitbenutzt werden, wird für ihre Definition in der LINKAGE SECTION kein Speicherplatz benötigt (symbolische Adressen). Sie ist nach der WORKING-STORAGE SECTION zu codieren.

8.3 LINKAGE SECTION

Felder, die auf einer Gruppenstufe stehen, müssen in der LINKAGE SECTION auf der Stufennummer 01 angegeben werden. Für unabhängige Elementarfelder kann man sowohl die Stufennummer 77 *oder* 01 verwenden.

Allgemeines Format (LINKAGE SECTION):

```
LINKAGE SECTION.

    ⎡ 01-49 ⎤   daten-name/FILLER
    ⎣   77  ⎦

            [REDEFINES              -Klausel]
            [PICTURE                -Klausel]
            [USAGE                  -Klausel]
            [BLANK-WHEN ZERO        -Klausel]
            [JUSTIFIED RIGHT        -Klausel]
            [OCCURS                 -Klausel]
            [SYNCHRONIZED           -Klausel]
            [88  bedingungsname VALUE  -Klausel]
            [66  RENAMES            -Klausel]
```

Die **VALUE-Klausel** darf in der LINKAGE SECTION nur auf der Stufennummer 88 angegeben werden.

Wird ein Unterprogramm ohne USING in der CALL-Anweisung aufgerufen, entfällt die LINKAGE SECTION.

IBM-Erweiterung:
Wird die VALUE-Klausel in der LINKAGE SECTION auf der Stufe 01 bis 49 oder 77 angegeben, betrachtet VS COBOL II sie als Kommentar.

Beispiel 5:

Rufendes Programm:

```
IDENTIFICATION DIVISION.
PROGRAM-ID.          RUFPROG.

DATA DIVISION.
...
WORKING-STORAGE SECTION.
01  SA01.
    05  SA                  PIC 99.
    05  KUNDEN-NR           PIC 9(10) COMP-3.
    05  EINRICHT-DAT        PIC 9(6)  COMP-3.
    05  BETRAG              PIC 9(6)V99.

PROCEDURE DIVISION.

    CALL "UPRO"
        USING KUNDEN-NR EINRICHT-DAT BETRAG.
...
```

Unterprogramm:

```
IDENTIFICATION DIVISION.
PROGRAM-ID.             UPRPO.
...
DATA DIVISION.
...
WORKING-STORAGE SECTION.
01  UEBERTRAG           PIC 9(8)V99.
...
LINKAGE SECTION.
01  KUNDEN-NR           PIC 9(10) COMP-3.
01  EINRICHT-DAT        PIC 9(6)  COMP-3.
01  BETRAG              PIC 9(6)V99.

PROCEDURE DIVISION USING
            KUNDEN-NR EINRICHT-DAT BETRAG.
A1.
    MOVE BETRAG TO UEBERTRAG.
...
```

8.4 EXIT PROGRAM-Anweisung

Mit Ausführung der CALL-Anweisung wird im Unterprogramm gleichzeitig eine **Rückverzweigungs-Adresse** abgelegt. Diese wird jedoch nicht wie beim PERFORM-Aufruf am Ende des Unterprogramms aktiviert, sondern durch die Anweisung EXIT PROGRAM.

Mit EXIT PROGRAM wird die Ausführung des Unterprogramms beendet und die Steuerung an das rufende Programm zurückgegeben. Der Aufsetzpunkt im rufenden Programm ist die nächste Anweisung, die der CALL-Anweisung folgt.

Obwohl EXIT PROGRAM mehrfach im Unterprogramm codiert werden darf, sollte man darauf verzichten. Nach den Richtlinien der strukturierten Programmierung darf ein Programm-Modul ohnehin nur einen Eingang und einen Ausgang besitzen. Eine Ausnahme davon bilden die alternativen Eingangspunkte (**Entry Points**) in der **IBM**-Anwendung, die mit der **ENTRY**-Anweisung errichtet werden.

Format:

```
EXIT PROGRAM.
```

Bis zum ANS-1974 mußte die Anweisung die einzige in einem Paragraphen sein. Mit dem **ANS-1985** wurde diese Beschränkung aufgehoben. Sie muß allerdings die letzte in einem Paragraphen sein.

IBM-Erweiterung:
GOBACK darf als Anweisung das logische Ende eines Programms spezifizieren. Wird die GOBACK-Anweisung im Unterprogramm angegeben, entspricht sie in ihrer Wirkung EXIT PROGRAM. Wird sie in einem Hauptprogramm angegeben, entpricht sie der Angabe von STOP RUN. Das heißt, die Steuerung wird an das System zurückgegeben.

Beispiel 6:

```
IDENTIFICATION   DIVISION.
PROGRAM-ID.      UPRO.
...
DATA DIVISION.
...
LINKAGE SECTION.
01   BETRAG.
     05 VORTRAG           PIC 9(6)V99.
     05 RECH-BETR         PIC 9(6)V99.
     05 MWST              PIC 99V99.
...
PROCEDURE DIVISION USING BETRAG.
...
     EXIT PROGRAM.
```

8.5 CANCEL-Anweisung

Durch die CANCEL-Anweisung wird der Speicherplatz, der vom Unterprogramm belegt wurde, wieder freigegeben. Damit wird auch die logische Verbindung des rufenden Programms zum Unterprogramm gelöst (Freigabe des Unterprogramms).

Format:

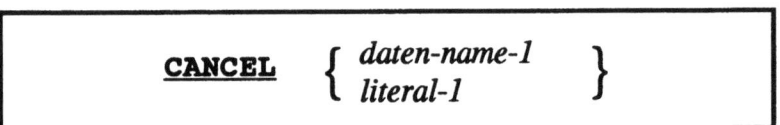

Die Freigabe des Speicherplatzes bewirkt, daß das Unterprogramm in seinen **Anfangszustand** zurückversetzt wird. Bei einem nachfolgenden CALL findet man deshalb immer den Initialzustand des Unterprogramms vor. Das ist besonders dann wichtig, wenn mehrere Anwender auf das gleiche Unterprogramm zugreifen und alle den gleichen, vordefinierten Anfangszustand benötigen.

8.5 CANCEL-Anweisung

Hinweis:
*Mit **VS COBOL II** wird eine CANCEL-Anweisung jedoch nur dann erfolgreich sein, wenn das Programm nicht mit der Compiler-Option **RENT** (reentrant) als ablaufinvariant kompiliert wurde (unter CICS/OS/VS muß RENT angegen werden.*

Der Programmname, der für *literal-1* bzw. *daten-name-1* steht, muß mit dem in der CALL-Anweisung übereinstimmen (siehe CALL-Anweisung).

Die CANCEL-Anweisung ist immer nur im rufenden Programm für das Unterprogramm zu codieren. Ein Unterprogramm darf nur dann eine CANCEL-Anweisung enthalten, wenn es selbst als rufendes Programm ein weiteres Unterprogramm aufruft.

Beispiel 7:

```
IDENTIFICATION DIVISION.
PROGRAM-ID.              TEST.
...
DATA DIVISION.
...
WORKING-STORAGE SECTION.
77  UPRO-NAME              PIC X(8).
01  SA01.
    05 SA                  PIC 99.
    05 KUNDEN-NR           PIC 9(10) COMP-3.
    05 EINRICHT-DAT        PIC 9(6)  COMP-3.
    05 BETRAG              PIC 9(6)V99.

PROCEDURE DIVISION.
...
    MOVE UPRO TO UPRO-NAME.
    CALL UPRO-NAME USING KUNDEN-NR.
...
    CANCEL URPO-NAME.
...
    STOP RUN.
```

8.6 ENTRY-Anweisung (Nur IBM)

Die ENTRY-Anweisung ist eine **IBM-Erweiterung,** die nicht in **SAA** enthalten ist. Durch sie können *zusätzliche* Eingangspunkte (Entry Points) in einem Unterprogramm definiert werden.

Format:

> **ENTRY** literal [**USING** {daten-name-1} ···]

literal bezeichnet den zusätzlichen Eingangspunkt, der als nichtnumerisches Literal angegeben werden muß. Der Name muß den Bildungsregeln für einen Programmnamen gehorchen und darf nicht mit dem Namen des Unterprogramms übereinstimmen. Er muß im gesamten Programmsystem eindeutig sein.

Jede Eingangsstelle darf von einem anderen Programm aufgerufen werden. Sie müssen jedoch logisch durch die Anweisung EXIT PROGRAM oder GOBACK voneinander getrennt werden. **GOBACK** ist eine **IBM-Erweiterung** und hat im Unterprogramm die gleiche Funktion wie EXIT PROGRAM.

Beispiel 8:

```
IDENTIFICATION DIVISION.
PROGRAM-ID.             UPRO.
...
DATA DIVISION.
...
LINKAGE SECTION.
01  AUFWAND.
    05 AUFW-BEZIRK-1         PIC S9(5)V99.
    05 AUFW-BEZIRK-2         PIC S9(5)V99.
    05 AUFW-BEZIRK-3         PIC S9(5)V99.
77  STAT-KENNUNG             PIC 9(3).
```

8.6 ENTRY-Anweisung

```
PROCEDURE DIVISION USING AUFWAND STAT-KENNUNG.
...
    GOBACK.
    ENTRY "UPRO-E1" USING AUFWAND STAT-KENNUNG.
...
    GOBACK.
    ENTRY "UPRO-E2" USING AUFWAND.STAT-KENNUNG
...
    GOBACK.
    ENTRY "UPRO-E3" USING AUFWAND STAT-KENNUNG.
...
    GOBACK.
```

Das Beispiel zeigt ein grob skizziertes Unterprogramm mit drei alternativen Eingangspunkten. Die Namen der Eingangspunkte sind UPRO-E1, UPRO-E2 und UPRO-E3. Der Eingangspunkt UPRO-E1 kann zum Beispiel von einem rufenden Programm mit CALL UPRO-E1 USING AUFWAND, STAT-KENNUNG aufgerufen werden.

9 Sortieren und Mischen

SORT-MERGE ist der Name eines Moduls des ANS-COBOL, mit dessen Hilfe das Sortieren und Mischen von Dateien ermöglicht wird. Sortieren (**SORT**) bedeutet, daß die Datensätze einer Datei nach einem anzugebenden Sortierbegriff (KEY) in aufsteigende oder absteigende Sortierfolge gebracht werden. Das Sortieren wird mit der SORT-Anweisung vorgenommen.

Unter Mischen (**MERGE**) versteht man das Zusammenfügen von zwei oder mehreren Dateien, die alle den gleichen Sortierbegriff haben, zu einer gemeinsamen Datei. Die Datensätze können auch hier in aufsteigender oder absteigender Sortierfolge zusammengemischt werden. Das Mischen, welches nur noch für Magnetband-Dateien Bedeutung hat, wird mit der MERGE-Anweisung vorgenommen.

Es dürfen nur Dateien mit sequentieller Zugriffsart (ACCESS MODE SEQUENTIAL) sortiert oder gemischt werden.

9.1 Sortieren von Dateien (SORT)

Für jeden dateibezogenen Sortiervorgang muß in der **FILE SECTION** unter der Stufenbezeichnung **SD** eine Sortierdatei definiert werden. Die Sortierdatei ist im Paragraphen FILE-CONTROL mit der SELECT-Klausel auszuwählen und mit der ASSIGN-Klausel einer physischen Systemeinheit zuzuordnen.

Die Sortierdatei ist eine Arbeitsdatei, die temporär angelegt wird, um die unsortierten Datensätze während des Sortiervorgangs aufzunehmen. Sie ist sowohl für SORT- als auch MERGE-Operationen erforderlich. Für die Sortierdatei dürfen keine E-/A-Anweisungen angegeben werden.

9.1.1 SELECT / ASSIGN-Klausel

Analog der Eintragungen für Dateien mit der Stufenbezeichnung FD, müssen auch für Sortierdateien die Dateinamen mit der SELECT-Klausel definiert und mit der ASSIGN-Klausel einer Systemeinheit zugeordnet werden (siehe dazu SELECT-Klausel und ASSIGN-Klausel).

Format:

> **SELECT** *sortier-datei-name* **ASSIGN TO** *system-name*

Hinweis:
Der Compiler VS COBOL II behandelt die Angabe des System-Namens als Kommentar.

9.1.2 SD-Eintragung (FILE SECTION)

Für jeden Sortier- oder Mischvorgang muß in der FILE SECTION unter der Stufenbezeichnung **SD** (SORT DESCRIPTION) eine Sortierdatei erklärt werden. In dieser Erklärung ist die Angabe der Klauseln RECORDING MODE (nur IBM), BLOCK CONTAINS und LABEL RECORDS *nicht* zugelassen. Externe Dateien, die am Sortiervorgang als E-/A-Dateien beteiligt sind, müssen mit einem FD-Eintrag beschrieben werden.

Ist ein Sortiervorgang nur auf die WORKING-STORAGE SECTION beschränkt, entfallen E-/A-Dateien und die entsprechenden FD-Einträge. In diesem Fall ist nur ein SD- und FILE-CONTROL-Eintrag zu machen.

9.1 Sortieren von Dateien (SORT)

Format:

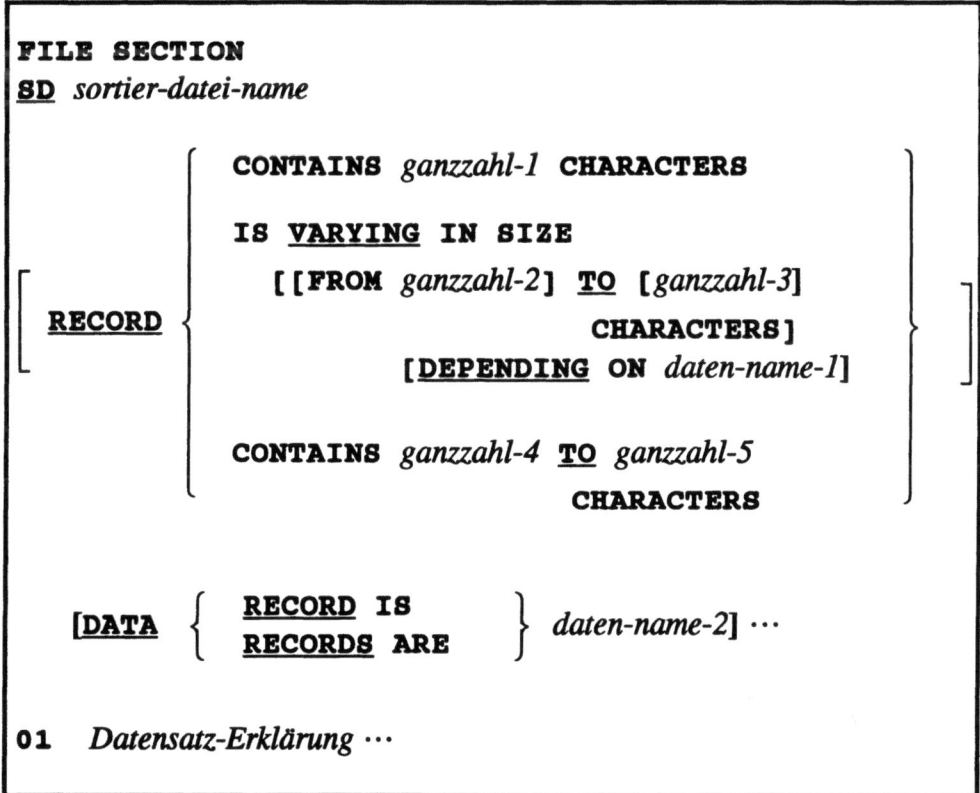

Sowohl die RECORD CONTAINS- als auch die DATA RECORDS-Klausel werden im Kapitel FILE SECTION beschrieben. Die Reihenfolge der Klauseln ist beliebig.

Jeder SD-Eintragung muß mindestens eine Satzerklärung folgen, die auf der Stufennummer 01 zu codieren ist. Diese Satzbeschreibung enthält den Sortierbegriff (KEY).

Die Klausel DATA RECORDS gibt die Satznamen der Sortierdatei an. Sie wird als Kommentareintrag behandelt und kann deshalb weggelassen werden. Die Klausel ist seit dem **ANS-1985** zur Löschung vorgesehen.

Beispiel 1:

```
DATA DIVISION.
FILE SECTION.
SD  SORTDAT
    RECORD CONTAINS 80
    DATA RECORD IS SORT-SATZ.

01  SORT-SATZ.
    05 SA              PIC XX.
    05 KUNDEN-NR       PIC 9(0)
    05 GIRO-KTO        PIC 9(10)
    05 BLZ             PIC 9(8).
    05 FILLER          PIC X(50).
```

9.1.3 SORT-Anweisung

Mit der SORT-Anweisung lassen sich die Sätze einer Datei nach einem oder mehreren Sortierbegriffen (KEYs) sortieren.

Allgemeines

Für jeden Sortiervorgang wird eine **Sortierdatei** (Arbeitsdatei) benötigt, die in der FILE SECTION durch eine **SD-Eintragung** zu beschreiben ist. In einem COBOL-Programm ist eine Sortierung oft so aufgebaut, daß eine oder mehrere unsortierte Eingabedateien gelesen und mit einer Eingabeprozedur (**INPUT PROCEDURE**) verarbeitet werden. Durch die Eingabeprozedur können Sätze vor dem Sortieren gewissen Änderungen unterzogen werden (z. B. Editieren). Wird eine Eingabeprozedur benutzt, müssen die bearbeiteten Sätze nacheinander durch eine **RELEASE-Anweisung** der Sortierdatei übergeben werden. Die RELEASE-Anweisung entspricht in ihrer Wirkung einer WRITE-Anweisung.

Ist eine Modifizierung der Sätze vor dem Sortieren nicht vorgesehen, entfällt die Eingabeprozedur und die Sätze werden durch die **USING-Angabe** der SORT-Anweisung der Sortierdatei übergeben.

9.1 Sortieren von Dateien (SORT)

Nachdem alle Sätze der Sortierdatei übergeben wurden, beginnt der eigentliche Sortiervorgang, indem die Sätze durch den angegebenen Sortierschlüssel (KEY) in die richtige Reihenfolge gebracht werden.

Analog der Eingabeprozedur können auch die sortierten Sätze durch eine Ausgabeprozedur (**OUTPUT PROCEDURE**) modifiziert werden. Danach sind die Sätze durch eine **RETURN-Anweisung** in die Ausgabedatei zu übertragen. Sollen die sortierten Sätze unverändert ausgegeben werden, entfällt die Ausgabeprozedur. Statt dessen ist durch die **GIVING-Angabe** der SORT-Anweisung die Ausgabedatei zu benennen.

Format:

```
SORT sortier-datei-name

    ON   { ASCENDING  }   KEY {daten-name-1} ···
         { DESCENDING }

   [ON   { ASCENDING  }   KEY {daten-name-1} ··· ]
         { DESCENDING }

      [WITH DUPLICATES IN ORDER]
      [COLLATING SEQUENCE IS alphabet-name]

    { USING {datei-name-1} ···
    { INPUT PROCEDURE IS prozedur-name-1

          [{ THROUGH } prozedur-name-2 ]
           { THRU    }

    { GIVING {datei-name-1} ···
    { OUTPUT PROCEDURE IS prozedur-name-1

          [{ THROUGH } prozedur-name-2 ]
           { THRU    }
```

ASCENDING / DESCENDING KEY-Angabe

Mit ASCENDING/DESCENDING KEY werden diejenigen Datenfelder aus dem Sortiersatz angegeben, die als Sortierbegriffe (Schlüssel) dienen. Die Sortierfolge kann als aufsteigend (**ASCENDING**) oder absteigend (**DESCENDING**) angegeben werden.

Die SORT-Anweisung erlaubt die Angabe mehrerer Sortierbegriffe. Die Reihenfolge, in der diese Datenfelder in ASCENDING/DESCENDING KEY angegeben werden, legt die Hierarchie der Sortierbegriffe fest. **Die erste Schlüsselangabe steht in der Hierarchie am höchsten, die letzte am niedrigsten.** Das bedeutet, werden während des Sortiervorganges beim ersten Sortierbegriff mehrere gleiche Feldinhalte festgestellt, wird für diese Datensätze der zweite Sortierbegriff zum Sortieren herangezogen usw.

Für die Sortierbegriffe (*daten-name-1* ···) gelten folgenden Regeln:

1. Der Sortierbegriff (Schlüsselfeld) muß in jedem Satz die gleiche Byte-Position einnehmen und das gleiche Datenformat besitzen. Der Datenname kann jedoch unterschiedlich sein.

2. Wurden für den Sortiersatz nach dem SD-Eintrag mehrere Satzbeschreibungen angegeben, ist es ausreichend, wenn das Schlüsselfeld in nur einer dieser Beschreibungen enthalten ist.

3. Wurden für den Sortiersatz variable Satzlängen angegeben, muß das Schlüsselfeld diejenigen Byte-Positionen belegen, die auch im kleinsten vorkommenden Satz vorhanden sind.

4. Die Schlüsselfelder dürfen keine OCCURS-Klausel besitzen oder Feldern untergeordnet sein, welche die OCCURS-Klausel enthalten.

5. Die Schlüsselfelder dürfen mit IN oder OF gekennzeichnet (qualifiziert) sein.

6. Ist das Schlüsselfeld alphabetisch, alphanumerisch, alphanumerisch aufbereitet oder numerisch aufbereitet definiert, wird die Sortierfolge durch den verwendeten Zeichensatz oder durch die PROGRAM COLLATING SEQUENCE-Klausel bestimmt.

WITH DUPLICATES-Zusatz

Wird z. B. nur ein Sortierbegriff mit ASCENDING/DESCENDING KEY angegeben und werden während des Sortiervorganges mehrere Sätze mit gleichem Schlüsselinhalt vorgefunden, ist der Ausgang der Sortieroperation nicht bestimmbar. Derartige Sortierprobleme können mit dem Zusatz WITH DUPLICATES IN ORDER durch das Programm abgefangen werden. **Die Einspeicherung der Sätze mit gleichem Schlüsselinhalt erfolgt in diesem Fall in der Reihenfolge des Zuganges aus der Eingabedatei.** WITH DUPLICATES wurde mit **ANS-1985** eingeführt.

COLLATING SEQUENCE-Zusatz

Wurde im Paragraphen SPECIAL-NAMES zum vorhandenen Zeichensatz eine andere Sortierfolge festgelegt (ALPHABET *Alphabetname*-Klausel), so muß in der SORT-Anweisung der Zusatz COLLATING SEQUENCE angegeben werden.

alphabet-name muß mit dem im Paragraphen SPECIAL-NAMES angegebenen Namen übereinstimmen. Folgende Angaben können gemacht werden:

- **STANDARD-1:**   ASCII-Sortierfolge;
- **STANDARD-2:**   ISO 7 Bit-Code (entspricht ASCII);
- **NATIVE:**   maschineneigene Sortierfolge;
- **EBCDIC:**   EBCDIC-Sortierfolge;
- *literal*:   vom Anwender festgelegte Sortierfolge.

Eine andere Sortierfolge kann auch durch die Klausel PROGRAM COLLATING SEQUENCE im Paragraphen OBJECT-COMPUTER festgelegt werden.

Wird der Zusatz COLLATING SEQUENCE nicht angegeben und wurde auch die Klausel PROGRAM COLLATING SEQUENCE nicht codiert, wird die Standard-Sortierfolge verwendet.

Hinweis:
Die Verwendung einer anderen Sortierfolge ist z. B. dann sinnvoll, wenn nichtnumerische Sortierschlüssel zum Sortieren herangezogen werden.

USING-Angabe   (Angabe der Eingabedatei)
Durch USING wird die **Eingabedatei** angegeben, deren Datensätze sortiert werden sollen. Es können auch mehrere Eingabedateien angegeben werden. Das Öffnen und Schließen dieser Datei sowie die Übertragung der Sätze in die Sortierdatei (Arbeitsdatei) wird ausschließlich von der SORT-Anweisung eingeleitet und automatisch vom Compiler durchgeführt. Die Datei darf auch *nicht* durch eine OPEN-Anweisung vorher geöffnet worden sein.

Die mit USING angegebenen Eingabedateien müssen in der FILE SECTION durch separate FD-Eintragungen beschrieben werden und die gleiche Satzlänge besitzen wie für die Sortier- oder Mischdatei definiert. Wurde die Sortierdatei mit variabler Satzlänge beschrieben, dürfen die Eingabesätze die kleinste Satzlänge der Sortierdatei nicht unterschreiten und die größte Satzlänge nicht überschreiten.

Die mit USING angegebenen Eingabedateien müssen sequentiell organisiert sein.

GIVING-Angabe   (Angabe der Ausgabedatei)
Durch GIVING wird die **Ausgabedatei** angegeben, in welche die sortierten Sätze geschrieben werden sollen. Es können auch hier mehrere Ausgabedateien angegeben werden. Das Öffnen und Schließen sowie die Übertragung der sortierten Sätze aus der Sortierdatei in die Ausgabedatei erfolgt ausschließlich durch den Compiler. Vor Ausführung

9.1 Sortieren von Dateien (SORT)

der SORT-Anweisung darf die Ausgabedatei nicht durch OPEN geöffnet worden sein.

Die mit GIVING angegebenen Ausgabedateien müssen in der FILE SECTION mit separaten **FD**-Eintragungen beschrieben werden.

Die Satzlänge der Ausgabedatei muß mit der Satzlänge der Sortierdatei übereinstimmen. Wurde die Sortierdatei mit variabler Satzlänge definiert, dürfen die Sätze der Ausgabedatei die kleinste Satzlänge der Sortierdatei nicht unterschreiten und die größte nicht überschreiten.

Die mit GIVING angegebenen Ausgabedateien müssen sequentiell organisiert sein.

INPUT PROCEDURE-Angabe (Eingabe-Prozedur)
Die INPUT PROCEDURE-Angabe ist eine **Alternative zur USING-Angabe**. Sie kann dann verwendet werden, wenn nur bestimmte Eingabesätze in die Sortierdatei übertragen werden sollen, oder wenn die Eingabesätze vor der Sortieroperation in irgendeiner Form zu modifizieren sind.

Prozedurname (*prozedur-name-1*), der nach INPUT PROCEDURE anzugeben ist, bezeichnet einen Paragraphen oder Kapitel (seit **ANS-1985**) in der PROCEDURE DIVISION, in dem alle Anweisungen zur Auswahl bzw. Bearbeitung der Sätze zu codieren sind. Besteht die Eingabeprozedur aus mehreren Paragraphen oder Kapiteln, sind sie in lückenloser Reihenfolge zu codieren.

Sämtliche Datei-Operationen, welche die SORT-Anweisung bei Angabe von GIVING automatisch einleitet, müssen als Anweisungen in der Eingabeprozedur codiert werden. Das sind z.B. die Anweisungen zum Öffnen (OPEN) und Schließen (CLOSE) der Eingabedatei sowie das Übertragen der modifizierten Sätze zur Sortierdatei. Die Sortierdatei selbst darf jedoch weder geöffnet (OPEN) noch geschlossen werden (CLOSE).

Das Übertragen der Sätze in die Sortierdatei wird mit der **RELEASE-Anweisung** vorgenommen, die in ihrer Wirkung der WRITE-Anweisung entspricht. Jede Eingabeprozedur muß deshalb mindestens eine RELEASE-Anweisung besitzen (siehe RELEASE-Anweisung).

Die Anweisungen, die in der Eingabeprozedur zur Auswahl und Modifizierung der Sätze verwendet werden, unterliegen folgenden Einschränkungen:

1. Die Eingabeprozedur darf *keine* SORT- oder MERGE-Anweisungen enthalten.

2. In der Eingabeprozedur darf zu Punkten außerhalb der Prozedur durch PERFORM, GO TO oder CALL verzweigt werden. Es muß jedoch dafür Sorge getragen werden, daß der Rücksprung in die Eingabeprozedur gewährleistet ist.

3. Die Eingabeprozedur darf *kein* STOP RUN enthalten. In der IBM-Anwendung sind darüber hinaus die Anweisungen EXIT PROGRAM und GOBACK nicht erlaubt.

Wird die Steuerung von der SORT-Anweisung an die Eingabeprozedur übergeben, fügt der Compiler eine **Rückkehradresse** an das Ende des letzten Kapitels ein. Nach Ausführung der letzten Anweisung in der Eingabeprozedur wird die Rückkehradresse aktiviert und es findet ein Rücksprung zu der Eintragung statt, die auf die INPUT PROCEDURE-Angabe folgt.

OUTPUT PROCEDURE-Angabe (Ausgabe-Prozedur)

OUTPUT PROCEDURE ist eine **Alternative zur GIVING-Angabe**. Ihre Funktion entspricht der der INPUT PROCEDURE-Angabe mit dem Unterschied, daß sich alle Anweisungen innerhalb der Ausgabeprozedur auf die Modifizierung und Übertragung der sortierten Sätze von der Sortierdatei in die Ausgabedatei beziehen.

9.1 Sortieren von Dateien (SORT)

Durch die Ausgabeprozedur kann bestimmt werden, welche Sätze auf eine oder mehrere Dateien auszugeben sind bzw. welche Sätze Änderungen unterworfen werden sollen.

Das Lesen der Sätze aus der Sortierdatei wird mit der RETURN-Anweisung vorgenommen, die in ihrer Wirkung der READ-Anweisung entspricht. Jede Ausgabeprozedur muß deshalb mindestens eine RETURN-Anweisung enthalten (siehe RETURN-Anweisung).

Analog zur Eingabeprozedur gelten für die Ausgabeprozedur folgende Regeln:

1. Die Ausgabeprozedur darf keine SORT- oder MERGE-Anweisungen enthalten.

2. In der Ausgabeprozedur darf zu Punkten außerhalb der Prozedur durch PERFORM, GO TO, CALL verzweigt werden. Es muß jedoch dafür Sorge getragen werden, daß der Rücksprung in die Ausgabeprozedur gewährleistet ist.

3. Die Ausgabeprozedur darf *kein* STOP RUN enthalten. In der IBM-Anwendung sind darüber hinaus die Anweisungen EXIT PROGRAM und GOBACK nicht erlaubt.

Wird die Steuerung von der SORT-Anweisung an die Ausgabeprozedur übergeben, fügt der Compiler eine **Rückkehradresse** am Ende des letzten Kapitels ein. Nach Ausführung der letzten Anweisung in der Ausgabeprozedur wird die Rückkehradresse aktiviert und es findet ein Rücksprung zu der Anweisung statt, die der SORT-Anweisung folgt.

Beispiel 1:

Die Datensätze der Datei EINDAT sollen nach den Sortierbegriffen KUNDEN-NR und NAME in aufsteigender Reihenfolge sortiert werden. KUNDEN-NR ist demzufolge 1. Sortierkriterium und NAME 2. Sortierkriterium. Die Sätze sollen nach dem Sortieren unverändert in die Ausgabedatei AUSDAT übernommen werden. Es wird unterstellt, daß mit dem IBM-Dienstprogramm DFSORT gearbeitet wird. Deshalb soll nach jedem SORT das IBM Sonderregister SORT-RETURN auf die erfolgreiche Durchführung der Sortieroperation abgefragt werden (0 = erfolgreiches SORT, 16 = nicht erfolgreiches SORT).

```
IDENTIFICATION DIVISION.
PROGRAM-ID.             SORTPROG.
ENVIRONMENT DIVISION.
INPUT-OUTPUT SECTION.
FILE-CONTROL.
    SELECT EINDAT ASSIGN TO DISK-EIN.
    SELECT SORTDAT ASSIGN TO SORTWK.
    SELECT AUSDAT ASSIGN TO DISK-AUS.
DATA DIVISION.
FILE SECTION.
FD EINDAT
    RECORD CONTAINS 133
    LABEL RECORD IS STANDARD
    DATA RECORD IS EIN-SATZ.
01  EIN-SATZ               PIC X(133).

SD SORTDAT.
01  SORT-SATZ.
    05 KUNDEN-NR           PIC 9(10).
    05 NAME                PIC X(30).
    05 VORNAME             PIC X(30).
    05 KONTO-NR            PIC 9(10).
    05 BLZ                 PIC 9(8).
    05 FILLER              PIC X(45).
FD AUSDAT
    RECORD CONTAINS 133
    LABEL RECORD IS OMITTED
    DATA RECORD IS AUS-SATZ.
01  AUS-SATZ               PIC X(133).

WORKING-STORAGE SECTION.
...
PROCEDURE DIVISION.
...
VERARBEITUNG SECTION.
VERARB-01.
    PERFORM SORTIEREN.
VERARB-99.
    EXIT.
```

9.1 Sortieren von Dateien (SORT)

```
SORTIEREN SECTION.
SORT-01.
   SORT SORTDAT
       ASCENDING KEY KUNDEN-NR NAME
           WITH DUPLICATES IN ORDER
           USING EINDAT
           GIVING AUSDAT.
   IF SORT-RETURN NOT = 0
       DISPLAY 'SORTIERFEHLER, SORT-RETURN = '
               SORT-RETURN
   ELSE
       CONTINUE
   END-IF.
SORT-99.
   EXIT.
```

Beispiel 2   (INPUT PROCEDURE):

```
DATA DIVISION.
...
SD  SORTDAT
    RECORD CONTAINS 80
    DATA RECORD SORT-SATZ.
01  SORT-SATZ.
    05 SORT-KEY.
       10 SORT-KEY-1         PIC 9(5).
       10 SORT-KEY-2         PIC 9(5).
    05 SORT-NAME             PIC X(25).
    05 FILLER                PIC X(45).

FD  EINGABE-DAT
    LABEL RECORD STANDARD
    RECORD CONTAINS 80
    DATA RECORD EIN-SATZ.
01  EIN-SATZ                 PIC X(80).
...
WORKING-STORAGE SECTION.
01  UMSATZ-TAB.
    05 FILLER                PIC X(35).
    05 W-JAHRES-UMSATZ.
       10 W-MONATS-UMSATZ OCCURS 12
                      INDEXED BY MONATS-INDEX.
          15 W-UMSATZ        PIC S9(6).
    05 W-SUMME               PIC S9(9).
```

```
        05 FILLER              PIC X(30).
...
PROCEDURE DIVISION.
...
    SORT SORTDAT
        ASCENDING KEY IS SORT-KEY
        INPUT PROCDURE SORT-IN-PROC.
    IF SORT-RETURN NOT = 0
        DISPLAY ´SORTIERFEHLER, SORT-RETURN = ´
                SORT-RETURN
    ELSE
        CONTINUE
    END-IF.
...
SORT-IN-PROC.
    PERFORM VERARB-1
        VARYING MONATS-INDEX FROM 1 BY 1
        UNTIL MONATS-INDEX > 12
      RELEASE SORT-SATZ
          FROM W-MONATS-UMSATZ (MONATS-INDEX)
    END-PERFORM.

VERARB-01.
    ADD W-UMSATZ (MONATS-INDEX) TO W-SUMME
    END-ADD.
...
```

9.1.4 RELEASE-Anweisung

Durch die RELEASE-Anweisung werden Datensätze von der Eingabedatei in die Sortierdatei übergeben. Die Anweisung kann in ihrer Wirkungsweise mit einer WRITE-Anweisung verglichen werden.

Format:

RELEASE *sortier-satz-name* [**FROM** *daten-name*]

9.1 Sortieren von Dateien (SORT)

Die **RELEASE-Anweisung darf nur in einer Eingabeprozedur (INPUT PROCEDURE) stehen, die von einer SORT-Anweisung aufgerufen wird.**

sortier-satz-name steht für den Namen eines Sortier-Datensatzes, der nach der SD-Eintragung auf der Stufennummer 01 definiert ist. Wird der wahlfreie Zusatz **FROM** *daten-name* angegeben, entspricht die RELEASE-Anweisung den fiktiven Angaben

>   MOVE   *daten-name* TO *sortier-satz-name*
>   RELEASE   *sortier-satz-name.*

Die Übertragung der Eingabesätze in die Sortierdatei wird in diesem Falle nach den Regeln einer MOVE-Anweisung ohne CORRESPONDING vorgenommen.

9.1.5 RETURN-Anweisung

Durch die RETURN-Anweisung werden die Sätze der Sortierdatei, einem Lese-Vorgang ähnlich, von der Sortierdatei in die Ausgabedatei übertragen. Die Anweisung entspricht in ihrer Funktion einer READ-Anweisung.

Format:

```
RETURN   sortier-datei-name   RECORD   [INTO daten-name]
   AT END          unbedingte anweisung-1
   NOT AT END      unbedingte anweisung-2
   [END-RETURN]
```

RETURN darf nur in einer Ausgabeprozedur (OUTPUT PROCEDURE) stehen, die von einer SORT-Anweisung aufgerufen wird.

sortier-datei-name steht für den Dateinamen der Sortierdatei, der in der SD-Eintragung angegeben ist.

Wird der wahlfreie Zusatz **INTO** *daten-name* angegeben, entspricht die RETURN-Anweisung den fiktiven Angaben:

 RETURN *sortier-datei-name*
 MOVE *sortier-satz-name* **TO** *daten-name*.

Die Übertragung der Sätze aus der Sortierdatei in die Ausgabedatei wird in diesem Fall entsprechend den Regeln einer MOVE-Anweisung ohne CORRESPONDING vorgenommen. **Der INTO-Zusatz darf nicht angegeben werden, wenn die Sortierdatei Sätze variabler Länge enthält.**

Entsprechend der READ-Anweisung kann auch bei der RETURN-Anweisung **AT END** *unbedingte anweisung* codiert werden. Die Angabe wird aktiviert, wenn die Sortierdatei keine Sätze mehr enthält. Die AT END-Angabe kann durch die Abfrage nach dem **FILE STATUS (10)** ersetzt werden.

Der Zusatz **NOT AT END** wurde mit **ANS-1985** eingeführt. Dadurch kann die unbedingte Anweisung mit einem JA- und einem NEIN-Zweig codiert werden. NOT AT END wird nach jedem RETURN-Vorgang aktiviert, wenn das Ende der Datei noch *nicht* erreicht ist.
NOT AT END ist in **SAA** nicht enthalten.

END-RETURN ist ein Ende-Begrenzer, der mit **ANS-1985** eingeführt wurde. Damit kann die RETURN-Anweisung als unbedingte Anweisung (Klausel) in einer bedingten Anweisung angegeben werden. Durch END-Begrenzer kann bei Schachtelungen von Bedingungsanweisungen jede Anweisung exakt begrenzt werden, was vor dem ANS-1985 nur durch den Endpunkt möglich war, der die gesamte Anweisung gleichzeitig beendete. Darüber hinaus haben END-Begrenzer eine wichtige Bedeutung zur Unterstützung der Strukturierten Programmierung, weil dadurch die Modularisierung und Austauschbarkeit der Moduln wesentlich erleichtert wird.

9.2. Mischen von Dateien (MERGE)

Für einen Mischvorgang sind mindestens zwei Eingabedateien erforderlich, die über eine Sortierdatei (Arbeitsdatei) zu einer Ausgabedatei gemischt werden. Sowohl die Eingabedateien als auch die Ausgabedatei sind in der FILE SECTION durch eine FD-Eintragung zu definieren. **Die Sortierdatei muß durch eine SD-Eintragung beschrieben werden.**

Durch die Klauseln SELECT/ASSIGN ist jeder Datei ein Dateiname bzw. eine Systemeinheit zuzuordnen.

Das Mischen von Dateien spielt nur noch bei der Magnetbandverarbeitung eine gewisse Rolle. Angewandt wird es z. B. bei älteren Datenerfassungssystemen, indem nach der Dateneingabe die einzelnen Ausgabebänder zu einer Gesamtdatei zusammengemischt werden.

9.2.1 MERGE-Anweisung

Mit der MERGE-Anweisung können zwei oder mehrere Dateien, die die gleichen Ordnungsmerkmale besitzen, zu einer Datei gemischt werden. **Die zu mischenden Dateien müssen nicht nur die gleichen Sortierbegriffe (KEYs) besitzen, sondern auch bereits in sortierter Form vorliegen.** Liegen Sortierfehler vor, sollte man sich nicht darauf verlassen, daß der Compiler Fehler- oder Hinweismeldungen ausgibt.

Das Format der MERGE-Anweisung hat die gleiche Syntax wie das der SORT-Anweisung mit der Ausnahme, daß die Angaben

- WITH DUPLICATE IN ORDER und
- INPUT PROCEDURE (Eingabeprozedur)

nicht zugelassen sind.

Format:

```
MERGE sortier-datei-name

    ON  { ASCENDING  } KEY {daten-name-1} ...
        { DESCENDING }

  [ ON  { ASCENDING  } KEY {daten-name-2} ... ]
        { DESCENDING }

       [COLLATING SEQUENCE IS alphabet-name]

       USING {datei-name-1} ...

      { GIVING {datei-name-2} ...              }
      { OUTPUT PROCEDURE IS prozedur-name-1    }

            [ { THROUGH } prozedur-name-2 ]
            [ { THRU    }                  ]
```

sortier-datei-name steht für die Sortier- und Mischdatei, die in der SD-Eintragung anzugeben ist.

Sämtliche Dateien, die am Mischvorgang beteiligt sind, müssen sequentiell organisiert sein und dürfen weder durch OPEN geöffnet, noch durch CLOSE geschlossen werden. Diese Funktionen werden ausschließlich implizit von der MERGE-Anweisung ausgeführt. Daraus geht hervor, daß vor Ausführung der MERGE-Anweisung alle Dateien geschlossen sein müssen.

Sollen die gemischten Sätze vor der Ausgabe einer weiteren Auswahl bzw. Modifizierung unterzogen werden, müssen sie mit der **RETURN**-Anweisung auf die Ausgabedatei geschrieben werden. Ist eine Modifizierung nicht vorgesehen, übernimmt **GIVING** diese Aufgabe.

9.2 Mischen von Dateien (MERGE)

In der MERGE-Anweisung ist die Angabe einer Eingabeprozedur (INPUT PROCEDURE) nicht erlaubt. Der Grund ist, daß für den Mischvorgang zwei oder mehr Datenströme zu einem vereinigt werden. Dazu ist eine andere Übertragungs-Logik erforderlich als bei einem einfachen Sortiervorgang. Da für einen Mischvorgang wenigstens zwei Dateien erforderlich sind, müssen in der USING-Angabe auch mindestens zwei Dateien angegeben werden.

Beispiel 3:

Die Einzahlungsbelege von Kunden werden von einem Klarschriftbelegleser maschinell gelesen und als Datei EINZAHL unsortiert ausgegeben. Die vom Belegleser nicht lesbaren Belege werden durch ein Datensammelsystem nacherfaßt und die Sätze sortiert als Datei DSSEIN ausgegeben. Sortierschlüssel ist die KUNDEN-NR in aufsteigender Folge.

Im nachfolgenden Programm werden in einem ersten Schritt die Sätze der Datei EINZAHL sortiert und die Zwischendatei EINZAHL-SORT gewonnen. Vor dem Sortiervorgang werden alle Sätze in einer Eingabeprozedur auf den Inhalt des Statistik-Feldes STATISTIK-KZ geprüft. Ist der Feldinhalt gleich 00 (Mitarbeiter-Konten), bleiben diese Sätze von der weiteren Verarbeitung ausgeschlossen (keine Übergabe an die Sortier-Datei). In einem zweiten Schritt werden die Sätze der sortierten Dateien EINZAHL-SORT und DSSEIN gemischt und auf die Datei AUSDAT geschrieben.

```
IDENTIFICATION DIVISION.
PROGRAM-ID.                EINSORT.
ENVIRONMENT DIVISION.
CONFIGURATION SECTION.
SOURCE-COMPUTER.           IBM-370.
OBJECT-COMPUTER.           IBM-370.
INPUT-OUTPUT SECTION.
FILE CONTROL.
    SELECT EINZAHL         ASSIGN TO SYS010
                           FILE STATUS IS F1-STATUS.
    SELECT EINZAHL-SORT ASSIGN TO SYS011.
    SELECT DSSEIN          ASSIGN TO SYS012.
    SELECT SORTWK          ASSIGN TO SYS013.
```

```
           SELECT AUSDAT          ASSIGN TO SYS014.

DATA DIVISION.
FILE SECTION.
FD   EINZAHL
     RECORD CONTAINS 80.
01   EIN-SATZ.
     05 SA                   PIC XX.
     05 KUNDEN-NR            PIC 9(10).
     05 KONTO-NR             PIC 9(10).
     05 BLZ                  PIC 9(8).
     05 BETRAG               PIC 9(5)V99.
     05 STATISTIK-KZ         PIC XX.
     05 FILLER               PIC X(41).

FD   EINZAHL-SORT
     RECORD CONTAINS 80.
01   EIN-SORT-SATZ           PIC X(80).

FD   DSSEIN
     RECORD CONTAINS 80
01   DSS-SATZ                PIC X(80).

SD   SORTWK
     RECORD CONTAINS 80
01   SORT-SATZ.
     05 S-SA                 PIC XX.
     05 S-KUNDEN-NR          PIC 9(10).
     05 S-KONTO-NR           PIC 9(10).
     05 S-BLZ                PIC 9(8).
     05 S-BETRAG             PIC 9(5)V99.
     05 S-STATISTIK-KZ       PIC XX.
     05 FILLER               PIC X(34).

FD   AUSDAT
     RECORD CONTAINS 80
01   AUS-SATZ                PIC X(80).

WORKING-STORAGE SECTION.
01   F1-STATUS.
     05 F1FS.
        10 F1FS1             PIC X VALUE SPACE.
           88 EIN-OK              VALUE "0".
           88 EIN-EOF             VALUE "1".
```

9.2 Mischen von Dateien (MERGE)

```
                    88  EIN-PERM-ERROR        VALUE "3".
                    88  EIN-LOGIC-ERROR       VALUE "4".
                    88  EIN-UNDEF-ERROR       VALUE "9".
            05  F1FS2                PIC X VALUE SPACE.

PROCEDURE DIVISION.
STEUERUNG SECTION.
STE-0010.
    PERFORM SORTIEREN
    PERFORM MISCHEN.
    STOP RUN.
STE-9999.
    EXIT.

SORTIEREN SECTION.
SOR-0010.
    SORT SORTWK
        ASCENDING KEY S-KUNDEN-NR
        INPUT PROCEDURE EINGABE-PROC
        GIVING EINZAHL-SORT.
    IF SORT-RETURN = 0
        DISPLAY "SORT ERFOLGREICH"
    ELSE
        DISPLAY "SORT NICHT ERFOLGREICH"
    END-IF.
SOR-9999.
    EXIT.

MISCHEN SECTION.
MIS-0010.
    MERGE SORTWK
        ASCENDING KEY S-KUNDEN-NR
        USING DSSEIN EINZAHL-SORT
        GIVING AUSDAT.
    IF SORT-RETURN = 0
        DISPLAY "MERGE ERFOLGREICH"
    ELSE
        DISPLAY "MERGE NICHT ERFOLGREICH"
    END-IF.
MIS-9999.
    EXIT.

EINGABE-PROC SECTION.
EIN-0010.
```

```
        OPEN INPUT EINZAHL.
        READ EINZAHL.
        PERFORM UNTIL EIN-EOF
               IF STATISTIK-KZ NOT = "00"
                   RELEASE SORT-SATZ FROM EIN-SATZ
               ELSE
                   CONTINUE
               END-IF
               READ EINZAHL
        END-PERFROM.
        CLOSE EINZAHL.
        DISPLAY "ENDE DES PROGRAMMS EINSORT".
EIN-9999.
        EXIT.
```

Die erfolgreiche Durchführung der SORT-/MERGE-Operationen wurde in diesem Beispiel mit dem IBM-Sonderregister SORT-RETURN geprüft (siehe Die IBM-SORT-Sonderregister).

Ersetzen von MERGE- durch SORT-Anweisungen

In einer USING-Angabe der SORT-Anweisung können mehrere Eingabedateien angegeben werden. Es ist dabei unerheblich, ob die Sätze dieser Dateien bereits in sortierter Form vorliegen oder nicht. Ausschlaggebend ist neben den gemeinsamen Dateimerkmalen nur der gemeinsame Sortierbegriff. Aus diesem Grund kann in den meisten Fällen eine MERGE-Anweisung, welche die USING-Angabe benutzt, durch eine SORT-Anweisung ersetzt werden.

9.3 Das IBM-Dienstprogramm DFSORT

DFSORT (Data Facility Sort) ist ein Sortierprogramm, das vom Compiler VS COBOL II benutzt wird. Mit DFSORT lassen sich Sätze in aufsteigender oder absteigender Schlüsselfolge sortieren oder mischen. Die Ein- und Ausgabedateien können **QSAM**- oder **VSAM**-Dateien mit fester oder variabler Satzlänge sein.

9.3 Das IBM-Dienstprogramm DFSORT

Um die Effizienz der Sortiervorgänge zu verbessern, sollte die Compiler-Option **FASTSRT** verwendet werden. Die Angabe bewirkt, daß alle E-/A-Operationen der Anweisungen

> **SORT ... USING**
> **SORT ... GIVING**

nicht von VS COBOL II, sondern von DFSORT ausgeführt werden.

Damit die Option FASTSRT wirksam wird, müssen die folgenden Bedingungen im Job Control und Objektprogramm erfüllt sein:

1. Im Job Control dürfen die DD-Anweisungen **SORTIN** und **SORTOUT** *nicht* angegeben werden.

2. Die Arbeitsdateien (SORTWKnn) müssen einem Direktzugriffsspeicher **(DASD)** zugewiesen werden.

3. Die **DCB**-Subparameter in den DD-Anweisungen müssen für alle Ein- und Ausgabedateien gleich sein.

4. QSAM-Dateien müssen entweder festes **(F)**, variables **(V)** oder blocküberspannendes Satzformat **(S)** besitzen.

5. VSAM-Dateien dürfen nicht durch ein Paßwort geschützt sein. Es ist nur die Zugriffsart **ACCESS IS SEQUENTIAL** erlaubt.

6. **DECLARATIVES** Routinen sind für alle am Sortiervorgang beteiligten Dateien nicht zulässig.

7. Die gleiche **VSAM**-Datei darf *nicht* für **USING** und **GIVING** benutzt werden.

8. Die gleiche **QSAM**-Datei darf für Ein- und Ausgaben verwendet werden. Voraussetzung sind jedoch zwei unterschiedliche DD-Anweisungen im Job Control, die den gleichen DSNAME haben.

Beispiel (zu Punkt 8):

```
SELECT EINDAT ASSIGN TO SYS010.
SELECT AUSDAT ASSIGN TO SYS011.
```
.
.

In der DATA DIVISION müssen für die Dateien EINDAT und AUSDAT bis auf den Dateinamen identische FD-Einträge gemacht werden.

```
PROCEDUE DIVISION.
     SORT datei-name
          ASCENDING KEY daten-name
          USING EINDAT
          GIVING AUSDAT
```

In der JCL ist demzufolge anzugeben:

```
//SYS010    DD DSN=EINAUS,DISP=SHR
//SYS011    DD DSN=EINAUS,DISP=SHR
```

9. Die SD- und FD-Einträge müssen für alle am Sortiervorgang beteiligten Dateien das gleiche Satzformat besitzen.

10. Es dürfen keine Ein-/Ausgabeprozeduren (**INPUT/OUTPUT PROCEDURE**) verwendet werden.

11. Sowohl in der **USING-** als auch in der **GIVING**-Angabe darf nur eine Datei angegeben werden.

NOFASTSRT ist die Standardannahme für VS COBOL II. Sie entspricht dem **ANSI-Standard**.

9.3.1 Die IBM-SORT-Sonderregister

Die SORT-Sonderregister sind vom Compiler generierte Datenfelder, die für SORT-/MERGE-Operationen verwendet werden können. Die Felder haben eine feste implizite Größe und dürfen nirgendwo im Programm definiert sein.

SORT-RETURN

SORT-RETURN ist ein Statusfeld, in welches Informationen über einen erfolgreichen oder nicht erfolgreichen Sortier-/Mischvorgang gestellt werden. Die implizite Größe dieses Feldes entspricht der Beschreibung

> PIC S9(4) COMP   VALUE ZERO.

Das Feld kann eines der folgenden Werte enthalten:

> 0 → *erfolgreiche Durchführung*
> 16 → *nicht erfolgreiche Durchführung*

Analog zum FILE-STATUS kann das Sonderregister nach jedem SORT-/MERGE-Vorgang abgefragt werden. Dadurch wird im Fehlerfall dem System mitgeteilt, welche Aktionen zu unternehmen sind bzw. welche Hinweise ausgegeben werden sollen. Der Wert des Sonderregisters kann jedoch *nicht* durch eine DISPLAY-Anweisung angezeigt bzw. durch eine ACCEPT-Anweisung abgerufen werden.

Wird unter VS COBOL II keine Bezugnahme auf SORT-RETURN genommen, gibt das System eine Nachricht auf der Console aus.

Soll ein Sortier- oder Mischvorgang bei Verwendung einer INPUT- oder OUTPUT PROCEDURE vorzeitig abgebrochen werden, setzt man den **RETURN-CODE** explizit auf den **Wert 16**, was einen Abbruch bei der nächsten RETURN- oder RELEASE-Anweisung bewirkt.

Beispiel 1:

```
SORT SORTDAT
...
```

```
    IF BANKLEITZEAHL = ZERO
       MOVE 16 TO SORT-RETURN
       DISPLAY ´BANKLEITZAHL BEI KUNDEN-NR ´ K-NR
               ´IST NULL´
       PERFORM NACHVERARBEITUNG
    ELSE
       CONTINUE
    END-IF.
```

Beispiel 2:

```
    SORT SORTDAT
    ...
    IF SORT-RETURN NOT = 0
       DISPLAY "SORTIERFEHLER DATEI SORTDAT,
       GO TO ENDE
    ELSE NEXT SENTENCE.
    ...
```

SORT-MESSAGE

Dem Sonderregister SORT-MESSAGE kann explizit ein beliebiger DDNAME zugewiesen werden, der statt **SYSOUT** verwendet wird. Die implizite Beschreibung dieses Feldes entspricht der Angabe

> **PIC X(8)   VALUE "SYSOUT".**

Hinweis:

Eine andere Systemdatei sollte immer dann verwendet werden, wenn im Programm neben SORT-/MERGE-Anweisungen auch die Anweisungen DISPLAY oder EXHIBIT stehen. Diese Anweisungen verwenden nicht nur gemeinsam die Systemdatei SYSOUT, sondern schreiben die Systemnachrichten bzw. Diagnostikinformationen auch noch mit unterschiedlichen Formaten in sie hinein. Werden DISPLAY- oder EXHIBIT-Anweisungen in INPUT- oder OUTPUT-Prozeduren verwendet, kommt es deshalb zu einem abnormalen Programmende.

Der im Sonderregister SORT-MESSAGE standardmäßig eingestellte DDNAME SYSOUT wird durch ein explizites **MOVE** *datei-name* ersetzt, die vor der SORT-Anweisung ausgeführt werden muß.

9.3 Das IBM-Dienstprogramm DFSORT

Beispiel:

```
PROCEDURE DIVISION.
...
A-001.
    MOVE "SORTMSG" TO SORT-MESSAGE
    SORT ADRESSEN
         ON ASCENDING KEY NAME
         INPUT PROCEDURE IS B-001
         OUTPUT PROCEDURE IS B-002.
    STOP RUN.

B-001.
    IF KUNDEN-NR = ZERO
       DISPLAY "KEINE KUNDEN-NR BEI KONTO: "
               R1-KONTO
       MOVE 16 TO SORT-RETURN
       STOP RUN
    ELSE
       NEXT SENTENCE.
...
```

Im Job Control ist unter MVS einzustellen

```
//SORTMSG    DD SYSOUT= ···
```

SORT-CONTROL

Wird das Dienstprogramm DFSORT benutzt, werden Steuerinformationen in eine Sort-Control-Datei geschrieben, die den DDNAME **IGZSRTCD** besitzt. Mit dem Sonderregister SORT-CONTROL kann eine andere Datei für die Steuerinformationen benannt werden.

SORT-CONTROL besitzt die implizite Feldbeschreibung

        PIC X(8)   VALUE "IGZSRTCD".

Der neue Dateiname ist vor Ausführung der SORT-Anweisung in das Sonderregister zu übertragen.

Beispiel:

```
MOVE "SORTCON" TO SORT-CONTROL
SORT SORTDAT
...
```

Im Job Control ist unter MVS einzustellen

```
//SORTCON    DD   *
```

SORT-MODE-SIZE

Um die Effizienz der Sortiervorgänge zu erhöhen, kann in diesem Sonderregister die am häufigsten vorkommende Satzlänge der zu sortierenden Sätze angegeben werden.

SORT-MODE-SIZE hat nur für variable Sätze Bedeutung und besitzt die implizite Feldbeschreibung

       PIC S9(5) COMP   VALUE ZERO.

Beispiel:

Die am häufigsten vorkommende Satzlänge beträgt 230 Bytes

```
MOVE 230 TO SORT-MODE-SIZE
SORT SORTDAT
...
```

SORT-FILE-SIZE

In dieses Sonderregister kann vor Ausführung der SORT-/MERGE-Anweisung die geschätzte Anzahl der zu sortierenden Sätze gestellt werden. Die implizite Feldbeschreibung entspricht der Angabe

       PIC S9(8) COMP   VALUE ZERO.

9.3 Das IBM-Dienstprogramm DFSORT

SORT-FILE-SIZE kann unter MVS und CMS anstelle der Option **"FILSZ=Ennn"** für die Sortier-Steuerdatei verwendet werden

Beispiel:

```
MOVE 10000 TO SORT-FILE-SIZE
SORT SORTDAT
   ...
```

SORT-CORE-SIZE

Mit SORT-CORE-SIZE wird die Hauptspeichergröße dem System mitgeteilt, die für den Sortiervorgang zur Verfügung steht. Der Wert muß vor Ausführung der SORT- oder MERGE-Anweisung in das Sonderregister übertragen werden.

Die implizite Größe des Feldes SORT-CORE-SIZE entspricht

PIC S9(8) COMP VALUE ZERO.

Unter MVS und CMS kann SORT-CORE-SIZE anstelle der Kontroll-Optionen "MAINSIZE=" oder "RESINV=" für die Sort-Control-Datei verwendet werden.

Durch die Angabe von +999999 wird dem Compiler mitgeteilt, daß für die SORT-/MERGE-Operationen der gesamte Hauptspeicher zur Verfügung steht.

Beispiel:

```
MOVE 999999 TO SORT-CORE-SIZE.
SORT SORTDAT
   ...
```

Wird eine negative Ganzzahl angegeben, gibt sie den absoluten Wert in Bytes an, der den Daten-Management-Routinen für die SORT-/MERGE-Operationen zur Verfügung gestellt werden soll.

10 DECLARATIVES

Unter DECLARATIVES versteht man einen Programmabschnitt, in dem angegeben wird, wie das System in bestimmten Ausnahmesituationen (STATUS) zu reagieren hat und welche Hinweise an den Benutzer auszugeben sind.

Es gehört zu einem guten Programmierstil, wenn nach jeder E-/A-Anweisung der FILE STATUS abgefragt wird. Es würde allerdings viel uneffektive Schreibarbeit erfordern, wollte man diese Abfrage nach jeder E-/A-Anweisung codieren. Durch die DECLARATIVES wird dem Programmierer eine Methode angeboten, jede E-/A-Anweisung compilergesteuert auf ihre Durchführbarkeit zu überprüfen. Tritt eine Ausnahmesituation ein, kann dem System mitgeteilt werden, was in genau dieser Fehlersituation unternommen werden soll.

DECLARATIVES-Routinen werden grundsätzlich erst dann aktiviert, wenn beim Zugriff auf eine Datei das erste Byte des FILE STATUS vom System ungleich Null gesetzt wird.

Hinweis:
*Wird in der MVS-Umgebung gearbeitet, kann in der JCL des Ausführungsjobs durch den DCB-Parameter **EROPT** gesteuert werden, ob der fehlerhafte Block vom System akzeptiert oder übersprungen werden soll. Es bedeuten:*

***EROPT=ACC**   Der fehlerhafte Block wird akzeptiert;*
***EROPT=SKP**   Der fehlerhafte Block wird übersprungen.*

*Wird EROPT in der DD-Anweisung nicht angegeben, wird die Standardannahme **EROPT=ABE** wirksam, welche das abnormale Ende der Task einleitet. EROPT kann unabhängig von DECLARATIVES in der JCL für die betreffende Datei angegeben werden.*

Für die DECLARATIVES kann folgendes Format angegeben werden:

Format:

```
PROCEDURE DIVISION [USING {daten-name-1} ··· ]
[DECLARATIVES.
{kapitel-name-1 SECTION.    USE-Satz.
[paragraph-1         [anweisung] ··· ] ··· } ···
END DECLARATIVES.]
```

Die Zeile **PROCEDURE DIVISION** *{daten-name-1}*···] gehört nicht zum Format. Die Angabe wurde hier nur zum Zwecke der Klarheit eingefügt. Die DECLARATIVES-Routinen beginnen unmittelbar hinter der PROCEDURE DIVISION-Überschrift bzw. hinter dem USING-Zusatz mit dem Schlüsselwort DECLARATIVES. Danach folgen mehrere SECTIONs, die wiederum in Paragraphen unterteilt werden können.

Jede SECTION muß mit einem USE-Satz eingeleitet werden, der die Bedingungen enthält, wann die Aktionen auszuführen sind.

Die DECLARATIVES-Routinen werden mit dem Schlüsselwort **END DECLARATIVES** abgeschlossen. Die Schlüsselwörter DECLARATIVES und END DECLARATIVES müssen im Bereich A der COBOL-Zeile beginnen und durch einen unmittelbar folgenden Punkt begrenzt sein. Auf der gleichen Zeile darf kein anderer Text codiert werden.

Tritt bei einer bestimmten E-/A-Operation eine Ausnahmesituation auf, erfolgt die Aktivierung der DECLARATIVES und Ausführung der Fehler-Prozeduren. **Nach END DECLARATIVES wird zu der nächsten Anweisung rückverzweigt, die der fehlerhaften E-/A-Operation folgt, und der Programmlauf fortgesetzt.**

Die DECLARATIVES sind wahlfrei. Bei RELATIVE I-O- und IN-DEXED I-O-Dateien, die in ihren E-/A-Anweisungen keine INVALID KEY-Angabe besitzen, sollten DECLARATIVES-Routinen vorhanden sein.

Werden DECLARATIVES-Sections angegeben, muß die gesamte PROCEDURE DIVISION in SECTIONs aufgeteilt werden.

IBM-Erweiterung:
1. *Es muß nicht die gesamte PROCEDURE DIVISION in Sections aufgeteilt werden, wenn DECLARATIVES vorhanden sind.*
2. *In der IBM-Anwendung brauchen DECLARATIVES nie angegeben werden. IBM setzt allerdings auch voraus, daß nach jeder E-/A-Operation der FILE STATUS abgefragt wird.*

10.1 USE-Anweisung

Durch die USE-Anweisung wird dem System mitgeteilt, daß die unmittelbar nachfolgenden Fehler-Routinen durchlaufen werden sollen, wenn beim Zugriff auf eine oder mehrere Dateien Fehler entstanden sind.

Format:

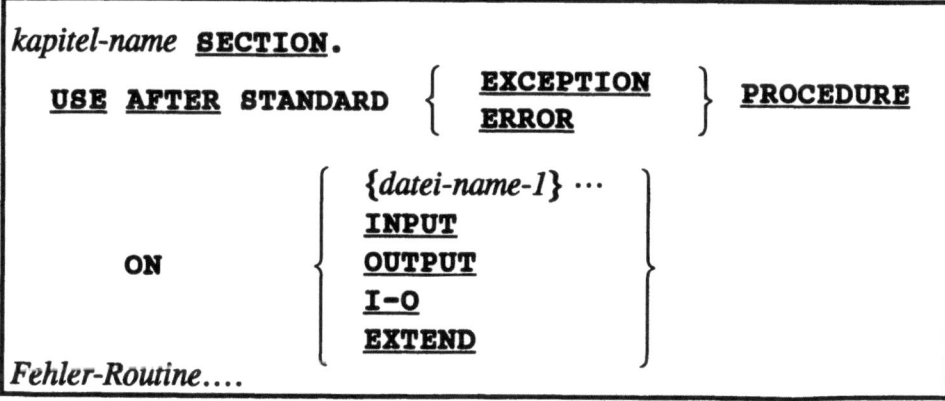

kapitel-name **SECTION** und *Fehler-Routine* gehören nicht zum Format der USE-Anweisung. Sie dienen hier nur dem besseren Verständnis.

Der USE-Satz wird als Anweisung niemals ausgeführt, sondern er teilt lediglich dem System mit, daß die nachfolgenden Anweisungen in der Fehler-Routine im Ausnahmefall auszuführen sind. Die USE-Anweisung beinhaltet zwei verschiedene Formen der DECLARATIVES:

- EXCEPTION/ERROR DECLARATIVES und
- DEBUGGING DECLARATIVES.

Es werden hier nur die EXCEPTION/ERROR DECLARATIVES behandelt. Die **DEBUGGING Sections** sind seit dem **ANS-1985** zur Löschung im nächsten COBOL-Standard vorgesehen. Die **LABEL DECLARATIVES**, die seit dem ANS-1974 nicht mehr unterstützt werden, gibt es nur noch in der IBM-Anwendung.

EXCEPTION / ERROR DECLARATIVES

Mit Angabe der EXCEPTION/ERROR DECLARATIVES werden alle dateibezogenen E-/A-Operationen in die Vereinbarungen einbezogen, die während der Ausführung einer **READ-**, **WRITE-**, **REWRITE-**, **START-** oder **DELETE**-Anweisung auftreten. EXCEPTION darf seit **ANS-1985** statt des Schlüsselworts ERROR angegeben werden.

Innerhalb einer Vereinbarungs-Prozedur darf keine Programmverzweigung zu Programmabschnitten erfolgen, die außerhalb dieser Prozedur liegen. Umgekehrt darf aber auch keine Verzweigung von außerhalb in die Fehler-Prozedur stattfinden.

datei-name-Angabe

Wird im USE-Satz ein Dateiname angegeben, wird die Fehler-Prozedur nur für diese Datei ausgeführt. Es können mehrere Dateien angegeben werden. Die Dateien dürfen jedoch keine Sortier- oder Mischdateien sein. Die Angabe ist für alle Datei-Organisationsformen gültig. Für jede Datei ist immer nur eine EXCEPTION/ERROR-Prozedur anzu-

10.1 USE-Anweisung

geben. Bezieht man sich im USE-Satz nicht auf eine bestimmte Datei (*datei-name*), sondern auf einen bestimmten Eröffnungs-Modus (OUTPUT, INPUT, I-O, EXTEND), darf eine Datei immer nur in *einer* SECTION aufgeführt sein. Die Angabe in mehreren SECTIONs ist nicht gestattet.

INPUT
Im Fehlerfall werden die Fehler-Prozeduren für *alle* Dateien ausgeführt, die mit **OPEN INPUT** geöffnet sind. Die Angabe ist für jede Datei-Organisationsform gültig.

OUTPUT
Die Fehler-Prozeduren werden für *alle* Dateien ausgeführt, die mit **OUTPUT** geöffnet sind. Die Angabe ist für jede Datei-Organisationsform gültig.

I-O
Die Fehler-Prozeduren werden für *alle* Dateien ausgeführt, die mit **I-O** geöffnet sind. Die Angabe ist nur bei **DASD**-Dateien (DIRECT ACCESS STORAGE DEVICE) zulässig.

EXTEND
Die Fehler-Prozeduren werden für *alle* Dateien ausgeführt, die mit **EXTEND** geöffnet sind. Die Angabe ist für jede Datei-Organisationsform gültig.

Beispiel 1:

Folgendes Beispiel zeigt ein Programm zum Ausdrucken der indizierten Datei BESTAND (sequentieller Zugriff). Es sollen durch DECLARATIVES die wichtigsten effizienten Status-Fehler angezeigt werden. Tritt ein Fehler auf, ist der Programmlauf zu beenden.

```
IDENTIFICATION DIVISION.
PROGRAM-ID.              AUSDRUCK.
ENVIRONMENT DIVISION.
INPUT-OUTPUT SECTION.
```

```
FILE CONTROL.
    SELECT BESTAND ASSIGN TO BESTAND
                    ORGANIZATION IS INDEXED
                    ACCESS IS SEQUENTIAL
                    RECORD KEY IS R1-KUNDEN-NR
                    FILE STATUS IS F1-STATUS.
    SELECT LISTE   ASSIGN TO LISTE.
DATA DIVISION.
FILE SECTION.
FD  BESTAND
01  R1-SATZ.
    05 R1-SA              PIC XX.
    05 R1-KUNDEN-NR       PIC X(10).
    05 R1-NAME            PIC X(20).
    05 R1-VORNAME         PIC X(20).
    05 R1-KONTO-NR        PIC X(10).
    05 FILLER             PIC X(71).
FD  LISTE
01  R2-SATZ.
    05 R2-SA              PIC XX.
    05 R2-KUNDEN-NR       PIC BBX(10).
    05 R2-NAME            PIC BBX(20).
    05 R2-VORNAME         PIC BBX(20).
    05 R2-KONTO-NR        PIC BBX(10).

WORKING-STORAGE SECTION.
01  F1-STATUS             PIC 99 VALUE ZERO.

01  HINWEIS-1             PIC X(35) VALUE
    "OPEN-FEHLER, DATEI NICHT VERFUEGBAR".

01  HINWEIS-2             PIC X(36) VALUE
    "OPEN-FEHLER, DATEI-ATTRIBUTE PRUEFEN".

01  HINWEIS-3             PIC X(39) VALUE
    "CLOSE-FEHLER, DATEI BEREITS GESCHLOSSEN".

01  HINWEIS-4             PIC X(24) VALUE
    "LESE-FEHLER, FOLGEFEHLER".

01  HINWEIS-5.
    05 FILLER             PIC X(35) VALUE
       "SONSTIGER FEHLER, FILE STATUS IST: ".
    05 W-F1-STATUS        PIC 99 VALUE ZERO.
```

10.1 USE-Anweisung

```
01  FEHLER-KZ               PIC X VALUE "J".
    88 FEHLER                     VALUE "N".

01  EOF-KZ                  PIC X VALUE "J".
    88 NO-EOF                     VALUE "J".
    88 EOF                        VALUE "N".

PROCEDURE DIVISION.
DECLARATIVES.
ERROR-1 SECTION.
    USE AFTER STANDARD
        ERROR PROCEDURE ON BESTAND.
ERR-0010.
    EVALUATE F1-STATUS
        WHEN 35 DISPLAY HINWEIS-1
                MOVE "N" TO FEHLER-KZ
        WHEN 39 DISPLAY HINWEIS-2
                MOVE "N" TO FEHLER-KZ
        WHEN 42 DISPLAY HINWEIS-3
                MOVE "N" TO FEHLER-KZ
        WHEN 46 DISPLAY HINWEIS-4
                MOVE "N" TO FEHLER-KZ
        WHEN OTHER MOVE F1-STATUS TO W-F1-STATUS
                DISPLAY HINWEIS-5
                MOVE "N" TO FEHLER-KZ
    END-EVALUATE.
ERR-9999.
    EXIT.
END DECLARATIVES.

STEUERUNG SECTION.
STE-0010.
    PERFORM OEFFNEN.
    PERFORM DRUCKEN
        UNTIL EOF OR FEHLER.
    PERFORM ENDE.
    STOP RUN.
STE-9999.
    EXIT.

OEFFNEN SECTION.
OEF-0010.
    OPEN INPUT   BESTAND
         OUTPUT LISTE.
```

```
OEF-9999.
    EXIT.

DRUCKEN SECTION.
DRU-0010.
    PERFORM LESEN.
    IF NO-EOF
       MOVE SPACES TO R2-SATZ
       MOVE R1-SA        TO R2-SA
       MOVE R1-KUNDEN-NR TO R2-KUNDEN-NR
       MOVE R1-NAME      TO R2-NAME
       MOVE R1-VORNAME   TO R2-VORNAME
       MOVE R1-KONTO-NR  TO R2-KONTO-NR
       WRITE R2-SATZ AFTER 2
    ELSE
       CONTINUE
    END-IF.
DRU-9999.
    EXIT.

LESEN SECTION.
LES-0010.
    READ BESTAND
         AT END MOVE "N" TO EOF-KZ.
LES-9999.
    EXIT.

ENDE SECTION.
END-0010.
    CLOSE BESTAND LISTE.
    DISPLAY "***ENDE DER DATEI BESTAND***".
END-9999.
    EXIT.
```

In diesem Beispiel wurde im Fehlerfall zusätzlich ein Fehler-Kennzeichen gesetzt (FEHLER-KZ). Die Verarbeitung wird solange fortgesetzt, bis die Bedingung UNTIL EOF OR FEHLER erfüllt ist. Würde dagegen nur nach dem Dateiende abgefragt UNTIL EOF, entstünde bei einem OPEN-Fehler eine unendliche Schleife, weil immer wieder Leseversuche unternommen würde, ohne EOF jemals zu erreichen. Diese Problematik ist auch der Grund, warum in der Praxis relativ selten mit DECLARATIVES gearbeitet wird.

11 Dialog-orientierte Programmierung

Durch die ständig wachsende Dezentralisierung der Datenverarbeitung gewinnt auch die Dialogverarbeitung immer mehr an Bedeutung. Leider besitzt der ANSI-COBOL Standard dafür keine verbindliche Norm. Auch die Verabschiedung des **ANS-1985** brachte keine Hilfe, was als schwerwiegender Mangel empfunden werden muß. Einzelne Compiler-Hersteller haben die Bedeutung der Bildschirmpositionierung rechtzeitig erkannt und Zusätze zur ACCEPT- und DISPLAY-Anweisung geschaffen. Da diese Zusätze jedoch nicht im ANSI-Sprachgebrauch enthalten sind, bleiben sie compilergebunden.

Es sollen in diesem Kapitel einige dieser compilerabhängigen Zusätze vorgestellt werden. Anschließend werden wir versuchen, mit den Mitteln des ANS-COBOL menügesteuerte Benutzerführungen zu verwirklichen.

11.1 Menü-Technik mit MS-COBOL

Bei der Erstellung eines Menüs muß jede Byte-Position des Bildschirms durch Anweisungen ansteuerbar sein. Dabei müssen wir unterscheiden zwischen der Bildschirmmaske (Menü), die durch DISPLAY-Anweisungen aufgeblendet wird, und den Datenabruf durch ACCEPT-Anweisungen.

Der Dialog vollzieht sich oft über mehrere Menüs hinweg. Der Einstieg beginnt dabei vom Hauptmenü aus, wobei sämtliche untergeordnete Menüs von Ebene zu Ebene bis hin zum gewünschten durchlaufen werden können. Oft ist auch von einem beliebigen Punkt ein Direkteinstieg in das untergeordnete Menü möglich, indem die Adresse dieses Menüs angegeben wird.

Wird mit dem Compiler **MS-COBOL** gearbeitet, können Menüs durch zwei unterschiedliche Methoden erstellt werden:

1. Definition der Menüs in der SCREEN SECTION

Die SCREEN SECTION, die nicht im ANSI-Standard enthalten ist, wird nach der WORKING-STORAGE SECTION als vierte SECTION codiert. In ihr kann man komplette Menüs auf der Gruppenstufe definieren, die mit einem einzigen DISPLAY-Befehl ausgegeben bzw. deren Eingabedaten mit einem einzigen ACCEPT-Befehl eingelesen werden können. Jede Felddefinition kann durch Zusätze (Attribute) ergänzt werden. Diese Zusätze beziehen sich auf die Bildschirmdarstellung, die Behandlung der Daten bei der Ein- und Ausgabe und die Verbindung von Feldern mit anderen Definitionen in der WORKING-STORAGE SECTION oder LINKAGE SECTION. So kann gleich bei der Definition eines Feldes festgelegt werden, ob z. B. die Darstellung auf dem Bildschirm mit hoher Leuchtintensität (HIGHLIGHT) oder Blinkend (BLINK) vorgenommen werden soll.

Durch die Menü-Definition in der SCREEN SECTION können bei Dialog-Programmen Teile der PROCEDURE DIVISION standardisiert werden. Die meisten Datenerfassungsprogramme unterscheiden sich ohnehin im wesentlichen nur durch die Bildschirm-Masken, die sich in der SCREEN SECTION austauschen lassen.

2. Definition der Menüs in der WORKING-STORAGE SECTION

Die Menüs werden ähnlich wie in der SCREEN SECTION als Gruppenfelder definiert. Allerdings dürfen die Zusätze (Attribute) bei der Definition nicht verwendet werden. Die Ein- und Ausgabebereiche werden in der Regel separat über Redefinitionen angelegt. Um die Einzelfelder richtig auf dem Bildschirm zu positionieren, müssen FILLER-Bereiche zwischen die einzelnen Datenfelder gelegt werden.

11.1 Menü-Technik mit MS-COBOL

Die Leistung der SCREEN SECTION wird durch diese Art der Menü-Definition nicht erreicht. In den nachfolgenden Beispielen sollen beide Methoden vorgestellt werden.

In **MS-COBOL** kann eine beliebige Bildschirmposition mit dem **AT-Zusatz** in der DISPLAY- und ACCEPT-Anweisung bestimmt werden.

AT-Zusatz in MS-COBOL:

```
AT LINE NUMBER    { daten-name-1 }
                  { ganzzahl-1   }

{ COLUMN }  NUMBER    { daten-name-2 }
{ COL    }            { ganzzahl-2   }

                              WITH  Zusätze

AT  { daten-name-3 }          WITH  Zusätze
    { ganzzahl-3   }
```

Für die Festlegung einer Position, die durch Angabe der Bildschirmzeile und -spalte eindeutig ist, gibt es zwei Möglichkeiten, den AT-Zusatz anzuwenden.

1. Möglichkeit:

```
AT LINE zeilennummer COL spaltennummer
```

LINE gibt bei dieser Möglichkeit eine zweistellige Zeilennummer und **COL** bzw. **COLUMN** eine zweistellige Spaltennummer an. LINE und COL können auch zweistellige numerisch definierte Datenfelder benennen, in denen die Zeilen- und Spaltennummern abgelegt sind.

Beispiel 1:
```
DISPLAY NAME AT LINE 10 COL 20.
```

Der Inhalt des Datenfeldes NAME wird auf Position Zeile 10 Spalte 20 beginnend angezeigt.

2. Möglichkeit:

```
            AT ganzzahl
```

ganzzahl repräsentiert bei dieser Möglichkeit eine vierstellige Zahl, wobei die ersten zwei Ziffern die Zeile und die letzten beiden Ziffern die Spalte angeben.

Beispiel 2.
DISPLAY NAME AT 1020.

MS-COBOL unterstützt auch die Technik der **MS-COBOL-Version 2.x,** indem der Schalter **/MS"2"** im Übersetzungskommando gesetzt wird. Eine Bildschirmposition kann in Version 2.x folgendermaßen angegeben werden:

```
Version 2.x
            (zeilennummer, spaltennummer)
```

Oder durch Benutzung der *vom Compiler* generierten Register LIN und COL:

```
Version 2.x
                  (LIN, COL)
```

Beispiel 3:
DISPLAY (10, 20) NAME

Benutzt man die LIN/COL-Register kann dafür geschrieben werden:
```
    MOVE 10 TO LIN.
    MOVE 20 TO COL.
    DISPLAY (LIN, COL) NAME
```

11.1 Menü-Technik mit MS-COBOL

Die Positionsziffern können auch in Datenfeldern abgelegt werden, die in der WORKING-STORAGE SECTION zu definieren sind. Vor Ausführung der DISPLAY- oder ACCEPT-Anweisung müssen diese Felder durch MOVE-Anweisungen gefüllt werden. Positionsfelder sollten nur dann benutzt werden, wenn die Bildschirmgestaltung während der Programmausführung variabel gehalten werden soll. Ansonsten ist die direkte Angabe der Positionsziffern vorzuziehen, weil die Programmabschnitte dadurch aussagefähiger werden.

Beispiel 4:

```
WORKING-STORAGE SECTION.
01  CURS-POS.
    05 POS-ZEILE        PIC 99 VALUE ZERO.
    05 POS-SPALTE       PIC 99 VALUE ZERO.
...
PROCEDURE DIVISION.
...
    MOVE 10 TO POS-ZEILE.
    MOVE 20 TO POS-SPALTE.
    DISPLAY NAME AT CURS-POS.
```

Die fest vorgegebene Anzahl der maximalen Bildschirm-Zeilen und Bildschirm-Spalten muß bei der Definition eines Menüs beachtet werden. Ist die Bildschirmgröße z. B. mit 25 Zeilen und 80 Spalten festgelegt, dürfen diese Werte nicht überschritten werden. Eine Überschreitung führt zum Programmabbruch.

WITH-Zusätze für ACCEPT- / DISPLAY-Anweisungen

Einer der Vorteile der SCREEN SECTION liegt darin, daß bereits bei der Definition den Bildschirmfeldern Attribute zugeordnet werden können. Die meisten dieser Attribute können gleichbedeutend auch bei DISPLAY- und ACCEPT-Anweisungen als **WITH-ZUSÄTZE** angegeben werden. Damit steht dem Programmierer ein hervorragendes Instrumentarium für die Bildschirm-Programmierung zur Verfügung.

WITH-Zusätze für die ACCEPT-Anweisung	
Zusatz	*Erklärung*
{ **AUTO** **AUTO-SKIP** }	Ist das Eingabefeld vollständig mit Zeichen gefüllt, springt der Cursor automatisch auf den Anfang des nächsten Eingabefeldes.
{ **BELL** **BEEP** }	Erzeugt Piepston bei Eingabe eines Zeichens.
BLINK	Die Eingabezeichen werden blinkend dargestellt.
{ **FULL** **LENGTH CHECK** }	Das Eingabefeld wird erst dann eingelesen, wenn es vollständig gefüllt ist.
HIGHLIGHT	Hohe Leuchtintensität des Eingabefeldes.
GRID	In jeder Position des Eingabefeldes wird ein vertikaler Strich auf der linken Seite eingeblendet.
LEFTLINE	Ein vertikaler Strich wird im linken Byte des Eingabefeldes eingeblendet.
OVERLINE	Ein Strich wird über dem Eingabefeld eingeblendet.
PROMPT *literal*	Alle Positionen des Eingabefeldes werden mit dem angegebenen Zeichen vorbesetzt. Standardannahme ist "-".
{ **REQUIRED** **EMPTY-CHECK** }	In das Eingabefeld muß mindestens ein Zeichen eingegeben werden, bevor das Feld eingelesen werden kann.
REVERSE-VIDEO	Die Eingabezeichen werden invertiert dargestellt.
{ **SECURE** **NO-ECHO** }	Die eingegebenen Zeichen werden durch Sterne dargestellt (für Paßwort-Eingabe geeignet).
SIZE IS *ganzzahl*	Festlegen der Länge des Eingabefeldes.

WITH-Zusätze für die ACCEPT-Anweisung	
	(Fortsetzung)
Zusatz	*Erklärung*
UNDERLINE	Die Eingabezeichen werden unterstrichen dargestellt.
{ **FULL** **LENGTH CHECK** }	Das Eingabefeld wird erst dann eingelesen, wenn es vollständig gefüllt ist.
FOREGROUND-COLOR **BACKGROUND-COLOR** IS *ganzzahl*	Die Vordergrundfarbe ist ... (1 ··· 15) Die Hintergrundfarbe ist ... (1 ··· 15)
CONTROL *literal*	Dynamische Änderung der Bildattribute zur Laufzeit.
LEFT-JUSTIFY	Linksbündige Speicherung (wird vom Compiler als Kommentar behandelt).
RIGHT-JUSTIFY	Rechtsbündige Speicherung (wenn das Eingabefeld mit JUST RIGHT definiert wurde).
SPACE-FILL	Nicht eingegebene Zeichen eines alphanumerischen Feldes werden mit Leerstellen gefüllt.
ZERO-FILL	Nicht eingegebene Zeichen eines numerischen Feldes werden mit Nullen gefüllt.
TRAILING-SIGN	Das Vorzeichen steht rechts hinter der Ziffer.
UPDATE	Der im Eingabefeld vorhandene Wert wird vor dem Überschreiben angezeigt.

WITH-Zusätze für die DISPLAY-Anweisung	
Zusatz	*Erklärung*
	Neben den Zusätzen **BELL/BEEP, BLINK, GRID, HIGHLIGHT, LEFTLINE, OVERLINE, SIZE IS, REVERSE-VIDEO, UNDERLINE, FORGROUND-COLOR, BACKGROUND-COLOR,** und **CONTROL** kann angegeben werden:
BLANK { <u>SCREEN</u> <u>LINE</u> }	SCREEN Löscht den Bildschirm und positioniert den Cursor auf die Grundstellung. LINE Löscht die Zeile von der aktuellen Cursor-Position an bis zum Ende der Zeile.

11.1.1 Positionierung des Cursors

Bei der Ausführung einer ACCEPT-Anweisung wird der Cursor durch die Positionsangabe im AT-Zusatz automatisch auf das erste Eingabefeld positioniert. Wird das Feld vollständig mit Daten gefüllt, springt der Cursor nach Eingabe des letzten Zeichens zum Anfang des nächsten Eingabefeldes. Die FILLER-Bereiche werden dabei übersprungen, weil sie schreibgeschützt sind. Soll ein Feld nicht vollständig gefüllt werden, kann man aus der aktuellen Cursorposition heraus mit den Tasten **Cursor-Tief** oder **TAB** auf den Anfang des nächsten Eingabefeldes springen.

Ein Vorwärts- oder Rückwärtsspringen ist auch mit den Tasten **Cursor-Rechts** bzw. **Cursor-Links** möglich, je nachdem, ob man sich auf der ersten oder letzten Zeichenstelle des Eingabefeldes befindet. Wird die **Home-Taste** gedrückt, springt der Cursor in die Grundposition (erstes Eingabefeld). Unabhängig von der aktuellen Cursorposition, wird durch

Drücken der **Return-Taste** der Eingabevorgang für *alle* Felder abgeschlossen und die Daten in die entsprechenden Felder des Eingabebereichs (Arbeitsspeicher) übertragen.

Der Cursor kann durch die Angabe **DISPLAY LOW-VALUES AT LINE ··· COL ···** auf eine beliebige Stelle positioniert werden. Liegt die angegebene Position innerhalb eines FILLERS-Bereiches, wird der Cursors auf die erste Byte-Position des nächsten Eingabefeldes positioniert. Folgt dem FILLER-Bereich kein Eingabefeld, wird der Cursor auf die erste Stelle des ersten Eingabefeldes positioniert.

11.1.1.1 Cursor-Klausel (CURSOR IS *daten-name*)

Wurde im Paragraphen SPECIAL-NAMES die Cursor-Klausel CURSOR IS *daten-name* angegeben, wird nach Ausführung der ACCEPT-Anweisung die aktuelle Cursor-Position im angegebenen Feld gespeichert. Vor Ausführung der ACCEPT-Anweisung muß allerdings das Feld einen gültigen Wert aufweisen, der ungleich Null ist. Wird in einer ACCEPT-Anweisung keine explizite Cursor-Position angegeben, greift das System auf den im Cursorfeld gespeicherten Wert zurück und das Einlesen durch ACCEPT beginnt an genau dieser Position.

Die Cursor-Klausel darf nur im Zusammenhang mit der ACCEPT-Anweisung gesehen werden. Sie läßt sich vor allem bei Datenprüfungen einsetzen, indem unmittelbar nach Ausführung der ACCEPT-Anweisung die aktuelle Cursor-Position abgefragt wird.

Beispiel 5:

In ein Datenerfassungsprogramm ist eine Routine einzufügen, die prüfen soll, ob alle Eingabefelder von der Eingabekraft gefüllt wurden. Sind in einem Feld keine Daten vorhanden, soll der Cursor nach Ausführung der ACCEPT-Anweisung erneut auf diesem Feld positioniert werden.

```
SPECIAL-NAMES.
    CURSOR IS CURS-FELD.
...
WORKING-STORAGE SECTION.
```

```
01  CURS-POS.
    05  POS-ZEILE              PIC 99 VALUE ZERO.
    05  POS-SPALTE             PIC 99 VALUE ZERO.
01  CURS-FELD REDEFINES CURS-POS PIC 9(4).

01  BILDSCHIRM-EINGABE.
    05  FILLER                 PIC X(344).
    05  EIN-KUNDEN-NR          PIC 9(10).
    05  FILLER                 PIC X(70).
    05  EIN-NAME               PIC X(25).
    05  FILLER                 PIC X(55).
    05  EIN-VORNAME            PIC X(25).
    05  FILLER                 PIC X(55).
    05  EIN-STRASSE            PIC X(25).
    05  FILLER                 PIC X(55).
    05  EIN-PLZ-ORT            PIC X(25).
    05  FILLER                 PIC X(55).
    05  EIN-GEB-DATUM          PIC 9(6).
    05  FILLER                 PIC X(74).
    05  EIN-BERUF              PIC X(25).

PROCEDURE DIVISION.
...
    DISPLAY BILDSCHIRM-AUSGABE AT 0101.
    MOVE 0101 TO CURS-FELD.
    ACCEPT BILDSCHIRM-EINGABE AT CURS-FELD.
    EVALUATE TRUE
        WHEN EIN-KUNDEN-NR = ZERO
            MOVE 0510 TO CURS-FELD
        WHEN EIN-NAME = SPACE
            MOVE 0610 TO CURS-FELD
        WHEN EIN-VORNAME = SPACE
            MOVE 0710 TO CURS-FELD
        WHEN EIN-STRASSE = SPACE
            MOVE 0810 TO CURS-FELD
        WHEN EIN-PLZ-ORT = SPACE
            MOVE 0910 TO CURS-FELD
        WHEN EIN-GEB-DATUM = ZERO
            MOVE 1010 TO CURS-FELD
        WHEN EIN-BERUF = SPACE
            MOVE 1110 TO CURS-FELD
    END-EVALUATE.
    ACCEPT BILDSCHIRM-EINGABE.
    ...
```

11.1.2 Löschen des Bildschirms

Bevor ein Menü durch eine DISPLAY-Anweisung ausgegeben wird, sollte der Bildschirm gelöscht werden. Dabei können wir unterscheiden zwischen

- Löschen des gesamten Bildschirms,
- Löschen des Bildschirms ab einer bestimmten Cursor-Position,
- Löschen einer Zeile ab einer bestimmten Cursor-Position.

Löschen des gesamten Bildschirms

Der gesamte Bildschirm kann durch eine der folgenden Anweisungen gelöscht werden:

```
DISPLAY SPACE UPON CRT.
DISPLAY SPACE AT 0101.
DISPLAY ALL X"02".
DISPLAY (1, 1) ERASE.
```

Wurde im Paragraphen SPECIAL-NAMES die Angabe CONSOLE IS CRT gemacht, kann der Bildschirm gelöscht werden durch

```
DISPLAY SPACE.
```

Vor Ausgabe eines kompletten Menüs oder einzelner Bildschirmfelder mittels DISPLAY kann der gesamte Bildschirm durch den WITH-Zusatz **BLANK SCREEN** gelöscht werden. Gleichzeitig wird der Cursor auf seiner Grundstellung im ersten Byte des Bildschirms positioniert.

Beispiel 6:

```
DISPLAY MENUE-1 WITH BLANK SCREEN.
```

Die Anweisung bedeutet, daß noch vor der Ausgabe von MENUE-1 der gesamte Bildschirm gelöscht wird.

Beispiel 7:

```
DISPLAY "PROGRAMMENDE" AT LINE 20 COL 10
    WITH BLANK SCREEN.
```

In diesem Fall wird vor Ausgabe des Hinweises PROGRAMMENDE auf Zeile 20 Spalte 10 der gesamte Bildschirm gelöscht.

Wird der WITH-Zusatz BLANK SCREEN nicht angegeben, wird die alte Bildschirmausgabe durch die neue überlagert. Dabei bleiben diejenigen Bildschirmbereiche erhalten, die nicht durch die nachfolgende DISPLAY-Anweisung angesprochen werden. Daraus wird noch einmal deutlich, wie wichtig das Löschen des Bildschirms vor der Ausgabe von Daten sein kann.

Hinweis:
Ist in einer DISPLAY- oder ACCEPT-Anweisung der WITH-Zusatz BLANK SCREEN angegeben, wird diese Funktion immer vor der DISPLAY- oder ACCEPT-Ausführung verarbeitet.

Löschen des Bildschirms ab einer bestimmten Cursor-Position

Durch den **AT-Zusatz** kann der Bildschirm ab der angegebenen Cursor-Position gelöscht werden:

```
DISPLAY SPACE
    AT LINE zeilennummer COL spaltennummer          bzw.
DISPLAY SPACE AT zeilennummer / spaltennummer.
```

Das gleiche Ergebnis wird durch die ERASE-Angabe ereicht:

```
DISPLAY (zeilennummer, spaltennummer) ERASE.
```

Beispiel 8:

```
DISPLAY SPACE AT LINE 10 COL 20 .    bzw.
```

11.1 Menü-Technik mit MS-COBOL

```
DISPLAY SPACE AT 1020.           oder
DISPLAY (10, 20) ERASE.
```

Ab der Position Zeile 10 Spalte 20 wird der Bildschirm gelöscht.

Löschen einer Zeile ab einer bestimmten Cursor-Position

Eine beliebige Bildschirmzeile kann durch die folgende Anweisung vollständig oder ab einer bestimmten Cursor-Position gelöscht werden:

DISPLALY ALL X"01" AT *zeilennummer / spaltennummer*

Beispiel 9:

```
DISPLAY ALL X"01" AT 1001.
```

Die Zeile 10 wird von der ersten bis zur letzten Spalte vollständig gelöscht.

Beispiel 10:

```
DISPLAY ALL X"01" AT 1005.
```

Die Zeile 10 wird ab Spalte 05 gelöscht.

Vor der Ausgabe eines Bildschirmfeldes mittels DISPLAY kann die angegebene Zeile durch den WITH-Zusatz **BLANK LINE** vollständig gelöscht werden.

Beispiel 11:

```
DISPLAY "PROGRAMMENDE"
        AT LINE 20 COL 10 WITH BLANK LINE.
```
bzw.
```
        DISPLAY "PROGRAMMENDE"
            AT 2010 WITH BLANK LINE.
```

Vor Ausgabe des Hinweises "PROGRAMMENDE" wird die Zeile 20 vollständig gelöscht.

Hinweis:
Ist in einer DISPLAY- oder ACCEPT-Anweisung der WITH-Zusatz BLANK LINE angegeben, wird diese Funktion immer vor der DISPLAY- oder der ACCEPT-Ausführung verarbeitet.

Beispiel 12:

Das nachfolgende Menü (keine bytegerechte Darstellung) soll durch Anwendung der MS-COBOL-Methode definiert werden.

```
                        PROGRAMM ERFASS REL. 3.1

                             HAUPT-MENUE
                             ***********

    ANSCHRIFTEN

       (1)    ANSCHAUEN
       (2)    ERFASSEN/AENDERN
       (3)    LOESCHEN
       (4)    HILFE
       (5)    ENDE



    BITTE AUSWAHL ANGEBEN   ( )
```

```
WORKING-STORAGE SECTION.
01  BILDSCHIRM-EINGABE.
     05 EIN-KUNDEN-NR        PIC X(10).
     05 EIN-NAME             PIC X(20).
     ...
01  AUSWAHL-KZ               PIC X VALUE SPACE.
PROCEDURE DIVISION.
STEUERUNG SECTION.
STEU-0010.
```

11.1 Menü-Technik mit MS-COBOL

```
        PERFORM HAUPT-MENUE.
        PERFORM AUSWAHL
            UNTIL AUSWAHL-KZ = "5".
        STOP RUN.
 STEU-9999.
        EXIT.

 HAUPT-MENUE SECTION.
 HAUP-0010.
        DISPLAY SPACE UPON CRT.
        DISPLAY "PROGRAMM ERFASS REL. 3.1"
                          AT LINE 01 COL 50.
        DISPLAY "HAUPT-MENUE"
                          AT LINE 02 COL 25.
        DISPLAY "************"
                          AT LINE 03 COL 25.
        DISPLAY "ANSCHRIFTEN"
                          AT LINE 10 COL 05.
        DISPLAY "(1)    ANSCHAUEN"
                          AT LINE 10 COL 07.
        DISPLAY "(2)    ERFASSEN/AENDERN"
                          AT LINE 10 COL 08.
        DISPLAY "(3)    LOESCHEN"
                          AT LINE 10 COL 09.
        DISPLAY "(4)    HILFE"
                          AT LINE 10 COL 10.
        DISPLAY "(5)    ENDE"
                          AT LINE 10 COL 12.
        DISPLAY "BITTE AUSWAHL ANGEBEN ( )"
                          AT LINE 10 COL 20.
        ACCEPT AUSWAHL
                          AT LINE 20 COL 34
                          WITH AUTO-SKIP.
 HAUP-9999.
        EXIT.

 AUSWAHL SECTION
 AUSW-0010.
        EVALUATE AUSWAHL-KZ
           WHEN "1" PERFORM ANSCHAUEN
           WHEN "2" PERFORM ERFASSEN
           WHEN "3" PERFORM LOESCHEN
           WHEN "4" PERFORM HILFE
           WHEN "5" PERFORM ENDE
```

```
        WHEN OTHER PERFORM AUSWAHL-FEHLER
     END-EVALUATE.
     PERFORM HAUPT-MENUE.
AUSW-9999.
     EXIT.
...
ANSCHAUEN SECTION.
...
ERFASSEN SECTION.
...
LOESCHEN SECTION.
...
HILFE SECTION.
...

AUSWAHL-FEHLER SECTION.
FEHL-0010.
     DISPLAY "UNGUELTIGE AUSWAHL,
              WENN WEITER: RETURN DRUECKEN"
              AT LINE 24 COL 10 WITH HIGHLIGHT.
FEHL-0020.
...
FEHL-9999.
     EXIT.

ENDE SECTION.
ENDE-0010.
     DISPLAY "ENDE DES PROGRAMMS ERFASS"
              AT LINE 24 COL 10 WITH HIGHLIGHT.
     CLOSE ...
ENDE-9999.
     EXIT.
```

Beispiel 13:

Das nachfolgende Menü (keine bytegerechte Darstellung) ist in einem einfachen Datenerfassungsprogramm mit DISPLAY-Anweisungen aufzubauen und die Erfassungsdaten sind mit ACCEPT-Anweisungen abzurufen. Eine Fortschreibung der Daten ist nicht vorgesehen. Die Ausgabe erfolgt auf die sequentiell organisierte Datei ADRDAT

11.1 Menü-Technik mit MS-COBOL

```
                    ANSCHRIFTEN ERFASSEN

    KUNDEN-NR:       <..........>
    NAME:            <....................>
    VORNAME:         <....................>
    STRASSE:         <....................>
    PLZ/ORT:         <....................>
    GEBOREN AM:      <......>
    BERUF:           <....................>


    ENDE (J)         <.>
```

```
IDENTIFICATION DIVISION.
PROGRAM-ID.                 ERFASS.
ENVIRONMENT DIVISION.
SPECIAL-NAMES.
    CONSOLE IS CRT.
INPUT-OUTPUT SECTION.
FILE-CONTROL.
    SELECT ADRDAT ASSIGN TO DISK.

DATA DIVISION.
FD  ADRDAT
    LABEL RECORD OMITTED
    DATA RECORD ADRESS-SATZ.
01  ADRESS-SATZ.
    05 ADRESS-TEXT          PIC X(120).

WORKING-STORAGE SECTION.
01  BILDSCHIRM-EINGABE.
    05 EIN-KUNDEN-NR        PIC X(10).
    05 EIN-NAME             PIC X(20).
    05 EIN-VORNAME          PIC X(20).
    05 EIN-STRASSE          PIC X(20).
    05 EIN-PLZ-ORT          PIC X(20).
    05 EIN-GEB-DATUM        PIC X(6).
    05 EIN-BERUF            PIC X(20).
    05 EIN-ENDE             PIC X.
```

```
PROCEDURE DIVISION.
STEUERUNG SECTION.
STEU-0010.
    PERFORM OEFFNEN.
    PERFORM ERFASSEN WITH TEST AFTER
            UNTIL EIN-ENDE = "J" OR "j".
    PERFORM SCHLIESSEN.
    STOP RUN.
STEU-9999.
    EXIT.

OEFFNEN SECTION.
OEFF-0010.
    DISPLAY SPACES.
    OPEN OUTPUT ADRDAT.
OEFF-9999.
    EXIT.

ERFASSEN SECTION.
ERFAS-0010.
    DISPLAY SPACES.
    DISPLAY "ANSCHRIFTEN ERFASSEN" AT 0126.
    DISPLAY "KUNDEN-NR:    <           >
                                       AT 0510.
    DISPLAY "NAME:         <                    >"
                                       AT 0610.
    DISPLAY "VORNAME:      <                    >"
                                       AT 0710.
    DISPLAY "STRASSE:      <                    >"
                                       AT 0810.
    DISPLAY "PLZ/ORT:      <                    >"
                                       AT 0910.
    DISPLAY "GEBOREN AM: <        >"
                                       AT 1010.
    DISPLAY "BERUF:        <                    >"
                                       AT 1110.
    DISPLAY "ENDE (J)     < >"         AT 1510.
    MOVE SPACE TO EIN-ENDE.

    ACCEPT EIN-KUNDEN-NR  AT 0523.
    ACCEPT EIN-NAME       AT 0623.
    ACCEPT EIN-VORNAME    AT 0723.
    ACCEPT EIN-STRASSE    AT 0823.
    ACCEPT EIN-PLZ-ORT    AT 0923.
```

```
       ACCEPT EIN-GEB-DATUM   AT 1023.
       ACCEPT EIN-BERUF       AT 1123.
       WRITE ADRESS-SATZ FROM BILDSCHIRM-EINGABE.
       MOVE SPACES TO BILDSCHIRM-EINGABE.
       ACCEPT EIN-ENDE        AT 1523.
   ERFAS-9999
       EXIT.

   SCHLIESSEN SECTION.
   SCHL-0010.
       CLOSE ADRDAT.
       DISPLAY "ENDE DES PROGRAMMS ERFASS " AT 2501
                               WITH BLANK SCREEN.
   SCHL-9999.
       EXIT.
```

11.1.3 Struktur der Aus- und Eingabebereiche

In Beispiel 13 wurde für jede Aus-/Eingabezeile des Menüs eine DISPLAY- bzw. eine ACCEPT-Anweisung codiert. Diese Methode ist übersichtlich und erlaubt eine unmittelbare Bezugnahme der einzelnen Aus-/Eingabezeilen zu den jeweiligen Bildschirmpositionen durch die AT-Angaben. Eine andere Methode ist die Definition der Aus-/Eingabebereiche als Gruppenfelder in der WORKING-STORAGE SECTION. Um den Speicherbedarf zu reduzieren wird man den Bildschirm-Eingabebereich als Redefinition des Ausgabebereichs anlegen. Diese kompletten Satzstrukturen können mit einem einzigen DISPLAY-Befehl ausgegeben bzw. mit einem einzigen ACCEPT-Befehl eingelesen werden. Ein gravierender Nachteil dieser Methode ist allerdings das zeitaufwenige Bestimmen der einzufügenden FILLER-Bereiche, um die Aus-/Eingabefelder in die richtige Bildschirmposition zu bringen.

Um die Übersichtlichkeit zu erhöhen, sollten größere Satzstrukturen zu Blöcken von einem ganzzahligen Vielfachen der Länge einer Bildschirmzeile zusammengefaßt werden. Ist die Bildschirmzeile z. B. 80 Spalten lang, können die Blöcke zu einem Vielfachen von 80 gruppiert werden.

Datenelemente mit der Bezeichnung **FILLER** werden nicht durch **DISPLAY** angezeigt. Das heißt, alle auf den Bildschirm auszugebenden Daten müssen einen Datennamen besitzen.

Beispiel 14:

Das Menü aus Beispiel 13 ist in der WORKING-STORAGE SECTION als Struktur zu definieren und anschließend für die Eingabefelder zu redefinieren. Die Ausgabestruktur ist durch eine einzige DISPLAY-Anweisung aufzubauen und die Eingabestruktur durch eine einzige ACCEPT-Anweisung in den Hauptspeicher einzulesen.

```
WORKING-STORAGE SECTION.
01  BILDSCHIRM-AUSGABE.
    05 FILLER               PIC X(25).
    05 AUS-1                PIC X(55) VALUE
       "ANSCHRIFTEN ERFASSEN".
    05 FILLER               PIC X(275).

    05 FILLER               PIC X(9).
    05 AUS-2                PIC X(71) VALUE
       "KUNDEN-NR:  <             >".

    05 FILLER               PIC X(9).
    05 AUS-3                PIC X(71) VALUE
       "NAME:       <                        >".

    05 FILLER               PIC X(9).
    05 AUS-4                PIC X(71) VALUE
       "VORNAME:    <                        >".

    05 FILLER               PIC X(9).
    05 AUS-5                PIC X(71) VALUE
       "STRASSE:    <                        >".

    05 FILLER               PIC X(9).
    05 AUS-6                PIC X(71) VALUE
       "PLZ/ORT:    <                        >".

    05 FILLER               PIC X(9).
    05 AUS-7                PIC X(71) VALUE
       "GEBOREN AM: <       >".
```

11.1 Menü-Technik mit MS-COBOL

```
       05  FILLER              PIC X(9).
       05  AUS-8               PIC X(71) VALUE
           "BERUF:        <                          >".
       05  FILLER              PIC X(240).

       05  FILLER              PIC X(9).
       05  AUS-9               PIC X(71) VALUE
           "ENDE (J)    < >".
   01  BILDSCHIRM-EINGABE
              REDEFINES BILDSCHIRM-AUSGABE.
       05  FILLER              PIC X(342).
       05  EIN-KUNDEN-NR       PIC X(10).
       05  FILLER              PIC X(48).

       05  FILLER              PIC X(22).
       05  EIN-NAME            PIC X(20).
       05  FILLER              PIC X(38).

       05  FILLER              PIC X(22).
       05  EIN-VORNAME         PIC X(20).
       05  FILLER              PIC X(38).

       05  FILLER              PIC X(22).
       05  EIN-STRASSE         PIC X(20).
       05  FILLER              PIC X(38).

       05  FILLER              PIC X(22).
       05  EIN-PLZ-ORT         PIC X(20).
       05  FILLER              PIC X(38).

       05  FILLER              PIC X(22).
       05  EIN-GEB-DATUM       PIC X(6).
       05  FILLER              PIC X(52).

       05  FILLER              PIC X(22).
       05  EIN-BERUF           PIC X(20).
       05  FILLER              PIC X(278).

       05  FILLER              PIC X(22).
       05  EIN-ENDE            PIC X.
       05  FILLER              PIC X(57).

   PROCEDURE DIVISION.
   ...
```

```
DISPLAY BILDSCHIRM-AUSGABE AT 0101.
ACCEPT  BILDSCHIRM-EINGABE AT 0101.
...
```

Der Bildschirm-Eingabebereich läßt sich durch ein weiteres Zusammenfassen der FILLER-Bereiche verkürzen. Allerdings sind die einzelnen Bildschirmpositionen dann schwerer nachvollziehbar.

Die SCREEN SECTION

Die SCREEN SECTION wird in MS-COBOL als vierte Section nach der WORKING-STORAGE SECTION eingefügt. In ihr lassen sich in einfacher und übersichtlicher Weise komplette Menüs definieren, die mit einem einzigen DISPLAY- bzw. ACCEPT-Befehl bearbeitet werden können. Der Vorteil der SCREEN SECTION liegt vor allem darin, daß die gesamten Aus- und Eingabefelder als komplettes Gruppenfeld definiert werden können. Das getrennte Anlegen der Aus- und Eingangsbereiche über Redefinitionen wird dadurch überflüssig. Durch die Positionsangaben (LINE, COLUMN) können sowohl Text- als auch Datenfelder exakt und übersichtlich positioniert werden. Damit entfällt auch das Einfügen von FILLER-Bereichen.

Durch die Zusätze **FROM, TO** und **USING** werden Beziehungen zwischen den Bildschirmfeldern und Feldern in der WORKING-STORAGE SECTION oder LINKAGE SECTION hergestellt. **Die Zusätze müssen immer dann angegeben werden, wenn der Eintrag in der SCREEN SECTION die PICTURE-Klausel enthält.** Sie haben folgende Bedeutung:

FROM: Das mit FROM bezeichnete elementare Feld wird durch DISPLAY an der angegebenen Bildschirmposition angezeigt.

TO: Der mit ACCEPT eingelesene Inhalt eines Feldes wird in das mit TO bezeichnete Feld übertragen.

USING: Der Inhalt des mit USING bezeichneten Feldes wird als Vorgabewert angezeigt. Dieser Wert kann durch Drücken von RETURN gespeichert oder überschrieben werden.

11.1 Menü-Technik mit MS-COBOL 529

In ihrer Wirkungsweise entsprechen die Zusätze damit elementaren MOVE-Anweisungen.

Beispiel 15:

Das in Beispiel 13 und 14 angegebene Menü soll in der SCREEN SECTION definiert werden.

```
WORKING-STORAGE SECTION.
01  ENDE-KZ             PIC X VALUE SPACE.
01  W-ADRESS-SATZ.
    05 KUNDEN-NR        PIC X(10).
    05 NAME             PIC X(20).
    ...
SCREEN SECTION.
01  MENUE-1.
    05 LINE 1 COLUM 1 BLANK SCREEN.
    05 UEBERSCHRIFT.
       10 LINE 1 COLUMN 26 HIGHLIGHT VALUE
          "ANSCHRIFTEN ERFASSEN".
    05 EINGABE.
       10 LINE 5 COLUMN 10 VALUE
          "KUNDEN-NR:    <                    >".
       10 EIN-KUNDEN-NR LINE 5 COLUMN 23
          PIC X(10) TO KUNDEN-NR.
       10 LINE 6 COLUMN 10 VALUE
          "NAME:         <                    >".
       10 EIN-NAME LINE 6 COLUMN 23
          PIC X(20) TO NAME.
       10 LINE 7 COLUMN 10 VALUE
          "VORNAME:      <                    >".
       10 EIN-VORNAME LINE 7 COLUMN 23
          PIC X(20) TO VORNAME.
       10 LINE 8 COLUMN 10 VALUE
          "STRASSE:      <                    >".
       10 EIN-STRASSE LINE 8 COLUMN 23
          PIC X(20) TO STRASSE.
       10 LINE 9 COLUMN 10 VALUE
          "PLZ/ORT:      <                    >".
       10 EIN-PLZ-ORT LINE 9 COLUMN 23
          PIC X(20) TO PLZ-ORT.
       10 LINE 10 COLUMN 10 VALUE
          "GEBOREN AM: <          >".
```

```
    10 EIN-GEB-DATUM LINE 10 COLUMN 23
          PIC X(6) TO GEB-DATUM.
    10 LINE 11 COLUMN 10 VALUE
          "BERUF:          <                    >".
    10 EIN-BERUF LINE 11 COLUM 23
          PIC X(20) TO BERUF.
    10 LINE 15 COLUM 10 VALUE
          "ENDE (J)       < >".
    10 LINE 15 COLUMN 23
          PIC X TO ENDE-KZ AUTO.

PROCEDURE DIVISION.
...
    INITIALIZE W-ADRESS-SATZ.
    DISPLAY MENUE-1.
    ACCEPT MENUE-1.
    ...
```

Beispiel 16:

Auf der Grundlage der nachfolgenden Bildschirmmasken (keine bytegerechte Darstellung) ist ein einfaches Datenerfassungsprogramm zu erstellen, welches die Verarbeitungsarten Datei "Anlegen", "Erweitern" und "Anschauen" enthält. Die E-/A-Datei soll sequentiell organisiert sein. Die Anzahl der erfaßten bzw. geänderten Sätze ist in einem Protokoll auszugeben.

```
┌─────────────────────────────────────────────────────┐
│                  PROGRAMM ERFASS REL. 3.1           │
│                                                     │
│                      HAUPT-MENUE                    │
│                      **********                     │
│                                                     │
│   ANSCHRIFTEN                                       │
│                                                     │
│   (1)     DATEI ANLEGEN                             │
│   (2)     DATEI ERWEITERN                           │
│   (3)     DATEI ANSCHAUEN                           │
│   (4)     ENDE                                      │
│                                                     │
│                                                     │
│   BITTE AUSWAHL ANGEBEN    ( )                      │
└─────────────────────────────────────────────────────┘
```

11.1 Menü-Technik mit MS-COBOL 531

```
                   ANSCHRIFTEN ERFASSEN

     KUNDEN-NR:         <..........>
     NAME:              <....................>
     VORNAME:           <....................>
     STRASSE:           <....................>
     PLZ/ORT:           <....................>
     GEBOREN AM:        <......>
     BERUF:             <....................>


     ENDE (J)      <.>
```

```cobol
IDENTIFICATION DIVISION.
PROGRAM-ID.                     ERFASS.
ENVIRONMENT DIVISION.
INPUT-OUTPUT SECTION.
FILE-CONTROL.
    SELECT ADRDAT ASSIGN TO DISK
           FILE STATUS IS F1-STATUS.
DATA DIVISION.
FILE SECTION.

FD  ADRDAT
    LABEL RECORD OMITTED.
01  ADRESS-SATZ            PIC X(150).

WORKING-STORAGE SECTION.
01  ZAE-1                  PIC 9(4) VALUE ZERO.

01  F1-STATUS              PIC XX    VALUE SPACE.

01  W-ADR-SATZ.
    05  KUNDEN-NR          PIC 9(10).
    05  FAM-NAME           PIC X(20).
    05  VORNAME            PIC X(20).
    05  STRASSE            PIC X(20).
    05  PLZ-ORT            PIC X(20).
    05  GEB-DATUM          PIC 9(6).
    05  BERUF              PIC X(20).
```

```
       01  AUSWAHL-KZ              PIC X VALUE SPACE.
       01  ENDE-KZ                 PIC X VALUE SPACE.
       01  WEITER                  PIC X VALUE SPACE.

      ******************************************************
      *      HINWEISTEXTE UND VERARBEITUNGSARTEN           *
      ******************************************************

       01  HINWEIS-1               PIC X(30) VALUE
           "Ende des Programms ERFASS".

       01  HINWEIS-2               PIC X(40) VALUE
           "Datei-Ende erreicht, wenn weiter: RETURN".

       01  VERARB-TEXT             PIC X(55) VALUE SPACE.

       01  VERARB-ART-1            PIC X(15) VALUE
                "DATEI ANLEGEN".

       01  VERARB-ART-2            PIC X(15) VALUE
                "DATEI ERWEITERN".

       01  VERARB-ART-3            PIC X(15) VALUE
                "DATEI ANSCHAUEN".

       01  FEHLER-TEXT             PIC X(80) VALUE SPACE.

       01  FEHL-1                  PIC X(80) VALUE
           "OPEN-Fehler Datei ADRDAT, FILE-STATUS: ".

       01  FEHL-2                  PIC X(80) VALUE
           "Lesefehler Datei ADRDAT, FILE-STATUS: ".

       01  FEHL-3                  PIC X(80) VALUE
           "Schreibfehler Datei ADRDAT, FILE-STATUS: ".

       01  FEHL-4                  PIC X(80) VALUE
           "Auswahl falsch! Wenn weiter, beliebige Tas
      -    "te drücken".

      ******************************************************
      *              AUSGABEZEILEN PROTKOLL                *
      ******************************************************
```

11.1 Menü-Technik mit MS-COBOL

```cobol
    01  W-PROT-UE1.
        05  ZEILE-1             PIC X(30) VALUE
            "Protokoll Prog ERFASS, Datum: ".
        05  FILLER              PIC X     VALUE SPACE.
        05  W-DATUM             PIC 9(6)  VALUE ZERO.

    01  W-PROT-UE2.
        05  ZEILE-2             PIC X(9)  VALUE
                    "Es wurden".
        05  FILLER              PIC X     VALUE SPACE.
        05  W-ANZAHL-ERFASST    PIC 9(4)  VALUE ZERO.
        05  FILLER              PIC X     VALUE SPACE.
        05  ZEILE-3             PIC X(13) VALUE
                    "Sätze erfasst".

 SCREEN SECTION.
****************************************************
*           DEFINITION HAUPT-MENUE                  *
****************************************************

    01  HAUPT-MENUE.
        05  LINE 1 COLUMN 1 BLANK SCREEN.
        05  LINE 1 COLUMN 20   VALUE
                "PROGRAMM ERFASS REL 3.1".
        05  LINE 3 COLUMN 25   VALUE "HAUPT-MENUE".
        05  LINE 4 COLUMN 25   VALUE "***********".
        05  LINE 6 COLUMN 10   VALUE "ANSCHRIFTEN".
        05  LINE 9 COLUMN 10   VALUE
                "(1)    DATEI ANLEGEN".
        05  LINE 10 COLUMN 10 VALUE
                "(2)    DATEI ERWEITERN".
        05  LINE 11 COLUMN 10 VALUE
                "(3)    DATEI ANSCHAUEN".
        05  LINE 12 COLUMN 10 VALUE
                "(4)    ENDE".
        05  LINE 20 COLUMN 10 VALUE
                "BITTE AUSWAHL ANGEBEN ( )".
        05  LINE 20 COLUMN 33 PIC X TO AUSWAHL-KZ.

****************************************************
*           DEFINITION ERFASSUNGS-MENUE             *
****************************************************

    01  MENUE-2 WITH AUTO-SKIP.
```

```
           05 LINE 1 COLUMN 1 BLANK SCREEN.
           05 VERARB-ART LINE 2 COLUMN 25 PIC X(55)
                            FROM VEARB-TEXT.
           05 LINE 5 COLUMN 10 VALUE
                  "KUNDEN-NR:    <                     >".
           05 EIN-KUNDEN-NR   LINE 5 COLUMN 23 PIC X(10)
                            TO KUNDEN-NR.
           05 LINE 6 COLUMN 10 VALUE
                  "NAME:         <                     >".
           05 EIN-NAME        LINE 6 COLUMN 23 PIC X(20)
                            TO FAM-NAME.
           05 LINE 7 COLUMN 10 VALUE
                  "VORNAME:      <                     >".
           05 EIN-VORNAME     LINE 7 COLUMN 23 PIC X(20)
                            TO VORNAME.
           05 LINE 8 COLUMN 10 VALUE
                  "STRASSE:      <                     >".
           05 EIN-STRASSE     LINE 8 COLUMN 23 PIC X(20)
                            TO STRASSE.
           05 LINE 9 COLUMN 10 VALUE
                  "PLZ/ORT:      <                     >".
           05 EIN-PLZ-ORT     LINE 9 COLUMN 23 PIC X(20)
                            TO PLZ-ORT.
           05 LINE 10 COLUMN 10 VALUE
                  "GEBOREN AM: <        >".
           05 EIN-GEB-DATUM   LINE 10 COLUMN 23 PIC X(6)
                            TO GEB-DATUM.
           05 LINE 11 COLUMN 10 VALUE
                  "BERUF:        <                     >".
           05 EIN-BERUF       LINE 11 COLUMN 23 PIC X(20)
                            TO BERUF.
           05 LINE 15 COLUMN 10 VALUE
                  "ENDE (J)      < >".
           05 EIN-ENDE        LINE 15 COLUMN 23 PIC X
                            TO ENDE-KZ AUTO.

       PROCEDURE DIVISION.
       STEUERUNG SECTION.
       STEUERUNG-0010.
           DISPLAY SPACE UPON CRT.
           DISPLAY HAUPT-MENUE
           ACCEPT  HAUPT-MENUE
           PERFORM AUSWAHL
                  UNTIL AUSWAHL-KZ = "4"
```

11.1 Menü-Technik mit MS-COBOL

```cobol
        PERFORM ENDE.
        STOP RUN.
   STEUERUNG-9999.
        EXIT.

   AUSWAHL SECTION.
   AUSWAHL-0010.
        EVALUATE AUSWAHL-KZ
            WHEN "1" PERFORM ANLEGEN
            WHEN "2" PERFORM ERWEITERN
            WHEN "3" PERFORM ANSCHAUEN
            WHEN "4" CONTINUE
            WHEN OTHER PERFORM AUSWAHL-FEHLER
        END-EVALUATE.
        DISPLAY HAUPT-MENUE.
        ACCEPT  HAUPT-MENUE.
   AUSWAHL-9999.
        EXIT.

   ANLEGEN SECTION.
   ANLEGEN-0010.
        MOVE VERARB-ART-1 TO VERARB-TEXT.
        OPEN INPUT ADRDAT.
        IF F1-STATUS = "00"
            PERFORM WARNUNG
        ELSE
            CONTINUE
        END-IF.
        CLOSE ADRDAT.
        IF AUSWAHL = "N" OR "n" GO TO ANLEGEN-9999
            IF ENDE-KZ = "J" OR "j"
                CONTINUE
            ELSE
                PERFORM AUSWAHL-FEHLER
            END-IF
        END-IF.
        OPEN OUTPUT ADRDAT.
        PERFORM ERFASSEN WITH TEST AFTER
                UNTIL ENDE-KZ = "J" OR "j".
        PERFORM PROTOKOLL-AUSGABE.
        DISPLAY HINWEIS-1              AT 2401.
        ACCEPT WEITER                  AT 2475.
        CLOSE ADRDAT.
   ANLEGEN-9999.
```

```
        EXIT.

ERWEITERN SECTION.
ERWEITERN-0010.
    DISPLAY SPACE UPON CRT.
    MOVE VERARB-ART-2 TO VERARB-TEXT.
    DISPLAY VERARB-ART         AT 0220.
    DISPLAY MENUE-2.
    OPEN EXTEND ADRDAT.
    IF F1-STATUS NOT = ZERO
       PERFORM STATUS-FEHLER
       GO TO ERWEITERN-9999
    END-IF.

    PERFORM ERFASSEN WITH TEST AFTER
            UNTIL ENDE-KZ = "J" OR "j".
    PERFORM PROTOKOLL-AUSGABE.
    DISPLAY HINWEIS-1          AT 2401.
    CLOSE ADRDAT.
ERWEITERN-9999.
    EXIT.

ANSCHAUEN SECTION.
ANSCHAUEN-0010.
    MOVE VERARB-ART-3 TO VERARB-TEXT.
    DISPLAY VERARB-ART         AT 0220.
    DISPLAY MENUE-2.
    OPEN INPUT ADRDAT.
    IF STATUS-KZ NOT = "00"
       MOVE FEHL-1 TO FEHLER-TEXT
       PERFORM STATUS-FEHLER
       GO TO ANSCHAUEN-9000
    ELSE
       CONTINUE
    END-IF.

ANSCHAUEN-0020.
    READ ADRDAT INTO W-ADR-SATZ AT END
         DISPLAY "Datei-Ende erreicht" AT 2301
         DISPLAY "Zur Fortsetzung" beliebige"
                 "Taste drücken"          AT 2401
         ACCEPT ENDE-KZ                   AT 1523
         GO TO ANSCHAUEN-9000
    END-READ.
```

11.1 Menü-Technik mit MS-COBOL

```cobol
        IF STATUS-KZ NOT = "00"
            MOVE FEHL-2 TO FEHLER-TEXT
            PERFORM STATUS-FEHLER
            CLOSE ADRDAT
            GO TO ANSCHAUEN-9999
        ELSE
            CONTINUE
        END-IF.
        DISPLAY MENUE-2.
        DISPLAY KUNDEN-NR           AT 0523.
        DISPLAY FAM-NAME            AT 0523.
        DISPLAY VORNAME             AT 0523.
        DISPLAY STRASSE             AT 0523.
        DISPLAY PLZ-ORT             AT 0523.
        DISPLAY GEB-DATUM           AT 0523.
        DISPLAY BERUF               AT 0523.
        MOVE SPACE TO ENDE-KZ.
        ACCEPT ENDE-KZ              AT 1523.
        IF ENDE-KZ = "J" OR "j"
            DISPLAY HINWEIS-1       AT 2401
            CLOSE ADRDAT
            GO TO ANSCHAUEN-9999
        ELSE
            CONTINUE
        END-IF.
        GO TO ANSCHAUEN-0020.
   ANSCHAUEN-9000.
        CLOSE ADRDAT.
   ANSCHAUEN-9999.
        EXIT.

   ERFASSEN SECTION.
   ERFASSEN-0010.
        DISPLAY SPACE UPON CRT.
        DISPLAY MENUE-2.
        ACCEPT  MENUE-2.
        WRITE ADRESS-SATZ FROM W-ADR-SATZ.
        IF F1-STATUS NOT = "00"
            MOVE FEHL-3 TO FEHLER-TEXT
            PERFORM STATUS-FEHLER
        ELSE
            CONTINUE
        END-IF.
        ADD 1 TO ZAE-1.
```

```
    ERFASSEN-9999.
       EXIT.

WARNUNG SECTION.
WARNUNG-0010.
    DISPLAY SPACE UPON CRT.
    DISPLAY SPACE TO ENDE-KZ.
    DISPLAY "Achtung, Datei existiert bereits!"
-           "Überschreiben (J/N) < >" AT 2401.
    ACCEPT ENDE-KZ              AT 2422.
    DISPLAY SPACE UPON CRT.
WARNUNG-9999.
    EXIT.

AUSWAHL-FEHLER SECTION.
AUSWAHL-0010.
    MOVE SPACE TO AUSWAHL-KZ.
    DISPLAY SPACE               AT 2401.
    DISPLAY FEHL-4              AT 2401.
    ACCEPT WEITER               AT 2475.
AUSWAHL-9999.
    EXIT.

STATUS-FEHLER SECTION.
STATUS-FEHLER-0010.
    MOVE SPACE TO AUSWAHL-KZ.
    DISPLAY SPACE               AT 2401.
    DISPLAY FEHLER-TEXT, F1-STATUS
            " Wenn weiter: RETURN" AT 2401.
    ACCEPT MENUE-2.
    DISPLAY SPACE               AT 2401.
STATUS-FEHLER-9999.
    EXIT.

PROTOKOLL-AUSGABE SECTION.
PROTOKOLL-0010.
    DISPLAY SPACE UPON CRT.
    MOVE ZAE-1 TO W-ANZAHL-ERFASST.
    ACCEPT W-DATUM FROM DATE.
    DISPLAY W-PROT-UE1          AT 0510.
    DISPLAY W-PROT-UE2          AT 0610.
    DISPLAY "Zur Fortsetzung beliebige"
-           "Taste drücken"     AT 2401.
    ACCEPT WEITER               AT 2475.
```

```
PROTOKOLL-9999.
   EXIT.

ENDE SECTION.
ENDE-0010.
   CLOSE ADRDAT.
   DISPLAY HINWEIS-1              AT 2301.
   DISPLAY "Zur Fortsetzung beliebige"
-          "Taste drücken"         AT 2401.
   ACCEPT WEITER                   AT 2475.
   DISPLAY SPACE UPON CRT.
ENDE-9999.
   EXIT.
```

11.2 Menü-Technik mit den Mitteln des ANSI-Standards unter VS COBOL II

Es wurde eingangs bereits dargelegt, daß im ANSI-Standard keinerlei verbindliche Norm für die Bildschirmansteuerung existiert. Für die Definition eines Menüs kann weder eine SCREEN SECTION verwendet, noch können die hilfreichen Zusätze einiger Hersteller zur ACCEPT- und DISPLAY-Anweisung angegeben werden.

Zur Ausgabe von Daten auf dem Bildschirm wird die DISPLAY-Anweisung mit der **UPON**-Angabe verwendet. Für die Dateneingabe wird dementsprechend die ACCEPT-Anweisung mit der **FROM**-Angabe codiert. **Eine Prüfung oder Aufbereitung der Daten findet im ANS-COBOL nicht statt. Die Einspeicherung erfolgt immer linksbündig.** Die nachfolgende einfache Dialog-Technik erfolgt auf der Grundlage des IBM-Compilers **VS COBOL II**.

Durch den **UPON**-Zusatz der DISPLAY-Anweisung wird eine systemlogische Ausgabe-Einheit benannt, die im Paragraphen SPECIAL-NAMES mit einem aussagefähigen Merknamen versehen werden kann. Analog dazu dient der **FROM**-Zusatz der ACCEPT-Anweisung zum Benennen einer systemlogischen Eingabe-Einheit, aus welcher die Daten eingelesen werden.

Soll ein Bildschirm vollständig unter einem Datennamen (Gruppenfeld) definiert und durch eine einzige DISPLAY-Anweisung ausgegeben werden, ist die logische Satzlänge der **Systemdatei SYSOUT** von 120 Bytes zu beachten (siehe Abschnitt DISPLAY-Anweisung). In die Ausgabestruktur sind deshalb FILLER-Bereiche einzufügen, die diese Satzlänge berücksichtigen (bei PC´s werden compilerabhängig bis zu 132 Bytes ausgegeben). Das recht mühsame Abzählen dieser FILLER-Bereiche in Gruppenfeldern kann zumindest teilweise umgangen werden, indem die Bildschirmzeilen einzeln definiert und durch genauso viele DISPLAY-Anweisungen ausgegeben werden (siehe Beispiel 15).

Nach dem ANSI-Standard kann der Cursor nicht positioniert werden. Das heißt, **die Dateneingabe kann nicht an einer vorbestimmten Stelle des Bildschirms erfolgen.** Wird eine ACCEPT-Anweisung ausgeführt, werden die ab der aktuellen Cursor-Position eingegebenen Daten in das angegebene Datenfeld übertragen. Die Eingabe der Daten wird abgebrochen, wenn das Feld vollständig mit Zeichen gefüllt oder die maximal zulässige Anzahl der Zeichen überschritten wurde.

Die Eingabe wird in jedem Fall durch Drücken der **RETURN-Taste** abgeschlossen. Nicht eingegebene Zeichen werden durch Leerstellen ersetzt.

Der Eingabebildschirm (ANSCHRIFTEN ERFASSEN), wie er in Beispiel 14 dargestellt wurde, kann in dieser Form nicht definiert werden, weil die aktuelle Cursor-Position nicht auf den Anfang der jeweiligen Eingabefelder positioniert werden kann. Die Daten müssen deshalb jeweils unterhalb der jeweiligen DISPLAY-Zeile von Byte 1 beginnend eingetastet werden (aktuelle Cursor-Position), was nachfolgende Abbildung verdeutlicht.

11.2 Menü-Technik mit den Mitteln des ANSI-Standard

```
                    ANSCHRIFTEN ERFASSEN
       KUNDEN-NR:
    XXXXXXXXX
       NAME:
    XXXXXXXXXXXXXXXXXXXXXXXXX
       VORNAME:
    XXXXXXXXXXXXXXXXXXXXXXXXX
       STRASSE:
    XXXXXXXXXXXXXXXXXXXXXXXXX
       PLZ/ORT:
    XXXXXXXXXXXXXXXXXXXXXXXXX
       GEBOREN AM:
    XXXXXX
       BERUF:
    XXXXXXXXXXXXXXXXXXXXXXXXX

       ENDE (J)      <.>
    X
```

Damit unter **VS COBOL II** ein einfacher Dialog durchgeführt werden kann, muß vor Ausführung des Programms der Bildschirm im **TSO** (TIME SHARING OPTION) den systemlogischen Dateien zugeordnet werden, was durch den **ALLOC**-Befehl möglich ist.

Soll für die DISPLAY-Anweisung SYSOUT und für die ACCEPT-Anweisung SYSIN verwendet werden, lautet die Zuordnung

```
        ALLOC    DD(SYSIN)     DSN (*)
        ALLOC    DD(SYSOUT)    DSN (*).
```

Da auch die Möglichkeit besteht, das Programm im TSO interaktiv über COBTEST laufen zu lassen, kann die Zuordnung (Allocation) im Menü "FOREGROUND COBOL 2 INTERACTIVE DEBUG" vorgenommen werden:

```
            SYSOUT    ===>    TERMINAL
            SYSIN     ===>    TERMINAL.
```

Beispiel 15:

Den Vorgaben der beiden nachfolgenden Bildschirmmasken entsprechend ist ein Datenerfassungsprogramm unter VS COBOL II zu erstellen. Vom Haupt-Menü aus soll in ein untergeordnetes Datenerfassungs-Menü verzweigt werden, welches die Verarbeitungsarten Datei "Anlegen", "Erweitern" und "Anschauen" (Blättern) enthält. Die E-/A-Datei soll sequentiell organisiert sein. Die Anzahl der erfaßten Datensätze ist in einem Protokoll auf dem Bildschirm auszugeben.

```
                    PROGRAMM DATSAM REL. 3.1

                         HAUPT-MENUE
                         ***********

    ANSCHRIFTEN

       (1)    DATEI ANLEGEN
       (2)    DATEI ERWEITERN
       (3)    DATEI ANSCHAUEN
       (4)    ENDE



    BITTE AUSWAHL ANGEBEN    ( )
```

```
                    ANSCHRIFTEN ERFASSEN

    KUNDEN-NR:
    NAME:
    VORNAME:
    STRASSE:
    PLZ/ORT:
    GEBOREN AM:
    BERUF:

    ENDE (J)
```

```
       IDENTIFICATION DIVISION.
       PROGRAM-ID.                 DATSAM.
      ****************************************************
      *TESTPROGRAMM DIALOG-ORIENTIERTE PROGRAMMIERUNG *
       NACH ANSI-STANDARD                               *
      ****************************************************
       ENVIRONMENT DIVISION.
       CONFIGURATION SECTION.
       SOURCE-COMPUTER.            IBM-370.
       OBJECT-COMPUTER.            IBM-370.
       SPECIAL-NAMES.
           SYSIN   IS BILDSCHIRM-EIN
           SYSOUT IS BILDSCHIRM-AUS.
       INPUT-OUTPUT SECTION.
       FILE-CONTROL.
           SELECT ADRDAT ASSIGN TO SYS010
                 FILE STATUS IS F1-STATUS.
       DATA DIVISION.
       FILE SECTION.
       FD  ADRDAT
           RECORDING MODE F
           RECORD CONTAINS 150
           LABEL RECORD OMITTED
           DATA RECORD ADR-SATZ.

       01  ADR-SATZ.
           05 KUNDEN-NR          PIC X(10).
           05 NAME               PIC X(25).
           05 VORNAME            PIC X(25).
           05 STRASSE            PIC X(25).
           05 PLZ-ORT            PIC X(25).
           05 GEB-DATUM          PIC X(6).
           05 BERUF              PIC X(25).
           05 FILLER             PIC X(9).

       WORKING-STORAGE SECTION.
       01  ZAE-1                 PIC 9(4) VALUE ZERO.
       01  AUSWAHL-KZ            PIC X    VALUE SPACE.
       01  STATUS-KZ             PIC XX.

       01  VERARB-ART-1          PIC X(15) VALUE
                                     "DATEI ANLEGEN".
       01  VERARB-ART-2          PIC X(15) VALUE
                                     "DATEI ERWEITERN".
```

```
       01  VERARB-ART-3            PIC X(15) VALUE
                                         "DATEI ANSCHAUEN".

       01  HINWEIS-TEXT            PIC X(80) VALUE SPACE.

       01  HINWEIS-1               PIC X(80) VALUE
           "ENDE DES PROGRAMMS DATSAM".

       01  HINWEIS-2               PIC X(80) VALUE
           "DATEI-ENDE ERREICHT, WENN WEITER: RETURN".

       01  FEHL-1                  PIC X(80) VALUE
           "OPEN-FEHLER ADRDAT, FILE STATUS IST: ".

       01  FEHL-2                  PIC X(80) VALUE
           "LESE-FEHLER ADRDAT, FILE STATUS IST: ".

       01  FEHL-3                  PIC X(80) VALUE
           "SCHREIB-FEHLER ADRDAT, FILE STATUS IST: ".

       01  FEHL-4                  PIC X(80) VALUE
           "AUSWAHL FALSCH, WENN WEITER: RETURN".

       01  FEHL-5                  PIC X(80) VALUE
           "ACHTUNG, DATEI EXISTIERT BEREITS. UEBERSC
      -    "HREIBEN (J/N)".

      ***************************************************
      *           DRUCKZEILEN PROTOKOLL                  *
      ***************************************************

       01  W-PROT-UE-1.
           05  FILLER              PIC X(25) VALUE SPACE.
           05  FILLER              PIC X(31) VALUE
               "PROTOKOLL PROG DATSAM, DATUM:".
           05  FILLER              PIC X     VALUE SPACE.
           05  W-DATUM             PIC 9(6)  VALUE ZERO.
           05  FILLER              PIC X(17) VALUE SPACE.

       01  W-PROT-UE-2.
           05  FILLER              PIC X(10) VALUE SPACE.
           05  FILLER              PIC X(9)  VALUE
               "ES WURDEN".
           05  FILLER              PIC X     VALUE SPACE.
```

11.2 Menü-Technik mit den Mitteln des ANSI-Standard

```
           05  W-ANZAHL-ERFASST     PIC 9(4)   VALUE ZERO.
           05  FILLER               PIC X      VALUE SPACE.
           05  FILLER               PIC X(14)  VALUE
               "SAETZE ERFASST".
           05  FILLER               PIC X(41)  VALUE SPACE.

      ****************************************************
      *       AUSGABEZEILEN ERFASSUNGS-MENUE              *
      *                                                   *
      *    DIE A-AUSGABEFELDER DIENEN ZUR BESSEREN        *
      *    DARSTELLUNG BEI DER VERARBEITUNGSART           *
      *    "ANSCHAUEN"                                    *
      ****************************************************
       01  ERFASSUNGS-MENUE.
           05  AUS-ZEILE-0.
               10  FILLER           PIC X(25)  VALUE SPACE.
               10  AUS-1            PIC X(15)  VALUE SPACE.

           05  AUS-ZEILE-1.
               10  FILLER           PIC X(25)  VALUE SPACE.
               10  FILLER           PIC X(20)  VALUE
                   "ANSCHRIFTEN ERFASSEN".

           05  AUS-ZEILE-2.
               10  FILLER           PIC X(9)   VALUE SPACE.
               10  FILLER           PIC X(10)  VALUE
                   "KUNDEN-NR:".
               10  FILLER           PIC X(5)   VALUE SPACE.
               10  A-KUNDEN-NR      PIC X(10)  VALUE SPACE.

           05  AUS-ZEILE-3.
               10  FILLER           PIC X(9)   VALUE SPACE.
               10  FILLER           PIC X(5)   VALUE
                   "NAME:".
               10  FILLER           PIC X(10)  VALUE SPACE.
               10  A-NAME           PIC X(25)  VALUE SPACE.

           05  AUS-ZEILE-4.
               10  FILLER           PIC X(9)   VALUE SPACE.
               10  FILLER           PIC X(8)   VALUE
                   "VORNAME:".
               10  FILLER           PIC X(7)   VALUE SPACE.
               10  A-VORNAME        PIC X(25)  VALUE SPACE.
```

```
        05  AUS-ZEILE-5.
            10  FILLER              PIC X(9)   VALUE SPACE.
            10  FILLER              PIC X(8)   VALUE
                "STRASSE:".
            10  FILLER              PIC X(7)   VALUE SPACE.
            10  A-STRASSE           PIC X(25)  VALUE SPACE.

        05  AUS-ZEILE-6.
            10  FILLER              PIC X(9)   VALUE SPACE.
            10  FILLER              PIC X(8)   VALUE
                "PLZ/ORT:".
            10  FILLER              PIC X(7)   VALUE SPACE.
            10  A-PLZ-ORT           PIC X(25)  VALUE SPACE.

        05  AUS-ZEILE-7.
            10  FILLER              PIC X(9)   VALUE SPACE.
            10  FILLER              PIC X(11)  VALUE
                "GEBOREN AM:".
            10  FILLER              PIC X(4)   VALUE SPACE.
            10  A-GEB-DATUM         PIC X(6)   VALUE SPACE.

        05  AUS-ZEILE-8.
            10  FILLER              PIC X(9)   VALUE SPACE.
            10  FILLER              PIC X(6)   VALUE
                "BERUF:".
            10  FILLER              PIC X(9)   VALUE SPACE.
            10  A-BERUF             PIC X(25)  VALUE SPACE.

        05  AUS-ZEILE-9.
            10  FILLER              PIC X(9)   VALUE SPACE.
            10  FILLER              PIC X(8) VALUE
                "ENDE (J )".

   ******************************************************
   *                    AUSGABESATZ                      *
   ******************************************************

    01  A1-ADR-SATZ                 VALUE SPACE.
        05  A1-KUNDEN-NR            PIC X(10).
        05  A1-NAME                 PIC X(25).
        05  A1-VORNAME              PIC X(25).
        05  A1-STRASSE              PIC X(25).
        05  A1-PLZ-ORT              PIC X(25).
        05  A1-GEB-DATUM            PIC X(6).
```

11.2 Menü-Technik mit den Mitteln des ANSI-Standard

```cobol
       05 A1-BERUF            PIC X(25) VALUE SPACE.

PROCEDURE DIVISION.
STEUERUNG SECTION.
STEUERUNG-0010.
    PERFORM HAUPT-MENUE.
    PERFORM AUSWAHL
         UNTIL AUSWAHL-KZ = "4".
    STOP RUN.
STEUERUNG-9999.
    EXIT.

AUSWAHL SECTION.
AUSWAHL-0010.
    EVALUATE AUSWAH1-KZ
       WHEN "1" PERFORM ANLEGEN
       WHEN "2" PERFORM ERWEITERN
       WHEN "3" PERFORM ANSCHAUEN
       WHEN "4" PERFORM ENDE
       WHEN OTHER PERFORM AUSWAHL-FEHLER
    END-EVALUATE.
    PERFORM HAUPT-MENUE.
AUSWAHL-9999.
    EXIT.

HAUPT-MENUE SECTION.
HAUPT-MENUE-0010.
    DISPLAY "PROGRAMM DATSAM REL. 3.1"
                           UPON BILDSCHIRM-AUS.
    DISPLAY SPACE          UPON BILDSCHIRM-AUS.
    DISPLAY SPACE          UPON BILDSCHIRM-AUS.
    DISPLAY "HAUPT-MENUE"  UPON BILDSCHIRM-AUS.
    DISPLAY "***********" UPON BILDSCHIRM-AUS.
    DISPLAY SPACE          UPON BILDSCHIRM-AUS.
    DISPLAY SPACE          UPON BILDSCHIRM-AUS.
    DISPLAY "(1)    DATEI ANLEGEN" UPON
                               BILDSCHIRM-AUS.
    DISPLAY "(2)    DATEI ERWEITERN" UPON
                               BILDSCHIRM-AUS.
    DISPLAY "(3)    DATEI ANSCHAUEN" UPON
                               BILDSCHIRM-AUS.
    DISPLAY "(4)    ENDE"          UPON
                               BILDSCHIRM-AUS.
    DISPLAY "BITTE AUSWAHL ANGEBEN" UPON
```

```
                              BILDSCHIRM-AUS.
    ACCEPT AUSWAHL-KZ         FROM BILDSCHIRM-EIN.
HAUPT-MENUE-9999.
    EXIT.

***************************************************
*     ERSTMALIGES ANLEGEN DER DATEI ADRDAT         *
*                                                  *
*   EINE BEREITS EXISTIERENDE DATEI KANN           *
*   VERSEHENTLICH UEBERSCHRIEBEN WERDEN. DESHALB*
*   WIRD ADRDAT MIT OPEN INPUT GEOEFFNET. IST      *
*   DER FILE STATUS GLEICH "00" WIRD EINE WARN-    *
*   MELDUNG AUSGEGEBEN.                            *
***************************************************
ANLEGEN SECTION.
ANLEGEN-0010.
    MOVE VERARB-ART-1 TO AUS-1.
    OPEN INPUT ADRDAT.
    IF Fl-STATUS = "00"
       PEFORM WARNUNG
    ELSE
       CONTINUE
    END-IF.
    CLOSE ADRDAT.
    IF AUSWAHL-KZ = "N"
       GO TO ANLEGEN-9999
       IF AUSWAHL-KZ = "J"
          NEXT SENTENCE
          ELSE
              PERFORM AUSWAHL-FEHLER
       END-IF
    END-IF.
    OPEN OUTPUT ADRDAT.
    PERFORM ERFASSEN WITH TEST AFTER
            UNTIL AUSWAHL-KZ = "J".
    PERFORM PROTOKOLL.
    DISPLAY HINWEIS-1 UPON BILDSCHIRM-AUS.
    CLOSE ADRDAT.
ANLEGEN-9999.
    EXIT.

*************************************************
*   ERWEITERN EINER BEREITS BESTEHENDEN DATEI    *
*************************************************
```

11.2 Menü-Technik mit den Mitteln des ANSI-Standard

```
 ERWEITERN SECTION.
 ERWEITERN-0010.
     MOVE VERARB-ART-2 TO AUS-1.
     OPEN EXTEND ADRDAT.
     IF F1-STATUS NOT = "00"
        MOVE FEHL-1 TO HINWEIS-TEXT
        PERFORM STATUS-FEHLER
        GO TO ERWEITERN-9999
     END-IF.
     MOVE SPACE TO A-KUNDEN-NR, A-NAME,
                   A-VORNAME,   A-STRASSE,
                   A-PLZ-ORT,   A-GEB-DATUM,
                   A-BERUF.
     PERFORM ERFASSEN WITH TEST AFTER
             UNTIL AUSWAHL-KZ = "J".
     PERFORM PROTOKOLL.
     DISPLAY HINWEIS-1 UPON BILDSCHIRM-AUS.
     CLOSE ADRDAT.
 ERWEITERN-9999.
     EXIT.

************************************************
*       ANSCHAUEN (BLAETTERN) DER DATEI         *
************************************************
 ANSCHAUEN SECTION.
 ANSCHAUEN-0010.
     MOVE VERARB-ART-3 TO AUS-1.
     OPEN INPUT ADRDAT.
     IF F1-STATUS NOT = "00"
        MOVE FEHL-1 TO HINWEIS-TEXT
        PERFORM STATUS-FEHLER
        GO TO ANSCHAUEN-9000
     END-IF.

 ANSCHAUEN-0020.
     READ ADRDAT AT END GO TO ANSCHAUEN-9000
     END-READ.
     IF F1-STATUS NOT = "00"
        MOVE FEHL-3 TO HINWEIS-TEXT
        PERFORM STATUS-FEHLER
        CLOSE ADRDAT
        GO TO ANSCHAUEN-9999
     END-IF.
```

```
        MOVE KUNDEN-NR TO A-KUNDEN-NR.
        MOVE NAME       TO A-NAME.
        MOVE VORNAME    TO A-VORNAME.
        MOVE STRASSE    TO A-STRASSE.
        MOVE PLZ-ORT    TO A-PLZ-ORT.
        MOVE GEB-DATUM  TO A-GEB-DATUM.
        MOVE BERUF      TO A-BERUF.

        DISPLAY AUS-ZEILE-0 UPON BILDSCHIRM-AUS.
        DISPLAY AUS-ZEILE-1 UPON BILDSCHIRM-AUS.
        DISPLAY AUS-ZEILE-2 UPON BILDSCHIRM-AUS.
        DISPLAY AUS-ZEILE-3 UPON BILDSCHIRM-AUS.
        DISPLAY AUS-ZEILE-4 UPON BILDSCHIRM-AUS.
        DISPLAY AUS-ZEILE-5 UPON BILDSCHIRM-AUS.
        DISPLAY AUS-ZEILE-6 UPON BILDSCHIRM-AUS.
        DISPLAY AUS-ZEILE-7 UPON BILDSCHIRM-AUS.
        DISPLAY AUS-ZEILE-8 UPON BILDSCHIRM-AUS.
        DISPLAY AUS-ZEILE-9 UPON BILDSCHIRM-AUS.
        DISPLAY SPACE        UPON BILDSCHIRM-AUS.
        ACCEPT AUSWAHL-KZ    FROM BILDSCHIRM-EIN.
        IF AUSWAHL-KZ = "J"
           DISPLAY HINWEIS-1 UPON BILDSCHIRM-AUS
           CLOSE ADRDAT
           GO TO ANSCHAUEN-9999
        END-IF.
        GO TO ANSCHAUEN-0020.
    ANSCHAUEN-9000.
        DISPLAY HINWEIS-2 UPON BILDSCHIRM-AUS.
        CLOSE ADRDAT.
    ANSCHAUEN-9999.
        EXIT.

 **************************************************
 *              DATENERFASSUNG                    *
 **************************************************
   ERFASSEN SECTION.
   ERFASSEN-0010.
        DISPLAY AUS-ZEILE-0 UPON BILDSCHIRM-AUS.
        DISPLAY SPACE        UPON BILDSCHIRM-AUS.
        DISPLAY AUS-ZEILE-1 UPON BILDSCHIRM-AUS.
        DISPLAY SPACE        UPON BILDSCHIRM-AUS.
        DISPLAY SPACE        UPON BILDSCHIRM-AUS.
        DISPLAY SPACE        UPON BILDSCHIRM-AUS.
        DISPLAY AUS-ZEILE-2 UPON BILDSCHIRM-AUS.
```

11.2 Menü-Technik mit den Mitteln des ANSI-Standard

```
        ACCEPT A1-KUNDEN-NR  FROM BILDSCHIRM-EIN.
        DISPLAY AUS-ZEILE-3  UPON BILDSCHIRM-AUS.
        ACCEPT A1-NAME       FROM BILDSCHIRM-EIN.
        DISPLAY AUS-ZEILE-4  UPON BILDSCHIRM-AUS.
        ACCEPT A1-VORNAME    FROM BILDSCHIRM-EIN.
        DISPLAY AUS-ZEILE-5  UPON BILDSCHIRM-AUS.
        ACCEPT A1-STRASSE    FROM BILDSCHIRM-EIN.
        DISPLAY AUS-ZEILE-6  UPON BILDSCHIRM-AUS.
        ACCEPT A1-PLZ-ORT    FROM BILDSCHIRM-EIN.
        DISPLAY AUS-ZEILE-7  UPON BILDSCHIRM-AUS.
        ACCEPT A1-GEB-DATUM  FROM BILDSCHIRM-EIN.
        DISPLAYAUS-ZEILE-8   UPON BILDSCHIRM-AUS.
        ACCEPT A1-BERUF      FROM BILDSCHIRM-EIN.
        DISPLAY SPACE        UPON BILDSCHIRM-AUS.
        DISPLAY SPACE        UPON BILDSCHIRM-AUS.
        DISPLAY AUS-ZEILE-9  UPON BILDSCHIRM-AUS.
        ACCEPT AUSWAHL-KZ    FROM BILDSCHIRM-EIN.

    WRITE ADR-SATZ FROM A1-ADR-SATZ.
    ADD 1 TO ZAE-1.
ERFASSEN-9999.
    EXIT.

WARNUNG SECTION.
WARNUNG-0010.
    DISPLAY FEHL-5       UPON BILDSCHIRM-AUS.
    ACCEPT AUSWAHL-KZ    FROM BILDSCHIRM-EIN.
WARNUNG-9999.
    EXIT.

AUSWAHL-FEHLER SECTION.
AUSWAHL-FEHLER-0010.
    MOVE SPACE TO AUSWAHL-KZ.
    DISPLAY FEHL-4 UPON BILDSCHIRM-AUS.
AUSWAHL-9999.
    EXIT.

STATUS-FEHLER SECTION.
STATUS-FEHLER-0010.
    DISPLAY HINWEIS-TEXT, F1-STATUS UPON
                          BILDSCHIRM-AUS.
STATUS-FEHLER-9999.
    EXIT.
```

```
PROTOKOLL SECTION.
PROTOKOLL-0010.
    MOVE ZAE-1 TO W-ANZAHL-ERFASST.
    ACCEPT W-DATUM FROM DATE.
    DISPLAY W-PROT-UE1 UPON BILDSCHIRM-AUS.
    DISPLAY W-PROT-UE2 UPON BILDSCHIRM-AUS.
PROTOKOLL-9999.
    EXIT.

ENDE SECTION.
ENDE-0010.
    DISPLAY HINWEIS-1 UPON BILDSCHIRM-AUS.
ENDE-9999.
    EXIT.
```

Wird das Programm DATSAM in der vorstehend angegebenen Form ausgeführt, wird man bemerken, daß sich das Erfassungs-Menü, einschließlich aller Hinweise und Nachrichten, nach jedem Datensatz bzw. jeder Ausgabe nach unten verschiebt. Der Bildschirm rollt. Dieser unschöne Effekt wird dadurch verursacht, daß bei der Definition der Menüs bzw. der Hinweise nicht alle 25 Zeilen des Bildschirms durch DISPLAY belegt wurden. Da bei der DISPLAY-Anweisung ein gesteuerter Bildschirmvorschub (neues Blatt) nicht möglich ist, müssen die restlichen, nicht belegten Bildschirmzeilen mit DISPLAY SPACE gefüllt werden, was z. B. über einen Zeilenzähler gesteuert werden könnte. Das erweißt sich allerdings wegen der einzubeziehenden Warnmeldungen als schwierig.

Hinweis:

Unter MS-COBOL konnten die restlichen, nicht ausgegebenen Bildschirmzeilen durch die Anweisung DISPLAY SPACE AT zeilennummer/spaltennummer belegt werden.

Aus den vorangegangenen Problemen erkennt man, daß mit den Mitteln des ANSI-Standards ein Bildschirm-Dialog nur in eingeschränkter unbefriedigender Form möglich ist. Bleibt zu hoffen, daß die Bildschirmpositionierung im nächsten COBOL-Standard eine angemessene Berücksichtigung findet.

12 Grundlagen der strukturierten Programmierung

Die strukturierte Programmierung ist eine Methode der Programmentwicklung, mit deren Hilfe man ein globales System durch stufenweise Aufteilung in immer kleinere Einheiten (Modulen) zerlegt. Zielsetzung ist die Entwicklung übersichtlicher, wartungsfreundlicher Programme, deren Steuer-Logik einfach nachzuvollziehen ist. Der Vorteil eines strukturierten Programms besteht vor allem darin, daß man es anstelle eines großen unübersichtlichen Systems mit einer bestimmten Anzahl von kleinen überschaubaren Einheiten zu tun hat. Diese Modulen sind leichter zu codieren und auszutesten als das globale Gesamtprogramm.

Strukturierte Programme entsprechen in allen wichtigen Regeln der von IBM publizierten **Systems Application Architecture (SAA)**. Das vom SAA-Standard verfolgte Hauptziel liegt allerdings auf der freien Übertragbarkeit der Programme auf andere Rechner und Betriebssysteme.

12.1 Der logische Aufbau eines strukturierten Programms

Grundprinzip der strukturierten Programmierung ist das stufenweise Auflösen eines globalen Systems in immer detailliertere hierarchisch gegliederte Untersysteme. Jedes Untersystem wird als Strukturblock behandelt, wobei das globale System genauso als Strukturblock aufzufassen ist wie die Untersysteme, in die es aufgelöst wird. Die hierarchische Auflösung kann theoretisch bis zu einer Stufe führen, in denen die Strukturblöcke den separaten Anweisungen entsprechen. In den meisten Fällen wird man jedoch einen Strukturblock so behandeln, als sei er ein eigenständiger Paragraph oder eine SECTION im fertigen COBOL-Programm.

Jeder Strukturblock darf immer nur einen Eingang und einen Ausgang besitzen. Er repräsentiert eine in sich geschlossene Funktion, die ihn von anderen Blöcken der *gleichen* Hierarchiestufe vollkommen unabhängig macht. Das Programm gewinnt dadurch nicht nur an logischer Klarheit, was das Testen vereinfacht, sondern bei späteren Programmänderungen können ganze Moduln problemlos ausgetauscht werden.

Bei einem strukturierten Programm wird an die Regelung des Steuerflusses strenge Maßstäbe gelegt. Die hierarchisch gegliederten funktionellen Strukturen dürfen immer nur durch eine einfache, *abwärts* gerichtete Steuerlogik aktiviert werden. **Ein Rückverzweigen in Stufen höherer Hierarchie ist grundsätzlich nicht gestattet**, es sei denn über die Rücksprungadresse einer PERFORM-Anweisung. Da ein Modul darüber hinaus immer nur einen Eingang und einen Ausgang besitzen darf, wird auch der Gebrauch der GO TO-Anweisung drastisch eingeschränkt. Ein Hin- und Herspringen zwischen den Blöcken ist nicht mehr möglich.

Die meisten Programme bestehen aus einem **Rahmenprogramm** und einer Anzahl von hierarchisch untergeordneten Prozeduren. Das Rahmenprogramm setzt sich aus den drei folgenden Moduln zusammen:

Eingangs-Modul   Haupt-Modul   Schluß-Modul.

Der Aufruf des Eingangs- und Schluß-Moduls erfolgt nur vom Haupt-Modul aus. Eine Verzweigung aus beiden Moduln heraus findet nicht statt.

Der **Eingangs-Modul** beinhaltet die Anweisungen zum Öffnen sämtlicher E-/A-Dateien und die Abfrage nach dem FILE STATUS. Oft wird hier auch die Anfangswertzuweisung und das Einlesen bestimmter Vorlauf-Parameter untergebracht.

12.1 Der logische Aufbau eines strukturierten Programms

Der **Schluß-Modul** wird nur bei Programm-Ende aufgerufen. In ihm sind hauptsächlich die Anweisungen zum Schließen der E-/A-Dateien enthalten.

Im **Haupt-Modul** sind alle CALL- und/oder PERFORM-Aufrufe für die unmittelbar untergeordneten Moduln, einschließlich des Eingangs- und Schluß-Moduls enthalten. Es enthält als letzte Anweisung STOP RUN.

Nachfolgendes Beispiel zeigt die physische und logische Struktur eines einfachen OUTPUT-Programms.

Beispiel 1:

Physische Struktur

IDENTIFICATION DIVISION
ENVIRONMENT DIVISION
DATA DIVISION
DECLARATIVES
Haupt-Modul
Eingangs-Modul
Schluß-Modul
Prozedur-1
Prozedur-2
Prozedur-3
Prozedur-4
Prozedur-5
Prozedur-6
Prozedur-7
Prozedur-8

Die PROCEDURE DIVISION ist aufgeteilt in die DECLARATIVES und den Haupt-, Eingangs- und Schluß-Modul. Sie enthält 8 Prozeduren.

Logische Struktur

```
┌─────────┐     ┌─────────┐     ┌─────────┐
│Eingangs-│─────│ Haupt-  │─────│ Schluß- │
│ Modul   │     │ Modul   │     │ Modul   │
└─────────┘     └────┬────┘     └─────────┘
                     │
                     ├──────┬─────────┐
                     │      │ PROC-1  │
                     │      └────┬────┘
                     │           ├─────────┐
                     │           │ PROC-2  │
                     │           └─────────┘
                     │           ┌─────────┐
                     │           │ PROC-3  │
 Haupt-              │           └─────────┘
 Steuerung           │
                     │      ┌─────────┐
                     ├──────│ PROC-4  │
                     │      └────┬────┘
                     │           ├─────────┐
                     │           │ PROC-5  │
                     │           └────┬────┘
                     │                │    ┌─────────┐
                     │                └────│ PROC-2  │
                     │                     └─────────┘
                     │           ┌─────────┐
                     │           │ PROC-6  │
                     │           └─────────┘
                     │      ┌─────────┐
                     └──────│ PROC-7  │
                            └────┬────┘
                                 └────┬─────────┐
                                      │ PROC-8  │
                                      └─────────┘
```

Aus diesem Beispiel lassen sich folgende modulare Beziehungen ableiten:

- Der Haupt-Modul ruft die Eingangs- und Schluß-Routine sowie die Prozeduren PROC-1, PROC-4 und PROC-7 direkt auf. Diese Moduln stehen in der Hierarchie auf der höchsten Stufe. Sie bilden die Hauptsteuerung des Programms.
- PROC-1 ruft PROC-2 und PROC-3 auf,
- PROC-4 ruft PROC-5 und PROC-6 auf,
- PROC-5 ruft PROC-2 auf,
- PROC-7 ruft PROC-8 auf.

12.1 Der logische Aufbau eines strukturierten Programms

Nach den Grundregeln der strukturierten Programmierung muß der Steuerfluß immer von einem Strukturblock höherer Hierarchie zu einem mit niederer Hierarchie fließen. Das bedeutet z. B., daß PROC-2 nicht PROC-5 oder PROC-4 aufrufen darf, denn PROC-2 ist ein strukturelles Untersystem von PROC-5 und PROC-5 wiederum eines von PROC-4. PROC-5 und PROC-2 dagegen sind gemeinsame Untersysteme von PROC-4. Eine übergeordnete Routine ist immer als Steuer-Modul für die in der Hierarchie unmittelbar nachfolgende Routine anzusehen.

12.1.1 Der Haupt-Modul

Der Haupt-Modul repräsentiert die oberste Hierarchiestufe in der Programmstruktur. Hier werden sämtliche Anweisungen für die Hauptsteuerung des Programms zusammengefaßt, was die wichtigsten Wechselwirkungen auf einen Blick verdeutlicht. Zu Beginn des Programmlaufs wird die Steuerung vom Betriebssystem an den Haupt-Modul übergeben. Der Haupt-Modul steuert daraufhin direkt die Moduln der 2. Hierarchiestufe. Das können zum Beispiel sein

- Moduln zum Öffnen und Schließen aller E-/A-Dateien;
- Moduln für die Initialisierung;
- Moduln für die Entscheidungslogik (Abfrage der Gruppenbegriffe);
- Moduln für das Lesen;
- Moduln für die Verarbeitungsschleifen usw.
- sonstige Moduln, z.B. für Unterstützungsoperationen.

Endet der Programmlauf "normal", wird die Steuerung vom Haupt-Modul an das System zurückgegeben. Die Steuerung darf nur dann von einem *untergeordneten* Modul an das System übergehen, wenn das Programm "abnormal" beendet wurde (siehe dazu auch die Ausführungen unter Kapitel 7.1 Die Struktur der PROCEDURE DIVISION).
Nachfolgendes Beispiel zeigt einen einfachen Haupt-Modul mit klassischen Programmfunktionen:

Beispiel 2:

```
A000-HAUPTSTEUERUNG SECTION.
A010-HAUPTST-ANFANG.
    PERFORM OEFFNEN.
    PERFORM INITIALISIEREN.
    PERFORM AUSWAHL.
    PERFORM VERARBEITEN
        UNTIL DATEI-ENDE.
    PERFORM PROTOKOLL.
    PERFORM ENDE.
A999-HAUPTST-ENDE.
    STOP RUN.
```

12.2 COBOL-Tools für die strukturierte Programmierung

Es gibt einige COBOL-Sprachelemente, welche die strukturierte Programmierung wesentlich unterstützen:

- Die **EVALUATE**-Anweisung ist ein wichtiges Hilfsmittel, um CASE-Strukturen aufzulösen. Damit entfallen die Nachteile, die beim Einsatz der GO TO ··· DEPENDING ON-Anweisung entstehen.

- **In-Line-PERFORM**-Anweisungen erlauben "DO"-Konstruktionen, die in Form von PERFORM-Blöcken genau an den Stellen des Programms eingesetzt werden können, an denen sie benötigt werden.

- In PERFORM-Anweisungen lassen sich durch die Angaben **WITH TEST BEFORE** und **WITH TEST AFTER** DOWHILE- und DOUNTIL-Schleifen realisieren.

- **END-Begrenzer** (z. B. END-IF, END-PERFORM usw.) erlauben einen optimalen Einsatz geschachtelter Bedingungs-Anweisungen.

Die Anwendung dieser Tools wird bei der Behandlung der Strukturblöcke erläutert.

12.3 Allgemeine Regeln und Empfehlungen zur Erstellung eines strukturierten Programms

1. Ein strukturiertes Programm sollte nach der **Top-Down-Methode** erstellt werden, d.h. von oben nach unten. Diese Vorgehensweise entspricht auch den geforderten abwärts gerichteten Steuerfluß.

2. Das Programm ist in hierarchisch gegliederte **Strukturblöcke** aufzuteilen, die weitgehenst voneinander unabhängig sind. Ein Strukturblock darf nur einen Eingang und einen Ausgang besitzen.

3. Der **Steuerfluß** zwischen den Strukturblöcken muß immer von oben nach unten gerichtet sein. Jeder Strukturblock darf nur zum nächsten Block verzweigen, der in der Hierarchie eine Stufe niedriger liegt. Ein Rückverzweigen in einen hierarchisch übergeordneten Block ist grundsätzlich nicht gestattet. Ausgenommen davon ist die implizite PERFORM-Rückverzweigung über die hinterlegte Rücksprungadresse.

4. Jeder Strukturblock repräsentiert eine weitgehenst **unabhängige Funktion**, was nicht nur das Testen vereinfacht, sondern auch spätere Programmänderungen erleichtert. Das bedeutet z. B., daß kein Strukturblock einen Schalter setzen darf, der in einem anderen Strukturblock verarbeitet wird.

5. **CASE-Strukturen** sind mit der **EVALUATE**-Anweisung aufzulösen. Durch den Einsatz von GO TO ··· DEPENDING ON können Fehler entstehen, die oft nur unter großem zeitlichen Aufwand zu debuggen sind.

6. **PERFORM THRU**-Aufrufe sollten weitgehenst vermieden werden, weil dadurch Moduln mehr oder weniger stark miteinander verkoppelt werden. Zu Problemen kann das führen, wenn ein Modul geändert wird, ohne die Einwirkung auf die anderen Moduln dabei zu berücksichtigen.

7. Zur besseren Verständlichkeit und Abgrenzung der logischen Funktionen sollten in IF-Anweisungen **Leerzweige** eingesetzt werden, falls diese Zweige keine Anweisungen enthalten. Besonders bei geschachtelten IF-Anweisungen ist **CONTINUE** gegenüber **NEXT SENTENCE** zu bevorzugen, weil dadurch der Leerzweig mit END-IF abgeschlossen werden darf.

8. Der Einsatz der **ALTER**-Anweisung ist in jedem Fall zu vermeiden. Durch ALTER kann ein Paragraphen-Name geändert werden, zu welchem die Kontrolle durch GO TO übergeben wird. Wird die Anweisung dennoch verwendet, was nie zwingend erforderlich ist, sollte ein Zähler eingerichtet werden, der anzeigt, ob die ALTER-Anweisung ausgeführt wurde oder nicht. Fehler, die durch ALTER entstehen, sind oft nur sehr schwer zu beheben.

9. Ein Bediener-Dialog sollte nicht mit **STOP** *literal* eingeleitet werden. Die Anweisung ist stark maschinenabhängig, was den Austausch von Programmen zwischen verschiedenen Systemen erschwert. Statt dessen kann man mit DISPLAY bzw. ACCEPT arbeiten.

10. Alle Anweisungen sollten mit einen Punkt oder einem entsprechenden END-Begrenzer abgeschlossen werden, sofern sie nicht Teil einer zusammengesetzten Anweisungsfolge sind (z. B. bei einem In-Line-PERFORM).

11. Jede Datenvariable ist grundsätzlich nur für *eine* Funktion zu verwenden. Es kann zu unkontrollierbaren, schwer zu beseitigenden Fehlern führen, wenn der gleiche Speicherbereich für mehrere Variable benutzt wird.

12.3 Allgemeine Regeln und Empfehlungen

12. Allen Datenfeldern in der WORKING-STORAGE SECTION oder LINKAGE SECTION sollte ein Anfangswert zugewiesen werden, was z. B. mit der VALUE-Klausel oder INITIALIZE-Anweisung geschehen kann.

12.3.1 Maßnahmen zur Verbesserung der Lesbarkeit des Quell-Programms

Ein wesentliches Element der strukturierten Programmierung ist die gute Lesbarkeit des Quell-Programms, die durch folgende Maßnahmen verbessert werden kann:

- Paragraphen-Namen sind durch **Präfixe** und durch ergänzende **Suffixe** eindeutig zu kennzeichnen. Aus der Kennzeichnung sollte der strukturierte Aufbau der PROCEDURE DIVISION hervorgehen (siehe Kennzeichnung der Paragraphen-Namen).

- Paragraphen- und SECTION-Namen sollten immer auf **separaten Zeilen** codiert werden.

- **Paragraphen** sollten nicht mehr als eine Listen-Seite einnehmen. Größere Paragraphen sind entsprechend aufzuteilen.

- Ist die Anweisungsfolge eines mit PERFORM aufzurufenden Paragraphen kurz, ist die **In-Line-Codierung** zu bevorzugen.

- **PICTURE**-Klauseln sind auf einer eingerückten Linie linksbündig auszurichten.

- **VALUE**-Klauseln, die nicht auf einer Zeile untergebracht werden können, sind auf separaten Zeilen anzugeben. Dadurch wird eine Zeilen-Fortsetzung (Bindestrich in Stelle 7) in den meisten Fällen vermieden.

- Jede Anweisung sollte grundsätzlich auf **Stelle 12** beginnen. Anweisungen, die aus mehreren Teilen bestehen, sind nach logischen

Gesichtspunkten einzurücken. Das gilt auch für Anweisungen, die mehr als eine Zeile belegen.

- Zwischen den einzelnen Paragraphen sollte je eine **Leerzeile** eingefügt werden, was den strukturellen Charakter des Programms unterstreicht. Bei größeren Programmen empfiehlt es sich, diese Leerzeilen als Kommentarzeilen zu kennzeichnen (Verbesserung der Laufzeiteffizienz).

- Der **Prozedurteil** (PROCEDURE DIVISION) sollte in der Umwandlungsliste auf einer neuen Seite beginnen (z. B. durch "/" in Stelle 7).

- Die logische Funktion struktureller Einheiten sollte durch vorausgehende **Kommentarzeilen** hinreichend erläutert werden.

12.3.2 Kennzeichnung der Paragraphen-Namen

Paragraphen-Namen sollten so vergeben werden, daß man aus ihnen die Funktion des Paragraphen erkennen kann. Sie müssen besonders bei größeren Programmen mit **Präfixen** und ergänzenden **Suffixen** gekennzeichnet werden. Präfixe sind ein wichtiges Hilfsmittel zur hierarchischen Gliederung der Strukturblöcke. Aus einem Präfix sollte eindeutig die Hierarchie-Stufe des Paragraphen hervorgehen. Das heißt, beginnt ein Paragraph mit **A**, gehört er zur Stufe 1, beginnt er mit **B**, gehört er zur Stufe 2 usw. Paragraphen, die von allen anderen Paragraphen gleichermaßen mitbenutzt werden (z. B. Druck-Routinen), kann man die letzten Buchstaben des Alphabets zuordnen, also **X**, **Y**, **Z**. Werden einem Präfix drei- oder vierstellige **Ziffernfolgen** angehängt, wird das spätere Auffinden eines bestimmten Paragraphen erleichtert. Die aufwärts gerichteten Ziffernfolgen sollten in **10er-** oder **100er Schritten** angegeben werden. Damit lassen sich nicht nur in der Entwurfsphase, sondern auch bei späteren Programmänderungen Paragraphen problemlos einfügen.

12.3.3 Der eingeschränkte Gebrauch von GO TO

Der stark eingeschränkte Gebrauch der GO TO-Anweisung ergibt sich vor allem aus der wichtigen Regel, daß ein Strukturblock immer nur einen Eingang und einen Ausgang besitzen darf. Diese Forderung ist auch auf das Gesamtprogramm anzuwenden, welches ebenfalls als globaler Strukturblock zu verstehen ist. Daraus läßt sich ableiten, daß die logische Verknüpfung der Strukturblöcke mit GO TO nicht mehr zulässig ist. Dieses Verbot wird allerdings von genau definierten Ausnahmen durchbrochen, die aus dem historischen Wachsen von COBOL zu verstehen sind.

1. *Innerhalb* eines Strukturblocks darf bei einer Schleifenbildung mit GO TO auf den Schleifenanfang zurückverzweigt werden. Das sind in der Regel "Schleifen mit freier Endebedingung" (DOWHILE-Schleifen), wie sie beim Lesen einer Datei bis zum Dateiende (EOF) vorkommen.

2. Wird bei bedingten Abfragen das Dateiende oder der Fehlerfall festgestellt, darf mit GO TO zum Ausgang des Strukturblocks oder zum Ausgang des Programms verzweigt werden. Die Verzweigung ist jedoch grundsätzlich nur in Vorwärtsrichtung erlaubt.

3. CASE-Strukturen dürfen mit GO TO ··· DEPENDING ON aufgelöst werden. Alle Zweige der CASE-Struktur müssen jedoch am Ende wieder zu einem gemeinsamen Ausgang führen. Mit Einführung des **ANS-1985** sollte statt GO TO ··· DEPENDING ON die EVALUATE-Anweisung verwendet werden.

Der Gebrauch von GO TO verleitet einen Programmierer nicht nur zur unstrukturierten und damit fehleranfälligen Programmierung, sondern der Anweisung lastet auch ein anderes Problem an, auf welches bereits R. Lawrence Clark in *"A Linguistic Contribution to Goto-less Programming"*, Datamation, Dez. 1973, aufmerksam machte. Dazu sollen folgende GO TO-Verzweigungen betrachtet werden:

```
IF bedingung-1
    unbedingte anweisungen-1
    GO TO prozedur-1
ELSE
    CONTINUE
END-IF.
IF bedingung-2
    unbedingte anweisungen-2
    GO TO prozedur-1
ELSE
    CONTINUE
END-IF.
```

Es kann bei diesen GO TO-Verzweigungen nicht sicher festgestellt werden, woher der Steuerfluß kommt, wenn er auf *prozedur-1* trifft. Dafür kommen mehrere Möglichkeiten in Frage. Kommt er

- von einer der *unbedingten* Anweisungen?
- Von der 1. GO TO-Anweisung?
- Von der 2. GO TO-Anweisung?
- oder von einer anderen Anweisung?

Der Gebrauch der GO TO-Anweisung sollte aus diesen Gründen weitgehend vermieden werden. Die Programme werden dadurch transparenter und weniger fehleranfällig (siehe dazu auch die Ausführungen von G. R. Rogers in "COBOL-Handbuch"; Oldenbourg Verlag, 1990).

12.3.4 Der Programmentwurf im Strukturtext

Der erste Schritt, ein strukturiertes Programm zu erstellen, ist die Aufteilung des globalen Programmiervorhabens in detaillierte Verarbeitungsschritte. Die Zerlegung erfolgt dabei in immer feinere hierarchisch gegliederte Strukturen, die durch verbale **Strukturtext-Anweisungen** (Pseudo-Code) beschrieben werden. Durch diese Vorgehensweise erhält man aus einer komplexen Gesamtaufgabe eine überschaubare Anzahl von Teilaufgaben, die als Grundlage für das spätere Erstellen des Quell-Textes in COBOL dienen. Die Teilaufgaben sollten

12.3 Allgemeine Regeln und Empfehlungen

durch den Strukturtext so umfassend beschrieben werden, daß daraus die Verarbeitungslogik eindeutig erkennbar ist.

Ein allgemeingültiger Syntax für den Strukturtext existiert leider noch nicht. In nachfolgender Zusammenstellung sind die am häufigsten verwendeten Syntax-Elemente für die Grundsteuerungsfunktionen aufgeführt. Die programmtechnische Realisierung der Grundsteuerungsfunktionen wird im Kapitel "Struktogramm-Technik" behandelt.

Steuerungs-funktion	Strukturtext	
Folge (Sequenz)	DO END	Name *Funktion-1* Name

Bedingte Verzweigung (Selektion)	IF
	ELSE
	ENDIF
		Bedingung
		Funktion-1
		Funktion-2

Schleife (Iteration)	DOWHILE ENDDO	Bedingung *Funktion-1*
	DOUNTIL ENDDO	Bedingung *Funktion-1*

Mehrfachauswahl (CASE)	CASE
	  CASE-1:
	  CASE-2:
	  CASE-3:
	  CASE-n:
	ENDCASE
		Bedingung
		Funktion-1
		Funktion-2
		Funktion-3
		Funktion-n

Um auf einen zentralen Algorithmus zurückzugreifen, der an anderer Stelle vollständig beschrieben ist, verwendet man das Syntax-Element **"INCLUDE"** (füge ein). INCLUDE entspricht damit in seiner Funktion einem Outline-PERFORM.

Für **CASE-Unterscheidungen** mit EVALUATE können auch folgende Strukturtextangaben gemacht werden:

```
EVALUATE    Auswahl-Subjekt
   WHEN     Auswahl-Objekt-1
            Funktion-1
   WHEN     Auswahl-Objekt-2
            Funktion-2
   WHEN     Auswahl-Subjekt-n
            Funktion-n
   WHEN     OTHERWISE
            Funktion-m
ENDEVALUATE
```

Bei der freien Formulierung des Strukturtextes sind dem Vorgeber oder Programmierer keine engen Grenzen gesetzt. Es sei jedoch noch einmal darauf hingewiesen, daß daraus die Verarbeitungslogik eindeutig und unmißverständlich hervorgehen muß. Aus diesem Grund sollten folgende Regeln beachtet werden:

- alle Schlüsselwörter, wie z.B. **DO, ENDDO, CASE, PERFORM-UNTIL** usw. sind in Großbuchstaben zu schreiben.

- Namen zentraler Algorithmen, Prozedurnamen oder Namen von Folgen usw., die aus mehr als einem Wort bestehen, werden durch Bindestriche miteinander verbunden. Um herauszustellen, daß es sich bei diesen Namen um einen festen Bestandteil der Informationsstruktur handelt, können sie in Anführungszeichen bzw. Hochkommata gesetzt werden.

- Der freie Text kann in Groß-/Kleinschreibung abgefaßt werden. Es ist jedoch auch die ausschließliche Kleinschreibung möglich.

12.3 Allgemeine Regeln und Empfehlungen

Beispiel:

Steuerung Section:
```
Setzen S-Kein-Fehler auf "wahr"
PERFORM Lesen-Vorlaufkarten
IF S-Kein-Fehler
   PERFORM Initialisieren
   PERFORM Öffnen-Eingabe-Datei
ELSE
   IF S-Kein-Fehler
      PERFORM Zwischen-Datei erstellen
   ELSE
      IF S-Auswahl-Satzart
         PERFORM Lesen-Eingabe-Datei
            UNTIL Satzart-Zu-Ende oder EOF
      ELSE
         PERFORM Lesen-Eingabe-Datei
      ENDIF
      PERFORM-UNTIL S-EOF

         PERFORM Verarbeitung
         PERFORM Nachlesen-Eingabe-Datei
      ENDPERFORM
   ENDIF
   PEFORM Schliessen-Eingabedatei
ENDIF
Programmlauf beenden
```

Verarbeitung Section:
```
IF Satzart in Vorlaufkarte = leer
   EVALUATE Satzart
      WHEN 01   PERFORM Listen-Kopf
                PERFORM Verarbeiten-SA01
      WHEN 02   PERFORM Verarbeiten-SA02
      WHEN 03   PERFORM Verarbeiten-SA03
      WHEN 04   PERFORM Verarbeiten-SA04
      WHEN OTHER  PERFORM Falsche-Satzart
   ENDEVALUATE
ELSE
   IF Satzart = in VK angegebene Satzart
      PERFORM Auswahl-Satzart
   ENDIF
ENDIF
...
```

12.4 Struktogramm-Technik

Die Prinzipien der strukturierten Programmierung lassen sich am besten durch die Struktogramm-Technik nach *Nassi-Shneidermann* verdeutlichen. Ein strukturelles Programm-Modul entspricht dabei genau der Darstellung eines Strukturblocks des Struktogramms. **Ein Verstoß gegen die Regeln der strukturierten Programmierung findet immer dann statt, wenn die Anweisungsfolge eines Programm-Moduls keinem Struktogramm-Block entspricht.**

Sämtliche Anweisungen eines Programms lassen sich in drei fundamentale Steuerungsstrukturen aufteilen:

1. **Sequenz** (Folge):
   Mit Sequenz bezeichnet man eine Anweisungsfolge unterschiedlicher Struktur und Komplexität, die sequentiell einmal durchlaufen wird. Eine Verzweigung findet nicht statt.

2. **Selektion** (Auswahl):
   Durch eine Selektion werden zwei alternative Auswahlmöglichkeiten festgelegt, die von einer oder mehreren Bedingungen abhängig sind und den Wahrheitswert "JA" oder "NEIN" annehmen können.

3. **Iteration** (Wiederholung):
   Iteration bedeutet, daß eine Programmfunktion (Schleife) so lange ausgeführt wird, bis eine oder mehrere Abbruchbedingungen erfüllt sind.

Aus der Selektion geht eine besondere Steuerstruktur hervor, die mit Einführung des **ANS-1985** an Bedeutung gewonnen hat. Es ist die **CASE**-Struktur (Fall-Unterscheidung), bei der in Abhängigkeit einer oder mehrerer Bedingungsvariablen eine von mehreren alternativen Funktionen zur Ausführung kommt.

Die einzelnen Steuerungsfunktionen werden im Struktogramm immer durch *abgeschlossene* Strukturblöcke dargestellt. Jeder Block besitzt

12.4 Struktogramm-Technik

einen **Eingang** (Oberkante) und einen **Ausgang** (Unterkante). Die strukturierte Programmierung kennt insgesamt 6 fundamentale Strukturblöcke, mit denen sich die drei Steuerungsfunktionen verdeutlichen lassen. Nachfolgend werden diese Strukturblöcke kurz beschrieben.

12.4.1 Einfacher Strukturblock

Ein einfacher Strukturblock repräsentiert immer eine einzelne Anweisung, die innerhalb des Blocksymbols zu beschreiben ist.

Symbol:

Werden einfache Strukturblöcke kantendeckend zusammengefügt, erhält man einen zusammengesetzten Strukturblock, der eine **Sequenz** bezeichnet. Eine Sequenz ist damit eine einfache Anweisungsfolge, die keine Verzweigungspunkte bzw. Sprungbefehle enthält.

Beispiel 2:

Schreiben Ausgabesatz

Übertragen SPACE → Ausgabesatz
Schreiben Ausgabesatz aus WORK-Bereich
Addieren + 1 → Zeilenzähler

Die Umsetzung des Strukturblocks in den Quell-Code kann wie folgt angegeben werden:

```
MOVE SPACE TO R2-SATZ.
WRITE R2-SATZ FROM W2-SATZ.
ADD 1 TO ZEI-ZAE.
```

12.4.2 Bedingungs-Strukturblock

Der Bedingungs-Block basiert wie der CASE-Block auf einer Auswahlstruktur. Im Gegensatz zum CASE-Block findet jedoch nur eine **Einfachverzweigung** statt, wie sie sich am einfachsten mit der IF-Anweisung als **IF-THEN-ELSE**-Struktur realisieren läßt.

Symbol:

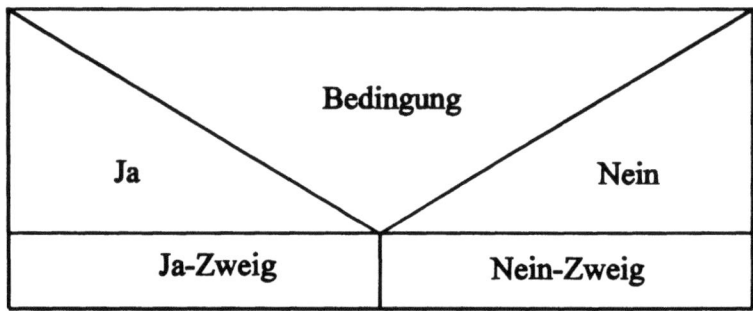

Aufgrund der Bedingungsauswertung wird der JA- oder NEIN-Zweig durchlaufen. Beide Zweige stellen selbst wieder mindestens einfache Strukturblöcke dar, die auch als Leerzweige realisierbar sind. Sie führen am Ende des Blocks zum gemeinsamen Ausgang.

Auf die klare Formulierung der Bedingung muß sorgfältig geachtet werden. So ist z. B. zu prüfen, ob eine zusätzliche bedingte Verzweigung durch einen logischen Ausdruck ersetzt werden kann. Das folgende Beispiel soll diese Problematik verdeutlichen.

Beispiel 3:
```
IF BETRAG GREATER OR EQUAL VAR-MIN
    IF BETRAG LESS OR EQUAL VAR-MAX
        MOVE ZERO TO ERSTATTUNG
    END-IF
END-IF.
```

Diese IF-Schachtelung kann ersetzt werden durch den klarer formulierten Ausdruck

12.4 Struktogramm-Technik

```
IF BETRAG LESS VAR-MAX OR GREATER VAR-MIN
   CONTINUE
ELSE
   MOVE ZERO TO ERSTATTUNG
END-IF.
```

Beispiel 4:

In Abhängigkeit eines Statistik-Kennzeichens (STATISTIK-KZ = K) wird für einen festen Kundenstamm bei der Rechnungsschreibung ein Rabatt-Betrag gewährt. Das Struktogramm ist nachfolgender Abbildung zu entnehmen

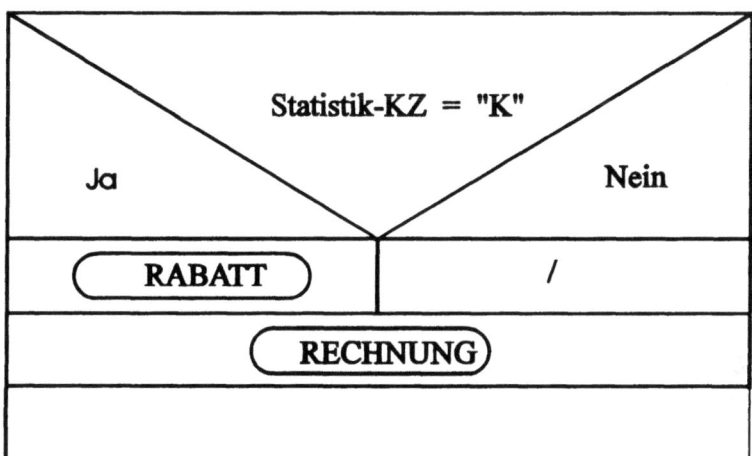

Die Umsetzung in den Quell-Code lautet:

```
IF STAT-KZ = K
   PERFORM RABATT
ELSE
   CONTINUE
END-IF
PERFORM RECHNUNG
...
```

Die Strukturblöcke mit der Bezeichnung RABATT und RECHNUNG sind **"Prozeduraufruf-Strukturblöcke"**, also Routinen, die durch PERFORM oder CALL aufgerufen werden (siehe Prozeduraufruf-Strukturblock).

12.4.3 CASE-Strukturblock

Ein CASE-Block repräsentiert Fallunterscheidungen, wobei in alternativer Abhängigkeit vom Wert einer oder mehrerer Bedingungsvariablen eine Funktion zur Ausführung kommt.

Symbol:

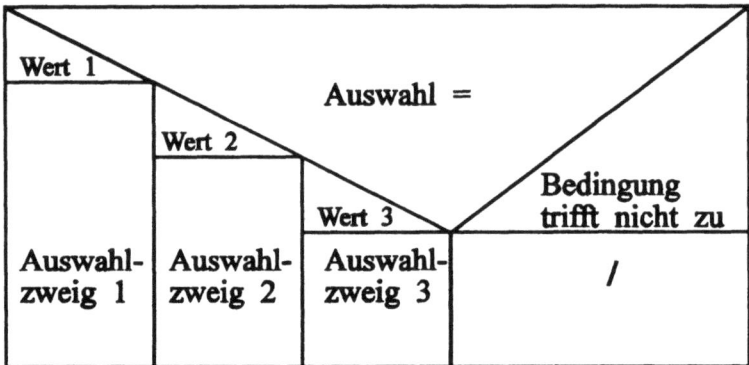

Obwohl die einzelnen Auswahlzweige für sich allein mindestens einen einfachen Strukturblock darstellen, führen sie am Ausgang des Blocks in jedem Fall wieder zusammen. Die gemeinsame Unterkante der Auswahlzweige ist deshalb als einziger gemeinsamer Ausgang zu verstehen.

Man unterscheidet bei einem CASE-Block zwischen einer **Einfachverzweigung** und einer **Mehrfachverzweigung**. Während bei einer Einfachverzweigung die Bedingung zwei Werte annehmen kann (JA oder NEIN), wird bei einer Mehrfachverzweigung der Inhalt einer Bedingungsvariablen nach mehreren alternativen Werten abgefragt. Nach dem Durchlaufen des entsprechenden Zweiges wird der CASE-Block verlassen.

Einfache CASE-Unterscheidungen werden in der Regel durch IF-Anweisungen realisiert. Hängt die Ablaufsteuerung jedoch nicht nur von einer einzigen Bedingung ab, sondern soll in Abhängigkeit vom Wert einer Variablen nach vielen Prozeduren verzweigt werden, verliert das

12.4 Struktogramm-Technik

Quellprogramm durch die IF-Schachtelungen zunehmend an Klarheit und Übersichtlichkeit. Die Anwendung entspricht dann zwar immer noch einem CASE-Block, die Zielsetzung der strukturierten Programmierung wird dadurch jedoch in Frage gestellt.

Bis zur Einführung des **ANS-1985** wurden CASE-Probleme mit zahlreichen Unterscheidungen durch die **GO TO ... DEPENDING ON**-Anweisung gelöst. Damit läßt sich in Abhängigkeit einer Variablen zu mehreren alternativen Prozeduren verzweigen. Mit GO TO ··· DEPENDING ON läßt sich jedoch eine CASE-Struktur nicht direkt auflösen. Außerdem ist eine parallele Abfrage mehrerer Bedingungen nicht möglich.

Nachfolgendes Beispiel zeigt die Auflösung einer CASE-Struktur mit GO TO ··· DEPENDING ON:

Beispiel 5:

```
AUSWAHL SECTION.
D010-AUSW.
    GO TO PROC-1
           PROC-2
           PROC-3 DEPENDING ON SATZART.
    PERFORM FEHLER-1.
    GO TO PROC-4.
 :
PROC-1.
    PERFORM VERARBEITUNG01
    GO TO PROC-4.

PROC-2.
    PERFORM VERARBEITUNG-02
    GO TO PROC-4.

PROC-3.
    PERFORM VERARBEITUNG-03
    GO TO PROC-4.

PROC-4.
    EXIT.
```

Mit Einführung des **ANS-1985** läßt sich eine CASE-Struktur mit der **EVALUATE**-Anweisung direkt auflösen. Damit wird auch der Einsatz der GO TO-Anweisung des Formats 1 überflüssig, mit welcher am Ende jeder aufgerufenen Prozedur zur ersten Anweisung zurückverzweigt wird, die GO TO ··· DEPENDING ON folgt.
Für Beispiel 5 kann angegeben werden.

```
EVALUATE SATZART
    WHEN 01 PERFORM PROC-1
    WHEN 02 PERFORM PROC-2
    WHEN 03 PERFORM PROC-3
    WHEN OTHER PERFORM FEHLER-1
END-EVALUATE.
```

Wird das Subjekt der EVALUATE-Anweisung auf TRUE gesetzt, kann man in modifizierter Form schreiben.

```
EVALUATE TRUE
    WHEN SATZART = 01   PERFORM PROC-1
    WHEN SATZART = 02   PERFORM PROC-2
    WHEN SATZART = 03   PERFORM PROC-3
    WHEN OTHER          PERFORM FEHLER-1
END-EVALUATE
```

Das Struktogramm für diese CASE-Struktur kann wie folgt angegeben werden.

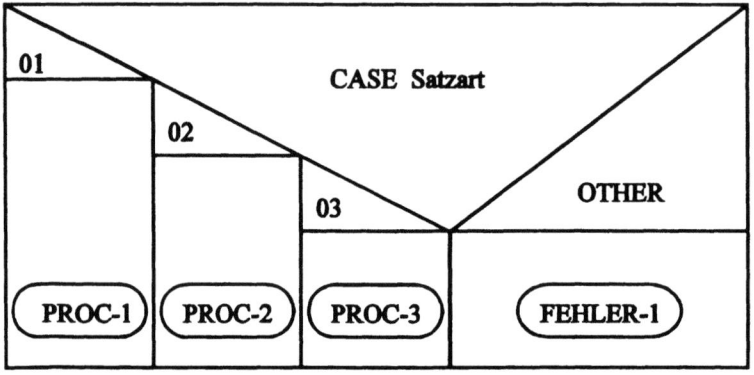

12.4 Struktogramm-Technik

EVALUATE ist eine wichtige Anweisung zur Unterstützung der strukturierten Programmierung. Damit werden nicht nur GO TO-Anweisungen überflüssig, sondern die Verarbeitung entspricht auch genau dem Durchlauf durch den CASE-Strukturblock.

Werden für die Auflösung eines CASE-Blocks geschachtelte IF-Anweisungen verwendet, sollte der Gültigkeitsbereich jeder einzelnen Anweisung durch **END-IF** begrenzt werden. Besonders dem Abschluß der inneren IF-Anweisungen mit END-IF kommt eine besondere Bedeutung zu. Wird hier versehentlich ein Punkt gesetzt, wird die gesamte IF-Anweisung dadurch abgeschlossen und die Kontrolle geht an die nächste Anweisung über, die der äußeren IF-Anweisung folgt.

Beispiel 6:

```
IF SATZART = 0
    PERFORM PROC-1
ELSE
    IF SATZART = 02
        PERFORM PROC-2
    ELSE
        IF SATZ-ART = 03
            PERFORM PROC-3
        ELSE
            CONTINUE
        END-IF
    END-IF
END-IF.
PERFORM FEHLER-1.
```

Beispiel 7:

Der nachfolgend angegebene Programmabschnitt zeigt geschachtelte IF-Anweisungen zur Auflösung von CASE-Strukturen. Sind die Bedingungen für einen einzelnen Block erfüllt, wird durch GO TO zum gemeinsamen Ausgang verzweigt. An diesem Beispiel soll noch einmal gezeigt werden, wie geschachtelte IF-Anweisungen mit GO TO-Verzweigungen durch EVALUATE ersetzt werden können.

```
WORKING-STORAGE SECTION.
01  FELD-1.
    05 KENNUNG           PIC X(5).
    05 SA                PIC 99.

01  FELD-2.
    05 STAT-KZ           PIC X(3) OCCURS 10.
...

PROCEDURE DIVISION.
...
PRUEFEN SECTION.
VERARB-TEST-ANFANG.
    IF KENNUNG = "EINS"
       IF SA = 01
          MOVE SPACE TO STAT (1)
       END-IF
       GO TO VERARB-TEST-ENDE.
    IF KENNUNG = "ZWEI"
       IF SA = 02
          MOVE SPACE TO STAT (2)
       END-IF
       GO TO VERARB-TEST-ENDE.
    IF KENNUNG = "DREI"
       IF SA = 03
          MOVE SPACE TO STAT(3)
       END-IF
       GO TO VERARBT-TEST-ENDE.
...
VERARB-TEST-ENDE.
    EXIT.
...
    STOP RUN.
```

Der Programmabschnitt erscheint auf den ersten Blick gut gegliedert und widerspricht nicht den Regeln der strukturierten Programmierung. Nach den vorangegangenen Empfehlungen sollte er jedoch strukturell optimiert werden. Die einzelnen CASE-Strukturen können zu einem einzigen Block zusammengefaßt und direkt mit der EVALUATE-Anweisung aufgelöst werden. Dadurch entfallen auch die GO TO-Sprünge zum gemeinsamen Ausgang der Einzelstrukturen.

12.4 Struktogramm-Technik

```
PRUEFEN SECTION.
VERARB-TEST-ANFANG.
    EVALUATE TRUE
    WHEN KENNUNG = "EINS"
        IF SA = 01
            MOVE SPACE TO STAT-KZ (1)
        END-IF
    WHEN KENNUNG = "ZWEI"
        IF SA = 02
            MOVE SPACE TO STAT-KZ (2)
        END-IF
    WHEN KENNUNG = "DREI"
        IF SA = 03
            MOVE SPACE TO STAT-KZ (3)
        END-IF
...
END-EVALUATE.

VERARB-TEST-ENDE.
    EXIT.
...
    STOP RUN.
```

Für das letzte Beispiel kann folgendes Struktogramm angegeben werden:

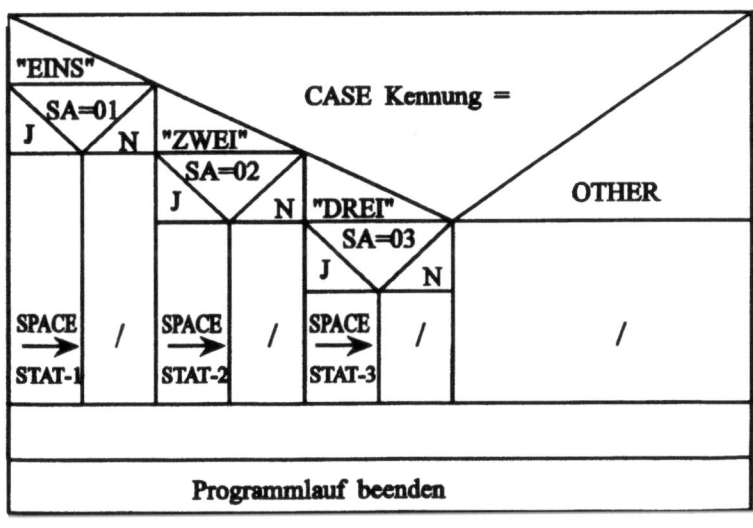

12.4.4 CYCLE-Strukturblock

Der CYCLE-Block ist ein **Schleifenstruktur-Block**, der die Wiederholung einer Funktion in Abhängigkeit einer Bedingung bezeichnet. Der Block beginnt mit einer Anweisungsfolge, die oft mehrere Abbruchbedingungen enthält. Während des Schleifendurchlaufs werden die Abbruchbedingungen geprüft. Trifft eine Bedingung zu, wird die Schleife verlassen und die Steuerung dem nächsten Block übergeben.

Symbol:

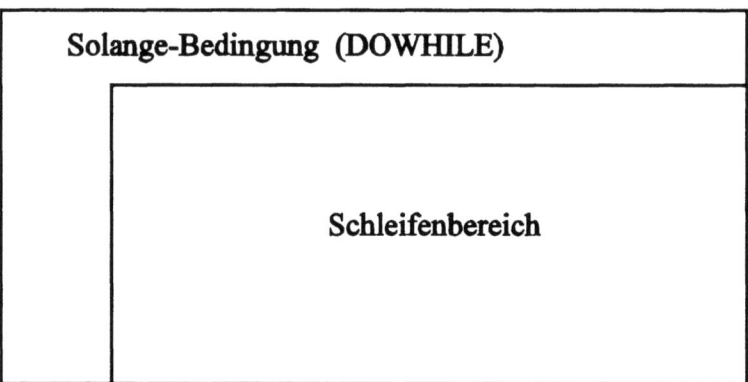

Die Abfragelogik der Schleifenbedingung kann vor dem Schleifendurchlauf (PERFORM WITH TEST BEFORE oder innerhalb der Schleife realisiert werden (PERFORM WITH TEST AFTER). Dementsprechend läßt sich der CYCLE-Block mit zwei unterschiedlichen Schleifenformen angegeben, der **DOWHILE-** und der **DOUNTIL-**Schleife.

Schleifenstrukturen sollten durch **PERFORM UNTIL** realisiert werden, was das strukturierte Programmieren wesentlich unterstützt. Als Inline-PERFORM können diese Strukturen dann die folgenden Formen besitzen:

- PERFORM **WITH TEST BEFORE** UNTIL *abbruchbedingung*
    unbedingte anweisung(en)
  END-PERFORM.

- PERFORM **WITH TEST AFTER** UNTIL *abbruchbedingung*
    unbedingte anweisung(en)
  END-PERFORM.

DOWHILE-Schleife

Wird der CYCLE-Block in seiner ursprünglichen Form realisiert, liegt eine DOWHILE-Schleife vor. DOWHILE (DO-WHILE) läßt sich formal übersetzen mit *"führe aus, solange die Schleifenbedingung anhält"*. Das bedeutet, die Schleife wird solange durchlaufen, bis die "Ende-Bedingung" erfüllt ist. Die Ausführungsbedingung wird dabei immer *vor* dem Schleifendurchlauf geprüft. Diese Form des CYCLE-Blocks repräsentiert eine **"Schleife mit freier Endebedingung"**, wie sie zum Beispiel beim Lesen einer Datei bis zum Datei-Ende (EOF) vorkommt.

Schleifen mit freier Ende-Bedingung werden auf herkömmliche Art oft mit **GO TO** programmiert.

Beispiel 8:

```
PROCEDURE DIVISION.
A010.
    OPEN INPUT   EINDAT
         OUTPUT  AUSDAT.

A020.
    READ EINDAT
        AT END GO TO E999.
    PERFORM VERARBEITEN.
    GO TO A020.
...
E999.
    CLOSE EINDAT AUSDAT
    ...
    STOP RUN.
```

Der Quell-Code für dieses Beispiel wurde aus folgendem Struktogramm hergeleitet.

580 12 Grundlagen der strukturierten Programmierung

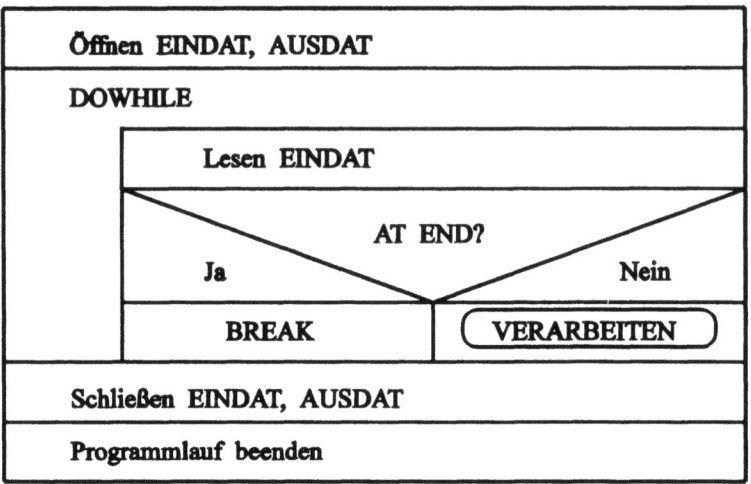

Aus diesem Beispiel ist noch einmal zu ersehen, daß GO TO nicht von vornherein gegen die Regeln der strukturierten Programmierung verstößt. Ist die Abbruchbedingung erfüllt, wird der CYCLE-Block über einen **BREAK-Block** verlassen. BREAK bedeutet in diesem Sinne, die Schleife zu "*unterbrechen*". Der BREAK-Block muß im Struktogramm immer dann angegeben werden, wenn bei einer DOWHILE-Schleife die Abbruchbedingung erfüllt ist und mit einem GO TO-Sprung der CYCLE-Block verlassen werden soll. DOWHILE-Schleifen sollten jedoch mit der Anweisung **PERFORM UNTIL** realisiert werden, die ein wichtiges Sprachelement zur Unterstützung der strukturierten Programmierung ist. Das letzte Beispiel kann durch Anwendung von PERFORM UNTIL wie folgt modifiziert werden.

```
PROCEDURE DIVISION.
A010.
    OPEN INPUT   EINDAT
         OUTPUT  AUSDAT.
    MOVE "F" TO EOF-KZ.
    READ EINDAT
        AT END MOVE "T" TO EOF-KZ
    END-READ
    PERFORM VERARBEITEN
        UNTIL EOF-KZ = "T".
...
```

12.4 Struktogramm-Technik

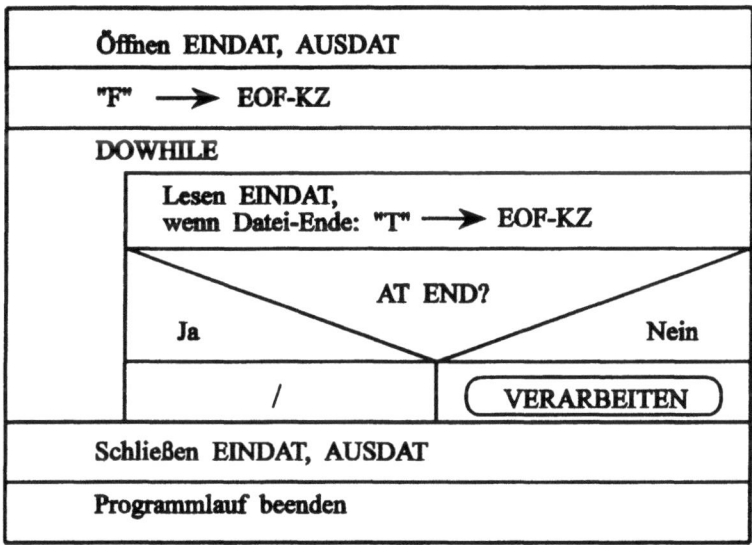

Wird bei einer DOWHILE-Schleife mit PERFORM UNTIL explizit oder implizit **WITH TEST BEFORE** unterstellt, findet die Bedingungsprüfung vor dem Schleifendurchlauf statt. Ist die Abbruchbedingung bereits zu Beginn erfüllt, wird die Schleife kein einziges Mal durchlaufen, obwohl das vielleicht erforderlich ist. Andererseits erhält man eine unendliche Schleife, wenn die Abbruchbedingung nie erfüllt ist. Das bedeutet, daß bei Anwendung der DOWHILE-Schleife die Abbruchbedingung besonders sorgfältig formuliert sein muß, wenn der CYCLE-Block korrekt durchlaufen werden soll.

DOUNTIL-Schleife

Wird der CYCLE-Strukturblock mit PERFORM **WITH TEST AFTER** realisiert, entspricht das einer DOUNTIL-Schleife (*"führe aus, bis die Endebedingung erfüllt ist"*). WITH TEST AFTER bewirkt, daß die Bedingungsprüfung *innerhalb* der Schleife durchgeführt wird. Im Gegensatz zu DOWHILE wird bei DOUNTIL die Schleife also mindestens einmal durchlaufen, bevor die Abbruchbedingung wirksam werden kann. Das heißt, ist die Bedingung bereits vor der Durchführung erfüllt, wird die Schleife trotzdem einmal durchlaufen.

Führt eine DOUNTIL-Schleife deshalb zu falschen Ergebnissen, kann sie als bedingte Schleife ausgeführt werden, indem der Nulldurchlauf mit einer IF-Anweisung gesteuert wird. Eine derartige Abfrage könnte folgendermaßen aussehen:

```
IF S-ERSTMALS = "0"
    CONTINUE
ELSE
    PERFORM VERARBEITEN WITH TEST AFTER
        UNTIL S-ENDE = "J"
END-IF.
```

Der CYCLE-Block für eine DOUNTIL-Schleife hat folgende Form:

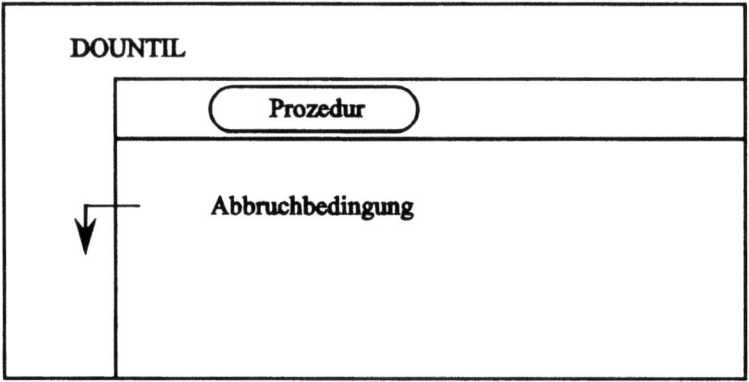

12.4.4.1 Realisierung eines CYCLE-Blocks durch das IN-LINE-PERFORM

Das traditionelle **Outline-PERFORM** erfordert einen impliziten Zweig zu einem oder mehreren Paragraphen und ein implizites Rückverzweigen. Liegt die angesteuerte Prozedur im sequentiellen Steuerfluß, wird sie einmal durchlaufen. Um diese ungewollte Ausführung zu verhindern, wird die Prozedur außerhalb des normalen sequentiellen Steuerflusses gelegt. Mit Einführung des **ANS-1985** können mit PERFORM auszuführende Schleifen auch innerhalb des sequentiellen Steuerflusses liegen. Dieses **Inline-PERFORM** ist ein nicht zu unterschätzendes Hilfsmittel zur Unterstützung der strukturierten Pro-

12.4 Struktogramm-Technik

grammierung, weil dadurch die Schleife an genau die Stelle des Programms gesetzt werden kann, an der sie benötigt wird. Die Anweisungen eines Inline-PERFORM müssen **unbedingte Anweisungen** sein. Werden bedingte Anweisungen verwendet, müssen sie durch die entsprechenden END-Begrenzer in unbedingte Anweisungen umgewandelt werden. **Die Anweisungsfolge ist stets mit END-PERFORM abzuschließen.**

Ob ein Inline- oder Outline-PERFORM verwendet wird, hängt von einigen Faktoren ab:

- Benötigt man die gleiche Anweisungsfolge an mehreren Stellen des Programms, wird man in der Regel ein Outline-PERFORM einsetzen.

- Die Lesbarkeit eines Quellprogramms nimmt ab, wenn sehr große Anweisungsfolgen inline codiert werden. Ist die Anweisungsfolge auf mehrere Seiten der Umwandlungsliste verteilt, ist die Schleife als Outline-PERFORM zu realisieren.

- Die Verarbeitungseffizienz eines Inline-PERFORM ist etwas größer als die eines Outline-PERFORM, weil die Verzweigung unter Hinterlegung der Rücksprungadresse entfällt. Man sollte jedoch der Effizienz in diesem Fall eine untergeordnete Bedeutung beimessen und die Lesbarkeit des Programms in den Vordergrund stellen.

Beispiel 9:

Das nachfolgend angegebene Programm-Segment HAUPT-ROUTINE beinhaltet eine PERFORM/CASE-Struktur mit einem schaltergesteuerten Inline-PERFORM. Durch die Angabe WITH TEST AFTER findet die Bedingungsprüfung in der Schleife statt. Setzt man den Schalter S-1 vor dem Schleifendurchlauf auf ZERO, wird die Schleife genau einmal durchlaufen. Wird S-1 während der Ausführung auf ZERO gesetzt, bricht der Schleifendurchlauf ab und die Steuerung geht zur nächsten Anweisung über, die der PERFORM/CASE-Struktur folgt.

```
HAUPT-ROUTINE.
    IF bedingung-1
        PERFORM PROC-1
    ELSE
        PEFORM PROC-2
        MOVE 2 TO S-1
    END-IF
    PERFORM WITH TEST AFTER
        UNTIL S-1 = ZERO
        EVALUATE TRUE
            WHEN S-1 = 1
                PEFORM
                    UNTIL S-1 NOT = 1
                    IF bedingung-2
                        MOVE 1 TO S-1
                    ELSE
                        PERFORM PROC-1
                    END-IF
                END-PERFORM
            WHEN S-2 = 2
                ...
        END-EVALUATE
    END-PERFORM.

SCHLUSS-ROUTINE.
...
PROC-1.
    MOVE ZERO TO S-1.

PROC-2.
    MOVE 1 TO S-2.
    PERFORM WITH TEST AFTER
        UNTIL S-2 NOT = 1
    ...
```

Es ist empfehlenswert, am Ende jeder Prozedur einen **EXIT-Paragraphen** einzufügen, welcher den einzigen Ausgang eines Strukturblocks adressierbar macht. Damit lassen sich PERFORM-Anweisungen sicher schachteln, was ansonsten wegen gemeinsamer Rückverzweigungspunkte problematisch sein kann. Die Kompatibilität eines Programms zu anderen Compilern wird dadurch erhöht.

12.4.5 Prozeduraufruf-Strukturblock

Der Prozeduraufruf-Block symbolisiert eine durch PERFORM aufgerufene Prozedur. Er wird deshalb oft in einem Ja- oder Nein-Zweig einer Bedingungsstruktur angegeben.

Symbol:

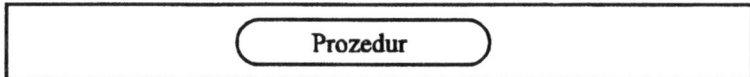

Beispiel 10:

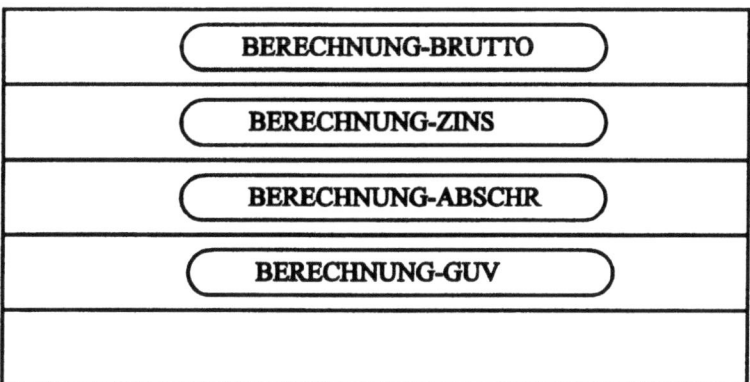

Das Struktogramm kann in folgende Anweisungen umgesetzt werden:

```
PERFORM C010-BERECHNUNG-BRUTTO.
PERFORM C020-BERECHNUNG-ZINS.
PERFORM C030-BERECHNUNG-GUV.
...
```

Liegen die Paragraphen in lückenloser Reihenfolge vor, vereinfacht sich das Struktogramm durch eine Zusammenfassung der Prozeduren (PERFORM THRU):

```
        PERFORM C010-BERECHNUNG-BRUTTO
            THRU C030-BERECHNUNG-GUV.
...
```

Es wird jedoch in den meisten Fällen zweckmäßiger sein, eine derartige Prozedurenkette als eigenständige SECTION aufzurufen. Dadurch entfallen auch die THRU-Angaben.

12.4.6 BREAK-Strukturblock

Ein CYCLE-Block repräsentiert in seiner ursprünglichen Form immer eine "Schleife mit freier Endebedingung" (DOWHILE). Ist die Abbruchbedingung erfüllt, muß in diesem Fall mit **GO TO** der CYCLE-Block verlassen werden. Im Struktogramm wird dieser Vorwärtssprung durch den BREAK-Block realisiert. Da eine derartige Schleife sich auch durch **PERFORM UNTIL** realisieren läßt, sollte der BREAK-Block im Programmentwurf und damit die Codierung mit GO TO *nicht* verwendet werden.

Symbol:

Beispiel 11:

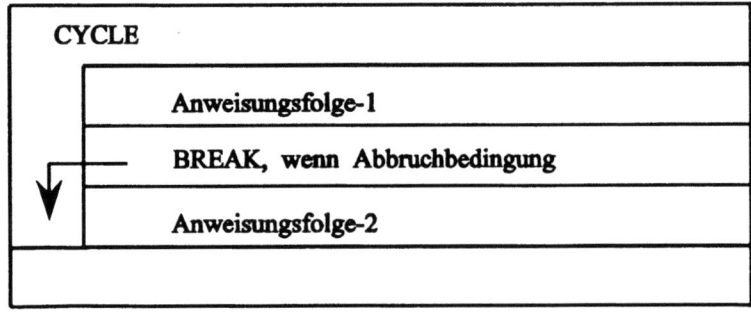

12.4.7 Klammer-Strukturblock

Durch einen Klammer-Block kann man eine Anzahl von elementaren Strukturblöcken und/oder Sequenzen als zusammengehörig kennzeichnen. Die Beschreibung der Klammer kann im Klammersymbol erfolgen. Das Schachteln von Klammern ist erlaubt.

Symbol:

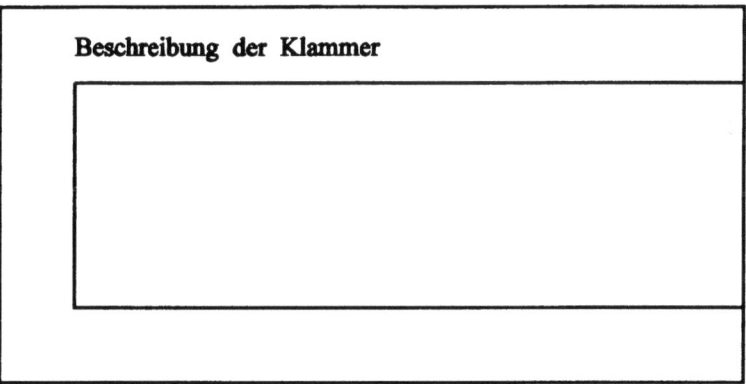

Beispiel 12:

Es ist ein einfaches Mischprogramm für zwei Eingabedateien mit sequentieller Organisation zu erstellen. Die 80-stelligen Datensätze sind schlüsselorientiert und liegen bereits in sortierter Folge vor. Werden Folgefehler festgestellt oder sind doppelte Schlüssel vorhanden, ist der Hinweis "SORTIERFEHLER ODER DOPPELTER SCHLUESSEL, ABBRUCH" auszugeben und der Programmlauf zu beenden. Obwohl man die Struktogramme in der Entwurfsphase eines Programms anfertigt, werden sie für dieses Beispielprogramm aus didaktischen Erwägungen erst nach dem Quell-Code angegeben.

```
IDENTIFICATION DIVISION.
 PROGRAM-ID.         MISCHEN.
*****************************************************
* MISCHEN VON ZWEI SEQUENTIELLEN DATEIEN MIT         *
* SCHLUESSELFOLGE-PRUEFUNG.                          *
*****************************************************
```

```
ENVIRONMENT DIVISION.
INPUT-OUTPUT SECTION.
FILE-CONTROL.
    SELECT EINDAT-1 ASSIGN TO S-EIN-1
                    FILE STATUS IS F1-STATUS.
    SELECT EINDAT-2 ASSIGN TO S-EIN-2
                    FILE STATUS IS F2-STATUS.
    SELECT AUSDAT   ASSIGN TO S-AUS.
DATA DIVISION.
FD  EINDAT-1
    LABEL RECORD OMITTED.
01  R1-EIN-SATZ                 PIC X(80).

FD  EINDAT-2
    LABEL RECORD OMITTED.
01  R2-EIN-SATZ                 PIC X(80).

FD  AUSDAT
    LABEL RECORD OMITTED.
01  R3-AUS-SATZ.
    05 R3-AUS-KEY               PIC X(10).
    05 R3-AUS-TEXT              PIC X(70).

WORKING-STORAGE SECTION.
01  W1-EIN-SATZ.
    05 W1-EIN-KEY-1             PIC X(10).
    05 W1-EIN-TEXT              PIC X(70).

01  W2-EIN-SATZ.
    05 W2-EIN-KEY-2             PIC X(10).
    05 W2-EIN-TEXT              PIC X(70).

01  KEY-1-VORH                  PIC X(10)
                                VALUE LOW-VALUES.
01  KEY-2-VORH                  PIC X(10)
                                VALUE LOW-VALUES.

01  SORT-FEHLER-KZ              PIC X   VALUE "N".
    88 SORT-FEHLER                      VALUE "J".

01  STATUS-FELDER.
    05 F1-STATUS                PIC XX.
    05 F2-STATUS                PIC XX.
```

12.4 Struktogramm-Technik

```cobol
    PROCEDURE DIVISION.
    A000-OEFFNEN SECTION.
    A010-OEFFNEN.
        OPEN INPUT   EINDAT-1
                     EINDAT-2
             OUTPUT  AUSDAT.
        PERFORM G000-STATUS-PRUEFUNG.
    A999-OEFFNEN.
        EXIT.

    B000-MAIN SECTION.
    B010-MAIN.
        PERFORM D000-LESEN-1.
        PERFORM E000-LESEN-2.
        PERFORM C000-MISCHEN
            UNTIL W1-EIN-KEY-1 = HIGH-VALUES
              AND W2-EIN-KEY-2 = HIGH-VALUES
               OR SORT-FEHLER.
        IF SORT-FEHLER
            DISPLAY "SORTIER-FEHLER ODER DOPPELTER"
                    "SCHLUESSEL, ABBRUCH."
        ELSE
            CONTINUE
        END-IF.
        PERFORM F000-ENDE.
        STOP RUN.
    B999-MAIN.
        EXIT.

    C000-MISCHEN SECTION.
    C010-MISCHEN.
        EVALUATE TRUE
            WHEN W1-EIN-KEY-1 < W2-EIN-KEY-2
                WRITE R3-AUS-SATZ FROM W1-EIN-SATZ
                PERFORM D000-LESEN-1
            WHEN W2-EIN-KEY-2 NOT > W1-EIN-KEY-1
                WRITE R3-AUS-SATZ FROM W2-EIN-SATZ
                PERFORM E000-LESEN-2
        END-EVALUATE.
    C999-MISCHEN.
        EXIT.

    D000-LESEN-1 SECTION.
    D010-LESEN-1.
```

```cobol
         READ EINDAT-1 INTO W1-EIN-SATZ
            AT END MOVE HIGHT-VALUES TO W1-EIN-KEY-1
         END-READ
         PERFORM G000-STATUS-PRUEFUNG.
         IF W1-EIN-KEY-1 <= KEY-1-VORH
               MOVE "J" TO SORT-FEHLER-KZ
         ELSE
               MOVE W1-EIN-KEY-1 TO KEY-1-VORH
         END-IF.
     D999-LESEN-1.
         EXIT.

     E000-LESEN-2 SECTION.
     E010-LESEN-2.
         READ EINDAT-2 INTO W2-EIN-SATZ
            AT END MOVE HIGHT-VALUES TO W2-EIN-KEY-2
         END-READ
         PERFORM G000-STATUS-PRUEFUNG.
         IF W2-EIN-KEY-2 <= KEY-2-VORH
               MOVE "J" TO SORT-FEHLER-KZ
         ELSE
               MOVE W2-EIN-KEY-2 TO KEY-2-VORH
         END-IF.
     E999-LESEN-2.
         EXIT.

     F000-ENDE SECTION.
     F010-ENDE.
         CLOSE EINDAT-1
               EINDAT-2
               AUSDAT.
     F999-ENDE.
         EXIT.

     G000-STATUS-PRUEFUNG SECTION.
     G010-STATUS.
         EVALUATE STATUS-FELDER
            WHEN ZERO CONTINUE
            WHEN OTHER
               IF F1-STATUS NOT = "10"
                   DISPLAY "FILE-STATUS EINDAT-1: "
                            F1-STATUS
               END-IF
               IF F2-STATUS NOT = "10"
```

12.4 Struktogramm-Technik

```
                    DISPLAY "FILE-STATUS EINDAT-2: "
                            F2-STATUS
             END-IF
      END-EVALUATE.
 G999-STATUS.
     EXIT.
```

Nachfolgende Abbildungen zeigen die zugehörigen Struktogramme.

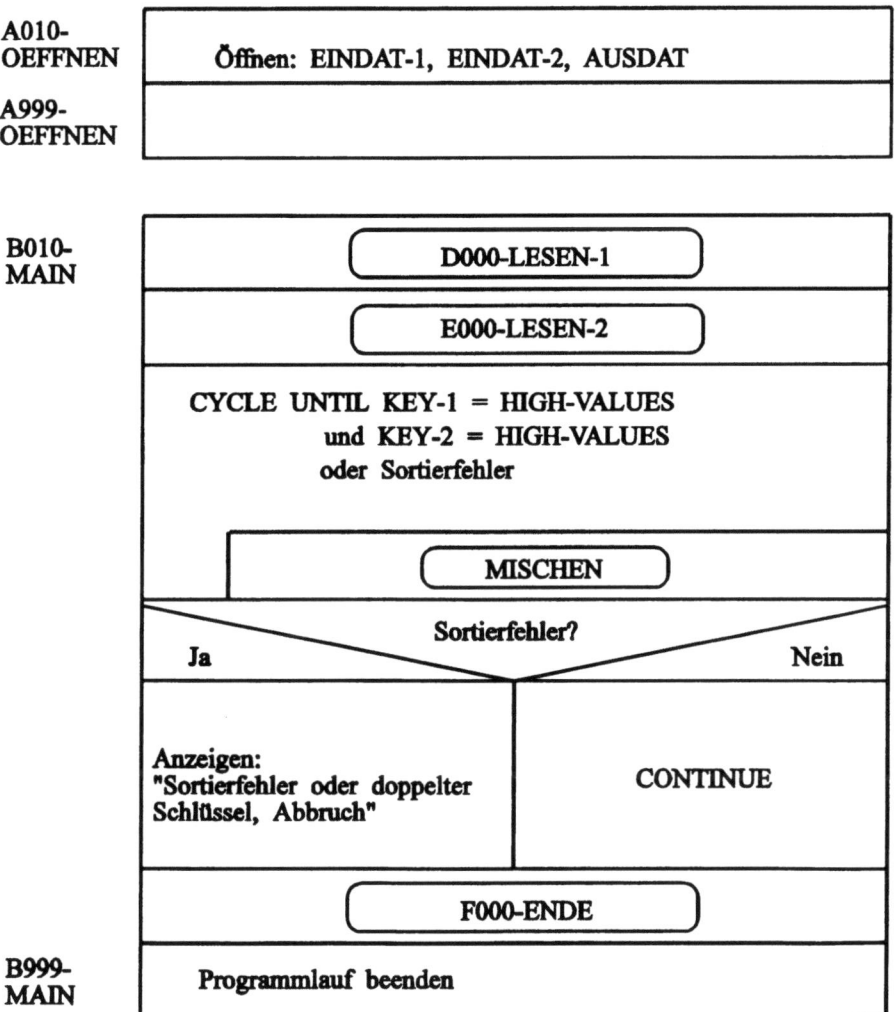

C010-
MISCHEN

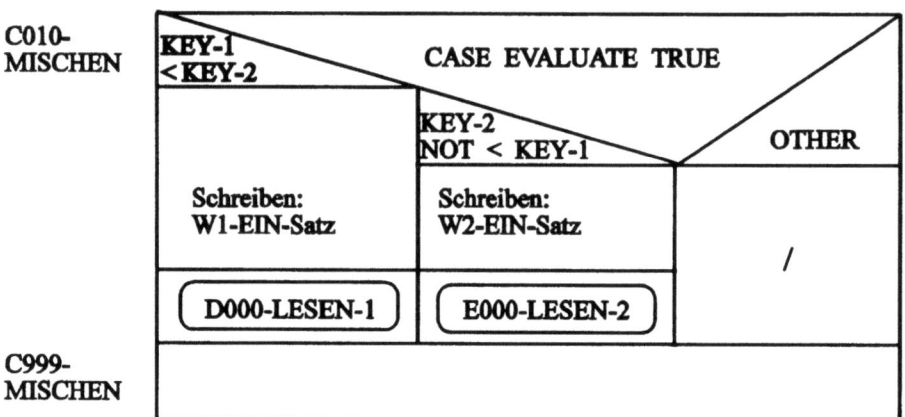

C999-
MISCHEN

D010-
LESEN-1

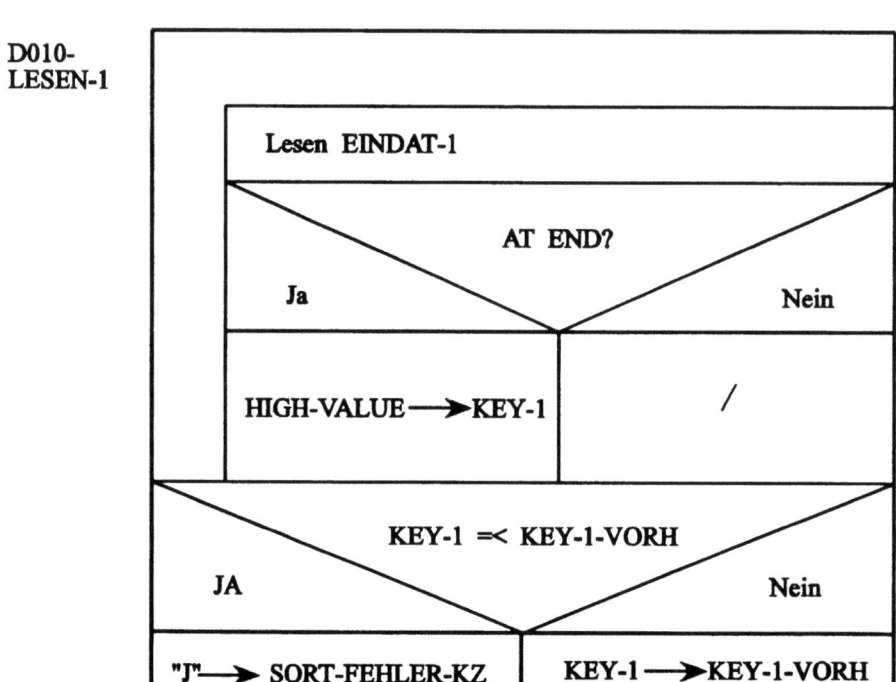

D999-
LESEN-1

12.4 Struktogramm-Technik

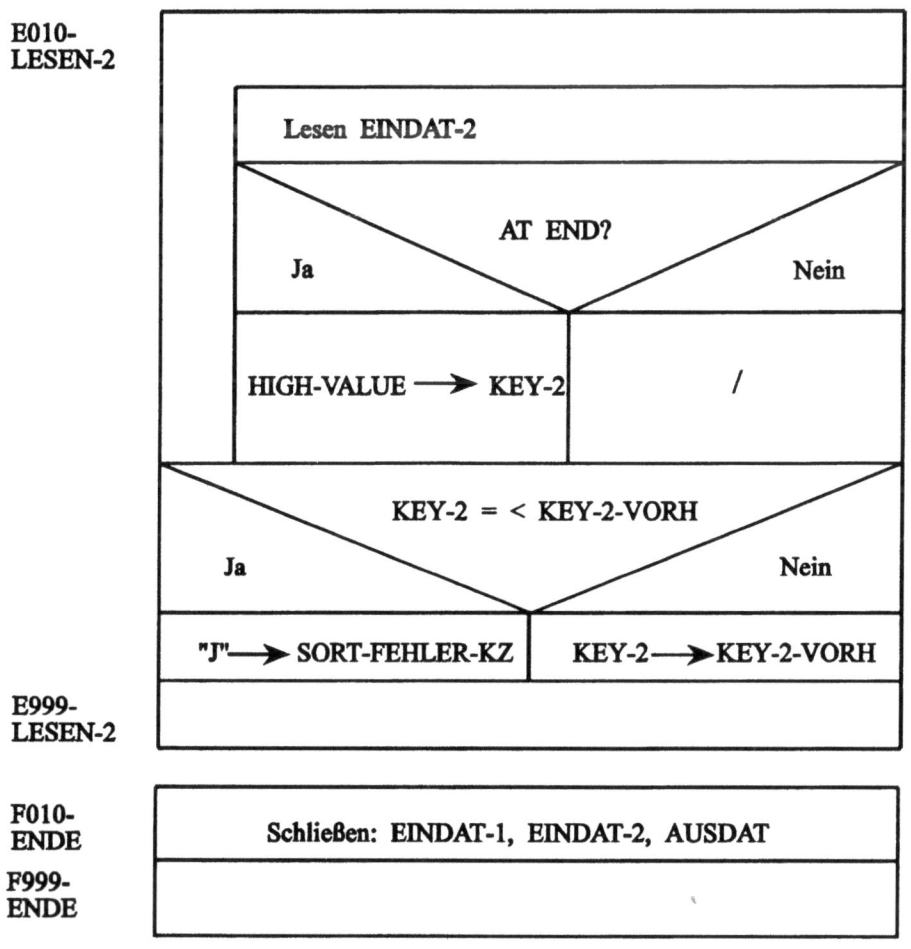

Die in diesem Kapitel kurz umrissene Einführung in die strukturierte Programmierung basiert auf der Programmentwicklungs- und Dokumentationsmethode nach *Nassi-Shneiderman* (Struktogramm-Technik). Diese Methode benötigt nicht nur weniger Regeln als die herkömmliche Programmablauftechnik nach DIN 61001, sondern die graphische Darstellung entspricht auch weitgehend dem dynamischen Programmablauf. Dadurch können z.B. die Wirkungsweise und Art von Programmschleifen unmittelbar erkannt werden. Ein Nachteil dieser Methode ist allerdings, daß die in der modularen Hierarchie am niedrigsten stehenden Programmfunktionen nur im kleinsten Maßstab abgebildet werden können, weil die Struktogramme immer nur von außen nach innen vervollständigt werden. Auch ist das Zeichnen bzw. Ändern der Struktogramme äußerst zeitaufwenig. Eine andere Methode basiert auf einem problem- und datenorientierten Programmentwurf nach *Jackson*, wobei zur Darstellung die "Baumstruktur" verwendet wird. Der Vorteil dieser Methode liegt vor allem darin begründet, daß die Baumdiagramme in hohem Maße computerunterstützt angefertigt werden können, was bei der Struktogramm-Technik schwierig ist. Beide Methoden basieren jedoch auf der funktions- bzw. problembezogenen Modularisierung und den Grundsteuerstrukturen (Sequenz, Selektion und Iteration).

Anhang 1

ASCII-Sortierfolge (8-Bit-Code)

ASCII					
Dez.	Hex.	Symbol	Binär	Bedeutung	
...					
32	20	♭	00100000	Zwischenraum (SPACE)	
33	21	!	00100001	Ausrufungszeichen, ODER	
34	22	"	00100010	Anführungszeichen	
35	23	#	00100011	Nummernzeichen	
36	24	$	00100100	Dollarzeichen	
37	25	%	00100101	Prozentzeichen	
38	26	&	00100110	Ampersand (Et-Zeichen)	
39	27	'	00100111	Apostroph, Anführungszeichen	
40	28	(	00101000	linke Klammer, rund	
41	29	)	00101001	rechte Klammer, rund	
42	2A	*	00101010	Stern	
43	2B	+	00101011	Pluszeichen	
44	2C	,	00101100	Komma	
45	2D	-	00101101	Minuszeichen, Bindestrich	
46	2E	.	00101110	Dezimalpunkt, Punkt	
47	2F	/	00101111	Schrägstrich	
48	30	0	00110000		
49	31	1	00110001		
50	32	2	00110010		
51	33	3	00110011		
52	34	4	00110100		
53	35	5	00110101		
54	36	6	00110110		
55	37	7	00110111		
56	38	8	00111000		
57	39	9	00111001		
58	3A	:	00111010	Doppelpunkt	
59	3B	;	00111011	Semikolon	
60	3C	<	00111100	kleiner als	
61	3D	=	00111101	Gleichheitszeichen	
62	3E	>	00111110	größer als	
63	3F	?	00111111	Fragezeichen	
64	40	@	01000000	At-Zeichen (Klammeraffe)	
65	41	A	01000001		
66	42	B	01000010		

ASCII					
Dez.	Hex.	Symbol	Binär	Bedeutung	
67	43	C	01000011	
68	44	D	01000100	
69	45	E	01000101	
70	46	F	01000110	
71	47	G	01000111	
72	48	H	01001000	
73	49	I	01001001	
74	4A	J	01001010	
75	4B	K	01001011	
76	4C	L	01001100	
77	4D	M	01001101	
78	4E	N	01001110	
79	4F	O	01001111	
80	50	P	01010000	
81	51	Q	01010001	
82	52	R	01010010	
83	53	S	01010011	
84	54	T	01010100	
85	55	U	01010101	
86	56	V	01010110	
87	57	W	01010111	
88	58	X	01011000	
89	59	Y	01011001	
90	5A	Z	01011010	
91	5B	[	01011011	linke Klammer, eckig
92	5C	\	01011100	Backslash
93	5D	]	01011101	rechte Klammer, eckig
94	5E	^	01011110	Akzent Circumflex, NOR
95	5F	_	01011111	Unterstreichung
96	60	`	01100000	Akzent Grave
97	61	a	01100001	
98	62	b	01100010	
99	63	c	01100011	
100	64	d	01100100	
101	65	e	01100101	
102	66	f	01100110	
103	67	g	01100111	
104	68	h	01101000	
105	69	i	01101001	

Anhang 1

| \multicolumn{5}{c|}{ASCII} |
Dez.	Hex.	Symbol	Binär	Bedeutung
106	6A	j	01101010	
107	6B	k	01101011	
108	6C	l	01101100	
109	6D	m	01101101	
110	6E	n	01101110	
111	6F	o	01101111	
112	70	p	01110000	
113	71	q	01110001	
114	72	r	01110010	
115	73	s	01110011	
116	74	t	01110100	
117	75	u	01110101	
118	76	v	01110110	
119	77	w	01110111	
120	78	x	01111000	
121	79	y		
122	7A	z		
123	7B	{		linke Klammer, geschweift
124	7C	|		senkrechter Strich
125	7D	}		rechte Klammer, geschweift
126	7E	~		Tilde
127	7F	DEL		Löschen

EBCDIC-Sortierfolge (IBM-Standard U.S.)

\multicolumn{6}{c}{EBCDIC}					
Dez.	Hex.	Symbol	Binär	Bedeutung	
64	40	♭	01000000	Leerzeichen (BLANK)	
...					
74	4A	¢	01001010	Cent-Zeichen	
75	4B	.	01001011	Dezimalpunkt, Punkt	
76	4C	<	01001100	kleiner als	
77	4D	(	01001101	linke Klammer, rund	
78	4E	+	01001110	Pluszeichen	
79	4F	|	01001111	senkrechter Strich (ODER)	
80	50	&	01010000	Ampersand (Et-Zeichen)	
...					
90	5A	!	01011010	Ausrufezeichen	
91	5B	$	01011011	Dollarzeichen	
92	5C	*	01011100	Stern	
93	5D	)	01011101	rechte Klammer, rund	
94	5E	;	01011110	Semikolon	
95	5F	¬	01011111	logisches Nicht	
96	60	-	01100000	Minuszeichen Bindestrich	
97	61	/	01100001	Schrägstrich	
...					
107	6B	,	01101011	Komma	
108	6C	%	01101100	Prozentzeichen	
109	6D	_	01101101	Untersteichung	
110	6E	>	01101110	größer als	
111	6F	?	01101111	Fragezeichen	
...					
121	79	´	01111001	Hochkomma	
122	7A	:	01111010	Doppelpunkt	
123	7B	#	01111011	Nummernzeichen	
124	7C	@	01111100	Klammeraffe	
125	7D	`	01111101	Apostroph, Anführungszeichen	
126	7E	=	01111110	Gleichheitszeichen	
127	7F	"	01111111	Anführungszeichen	
...					
129	81	a	10000001		

EBCDIC					
Dez.	Hex.	Symbol	Binär	Bedeutung
130	82	b	10000010	
131	83	c	10000011	
132	84	d	10000100	
133	85	e	10000101	
134	86	f	10000110	
135	87	g	10000111	
136	88	h	10001000	
137	89	i	10001001	
...				
145	91	j	10010001	
146	92	k	10010010	
147	93	l	10010011	
148	94	m	10010100	
149	95	n	10010101	
150	96	o	10010110	
151	97	p	10010111	
152	98	q	10011000	
153	99	r	10011001	
...				
161	A1	~	10100001	Tilde
162	A2	s	10100010	
163	A3	t	10100011	
164	A4	u	10100100	
165	A5	v	10100101	
166	A6	w	10100110	
167	A7	x	10100111	
168	A8	y	10101000	
169	A9	z	10101001	
...				
192	C0	{	11000000	linke Klammer, geschweift
193	C1	A	11000001	
194	C2	B	11000010	
195	C3	C	11000011	
196	C4	D	11000100	
197	C5	E	11000101	
198	C6	F	11000110	
199	C7	G	11000111	

| \multicolumn{6}{c}{**EBCDIC**} |
Dez.	**Hex.**	**Symbol**	**Binär**	**Bedeutung**
200	C8	H	11001000	
201	C9	I	11001001	
...				
208	D0	}	11010000	rechte Klammer, geschweift
209	D1	J	11010001	
210	D2	K	11010010	
211	D3	L	11010011	
212	D4	M	11010100	
213	D5	N	11010101	
214	D6	O	11010110	
215	D7	P	11010111	
216	D8	Q	11011000	
217	D9	R	11011001	
...				
224	E0	\	11100000	Backslash
...				
226	E2	S	11100010	
227	E3	T	11100011	
228	E4	U	11100100	
229	E5	V	11100101	
230	E6	W	11100110	
231	E7	X	11100111	
232	E8	Y	11101000	
233	E9	Z	11101001	
...				
240	F0	0	11110000	
241	F1	1	11110001	
242	F2	2	11110010	
243	F3	3	11110011	
244	F4	4	11110100	
245	F5	5	11110101	
246	F6	6	11110110	
247	F7	7	11110111	
248	F8	8	11111000	
249	F9	9	11111001	
...				
255	FF	EO	11111111	HIGH-VALUE (Eight Ones)

Anhang 3

Liste der reservierten COBOL-Wörter			
ACCEPT		CALL	
ACCESS		CANCEL	
ADD		CD	
ADDRESS	(IBM)	CF	
ADVANCING		CH	
AFTER		CHARACTER	
ALL		CHARACTERS	
ALPHABET	(1985)	CLASS	(1985)
ALPHABETIC		CLOCK-UNITS	
ALPHABETIC-LOWER	(1985)	CLOSE	
ALPHABETIC-UPPER	(1985)	COBOL	
ALPHANUMERIC	(1985)	CODE	
ALPHANUMERIC-EDITED	(1985)	CODE-SET	
ALSO		COLLATING	
ALTER		COLUMN	
ALTERNATE		COMMA	
AND		COMMON	(1985)
ANY	(1985)	COMMUNICATION	
ARE		COMP	
AREA		COMP-3	(IBM)
AREAS		COMP-4	(IBM)
ASCENDING		COMPUTATIONAL	(IBM)
ASSIGN		COMPUTATIONAL-3	(IBM)
AT		COMPUTATIONAL-4	(IBM)
AUTHOR		COMPUTE	
BEFORE		CONFIGURATION	
BEGINNING	(IBM)	CONTAINS	
BINARY		CONTENT	(1985)
BLANK		CONTINUE	(1985)
BLOCK		CONTROL	
BOTTOM		CONTROLS	
BY		CONVERTING	
COPY		ELSE	
CORR		EMI	
CORRESPONDING		ENABLE	
COUNT		END	
CURRENCY		END-ADD	(1985)
DATA		END-CALL	(1985)

Liste der reservierten COBOL-Wörter		*(Fortsetzung)*	
DATE		END-COMPUTE	**(1985)**
DATE-COMPILED		END-DELETE	**(1985)**
DATE-WRITTEN		END-DIVIDE	**(1985)**
DAY		END-EVALUATE	**(1985)**
DAY-OF-WEEK	**(1985)**	END-IF	**(1985)**
DE		END-MULTIPLY	**(1985)**
DEBUG-CONTENTS		END-OF-PAGE	
DEBUG-ITEM		END-PERFORM	**(1985)**
DEBUG-LINE		END-READ	**(1985)**
DEBUG-NAME		END-RECEIVE	**(1985)**
DEBUG-SUB1		END-RETURN	**(1985)**
DEBUG-SUB2		END-REWRITE	**(1985)**
DEBUG-SUB3		END-SEARCH	**(1985)**
DEBUGGING		END-START	**(1985)**
DECIMAL-POINT		END-STRING	**(1985)**
DECLARATIVES		END-SUBTRACT	**(1985)**
DELETE		END-UNSTRING	**(1985)**
DELIMITED		END-WRITE	**(1985)**
DELIMITER		ENDING	(IBM)
DEPENDING		ENTER	
DESCENDING		ENTRY	(IBM)
DESTINATION		ENVIRONMENT	
DETAIL		EOP	
DISABLE		EQUAL	
DISPLAY		ERROR	
DISPLAY-1	(IBM)	ESI	
DIVIDE		EVALUATE	**(1985)**
DIVISION		EVERY	
DOWN		EXCEPTION	
DUPLICATES		EXIT	
DYNAMIC		EXTEND	
EGCS	(IBM)	EXTERNAL	**(1985)**
EGI		FALSE	**(1985)**
EJECT	(IBM)	FD	
FILE		LABEL	
FILE-CONTROL		LAST	
FILLER		LEADING	
FINAL		LEFT	
FIRST		LENGTH	
FOOTING		LESS	

Liste der reservierten COBOL-Wörter		*(Fortsetzung)*	
FOR		LIMIT	
FROM		LIMITS	
GENERATE		LINAGE	
GIVING		LINAGE-COUNTER	
GLOBOL	**(1985)**	LINE	
GO		LINE-COUNTER	
GOBACK	**(IBM)**	LINES	
GREATER		LINKAGE	
GROUP		LOCK	
HEADING		LOW-VALUE	
HIGH-VALUE		LOW-VALUES	
HIGH-VALUES		MEMORY	
I-O		MERGE	
I-O-CONTROL		MESSAGE	
ID	**(IBM)**	MODE	
IDENTIFICATION		MODULES	
IF		MORE-LABELS	**(IBM)**
IN		MOVE	
INDEX		MULTIPLE	
INDEXED		MULITPLY	
INDICATE		NATIVE	
INITIAL		NEGATIVE	
INITIALIZE	**(1985)**	NEXT	
INITIATE		NO	
INPUT		NOT	
INPUT-OUTPUT		NULL	**(IBM)**
INSPECT		NULLS	**(IBM)**
INSTALLATION		NUMBER	
INTO		NUMERIC	
INVALID		NUMERIC-EDITED	**(1985)**
IS		OBJECT-COMPUTER	
JUST		OCCURS	
JUSTIFIED		OF	
KEY		OFF	
OMITTED		RECORDS	
ON		REDEFINES	
OPEN		REEL	
OPTIONAL		REFERENCE	**(1985)**
OR		REFERENCES	
ORDER	**(1985)**	RELATIVE	

Liste der reservierten COBOL-Wörter		*(Fortsetzung)*	
ORGANIZATION		RELEASE	
OTHER	**(1985)**	RELOAD	**(1985)**
OUTPUT		REMAINDER	
OVERFLOW		REMOVAL	
PACKED-DECIMAL	**(1985)**	RENAMES	
PADDING	**(1985)**	REPLACE	**(1985)**
PAGE		REPLACING	
PAGE-COUNTER		REPORT	
PASSWORD	(IBM)	REPORTING	
PERFORM		REPORTS	
PF		RERUN	
PH		RESERVE	
PIC		RESET	
PICTURE		RETURN	
PLUS		RETURN-CODE	(IBM)
POINTER		REVERSED	
POSITION		REWIND	
POSITIVE		REWRITE	
PRINTING		RF	
PROCEDURE		RH	
PROCEDURES		RIGHT	
PROCEED		ROUNDED	
PROGRAM		RUN	
PROGRAM-ID		SAME	
PURGE	**(1985)**	SD	
QUEUE		SEARCH	
QUOTE		SECTION	
QUOTES		SECURITY	
RANDOM		SEGMENT	
RD		SEGMENT-LIMIT	
READ		SELECT	
RECEIVE		SEND	
RECORD		SENTENCE	
RECORDING	(IBM)	SEPARATE	
SEQUENCE		TEST	**(1985)**
SEQUENTIAL		TEXT	
SERVICE	(IBM)	THAN	
SET		THEN	**(1985)**
SIGN		THROUGH	
SIZE		THRU	

Liste der reservierten COBOL-Wörter		*(Fortsetzung)*	
SKIP1	(IBM)	TIME	
SKIP2	(IBM)	TIMES	
SKIP3	(IBM)	TITLE	(IBM)
SORT		TO	
SORT-CONTROL	(IBM)	TOP	
SORTE-MERGE		TRAILING	
SORT-RETURN	(IBM)	TRUE	**(1985)**
SOURCE		TYPE	
SOURCE-COMPUTER		UNIT	
SPACE		UNSTRING	
SPACES		UNTIL	
SPECIAL-NAMES		UP	
STANDARD		UPON	
STANDARD-1		USAGE	
STAMDARD-2	**(1985)**	USE	
START		USING	
STATUS		VALUE	
STOP		VALUES	
STRING		VARYING	
SUB-QUEUE-1		WHEN	
SUB-QUEUE-2		WHEN-COMPILED	(IBM)
SUB-QUEUE-3		WITH	
SUBTRACT		WORDS	
SUM		WORKING-STORAGE	
SUPPRESS		WRITE	
SUPPRESS	(IBM)	ZERO	
SYMBOLIC		ZEROES	
SYNC		ZEROS	
SYNCHRONIZED			
TABLE			
TALLYING			
TAPE			
TERMINAL			
TERMINATE			

Literaturverzeichnis

AMERICAN NATIONAL STANDARD COBOL X3.23-1985

Barta, G., Maresch, W.: COBOL auf dem PC.
Oldenbourg Verlag, München/Wien, 1988

Clark, R. L.: A Linguistic Contribution to Goto-less Programming.
Datamation, Dezember 1973

Geißler, Rolf und Karin: ANS COBOL Band 1,
Einführung und Arbeitsbuch für die Praxis auf PCs und Großrechnern.
Hanser Verlag, München/Wien, 1988

Geißler, Rolf und Karin: ANS COBOL Band 2,
Dateiorganisationsformen und Zugriffs-Methoden.
Hanser Verlag München/Wien, 1979

Göckel, Harald: COBOL, Programmierte Unterweisung.
Dr. Alfred Hüthig Verlag, Heidelberg, 1988

Habib, R.: VS COBOL II, Band 1.
IWT Verlag, Vaterstetten bei München, 1988

Habib, R.: VS COBOL II, Band 2.
Dateiorganisationsformen und VSAM-Zugriffe.
IWT Verlag, Vaterstetten bei München, 1990

IBM COBOL Structuring Facility,
Users's Guide and Reference.
IBM-Form SC34-4080-03

IBM Systems Application Architecture, Common Programming
Interface COBOL Reference.
IBM-Form SC26-4354-2

IBM System Productivity Facility,
Dialog Management Guide, MVS.
IBM-Form SC34-4112-00

IBM VS COBOL für OS/VS Handbuch.
IBM-Form GC12-1327-3

IBM VS COBOL II, Application Programming Language Reference,
Release 3.2.
IBM-Form GC26-4047-6

IBM VS COBOL II, Application Programming Guide for MVS and
CMS, Release 3.2.
IBM-Form SC26-4045-4

IBM VS COBOL II, Application Programming Debugging, Release 3,
IBM-Form SC26-4049-3

Kähler, Wolf-Michael: Microcomputer COBOL, Einführung in die
Dialogorientierte COBOL-Programmierung am Mikrocomputer.
Friedr. Vieweg & Sohn Verlag, Braunschweig/Wiesbaden, 1985

Kähler, Wolf-Michael: Programmieren in COBOL 85.
Friedr. Vieweg & Sohn Verlag, Braunschweig/Wiesbaden, 1991

McCracken, D.D/Golden, D.G.: COBOL, Einführung in COBOL-85
und Anleitung zur strukturierten Programmierung.
Oldenburg Verlag, München/Wien, 1990

Rogers, G. R.: COBOL-Handbuch.
Oldenbourg Verlag, München/Wien, 1990

Schwanke, Helmut: Programmieren mit Microsoft COBOL.
Markt & Technik Verlag, Haar bei München, 1990

Singer, F.: Programmierung mit COBOL.
Teubner Verlag, Stuttgart, 1983

Sachwortverzeichnis

A

Abschnitt
  Ausgänge 213ff.
  Programm 210ff.
ACCEPT
  Übertragung von Daten 217ff.
  Dialog 509ff.
  Einlesen mehrerer Sätze 221f.
  FROM 218ff.
  Sonderregister 222ff.
  Systeminformationen 222ff.
ACCESS MODE 80f.
ADD 317ff.
Adresse
  symbolische 460
Adresswert
  absoluter 67
  relativer 67, 420, 424
ADV
  VS COBOL II 362
ADVANCING
  WRITE-Anweisung 359ff.
ADVANCING PAGE 123, 360f.
AFTER
  INSPECT-Anweisung 260ff.
  PERFORM-Anweisung 385f.
ALL
  figurative Konstante 18
  INSPECT-Anweisung 260ff., 264ff.
  SEARCH-Anweisung 433f.
  UNSTRING-Anweisung 251, 254
ALLOC
  TSO-Befehl 231, 541
ALPHABET Alphabetname 51ff.
ALPHABETIC
  Klassenbedingung 284
ALPHABETIC-LOWER
  Klassenbedingung 284f.
ALPHABETIC-UPPER
  Klassenbedingung 284, 286
ALSO
  ALPHABET Alphabetname 51ff.
  CLASS-Klausel 47
  EVALUATE-Anweisung 304ff.
ALTER 403
ALTERNATE RECORD KEY
  Alternativschlüssel 66, **84ff.**, 355
  Format 85
Alternativschlüssel
  ALTERNATE RECORD KEY
    66, 83, 355
Anfangskennsätze
  schreiben 341
Anfangswertzuweisung
  FROM (PERFORM) 388
  SET-Anweisung 419ff.
  VALUE-Klausel 135f., **192ff.**
Anfangszustand
  eines Unterprogramms 464
Anführungszeichen 22f. 26f.
Anweisungen
  arithmetische 312ff.
  bedingte 296
  unbedingte 298, 315ff., 381ff.
ANY
  EVALUATE-Anweisung 304, **308f.**
Apostroph 23
APPLY WRITE ONLY 304f.
AREA/AREAS
  RESERVE 78
Arithmetische Anweisungen 312ff.

Arithmetische Ausdrücke	281ff.		
Reihenf. der Verarbeitung	282f.		
Arithmetische Operationen			
Effizienz	184, **189ff.**		
Arithmetische Operatoren	16, **281ff.**		
AS-Feld			
Format Systemname	74f.		
ASCENDING KEY			
MERGE-Anweisung	486		
OCCURS-Anweisung	406, **409**		
SORT-Anweisung	473f.		
ASCII	6, 52, **595ff.**		
Tabelle	595ff.		
ASSIGN	**73ff.**, 470		
AT END			
READ-Anweisung	350, **352f.**		
RETURN-Anweisung	483f.		
SEARCH-Anweisung	428f.		
AT END OF PAGE	356, **363**		
AT LINE NUMBER			
MS-COBOL	509f.		
Aus-/Eingabebereiche			
Menü-Technik	525f.		
Ausgabeprozedur			
SORT-Anweisung	473, **478f.**		
Ausgabepuffer			
OPEN-Anweisung	341		
REWRITE-Anweisung	367		
Ausrichtung (SYNCHRONIZED)			
von Datenstrukturen	174ff.		
AUTHOR	35		
AUTO			
WITH-Zusatz MS-COBOL	512		
AUTO-SKIP			
WITH-Zusatz MS-COBOL	515		
AWAITING REPLAY	221		

B

BACKGROUND-COLOR
    WITH-Zusatz MS-COBOL 513
Basisschlüssel
    RECORD KEY   66, **83**
BASIS   447ff.
Bedingung   200ff.
Bedingungen   283ff.
    Bedingungsnamen-Bedingungen
                                      283, **294**
    einfache   283f.
    korrespondierende   307
    Klassenbedingungen   283ff.
    Schalter-Zustandsbedingungen
                                      283,
    Vergleichsbedingungen   283, **289**
    Vorzeichenbedingungen 283, **287f.**
    zusammengesetzte   295
Bedingungs-Name
    SET ··· TO TRUE   203, **419ff.**
    Stufennummer 88   **200ff.**, 294
Bedingungs-Strukturblock   564f.
Bedingungsnamen-Bedingungen 294
Bedingungsprüfung
    PERFORM-Anweisung 386, 388f.
Bedingungsvariable   202, 294
BEEP
    WITH-Zusatz MS-COBOL 512
BEFORE
    INSPECT-Anweisung   259ff.
    PERFORM-Anweisung   258f.
Begrenzer
    STRING-Anweisung   247f.
    UNSTRING-Anweisung 251, 254f.
Begrenzerzeichen (==)
    COPY-Anweisung   438f.

REPLACING-Anweisung	445	DIVIDE-Anweisung	331f.
Benutzerführung		PERFORM-Anweisung	387f.
dialog-orientierte	507ff.	REPLACING-Anweisung	445
Bereich A (COBOL-Zeile)	24f., 206	SET-Anweisung	423f.
Bereich B (COBOL-Zeile)	24f., 208	BY REFERENCE/CONTENT	
BELL		CALL-Anweisung	453, **458**
WITH-Zusatz MS-COBOL	512		
Bibliothek		**C**	
Quell-Code	438f., 447		
Bildschirm		CALL	452ff.
-Ausgabe/-Eingabe	525f.	dynamisches CALL	455f.
Löschen	517f.	statisches CALL	454f.
Positionierung	507f	Formate	452ff.
Bildschirmmaske		Name des Unterprogramms	454
Menü	507f.	USING BY REF./CONT.	456ff.
Bildschirmpositionierung	507f.	CANCEL	464f.
Binäres Durchsuchen		CASE-Block	572f.
einer Tabelle (SEARCH)	432f.	CASE-Unterscheidungen	303, **572f.**
BINARY		GO TO … DEPENDING ON	398ff,
SYNCHRONIZED-Klausel	174ff.		573f.
USAGE-Klausel	183f.	Character-Darstellung	
Blockbeschreibungsfelder (BBF)		USAGE IS DISPLAY	181ff.
variable Satzlänge	124ff.	CHARACTERS	
Blockung, Block	62f., 82, 351	BLOCK CONTAINS	112f.
Blockungsfaktor	63f., **110ff.**	BLOCK CONTAINS 0	113
BLANK SCREEN/LINE		INSPECT-Anweisung	259ff.
WITH-Zusatz MS-COBOL	514	OBJECT-COMPUTER	42
BLANK WHEN ZERO	169ff.	RECORD CONTAINS	114
BLINK		RECORD CONTAINS 0	116
WHEN-Zusatz MS-COBOL	512	Check-Point-Schreibung	96ff.
BLOCK CONTAINS	**110ff.**, 127	CI	
CHARACTERS	112f.	CONTROL INTERVALL	64ff.
RECORDS	111f.	CIDF	
0 (Null)	113	Control Intervall Definition Field	65
BREAK-Strukturblock	586	Cluster	68
BY		Codierformular	
COPY-Anweisung	438	-COBOL	23ff.

CLASS	47, **58f.**	INSPECT-Anweisung	261, **271ff.**
CLOSE	345	COPY	437ff.
COBOL		CORRESPONDING/CORR	
Codierformular	23ff.	ADD-Anweisung	317, **321f.**
Entwicklung	1f.	MOVE-Anweisung	241ff.
Notation	3f.	SUBTRACT-Anweisung	323f., 327
Programmstruktur	5ff., 553ff.	COUNT IN	
Quellprogramm	30f.	UNSTRING-Anweisung	251, **255**
Standard	1	CURRENCY SIGN	47, **57**
Standard-Format	23ff.	Cursor	
Zeichenvorrat	6ff.	-Links (Taste)	514
CODASYL	1	-Rechts (Taste)	514
CODE SET	127ff.	-Tief (Taste)	514
COLLATING SEQUENCE		Klausel	515
MERGE-Anweisung	486	Cursor-Position	514ff.
SORT-Anweisung	473, **475**	CYCLE-Strukturblock	397, **578ff.**
COLUMN (COL)			
MS-COBOL	509ff.		
COMP	184f.	**D**	
COMP-1	184f.		
COMP-2	183ff.	Datei-Erweiterung	
COMP-3	183ff.	OPEN EXTEND	343
COMP-4	183ff.	Dateierklärung	
COMPUTATIONAL	184f.	FD-Eintrag	109f.
COMPUTATIONAL-1	184f.	Dateiname	
COMPUTATIONAL-2	184f.	symbolischer	74f.
COMPUTATIONAL-3	185	Dateiorganisationsform	61ff.
COMPUTATIONAL-4	183ff.	indiziert	66f.
COMPUTE	335ff.	relativ	67f.
CONFIGURATION SECTION	38ff.	sequentiell	62ff.
CONSOLE	48, 221	Dateisperre	
AWAITING REPLY	221	WITH LOCK	349
CONTINUE	301ff.	Dateistatus	
CONTROL		FILE STATUS	87ff.
WITH-Zusatz MS-COBOL	513	selbstdefinierter	215f.
CONTROL-INTERVALL	64ff.	Datenbeschreibung	129ff.
CONVERTING		Datenelemente	
		alphabetische	144

alphanumerische	146f.	INSPECT	259ff.
numerische	145f.	MOVE	223ff.
Daten-Ende-Schalter	552f.	MOVE CORRESPONDING	241ff.
Datenerklärung	109, 134ff.	STRING	244ff.
BLANK WHEN ZERO	169ff.	UNSTRING	251ff.
EXTERNAL	134	DASD	
GLOBAL	134	Direct Access Storage Device	503
JUSTIFIED RIGHT	172f.	DATA DIVISION	5, **107ff.**
OCCURS	174	COMMUNICATION SECTION	
REDEFINES	161ff.		108f.
RENAMES	196ff.	FILE SECTION	107f., **109ff.**
SIGN	160ff.	LINKAGE SECTION	108
SYNCHRONIZED	174ff.	REPORT SECTION	109
USAGE	181ff.	WORKING-STORAGE SECTION	
VALUE	192ff.		108, 508, 525f.
PICTURE	141ff.	DATA RECORDS	119
Datenfeld		DATE	
Elementarfeld	142	Sonderregister	223f.
Gruppenfeld	142	DATE-COMPILED	35
korrespondierend (MOVE)	241ff.	DATE-WRITTEN	35
Datenkategorien	**141ff.**, 275	DAY	
alphabetisch	142f.	Sonderregister	224
alphanumerisch	142f.	DAY-OF-WEEK	
alphanumerisch aufbereitet	142f.	Sonderregister	224f.
Gleitkomma-Darstellung	142	DEBUG-Zeilen	40f.
INITIALIZE-Anweisung	274f.	DEBUGGING	40f.
numerisch	142f.	DECIMAL-POINT IS COMMA	47, **58**
numerische aufbereitet	142f.	DECLARATIVES	205, **499ff.**
MOVE-Anweisung	234	EXCEPTION/ERROR	501f.
Datennamen	136ff.	LABEL	502
FILLER	135, **140**	DELETE	377ff., 449
Präfix-Kennzeichnung	137ff, 562	DELIMITED BY	
Datennamen-Index	412	STRING-Anweisung	244ff.
Datenübertragungen		UNSTRING-Anweisung	251ff.
ACCEPT	217ff.	DELIMITER IN	
DISPLAY	226ff.	UNSTRING-Anweisung	251, 255
INITIALIZE	274ff.	DEPENDING ON	

GO TO 398ff., 558f., 573f.
RECORD IS VARYING IN SIZE
    114f.
OCCURS 406
DESCENDING KEY
  MERGE-Anweisung 486
  OCCURS-Klausel 406f.
  SORT-Anweisung 473f.
DFSORT
  IBM-Dienstprogramm 490ff.
Dialog
  AT-Zusätze (MS-COBOL) 509f.
  Cursor-Klausel 515f.
  COLUMN NUMBER 509ff.
  Löschen des Bildschirms 517f.
  Menü-Technik (MS-COBOL) 507ff.
  Menü-Technik (VS COBOL II)
    539ff.
  Positionierung des Cursors 514ff.
  WITH-Zusätze (MS-COBOL) 512ff.
Dialogführung 226, 507ff.
Direktzugriff 63f.
Divisions
  DATA DIVISION 5, **107ff.**
  ENVIRONMENT DIVISION 5, **37ff.**
  IDENTIFICATION DIVISION 5, **33ff.**
  PROCEDURE DIVISION 6, **205ff.**
DISPLAY 226ff.
  USAGE-Klausel 181ff.
  Dialog 509ff.
  Format 226
  UPON 226, 228ff.
  WITH NO ADVANCING 226, 231f.
DISPLAY-1

DBCS-Datenfeld 184
DIVIDE 330ff.
Dollarzeichen ($) 7, 57, **149ff.**
Doppelwortgrenze
  SYCHRONIZED **175ff.**
DOUNTIL-Schleife 578, **581f.**
DOWHILE-Schleife 578ff.
DOWN
  SET-Anweisung 423f.
Druckaufbereitung
  PICTURE-Symbole 149ff.
Druckersteuerung
  ADVANCING 356, **359f.**
DUMMY-Sätze (VSAM) 68
DUMP 97
Durchsuchen
  einer Tabelle 427ff.
DYNAM
  VS COBOL II 455
DYNAMIC ACCESS 70, **80f.**

E

EBCDIC (Tabelle) 598 ff.
Effizienz
  arithmetischer Operationen 184, **189ff.**
  von Sortiervorgängen 496
Einfügungssymbole
  feste PICTURE-Symbole 150ff., 153ff.
  gleitende PICTURE-Symbole 149f., 152f.
Eingabe-/Ausgabeanweisungen 339ff.
  ACCEPT-Anweisung 217ff.
  CLOSE-Anweisung 345ff.
  DELETE-Anweisung 377ff.

DISPLAY-Anweisung	226ff.	END-REWRITE	367
OPEN-Anweisung	339ff.	END-SEARCH	428, **430**, 433
READ-Anweisung	350ff.	END-START	373, 376
REWRITE-Anweisung	366ff.	END-STRING	250
START-Anweisung	372ff.	END-SUBTRACT	316
WRITE-Anweisung	356ff.	END-UNSTRING	251, **258**
Eingabe-Puffer	120, 351	END-WRITE	356, 363
Eingabeprozedur		ENTRY	466
SORT-Anweisung	472f., **477f.**	Entry Points	463f.
Eingangsbereich	351	Entscheidungstabellen	310f.
Einzelverarbeitung		ENVIRONMENT DIVISION	5, **37ff.**
von Datensätzen	212	EOF	
ELSE		End of File	221
IF-Anweisung	296, **298**	EOP	
Empfangsfeld		End of Page	356, 363
ADD-Anweisung	318f.	EVALUATE	303ff.
MOVE-Anweisung	232ff.	Entscheidungstabellen	310f.
SET-Anweisung	420ff.	Format	304
STRING-Anweisung	252f.	Strukturierte Programmierung	574ff.
UNSTRING-Anweisung	245ff.	Wirkungsweise	305f.
EMPTY-CHECK		EXCEPTION/ERROR	
WITH-Zusatz MS-COBOL	512	DECLARATIVES	501f.
END DECLARATIVES	500	EXIT	395f.
END OF REEL/UNIT		EXIT PROGRAM	452, **463**
RERUN-Klausel	97f.	Exponent	
END-ADD	316f.	Gleitkomma-Literale	20f.
END-CALL	453, **459**	EXTEND	
END-COMPUTE	**316**, 336	DECLARATIVES	501, **503**
END-DELETE	377, 379	OPEN-Anweisung	340, **343f.**
END-DIVIDE	**316**, 330f.		
END-EVALUATE	304, **310**		
END-IF	296, **298**	**F**	
END-MULTIPLY	**316**, 327		
END-OF-PAGE	356, 363	F-Modus	
END-PERFORM	381f., 384f.	feste Satzlänge	124
END-READ	350, **354**	Fall-	
END-RETURN	483f.	Unterscheidungen	303ff., 398, 559, **572**

FALSE
    EVALUATE-Anweisung 304, **307f.**
FASTSRT
    VS COBOL II   491
FD-Eintrag   73, **109f.**
FEEDBACK CODE (IBM)   93
Fehlersuche   40f.
Feld
    binäres   183f.
    entpacktes   182
    extern dezimales   182
    gepacktes   182, **186ff.**
    gezont dezimales   182
Feld-Typ
    Kennzeichnung von Feldern   137f.
Fettdruck   366
Figurative Konstanten   17ff.
    in MOVE-Anweisungen   236ff.
    Regeln   19
FILE CONTROL   70ff.
    ACCESS MODE   80f.
    ALTERNATE RECORD KEY
                            84ff.
    ASSIGN   73ff.
    FILE STATUS   87ff.
    ORGANIZATION   79
    PADDING CHARACTER   81f.
    PASSWORD   72, 86
    RECORD DELIMITER   83
    RECORD KEY   83f.
    RELATIVE KEY   80f.
    RESERVE   77f.
    SELECT   72f.
FILE SECTION   109ff.
    BLOCK CONTAINS   110ff.
    CODE SET   127ff.
    DATA RECORDS   119f.

FD-Eintrag   109f.
LABEL RECORDS   117
LINAGE   120ff.
RECORD CONTAINS   113ff.
RECORDING MODE   124ff.
VALUE OF   87
REWRITE   368f.
Zustandsanzeiger   88ff.
RETURN CODE IBM)   93
FUNCTION CODE (IBM)   93
FEEDBACK CODE (IBM)   93
FILLER   135, **140**, 514, 526
Flag   426
FOR REMOVAL
    CLOSE-Anweisung   346, **348**
FOREGROUND-COLOR
    WITH-Zusatz MS-COBOL 513
Fortsetzungsbereich
    COBOL-Zeile   24, 41
Fortsetzungszeichen (-)
    COBOL-Zeile   24ff.
Freigabe
    eines Unterprogramms   464
FROM
    RELEASE-Anweisung   482f.
    REWRITE-Anweisung   367
    WRITE-Anweisung   356f.
Funktionsname-1 IS Merkname 47f.
Funktionsname-2 IS Merkname 49ff.
    UPSI   49f.
Funktionsnamen   48ff.
Füll-Bytes   115
    BLOCK CONTAINS   112
    SYNCHRONIZED   **175ff.**
FULL
    WITH-Zusatz MS-COBOL 512
FUNCTION CODE (IBM)   93

G

Gerätename
  symbolischer   74
GENERIC KEY
  verkürzter Schlüssel   375f.
GIVING
  ADD-Anweisung   317, **320f.**
  DIVIDE-Anweisung   331ff.
  MERGE-Anweisung   486
  MULTIPLY-Anweisung   327, **329**
  SORT-Anweisung   473, **476f.**
  SUBTRACT-Anweisung   323, **326**
Gleitkomma-Darstellung   190, 234
Gleitkomma-Literale   20f.
GO BACK   466
GO TO   397f., 554, 563f., 575f.
  DEPENDING ON   **398ff.**, 558f., 573f.
  strukturierte Programmierung   563
GRID
  WITH-Zusatz MS-COBOL   512
Großbuchstaben
  Zeichenvorrat   6f.
Gruppenbegriff   215f.
Gruppenbegriffsfeld   215
Gruppensteuerung   215
Gruppenwechsel   137, 213, 215f.

H

Halbbyte
  linkes/rechtes   186ff.
  Vorzeichenverschlüsselung   186ff.
Halbierungsmethode
  SEARCH-Anweisung   434
Halbwort   183
Halbwortgrenze   174ff.

Haupt-Modul
  strukturierte Programmierung **210ff.** 554ff., **557**
Hierarchiestufe
  strukturierte Programmierung 554, 557
HIGH-VALUE/VALUES   18
HIGHLIGHT
  WITH-Zusatz MS-COBOL   512
Home-Taste   514

I

I-O
  DECLARATIVES   502f.
  OPEN-Anweisung   340, **342**
I-O-CONTROL
  APPLY WRITE ONLY   104f.
  MULTIPLE FILE TAPE   102ff.
  RERUN   96ff.
  SAME AREA   99ff.
IDENTIFICATION DIVISION 5, 33ff.
IF
  Format   296
  geschachtelte   299f.
  Leerzweige   301
Index
  -Datenfeld   185
  logischer Pfad   66f.
  USAGE IS   185f.
  Normalindex   405, **410ff.**
  Setzen (SET)   419ff.
  Spezialindex   **412ff.**, 419f.
Index-Datei   67
Index-Namen
  SEARCH-Anweisung   428f.

Setzen (SET)	419ff.	UNSTRING-Anweisung	251f.
Vergleich	293f.	INVALID KEY	
INDEXED BY		DELETE-Anweisung	377, **379**
OCCURS-Klausel	406, **412**	READ-Anweisung	350, **354**
INDEXED I-O	61, **66f.**	REWRITE-Anweisung	367f.
Indexing		START-Anweisung	373, **376**
Spezialindizierung	406	WRITE-Anweisung	357, **365**
Indizierung		ISAM	61
Normalindizierung	405., **410ff.**	Iteration	205, 568
Spezialindizierung	406, **412ff.**		
Initialisierung			
von Tabellen	279f.	**J**	
VALUE	192ff.	JUST	172f.
INITIAL		JUSTIFIED RIGHT	172f.
INSPECT-Anweisung	260ff.		
INITIALIZE			
Format	274	**K**	
Tabellen	279ff.	Kapitelname	43
INLINE-PERFORM 381ff., 558, 582f.		Katalog-Eintrag	85
INPUT		Kennzeichner	
DECLARATIVES	501, 503	-Verbindungswörter	11f.
OPEN-Anweisung	340f.	KEY IS	
INPUT PROCEDURE		READ-Anweisung	354
SORT-Anweisung	472, **477**	START-Anweisung	373f.
INPUT-OUTPUT SECTION	60ff.	Klammer-Strukturblock	587
INSERT	448	Klammern	
INSPECT		COMPUTE	337f.
CONVERTING	261, **271ff.**	Schachtelung	283, 295
Formate	260f.	Klassenbedingungen	284ff.
REPLACING	261, **268ff.**	Klassenname	284, 286
TALLYING	260, **262f.**	Kleinbuchstaben	6f.
INSTALLATION	35	Klüfte	
INTO		Magnatbandverarbeitung	63f.
DIVIDE-Anweisung	330ff.	Kommentarzeilen	24, 28f., 40
READ-Anweisung	350f.	Kontrollfelder	
RETURN-Anweisung	483f.	variable Satzlänge	125f.
STRING-Anweisung	244ff	KSDS	

Key Sequenced Data Set	67	nichtnumerische	21ff.
		numerische	19ff.
		Logikfehler	

L

		FILE STATUS	91
LABEL RECORDS	117	Logische Verbindungswörter	13f.
LABEL-Parameter	104	Logischer Satz	62f.
Lademodul	454ff.	LOW-VALUE	18
Laufvariablenfeld			
PERFORM VARYING	388		

M

LEADING		Magnetband	
INSPECT-Anweisung	260ff., **266f.**, 269f.	Dateien	62f.
		geblockte Dateien	63
SIGN IS	160f.	Klüfte	63f.
Leerzeilen	29, 562	Verarbeitung (OPEN)	344f.
LEFT-JUSTIFY		Zugriffszeit	62
WITH-Zusatz MC-COBOL	513	Magnetbanddateien	62f., 344
LEFTLINE		Magnetbandverarbeitung	344f.
WITH-Zusatz MC-COBOL	512	Mantisse	
LENGTH CHECK		Gleitkomma-Literale	20f.
WITH-Zusatz MC-COBOL	512	Maschinen-Code	30, 438
Lese-/Schreibvorgang	62	MASTER-CATALOG	64
Lesezugriff		Mehrdatenträger-Dateien	103, **347f.**
OPEN INPUT/I-O	341f.	Menü-Technik	
Linkage Editor	452	MS-COBOL	507ff.
LINAGE IS	120ff.	VS COBOL II	539ff.
LINES AT BOTTOM	121ff.	Merknamen	
LINES AT TOP	121ff.	Funktionsname IS Merkname	48ff.
WITH FOOTING	121ff.	SET-Anweisung	424f.
LINAGE-COUNTER	16, **122f.**, 363	MERGE	485ff.
LINE-COUNTER	16	Moduln	
LINE/LINES		strukturierte Programmierung	**210ff.** **553ff.**
AT-Zusatz MS-COBOL	509f., 515, **518f.**	MODULES	
WRITE-Anweisung	356, 362	OBJECT-COMPUTER	42
LINKAGE SECTION	460f.	MOVE	
Literale		alphanumerisches MOVE	233
Gleitkomma-	20f.		

CORRESPONDING	232, **241ff.**	RETURN-Anweisung	483f.
Datenkategorien	234f.	NOT AT END OF PAGE	363
Format	232, 242	NOT INVALID KEY	
für Datengruppen	235	DELETE-Anweisung	377, **379**
für Teilbereiche	240f.	READ-Anweisung	350, **354**
numerisches MOVE	233	REWRITE-Anweisung	367, **369**
mit figurativen Konstanten	236f.	START-Anweisung	373, **376**
MULTI-VOLUME		WRITE-Anweisung	357, **365**
Magnetband	103	NOT ON EXCEPTION	
MULTIPLE FILE TAPE	102ff.	CALL-Anweisung	453f.
MULTIPLY	327ff.	NOT ON OVERFLOW	
		UNSTRING-Anweisung	251, 258
		NOT ON SIZE ERROR	

N

		ADD-Anweisung	317
NATIVE		COMPUTE-Anweisung	336, 338
ALPHABET Alphabetname	52	DIVIDE-Anweisung	330f.
CODE SET	128	MULTIPLY-Anweisung	327
NEGATIVE		SUBTRACT-Anweisung	323
Vorzeichenbedingung	287f.	NULL, NULLS	19
NEXT RECORD		NUMERIC	
READ-Anweisung	350, **352**	Klassenbedingung	284f.
NEXT SENTENCE		NUMPROC(NOPFD)	
IF-Anweisung	296f.	VS COBOL II	188f.
SEARCH-Anweisung	428, **430**, 433	NUMPROC(PFD)	
		VS COBOL II	188f
NO-ECHO			
WITH-Zusatz MC-COBOL	512		
NOADV			

O

VS COBOL II	362	Objektmodul	454ff.
NODYNAM		OBJECT-COMPUTER	41f.
VS COBOL II	455	MEMORY SIZE	43ff.
NORES		SEGMENT LIMIT	43ff.
VS COBOL II	347	WORDS	43
Normalindizierung	410ff.	CHARACTERS	43
Normalindex	410ff.	MODULES	43
NOT AT END		OCCURS	173, **405ff.**
READ-Anweisung	350, **353**	ASCENDING/DESC.	409ff.

DEPENDING ON	406f.	ORGANIZATION-Klausel	79
Effizienz der Adressierung	416	Ordnungsbegriff	
INDEXED BY	412	ALTERNATE KEY	84ff.
Mehrdimensionale Tabellen	416ff.	Generic Key	375f.
mit SYNC-Klausel	176f.	Gruppenwechsel	213
Normalindizierung	410ff.	KEY	66f.
Spezialindizierung	412ff.	Organisationsfelder	
OFF STATUS	47	Systemname	74f., 76f.
OMITTED		Organisationsform	
LABEL RECORDS	117	indizierte	61, **66f.**
ON EXCEPTION		relative	61, **67f.**
CALL-Anweisung	453f.	sequentielle	61, **62ff.**
ON OVERFLOW		Outline-PERFORM	381ff., 576f.
CALL-Anweisung	453f.	OUT-OF-LINE	
STRING-Anweisung	244, 249f.	PERFORM-Anweisung	381ff., 582f.
UNSTRING-Anweisung	251, 258		
ON SIZE ERROR	**315**	OUTPUT	
ADD-Anweisung	317	DECLARATIVES	501, **503**
COMPUTE-Anweisung	336, 338	OPEN-Anweisung	340, **341f.**
DIVIDE-Anweisung	330f., **335**	OUTPUT PROCEDURE	
MULTIPLY-Anweisung	327	MERGE-Anweisung	485f.
SUBTRACT-Anweisung	323	SORT-Anweisung	473, **478f.**
ON STATUS	47	OVERLINE	
ON/OFF		WITH-Zusatz MS-COBOL	512
REPLACING OFF	445f.		
Schalter setzen (SET)	424f.	**P**	
OPEN		Packen	
EXTEND	340, **343**	von Dezimalzahlen	186ff.
Formate	340	PACKED-DECIMAL	
I-O	340, **341ff.**	USAGE IS	186ff.
INPUT	340, 341	PADDING CHARACTER	81f.
OUTPUT	340, **341f.**	PAGE	356, **360f.**
Operatoren		PAGE-COUNTER	16
arithmetische	281ff.	Paragraphen	
binäre	281f.	Namen	206f., 561f.
unäre	281f.	PARM-Angabe (JCL)	50f.
OPTIONAL			

PASSWORD	72, 86	PROGRAM COLLATING	
PERFORM	**380ff.**	SEQUENCE	42, **45, 52f.**
geschachtelt	392ff.	PROGRAM-ID	
IN-LINE-PEFORM 381ff. ,582f.		Programmname	34
OUT-OF-LINE-PERFORM 381ff.		Programm	
	582f.	Ende (abnormales)	212
VARYING	387, **389f.**	Name	34, 447
WITH TEST	385f., 558, 581f.	Schleife	221, 388f., 397, **578ff.**
Pfad		Verzweigungen	380ff.
logischer	66	Programmierer-Wörter	8
Physischer Satz	62f.	Programmierung	
PICTURE	141ff.	strukturierte	553ff.
Bereich	145f., 175	Programmpfad	
Datenklassen/-kategorien	141ff.	Normalpfad	403
Einfügungssymbole	149ff., 152ff.	Sonderpfad	403f.
Mindestlänge	155	Programmsegment	43ff.
Symbole	**142ff., 147ff.**, 182	Programmverzweigungen	380ff.
Vervielfältigungsfaktor	147	ALTER-Anweisung	403f
Zeichenfolge	142ff., 147ff.	EXIT-Anweisung	395ff.
Pointer		GO TO-Anweisung	397ff.
Adreßfelder	184	GO TO ... DEPENDING ON	398ff.
Feld (STRING)	244, **248f.**	PERFORM-Anweisung	380ff.
POSITION		STOP RUN-Anweisung	401ff.
MULTIPLE FILE TAPE	104	PROMPT	
Positionierung		WITH-Zusatz MS-COBOL	512
des Cursors	514ff.	Prozeduraufruf-Strukturblock	585
POSITIVE		Prozeduren (Routinen)	556ff.
Vorzeichenbedingung	287f.	Prüfpunkt	
Präfix-Kennzeichnung		Check-Point-Schreibung	96ff.
von Paragraphennamen	206, 561	Pseudo-Code	
von Datenfeldern	137ff., 560f.	Struktogramm-Technik	568f.
Prioritätszahlen	43ff.	Pseudo-Text	
PROCEDURE DIVISION	30, 205ff.	COPY-Anweisung	438ff.
logische Struktur	210f., 556f.	REPLACING-Anweisung	445f.
physische Struktur	555	Puffer	
PROCEED TO		APPLY WRITE ONLY	104
ALTER-Anweisung	403f.	SAME AREA	99ff.

Q

QSAM	62, 74, 97, 490f.
Qualifier	11f.
Quell-Code	30, 437f.
Quell-Programm	
Änderung (REPLACING)	444, 447
Lesbarkeit	561
Quell-Text	
Änderung	437ff.
BASIS-Anweisung	447ff.
COPY-Anweisung	437ff.
REPLACING-Anweisung	444ff.
Quellprogramm	30f.
QUOTE, QUOTES	18

R

Rahmenprogramm	
strukturierte Programmierung	554
RANDOM-Speicher	69
RANDOM ACCESS	**69**, 80f.
RDF	
Record Definition Field	**65**, 68
READ	
AT END	350, **352f.**
Formate	350
INTO	350, **351**
INVALID KEY	350, **354**
KEY IS	350, **354**
NEXT	350, **352**
NOT AT END	350, **353**
NOT INVALID KEY	350, **354**
RECORD	
IS VARYING IN SIZE	114f.
LABEL	117
RETURN-Anweisung	483
SAME AREA	100ff.
RECORD CONTAINS	113ff.
RECORD CONTAINS 0	102
RECORD DELIMITER	
Satzendebestimmung	83
RECORD IS VARYING IN SIZE	114f.
RECORD KEY	83f.
RECORDING MODE	124ff., 352
F (fest)	124
S (blocküberspannend)	124, 127
U (unbestimmt)	124, 126
V (variabel)	104f., 124f.
RECORDS	
BLOCK CONTAINS	111f.
RERUN	97ff.
Redefinition	
Datenübertragungen	167f.
explizite	164
implizite	162f.
mehrmalige	165
von Einzelfeldern	166f.
Regeln	168f.
REDEFINES	**161ff.**
mit SYNC-Klausel	179f.
REEL	
CLOSE-Anweisung	346f.
RERUN-Klausel	97ff.
RELATIVE I-O	61, 67f.
RELATIVE KEY	
ACCESS MODE	80f.
RELEASE	472, **482f.**
REMAINDER	
DIVIDE-Anweisung	330f., **333ff.**
RENAMES	134ff.
Format/Regeln	196ff.
REPLACE-Anweisung	444ff.
REPLACING	

COPY-Anweisung 438ff.
INITIALIZE-Anweisung 274ff.
INSPECT-Anweisung 261, 267ff.
REQUIRED
    WITH-Zusatz MS-COBOL 512
RERUN
    Check-Point-Schreibung 96ff.
RESERVE 77f.
Reservierte Wörter 9ff., **601ff.**
RETURN-Code
    VSAM-Code (IBM) **93**, 493
Return-Taste 515
REVERSE-VIDEO
    WITH-Zusatz MS-COBOL 512
REVERSED
    OPEN-Anweisung 340, **344**
REWRITE 366ff.
    FILE STATUS 368
    Formate 367
    FROM 367
    INVALID KEY 368
    NOT INVALID KEY 369
RIGHT-JUSTIFY
    WITH-Zusatz MS-COBOL 513
ROUNDED **314f**
    ADD-Anweisung 317
    COMPUTE-Anweisung 336, 338
    DIVIDE-Anweisung 330f., 335
    MULTIPLY-Anweisung 327, 330f., **335**
RRDS
    Relative Record Data Set 68
Rufendes Programm 451ff.
Rückkehradresse
    SORT-Anweisung 478f.
Rücksprungadresse
    PERFORM-Anweisung 380, 393f.,**395f.**
Rückverzweigung
    Rücksprungadresse
Rückverzweigungs-Adresse
    EXIT PROGRAM 469
Rückverzweigungspunkt
    gemeinsamer 394f.

S

S-Feld
    Format Systemname 74f.
S-Modus
    RECORDING MODE 127
SAA
    Systems Application Architecture
    2, 553
SAME AREA 78, 99ff.
Satz
    Adressierung 66f.
    logischer 62f., 351f.
    physischer 62f., 351
Satzbeschreibung 131f.
Satzerklärung 108
Satzlänge
    blocküberspannende 127
    feste 111f., 114f., **124**
    maximale 114
    minimale 114
    unbestimmbare 126
    variable 111f., 114f., **124ff.**
Satzlängenfelder
    (SLF) variable Satzlänge 124ff.
Schalter
    programm-interne 200ff.
    SET-Anweisung 419ff.
    Stufennummer 88 200ff.

Sachwortverzeichnis

UPSI 46f.
Schalterzustand
   Bedingungs-Namen 200ff.
   SET ··· TO TRUE 203, **419ff.**
Schleifen
   DOUNTIL 558, **578ff.**
   DOWHILE 558, **581f.**
   mit freier Endebedingung 563, 579
   Strukturblock 578
Schlußkennsätze
   schreiben (CLOSE) 345
Schlüsselfehler
   FILE STATUS 89
Schlüsselfeld (KEY) 374
Schlüsselwörter 9f.
Schreibzugriff
   OPEN OUTPUT/I-O 341f.
Schrittweite
   BY (PERFORM) 387f.
Schutzstern (*)
   PICTURE-Symbol 149, 152
SCREEN SECTION
   MS-COBOL 508
SD-Eintragung
   Sortieren/Mischen 73, 469, **470f.** **485f.**
SEARCH 427ff.
   binäres Suchen 432ff.
   sequentielles Suchen 427f.
SECTION 206, **208f.**, 501
SECURE
   WITH-Zusatz MS-COBOL 512
SECURITY 35
Segmentierung 43ff.
SEGMENT-LIMIT
   permanente Segmente 44f.
   unabhängige Segmente 44f.

überlagerbare Segmente 44f.
Seitenvorschub
   Steuerzeichen "/" 24
Seitenüberlauf 363
SELECT 72f., 470ff.
Selektion 205, 565, 568
Sendefeld
   ADD-Anweisung 318f.
   MOVE-Anweisung 232ff.
   SET-Anweiung 420ff.
   STRING-Anweisung 245
   UNSTRING-Anweisung 252
SEPARATE
   SIGN IS 160f.
SEQUENTIAL ACCESS 61, 69, 80f.
SEQUENTIAL I-O 61ff.
Sequentielles
   Durchsuchen einer Tabelle 427f.
Sequenz 205, 562f.
SET
   Erhöhung/Verminderung 423f.
   Schalterzustand "EIN/AUS" 424f.
   Schalterzustand "WAHR" 426f.
   Setzen von Indexen 420f.
SIGN IS
   LEADING 160f.
   SEPARATE 160f.
   TRAILING 160f.
SIZE
   STRING-Anweisung 244f.
SIZE IS
   WITH-Zusatz MS-COBOL 512
Skalenstellenzeichen (P) 143f.
SLF
   Satzlängenfelder 124ff.
Sonderregister 14ff.
   DATE/TIME 15, **223**, **225**

DAY 15, **224**
DAY-OF-WEEK 15, **224f.**
SORT (IBM) 493ff.
weitere 16
Sonderzeichen
    Zeichenvorrat 6f.
SORT
    Allgemeines 472f.
    ASCENDING/DESCENDING 474
    COLLATING SEQUENCE 475
    Format 473
    GIVING 476
    INPUT PROCEDURE 477f.
    OUTPUT PROCEDURE 478f.
    USING 476
    WITH DUPLICATES 475
SORT-CONTROL
    IBM-SORT-Sonderregister 495
SORT-CORE-SIZE
    IBM-SORT-Sonderregister 497
SORT-FILE-SIZE
    IBM-SORT-Sonderregister 496f.
SORT-MESSAGE
    IBM-SORT-Sonderregister 494
SORT-MODE-SIZE
    IBM-SORT-Sonderregister 496
SORT-RETURN
    IBM-SORT-Sonderregister 493
SORT-Sonderregister (IBM) 493ff.
Sortierbegriff
    MERGE-Anweisung 485
    SORT-Anweisung 474f.
Sortierdatei 469ff.
Sortieren 469ff.
    RELEASE 482f.
    RETURN 483f.
    SD-Eintragung 470f.

SELECT/ASSIGN 470
SORT 472ff.
Sortierfolge
    ALPHABET Alphabetname 51ff.
    COLLATING SEQUENCE 473, 475f., 486
    PROGRAM COLLATING SEQUENCE 42, **45**
SORTIN
    DD-Anweisung (JCL) 491
SORTOUT
    DD-Anweisung (JCL) 491
SOURCE-COMPUTER 39ff.
    WITH DEBUGGING MODE 40f.
SPACE-FILL
    WITH-Zusatz MS-COBOL 513
SPACE/SPACES 194f.
Spaltennummer
    Bildschirmposition 509f.
SPECIAL-NAMES 46ff.
    ALPHABET Alphabetname 51ff.
    CLASS 58f.
    CURRENCY SIGN 57
    DECIMAL POINT IS COMMA 58
    Funktionsname-1 48f.
    Funktionsname-2 49ff.
    ON/OFF-Status 47
Speicher
    virtueller 64f.
Spezialindex
    Anfangswertzuweisung 419ff.
    Erhöhung/Verminderung 419, **423**
Spezialindizierung 406, **412ff.**
STANDARD
    LABEL RECORDS 117
STANDARD-1

ALPHABET Alphabetname	52	Struktur	
STANDARD-2		PROCEDURE DIVISION	210ff., 555ff.
ALPHABET Alphabetname	52		
START	81, **372ff.**	Strukturblock	
Generic Key	375f.	Allgemeines	553f., 558
INVALID KEY	373, **376**	Bedingungs-	570f.
KEY IS	373f.	BREAK-	586
NOT INVALID KEY	376	CASE-	572ff.
Status		CYCLE-	578ff.
FILE STATUS	87ff.	einfacher	569f.
selbstdefinierter	138, **215**	zusammengesetzter	569f.
Status-Feld		Klammer-	587
FILE STATUS	88	Prozeduraufruf-	585f.
Steuer-Bytes	115	Strukturierte Programmierung	
BLOCK CONTAINS	111f.	Allgemeine Regeln	559ff.
Steuerfluß		Bedingungs-Strukturblock	570f.
strukturierte Programmierung	554, 557	BREAK-Strukturblock	586
		CASE-Strukturblock	572ff.
STOP	211f., 401ff., 559	CYCLE-Strukturblock	578ff.
STRING	244ff.	einfacher Strukturblock	569f.
Begrenzer	247f.	Haupt-Modul	557
DELIMITED BY	245ff.	Klammer-Strukturblock	587
Empfangsfeld	245ff.	Paragraphen-Namen	562
END-STRING	240	Prozeduraufruf-Strukturblock	585f.
INTO	244f.	Struktogramm-Technik	568ff.
NOT ON OVERFLOW	244, 250	Tools	558
ON OVERFLOW	249f.	Subscript	
Sendefelder	245	Normalindex	405, **410ff.**
SIZE	244f.	Subscripting	
WITH POINTER	248f.	Normalindizierung	405, **410ff.**
Stufenkonzept	129ff.	SUBTRACT	323ff.
Stufennummern		Suchargument	
01 - 43	131ff.	SEARCH-Anweisung	432f.
66	133, **196ff.**	SUPPRESS	441
77	133	SYLST	48
88	133, 135f., **200ff.**	SYNC	174ff.
Struktogramm-Technik	568ff.	SYNCHRONIZED	174ff.

Feldausrichtung	174ff.
LEFT/RIGHT	174ff.
SYSIN	48, 113, **220ff.**, 541
SYSIPT	48
SYSOUT	48, 113, **228ff.**, 494, 540f.
SYSPCH	48
System-Einheit	74
System-Eingabeeinheit	218f.
Systeminformationen	
Übertragung	222ff.
Systemnamen	9, **73ff.**, 470
ASSIGN	74
SYSPUNCH	48, 228
S01, S02	48

T

Tabellen	405ff.
ASCENDING	408ff.
DESCENDING	408ff
Durchsuchen	427ff.
Effizienz der Adressierung	416
eindimensionale	391
feste	406
INDEXED BY	412ff.
mehrdimensionale	390, 416ff.
sortierte	432
unsortierte	428
variable	406
Normalindizierung	405, **410ff.**
Spezialindizierung	406, **412ff.**
OCCURS	405ff.
PERFORM VARYING	389ff.
TALLYING	
INSPECT-Anweisung	260, **262f.**
UNSTRING-Anweisung	251, 255f.

Testanweisungen	40f.
THEN	
IF-Anweisung	296f.
THRU/THROUGH	
ALPHABET Alphabetname	47
CLASS	47, 55
EVALUATE	304, 309f.
MERGE	486
PERFORM	382ff.
RENAMES	196ff.
SORT	473
VALUE IS	200ff.
TIME	
Sonderregister	225
TIMES	
PERFORM-Anweisung	384f.
Top-Down-Methode	
Codierung	559
Trennen	
nichtnumerische Literale	26f.
numerische Literale	25f.
Wörter	25f.
TRAILING	
SIGN IS	160f.
TRAILING-SIGN	
WITH-Zusatz MS-COBOL	513
TRUE	
EVALUATE-Anweisung	426f.
SET-Anweisung	426f.
TSO	
Time Sharing Option	541

U

U-Modus	
RECORDING MODE	126
Unterprogramme	

externe (CALL)	451ff.	COMPUTATIONAL-1	183ff.
interne (PERFORM)	**381**, 451	COMPUTATIONAL-2	183ff.
UNDERLINE		DISPLAY	181ff.
WITH-Zusatz MS-COBOL	512	DISPLAY-1	184f.
UNIT		INDEX	185f.
CLOSE-Anweisung	346f.	PACKED-DECIMAL	186ff.
RERUN-Klausel	97ff.	POINTER	184f.
UNSTRING		USE	
ALL	251, **254**	DECLARATIVES	500ff.
Begrenzer	253	USER-CATALOG	64
COUNT IN	251, **255**	USING-Klausel	205
DELIMITED BY	251ff.	USING BY REFERENCE/CONTENT	
DELIMITER IN	251, **255**	CALL-Anweisung	453, **458**
Empfangsfelder	252ff.	ENTRY-Anweisung	466
END-UNSTRING	251, **258**	MERGE-Anweisung	486f.
Format	251	SORT-Anweisung	472f., **476**
INTO	251f.	Unterprogramm	459f.
NOT ON OVERFLOW	251, **258**		
ON OVERFLOW	251, **258**		
Sendefeld	252ff.	**V**	
TALLYING IN	251, **255f.**	V-Modus	
WITH POINTER	251, **257ff.**	RECORDING MODE	104, **124ff.**
Unterstützungsoperationen		VALUE IS	
Moduln für	214	Anfangswertzuweisung	135f., **192ff.**
UNTIL		Format	192
PERFORM-Anweisung	385f., 387, 389	VALUE OF	
		Initialisierung Labels	118
UP		VARYING	
SET-Anweisung	423f.	PERFORM-Anweisung	387, **389f.**
UPDATE		SEARCH-Anweisung	428f.
WITH-Zusatz MS-COBOL	513	Verarbeitungseffizienz	
UPSI-Schalter	**49f.**, 425	arithmetischer Operationen	189ff.
USAGE IS	181ff.	Verbindungswörter	11ff.
BINARY	183ff.	logische	13f.
COMP	184f.	Kennzeichner-	11f.
COMP-1	183ff.	Serien-	14
COMPUTATIONAL	184f.		

Vergleich			
nichtnumerischer	291ff.		
numerischer	290		
Vergleichsbedingungen	**289**, 374, 435		
Vergleichsoperatoren	**290**, 374		
Vergleichssymbole	16		
Verwaltungsinformationen	63ff.		
ergänzen (bei CLOSE)	345		
Vollwort	183		
Vollwortgrenze			
SYNC-Klausel	175ff.		
Vorschubsteuerung			
ADVANCING	359		
C01 - C12	48		
Vorschubsteuerzeichen			
"/"	24		
VS COBOL II	262		
Vorschubunterdrückung			
AFTER 0	366		
CSP	48		
Vorzeichen			
-Bedingungen	287f.		
VS COBOL II	188f.		
Speicherung	183, **186ff.**		
Verschlüsselung	189		
Vorzeichensymbole			
(+ - CR DB)	149, 151, 153, 156		
VSAM	**62ff.**, 490f.		
-CI	64ff.		
FEEDBACK CODE	93		
FUNCTION CODE	93		
RETURN CODE	93		
Kataloge	64		
VSAM-indiziert	62		
VSAM-relativ	62		
VSAM-sequentiell	62		

W

Wörter			
reservierte	9ff., **601ff.**		
wahlfreie	10		
Programmierer-	8		
Schlüssel-	9f.		
Serien-Verbindungs-	14		
Verbindungs-	11ff.		
Wahlfreie Wörter	10		
Weiche			
ALTER-Anweisung	403f.		
WHEN			
CLOSE-Anweisung	346, 348		
OPEN-Anweisung	340, **345**		
WITH DEBUGGING MODE	40f.		
WITH DUPLICATES			
ALTERNATE RECORD KEY	85ff.		
SORT-Anweisung	473, **475**		
WITH LOCK			
CLOSE-Anweisung	346, **349**		
WITH POINTER			
STRING-Anweisung	244, 248f.		
UNSTRING-Anweisung	251, 257ff.		
WITH TEST AFTER/BEFORE			
PERFORM	285f., 388f.		
strukturierte Programmierung	558, 581f.		
WITH-Zusätze			
MS-COBOL	509, **511ff.**		
Währungssymbol $	7, 57, 149ff.		
WORDS			
OBJECT-COMPUTER	42		
WORKING-STORAGE SECTION			
Definition von Menüs	508ff.		
WRITE			

ADVANCING	356f., **359ff.**	Zeilenfortsetzung	25ff.
AT END OF PAGE	356f., **363**	Zeilennummer	
Formate	356f.	AT-Zusatz MS-COBOL	509ff.
FROM	356ff.	BASIS-Anweisung	447ff.
INVALID KEY	357, **365**	Zeilennummernbereich	24, 449
LINAGE-COUNTER	363	Zeilenvorschub	
NOT INVALID KEY	357, **365**	WITH NO ADVANCING	231f.
PAGE	356, **360f.**	ZERO, ZEROS, ZEROES	18
Vorschubunterdrückung	366	Vorzeichenbedingung	284f.
		ZERO SUPPRESSION	152
		ZERO-FILL	

Z

		WITH-Zusatz MS-COBOL	513
Zeichenfolgen		Ziffern	
PICTURE-	23, **143ff.**	dezimale	186
Programmierer-Wörter	8	hexadezimale	186ff.
Reservierte Wörter	9ff.	Zeichenvorrat	6f.
Systemnamen	9	Zonenfelder	182
Zeichensatz		Zugriffsmethode	61ff.
ASCII	6, **595ff.**	dynamische	61, **70**
EBCDIC	6, **598ff.**	sequentielle	61, **69**
spezieller	51ff.	wahlfreie	61, **69**
Zeichenvorrat		Zustandsanzeiger	
CODE SET	127f.	FILE STATUS	88ff.
EBCDIC	52	Zwischenfeld	
NATIVE	52	ADD-Anweisung	318
STANDARD-1	52	Zwischenspeicher	
STANDARD-2	52	OPEN-Anweisung	341

UNIX –
Das Betriebssystem und die Shells

Eine grundlegende Einführung

von Klaus Kannemann

1992. XVI, 471 Seiten. Gebunden.
ISBN-13: 978-3-528-05279-9

Über das Buch:
Nichts Vergleichbares gab es bisher in der UNIX-Literatur. Sprachlich und technisch auf höchstem Niveau versteht es der Autor, UNIX in den klassischen Begriffskategorien des applied systems engineering verständlich darzustellen. Dabei ist es erklärtermaßen die Absicht den „kostspieligsten Einsatz des Lesers, nämlich die zum Lesen aufgewendete Zeit, mit grundlegendem und nachhaltigem Wissen zu vergüten".

An wen sich das Buch richtet:
- Anspruchsvolle Leser ohne besondere Vorkenntnisse, die sich grundlegend mit UNIX vertraut machen wollen.
- Fortgeschrittene, die sich aus anderen Systembereichen kommend gezielt in die UNIX-Begriffswelt einarbeiten wollen.
- Professionelle UNIX-Programmierer, die nützliche Hinweise für Problemlösungen suchen und dabei von einem ausgeklügelten Stichwortverzeichnis profitieren möchten.

Aus dem Inhalt:
- Die UNIX-Mehrbenutzerumgebung
- Das UNIX-Dateisystem
- Der Multiprozessorbetrieb unter UNIX
- Gemeinsame Leistungsmerkmale der Shells
- Die BOURNE-Shell
- Die C-Shell
- Sach- und Begriffsverzeichnisse

Neue Postleitzahlen ab 01.07.1993:
Postfach 58 29, D-65 048 Wiesbaden
Für Direktzustellung:
Faulbrunnenstr. 13, D-65 183 Wiesbaden

Verlag Vieweg · Postfach 58 29 · D-6200 Wiesbaden 1

If you have any concerns about our products,
you can contact us on
ProductSafety@springernature.com

In case Publisher is established outside the EU,
the EU authorized representative is:
**Springer Nature Customer Service Center GmbH
Europaplatz 3, 69115 Heidelberg, Germany**

Printed by Libri Plureos GmbH
in Hamburg, Germany